서사적 자아와 도덕적 자아

박 재 주 지음

서사적 자아와 도덕적 자아

박 재 주 지음

철학과현실사

■ ■ ■

이 저서는 2009년 정부(교육과학기술부)의 재원으로 한국학술진흥재단의 지원을 받아 수행된 연구임(KRF-2009-812-2-B00093).

머리말

인간의 도덕적 삶에는 '이성적인 도덕적 삶'과 '습관적인 도덕적 삶', 두 가지 유형이 있다. 이성적인 도덕적 삶이란 삶의 상황을 문제로 인식하고 그 문제를 해결하기 위해 어떤 규범과 이상을 적용해야 할 것인지를 성찰한 후 그 기준을 행위로 옮기는 삶이다. 그런 삶을 성공적으로 살아가는 사람은 항상 자신이 지금 무엇을 하고 있으며, 자신의 행위가 지향하는 목적이나 이상이 무엇인지 분명히 자각한다. 그래서 그에게는 정당한 이유를 가지지 못하는 행위란 있을 수 없다. 그러나 그런 삶을 살아가는 사람은 아주 드물다. 일반적인 사람들이 지속적으로 목적과 이상을 추구하는 삶을 살기란 거의 불가능하다. 습관적인 도덕적 삶은 어떤 감정과 행위의 습관에 따라 거의 자동적으로 살아가는 삶이다. 대부분의 사람들은 거의 항상 습관적인 도덕적 삶을 살아간다. 그들은 도덕적 성향을 가진 사람들이지, 이모저모를 따지면서 심사숙고하고 판단하는 그런 사람은 아니다. 그들의 행위는 자신의 인격의 표현일 뿐, 의식적인 꾸밈이나 인위적인 작위가 개입되지 않는다. 그리고 자신이 잘못된 행위를 하였을 경우, 남을 원망하거나 남에게 책임을 떠넘기지 않는다. 오직 자존심에 상처를 경험할 따름이다. 습관으로서의 도덕성은 도덕적인 '사람', 즉 인격(personality) 의 문제이다. 도덕적인 행위는 도덕적인 인격을 지닌 사람의 행위인 것이다. 그러나 합리성으로서의 도덕성은 도덕적인 '행위'의 문제이 다. 개별적인 행위들이 도덕성의 평가 대상인 것이다. 문제의 초점은 그 사람이 행하는 행위의 동기와 결과에 있을 뿐이지 인격 자체에 있 지 않다. 도덕적인 행위를 하면 도덕적인 사람이고, 비도덕적인 행위 를 하면 비도덕적인 사람이 되는 것이다. 여기서는 '나는 무엇을 행해 야 하는가?(What should I do?)', 즉 행위 양식(modes of doing)이 중 심적인 질문이다. 그러나 습관으로서의 도덕성에서는 '나는 어떤 사람 이어야 하는가?(What should I be?)', 즉 존재 양식(modes of being)이 중심적인 질문이다.

필자는 습관적인 도덕적 삶을 강조하고자 한다. 그래서 도덕교육의 궁극적인 목표가 '인격 함양' 내지 '도덕적 자아 형성'이어야 한다고 생각한다. 습관적인 도덕적 삶을 통해서 도덕적 자아는 형성될 수 있 다. 그런데 인간의 습관적인 삶은 '말하기'로 대변될 수 있다. '말하기' 는 '대화하기'와 '이야기하기' 등 다양한 서사로 이루어진다. 그래서 서사적 접근의 도덕교육이 진정한 도덕교육의 방식일 수 있다. 그리고 '서사적 자아' 형성의 과정을 통해 '도덕적 자아' 형성이 이루어진다 고 주장하고자 한다.

그래서 이 책의 의도는 '서사적 자아'와 '도덕적 자아'의 연관성을 체계적으로 밝히는 것이었다. 그러나 체계적인 연관성을 연구하는 과 정에서, 서사적 자아, 도덕적 자아, 그리고 서사적 자아와 도덕적 자아 의 연관성 등에 관한 다양한 이론들을 만나면서 그 다양성을 정리하 는 것이 더 필요하다고 생각하게 되었다. 그래서 체계성의 중요한 전 단계로서 다양성을 소개하는 것으로 이 저서를 집필하였다. 필자 본인 의 이론보다는 다양한 학자들의 이론들을 소개하는 수준의 집필이었 다는 점은 송구스럽다.

이 책을 기꺼이 출판해 주신 철학과현실사의 사장님께 고마움을 전한다. 그리고 항상 삶의 향기를 전해 주는 아내와 나의 삶에 활력을 부여하는 정화와 지선에게도 고마움을 전한다.

2013년 2월
心石 박재주

차 례

서 문

1. 중심 주제와 그 내용들

이 저서의 중심 주제는 이론과 실천의 두 가지 측면으로 나누어진다. 이론적 측면에서의 주제는 '나는 누구인가?(Who am I?)'와 '나는 어떻게 살아야 하는가?(How should I live?)'라는 두 가지 철학적 질문이다. 이 질문들은 따로따로 고려할 수 없는 물음들이다. '나는 누구인가?'를 이해하는 것은 '나는 어떻게 살아야 하는가?'를 이해하는 데 중요하며, '나는 어떻게 살아야 하는가?'를 이해하는 것은 내가 누구인지를 이해하는 데 중요하기 때문이다. 그래서 이 두 질문들의 관련성의 문제도 하나의 주제이다. 즉, ① '나는 누구인가?'라는 개인 정체성(personal identity), 특히 서사적 정체성(narrative identity), ② '나는 어떻게 살아야 하는가?'라는 도덕적 정체성(moral identity), ③ 서사와 도덕 내지 서사적 정체성과 도덕적 정체성 사이의 연관성 등이 이론적 측면에서의 주제들이다.

전통사회에서 개인 정체성은 사회적 위치나 지위에 따라 결정될 수 있었다. 개인들은 자신들이 처한 사회적 맥락에 따라 이미 주어진 자신의 정체성을 가지고 있었기 때문에, 정체성 내지 자아는 그들에게 중요한 문제일 수 없었다. 그러나 근대사회에서는 개인 정체성은 개인의 타고난 인격의 중심이 되었다. 정체성은 개인을 구성하는 토대로서 고정되고 불변하는 중심으로 간주되었다. 그러나 현대의 포스트모던 사회에서는 근대적 의미의 정체성이 정면으로 공격을 받고 있다. "정체성은 '본질(essence)'로 고려되는 것이 아니라 파편화되고 다양하고 일시적인 것이며, 전적으로 담론의 산물로 간주된다."[1] 달리 표현한다면, 근대사회에서의 정체성의 문제는 형이상학의 문제였지만, 현대사회에서는 실천의 문제이다. 실천적 정체성이란 그것을 통해 개인이 스스로에게 가치 부여하는 설명서이다. 그 설명서에 따라서 자신의 삶이 살 만한 가치가 있고 자신이 행하는 행위들이 행할 만한 가치를 가진다는 점을 깨닫게 된다는 것이다. 우리 스스로와 우리의 삶에 가치를 부여하는 설명서는 서사적 형태를 띤다.

따라서 첫 번째 주제인 '서사적 자아'의 내용은, 개인 정체성 내지 자아에 관한 형이상학적 논의들을 정리한 후, 서사적 정체성 내지 서사적 자아의 문제를 중심으로 구성될 것이다. 근대에서는 인간이 원자적 자아, 자기-충족적이고 경계가 뚜렷한 개인, 자기 이외의 어떤 사람이나 어떤 사물과도 본질적, 특징적 관련이 없는 경험과 의지의 중심으로 간주되었다. 이런 자아를 주체(subject)라고 부른다. 근대적 사고방식에 따르면 인간은 주체이다. 그러나 포스트모더니즘에서는 주체가 중심으로부터 밀려난다. 자아 개념 자체의 제거를 시도한다. 그러나 포스트모더니즘의 결론에 만족하지 못하고 본질적, 고정적, 지속적 자아를 발견하고자 하는 철학자들도 등장한다. 그들은 자아를 사물이나 대상이 아니라 일정한 특징을 가지고 전개되는 하나의 이야기로 생각하자는 제안을 한다. 자아는 본질로 존재하는(being) 것이 아니라

---

[1] Mervyn Bendle, "The Crisis of 'Identity' in High Modernity", *British Journal of Sociology*, 53(1), p.5.

사회적으로 생성(becoming)된다는 것이다. 우리는 스스로 정체성을 형성하는 능력을 가진다. 여기서 개인의 정체성을 결정하는 것은 정적인 자기 동일성이 아니라 지속적, 연속적, 개방적으로 시간의 흐름에 따라 하나의 이야기를 살아가는 행위이다. '나(자아)'를 정의하는 것은 내러티브의 단일성과 연속성이다. 근대의 이성 중심적인 세계관은 '나'라는 주체를 중심으로 인간과 세계를 해석하고 독립적이고 자율적인 개인의 사고와 선택을 중시하였다. 반면, 공동체적 맥락을 중시하는 서사적 패러다임은 개인과 공동체의 상호 관련성을 강조하면서, 우리의 주체성이나 자의식도 공동체를 통해 형성되는 것으로 본다. 공동체적 입장에서 자율성은 개인적 차원에서만이 아니라 공동체와 관련하여 이해되어야 하는 것이며, 인간의 자율성은 선천적으로 주어지는 것이 아니라 다양한 사회적 삶의 경험들을 통해 형성되는 것으로 이해된다. 한 개인이 합리적인 것으로 받아들이는 것은 그 개인뿐만 아니라 다른 사람들에게도 수용될 수 있는 것이어야 하기 때문에 자율적 행위는 사회적 행위이며, 공동체적 경험과 공동체 의식을 통해 형성되는 것이다.

여기서는 구체적으로, 현대의 서사적 자아 관념의 형성 과정에서 비판의 대상들이기도 하고 이론적 바탕을 제공하기도 했던, 근대 형이상학적 자아 관념들을 먼저 개괄할 것이다. 여기서는 데카르트의 '생각하는 자아', 로크의 자아 정체성과 의식, 흄의 '지각의 다발'로서의 자아, 칸트의 통각과 '초월적 자아' 등을 다룰 것이다. 그 다음에는 현대적 실천적 자아 관념으로서의 서사적 자아 관념을 본격적으로 다룰 것이다. 먼저, 미드의 '사회적, 실천적 자아'를 다루고, 메를로-퐁티의 '몸-주체와 말하는 자아'를 비교적 자세하게 다룰 것이며, 리쾨르의 해석학적인 서사적 자아 이론을 논의할 것이다.

그리고 '나는 어떻게 살아야 하는가?'는 도덕적 정체성에 관한 물음이다. 서사적 정체성과 같은 맥락에서 새롭게 등장하는 도덕적 정체성 개념은 기존의 도덕이론들에서 사용하는 개념들과는 다른 것이다. 의무론이나 공리주의와 같은 다양한 이론들에 따르면, 도덕성을 지닌 행위자는 사적인 욕망과 욕구로부터 벗어나서 타자들의 욕망과 욕구에 초점을 두는 능력을 가진 사람이다. 도덕성의 가능성은 어느 정도의 불편부당성과 객관성을 요구하는 것이다. 이것은 '옳은' 행위들과 의무 이행의 토대가 되는 보편적인 원리들과 규칙들을 요구하는 것이다. 도덕이론들은 대부분 자신의 자아에 대한 관심을 도덕적 행위에 어긋나는 것으로 생각한다. 도덕성과 자기-이해관계는 정반대적인 것이다. 자아는 도덕성과 전적으로 상반되는 개념이었다. 따라서 도덕적 정체성 내지 도덕적 자아라는 개념 자체가 성립하기 어려웠다. 그러나 서사적 자아 개념의 등장과 함께 등장한 도덕적 자아 개념에서는, 도덕성과 자기-이해관계 사이를 구분할 필요가 없게 되었다. 자아는 특별히 '도덕적'(자기-이익과 반대되는) 동기라고 간주되는 것에 의해 동기 부여되지 않고서도 도덕적으로 잘 행동할 수 있다는 것이다. 더욱이 도덕적 행위자가 그 자신의 자아에게 부여한 어떤 종류의 가치는 그의 도덕적 관점을 설명하는 데 중요한 것이다.

따라서 두 번째 주제인 '도덕적 자아'의 내용은 자기-사랑과 도덕과의 연관성의 문제들, 윤리와 도덕에서의 타자성의 문제들 내지 타자 윤리의 문제들로 구성될 것이다. 도덕성에 관한 근대 철학적 관념들은 우리의 도덕적 정향들의 발달과 실존에 관한 어떤 설명에도 중심적인 우리 자신의 자아들의 측면들을 포괄하는 요소들을 설명하지도 못하고 충분히 높은 가치도 부여하지 못하였다. 여기서 설명하고자 하는 도덕적 자아 개념은 자아 자신의 이해관계, 관심들, 가치들에 초점을 둘 것이며, 따라서 도덕성과 인간 삶의 좋음(goodness) 사이, 행위자에게 좋은 것과 도덕적으로 좋은 것 사이의 고대적 연관성을 지킬 것이다. 한 개인의 자아의 상태와 그의 행위들의 도덕적 상태는 상호 의존적인 것이다. 즉, 한 개인이 사고와 욕망의 통합을 달성하는 정도만큼 그는 도덕적으로 잘 행동할 수 있다. 그리고 도덕적 자아 개념에서 중요한 것은 최선의 가능한 삶을 가지고자 하는 도덕적 자아의 욕망이다. 행위자에 관하여 도덕적으로 칭찬할 수 있는 것은 그 행위자 자신에게 이득이 된다. 플라톤과 아리스토텔레스가 말한 도덕적 행위자는 스스로 최선의 가능한 삶을 원하고, 최선의 가능한 삶을 구성하는 것은 동시에 그들로 하여금 도덕적으로 좋은 방식으로 행동하도록 이끄는 것인 반면, 도덕적으로 좋은 행위는 스스로 최선의 가능한 삶을 달성하기 위하여 행해지지 않는다. 플라톤과 아리스토텔레스가 우리들에게 덕이 행복을 위한 수단이라고 말한 것으로 생각한다면 오해일 것이다. 오히려 그들은 행복, 유의미성, 덕의 획득 등은 서로 분리될 수 없다고 말한 것이다. 그들의 윤리학은 '도덕'과 '자기-이익'을 엄격하게 구분하지 않는다. 현대의 윤리이론들은 어떤 삶의 원리들과 규칙들을 위반하지 않는 행위자를 도덕적 행위자로 간주하지만, 도덕적 영역은 어떤 긍정적 자질들과 능력들을 소유한 존재들로 구성된다. 이런 긍정적 자질들 중에서 가장 중요한 것은 아리스토텔레스가 말했던 '자기-사랑(love of self)'이다. 자기-사랑은 도덕적 행위에 근본적인 것이다. 이 자기-사랑은 통속적인 자기-사랑과는 전혀 다른 것이다. 여기서 말하는 자기-사랑은 최근의 도덕철학에서 무시되었던 자아와 관련된다. 이런 형태의 자기-가치부여는 근대의 문헌에서 등장하는 그것(예를 들어, 자부심(pride)이나 자긍심(self-esteem))과는 아주 다른 것이다. 여기서 말하는 '자기-사랑'은 한 행위자의 도덕적 정향은 그 자신의 욕망들, 이해관계들, 가치들에 토대를 둔다는 점을 보여주는 개념이다. 도덕적 자아를 구성하는 근본은 자기-사랑이라는 것이다. 많은 근대 도덕이론가들은 무엇이 도덕적 자아인지에 관해 명확하고 이론적인 관념들이 있다고 생각한다. 도덕적 자아는 그것이 소유한 명백한 지식들의 측면에서 고려된다. 칸트주의자에게, 합리적 본성이 그 자체에 그리고 다른 합리적 존재들에게 존경받아야 한다는 것을 아는 것이 도덕적 자아가 하도록 허용되거나 허용되지 못하는 것의 경계들을 긋는다. 공리주의자에게, 유용성의 최대화가 행위의 궁극적인 정당화라는 점을 아는 것이 자아에게 객관적인 기준을 제시한다. 이런 이론가들에게는 도덕적 '해야 한다(must)'와 도덕적 '할 수 없다(can not)'는 어떤 명백한 지식으로부터 도출되지만, 사실은 도덕적 이해가 어떤 사물들에 관한 지식에 있지 않기 때문에, 그것들이 지식에서 도출될 수 없는 것이다. 도덕적 자아는 어떤 실천의 맥락에서 등장하는 자아이다. 윤리적 성찰은 이론적인 것이 아니다. 도덕적 이해는 가르칠 수 있는 어떤 것일 수 없는 자아 자신의 정의감에 의존하는 것이다. 윤리적 주체가 지식을 가진다는 말은 거부되어야 한다. 그리고 지식이 가르칠 수 있는 것으로 이해되어서도 안 될 것이다.

여기서는 구체적으로, 개인적인 규범, 자긍심, 자기-사랑을 통한 자기실현 중심의 주아와 내적 객아의 연합으로서의 1인칭적인 도덕적 자아에 관해서는, 아리스토텔레스와 루소의 자기-사랑 중심의 주아, 흄의 자긍심 중심의 내적 객아를 논의할 것이다. 그리고 규범 내지 도덕의식 중심의 3인칭적인 도덕적 자아에 관해서는, 공리주의의 사회 규범 중심의 내적 객아, 칸트의 정언명법의 자율적 실천자로서의 도덕적 자아를 논의할 것이다. 그 다음에는 2인칭적인 타자 중심의 도덕적 자아에 관해서 레비나스의 윤리적 주체성과 타자의 타자성 문제를 논의할 것이다.

세 번째 주제인 서사(적 자아)와 도덕(적 자아) 사이의 연계성, 즉 '서사(내지 이야기하기)를 통한 도덕적 자아 형성'의 문제를 세 가지 차원에서 논의할 것이다. 첫 번째 차원은 서사의 대표적인 유형인 진정한 대화를 통한 인격 형성의 문제이다. 여기서는 대화의 삶에 관한 부버의 이론을 검토할 것이며, 다음에는 대화와 윤리의 연계성 문제에 관한 레비나스의 주장들을 검토할 것이다. 인간은 이야기 속에서 살아가는 서사적 존재이다. 이야기 속에서 태어나 이야기를 만들며 살다가 어떤 내용이든 한 편의 자기 이야기를 완성해 나간다. 인간은 또한 서사를 떠나서는 삶을 영위할 수 없는 존재이다. 우리의 삶은 언어를 통해 전달되는 것이다. 서사의 형식을 제외하고 우리가 살았던 시간을 기술할 방법은 있을 수 없다. 이것은 우리가 살았던 시간에 대한 의미를 포착하기 위해서는 서사의 형식을 쓸 수밖에 없으며, 누군가가 자신의 삶을 말할 때마다 그것은 항상 서사적인 성취일 수밖에 없다는 것을 의미한다. 우리는 우리의 삶을 서사의 형식으로 재현할 수밖에 없다는 것이다. 인간은 또한 본질적으로 서사를 말하는 동물이며, 우리는 서사에 의해 우리의 삶을 이해하고, 우리의 모든 삶을 서사로 산다. 그리고 삶을 이해하기 위해서는 서사의 형식을 취할 수밖에 없다. 서사가 인간 삶에서 중요한 또 하나의 요소는 인간의 경험은 서사로 구성될 때 비로소 의미를 부여받는다는 점이다. 인간의 경험은 그 자체로는 하나의 사건일 뿐이다. 그런 사건들이 서사로 구성되고 전수되는 과정을 통해 의미를 가지게 되는 것이다. 삶의 경험이 서사로 구성되는 과정에서 그 사회의 '메타 규범'으로 가능하게 된다. 서사는 개인의 차원을 넘어 문화적 차원에서 구성된다. 인간은 문화적 차원의 서사를 배움으로써 그 의미를 공유하게 되고 자신의 서사를 새롭게 구성할 수 있게 된다.

두 번째 차원은 서사 내지 서사적 자아와 도덕성 내지 도덕적 자아 사이의 연계성의 문제이다. 여기서는 덕과 서사의 연계성에 관한 매킨타이어의 주장들을 검토할 것이며, 다음에는 마야 섹트만의 서사적 자아-구성 관점을 논의할 것이다. 매킨타이어는 인간 삶은 서사적인 통일성을 지니며, 그것이 인격 형성이라고 주장한다. 그에 의하면, 선은 미리 규정되는 것이 아니고 구조가 형성되는 것이다. 삶은 이야기될 수 있으려면 통일적인 구조를 지녀야 한다. 그것을 말하는 과정에서 나의 이야기를 이야기하는 사람이 된다는 것이다. 마야 섹트만은 인격으로서의 한 인간은 자신의 삶의 이야기를 구성하면서 그의 정체성을 형성한다고 주장한다. 개인이 서사적 자아 관념을 가진다는 것이 무슨 의미인지를 설명할 것이며, 서사적 자아-구성 관점이 정체성을 구성하는 서사에 설정하는 그 이상의 제한들을 논의할 것이다.

세 번째 차원은 서사적 접근의 도덕교육의 필요성과 그 내용의 문제이다. 먼저, 브루너의 '범례적 사고'와 '서사적 사고'의 구분을 통하여 서사가 가지는 교육적인 의미를 논의할 것이다. 범례적 사고는 인간의 의도와는 무관한 '존재의 세계'를 구성한다면, 서사적 사고는 인간의 관점에 따라 변화하는 '인간의 세계'를 구성한다는 것이다. 서사적 사고는 인간 세계를 이해하고 옳다고 느끼거나 상상할 수 있는 어떤 관점과 부합되는 설명과 세계에 대한 입장을 추구한다. 그래서 진정한 덕 윤리 교육은 서사적 사고를 통하여 이루어질 수 있는 것이다. 다음에는 서사 내지 스토리텔링과 도덕교육의 연계성을, 도덕교육으로서의 서사, 도덕적 방법론에서의 서사, 도덕적 대화의 적절한 한 형식으로서의 서사, 도덕적 정당화에서의 서사 등 네 가지 측면에서 논의할 것이다. 그리고 그 다음에는 이야기하기의 도덕교육에서 이루어지는, 내용 중심의 서사, 과정 중심의 서사, 반성 중심의 서사 등 세 가지 측면들을 논의할 것이다.

2. 자아 개념 설명

자아 개념은 인간의 성장과 발달에 큰 역할을 수행할 수 있다. 자아 개념의 중요성은 다음의 세 가지 측면에서 논의될 수 있다.[2] 자아 개념은 인간 삶에 역동적이고 순환적인 힘을 가진다. 모든 인간들은 주변인들로부터 많은 영향을 받고 살아간다. 자신에게 중요한 타인들은 그의 자아 관념에 영향을 미친다. 개인이 매일 가지는 경험은 그가 유

---

2) D. W. 펠커, 김기정 옮김, 『긍정적 자아 개념의 형성』(서울: 문음사, 1987), pp.23-31 참고.

능한지 무능한지, 좋은 사람인지 나쁜 사람인지 그에게 말해 준다. 무대의 중앙에 서 있는 배우처럼 그는 사방으로부터 정보와 태도를 받게 되는 것이다. 그러나 자아 개념 또한 개인의 경험 속에서 활력을 지닌 요소이다. 경험이 자아 개념을 형성하기도 하지만, 자아 개념이 경험의 형성에 적극적이고 역동적인 역할을 수행하기도 한다. 자아 개념은 내적 일관성을 유지하는 기제로 작용하며, 경험에 대한 해석을 결정하며, 기대를 제공한다. 먼저, 개인의 자아 관념은 내적 일관성의 중요 부분이다. 마음이 편안하지 못한 느낌은 어떤 두 가지가 실제로 다르기 때문이 아니라 개인이 두 가지를 다르게 볼 때 생긴다. 그래서 사람들은 자신을 보는 방식과 일치한다고 생각하는 방식으로 행동할 것이다. 그런 강한 동기 부여의 힘 때문에 자아 개념은 강력하고 중요한 변인으로 간주된다. 다음으로, 자아 개념이 인간 행동을 결정한다는 중요한 요인이라는 두 번째 이유는 자아 개념이 경험을 해석하는 방식을 형성한다는 점이다. 모든 경험은 개인에 의해 의미가 부여된다. 동일한 일이 두 사람에게 발생할 수 있지만, 그것을 해석하는 방식에 따라 차이가 생긴다. 한 젊은이가 세 여인을 신호등 거리에서 건너도록 돕지만, 한 여인은 친절한 행위로 해석할 수 있고, 다른 여인은 자신의 연령과 능력을 모욕하는 행위로 해석할 수 있으며, 또 다른 여인은 유부녀 유혹으로 해석하여 경찰을 부를 수도 있다. 사람은 자신에 대한 관점과 일치하는 방향으로 행동하는 경향이 있듯이, 자신에 대한 관점과 일치하는 방향으로 경험을 해석하는 경향이 있다. 자아 개념은 내적 여과기(inner-filter)와 같다. 개인에게 들어오는 모든 지각은 이 여과기를 통과하게 된다. 그 지각들이 여과기를 통과할 때 의미가 부여되는데, 그 의미는 개인이 자기 자신에 관해서 가지는 관점에 의해서 거의 결정된다. 자아 관념이 부정적이면 모든 경험은 짜증스럽게 받아들여지고, 긍정적인 자아 관념을 가진다면 새로운 경험들이 즐겁게 받아들여질 것이다. 그리고 마지막으로, 자아 개념은 개인이 어떤 상황 속에서 어떤 행동을 하는가를 결정하는 데 작용한다. 그것은 무슨 일이 일어날 것인가에 대한 개인의 기대를 결정한다는 것이다. 자아 개념은 기대들의 체계이며, 그 기대와 관련되는 영역 또는 행동에 대한 평가의 체계라는 것이다.

'자아', '자기', '자아-정체성' 등의 개념들은 그 자체의 규정뿐만 아니라 개념들 사이의 관계에 대하여 정립된 이론이 없다. 우선 '자기'와 '자아'의 개념이 혼란을 겪고 있다.3) 우리말 '나'는 그 내용이 분명하지만, '자기(自己)'나 '자아(自我)'라고 하면 정확한 의미가 무엇인지 알기 어렵다. '자아'는 주로 학술적 용어로 사용되며 일상적인 대화에서는 거의 사용되지 않는다. '자기'는 일상적인 언어생활에서 자주 사용되다가 최근 학술적 용어로 사용되기도 한다. 학술적인 사용의 경우에도 그 둘은 같은 의미를 가지는 경우가 많았으나, 최근에는 영어 'self'와 'ego'를 구별하여, 'self'는 객체적인 뜻을 함축하는 '자기'로, 'ego'는 주체적인 뜻을 담은 '자아'로 번역이 되면서, 둘은 그 의미를 달리하기 시작했다. 그러나 유럽이나 미국에서는 주아(主我)나 객아(客我)를 구분하지 않고 'self'라는 용어 하나만을 사용하는 것이 일반적이다. 이 책에서는 '자아'라는 말로 통일하여 사용할 것이다. 두 개념들의 규정이 아직 명확하지도 않고, 또한 이 책이 다루고자 하는 '서사적 자아'는 주아와 객아를 통합하는 의미를 가졌기 때문이다.

윌리엄 제임스(William James)는 주아와 객아를 분명하게 설명한다.4) 그는 자아는 두 가지 측면을 지닌다고 주장한다. 하나는 감지되는 자아이며, 의식의 대상으로서 알려지는 자아이다. 이것을 그는 '나를(me)'이라고 부른다. 또 다른 하나는 감지하는 주체로서 아는 자아이다. 이것을 그는 '나는(I)'이라고 부른다. 그가 말하는 'me'와 'I'는

---

3) 이에 관한 아래의 설명은 이만갑, 『자기와 자기의식』(서울: 도서출판 소화, 2004), pp.3-4 참고.
4) 위의 책, pp.22-36 참고.

동일체로서 자아의 두 측면을 말하는 것이다.

의식의 대상인 '자아'의 측면은 경험적 자아이며, 객체로서의 'me'이다. 이를 객아로 부를 수 있다. 객아는 다음의 세 가지 구성요소를 지닌다. 첫째는 물질적 자아이다. 물질적 자아 중에서 가장 내부 깊숙이 속한 부분은 신체이며, 신체 다음으로 내부에 속한 물질적 객아는 의복이다. 그 다음에는 가까운 가족이 객아의 일부를 이룬다. 그 다음은 주택이다. 재산도 객아의 일부이며, 자신이 애써 꾸며놓은 것도 물질적 객아에 속한다. 두 번째는 사회적 객아이다. 사람은 군거동물일 뿐만 아니라 같은 또래로부터 호의적으로 주목을 받으려는 생득적인 경향을 가지고 있다. 한 개인은 그를 인정하고 그의 이미지를 그들의 가슴속에 간직하고 있는 사람의 수만큼 많은 사회적 객아를 가지고 있다고 할 수 있다. 그런데 실제로는 사람들은 집단으로 나누어져 살아가고 있기 때문에 그 집단의 수만큼 사회적 객아를 가지고 있다고 할 수 있다. 그는 집단에 따라 자아를 나타내 보이는 측면을 달리한다. 어른들 앞에서 취하는 행동과 친구들 앞에서 취하는 행동은 다르다. 그 결과 사회적 자아는 몇 가지로 분열한다. 사람이 가지기 쉬운 가장 특이한 사회적 자아는 자기가 사랑하는 사람의 마음속에 있는 것이다. 이 자아의 행복 또는 불행이 원인이 되어서 마음이 흡족해지기도 하고 낙담하기도 한다. 명예, 불명예, 명망 등은 이런 사회적 자아에 대해서 붙이는 이름들이다. 경험적 객아로서 세 번째로 지적할 것은 정신적 객아이다. 제임스가 정신적 객아라고 부른 것은 자신의 의식 상태와 심적 능력, 그리고 구체적인 성향을 모두 합친 것을 가리킨다. 정신적 객아의 어떤 부분은 다른 부분보다 덜 친근하다는 차이는 있지만, 이 정신적 객아도 물질적 객아, 사회적 객아와 같이 정동을 환기한다. 우리들이 자신을 사색가로 생각할 때, 자신의 객아의 다른 모든 성분은 상대적으로 자기의 외적인 소유물처럼 보이게 된다. 정신적 객아 속에 들어 있는 성분까지도 어떤 것은 다른 것보다도 더 외적인

것처럼 보인다. 예를 들면, 우리들의 감각능력은 우리들의 정동과 욕
망보다도 덜 친근한 소유물이다. 또한 우리의 지적 과정은 우리의 의
지적 결정보다도 덜 친근하다. 그래서 능동적 느낌을 가진 의식 상태
일수록 정신적 객아의 더 정신적인 부분을 이룬다. 이 능동감이 우리
의 영혼이라는 살아 있는 실체의 직접적인 발로인 것이다.

제임스는 주아(I)를 '순수자아(pure ego)'라고 부른다. 객아가 의식
의 대상인 데 반해서, 주아는 의식하는 주체이다. 의식한다는 것은 생
각한다는 것이므로 생각하는 주체이기도 하다. 생각하는 주체는 경과
하는 의식 상태가 아니다. 생각하는 주체는 경과하는 의식 상태의 뒤
더 깊은 곳에 있으면서 잘 변하지 않고, 언제나 동일한 것이라고 생각
되기 때문에 불변의 실체, 행위 주체(agent)라고 생각한다. 그래서 영
혼, 선험적 자아, 정기(spirit) 등 여러 가지 명칭들이 생각하는 주체에
부여되었다. 제임스는 주아가 영혼이라고 하는 것이 옳은 것인지를 적
극적으로 고찰했다. 그에 의하면, 철학자들이 주장한 단순불멸의 영적
존재라는 것은 매개적인 기능이다. 다시 말하면, 영혼이나 주아는 알
려진 여러 가지 관념들(ideas)이 그 효과를 결합하게 되는 매개 기능
인 것이다. 만일 심리학이 아는 자로서의 영혼이라는 존재를 인정할
근거를 마련하지 못했다면 지식의 유일한 행위자로서의 경과적 상태
라고 말해도 좋을 것이다. 왜냐하면 심리학에서는 그런 기능적 상태의
존재를 인정하지 않을 수 없기 때문이다. 심리학에서 영혼을 인정하려
는 근거가 전혀 없는 것은 아니다. 그 주된 근거를 제임스는 인격적
정체성 감각(sense of personal identity)에서 찾으려 한다. 우리는 사
고, 즉 의식의 존재를 인정한다. 그 사고는 사고하는 한 주체 속에 있
을 뿐 그 주체가 아닌 다른 어떤 사고자에게도 속하지 않은 것이다.
자기에게 속해 있는 사고에는 다른 사고자의 사고에서는 느낄 수 없
는 따뜻함과 친근감이 있다. 그 결과 어제의 객아는 지금 판단을 내리
고 있는 주아와 독특하고 미묘한 의미에서 동일하다고 판단된다. '나

는 어제의 나와 같다'고 하는 판단은 '이 펜은 어제의 펜과 같다'는 판단과 지적 작용에서는 근본적으로 같다. '나'라는 1인칭에 관한 판단이라고 해서 특별히 신비로울 것은 없다. 그럼에도 불구하고, 자기에게 속하는 사고, 자아라는 1인칭에 관한 판단에서는 묘하게 따뜻하고 친근한 느낌을 가지게 된다. 그러나 '나는 어제의 나와 같다'라고 할 때의 '나'는 넓은 의미에서는 동일할 수 있겠지만, 엄격한 의미에서는 어제의 나와 지금의 나는 완전히 동일할 수 없음이 명백하다. 내가 가진 본질적인 점들, 즉 이름, 직업, 내가 관계를 맺고 있는 세계 등은 동일한 것이며, 나의 얼굴, 능력, 기억 등도 사실상 차이를 발견할 수 없을 정도로 동일한 것이다. 그뿐만 아니라 나의 객아는 어제와 오늘로 이어진다. 변화는 서서히 일어난다. 이런 인격적 정체성은 본질적인 동일성을 가지고 있으며, 비교되는 현상들의 연속성에 입각한 것이기 때문에, 종류에 있어서 동일하다는 것이지 일종의 형이상학적 내지 절대적인 동일체라는 의미는 아니다. 지금까지의 인격적 정체성은 객아로서의 자아-동일성을 고찰한 것이다. 철학자들이 시간과 공간을 초월한 영속불변의 정신적 활동의 원리를 인정하는 경향이 있었지만, 그것은 인정하기 어렵다. 주아를 '경과적 의식 상태'로 실재한다고 생각할 수 있지만, 사고의 주체 속에 실질적 정체성을 생각할 필요가 없을 것이다. 경과적인 의식 상태이기 때문에 어제의 의식 상태는 이미 사리지고 지금은 없는 것이다. 그러므로 어제의 나의 의식 상태와 오늘의 나의 의식 상태 사이에는 실질적인 동일성이 없는 것이다. 그러나 어제의 나의 의식 상태와 오늘의 나의 의식 상태는 둘 다 동일 대상을 알고 있으며, 그런 동일 대상에는 과거의 객아도 들어 있는데 그 객아에 대해서 동일한 반응을 일으키고, 그 객아를 나의 것이라고 부르고, 그것을 다른 것과 구별한다면 우리는 과거와 현재의 두 의식 상태에 기능적 동일성을 인정할 수 있을 것이다. 그 기능적 동일성이야말로 사고의 주체에서 인정할 수 있는 유일한 동일성이다. 제임스에 의하면, 주아는 어떤 방식으로 객아를 자기의 것으로 수용하는가 하는 문제와 자아가 변이를 일으키고 또 다양화를 가져오는가 하는 문제와 관련된다. 그는 전자의 문제와 관련하여 다음과 같이 말한다. 즉, "나의 현재의 객아는 따뜻함과 친근감을 가지고 느끼게 된다. 거기에는 나의 몸이라는 무겁고 따뜻한 덩어리가 있고 '정신적 객아'의 핵심이라는 친근한 활동감이 … 있다. 이들 두 개 중 어느 하나를 동시에 느끼지 않고는 나의 현재의 자아를 인식할 수가 없다."5) 아무리 먼 과거의 일이라도 신체적 따뜻함이나 정신적 친근성이 갖추어지면 그때 객아에 관련해서 경험했던 내면적 활동이 되살아나서 지금 따뜻하게 또 친근하게 느끼고 있는 자아와 동화하게 된다. 후자인 자아의 변이와 다양성에 관해서 제임스는 객아도 합성체인 만큼 성장하면서 변한다고 했다. 의식의 경과적 상태인 주아는 때로는 과거의 지식을 대부분 망각할 수도 있고, 어떤 부분을 잘못 재현하기도 한다. 그래서 주아가 동일하다고 하는 생각하는 객아와 과거의 객아가 다소 다를 수 있다. 그러나 항상 공통적인 성분이 보존되어서 상대적인 동일성을 유지한다.

다음에 검토하고자 하는 개념은 자아와 자아-정체성이다. 이 양자 사이에도 명확한 규정은 없다. 자아와 관련하여 우리는 두 가지 질문을 제기한다. 하나는 '나는 누구인가?(Who am I?)'이며, 다른 하나는 '나는 어떤 존재인가?(What am I?)'이다. 전자는 신분 확인과 동일성에 관한 질문이며, 후자는 정체성에 관한 질문이다. 전자는 자아에 관한 질문이고, 후자는 자아-정체성에 관한 질문이라고 생각한다. 자아에 관해서는 위에서 설명되었고, 자아-정체성 개념을 살펴보기로 하자.6) 정체성은 사회적 공동체 속에서 담당하게 되는 다양한 지위와

---

5) William James, *Psychology: Briefer Course*(New York: Henry Holt Co., 1982), p.203.
6) 정체성에 관한 아래의 설명은 김종길, 「사이버공간에서의 자아 인식과 복합정

역할의 일관성을 유지할 수 있도록 해주는 상징적 구조의 측면에서 이해된다. 에릭슨(Erikson)은 정체성을 동일성(sameness)과 연속성을 지닌 주관적 감각, 정신적·도덕적인 태도이자 그 사람을 타인과 구분할 수 있게 하는 특성이라고 정의하고, 인간이 자신의 존재를 고정적이고 안정적인 모습으로 볼 수 있을 때 '자아-정체성' 또는 '정체성'을 경험한다고 주장한다. 자아는 개인주의적 시각에 초점을 맞춘 개념이며, 정체성은 자아 규정에 대한 집단주의적 시각을 반영한 개념이다. 그래서 일부 학자들은 자아를 '개인적 정체성(personal identity)' 그리고 정체성을 '사회적 정체성(social identity)'이라고 부른다. 개인적 정체성이 개별 인간이 구체적인 속성으로서 본질적으로 친밀하고 지속적인 개인적 관계에서 발현되는 것이라면, 사회적 정체성은 개인이 사회적 범주의 구성원이 됨으로써 비로소 발현되는 일종의 집합적 서사(narration)이다. 한편, 버거(Berger)와 루크만(Luckman)은 개인적 정체성과 사회적 정체성의 구분은 인정하지 않는다. 그들은 정체성의 사회적 구성, 즉 개인적 정체성과 사회적 정체성이 유기적으로 어우러지면서 통합되는 과정에 주목한다. 현대사회에서 인간은 더 이상 절대자의 의지에 따라 결정되는 피동적이고 숙명적인 존재가 아니라 독립적으로 성장하고 발달하는 주체적 존재이다. 사회가 고도로 합리화되고 구조적 복잡성이 높아지면서 자아-정체성은 다기하게 분화되었으며, 더욱 이질적으로 변모했다. 이와 함께 개인은 점점 더 자주 상이한, 때로는 상충된 요구를 제기하는 복수의 역할을 수행해야 하는 곤혹스러운 상황에 직면한다. 현대인은 자신이 알고 있는 주위 사람들을 준거로 하여 자신을 다양한 종류의 자아로 분화시킨다. 단일한 정체성이 안정된 제도와 사회관계를 특징으로 하는 전통사회의 특징이었다면, 복수의 정체성은 현대사회의 한 특성인 것이다.

체성 수행」, 『사회이론』(2008년 봄/여름), p.207, p.209 참고.

이 책에서 사용하는 '서사적 자아'는 '서사적 정체성'으로 표현하는 것이 더 합당할 것이다. 서사적 자아는 개인적 자아라기보다는 사회적 자아이기 때문이다. 그러나 이 책에서는 '서사적 자아'로 통일하여 표현하고자 한다. 그 이유는 우선 사회적 정체성의 의미와 자아의 한 구성요소인 객아(me)와 큰 차이를 발견할 수 없으며, 이 책에서 다루는 서사적 자아와 도덕적 자아는 개인성(내지 인격성)(1인칭 시각)과 타자성(2인칭 시각), 그리고 사회성 내지 객관성(3인칭 시각)을 통하여 자아 관념을 분석하고자 하기 때문에, 그것들을 통합하는 개념으로서 '자아'라는 개념을 통일하여 사용하고자 한다. 그리고 '개인적 정체성' 또한 사회적 정체성과 대비하여 사용하지 않는 경우에는 '인격 정체성'으로 통일하여 표현할 것이다.

3. 서사 개념 설명

서사(narrative)는 "실재나 허구의 사건들과 상황들을 시간 지속을 통해 표현하는 것"[7]으로 규정된다. 그것은 다른 말로 스토리텔링(storytelling), 즉 이야기하기이다. 이야기를 할 때는 직접 보고 들은 사실을 말하기도 하고, 상상 속에서 무언가를 꾸미면서 허구를 말하기도 한다. 그리고 보고 들은 것을 말하면서도 그것에 대해 자신이 느낀 점을 함께 말하기도 하고, 허구를 말하면서도 정서와 배경에 대한 묘사는 사실적일 수 있다. 그 내용이 사실적인가 허구적인가의 문제를 넘어서 누군가에게 전하고 싶은 내용들을 전달하는 형식이 바로 서사 내지 이야기하기이다. 그러나 말하기들 모두가 서사인 것은 아니다. 이야기를 말하는 것이 서사인 것이다. 단순한 말하기, 즉 서술과 이야기를 말하기, 즉 서사는 구별되어야 한다. 서술은 지식과 정보의 내용

---

7) Gerald Prince, *Narratology: The Form and Function of Narrative*, 최상규 옮김, 『서사학』(서울: 문학과지성사, 1988), p.12.

을 단순하게 누군가에게 전달하는 행위이다. 그 내용을 나열하거나 묘사하거나 설명하는 것이 곧 서술인 것이다. 그러나 서사, 즉 이야기하기는 사건, 등장인물, 배경이라는 구성요소를 가지고 시작, 중간, 끝이라는 시간적인 흐름을 따르면서 말하는 것이다. 여기서 말하는 내용이 곧 '이야기(story)'이다. 이야기의 내용은 세 가지로 나눌 수 있다. 어떤 사물이나 사실, 현상에 대하여 일정한 줄거리를 가지고 하는 말이나 글, 자신이 경험한 지난 일이나 마음속에 있는 생각을 남에게 일러주는 말이나 글, 어떤 사실에 관하여, 또는 있지 않은 일을 사실처럼 꾸며 재미있게 하는 말이나 글 등이다. 이야기를 한다는 것은 말이나 글을 통해 이루어진다. 그런데 이야기의 내용이나 이야기하는 사람, 즉 화자 못지않게 그 이야기를 듣거나 읽는 사람, 즉 청자나 독자의 입장도 무엇보다 중요하다. 이야기하기는 그 이야기를 듣거나 읽는 사람의 입장에 따라 구성되기 때문이다. 그래서 동일한 지식과 정보를 가지고서도 수많은 다른 이야기들이 말해질 수 있다. 이야기하기는 맥락을 따르는 유연성을 지닌 말하기인 것이다.

그런데 이야기하기, 즉 서사는 시대에 따라 그 내용과 형식에서의 차이들이 명백하다. 이 점에 관해서는 『스토리텔링과 내러티브』가 자세히 논의한다. 그 일부를 요약, 정리하고자 한다.8) 서사는 근본적으로 구전 형식의 이야기하기에서 유래한다. 그것은 문자가 생기기 이전부터 즐기던 문화적 행위였다. 구전 시대의 이야기하기는 전래된 이야기라는 소재를 통하여, 표준화된 주제를, 공식화된 어구를 이용하여 전달한다는 점에서 규칙성을 띠고 있는 반면, 이야기를 하는 상황과 환경에 따라 이야기의 내용을 맥락과 연결시키고, 그러는 과정에서 큰 흐름에 대강 맞아떨어지기만 한다면 상황에 따라 이야기의 빈 구멍들을 메우기도 하고 들었던 다른 이야기들을 꿰어 맞추기도 하는 변주

---

8) 최예정 · 김성룡, 『스토리텔링과 내러티브』(서울: 글누림, 2005), pp.20-30.

의 성격을 지니고 있다. 구전 시대의 이야기하기는 문자의 등장과 함께 매우 새로운 성격을 지니게 된다. 구전 시대의 이야기하기는 상황에 따라 이야기의 세부 내용을 조금씩 바꿀 자유를 갖고 있는 대신, 전달된 이야기가 항상 신뢰할 수 없다는 점, 그리고 이야기는 기억에서 사라져 없어질 수 있다는 점, 이야기하는 사람이 이야기를 하는 순간까지는 가능태로만 존재할 뿐 어떤 실체가 없어 보인다는 점 등의 문제점도 동시에 안고 있었다. 그런데 문자가 등장하면서 이제 이야기는 언제라도 상황에 의해 바뀔 수 있는 것이 아니며 '작가'의 의도에 따라 정교하게 디자인된 작품이 되었으며 따라서 그의 의도에 따라 영구히 보존되어야 하는 것이 되었다. 한 걸음 더 나아가 문자의 도입은 가존의 구술문화에서의 이야기하기의 특징을 획기적으로 바꾸었다. 소리라는 매체에서 문자라는 매체로 매체가 변했다는 사실은 단순히 매체의 문제가 아니었다. 매체의 변화는 이야기의 내용과 전개 방식 전반에 걸쳐 완전히 혁신적인 새로운 변화를 가져왔다. 유연하고 변이될 가능성을 지닌 이야기가 어느 정도 고정된 이야기로, 기억에 의존하던 이야기가 기록되는 이야기로, 반복적이고 장황한 설명이 요약적이고 압축적인 설명으로, 보수적이고 전통적인 것이 혁신적이고 도전의 가능성을 지닌 것으로, 과장된 분위기가 진지한 분위기로, 감정이입적인 것이 객관적인 것으로, 상황적인 내용이 추상적인 내용 중심으로, 전래된 지혜로서의 공유재산인 이야기가 개인의 저작물로서 사유재산인 이야기로 변화되었다.

현대에서는 또다시 이야기하기의 새로운 매체들이 등장하였다. 그 새로운 매체들을 디지털이라는 용어로 정리할 수 있을 것이다. 디지털 기술의 발전은 새로운 이야기하기를 필연적으로 요구하게 되었다. 한 명의 이야기하는 사람이 한 명 내지 다수의 듣는 사람을 앞에 세우고 서사라는 이야기하기의 기본 원형을 중심으로 다양한 말투, 몸짓, 표정을 이용하여 청중들의 반응과 참여를 이끌어내면서 선형적(線形的)

으로 서사 구조를 진행시켜 가는 것이 전통적인 이야기하기의 형식이었다. 디지털 미디어 시대의 이야기하기에서는 반드시 한 명의 이야기하는 사람이 말할 필요가 없고, 동시적으로 여러 명의 이야기하는 사람들이 등장할 수도 있고, 한 명의 이야기하는 사람의 이야기에 대한 반응과 댓글, 이어 말하기, 동시에 말하기 등 다양한 형태로 이야기하는 사람은 등장하고 참여한다. 그리하여 이야기하는 사람과 이야기 듣는 사람의 구분이 더 이상 무의미한 상태에서 이야기가 말해지고 들려지게 된다. 그런 이야기하기에서는 정해진 결말이 있을 수 없다. 이야기, 그 이야기에 대한 댓글, 그 댓글에 대한 댓글의 형태로서 끝없이 댓글을 달아 갈 수 있다. 또한 기본적으로 존재하는 이야기의 골격에 끝없이 다른 결말을 상상하고 즐기고 다시 수정하고 만들어나갈 수 있기 때문에 결말을 낸다는 것은 어렵고 항상 오픈 엔딩의 형식으로 이야기의 끝은 열려 있다. 그리고 디지털이라는 미디어 매체를 통해 전달되는 내용은 오감을 모두 자극할 수 있기 때문에 음악, 음성, 이미지, 시각, 그리고 후각까지 포함하는 다양한 요소들과 이야기는 서로 연관된다. 이전의 서사에서는 이야기 내용이 중심을 이루었지만, 이제 다양한 오감적인 요소들이 중심을 이룰 수도 있다. 이야기가 다양한 요소들을 이끄는 중심 요소로 작용할 수도 있지만, 거꾸로 음악 혹은 이미지가 불러일으키는 생각들 때문에 이야기가 만들어지기도 한다. 디지털 이야기하기는 다감각성과 다매체성을 지닌다. 디지털 미디어를 매체로 이용하는 디지털 이야기하기에서는 미디어와 사용자 내지 미디어와 미디어 사이에 상호작용이 끊임없이 발생할 수 있다. 따라서 더 이상 저자가 독점적 주도권을 가질 수 없음은 당연하다. 그런 상호작용을 이해하기 위해서는 우선 인터넷의 하이퍼텍스트(hypertext)를 이해해야 할 것이다. 인터넷에서 정보를 검색할 경우, 제시된 모든 정보 모두를 처음부터 끝까지 차례대로 검색하는 사람은 거의 없다. 대강 훑어보고, 적합하다고 생각되고 흥미롭게 느껴지는 표제를 검색한다. 하이퍼텍스트는 인간 사고 양식을 닮은 점이 있다. 기본적으로 인간은 시간의 흐름에 따라 경험하거나 머릿속에서 경험을 재구성하기도 하지만, 또한 연상적인 사고 양식을 가지고 있다. 인간의 마음은 순차적으로 논리적으로 작동하는 것만은 결코 아니다. 그것은 연상적으로 작용할 수도 있다. 오감의 자극에 따라 자유롭게 연상하면서 시공의 한계를 극복한다. 이 점이 디지털 시대의 하이퍼텍스트가 사람들의 삶 속으로 스며들게 된 까닭일 것이다.

제 1 부

■ ■ ■

근대의 형이상학적 자아 관념 논쟁

오늘날 다양한 분야들에서 여러 학자들이 서사적 자아 관념들을 주장하고 있지만, 그 이론의 출발점은 근대의 형이상학적 자아 관념들이라고 생각한다. 우선, 고대나 중세에는 자아 관념에 대한 뚜렷한 논의들이 있지 않았다. '나' 내지 '자아'를 논의의 초점으로 등장시킨 것이 근대 형이상학이었다. 현대의 다양한 분야의 수많은 학자들이 근대의 자아 관념들의 장단점을 논의하는 과정에서 서사적 자아 관념이 등장하였다고 볼 수 있다. 그런데 서사적 자아 관념의 주된 특징은 두 가지로 요약할 수 있을 것이다. 그 하나는 실천적 자아 관념이라는 점이다. 자아 내지 자아-정체성을 선험적 실체로 간주하기보다는 삶 내지 실천적 행위들을 통해 구성되는 것으로 이해한다는 점이다. 또 다른 하나는 자아의 구성은 1, 2, 3인칭의 시각들에서 이루어진다고 주장한다는 점이다.

개인의 1인칭적, 심리적 시각은 인격적 정체성과 행위의 본질적 구성요소이다. 그래서 개인이 원기가 왕성한 1인칭 시각을 시행하는 능력을 '자아'라고 부른다. 1인칭 시각은 반성적 자각을 가진다. 그래서 '당신은 누구인가?'라는 질문에 적절하게 인정하고 대답할 수 있다. 1인칭 시각을 시행할 수 있는 개인이 행위 주체(agent)인 것이다. 자신이 누구인지를 물을 수 있는 행위자에게 '정체성'과 '자아'라는 말을 사용할 수 있다. 어떤 사람이 누구인지 그리고 어떤 사람이 무엇을 해야 하는지는 동일한 동전의 양면인 까닭이 여기에 있다. 자아는 본질적으로 서사적으로 표명된 자기-구성과 자기-이해의 '활동'인 것이다. 일관적인 반성적 자기-이해는 체현되고 사회화된 자아의 세 가지 구성적 시각들을 통합할 수 있는 모델을 요구한다. 그 유일한 모델이 서사적 자아이다. 한 개인이 '실제적으로' 그의 삶을 하나의 서사로 경험하는지는 경험적 질문이다. 그래서 서사적 일관성은 행위자, 도덕적 자아, 그리고 궁극적으로 하나의 좋은 삶에 중요한 것이다.

따라서 1부에서는 최초로 자아를 실체로 간주하였고 1인칭의 시각에서 자아를 설명했던 데카르트의 '생각하는 자아' 관념과, 의식하거나 지각하는 주체를 실체로 간주하는 관점을 비판하면서, 의식하고 지각하는 주체와 객체에 대한 논의들을 통해 자아 관념을 설명하고자 했던, 즉 1, 2인칭의 시각들에서 자아를 설명했던 로크의 기억 이론과 흄의 '지각의 다발'로서의 자아 관념을 다루고자 한다. 그리고 이 세 철학자들의 관점들을 모두 비판하면서 자기의식(내지 통각)과 '초월적 자아' 관념을 제시한, 그래서 1, 2, 3인칭의 시각들 모두를 고려했던 칸트의 통각과 '초월적 자아' 관념을 먼저 다루고자 한다.

제 1 장

데카르트의 '생각하는 자아(cogito)'

개인(person) 내지 자아의 본성에 관한 철학적 논의의 초점은 종종 '자아는 하나의 실체인가?'라는 질문이다. 이 질문은 '자아는 순수한 자아이거나 하나의 주체인가?'라는 질문으로 대체되기도 한다. 데카르트(René Descartes)는 개인 내지 자아는 실체라고 말한다. 한 개인이 하나의 실체라는 주장은 때때로 한 개인이 사고와 경험의 주체라는 말로 표현된다.

데카르트에 따르면, 철학의 제1원리 내지 자명한 원리를 발견하기 위한 방법적 회의를 수행하는 동안 결코 회의할 수 없는 하나의 사실이 자명해진다. 즉, 그것은 모든 것을 회의할 수 있지만 회의한다는 사실만은 회의할 수 없다는 것이다. 회의한다는 것은 일종의 생각하기이다. 모든 회의와 생각의 내용들이 자명한 것일 수는 없지만 회의하고 생각하는 활동만은 절대 부정할 수 없다는 것이다. 결국, 생각하는 모든 것은 존재한다는 것이다. 그래서 생각하는 내가 존재한다는 것은 자명한 원리라는 것이다. 즉, "나는 생각한다. 그러므로 나는 존재한다." 여기서 생각한다는 것은 자기의 확실한 본질적 속성이다. 생각함을 통해서만이 자기의 존재가 확인될 수 있기 때문이다. 결국 그가 말하는 자아는 생각하는 실체이다. 자아는 생각하는 것 외 그 무엇에도 의존하지 않고 존재하는 실체이다. 그래서 그는 "나는 생각한다. 그러므로 나는 존재한다."라는 유명한 명제를 표현한다. 나의 존재는 나의 생각을 통해서만 확인되는 것이며, 나의 존재하는 본질 자체가 나의 생각이라는 것이다. 나의 생각이 나의 본질이며 나의 속성이라는 것이다. 그의 말을 직접 들어보자.

나는 생각이 나에게 속하는 하나의 속성이라는 것을 발견한다. 생각만은 오로지 나로부터 떼어 놓을 수 없는 것이다. 나는 있고, 나는 존재한다. 이 점은 명백하다. 그러나 얼마 동안 명백한가? 다만 내가 생각하고 있을 때에만 명백하다. 왜냐하면 내가 완전히 생각하기를 멈춘다면 동시에 내가 존재하기도 멈추고 말 것이기 때문이다. 나는 필연적으로 진실인 것 이외에는 아무것도 인정하지 않는다. 그래서 나는 정확히 말하면 생각하는 것, 즉 하나의 정신, 오성 또는 이성이다.[1]

데카르트가 말하는 자아는 정신으로서의 나, 생각하는 주체로서의 나이다. 나는 내가 나 자신을 반성적으로 의식할 수 있을 때 존재한다. "생각하는 것이란 무엇인가? 그것은 의심하고 이해하고 긍정하고 부정하고 원하고 원하지 않으며, 또한 상상하고 느끼는 그런 것이다." (Descartes, 1952, p.79) 생각한다는 것은 의심하고 지각하고 바라고 판단하는, 의식 활동 전체를 가리킨다. 나의 존재는 생각을 통해서 확인되며, 존재하는 나의 본질 자체가 생각이라는 것이다. 나에 의해 의심되고 지각되고 판단된 모든 것들은 모두 거짓일 수 있다. 그러나 생각 내지 의식 활동이 존재한다는 것만은 확실하다. " '나는 있다. 나는 존재한다.'라는 명제는 내가 그 명제를 말할 때마다, 또는 정신적으로

1) René Descartes, *Meditations on the first philosophy*, meditation II, Great Books of the Western World, 31. Descartes/Spinoza(Encyclopedia Britannica, Inc., 1952)(이후에는 본문 속에 Descartes, 1952로 표기함), p.79.

그 명제를 파악할 때마다, 필연적으로 참이라고 결론을 내려야 한다." (Descartes, 1952, p.78) "나의 존재는 생각 밖에 스스로 존립하는 것이 아니라 오직 생각 속에서, 생각의 힘으로서만이 정립된다. 그러므로 나로부터 생각을 제거해 버린다면, 그때는 나도 더 이상 존재할 수 없다. 나는 오직 생각하는 한에서만 존재하는 것이다. 나에게 있어서 생각과 있음은 완벽히 일치한다. 그리고 데카르트에 따르면, 오직 나 속에서만 생각과 존재의 동일성이 의심할 수 없는 명증성 속에서 확보된다. 나 이외의 모든 대상적 존재자들에 관해서 보자면, 그것들은 모두 나에 의해 생각되는 것들이기는 하되, 어떤 경우에도 생각의 활동 그 자체가 곧 있음의 정립과 같은 것이 되는 유일한 경우가 바로 나이다. 그리하여 나 속에서, 오직 나 속에서만 생각과 있음은 같은 것이다."2)

데카르트가 말하는 생각하는 실체로서의 자아는 육체와 감정이 깨끗하게 제거된 이성의 자아이다. 그런 자아는 스스로에게 투명한 그림자 없는 자아이다.

나는 나의 눈을 감고, 나의 귀를 막고, 모든 나의 감각들을 멀리할 것이다. 나는 나의 생각에서 물체들의 영상들을 모두 지울 것이며, (불가능한 일이겠지만) 적어도 나는 모든 그러한 영상들을 공허하고 거짓된 것으로 간주할 것이다. 그래서 나는 오직 나 자신과 대화하고, 나 자신을 더욱 깊게 검토할 것이다. 그리고 나는 조금씩 나 자신에 관한 좀 더 나은 지식을 나 자신에 더욱 친근해지도록 노력할 것이다. 나는 하나의 생각하는 것이다. 즉, 의심하고, 긍정하고, 부정하고, 조금은 이해하지만 많은 것은 모르며, 사랑하고, 미워하며, 원하기도 하고, 원하지 않기도 하고, 상상도 하고, 느끼기도 하는 어떤 것이다. 왜냐하면 내가 앞에서 말한 것처럼, 느끼고 상상하는 물체들이 나의 밖에서, 그리고 그 물체들 자체 내에서는 아무것도 아니라고 할지라도 내가 감정이

---

2) 김상봉, 『자기의식과 존재사유』(파주: 한길사, 1998), p.120.

나 상상이라고 부르는 이 생각하는 방식들은 오직 생각하는 방식들로 서 나 자신 안에 확실히 존재하며, 발견된다는 것을 확신하기 때문이다 (Descartes, 1952, pp.81-82).

그가 강조하는 것은 몸과 정신의 분리이다. 그는 '자연적' 현상과 '초자연적' 현상 사이, '물질적' 그리고 '형이상적' 범주 사이의 본질 적 차이를 강조한다. 그는 분명히 몸과 정신 간의 내재적 관련성을 알 고 있었다. 그는 몸과 정신은 '밀접하게 연결됨'을 주장한다. 그는 보 트를 타는 사람이 보트 속에 있는 것처럼, 우연적으로 제거될 수 있게 영혼이 우리 몸속에 있다고 생각하지 않는다. 몸과 정신 사이에는 어 떤 관계가 있어야 한다는 것이다. 그래서 그는 '송과선'이라는 특정 기관을 통해 몸과 정신의 연결을 가정하였다. 그러나 물질과 정신을 실체로 간주하는 철학에서 정신이면서 물질인 것은 있을 수 없다.

몸/정신 이원론에 연관되는 것은 자아와 타자의 분리이다. 데카르트 에게 있어, 세계는 의식 밖에 있고, 감각 경험을 포함하는 의식은 세 계 밖에 있다. "그는 몸으로부터 정신을 분리시킬 뿐만 아니라 다른 개인으로부터 한 개인을, '당신'으로부터 '나'를 분리시킨다. 그가 말 하는 자아는 어떤 다른 자아와 '직접적인' 의사소통을 가지지 않는다. 이런 관점에서는 자각이 세계에 대한 깨우침에 선행한다. 우리는 다 른 어떤 것을 반드시 알지 않고서도 우리 스스로를 알게 된다. 그는 이른바 외부 세계의 실존을 부정하지 않고, 심지어 의심하지 않지만, 그것이 우리에게 '직접적으로' 접근이 가능한 것은 아니라고 주장한 다. 그것의 실존은 개연적일(probable) 따름이다. 그것은 입증되어야 한다."3) 입증이 필요하다는 사실은 거리를 두어야 한다는 것이다. 그 가 말하는 실체는 자연의 법칙에 따라 외부 세계에서 일어나는 것이

---

3) Hubert J. M. Hermans and Harry J. G. Kempen, *The Dialogical Self* (California: Academic Press, Inc., 1993), p.3.

며, 실체에 대한 일상적인 경험은 세계 속에서 '나에게' 일어나는 것이다.

데카르트는 생각과 있음(존재)이 나 속에서 일치한다고 생각한다. 그것은 곧 생각이 나의 본질적 속성이라는 것이다. 내가 생각하지 않는 순간 나의 존재 또한 사라진다는 것이다. 이런 방식으로 생각을 나의 본질적 속성으로 간주하면서 그는 역사 속에서 처음으로 '나'를 문제로 삼았고, 자아를 발견하였다. 그 이전 고대, 중세의 형이상학은 '나'를 도외시해 왔으나 데카르트와 함께 '자아'가 존재론의 근본 범주로 등장한 것이다. 데카르트는 '생각하는 자아'가 명석하게 통찰하는 것들은 모두 진실이라고 주장한다. 우리가 하나의 집을 바라보면서 의식에 그 집의 표상이 명석하게 그려진다면, 그 표상은 전혀 의심할 수 없다는 것이다. 그 의식에 주어진 표상에 대한 판단은 항상 진실이라는 것이다. 그러나 명석하게 주어져서 진실로 인식된 것은 의식에 내재하는 표상일 뿐이다. 그것을 넘어서 의식 외적인 사물은 의식에 확실하게 주어진 것이 아니다. 의식 내의 표상과 의식 외의 사물 자체가 구분된다. 이는 곧 의식의 내면과 외면, 주관과 객관, 표상과 실재의 이원적 구도를 말해 주는 것이다. 이는 근대 철학의 주 흐름인 객관적 세계와 주관적 표상의 세계라는 이중적 세계관이었다. 그러나 주/객 분리에서 시작하는 이원론이 해결해야 할 철학적 문제들은 다음과 같다.

생각하는 자아만큼 확실한 것인 생각된 것이 객관적인 연장적 사물 세계 자체가 아니라 단지 그것에 대한 우리의 주관적 표상에 지나지 않는 것이라면, 그래서 생각하는 실체와 연장적 실체 사이에 어떤 공통성도 매개성도 찾아지지 않는 것이라면, 다시 말해, 정신과 물질이 각각의 실체로서 각자의 원리에 따르는 서로 무관한 것이라면, … 그 둘이 영혼과 신체로서 상호 관계하며 화합할 수 있는가? … 생각하는 자아와 생각하는 활동만큼 그 생각의 대상이 확실하다고 해도, 그렇게 확실한 생각의 대상이 객관 세계에 속하는 사물 자체가 아니라 주관적인 생각된 표상에 그치기 때문에, 확실성의 영역은 의식 내재적 영역을 벗어나지 못하며, 의식 외적 실재성은 전혀 확보되지 않는다. 이와 같이 데카르트에게 있어 확실성의 자아는 외적 세계와 분리된 의식 내면에 밀폐된 자아, 유아론적 자아인 것이다."4)

데카르트의 '생각하는 자아' 관념은, 자아 자체를 인정하지 않았던 고대와 중세의 형이상학에서 자아의 존재를 인정하고 자아를 존재론의 근본 범주로 인정한 것은 획기적인 관점이었지만, 역설적으로 '생각하는 자아'는 유아론적 자아, 즉 1인칭(first person)의 시각에서의 자아만을 인정한다는 것이다. 그것은 존재론에 부정적인 영향을 미쳤다. 생각이 나의 배타적 속성이 되었다는 것은 그것이 더 이상 존재의 보편적 지평이 될 수 없음을 의미하기 때문이다. "생각은 오직 마음의 일이며, 나의 마음을 벗어나면 그것은 어디에서도 스스로 존립하지 않는다. 즉, 오직 나의 마음속에서만 생각은 발생하는 것이다. 그러나 데카르트에 따르면, '나'는 결코 존재의 보편적 지평은 아니다. 왜냐하면, '나' 역시 하나의 실체 혹은 하나의 존재자 혹은 하나의 사물에 지나지 않기 때문이다. 따라서 '나'는 존재가 오직 그 속에서만 실현하는 존재의 근원적 지평이 아니다. 그리고 생각이 '나'에게 귀속되는 배타적 속성인 한에서, 그것 역시 존재의 보편적 지위를 상실한다. 생각은 이제 존재 일반의 보편적 진리가 아니라 오직 나의 존재의 진리일 뿐이다. 나는 생각 속에서 존재한다. 그러나 오직 나만이 생각 속에서 존립한다. 이에 반해 물체는 생각 밖에서 스스로 존립한다. 그것의 존재는 생각과 관계없이 생각의 지평 밖에서 스스로 존재한다. … 따라서 생각이 존재의 지평이요, 존재의 근원적 진리라는 것은 물체의

---

4) 한자경, 『자아의 연구』(서울: 서광사, 1997), p.29.

경우 전혀 해당하지 않는다. 결과적으로 데카르트의 경우 생각은 더 이상 존재의 보편적 진리가 아니다."5)

---

5) 김상봉, 앞의 책, p.122.

제 2 장

로크의 자아 정체성과 의식

　개인 정체성과 자아에 관한 철학적 연구의 중심을 이루며, 특히 도덕적 자아에 관한 연구와 연관되는 주요한 철학자들은 로크, 흄, 그리고 칸트이다. 이들의 관점은 인격 정체성과 도덕성에서 기억, 상상, 이성에 주어지는 역할들과 관련하여 계속 철학적 논쟁들을 불러일으켰다. 자아가 하나의 실체라는 관점에 의문을 제기한 최초의 중요한 철학자는 존 로크(John Locke)였다. 로크는 데카르트의 '생각하는 자아'를 문제없는 것으로 수용한다. 그러나 실체로서의 자아 관념에 대해서는 회의적인 입장을 가진다. 실체론을 회의하는 입장에서 로크는 인격 정체성의 문제를 자세히 설명한다. 그는 데카르트가 말한 생각하기와 의심하기 등의 반성 내지 의식이 인격 정체성의 본질이라고 생각한다.
　로크는 경험론자로 알려져 있지만, 개인적 정체성에 관한 그의 설명은 경험론적이 아닌 중요한 종교적 그리고 도덕적 관심들에 의해 이루어진다. 그는 영혼(soul)의 동일성을 결정하는 형이상학적 문제에 초점을 두기보다는, '한 개인이 시간이 지남에 따라 어떻게 동일한 것으로 남는가?'라는 실제적 문제에 초점을 두었다. 그는 개인들이 육체적 죽음보다 오래 생존할 수 있고, 신 앞에서 그들의 사고들과 행동들에 책임을 질 수 있다는 설명을 한다. 그의 설명은 "환생과 신적인 판단이라는 생각들과 조화를 이룬다."[1] 그는 영혼에 바탕을 두는 인격 정체성 이론의 문제들을 피해 간다. 즉, 망각이나 잠자기 등 생각하기가 이루어지지 않는 곳에서 생각하는 것(thinking thing)이 존재할 수 있는가의 문제를 해결한다. 망각이나 잠자기는 영혼의 지속적인 현전을 확인하기 힘들게 하지만, 한 개인이 '동일한 의식(same consciousness)'을 가지고 있는지를 결정하는 데에는 문제를 거의 일으키지 않는다. 우리는 우리 의식들 — 사고들과 기억들 — 의 모두를 가지는 때는 없다. 그리고 우리는 망각할 수도 있고, 기억이 정확하지 않을 수도 있다. 또한 우리는 잠을 자고 우리 자신에 관한 의식을 상실할 수도 있다. 이런 의식의 장애들은 '생각하는 실체'에 의문을 던지게 한다. 그것은 때때로 그것의 과거 의식과 단절하고 다시 그것에 복원되기도 하기 때문에 실체로 인정되기 곤란할 것이다. 그러나 비물질적 실체의 그런 운동은 누군가가 동일한 개인인지 아닌지에 의심을 던지지 않는다. 의식만이 먼 경험들을 동일한 개인 속으로 통합할 수 있기 때문이다. 누군가가 자신의 이전 감정들, 생각들, 그리고 행위들을 '내부로부터' 자신의 것으로 소유할 수 있다면, 의식의 장애들이 자신의 인격 정체성을 방해하지 않을 것이다. 로크에 따르면, 하나의 대상이 그 자체로 동일할 때 동일한 정체성을 가진다. 우리가 특정한 시간과 장소에 존재하는 것으로서 어떤 것을 생각하게 될 때, 우리는 그것을 다른 시간에 존재하는 그것 자신과 비교하게 되고, 그것으로부터 우리는 정체성의 관념을 가지게 된다.

우리는 동일한 종류의 두 사물들이 동일한 곳에 동일한 때에 존재할 것이라는 점을 결코 발견할 수 없으며, 그것이 가능하다고 생각할 수도

---

1) Raymond Martin, "Locke's Psychology of Personal Identity", *Journal of the History of Philosophy*, 38:1(2000), p.45.

없기 때문에, 우리는 어느 때, 어느 곳에서 무엇이 존재하건 그것은 동일한 종류의 모든 것들을 배제시키고 그 자체가 혼자 존재한다고 결론을 내린다. 그러므로 우리가 어떤 것이 동일한 것인지 아닌지를 물을 때, 그것은 항상 그런 때에 그런 곳에서 존재하였던 어떤 것을 가리킨다. 그 순간에 명백한 것은 다른 어떤 것이 아니라 그 자체와 동일한 것이다. 따라서 하나의 사물이 존재의 두 시작들을 가질 수 없으며, 두 사물들이 하나의 시작을 가질 수도 없다. 동일한 종류의 두 사물들이 동일한 순간에 동일한 곳에 존재한다거나 하나의 동일한 사물이 서로 다른 곳에 존재한다는 것은 불가능한 일이다. 그러므로 하나의 시작을 가졌던 것이 동일한 것이며, 시간과 장소에서 그것과는 다른 시작을 가졌던 것은 동일한 것이 아니고 다양한 것이다.2)

로크는 지속하는 사물들을 무생물 덩어리와 생명체로 구분하여 다음과 같이 설명한다(Locke, 1952, §§4-5, p.220 참고). 동일한 원자들로 구성된 덩어리는 동일한 덩어리, 동일한 물체이다. 만약 그 원자들 중 하나가 제거되거나 새로운 원자가 첨가된다면 더 이상 동일한 덩어리, 동일한 물체일 수 없다. 그러나 생명체의 정체성은 동일한 부분들의 덩어리가 아니라 다른 어떤 것에 의존한다. 그 생명체의 큰 뭉치의 변화가 정체성을 바꾸지 않는다. 한 그루의 떡갈나무는 작은 묘목에서 큰 나무로 자라면서 가지들이 잘라 내어지더라도 여전히 동일한 떡갈나무이다. 한 마리의 망아지가 말로 성장하면서 때로는 살이 찌고 때로는 말라도 늘 동일한 말이다. 생명체의 정체성도 식물, 동물, 인간으로 나누어 설명될 수 있다. 물체 덩어리는 부분들의 결합에 불과하지만 떡갈나무는 조직들이 일정한 방식으로 배열되어 그 부분을 구성한다. 줄기, 가지, 잎 등을 생성시키고 유지시킬 수 있도록 영양을 공

2) John Locke, *An Essay Concerning Human Understanding*, Great Books of the Western World, 35. Locke/Berkeley/Hume(Encyclopedia Britannica, Inc., 1952), book II, chap. XXVII, §1(이후에는 본문 속에 Locke, 1952로 표기함), p.219.

급하고 받아들일 수 있게 만들어진 그 부분들의 조직이 식물의 삶을 지속시킨다. 그래서 그런 특정 조직 체계가 유지되어, 하나의 식물 개체의 생명을 지속시키는 한 그것이 질료상의 변화를 겪더라도 동일한 식물이라고 부른다. 그리고 한 마리의 동물을 동일한 동물로 만드는 것은 무엇인가? 로크는 동물과 유사한 것으로 시계를 예로 든다. 시계는 어떤 목적을 위하여 부분들을 적합한 방식으로 조직한 것이다. 그것은 충분한 힘이 외부로부터 가해졌을 때 움직인다. 만약 우리가 이런 기계를 하나의 지속적인 신체로 가정하고, 그것의 구성부분들이 눈에 띄지 않을 정도로 조금씩 수리되고 증가되고 줄어든다고 생각해 본다면, 기계에게서 동물과 유사한 점을 발견할 수 있다. 동물 신체의 세포 교환과 마찬가지로 기계 역시 끊임없이 마모되고 교환된다. 그러나 동물과 기계의 차이도 있다. 기계는 외부로부터 힘을 받아 작동하는 반면, 동물의 움직임은 내부로부터 이루어지며, 살아 있는 유기체의 총체적인 활동인 것이다. 그런데 사람의 정체성도 동물의 정체성과 유사하다. 사람의 정체성 또한 지속적으로 부유하는 물질 입자들이 동일한 유기체에 연속적으로 결합하면서, 동일한 지속적 삶에 참여함으로써 이루어진다. 그러나 사람의 정체성은 동물의 정체성의 경우에서처럼 유기체에 연속적으로 결합하는 물질 입자에 의한 것이 아니다. 여러 사람들이 몇 개의 물질 입자들을 공유할 수 있지만, 그들이 동일한 사람이 아님은 확실하다. 사람의 정체성은 물질적 신체 이상의 어떤 것에 있다. 그러나 사람의 정체성이 영혼에 있는 것은 아니다. 만약 영혼의 동일성만이 동일한 사람을 만든다면, 동일한 개별적 정신이 두 개의 다른 신체와 결합되지 않을 이유가 없고, 따라서 서로 멀리 떨어진 시대에 살았고, 상이한 기질을 가진 사람들이 동일한 사람이 될 가능성도 충분히 있을 것이다. 전생이라는 것이 있어서 짐승으로 다시 태어난다는 윤회가 정말 있을 수 있는 일인지는 확신할 수 없지만, 로마 황제 엘라가발루스의 영혼이 한때 그가 키우던 돼지들 중 한 마리의 것이었음을 확신할 수 있더라도, 그 돼지가 로마 황제였다고 말할 수는 없을 것이다.

로크는 사물에 대한 우리의 관념이 다르다면, 거기에 대한 우리의 정체성 관념도 달라진다고 생각한다. 그리고 우리는 우리 자신에 대해 사람(man)과 인격(person)이라는 상이한 두 가지 개념을 가진다고 말하면서, 사람의 정체성과 인격 정체성을 구분하여 설명한다. 한 사람은 한 인격(내지 개인)과는 다르다는 것이다. 그는 우선 동일한 사람(same man)을 다음과 같이 설명한다(Locke, 1952, §6, p.221 참고). 한 동물은 하나의 유기체이다. 그리고 결과적으로 동일한 동물은 동일한 지속적인 생명이다. 그러나 고양이나 앵무새보다 더 많은 이성을 가지고 있지 않은 사람도 '사람'으로 불릴 것이며, 고양이나 앵무새가 담화하고 추론하고 철학한다고 할지라도 오로지 고양이나 앵무새로 부르거나 생각할 것이다. 말하자면, 한쪽은 우둔하고 이성적이지 못한 사람이며, 다른 한쪽은 아주 영리하고 이성적인 앵무새이다. 모리스(Maurice) 왕자가 브라질에 있을 때, 말을 하는 앵무새를 보았다. 이 앵무새는 단지 말만 할 줄 아는 것이 아니라 물음에 답하기도 하고, 물음을 묻기도 하며, 추론할 줄 아는 것 같았다. 우리는 이 앵무새를 사람이라고 할 수 있겠는가? 물론 이 앵무새는 영리하고 이성적이지만 사람이라고 부를 수는 없을 것이다. 사람은 단지 이성적인 존재만을 의미하는 것이 아니라 특수한 형태의 어떤 지속적인 신체를 가지고 있어야 한다고 믿기 때문이다.

한 사람은 하나의 신체로 형성된 하나의 이성적 존재이지만, 하나의 인격은 하나의 의식이며, 동일한 의식을 통해 인격 정체성이 이루어진다. 그는 하나의 인격을 다음과 같이 설명한다.

나는 인격이란 생각하는 지성적 존재라고 생각한다. 그것은 이성과 반성을 가지고 있으며, 자체를 자체로, 서로 다른 때와 곳에서 동일한 생각하는 존재로 생각할 수 있다. 그것은 생각하기와 분리될 수 없고, 생각하기에 본질적인 것으로 여겨지는 의식(consciousness)에 의해서 가능할 따름이다. 즉, 누구도 자신이 지각하고 있음을 '지각'하지 않고 지각한다는 것은 불가능하다. 우리가 어떤 것을 보고, 듣고, 냄새를 맡고, 맛을 보고, 느끼고, 생각하고, 의도할 때, 우리는 우리가 그렇게 하고 있음을 안다. 따라서 그것은 우리의 현재의 감각들과 지각들에 관한 것이다. 그리고 모든 사람은 이 지각에 의해 그 자신에게 그가 '자아'라고 부르는 것이다. 즉, 동일한 자아가 동일한 실체에서 혹은 다른 실체에서 지속될 수 있다. 동일한 실체의 문제가 동일한 자아의 문제와는 관련이 없다. 왜냐하면, 의식이 항상 생각하기와 함께하며, 모든 사람을 그가 자아라고 부르는 것이 되게 만드는 것은 의식이기 때문이다. 따라서 그를 다른 생각하는 것들로부터 구분 짓는 것도 의식이다. 유일하게 의식만이 인격 동일성, 즉 이성적 존재의 동일성을 구성한다. 그리고 이런 의식이 과거의 행위와 사고에 뒤로 미치는 한, 그 인격의 정체성도 거기로 도달한다. 그것은 지금도 그때도 동일한 자아인 것이다. 지금 그 행위에 관해 생각이 미치는, 이런 현재 자아와 동일한 자아에 의해서 그 행위가 행해졌던 것이다(Locke, 1952, §9, p.222).

데카르트는 생각하는 실체, 곧 정신이 자아-정체성 내지 자아라고 주장했다. 로크 또한 자아의식에 큰 관심을 보인다. 그러나 로크는 내적 의식에 의해 자아 관념을 가지는 것은 사실이지만, 이 내적 의식이 불변의 실체가 아니라고 주장한다. 인격 정체성이 실체가 아님은 두 가지 점에서 해명될 수 있다. "하나는 실체가 변화하여도 동일한 인격일 수 있다는 점이며, 다른 하나는 실체가 동일하더라도 그에 부가되는 두 개의 서로 다른 인격이 있을 수 있다는 점이다."[3]
로크는 생각하는 실체들이 변화하더라도 하나의 인격이 있을 수 있는지를 검토한다(Locke, 1952, §13, p.223). 동일한 생각하는 실체(오

---

3) Henry E. Allison, "Locke's Theory of Personal Identity: A Re-examination", *The Journal of the History of Ideas*, vol. 27(1996), p.45.

로지 생각만 하는 비물질적 실체라고 생각이 되는)가 변화된다면, 그것이 동일한 인격일 수 있는가? 로크는 한 실체에서 다른 실체로 동일한 의식이 전이될 수 있다면, 실체가 변하더라도 동일한 자아가 존재할 수 있다고 주장한다. 동일한 실체이든 상이한 실체이든 동일한 의식만 보존된다면, 인격 정체성은 보존될 수 있기 때문이다. 따라서 어떤 지적인 존재가 영혼이 바뀌더라도 그가 처음에 소유했던 동일한 의식을 가지고 어떤 과거 행위의 관념을 반복할 수 있고, 동일한 의식을 가지고 현재 행위를 할 수 있다면, 그는 동일한 인격을 가진 자아인 것이다. 그래서 시간적으로 멀리 떨어져 있거나, 잠을 자거나, 실체가 바뀌어도 인격 정체성은 보존될 수 있다. 다음에 그는 동일한 비물질적 실체가 유지되더라도 서로 다른 두 인격들이 있을 수 있는가를 검토한다(Locke, 1952, §14, pp.223-224). 로크가 다루는 것은 영혼 불멸론자들이 생각하는 윤회와 같은 것이다. 윤회를 주장하는 사람들은 신체가 죽더라도 비물질적 실체, 즉 영혼이 멸하지 않고 다음 삶의 동일한 주인이 된다면, 그것은 동일한 인격이라고 생각한다. 그러나 그 영혼은 자신의 전생에 대해 전혀 기억하지 못한다. 전생의 삶을 전혀 기억하지 못하는 사람을 동일한 사람으로 부를 수 없다. 이런 로크의 관점은 비물질적 실체, 즉 영혼이 동일하게 지속된다고 하여 동일한 인격이 유지된다고 볼 수 없다는 것이다.

인격 정체성의 기준은 물질적 실체, 즉 신체가 될 수 없다. 영혼뿐만 아니라 신체도 한 사람을 형성하는 데 참여한다. 로크는 이 점을 보여주기 위해 다음의 예를 제시한다(Locke, 1952, §15, p.224). 자신의 과거 생활에 관한 의식을 가지고 있는 왕자의 영혼이 구두 수선공의 신체로 들어가서 그것을 형성한다고 하자. 왕자의 영혼이 떠나자마자, 모든 사람은 구두 수선공이 왕자와 동일한 '인격(person)'이라고 볼 것이다. 그러나 누가 그를 왕자와 동일한 '사람(man)'이라고 말할 것인가? 신체 역시 그 사람을 만드는 데 참여한다. 반면에 영혼은 또 다른 사람을 만들지 않을 것이다. 그러나 그는 자신을 제외하고 모든 사람들에게 동일한 구두 수선공일 것이다. 모든 사람들이 신체만을 보고 구두 수선공이라고 할지라도 왕자의 기억을 가진 구두 수선공 본인은 자신을 왕자로 생각할 것이다. 다른 사람들이 그를 구두 수선공이라고 할 때는 '사람으로서 구두 수선공(cobbler as man)'을 의미한다. 그러나 '인격으로서 구두 수선공(cobbler as person)'은 의식의 동일성에 있다. 로크에게는 인격이 자아이다. 구두 수선공의 신체를 가진 자가 왕자로 생각하는 것은 반성을 통해서이다. 자아란 그 실체가 무엇으로 구성되었든 고통이나 쾌락을 느끼거나 의식할 수 있고, 행복과 불행을 의식하는, 사고하는 것이다. 이런 자아는 우리에게 직접 의식되며 신체의 매개를 전혀 요구하지 않는다. 동물과 구별되는 개념으로서 인격을 말한다면 의식을 동반하는 생각하는 존재임을 의미할 것이다. 그래서 로크는 자아를 만드는 것은 오로지 의식일 따름이라고 말한다. 의식을 통해 시간상 멀리 떨어진 존재가 하나의 인격으로 통합될 수 있는 것이다.

인격 정체성의 유일한 기준은 의식 내지 기억에 있다. 의식만이 따로 떨어진 현존들을 통합하여 하나의 동일한 인격으로 만든다. 실체의 정체성은 그렇게 하지 않는다. 무슨 실체가 존재하든, 의식이 없다면 어떤 인격도 있을 수 없다. 의식이 과거의 행동이나 생각에 미치는 한, 그 인격 정체성은 보장된다. 그런데 과거를 의식한다는 것은 기억한다는 것이다. 내가 반성적으로 의식하고 기억할 수 있는 경험은 나에게 일어난 일이며, 그 기억을 통해 과거의 나와 현재의 나는 결합될 수 있다. 개인적 기억이 과거의 행위나 사고에 미칠 때 인격 정체성은 형성될 수 있다는 것이다.

로크가 말하는 의식은 복잡하고, 정서적이고, 평가적인 구성요소들을 포괄한다. 이 점과 관련하여 그는 말한다. 즉, "그의 육체의 수족들은 모든 사람에게 그 자신의 한 부분이다. 그는 그것들에 동정하고 관심을 가진다."(Locke, 1952, §11, p.222) "모든 사람은 그의 행복과 불행에 관심을 가진다. 하나의 자아는 쾌락과 고통에 감각적이고 행복하고 불행할 수 있다. 그래서 그 의식이 확장되는 범위 내에서 그것은 '자아'에 관심을 가진다."(Locke, 1952, §17, p.225) "한 개인은 과거 행위들에 관심을 가지고 그리고 책임을 질 수 있고, 그 행위들을 소유하고 그 자체의 탓으로 돌린다."(Locke, 1952, §26, p.227) 로크는 일반적인 언어, 사회적 관행들, 그리고 제도들에서 사용하는 '인격'의 의미를 제시한다. 그에 따르면, "한 사람과 한 인격의 구분은 법정에서 인정된다. 그것은 미친 사람의 과거 행위들에 대하여 지금은 정상적인 동일한 사람에게 죄를 주지 않는다. 그러나 동일한 사람을 두 구분되는 개인들로 간주한다."(Locke, 1952, §20, p.225)

또한 로크는 의식의 반성적 성격을 강조한다. 그리고 한 인격을 시간적으로 확장된 의식의 주체로서 단정한다. 의식의 시간적 지속성은 자신이 자신을 자신의 과거 자아로서 동일한 자아라고 생각하게 한다는 것이다. 즉, 자신은 자신의 과거 사고들과 행위들을 인정하고 스스로에게 탓을 돌림으로써 자기 스스로를 동일한 자아로 여긴다. 인격 정체성과 도덕적 정체성이 연결되는 것이 바로 이 점에서이다. 그런 행위들을 수행했다고 상기하지 못한다면, 자신의 과거 행위들에 책임을 질 수 없을 것이다.

로크는 인격 동일성의 기준은 비물질적인 실체인 영혼이나 물질적인 실체인 신체에 있는 것이 아니라, 반성하고 기억하는 의식에 있다고 말한다. 그에 의하면 실체적 정체성이 인격 정체성이 될 수 없다. 실체의 동일성과 의식의 동일성에는 중요한 차이가 있다. 영혼과 신체와 같은 실체로서의 어떤 과거 인격은 현재로서의 그를 무관심하게 내버려둘 수 있으며, 그의 행동에 태연하게 대처할 수 있지만, 내가 그 인격의 행위를 자신의 행위로 의식한다면, 결코 그것에 무관심할 수 없으며, 그것에 대해 책임을 져야 할 것이다. 도덕적 책임을 지는 주체로서의 인격 정체성의 기준은 의식 내지 기억일 것이다. 한 인격이 정체성을 유지하는 것은 기억할 수 있는 능력에 달려 있다는 로크의 기억 이론은 인격 정체성 내지 자아에 관한 최초의 구체적인 이론이라고 평가를 받고 있다.

그러나 로크는 인격 정체성이 기억에 있다고 주장한 것으로 해석되었고, 그 주장 때문에 비판을 받아 왔다. 과거 행위들에 대한 책임을 전가시키고, 그것들을 자신의 행위로 소유하려고 하면 분명히 기억이 필요할 것이다. 그러나 로크가 말하는 기억이 두 가지 점에서 인격 정체성의 기준이 되기에 충분하지 못하다는 지적이 있다. "첫째, 기억은 시간의 흐름에 따른 의식의 통합에는 중요한 역할을 하지만, 일정한 시간에서의 의식의 통합을 설명하기에는 부적절하다. 로크에게 이 후자의 통합을 근거 짓는 것은 의식의 반성적 본성이다. 그에게 있어, 지각을 한다는 것은 그것들에 대한 주체의 자각을 필요로 하며, 일정한 시간에 의식을 통합시키는 것은 그것들에 대한 주체의 성찰적 자각이다. 이런 통합은 칸트에 의해 '통각적(apperceptive)'인 것으로 설명된다. 둘째, 하나의 경험을 가졌다고, 그리고 기억을 가진다고 주장할 때 스스로 그 경험을 '수행(undergoing)'하는 것으로 기억할 수 있어야 한다. 그리고 그 경험의 표상적인 영상을 가지는 것만은 아니다. '내부로부터' 기억을 해야 한다."4) 단순히 기억하기보다는 과거 자신의 행위들을 자신의 것으로 소유할 수 있을 때 비로소 그 행위들의 동일한 주체로서 인격 정체성이 생길 수 있다. 자신의 것으로 소유한다는 것은 어떤 사람이 자신을 분명 하나의 인격이라고 단순하게 생각하는 수준을 넘어서야 하며, 자신의 과거 경험들에 관심을 가지는 것 이상의 무언가를 요구한다. "그것은 어떤 사람이 어떤 종류의 방식으로 그런 경험들과 행위들에 관심을 가진다는 것을 말한다."5) "올바르

---

4) Kim Atkins, *Narrative Identity and Moral Identity*(New York: Routledge, 2008), p.16.

게 관심을 가진다는 것은 '내부'로부터 그것들에 관심을 가지고, 스스로 그것들에 책임을 질 수 있는 것이다. 더욱이, 그런 관심과 책임 가능성은 행복과 불행에 관련되는 감정들, 예를 들어 죄책감, 양심의 가책, 자긍심, 혹은 기쁨을 통해 자신의 육체에 통합됨에서 드러난다. 순수하게 '외부(outside)'로부터 기억함은 사라진 경험의 기억들과는 서로 다른 정서적 측면을 가질 것이다. 로크에 따르면, 자신의 경험들에 관한 반성적 의식들과 동일한 지속된 삶 내에서 자기 스스로에게 그것들의 소유는 자신의 정체성을 구성하고, 그래서 개인들의 정체성들을 구별한다."6)

인격 정체성에서 진실로 중요한 것은 1인칭 시각(first-personal perspective)으로부터 동일한 의식이 되는 것이다. 그것은 자신의 사고들과 행위들을 인정하고, 자신의 탓으로 돌림으로써 자신의 그것들을 자기 소유로 만드는 실천적 관심이다. 그래서 정체성에서 지속성은 '대리인으로 행동하는(agential)' 지속성이다. 대리인으로 행동한다는 것은 자신의 과거 사고들과 행위들의 동일한 행위 주체(agent)가 된다는, 자신의 감각의 지속성이다. 형이상학에 몰두하는 철학자들은 로크의 이론의 이런 실천적 측면들을 간과하기 쉽다. 결과적으로, 로크의 심리학적 자기-구성 이론은 단순히 심리학적 '지속성' 이론으로 널리 간주되어 왔다. 그러나 이 이론은 뒤에서 다루게 될 섹트만의 서사적 자아-구성 이론에 의해 과감하게 수정이 될 것이다.

---

5) Raymond Martin, op. cit., p.53.
6) Kim Atkins, op. cit., p.16.

제 3 장

흄의 '지각의 다발'로서의 자아

경험론자이면서 회의론자인 데이비드 흄(David Hume)은 생각하는 것을 포함하여 어떤 것에 관한 지식의 유일한 토대는 그것에 관한 지각이라고 주장한다. 그리고 그 지각을 인상(impression)과 관념(idea)으로 구분하여 설명한다. 인간의 모든 사고 작용들은 지각으로 생기게 된다는 것이다. "인상들은 '생생한 지각들'이며, 감각, 운동, 심지어 사랑과 미움과 같은 것들을 포함한다."[1] 관념들은 그런 인상들에 관한 우리의 반성들에 의해 생산된다. 그런데 그것은 '냉정한 지각들'을 형성한다. 반성에 의해서 만들어지는 냉정성은 또한 흄의 도덕철학의 한 특징이며, 도덕성은 공평무사한 관찰자의 정감들과 연관된다는 아이디어에서 표현된다.

그 둘의 차이는 지각들이 정신을 자극하며 사유 또는 의식에 들어오는 힘과 생동성의 정도에 있다. 최고의 힘과 생동성을 가지고 들어오는

---

1) David Hume, *An inquiry Concerning Human Understanding*, in David Hume, *On Human Nature and the Understanding*, ed. by Antony Flew(New York: Collier Books, 1962)(이후에는 본문 속에 Hume, 1962로 표기함), p.33.

지각에 우리는 인상이라는 이름을 붙일 수 있으며, 감각(sensations), 정념(passions), 정서(emotions) 등이 우리의 영혼에 최초로 나타나므로 나는 이것들을 모두 인상이라는 이름에 포함시킨다. 나는 관념을 사유와 추론에 있어서 인상의 희미한 심상(faint image)이라는 뜻으로 쓴다.2)

우리가 정념이나 정서를 느끼거나 감관을 통해 전달된 외부 대상의 심상을 가질 때 정신의 지각이 인상이며, 우리가 현전하지 않는 대상이나 정념에 대해 반성할 때 그 지각은 관념인 것이다. 인상은 무엇을 보고, 느끼고, 사랑하고, 미워하고, 욕구하고, 의지할 때 가지는 경험이며, 관념은 그런 경험을 회상하거나 상상력을 가동할 때 그 대상이 되는 것이다. 관념은 인상의 복사물이기 때문에 인상으로 경험하지 못한 것에 대한 관념을 가지는 것은 불가능하다.

그리고 그는 기억과 상상을 구분하여 설명한다(Hume, 1994, p.31 참고). 인상이 정신에 현전할 때 그 인상이 다시 관념으로 정신에 현상하는데, 그 인상이 다시 나타나는 방식이 두 가지라는 것이다. 하나의 방식은 최초의 생동성을 상당한 정도로 유지하는 경우인데, 그것은 최초 인상과 관념의 중간자에 해당한다. 인상이 이런 방식으로 반복하는 것을 기억이라고 한다는 것이다. 다른 또 하나의 방식은 그 인상이 생동성을 완전히 상실했을 경우인데, 그것이 완전 관념(perfect idea)이다. 인상이 완전 관념으로 반복하는 것을 상상이라고 한다.

그에 의하면, 사람들이 생각한다는 것은 감각들과 경험을 통해 주어진 물질들을 조성하고, 옮기고, 논증하고, 축소시키는 능력인 것이다. 감각들과 경험은 구분하고 분리할 수 있으며, 분리되어 실존할 것이다. 서로 다르고 분리할 수 있는 실존들인 지각들은 복잡한 사고들

---

2) David Hume, *A Treatise of Human Nature*, Book I. *Of the Understanding*, 데이비드 흄, 이준호 옮김, 『인간 본성에 관한 논고. 제1권 오성에 관하여』(서울: 서광사, 1994)(이후에는 본문 속에 Hume, 1994로 표기함), p.25.

과 경험들을 형성하는 상상에 의해 정신 속에서 연상된다. 상상이 없이, 우리의 독특한 지각들은 서로서로 독립적이고 무관심하게 남을 것이며, 그래서 표상들과 지식은 생기지 않을 것이다. 상상이 가지는 연상의 힘을 통해 지각이 규칙성을 가진다는 것이다.

　그러나 이 점이 '실수'라는 것이 흄의 입장이다. 그에 의하면, 지각이 가능한 것은 독립적으로 실존하는 사물들이 아니고 우리의 의식이다. 의식은 세 가지 원리, 즉 유사성, 시공간적 인접성, 인과성 등을 토대로 지각들을 연상시키고, 관념들과 표상의 지식을 만들어낸다. "한 장의 사진은 자연스럽게 우리의 사고들을 원본으로 이끈다[유사성]. 하나의 빌딩에서 하나의 아파트를 언급하는 것은 자연스럽게 다른 것들에 관한 탐구나 담론을 소개한다[인접성]. 그리고 만약 우리가 상처에 관해 생각한다면, 우리는 그것에 따르는 고통에 관한 성찰은 거의 그만두지 않는다[인과성]."(Hume, 1962, pp.38-39) 사유의 과정이나 관념들이 지속적으로 달라지는 과정에서 상상을 통해 어떤 관념으로부터 그것과 유사한 다른 관념으로 쉽게 나아간다. 시간의 흐름 속에서 지각들이 연속적으로 마음의 극장에 등장하는데, 앞뒤의 지각들이 마치 영사기의 필름이 돌아가듯이 빠르게 나타나기 때문에 하나의 불변하는 동일한 대상이 있다고 착각한다는 것이다. 그 동일성의 관념은 실제적인 것이 아니고 지각들의 관계가 만들어낸 공상이라는 것이다.

　그 지각들은 생각할 수 없을 정도로 신속하게 서로 계기하며 영원히 흐르고 운동한다. 우리 눈은 우리 지각들을 변화시키지 않고는 눈구멍에서 운동할 수 없다. 우리 눈은 시각보다 더 가변적이다. 다른 모든 감관과 직능은 이 변화에 기여한다. 단 한순간이라도 변화하지 않고 동일한 것으로 남아 있을 수 있는 영혼의 유일한 능력은 전혀 불가능하다. 정신은 일종의 극장이다. 이 극장에는 여러 지각들이 계기적으로 나타나고, 지나가며, 다시 지나가고, 미끄러지듯 사라지고, 무한히 다양한 자태와 상황 안에서 혼합된다. 단순성과 동일성을 상상하는 자연적 성향을 우리가 가질 수는 있지만, 아마 정신에는 단 한순간도 단순성이 있을 수 없으며, 서로 다른 정신에는 동일성이 없을 것이다(Hume, 1994, p.257).

감관들의 대상이 변하면 감관들은 필연적으로 그 변화에 따라 그 대상을 바꾸고 그 대상들을 서로 인접한 것으로 받아들인다. 정원을 거닐면서 나는 한 무더기의 장미들을 바라보고, 유쾌한 향기를 맡는다고 상상하자. 정신은 계기적으로 인접하게 지각되는 인상들을 연상시키는 경향이 있다. 그래서 나의 정신은 한 무더기 장미들과 향기 사이에 강한 연상을 만들어내고, 장미들이 그 향기를 만들어낸다는 관념을 가질 것이다. 그러나 흄에 있어, 장미와 향기를 연계시키는 나의 사고에서의 인접성은 그것에 관한 나의 관념들과는 독립적인 세계에서 사건들의 관계의 보장이 결코 아니다. 그 향기는 내가 지각할 수 없고 결코 지각하지 않은 어떤 다른 대상으로부터 나올 수 있었을 것이다. 결국, 우리가 대상을 인식할 때 근접성을 동일성으로 착각한다는 것이다. 상상을 통한 유사성과 근접성의 연상은 관념들 사이의 연관성을 입증할 증거를 가지지 못한다. 그것은 허구 내지 공상인 것이다. 우리가 사실상 지각하는 것은 '연관된 대상들'의 계기이다. 그런데 상상은 그것을 너무 쉽게 연상시켜 우리에게 단순한 그리고 불변의 대상의 지각과 동일한 감정을 만들어낸다. 상상은 곧 감정과 거의 동일한 것에 불과하다. 우리가 대상들에 부여하는 지속성과는 대조적으로, 의식은 '일종의 극장'이다. 그곳에서는 여러 가지 지각들이 계기적으로 그 것들의 외모를 만든다.

그런데 흄에 의하면, 인격은 공간적이 아니기 때문에 근접성이 그 것의 정체성을 형성하는 데 관련될 수 없다. 인격 정체성과 더욱 중요한 관련성을 가지는 것이 인과성이라고 주장한다.

인과성에 관하여 우리가 관찰할 수 있는 것은 인간 정신의 참된 관념은 인과성을 서로 다른 지각 또는 서로 다른 존재의 한 체계로 간주한다고 할 수 있는데, 이 지각 또는 존재들은 원인과 결과의 관계에 의해 함께 결속되고 서로 산출하고 파괴하며 영향을 미치고 서로 변형시킨다는 것이다. 인상은 그 대응 관념을 불러일으키고, 관념은 그 자신으로부터 다른 인상을 낳는다. 하나의 사유는 다른 사유를 밀어내며, 다른 사유를 본받아 제3의 사유를 그려내고, 이 제3의 사유에 의해 첫 번째 사유는 자신의 자리에서 추방된다. 이런 측면에서 나는 가장 적절하게 영혼을 공화국 또는 그 구성원의 공동체에 비유할 수 있는데, 거기서는 여러 성원들의 지배와 예속이라는 상호간의 매듭에 의해 합일되며, 그 부분들의 끊임없는 변화 속에서 동일한 공화국을 이어 갈 다른 사람을 낳는다. 동일한 하나의 공화국은 그 구성원들을 바꿀 뿐만 아니라 법률과 체제도 바꾸듯이, 같은 방식으로 동일한 사람은 자신의 인상이나 관념 등과 함께 자신의 동일성을 상실하지 않고서도 자신의 성향과 성품을 변화시킬 수 있다. 그 사람이 어떤 변화를 겪더라도, 그의 여러 자질들은 인과관계에 의해 여전히 연관되어 있다. 이런 점에서 정념과 관련된 우리의 동일성은 우리의 막연한 지각들이 서로 영향을 미치도록 함으로써, 또 우리에게 과거 또는 미래의 고통과 쾌락에 대해 지금 관심을 갖게 함으로써, 상상과 관련된 우리의 동일성을 확증하는 데 기여한다(Hume, 1994, p.265).

기억이 지각들의 계기적 지속과 그 범위를 알려주기 때문에 그것은 인격 정체성의 원천으로 간주된 것이다. 기억이 없다면 인과성에 대한 어떤 견해도 가질 수 없고, 결국 자아 내지 인격을 이루는 원인과 결과의 연쇄에 대한 견해도 가질 수 없다. 기억에서 인과성에 관한 견해를 한 번 가지면, 원인들의 동일한 연쇄를 확장할 수 있고 마침내 기억을 넘어서 있는 인격의 정체성까지 도달할 수 있다. 그러나 기억이

없다면 현재의 자아가 당시의 자아와 동일한 인격이 아니라고 할 것
인가? 기억이 사라지면 인격의 정체성도 사라지는 것인가? 기억은 결
국 인격의 정체성을 산출하기보다는 서로 다른 지각들 사이에 있는
원인과 결과의 관계를 보여줄 따름이다. "우리가 우리 자신의 의식의
내용들을 성찰할 때 우리는 관념 자체들 사이의 관계들을 관찰할 수
없다. 우리는 그것들의 결합의 사실만을 파악한다."(Hume, 1962, p.48)
그래서 기억은 인격의 정체성을 드러내는 하나의 역할을 할 따름이다.
흄에 의하면, 인과성은 반복되는 관찰과 추론으로부터 경험을 통해 학
습될 수 있는 어떤 것에 지나지 않는다. 그러므로 우리가 자아에 관한
지식을 주장할 수 있으려면, 우리는 자기반성으로 그것의 인상을 발견
해야 하지만, 그것은 결코 일어나지 않는다는 것이 흄의 주장이다. 즉,
"나는 하나의 지각이 없이는 어느 때라도 '나 자신' 포착하지 못하고,
지각 외에 어떤 것도 관찰할 수 없다. 자신의 의식에서 발견할 수 있
는 모든 것은 서로 다른 방식으로 함께 연관되는, 외부의 대상들에 관
한 지속적으로 변화하는 일련의 지각들이다. 만약 내가 외부 대상들에
관한 모든 지각들에 관해 나의 정신을 비울 수 있다면, 남겨지는 어떤
것도 없을 것이고, 이것은 우리가 내적인 실체, 즉 자아에 관해 어떤
관념도 지식도 가지지 않음을 드러낸다."3)

  그럼에도 불구하고, 계기하는 지각들을 하나의 지속적인 대상으로
보는 경향이 강하기 때문에 사람들은 그것에 굴복하였고, 철학자들은
계기적인 변화 속에서도 불변하고 지속적인 것으로 남아 있지만 우리
에게 관찰될 수 없는 것을 고안하게 되었다. 그것이 바로 실체 내지
영혼의 정체이다. 서로 다른 시간에 서로 다른 속성들을 가지고 있음
에도 불구하고, 그것의 속성들과, 말해진 속성들이 그 속에 내재하는
그것의 실체 덕분에, 하나의 대상은 그것의 정체성을 유지한다는 것이

---

3) Kim Atkins, *Narrative Identity and Moral Identity*(New York: Routledge,
   2008), p.19.

다. 자아의 경우에, 자신의 지각들, 관념들, 그리고 정서들에서의 변화들에도 불구하고 동일한 자아로 남을 것이다. 그 이유는 이것들이 단순히 기저에 깔린 지속하는 실체 내지 자아의 단순하게 우연적인 속성들이기 때문이다. 데카르트는 내가 생각하는 순간 나의 자아를 의식할 수 있고, 그것이 곧 실체라고 주장한다. 그러나 로크는 우리가 자아 관념을 형성하는 것이 어떤 내적 활동인 것은 분명하지만 자아의 관념을 성립시킬 어떤 인상도 없다고 주장하는 것이다. 그리고 그것을 설명하는 실체 관념은 공허한 관념일 따름이라는 것이다. 흄은 그의 시대에 인기를 얻고 있었던 '실체 관점'에 반대한 것이다. 그에 의하면, 우리는 어떤 실체에 관하여 하나의 지각을 가지지 않는다. 모든 우리의 지각들은 '속성들', 즉 소리, 색깔, 모양, 조직 등에 관한 것이다. 실체로 불리는 것은 단순히 '특별한 자질들의 집합'이다. 주체에서도 객체에서도 우리는 기저에 깔린 실체를 가정할 이유가 없다. 실체는 단지, 의식의 한 대상의 통합을 설명하기 위해 우리가 발명하는 허구의 또 다른 실례에 불과하다는 것이다. 따라서 실체 관념은 비가지적이며 불필요한 것이다. 경험으로부터 도출된 관념에 의해서 어떤 것이 우리에게 표상될 수 있기 때문에 경험할 수 없는 실체에 관해서는 어떤 관념도 형성시킬 수 없다는 것이다. 결국 그는 불변하는 영혼이나 자아의 존재를 인정할 수 없다는 것이다.

그러나 항상적이고 변하지 않는 인상은 없다. 고통과 쾌락, 슬픔과 기쁨, 정념과 지각들이 서로 계기하며 결코 동시에 존재하지 않는다. 그러므로 이 인상들 가운데 어떤 것에서, 또는 다른 어떤 것에서 자아의 관념이 도출될 수는 없고, 결과적으로 그런 관념은 있을 수 없다. … 우리의 개별적 지각들은 … 모두 서로 다르며 구별될 수 있고, 분리될 수 있으며, 따로 고려될 수도 있고, 따로 존재할 수도 있으며, 그 지각들의 존재를 지지해 줄 어떤 것도 필요 없다. … 나 자신의 심층에 들어가 보면 나는 언제나 어떤 개별적 지각들이나 다른 것들, 즉 뜨거움 또는 차가움, 빛 또는 그림자, 사랑 또는 증오, 고통 또는 쾌락 등과 만난다. 지각이 없다면 나는 '나 자신'을 잠시도 포착할 수 없으며, 지각 없이는 어떤 것도 관찰할 수 없다. 깊은 잠에 들었을 경우처럼 나의 지각들이 얼마 동안 사라진다면, 그동안 나는 나 자신을 감지할 수 없고, 솔직히 나 자신은 존재하지 않는다고 할 수도 있을 것이다. 내가 죽어서 나의 지각이 모두 없어진다면, 나의 신체가 해체된 다음부터 나는 생각할 수도, 볼 수도, 느낄 수도, 사랑할 수도, 미워할 수도 없을 것이다. 나는 완전히 사라질 것이며, 나를 완전한 비실재로 만드는 데 무엇이 더 필요한지도 생각할 수 없게 된다(Hume, 1994, pp.256-257).

데카르트는 활동적 자아의 존재를 동일한 실체로 인정하였다면, 흄은 자아의 실체성을 부정한다. 그것은 지각, 즉 인상이나 관념의 다발에 지나지 않으며, 자아-동일적인 자아란 그 존재를 확인할 수 없다는 것이다. 결국 자아를 실체로 오인하는 것은, 의식의 연관성 내지 관계를 지속하는 실체 내지 정체성의 실존으로 오해하는 데 있다는 것이 흄의 주장이다. 그래서 정체성이 계기적인 지각들에 속하는 것으로 생각하고, 우리 삶의 전 과정을 통해 불변적이고 부단한 존재를 우리가 소유하고 있다고 가정한다는 것이다. 우리가 관계된 계기들을 한 순간에는 가변적이며 단속적인 것으로 간주할 수 있지만, 그 다음 순간 그 계기에 완전한 동일성을 부여하고 그것을 불변하고 부단한 것으로 가정해 버린다. 우리가 반성을 통해 스스로를 지속적으로 교정하고 더 엄밀한 사고로 돌아가더라도, 그런 상상의 편견은 제거할 수 없다. 결국 "상상에 굴복하여, 서로 다른 관계된 대상들이 단속적이며 가변적이라고 하더라도 결과적으로 동일하다고 과감하게 주장하는 것이다. 우리는 이 불합리를 스스로 정당화하기 위해 대상들을 함께 연관짓고 그 대상들의 단속과 변화를 막아 줄 새롭고 난해한 원리를 이따금 꾸며낸다. 따라서 우리는 감관의 지각들이 가지는 단속을 제거하기 위해 그 지각들의 지속적 존재를 꾸며내고, 그 변화를 감추기 위해 영혼, 자아, 실체 등의 관념에 빠져든다."(Hume, 1994, p.259) 그런 지각들과 표상들 기저에 깔리고 그것들을 함께 붙잡는 지속적인 실체라는 관념을 만들어내는 것은 자신의 의식적 경험의 통합과 연속성이다. 감각-지각하는 개인, 즉 정신에서 의식은 통합된다. 그 유일한 정신의 질서와 통합은 그 정신의 연상의 습관을 통해 초래된다. 이 점이 바로 흄의 자아의 다발 이론(bundle theory of self)이다. " '나'라는 말은 하나의 유일한 정신을 구성하는 지각들의 다발과는 다른 어떤 지시물도 가지지 않기 때문이다. 그에 의하면, 자아 또는 마음은 서로 다른 지각들의 다발에 불과하다. 자아 그 자체는 존재하지 않으며, 순간 우리에게 알려지는 것은 어떤 지각일 뿐이다. 자기 자신의 관념을 가지고 있다면 그리고 그 관념이 진실이라면, 그 관념을 불러일으킨 인상이 있어야 하는데, 우리의 의식 속에서 만나는 것은 자아에 대한 하나의 인상이 아니고 '여러 상이한 지각들의 다발'에 불과하다는 것이다."[4]

흄은 지식이 관념들의 연상에 불과하다면 진실한 믿음과 허구를 구분해야 한다는 문제를 인식하였다. "진실한 관념들은 자연적인 세계로부터 직접적으로 생기며, 그리고 결과적으로 그런 지각들은 단순한 상상하기보다는 더욱 강한 생동성을 가진다고 믿었다. 그런데 그것은 한 형태의 성찰이다. 진실한 관념을 불러일으키는 실제적인 지각의 경우에서, 우리는 어떤 감정을 가지고, 하나의 관념으로서 지각되는 하나의 인상을 받는다. 즉, 신념의 정감은 오로지 단순한 상상의 허구들을 수반하는 것보다 더욱 강하고 안정된 하나의 관념일 뿐이며, 관념의 이런 '양식'은 기억이나 감각에 현전하는 어떤 것과 그 대상의, 관습적 연결로부터 생긴다. 이것은 중요하다. 왜냐하면, 궁극적으로, 흄은 그것들을 구분하기 위하여 지각들과 관념들의 서로 다른 현상적

---

4) Ibid., p.20.

질들에 의지해야 하며, 그래서 관념들의 진실성에 관한 문제들에서의 마지막 조정자는 경험적 주체의 1인칭(first-person) 관점이다."5)

그런데 실체로서의 자아에 대한 흄의 비판의 요점은 이성과 정욕 사이의 차이이다. 관념들의 실제적 관계나 실존 내지 사실에의 동의 여부를 결정하는 것이 이성의 역할인 반면, 정욕은 우리의 가장 기본적인 동기들, 즉 쾌락의 추구나 고통의 회피에 따라서 행동하게 한다. 관념들이나 인상들과는 달리, 정욕들은 그것들 스스로에 외적인 어떤 것을 표상하지 않으며, 그래서 그들은 진실 혹은 거짓으로 간주될 수 없다. 흄이 욕정과 이성을 구분하는 것은 행위에 관련하여 이성이 무력하다는 점을 부각시키고자 하는 것이다. 이것이 그의 다발 이론에 가까운 주장이다. 그는 도덕성이 이성적 자아(ego) 내지 영혼(soul)이 가진 하나의 기능이라고 보기보다는 공정한 관찰자의 냉정한 정감들과 연관되어야 한다고 주장한다. "그는 형이상학적 자아에 관한 그의 막강한 거부에도 불구하고, 인격 정체성을 이루는 것이 무엇일 수 있을까에 관해서는 절망하면서. '나는 고백해야 한다. 나는 나의 이전의 의견들을 수정하는 법을 모르고, 그것들에 일관성을 부여하는 법도 모른다.'고 선언했다."6) 또한 그는 회의주의에 봉착한다. 그는 자아의 실체성뿐만 아니라 객관 세계의 그것도 허구일 뿐이라고 주장한다. 인상과 관념의 확실성만을 주장하면서 그 관념들 사이의 관계 — 시간성과 인과성 — 도 허구라고 주장한다. 결국 그는 자아나 세계, 세계의 인과성과 법칙성, 그리고 그런 법칙들을 연구하는 모든 학문들 모두가 주관적 상상에 기반을 두는 허구일 따름이라고 주장한다.

그럼에도 불구하고, 그의 이론과 상상의 역할은 칸트에 거대한 영향을 미쳤다. "경험론적 회의주의가 함축하고 있는 것은 역설적이게도 초월적 주관주의의 가능성 또는 필연성이다. 즉, 흄의 공적은 우리

---

5) Ibid.
6) Ibid., p.21.

의식에 경험적으로 주어지는 의식 내용으로서의 관념과 그런 관념들을 서로 관계 짓는 의식의 형식을 분명히 구분하면서, 후자가 전자로부터 객관적으로 명백하게 도출되지 않는다는 것을 명확히 밝힌 것이다. 그러므로 후자의 근원은 경험적으로 주어진 관념 자체일 수 없으며, 오히려 그런 관념들은 총괄하여 서로 관계를 맺는 인간 주관의 활동일 수밖에 없다는 결론이 나오게 되는 것이다. 흄은 그런 주관의 활동을 경험적으로 결정되지 않는다는 의미에서 임의적이고 허구적이라고 평가하였지만, 칸트는 바로 그렇게 비경험적이기에 그것은 선험적이고, 따라서 보편적이자 필연적이라고 주장한다."7) 그가 제기했던 자아와 주체성의 질문들에 대한 답변들은 칸트의 '통각' 그리고 경험적 자기의식의 표명 속에서 발견될 수 있을 것이다.

---

7) 한자경, 『자아의 연구』(서울: 서광사, 1997), p.114.

제 4 장

칸트의 통각과 선험적 자아

칸트(I. Kant)는 데카르트의 관념론과 로크와 흄의 실재론 둘 다의 입장을 극복하고자 한다. "장자가 나비의 꿈일 수 있고, 나비가 장자의 꿈일 수 있음을 통해 그 두 존재의 허구성을 폭로하듯이, 자아가 세계의 산물이고 다시 세계는 자아의 산물임을 주장함으로써 자아와 세계가 모두 비자립적인 허구적 존재라고 결론 내리는 것이다."[1] 칸트는 수용성의 능력인 감성(실재론의 강조점)과 자발성의 능력인 오성(관념론의 강조점)을 통합한다. 인식 능력으로서 감성만을 인정한다면 감각 자료들만이 주어질 뿐이고, 오성만 인정한다면 사유의 형식만이 존재할 것이다. 둘 중 어느 하나만으로는 어떤 경험도 인식도 일어날 수 없다는 것을 다음과 같이 주장한다.

우리의 인식은 마음의 두 원천으로부터 유래한다. 그 가운데 첫 번째 원천은 표상들을 받아들이는 능력(즉, 인상들의 수용성)이고, 두 번째 원천은 이 표상들을 통해 하나의 대상을 인식하는 능력(즉, 개념들의 자발성)이다. 전자에 의해 한 대상이 우리에게 주어지고, 후자에 의해

---

1) 한자경, 『자아의 연구』(서울: 서광사, 1997), p.118.

이 대상이 (마음의 순전한 규정인) 저 표상과 관련하여 사고된다. 그러므로 직관과 개념들은 모두 우리 인식의 요소들을 이룬다. … 이 둘은 순수하거나 경험적이다. … 표상들을 받아들이는 우리 마음의 수용성을 감성이라고 부르고자 한다면, 이에 반해 표상들을 스스로 산출하는 능력, 바꿔 말해 인식의 자발성은 지성이다. … 직관은 오로지 우리가 대상들에 의해 촉발되는 방식만을 갖는다. 이에 반해 감성적 직관의 대상을 사고하는 능력은 지성이다. 이 성질들 중 어느 것도 다른 것에 우선할 수 없다. 감성이 없다면 우리에겐 아무런 대상도 주어지지 않을 터이고, 지성이 없다면 아무런 대상도 사고되지 않을 터이다. 내용 없는 사상들은 공허하고, 개념들 없는 직관들은 맹목적이다. 따라서 … 개념들을 감성화하는 일(다시 말해, 그 개념들에게 직관들에서 대상을 부가하는 일)과 직관들을 지성화하는 일(다시 말해, 그 직관들을 개념들 아래로 가져가는 일)은 똑같이 필수적이다.[2]

‘직관 없는 개념은 공허하다’는 것은 관념론에 대한 비판이며, ‘개념 없는 직관은 맹목적이다’라는 것은 실재론에 대한 비판이다.

칸트는 두 가지 방향에서 데카르트의 관념론을 비판한다. 하나는 "나는 생각한다. 그러므로 나는 존재한다."라는 제일원리에 내포된 ‘자아’에 대한 것이며, 다른 하나는 그런 자아를 근거로 하여 연역되는 대상의 존재성에 대한 것이다. 즉, ‘자아는 실체이다’는 형이상학적 자아에 대한 비판과 대상의 존재는 단지 추리의 대상일 뿐이고 그래서 개연적일 뿐이라는 주장에 대한 비판이다. 자아가 실체라는 주장을 비판하는 칸트의 자아 관념은 ‘선험적 자아’이다. 선험적 자아는 그 자체는 인식될 수 없는 사유의 주체이지 실체가 아니며, 대상과 관련하여 그 존재성이 드러날 수 있다는 것이다. 칸트 자신도 ‘나는 생각한다’는 명제는 인정하지만, ‘나’는 대상에 대한 생각을 통해서 드러

---

2) 임마누엘 칸트, 백종현 옮김, 『순수이성비판 1』(서울: 아카넷, 2006)(이후에는 본문 속에 칸트/백종현, 『순수이성비판 1』로 표기함), pp.273-274(B 75).

나는 실체가 아니라 대상과의 상관관계 속에서 사고하는, 실재하지 않는 자기의식이다. "칸트는 분명히 인식 주체로서의 자아와 그 자체로서의 자아를 구분하고 있다. 그 자체로서의 자아의 존재성은 단지 지성적 직관에 의해서 가능할 뿐이다. 그래서 데카르트는 '이성의 빛'에 의해 자아가 직관된다고 한다. 그러나 칸트에 의하면 이성의 빛 혹은 지성적 직관이란 공허한 사유일 뿐이다. 데카르트의 주장처럼 존재하기 위해 아무것도 필요로 하지 않는 자아는 그 자체로서의 자아이지 사유하는 자아가 아니다. 사유하는 자아는 인식 형식이고, 이 인식 형식은 인식 내용을 통해 존재함이 의식된다는 주장을 하고 있을 뿐 실체로서 존재한다고 주장하는 것은 아니다. … 사유하는 자아는 독립적으로 존재하는 것이 알려지는 자아가 아니라, 경험 상관적으로 존재하는 것이 의식되는 자아이며, 그 존재성은 실체가 아니라 사유의 자발적 형식이다. 즉, 칸트의 선험적 관념론은 선험적 자아가 대상 인식의 필연적 근거라는 주장이며, 그러므로 이 선험적 자아는 대상 인식을 통해서만 드러난다고 주장한다."[3]

그리고 칸트는 선험적 관념론이라는 인식론을 통하여 데카르트의 대상 인식을 비판한다. 다음과 같은 데카르트의 주장에 문제가 있다는 것이다. "우리는 당연히 우리 자신 내에 있는 것만이 직접적으로 지각될 수 있고, 나 자신의 실존만이 순전한 지각의 대상일 수 있다고 주장할 수 있다. 그러므로 내 밖의 현실적 대상의 현존은 결코 직접적으로 지각에 주어지는 것이 아니고, 오히려 내감의 변양인 이 지각을 위한 외적 원인으로 덧붙여 생각된, 그러니까 추리된 것이다."[4] "유일한 직접적인 경험은 내적 경험이며, 이로부터 외적 사물들은 단지 추론될 뿐이다."(칸트/백종현, 『순수이성비판 1』, p.459(B 276)) 이는 외적 감

---

3) 유철, 「칸트의 자아론」(경북대학교 박사학위논문, 1998), p.34.
4) 임마누엘 칸트, 백종현 옮김, 『순수이성비판 2』(서울: 아카넷, 2006)(이후에는 본문 속에 칸트/백종현, 『순수이성비판 2』로 표기함), p.580(A 367).

관 대상인 사물들은 직접 지각될 수 없다는 주장이다. 칸트는 대상은 현상이며, 따라서 그 존재성이 경험에 의해 확실히 드러난다고 주장한다. 즉, "생각하는 존재자로서의 나의 현존과 마찬가지로 물질의 현존을 우리의 순전한 자기의식의 증거에 근거해서 받아들이고, 그럼으로써 증명된 것으로 선언하는 데 아무런 의구심도 없다. 왜냐하면 나는 나의 표상들을 의식하고 있으므로 이 표상들과 이 표상들을 가지고 있는 자인 나 자신은 실존한다. 그러나 무릇 외적 대상들은 한낱 현상이고, 따라서 다름 아니라 일종의 나의 표상들이기도 하며, 그것들의 대상들은 오직 이 표상들에 의해서만 어떤 무엇이고, 이것들을 떠나서는 아무것도 아닌 것이다. 그러므로 나 자신이 실존하듯이, 똑같이 외적인 사물들도 실존한다."(칸트/백종현, 『순수이성비판 2』, p.582(A 370)) 데카르트의 자아는 사유의 주체이지 경험의 주체가 아니기 때문에 외적 대상의 존재성과 상관없이 존재함이 드러날 수 있지만, 칸트의 자아는 인식론적 자아로서 지각을 통한 경험 작용 없이는 그 존재성이 의식될 수 없다. 그에게는 대상이 없다면 자아의 동일성도 의미가 없으며, 자아의 존재성이 의식될 수 없다. 자아는 대상의 인식 근거이며, 대상은 자아의 의식 근거인 것이다. 인식도 인식 주체도 가능하기 위해서는 양자가 서로 관련되어야 한다. 자아는 인식의 객관적 통일을 위한 최상의 조건이지 실체는 아니다. 대상 또한 자아와의 상관자로서 현상적 존재이지 실체는 아니다. 대상에 대한 외적 경험이 가능하고 그것을 통해 내적 경험도 가능할 수 있다는 것이 그의 주장이다. 즉, "외적 경험은 원래가 직접적인 것이며, 오로지 이에 의거해서 … 내적 경험이 가능하다."(칸트/백종현, 『순수이성비판 1』, pp.461-462(B 276-277)) 외적, 물리적 세계는 불확실하고 간접적으로만 알려지는 데 반해, 내적, 의식적 세계는 확실하고 직접적으로 알려진다는 데카르트 주장과는 반대로 그는 외적 사물에 대한 경험이 직접적이며, 그것을 통해서 간접적으로만 나 자신 또는 나의 관념들을 의식할 수 있을 뿐이라고 주장하는 것이다. 그러므로 "나 자신의 현존에 대한 의식은 동시에 내 밖의 다른 사물들의 현존에 대한 직접적인 의식이다." (칸트/백종현, 『순수이성비판 1』, p.459(B 276)) "이것은 우리가 우리의 주관적인 개념의 틀에 따라 파악하기에 그 대상이 객관 자체가 아니라 현상일 수밖에 없게 되는 것이 우리의 외감 대상인 외적 사물의 세계뿐만 아니라 우리의 내감 대상인 내적 관념의 세계의 경우에도 역시 마찬가지임을 뜻한다. 우리가 우리 안에서 내적인 나의 본질로서 직접적으로 확실하게 인식한다고 생각하는 것도 실은 알고 보면 시간이라는 직관 형식 아래 주어진 것을 사유 형식인 범주의 매개를 통해 인식한 현상에 지나지 않는 것이다."[5] 그는 결코 자아를 경험과 무관한 어떤 것으로만 보지 않는다. 그에 있어서 자아는 또한 경험적인 것이다. 그는 경험적 통각, 즉 내감으로서의 자아를 주장한다. 경험적 자아는 시간이라는 특수한 형식을 가지며, 그 시간이라는 형식을 통해서 모든 경험적 내용들을 수용하는 것이다. 그리고 그 경험적 내용들은 끊임없는 흐름과 변화 속에 있는 것이다. 그것은 변화하는 자아이다.

칸트는 실재론적 자아 관념을 비판한다. 이 비판은 '개념 없는 직관은 맹목적이다'라는 의미이다. 인간 이외의 동물들은 개념 없는 직관만을 가지고 맹목적으로 대상과 관계할 뿐이다. 그러나 인간들은 맹목적으로 대상들을 대하는 것이 아니라 그것들에 대해 항상 의미를 부여한다. 그 의미를 부여하는 능동적인 작용이 오성이다. 대상들에 대해 인간만이 가지는 고유성이 주관성이다. 칸트에게 있어 이 주관성은 선천성이다. 주관의 선천적인 인식 능력이 선험적 통각이자 선험적 자아인 것이다. 이는 데카르트의 실체로서의 자아 관념을 극복하면서, 동시에 흄의 단순한 지각의 다발로서의 자아 관념도 극복하는 자아 관념이다. 칸트가 말하는 경험적 통각 내지 경험적 자아는 흄의 감각

---

5) 한자경, 앞의 책, p.131.

적 자아와 같은 것이지만, 그는 거기에 머물지 않고 데카르트의 자아와 유사한 자아를 인정하는데, 그것이 곧 선험적 통각 내지 선험적 자아이다. 흄은 자아를 지각의 다발 내지 흐름으로 보면서, 지각의 내용들은 감각을 통해 수용되는 것으로 보았지만, 칸트는 감성 자체가 시간과 공간이라는 자아가 가지는 형식을 통해서 수용된다고 주장한다. 그에게 있어, 시간과 공간은 자아 밖에 존재하는 대상들의 존재 형식이 아니라 자아의 내면적인 형식이며, 그 형식을 통해서만이 직관이 가능하다는 것이다. 그리고 시간과 공간이라는 수용 형식을 통하여 대상들을 능동적으로 수용한다는 것이다. 그는 경험적 통각으로서의 자아를 내감이라고 부른다. 내감의 대상인 주관은 내감에 의해서 현상으로서 표상될 수 있다. 현상만이 지각이 가능한 것이다. 그가 말하는 인식은 현상으로서의 대상에 관한 인식이다. 여기서 그는 자기의식과 자기인식을 다음과 같이 구분한다.

나는 나를 의식하는데, 내가 나에게 현상하는 대로도 아니고, 나 자체인 대로도 아니며, 오직 내가 있다는 것을 의식한다. 이 표상은 사고이지 직관이 아니다. 그런데 우리 자신을 인식하기 위해서는 가능한 직관의 잡다를 통각의 통일로 보내는 사고 작용 이외에 이 잡다가 그것을 통해 주어지는 일정한 방식의 직관이 필요하므로, 나 자신의 현존재가 현상은 아니지만, 나의 현존재의 규정은 오직 내감의 형식에 따라서, 내가 결합하는 잡다가 내적 직관에 주어지는 특수한 방식에 의해서만 생길 수 있다. 그러므로 나는 그에 따라 내가 존재하는 바 그대로의 나에 대해서는 아무런 인식도 갖지 못하고, 한낱 내가 나에게 현상하는 대로의 나에 대한 인식을 가질 뿐이다. … 내가 나 자신을 인식하기 위해서는 의식 이외에, 바꿔 말해 내가 나를 생각한다는 의식 이외에 또한 그것에 의해 내가 이 생각을 규정할 내 안의 잡다에 대한 직관이 필요하다(칸트/백종현, 『순수이성비판 1』, pp.364-365(B 157-158)).

‘내가 존재한다’는 표상은 직관이 아니고 생각하는 것이다. 자기의 식은 자아의 자기활동이다. 그런 의미에서 자아는 ‘생각하는 존재’가 아니라 생각하는 활동 자체이다. 내가 존재한다는 의식은 그 의식 밖에서 근거를 찾을 수 없다. 인식을 하기 위해서는 모든 가능한 직관의 다양이 통각의 통일로 가져와져야 하며, 그런 다양을 가져다주는 감각적 직관이 필요하다. 자아의식은 자아라는 단순한 표상이며, 이 표상에 의해서 주관 속의 모든 다양이 자기활동적으로 주어진다면 내적 직관은 지성적인 것이고, 그 지성적이고 능동적인 의식이 선험적 통각인 것이다.

‘나는 생각한다’는 것은 나의 모든 표상에 수반할 수밖에 없다. 왜냐하면 그렇지 않을 경우 전혀 생각할 수 없는 것이 나에게서 표상되는 셈이 될 터이니 말이다. 모든 사고에 앞서 주어질 수 있는 표상은 직관이라 일컫는다. 그러므로 직관의 모든 잡다는 이 잡다가 마주치는 그 주관 안에서 ‘나는 생각한다’는 것과 필연적인 관계를 맺는다. 그러나 이 표상은 자발성의 작용이다. 다시 말해 그것은 감성에 소속되는 것으로 볼 수가 없다. 나는 이 표상을 순수 통각이라 부르는데, 그것은 그것을 경험적 통각과 구별하기 위함이다. 또한 나는 그것을 근원적 통각이라 부르기도 한다(칸트/백종현, 『순수이성비판 1』, p.346(B 132)).

칸트에 의하면, 인간의 인식은 감성만으로도 혹은 오성만으로도 성립될 수 없다. 인식을 위해서는 감성적 직관이 오성에 의해 사고되어야 하고 오성적 사고는 감성적 사고 내용을 가져야 한다. 그런데 순수 직관 능력인 감성과 순수 사고 능력인 오성, 둘을 서로 종합하는 능력이 바로 상상력이다.

상상력이란 대상의 현전 없이도 그것을 직관에 표상하는 능력이다. 그런데 우리의 모든 직관은 감성적이므로, 상상력은, 그 아래에서만 지성 개념들에 상응하는 직관을 제공할 수 있는 주관적 조건이라는 점에서, 감성에 속한다. 그러나 상상력의 종합이 자발성의 실행인 한, 그러니까 규정적이고, 즉 감관처럼 한낱 규정되는 것이 아니라 통각의 통일에 맞춰 형식의 면에서 감관을 선험적으로 규정할 수 있다는 점에서, 상상력은 감성을 선험적으로 규정하는 능력이고, 그것이 범주들에 따라서 직관을 종합하는 것은 상상력의 초월적 종합임에 틀림없다(칸트/백종현, 『순수이성비판 1』, pp.361-362(B 151-152)).

상상력은 오성의 능력으로서, 지금 직관 속에 존재하지 않는 것을 표시하는 능력이다. 그것은 질료를 받아들이는 능력이 아니고 오성에 전달해 주는 능력이며, 오성의 자발성의 능력이다. 상상력을 매개로 하여 감성과 오성은 필연적으로 결합하게 된다.

모든 선험적인 인식의 기초에 놓여 있는, 인간 영혼의 기본 기능인 순수 상상력을 가지고 있다. 이 상상력을 매개로 해서 우리는 한쪽의 직관의 잡다와 그리고 다른 쪽의 순수 통각의 필연적 통일의 조건을 결합한다. 두 끝인 감성과 지성은 상상력의 이 초월적 기능을 매개로 해서 필연적으로 결합해야 한다. 그렇지 않으면, 감성이 비록 현상은 제공하겠지만, 경험적 인식의 어떠한 대상도, 따라서 어떠한 경험도 제공하지 못할 터이니 말이다(칸트/백종현, 『순수이성비판 1』, pp.338-339 (A 124)).

칸트는 모든 경험을 가능하게 하는 조건으로 감관, 상상력, 통각을 제시한다. 그것들은 인식에 있어 서로 다른 역할을 한다. 즉, 감관은 직관하는 능력이며, 상상력은 종합하는 능력이며, 통각은 통일하는 능력이다. 종합하고 통일하는 것은 오성의 능력이다. 인간의 감성과 오성은 두 가지 인식 능력인 것이다. 인간의 자아는 경험적 자아와 선험적 자아의 두 가지 기능을 가지는 것이다. 경험적인 것과 선험적인 것

둘의 결합을 통해 선천적 종합 판단이 가능하다. 그 둘을 결합시키는 것이 바로 상상력인 것이다. 감성과 오성과 상상력은 모두 인식의 필연적 요소이며, 주관의 인식 기능이다.

그런데 칸트의 인식론에서 가장 근원적이고 중요한 기능은 순수 통각, 즉 선험적 자아이다. 통각의 종합적 통일이 대상 경험의 필연적 조건인 것이다. 그것은 인식을 가능하게 하는 주관적 측면의 주체를 말한다. 이 선험적 내지 초월적 통각은 대상을 종합적 통일 작용으로 조건 짓는 자기의식이다. 그의 인식론 내지 자아 관념의 핵심은 통각이 인식의 필연적 조건이라는 주장이다. 통각의 선험적 통일은 현상을 종합적으로 통일하고, 따라서 인식을 가능하게 하는 것이다. 그에 의하면, 선험적 자아, 즉 모든 표상에 동반하는 '나는 생각한다'는 경험 대상이 아니라 객관적 경험의 필연적 타당성의 조건이다. '나는 생각한다'는 명제는 모든 다양의 종합적 통일의 근거가 되는 것이다. 그래서 '나는 생각한다'는 바로 순수 통각과 동일하다. 이때 '나는 생각한다'는 대상에 대한 직접적인 사유가 아니라 대상에 대한 사유가 통일적 사유이도록 사유하는 것, 다시 말하면 자기의식의 통일을 나타내는 사유이며, 이러한 자기의식의 통일에 대한 의식이며, 이것이 대상 인식의 최상 조건이다. 인식 주체의 선험성은 우리에게 주어진 경험적 내용들을 종합 통일하며, 감각적 내용들의 다양과 무수한 변화에 관계하면서도 자아의 동일성을 유지할 수 있게 하는 근거이다. 곧 자아-동일성은 자아의 선험성에 근거하는 것이다. 왜냐하면, 선험적 자아는 우리에게 주어진 감각적 다양을 종합하고 통일하는 원리이기 때문이다.

자아의 관념을 형성하기 위해서 하나의 자아의 인상을 필요로 하지 않는 것은 통각 때문이다. 자아의 관념은 의식 속의 나의 표상들의 통합 속에 내재한다. 나의 주체의 수적 동일성은 내가 모든 나의 지각들이 나의 것이라고 판단할 수 있는 한에서만 수립된다. 즉, "우리는 동일한 우리 자신으로 오로지 우리가 의식하는 자신만을 셈에 넣고, 그래서 물론 필연적으로 우리는 우리가 의식하는 전 시간에서 동일한 것이라고 판단하지 않을 수 없기 때문이다."(칸트/백종현, 『순수이성비판 2』, p.578(A 364)) 동일한 자아에 속하는 것으로 간주할 수 있는 것은 우리가 의식할 수 있는 것뿐이기 때문에, 의식하는 동안 하나 내지 동일한 것이라고 판단할 수 있다는 것이다. 결국 '선험적 자아'는 결국 자기의식, 즉 '나는 생각한다'는 표상이다.

칸트에게 있어, 자아는 통각의 형식적 원리이며, 실체가 결코 아니다. 즉, '나는 생각한다'는 경험적인 것이 아니다. 그것은 모든 경험에 수반되면서도, 그 경험에 선행하는 통각의 형식이다. '나는 생각한다'는 자기의식은 인식 일반에 관계하는 단순한 주관적 조건이다. 그것은 대상 인식의 가능 조건이지 생각하는 존재로 표상될 수 없다. 생각한다는 것은 생각하는 존재가 아니라 대상 인식의 주관적 조건에 지나지 않는다. 자기의식의 단순성은 그것이 내용이 없음을 말하는 것임에도 불구하고 사고 내용들을 통일시키는 통일의 원리이기 때문에 자기의식 속의 주관은 자신에게 객관이다. 나는 나 자신을 의식하면서도, 다시 말해 내가 나 자신 속에 머물면서도 나를 대상으로 정립한다. 이것은 주체로서의 자아가 객체로서의 자아와 동일하다는 것을 의미한다.

칸트의 선험적 자아는 주체로서의 자아인 동시에 객체로서의 자아, 1인칭의 나인 동시에 3인칭의 '그것'이다. 이 점은 1, 2, 3인칭의 시각들의 통합을 통해 구성되는 서사적 자아 관념의 출발점으로 기능할 수 있다고 생각한다. 즉,

자기의식 속에서 나는 나 자신을 의식한다. 그런데 여기서 의식함이란 아무런 관심도 포함하지 않는 단순한 알아차림이다. 그리하여 여기서 의식되는 나는 단순하고 투명한 알아차림의 대상일 뿐이다. 다시 말

해 나는 나에게 오직 인식론적 의미의 대상으로서만 정립되는 것이다. 내가 나에게 의식의 대상이 되는 한에서 나는 나 자신에게 타자이다. 그런데 순수한 자기의식 속에서 나는 오직 순수한 사유 규정의 대상으로서만 나 자신을 타자화시킨다. 따라서 내가 나에게 타자라는 것은 내가 나에게 인식론적 의미의 객관임을 뜻한다. 그리고 이것이 생각하는 나의 자기부정성의 본질이다. 생각하는 나, 모든 사유와 인식의 주체인 나의 주체성은 오직 내가 나 자신을 순수한 사유의 객체로 정립함을 통해서만 발생하는 것이다. 나의 타자성은 나의 객체성이다. 그리하여 나를 타자로서 의식하기 위해 요구되는 것은 오직 인식론적 의미의 대상성의 조건을 충족시키는 것뿐이다. 그 조건이란 무엇보다 동일성과 하나됨 그리고 표상들의 통일이다. 이런 비인격적 조건들을 충족시키기만 하면 나는 나 자신에게 인식론적 의미의 대상으로서 마주 서게 되는 것이다. 그러나 표상들의 통일을 위해 하나로서 규정된 순수 사유의 대상은, 생각할 수 있는 가능한 모든 존재자, 혹은 3인칭의 '그것' 일반이다. 그리하여 내가 나 자신에게 타자가 된다는 것은 1인칭인 내가 동시에 3인칭인 '그것'이 됨을 뜻한다. 자기의식 속에서 1인칭의 나, 생각과 인식의 순수한 주체인 나와 3인칭의 '그것', 즉 대상성 일반은 필연적으로 상호 제약한다. 나는 나 자신에게 '그것'인 존재이다. 내가 나를 의식한다는 것은 내가 또한 '그것'을 의식한다는 말이기도 하다. … 나와 '그것'은 여기서 결코 서로 무관한 절대적 타자가 아니다. 다시 말해 나의 자기의식 속에서 내가 따로 있고, '그것'이 따로 있는 것이 아니라, 도리어 나와 '그것'은 나의 자기의식 속에서 하나이다. 즉, 언제나 나는 나인 동시에 '그것'이기도 하다. 왜냐하면 나는 나 자신을 '그것'으로 정립함을 통해서만 비로소 내가 되기 때문이다. 따라서 순수한 자기의식은 주체인 나의 통일인 동시에 객체인 '그것'의 통일이기도 하다. 이리하여 나의 근원적 자기의식 속에서 나와 '그것'은 자기의식의 필연적 계기들로서 공존한다.6)

6) 김상봉, 『자기의식과 존재사유』(파주: 한길사, 1998), pp.334-336 요약 정리.

제 2 부

■ ■ ■

현대의 실천적 자아로서의 서사적 자아 관념들

데카르트의 1인칭 시각에서의 관념론적 자아 관념과 로크의 2인칭 시각에서의 실재론적 자아 관념 둘 다를 비판함으로써, 1, 2인칭 시각의 통합을 강조했던 칸트의 자아 관념을 더욱 적극적으로 발전시켜, 새로운 현대 실천적 자아 관념을 제시한 대표적인 사람은 미드일 것이다. 그는 주아(I)와 객아(me)를 구분하지만 그것의 통합을 완전한 자아라고 주장하면서, 1, 2인칭 시각의 자아 관념의 토대를 형성했으며, 자아는 대화나 상징적 상호작용을 통해 스스로 자신을 구성한다는 점을 강조했다. 그가 주장하는 대화는 곧 서사를 의미한다. 그래서 우선 미드의 사회적, 실천적 자아를 다룰 것이다. 그리고 서사적 자아 관념의 토대를 이루는 몸을 강조하는 메를로-퐁티의 몸-주체와 '말하는 자아' 관념을 다룰 것이다. 그의 주장에 따르면, 사고는 내적인 것이 아니라 말 속에 있는 것이며, 말 자체가 하나의 의미를 가진다. 따라서 말하는 행위는 사고를 전제로 이루어지는 것이 아니다. 오히려 말하기가 생각하기를 완성시키는 것이다. 다음에는 리쾨르의 해석학적인 서사적 자아 관념을 논의할 것이다. 그는 우선 선험적 자아(ego) 관념에서 실천적 자아(self) 관념으로 이동한다. 현상학적 관념론의 선험적 자아 관념을 극복하면서, 해석학적 현상학을 통해 실천적 자아 관념을 정립한다. 그는 서사의 시간성 문제를 강조한다. 인간의 삶은 시간 속에서 이루어지기 때문에 시간성을 띠는 것이다. 그런데 시간은 반드시 서사 행위를 통해서 인식될 수 있다. 서사와 시간은 서로 순환하며, 서사는 시간을 관리하는 역할을 한다. 그리고 그가 주장하는 줄거리와 재현 행위(미메시스)의 문제를 논의할 것이다. 미메시스 1, 즉 전-구성 단계는 삶과 행위의 의미를 시간 경험 속에서 이해하는 단계이다. 진정한 모방과 재현은 그것에 선행하는 삶과 행위의 의미 이해를 통해서 가능하다. 줄거리 구성 이전의 삶과 행위에 관한 선-이해의 단계인 것이다. 미메시스 2, 즉 구성 단계는 줄거리 구성 단계이다. 이 단계는 전-구성 단계와 재-구성 단계와 경계가 뚜렷하게 구분되는 단계가 아니다. 그것은 앞뒤 두 단계들을 매개시키는 기능을 가지는 중개적인 입장을 가진다. 서사는 미메시스 3, 즉 재-구성에서 행위하는 시간과 어려움들을 당해 보는 시간으로 반송될 때 그것의 완전한 의미를 지니게 된다. 그는 또한 자기-정체성 내지 자아성에 대한 언어 분석적인 접근을 의미론과 화용론 두 측면에서 다룬다. 정체성과 자아성의 문제를 해결하기 위한 그의 중심 주제는 행위와 행위 주체의 관계 문제이지만, 그는 먼저 행위의 문제를 다룬다. 그가 시도하는 행위에 대한 설명은 결국 행위 주체가 없는 행위에 대한 의미론적 접근을 비판하는 것이다. 그가 주장하는 자아는 자신의 의도를 가지고 말하고 행위하는 주관적인 1인칭의 인격이면서 동시에 기본적인 항목으로서의 공적이고 객관적인 3인칭의 인격이다. 그것은 곧 의미론의 지시적 접근과 화용론의 반성적 접근을 종합하면서 밝혀진 자아의 모습이다. 마지막으로 그의 해석학적인 자아 이론을 검토할 것이다. 그것은 인격적 정체성과 서사적 정체성의 문제로 다루어진다. 그에게 서사적 정체성의 진정한 본질은 자아성과 동일성의 변증법 속에서 드러난다. 그는 이 점을 두 가지 측면에서 주장한다. 우선, 줄거리 구성에 의해 구성되는 사건들의 상호 연계의 특정 모델이 시간 속의 영속성과, 동일성의 영역에서 그것과 반대되는 것처럼 보이는 것, 즉 다양성, 가변성, 불연속성, 불안전성 등을 통합시키는 점을 밝힐 것이다. 다음에 그는 서사에서 행위로부터 인물들로 옮겨진 줄거리 구성의 관념이 동일성과 자아성의 변증법인 인물의 변증법을 만들어낸다는 점을 보여줄 것이다.

제 1 장

미드의 사회적, 실천적 자아

1. 주체적 자아(I)

서사는 그것이 서로 다른 인격들, 행위자들, 동기들, 장소들, 사건들, 시각들, 그리고 심지어 서로 다른 질서의 시간 등을 통합시키는 전략들을 전개시킨다. 아리스토텔레스가 말했듯이, "서사는 사람이 아니고 하나의 행위와 그리고 삶의 모방이며, 삶은 행위에 있다."[1] 서사는 삶을 모방할 수 있다. 그것은 행위와 함께, 행위의, '누구', '무엇', '어떻게', '왜', '언제', '누구와 함께' 등등을 체계적으로 연계 짓는 공동의 의미론적 그물망을 공유하기 때문이다. 이런 의미론적 그물망은 인간의 몸(embodiment)에 바탕을 둔다. 그리고 서사적 이해는 살아지고 있는 몸의 실천을 바탕으로 이루어지는 것이다. 실천의 가능성은 유아 시절부터 현존하는 잠재력들로부터 생기며, 그것은 개인 상호간의 상호작용과 탄생으로부터 사회적 통합을 통해 하나의 초점과 실천적 실현을 발견한다. 우리가 반성적 자기의식을 획득하기 훨씬 전에

---

1) Aristotle, *Poetics,* in *Aristotle's Theory of Poetry and Fine Art,* trans. by S. H. Butcher(New York: Dover, 1951), 1450a9.

문화적으로 수용이 가능한 방식으로 우리의 욕망들, 대응들, 그리고 몸의 활동들을 규제하는 역사적으로 구성된 규범 체계들을 가지고 공동체들 속으로 태어난다. 이런 의미에서 우리는 항상 이미 사회화된 주체들이다. 따라서 인간 자아의 본질에 관한 포괄적인 설명은 우리의 삶의 생물학적, 심리학적, 인간 상호간의, 도덕적, 그리고 사회적 차원들을 포함하고 통합할 수 있다. 더욱이, 이런 차원들은 곁에서 공존해야 할 뿐만 아니라 '상호간의 함의와 상호간의 설명'의 관계에 서 있어야 한다. 개인의 삶의 육체적 혹은 객관적 특징들에 관한 어떤 설명은 은연중에 다른 주관적 그리고 상호 주관적인 특징들을 작성한다. 서사적 자아 모델은 그것의 '이질적인 것의 종합'을 위한 능력을 통하여 정확하게 이런 틀을 제공한다.

조지 허버트 미드(George Herbert Mead)는 자아를 출생 때부터 존재하는 것이 아니고, 고정불변한 실체가 아니며, 사회적 상호작용의 과정을 통해서 구성되는 것으로 주장한다. 자아는 실체가 아니라 하나의 형성 과정에 지나지 않는다. 자아는 타자들과의 대화나 상징적인 상호작용을 통해 스스로 구성되는 것이다. 그래서 그는 데카르트의 1인칭 시각에서의 자아 관념을 넘어서 1, 2인칭 시각으로 자아 관념을 설명한다. 그는 자아를 'I'와 'me' 두 국면으로 결정적으로 구분한다. 'I'는 자아의 혁신적이고 창조적인 모습으로 행위 안에서 새로운 형태의 행동이 발생하는 것을 가능하게 한다. 행위는 단순히 과거의 경험에 의해 결정되는 것은 아니다. 더구나 우리는 의식적으로 세운 계획에 따라 완전하게 행동하는 것도 아니다. 즉, 자아의 행동적인 부분인 'I'가 행위를 유발하지만 'me'라는 성찰적인 자아의식에 의해 검토되기 때문에 'I'가 완전히 행위를 이끄는 것은 아닌 것이다. 'me'는 자아에 통합된 다른 사람의 조직화된 태도 혹은 기대이며, 'I'는 다른 사람의 조직화된 태도에 대한 개인의 반응인 것이다. 미드에게 'I'는 창의적이고 자발적인 인간 행동의 측면을 대표한다. 여기서 중요한 사실은 창의성이나 자발성이 사회과정 밖에서가 아니라 그 안에서 발생한다는 것이다. 행동이란 다른 사람의 태도와 개인의 태도가 끊임없이 반응하는 변증법의 산물인 것이다. 이때 사회 통제는 자아 통제를 위한 필수조건이다.

자아는 사회 속에서의 상호작용에서 스스로 형성한다. 따라서 사회 내지 조직된 집단이 이미 존재한다. 그러나 미드에 의하면 사회가 자아를 만들듯이, 'I-me'의 변증법을 통해 자아가 사회를 만들기도 한다. 사회는 이러한 과정을 통해서 끊임없이 창조되고 재창조된다. 즉, 사회적 상호작용은 구성되는 것이다. 이와 같이 사회질서와 변동은 이러한 사회과정 속에서 볼 수 있는 측면들이다. "상호작용의 과정에서 타자들의 태도들이 me를 구성하고, 그것에 대해 I로서 대응하는 것이다."[2] 'I'는 개성적이며 주관적인 능동적 주체이다. 그것은 자신의 독특한 관점에서 문제를 해결하고 경험을 구성한다. "그것은 사회화되지 않은 자아로서, 사적인 욕망과 욕구와 성향의 모음들이다. I의 이런 더 자발적인 바람과 소망은 자아를 타인으로부터 구별하는 데 봉사하고, 뭔가 새롭고 창조적이고 혁신적인 것을 사회과정 속으로 불어넣는다고 이야기할 수 있다."[3] 반면, 'me'는 객관적이고 경험적이며 다소 의존적이다. "인간의 의식을 지닌 객관적 자아는 사회적 자극과 자신의 대응과의 연합체이다. me는 자신의 말에 응답하는 것이다."[4] "me는 사회화된 자아이며, 인생의 초기 몇 년 동안 타인들의 태도를 경험하고 내면화한 것으로 이루어진다. 미드는 이런 자기인식의 성취

2) George H. Mead, *Mind, Self, and Society from the Standpoint of a Social Behaviorist*, ed. by Charles W. Morris(Chicago: University of Chicago Press, 1934)(이후에는 본문 속에 Mead, 1934로 표기함), p.175.
3) 앤서니 엘리엇, 김정훈 옮김, 『자아란 무엇인가?』(서울: 삼인, 2007), p.50.
4) George H. Mead, "The Mechanism of Social Consciousness", G. H. Mead, *Selected Writings*, ed. by A. J. Reck(New York: Liberal Arts Press, 1964), p.140.

는 자아가 me을 I에서 구별할 수 있을 때, 생겨난다고 말한다."5) "I는 사실상 생각하고 또 행동하는 과정이다. me는 반성적 과정이다. 우리는 타자의 태도를 취함으로써 me를 도입하게 되는 것이고, 그 me에 대해 I로서 반응하는 것이다. 우리는 I로서의 우리들 자신을 결코 포착할 수 없다. I는 오직 기억 속에 나타나며, 그때의 그것은 이미 me로 되어 있는 것이다. 지금 이 순간의 I는 다음 순간의 me로 나타난다. 기억 속의 I는 1초, 1분, 또는 하루 전 자아의 대변자로서 나타나 있다. 주어져 있는 것으로서의 그것은 me이지만, 그것은 이전 시각에 I였던 me이다. me를 우리가 스스로에 대해서 가정하는 바의 조직화된 타자들의 태도라고 한다면, 지속되는 변증법적 과정 안에서 I는 me에 반응하고 me는 I를 반영한다. 더욱이 I는 유기체 속에 근거하고 있다. I가 지닌 또 다른 특성은 그것의 상태적인 불확실성 또는 예측 불가능성이다. I로서의 자아가 하는 바를 미리 정확하게 알 수 없다. I는 실제로는 표상하기가 어려운 '칼날과 같은 현재' 안에서 존재한다. 이 말은 우리는 I를 오직 기억으로서, me의 일부로서 인식할 수 있을 따름임을 의미한다. I는 그것의 결과를 우리가 미리 알 수 없는 그런 행위이다. 따라서 I는 전적으로 따질 수 없는 것이며, 자발성, 새로운 것, 자유, 창발성 등과 연결된다."6)

그리고 미드는 온전한 자아란 주아(I)와 객아(me)의 통합이라고 주장한다. "완전하게 발전된 자아라면 I와 me가 본질적인 것이다." (Mead, 1934, p.119) 주아와 객아는 서로를 함축한다. "모든 자아들은 사회적 과정에 의해서 또는 사회적 과정을 통해서 구성되며, 또한 자아는 사회적 과정에 대한 반영이다. … 라는 사실은 최소한 모든 개별적 자아는 그 자신의 독특한 개별성을 지니며, 그 자신의 유일한 구조

---

5) 앤서니 엘리엇, 앞의 책, pp.49-50.
6) 조태훈, 「G. H. Mead의 '자아'에 관한 연구」(연세대학교 박사학위논문, 1987), pp.55-56.

를 가지고 있다는 사실을 거부하지 않는다."(Mead, 1934, p.201) "자아가 가진 두 가지 국면들을 통하여 사회적 통제(객아가 주아를 제한하고 견제하는 것)와 사회적 변화(주아가 사회적 한계 내에서 자신을 주장하는 것)를 설명할 수 있다."7) "자아란 I로서 의식에 나타날 수 없고, 그것은 언제나 대상, 즉 me로서 나타나며, me는 I가 없이는 인식될 수 없다."8) 그리고 "개인은 그 자체, 즉 주체로서가 아니라 하나의 대상으로서만 자기 자신의 경험 안으로 들어간다. 그리고 개인은 오로지 사회적 관계와 상호작용을 바탕으로 하여, 오로지 조직된 사회적 환경 안에서 다른 개인과 더불어 경험적 거래를 함으로써만 하나의 대상으로서 자기 자신의 경험 안으로 들어갈 수가 있다."(Mead, 1934, p.225) 미드의 이런 자아 관념은 결정론과는 거리가 멀다. 즉, 자아는 사회의 일반적인 태도의 단순한 반영이거나, 혹은 사회구조를 내면화한 것에 불과하다는 결정론을 피하는 것이다. 그가 말하는 주아는 사회적 관계에 특별하고 독특한 방식으로 대응한다고 주장하는 것을 보면 알 수 있다.

미드는 사회적 과정을 자아 속에서의 타자의 태도의 내면화에 한정시켰을 때 제기될 수 있는 문제들을 잘 알고 있었다. 그렇다면, 자아는 단순히 외적, 사회적 역할들의 복사일 것이며 사회적 제도들의 반영 이상이 아닐 것이다. 개인들은 단지 사회적 규범들과 규정들에 순응하기만 할 것이며, 스스로로부터 창의적인 것을 가지지 못할 것이다. 그런 경우에, 개인들은 '관습의 노예들' 이상은 아닐 것이며, 사회적 변화들과 새로운 제도들을 낳을 어떤 혁신도 없을 것이다. 이 문제를 해결하기 위해 그는 주아와 객아를 구분한 것이다. 일반화된 타자의 사회적 규칙들과 인습들은 객아 속에 자리를 잡는 반면, 혁신은 주

7) 위의 논문, pp.58-59.
8) George H. Mead, "The Social Self", G. H. Mead, *Selected Writings*, ed. by A. J. Reck(New York: Liberal Arts Press, 1964), p.142.

아로부터 도출된다. 미드는 인습을 파괴하는 것으로 생각되는 예술가의 예를 든다. 예술가들은 완전한 '국외자들'이 아니다. 그들도 역시, 동시에 그들 사회 속의 표현의 어떤 규칙들을 수용한다. 그러나 이런 예술가들은 독창성을 도입함으로써 인습성을 벗어난다. 그들은 객아의 구조 속에 있지 않은 어떤 것을 생겨나도록 한 것이다. 미드가 객아와 주아를 구분한 것은 주아가 가치의 원천으로 기능한다는 점을 강조할 수 있는 기회를 부여한다. 객아의 가치들은 사회나 집단 속의 가치들이다. 즉, 객아는 본질적으로 사회적 집단의 한 구성원이며, 그러므로 그 집단의 가치, 그 집단이 가능하게 만드는 그런 종류의 경험을 대변한다. 그러나 주아의 가치들은 "예술가, 발명가, 발견하는 과학자 등의 즉각적인 태도에서, 일반적으로 계산될 수 없고 사회의 재구성을 포함하는 I의 행위에서, 그래서 그 사회에 속하는 me의 행위에서 발견된다."(Mead, 1934, p.214)

그래서 미드는 자아의 주체적 기능을 강조한다. 인간은 결코 전적으로 수동적인 존재가 아니라는 것이다. 자아는 남김없이 모두 사회적으로 구성되는 것이 아니라는 것이다. 자아는 단순한 사회 내지 일반화된 타자의 반영물이 아니라. 세계를 변화시키는 국면, 즉 주아를 가지고 있다. 주아는 객아에 반응하는 자아의 부분이며, 그 반응하는 과정에서 관례를 넘어서거나 최소한 관례적인 반응과는 다르게 반응한다. "I는 자유의 감정, 창발성의 감정을 준다. 상황은 우리가 자기의식적인 양식으로 행동할 수 있도록 주어져 있다. 우리는 우리 자신(타자 혹은 일반화된 타자의 일부로서)과 그 상황이 어떤지를 알고 있다. 그러나 우리가 어떻게 행동할 것인지는 그 행동이 일어난 후가 아니면 경험 속으로 들어올 수 없다."(Mead, 1934, p.178) 자아 안에서 사회를 대변하고 있는 객아는 하나의 반응을 요구하지만, 주아에 의해 이루어지는 반응은 예측할 수 없는 것이다. "재산처럼 누구나 가질 수 있는 사회적 대상으로서 '권리'를 주장하고 또 받아들일 때의 개인은 객아이며. 관례를 부인하거나 관례와는 다르고자 하는 개인은 주아로서 기능하는 것이다."9) 미드는 주아와 객아의 이원성을 주장하면서, 객아를 통한 사회질서의 우선성을 주장하기보다는 오히려 주아를 통한 자아의 주체성을 강조하고 있다.

I와 me의 두 측면은 온전히 표현되는 자아에 있어서 본질적인 것이다. 우리는 … 공동체에 소속하고 … 또 사고를 할 수 있기 위해서는 타자의 태도를 받아들여야 한다. … 반면에 개인은 사회적 태도들에 무단히 반응해 가고 있으며, 또 이런 협동적 과정 속에서 그가 소속해 있는 바로 그 사회를 변화시켜 가고 있다. 그런 변화는 미미하고 사소한 변화일 수 있다. … 그러나 적응과 재적응이 일어난다. 우리는 관례적인 개인으로서의 한 사람에 대해 이렇게 말한다. 즉, 그의 생각은 이웃 사람들의 생각과 아주 똑같으며, 그는 환경 속의 한 me 이상의 것일 수 없다고. … (그런데) 일정한 개성을 가지고 있으며, 조직된 태도에 대해 상당한 차이를 나타내는 방법으로 응답하는 사람이 있다. 그런 사람에 있어 경험의 더 중요한 국면을 가지게 해주는 것이 I이다(Mead, 1934, pp.199-200)

자아를 구성하는 주아의 부분은 혁신적이고 창조적인 것이다. 객아가 없다면 주아가 제공하는 새롭게 구상된 계획을 수행할 수단도, 주아에 대한 어떤 통제도 있을 수 없다. 주아는 제약을 받지 않고 충동적으로 행동한다. 미드의 주아-객아의 구분이 프로이트의 충동들과 그것들에 대한 도덕적 통제의 관념들과 유사한 점이 여기에 있다. 미드는 이 점을 분명히 다음과 같이 말한다.

이 동일한 강조는 역시 충동적인 어떤 유형의 행동에서 나타난다. 충동적 행동은 통제되지 않은 행동이다. me의 구조는 I의 표현을 결정하

---

9) 조태훈, 앞의 논문, p.64.

지 않는다, 만약 우리가 프로이트의 표현을 사용한다면, me는 어느 의미에서 하나의 검열관(잠재의식 억제력)이다. 그것은 일어날 수 있고, 무대를 설정할 수 있고, 단서를 제공할 수 있는 그런 종류의 표현을 결정한다. 충동적 행동의 경우에, 그 상황에 연루된 me의 이런 구조는 그러한 정도로 이 통제를 제공하지 않는다. 자기가 단순히 타자들에 반하여 스스로를 주장하는 자기-주장의 상황을 생각하고, 정감적 억압이 그래서 합법적인 행동의 수행에서 공손한 사회의 형태들이 전복되고 그래서 그 사람이 스스로를 난폭하게 표현하는 것을 생각하라. 거기에서는 me는 상황에 의해서 결정된다. 그 속에서 개인이 스스로를 주장할 수 있는 어떤 인정된 영역들이 있고, 그가 이런 한계들 속에서 가지는 어떤 권리들이 있다. 그러나 그 스트레스를 너무 크게 되도록 하라. 이런 한계들은 관찰되지 않고, 한 개인은 아마 폭력적으로 자신을 주장할 것이다. 그러면 I는 me를 반대하는 지배적인 요소이다(Mead, 1934, p.210).

여기서 분명한 점은, 미드는 객아가 받아들인 도덕적 기준들을 토대로 기능하는 내면화 이론을 고수하며, 그것은 정신분석 사고와 크게 다르지 않다는 것이다. 개인이 일방적으로 사회화되는 것만은 아니다. 사회가 개인을 억제하는 반면, 개인의 창조적이고 새롭고 저항적인 개인을 수용해야 한다. 이런 점에서 사회의 통제는 절대적일 수 없다. 미드는 사회 변화에 영향을 미칠 수 있는 개인의 능력도 강조한다. "우리는 사회가 부패하도록 내버려 두어서도 안 되며, 또한 때때로 공동체의 의미 있는 상징과 행동방식을 변화시켜야 한다. 그래서 공동체 자체의 변화를 주장할 수 있는 능력이 우리 자신에게 있음을 망각해서도 안 된다."(Mead, 1934, p.168) 모든 사람들이 인정하는 일을 하고, 인정하지 않는 일을 하지 말아야 하지만, 모든 개인들은 자신의 판단을 내리는 법정으로 활동할 자격을 가질 수 있다는 것이다. "개인은 자신이 속해 있는 공동체에 대하여 말대꾸할 수 있는 권리뿐만 아니라 의무까지 가진다."(Mead, 1934, pp.167-168) 개인은 사회의 바람직한 개혁과 진보를 도모할 수 있다는 것이다.

2. 사회적 자아(me)

미드는 자아의 개인성과 사회성을 동시에 강조한다. 그래서 그는
주아와 객아의 구분과 그 통합을 강조했던 것이다. 인간은 타자들과의
대화나 상징적 상호작용을 하는 과정에서 자아의식을 형성해 나간다
는 것이다. 우리 자신의 자아의식과 타자들의 자아의식 사이를 명백하
게 구분할 수 없다. 미드에 따르면, "타인들의 자아가 존재하고 우리
의 경험 속으로 들어와서 존재하는 한에 있어서만, 우리 자신의 자아
도 존재하고 우리의 경험 속으로 들어오기 때문이다."(Mead, 1934,
p.164) 자아의식의 기원은 사회라는 것이다. 인간 내면의 의식은 사회
적으로 조직된다는 것이다. "사회적 통제는 I의 표현에 반하는 me의
표현이다. 그것은 한계를 마련해 준다. 말하자면, I로 하여금 모든 사
람들이 흥미를 가지고 실행하는 것들을 자신도 실행하는 수단으로 me
를 활용할 수 있도록 결단을 내리게 한다."(Mead, 1934, pp.210-211)
개인의 행동방식은 사회나 집단에서의 타자들의 행동방식에 따라서
결정되는 것이다. 사회의 구성원으로서의 개인은 타자들의 태도와 행
동방식을 자신 속에 수용한다는 것이다. 그래서 사회는 개인에 대해
막강한 통제력을 가지게 된다. 사회는 개인의 생각과 활동을 규제하는
것이다. "개별적 자아들이 물론 존재한다. 그러나 그것은 절대적인 개
인도 또 배타적인 개인도 결코 아니다. 사회가 물론 존재한다. 그러나
그것도 절대적인 사회도 배타적인 사회도 물론 아니다. 자아는 사회적
자아인 것이다."10)

그런데 개인이 사회를 수용할 수 있는 것은 무엇보다도 언어를 통

10) Paul Pfuetze, *Self, Society, Existence*(Westport, Connecticut: Greenwood Press
    Publishers, 1961), p.102.

해서 가능하다. 미드에 따르면, 자아-구성의 핵심에는 언어가 자리 잡고 있다. 다른 동물들과는 달리 인간은 상징을 통해서 의사소통을 한다. 이런 사실에서 후에 '상징적 상호작용'이라는 용어가 나오게 된 것이다.

상징은 우리 자신의 마음과 다른 이들의 마음속에서 대상을 표상한다. 유년기에 우리가, 그 대상이 부모이든 형제이든 아니면 인형이든, 그러한 대상을 상징적으로 사고하는 것을 배워 갈 때, 우리는 반성적 사고를 하고 자율적인 행위자가 되는 길로 가는 첫발을 내딛는 것이다. 언어는 이런 연결의 축이다. 언어에 다가가지 않고서는, 상징적인 의미로 이루어진 구조화된 세계에서 자아로 사고하고 행동하는 데 꼭 필요한 상징들에 다가갈 길이 없는 것이다. 미드가 말하기를, 상징은 그 상징이 의미를 지니게 되는 사회집단에게 보편적인 성질을 지닌다. 상징은 그것을 통해서 개인들이 자아 감각을 빚어내고 다른 사람들과 상호작용을 하는 공용 화폐인 것이다.[11]

상징적 상호작용을 통해 자아가 된다는 것은 개인이 사회적 속성들을 공유한다는 의미이다. 그리고 자신의 사고와 감정과 태도를 통해서 타자들을 이해할 수 있다는 것이다. 타자를 이해한다는 것은 그의 관점이나 입장 또는 느낌에 공감한다는 것이다. 예를 들어, 친구의 가족이 죽었을 경우, 우리는 자신이라면 어떻게 느낄지를 상상하면서 친구의 상황을 '보려고' 할 것이고, 이때 슬픔과 연민의 감정이 생겨나는 것이다. 우리는 친구가 느끼는 방식과 그가 반응할 여러 가지 다른 방식들을 거의 정확하게 안다고 느낀다. 우리는 '내 자신이 그의 입장이라면' 하고 자신을 상상하는 것이다.

미드가 보기에 자아는 개별적이면서 일반적이고, 행위자이면서 수용

11) 앤서니 엘리엇, 앞의 책, p.45.

자이고, 동일성이면서 차이인 것이다. 거칠게 말해서, 이 말은 자아는 행위 주체여서 그것을 통해 개인이 다른 이들과의 관계 속에서 자신을 경험하는 그런 것일 뿐만 아니라, 자아는 또한 자아를 지닌 개인이 알 맞다고 생각하는 대로 다루는 대상이자 사실임을 의미한다. 우리는 매일같이 정확히 이런 방식으로 우리의 일상생활의 경험을 구축한다. … 미드가 보기에 결정적으로 중요한 점은 우리가 자아의 영역을 그렇게 조망하는 일이 언제나 타인들의 반응과 관련되어서 수행된다는 것이다. 그리하여 '자아'를 지니고 있다는 말은, 자신의 행동과 감정과 믿음을 자신에게 중요한 의미를 지닌 타인들의 관점에서 보아서 통일된 구조로 여길 수 있는 능력을 지니고 있음을 필연적으로 의미한다. 타인들이 자아의 행동을 바라보고 해석하는 것처럼 말이다. 이런 각도에서 볼 때 자아는 속속들이 사회적인 생산물이고, 사회적인 상징적 상호작용의 결과물이다. … 이야기를 나누는 사람들 사이에는 생각, 태도, 성향, 그리고 암묵적인 이해와 감정이 엇갈리고 얽혀 들어 있다. 미드는 개인의 자아 속에는 '타인들의 태도'가 북적거리고 있다고 말한다. 사회생활의 전 범위에 걸쳐서 우리는 다른 사람들이 우리를 보듯이 우리 자신을 보는 것을 배운다. 그러면서 계속되는 사회적 상호작용과 대화에 비추어서 우리의 자기이해를 조정하고 변형하는 것이다. 미드는 자아와 타인들 사이의 이런 계속되는 대화를 '몸짓의 담화'라고 부른다.12)

그리고 미드는 반성적 지성과 관련하여 자아의 사회성을 주장한다. 인간은 행동을 하기 전에 어떤 방식으로든 자신의 행동방식을 의식하고 있다. 인간은 그 의식을 통해 자신의 행동을 통제할 수 있다. 그 과정은 마음이 있기 때문이다. 그런데 개인의 마음에는 사회적인 구성요소가 들어 있기 때문에, 인간은 현재의 문제를 발생하게 한 과거를 기억할 수 있는 것이다. 문제를 해결하는 과정에 반성적 지성에 의한 적응이 이루어진다. 그 과정에 자아의 두 국면, 즉 주아와 객아가 작용하게 된다. 사회적 자아와 주체적 자아, 환경과 개인 자신, 과거와 미

12) 위의 책, pp.45-46.

래의 관계구조의 연계적 적응에 반성적인 지성이 기능하는 것이다. 미드가 말하는 반성적 지성, 즉 생각을 한다는 것은 일반화된 타자와 개인, 곧 객아와 주아 사이의 대화인 것이다. 사고의 과정은 적응 과정이자 상징적 과정이다. 이것은 자아의 사회성을 잘 드러내 준다. 사고 작용은 주아와 객아의 중간에서 이루어진다. 낡은 세계(객아)는 개인(주아)에게 문제가 발생하기 전에 당연한 것으로 존재했던 세계이며, 그것이 곧 문제 발생의 기원이기도 하다. 당연한 것이 현실적으로 인정할 수 없을 때 문제는 발생하는 것이다. 이때 문제 해결을 위해 새로운 적응이 일어나는데, 그것이 사고 작용인 것이다. 그것은 우리들의 태도들을 다시 조직하고 사건들의 세계도 다시 구성하는 것을 목적으로 삼는다. 그런데 인간은 또한 사고 작용 자체를 반성할 수 있다. 인간은 동시에 두 가지 이상의 시각을 가질 수 있다는 것이다. 그리고 인간은 자신의 시각 속으로 타자들의 시각을 연결시킬 수 있는 것이다. 또한 창조적인 사고 작용을 통해 사회의 타자들이 공유할 수 있는 새로운 시각을 창출할 수도 있다. 이런 사고 작용이 자아의 사회성을 잘 보여준다는 것이 미드의 입장인 것이다.

미드의 자아에 대한 견해에는 정신-육체라는 이원론은 존재하지 않는다. "자아는 하나의 통합을 포함하는데, 자아는 사회과정 속에 있으며, 또한 육체는 자아의 일부분이어서 우리가 자아를 갖고 있는 한 육체와 연결되는 것이다."(Mead, 1934, p.148) 그러한 자아는 정신적인 것으로만 구성되는 것도 아니다. 데카르트와 다른 이원론자들은 자아가 육체 혹은 사회 환경과는 관련이 없는 정신의 한 유형이라고 간주하여 왔다. 그러나 미드는 자아를 인간 세계의 자연적인 부분이며 사회과정들의 한 측면으로 간주한다. "자아는 물체라기보다는 내면화되는 과정이다. 이 과정은 저절로 존재하는 것이 아니라 개인이 부분으로 되어 있는 전체 사회조직의 한 측면으로 간주되는 것이다."(Mead, 1934, p.178) 미드는 이원론을 반대하는 입장에 있음을 보여주는 말이다. 데카르트가 "나는 생각한다. 그러므로 나는 존재한다."라고 했듯이, 자아와 주관적 경험이 우선적으로 존재한다고 보는 반면, 미드는 사회과정들이 자아가 출현하기 위한 선행조건이라고 주장한다. "내가 특히 강조하려 하는 것은 자아의식적인 개인이 존재하기에 앞서 사회과정이 이미 논리적으로 존재한다는 것이다."(Mead, 1934, p.186) 자아는 세계에 선행하여 존재하기보다는 사회 속에서 스스로 자신을 형성하는 것이다. 이원론에서는 자아는 다른 자아들과 독립적으로 존재한다고 보는 반면, 미드는 자아가 본질적으로 사회적이라고 한다. 자아가 스스로를 형성하고 발달시키는 과정은 사회 속에서 개인들의 상징적 상호작용을 전제로 하는 사회과정인 것이다. 개인의 자아가 그 개인만이 소유하고 경험할 수 있는 개인적인 것일 수 있으나, 그것은 사회로부터 개인에게 주어진 것이며 사회과정의 일부분으로 남는 것이다.

3. 자아의 형성 단계들

미드에 따르면, 자아는 사회적 상징들을 통하여 스스로를 구성하고 발달한다. 자아란 개인이 자신을 사회적 대상이 되게 하고, 자신을 대상으로 만든다는 것은 자신이 타자들에 의해 부여된 의미와 동일한 의미를 얻게 된다는 것을 뜻한다. 한 개인이 타자의 역할을 담당할 수 있는 능력을 통해 일반화된 타자들이 생긴다. 일반화된 타자들은 한 집단의 보편적인 태도들이 조직된 것이며, 개인들은 그것들을 자신의 행위의 기준이나 표본으로 받아들인다. 이는 특정한 타자의 역할을 수용하는 것이 아니며, 집단 전체의 태도들을 가정하고 받아들이는 것이다. 일반화된 타자들을 받아들이는 것은 개인이 자신의 행위를 의식적으로 형성하는 데 필수적인 것이다. 왜냐하면, "각 개인은 자신이 속한 사회집단의 조직화된 태도를 받아들임으로써만이 완전한 자아를 발전시킬 수 있기 때문이다."(Mead, 1934, p.155) 더욱이 사회도 모든 개개인들이 일반화된 타자의 태도를 받아들일 수 있을 때 존재할 수 있는 것이다.

그런데 다른 사람들의 태도를 조직할 수 있는 능력은 두 단계의 중요한 발전 과정을 거쳐서 발달한다. 첫 번째 단계에서, "개인의 자아는 그가 참여하는 특정한 사회적 행위에서 자신에 대한 다른 개인들의 특정한 태도를 조직함으로써 단순히 구성된다."(Mead, 1934, p.158) 이 단계는 종종 '놀이(play) 단계'라고 불린다. 이 단계는 개인들 사이에 단순히 주고받는 수준을 말한다. 이와는 대조적으로, '경기(game) 단계'에서는 다른 사람들의 태도가 일관된 일반화된 타자로 동화된다. 이때 "사회적인 태도나 집단의 태도가 개개인의 직접적인 경험의 영역 안에 들어오게 되고 나아가 자아의 구조 혹은 구성요소로 포함되게 된다."(Mead, 1934, p.158) 일반화된 타자들의 개념을 설명하고 그것이 자아 발달의 두 번째 단계에서 어떠한 기능을 하는지를 보여주기 위해 미드는 야구팀의 실례를 든다. 시합에 있어서 선수들은 타자들의 기대, 즉 게임의 규칙과 팀의 목적이라는 전체적인 구조를 파악할 수 있을 때에만 게임에 임하게 된다고 한다. 이와 같이 타자의 기대가 조직적으로 통합됨으로써 자신의 체계적인 인성 조직체가 나타나게 되는 것이다.

미드는 자아를 형성과 발달의 산물로 간주하면서 자아의 발생에 매우 큰 관심을 보인다. 즉, "자아는 처음부터 거기에, 출생 때 있지 않고 사회적 경험과 활동의 과정에서 생긴다. 즉 주어진 개인에서 전체로서의 과정에 대한 그리고 그 과정 내부의 다른 개인들에 대한 그의 관계의 한 결과로서 발달한다."(Mead, 1934, p.135) 그에게서 자아란 반성적이고, 그것이 주체인 동시에 객체가 될 수 있는 존재이다. 주체로서의 자아(주아)는 그 자신을 객체적 자아(객아)로 대할 수 있다. 미드에게서 본질적인 것은 주아는 간접적으로 스스로를 객아로 안다는 것이다. 즉, "동일한 사회집단의 다른 개인적 구성원들의 특별한 관점 들로부터 혹은 그가 소속하는 하나의 전체로서의 사회집단의 일반화된 관점으로부터"(Mead, 1934, p.138), 개인들은 사회적 맥락 속에서 다른 사람들의 스스로에게 대한 태도들을 취함으로써만 스스로에게 객아가 된다. 미드는 '병아리들에게의 암탉의 꼬꼬거리는 소리'의 의미에서 의사소통을 의미하지 않고 타자들에게 뿐만 아니라 개인 자신에게로 지향되는 의미 있는 상징들(몸짓들과 언어)의 의미에서의 의사소통을 의미한다. 그런 의사소통 내지 상징적 상호작용이 자아 형성의 과정인 것이다.

자아의 발생은 어린 시절 발달에서 두 가지 단계들, 즉 놀이와 경기를 통해 진행된다.13) '놀이 단계'에서, 어린이들은 그들 스스로에 대한 특별한 타자들의 태도를 받아들이기를 배운다. 미드는 부모, 교사, 경찰 등의 역할을 놀이하는 어린이들은 한 부모로서 혹은 한 교사로서 스스로에게 말을 걸고 한 경찰로서 스스로 체포함을 강조한다. 이것은 어린이들은 그들 스스로에게서 이런 자극들이 타인들에게 불러내는 대응들을 만들어내는 일련의 자극들을 가짐을 의미한다. 따라서 놀이는 자기에게 다른 사람이 되는 가장 간단한 형태를 대면한다. 즉, "어린이는 하나의 인물(character)에서 어떤 것을 말하고 다른 인물에 대응하고, 그 다음에 다른 인물에서의 그의 대응은 첫째 인물에서 그 자신에게의 자극이며, 그래서 회화가 계속된다."(Mead, 1934, p.151) 미드가 서로에게 대응하는 '인물들'에 관해서 말한다는 사실은 그로 하여금 놀이에서 상상적 과정에 민감하게 만든다. 그는 '착한 많은 어린이들이 그들 자신의 경험 속에서 생산하는 보이지 않는 상상적 동료들'에 관해 말하는 것의 의미를 다음과 같이 말한다.

---

13) 어린이 발달의 두 단계에 관한 아래의 설명은 Hubert J. M. Hermans and Harry J. G. Kempen, *The Dialogical Self*(California: Academic Press, Inc., 1993), pp.103-107 참고.

어린이들이 그들 자신들이 다른 사람들에서 불러내고 스스로에게서 불러내는 대응들을 이런 식으로 조직한다. 물론, 하나의 상상적 동료와의 이런 놀이는 오로지 일상적 놀이의 특정한 흥미 있는 단계일 뿐이다. 특별히 조직화된 게임들을 선행하는 단계인, 이런 의미에서의 놀이는 어떤 것에서의 놀이이다. 어린이는 한 어머니가 됨을, 한 교사가 됨을, 한 경찰이 됨을, 놀이한다. 즉 그것은 서로 다른 역할들을 수행한다 (Mead, 1934, p.150).

'놀이 단계'는 스스로에게 중요한 다른 사람들의 태도를 받아들이는, 어린이들의 발달에서 중요한 한 단계를 대변한다. 그러나 그들은 이 단계에서는 스스로에 대한 더욱 일반화되고 조직화된 의미를 결여한다. 그러므로 '경기 단계'는 그 용어의 완전한 의미에서의 자아의 발달을 요구한다. '놀이 단계'에서 어린이들이 분리된 타자들의 역할을 수행하는 반면, '경기 단계'에서는 동일한 경기에서의 연관되는 다른 '모든 사람'의 역할을 수행하기가 요구된다. 더욱이, 경기 상황들은 전형적으로 서로 간의 명백한 관계를 가지는 서로 다른 역할들을 포함한다. 한 경기를 수행하는 것은 그 경기를 구성하는 모든 역할들을 수행할 수 있는 참여자들을 요구한다. '숨바꼭질' 같은 단순한 경기에서마저 어린이는 '찾는 사람'과 '숨는 사람'의 역할들을 바꿀 수 있어야 하며, 그들의 상호관계들에서의 이러한 역할들을 알 수 있어야 한다. 더욱 복잡한 경기 상황은 미드의 유명한 야구경기의 예에서 제시된다.

그러나 수많은 개인들이 관련되는 경기에서 한 역할을 수행하는 어린이는 다른 모든 사람의 역할을 맡을 준비가 되어 있어야 한다. 만약 그가 야구경기에 참여한다면 그의 포지션에 관련된 각 포지션의 대응들을 가져야 한다. 그는 다른 모든 사람들이 그 자신의 역할을 수행하기 위해 다른 모든 사람이 무엇을 할 수 있어야 하는지를 알아야 한다.

그는 이런 모든 역할들을 수행해야 한다. 그들은 동시에 의식 속에 현전할 필요가 없을 것이지만 어느 순간 그는 공을 던지려는 사람, 공을 잡으려는 사람 등과 같은 3명 혹은 4명의 개인들이 자신의 태도 속에 현전하게 해야 한다. 어느 정도 이런 대응들은 그 자신의 분장 속에 현전되어야 한다. 그런데 게임에서는 너무 조직화되어서 한 사람의 태도가 타자의 적절한 태도를 불러내는 그런 타자들의 일련의 대응들이 있다(Mead, 1934, p.151).

'놀이 단계'에서는 부재하는 경기의 규칙들을 통해 어린이들의 대응들이 조직된다. '놀이 단계'에서 어린이들은 그들에게 다가오는 즉각적인 자극에 단순히 반응하는 반면, '경기 단계'에서는 이런 대응들이 서로 다른 역할들이 양식화된 전체의 부분들인 식으로 조직된다. 오로지 '경기 단계'에서만 어린이는 '전체적 자아(whole self)'를 발달시키기를 배울 수 있다. '경기 단계'는 미드의 가장 넓게 알려진 개념들 중 하나인 '일반화된 타자들'을 생기게 한다. 이 용어를 가지고 그는 개인에게 '자아의 통합(unity of self)'을 부여하는 조직화된 공동체나 사회집단을 지적한다. 일반화된 타자의 태도는 전체 공동체의 태도이다. 야구경기의 예에서, 그것은 전체 팀의 태도였다. 이런 식으로 그 공동체의 사회적 과정은 개인의 사고 속에 들어간다. 추상적 사고는 단지 일반화된 타자의 태도를 받아들일 때에만 가능할 수 있다. 즉, "자신에 대한 일반화된 타자의 태도를 받아들이는 경우에만 사고 내지 사고를 구성하는 몸짓들의 내면화된 대화가 생긴다."(Mead, 1934, p.156) 개인적 타자들의 역할보다는 일반화된 타자들의 역할을 취하는 것이 추상적 사고와 객관성을 허용한다. 달리 말해, 완전하게 발달된 자아를 가지기 위해서, 한 공동체의 구성원이 되어야 하고 그 공동체에 '공동의' 태도들에 의해 이끌어져야 한다. 놀이가 단순히 자기들의 조각들을 필요로 하지만 경기는 일관적인 자아를 요구한다.

미드의 관점에서 중심적인 것은 자아가 오로지 그 개인이 그 자신에 대한 타자의 입장을 채택하는 때에만 발달될 수 있다는 점이다. 본질상, 이것은 '내면화(internalization)'의 이론이다. 자아는 타자들의 태도를 받아들임을 통해서 사회적으로 구성된다. 그는 자아는 '경기 단계'에서 완전한 발달에 도달한다고 주장한다. 거기서 자기는 사회적 집단의 태도들을 반영한다. 즉,

> 나는 자아의 완전한 발달에서 두 가지 일반적 단계가 있음을 지적했다. 이 중 첫 번째 단계(놀이)에서 개인적 자아는 단순히, 그들과 함께 그가 참여하는 특정한 사회적 행위에서 자신에 대한, 서로에 대한 다른 개인들의 특별한 태도들의 조직화에 의해 구성된다. 그러나 두 번째 단계(경기)에서 자아는 이러한 특별한 개인적 태도들의 조직화에 의해서뿐만 아니라 일반화된 타자 혹은 그가 속하는 전체로서의 사회적 집단의 사회적 태도들의 조직화에 의해 구성된다. 이런 '사회적 혹은 집단적 태도들은 직접 경험이라는 개인의 영역 속으로 옮겨지고, 그의 자기의 구조나 구성에서의 요소들로서 포함된다.'(Mead, 1934, p.158)

'타자의 태도를 취함'이라는 미드의 중심적 관념은 분명히 하나의 중요한 이론적 단계이다. 다른 사람의 태도를 취할 수 있음은 어린이로 하여금 피아제가 '자아 중심'이라고 부른 것을 극복할 수 있게 만든다. 어린이들이 자아로서의 명백한 관점을 지니기 위해서는 그들은 다른 사람들의 역할을 담당할 필요가 있으며 비로소 자기 자신을 객체, 대상으로 바라볼 수 있게 되는 것이다. 미드는 역할 담당을 통해서 자아가 발전하는 단계를 설명하였던 것이다. 다시 한 번 미드의 이 관점을 요약하면 다음과 같다.[14]

첫째, 자아를 형성하기 위해서는 개인이 자신에 대해 객관적이고

---

14) 아래의 요약된 내용은 손장권 외 편, 『미드의 사회심리학』(서울: 일신사, 1994), pp.116-119 참고.

비개인적인 태도를 지녀야 한다. 결국 자기 자신이 객체 내지 대상이 되어야 한다는 것이다. 어린이들은 언어를 사용하면서 매우 단순한 형태의 역할 담당을 하기 시작한다. 즉, 자기 자신이 사용한 의미 있는 상징들을 객관적인 형태로 듣게 되고 그 자신들의 생각이나 말들을 객관적인 입장에서 보게 된다. 개인들이 자기 자신을 대상으로 보게 되는 것은 의미 있는 상징들을 사용하게 되고 역할 담당을 하게 되면서부터이다. 다른 사람들의 역할을 가정할 때에만 개인에게 자아는 존재할 수 있게 된다. 다른 사람들이 우리에게 취하는 태도를 알게 될 때에 한해서 우리의 자아는 나타난다. 어린이들이 점차로 역할 담당을 하게 되는 능력을 발달시킴에 따라 그들은 자신에 대한 복잡하고 통합되어 있는 개념들을 발전시키게 된다. 자아는 오로지 언어와 역할 담당을 통해서 나타나기 때문에, 그 본질상 사회적인 것이다. 사회적인 수단을 통해서만이, 즉 자신에 대한 다른 사람들의 태도를 얻게 됨으로써 자신은 대상이 될 수 있는 것이다.

둘째, 어린이들이 역할을 수행하기 시작한 후에 그들은 더욱 자신의 인성과 자아들을 발전시키게 된다. 그들은 다른 사람들의 역할을 수행하면서 그것을 자아를 형성하는 일부분으로 사용한다. 가정에서의 역할을 수행할 때 어린이들은 부모의 역할을 담당하게 되고 그럼으로써 부모들의 관점을 얻게 된다. 그들이 그렇게 함으로써 전체적인 자아를 가지게 된다. 어린이들이 수행하는 역할들은 그들의 인성 발달을 통제, 조절하게 된다. 자아의 형성은 다른 사람들에 달려 있다. 어린이들의 자신에 대한 의식은 그들에 대한 다른 사람들의 태도의 반영인 것이다. 우선 아이들의 부모에 대한 지각은 자신들의 자아에 영향을 준다. 어린이들은 자신들에 대한 다른 사람들의 판단을 받아들인다. 그러나 그것이 조직화된 자아로 형성되는 것은 아니다.

셋째, 경기를 통해 더 통합되고 단일화된 인성의 발전이 이루어진다. 사회화에 있어서 '경기 단계'에 도달하기 전에는 아이들은 전체로서 조직되지는 않는다. 그러나 어린이들이 경기를 수행하게 되면서 그들은 집단과 융합하고 게임의 규칙과 전체 집단의 행위와 관련된 그들의 반응을 조직화하는 것을 배우게 된다. '놀이 단계'에서는 자아의 부분적인 면들만을 얻게 되지만 '경기 단계'에서는 전체로서의 자아를 얻게 되는 것이다. '놀이 단계'에서는 어린이들은 전체적인 역할을 이해하지 못한 채 수행되는 역할들의 부분적인 단면들에 초점을 두지만, 경기를 통해서 어린이들은 다른 사람들과 협조적인 관계를 지니게 되고 더 조직화된 자아가 필요하게 되는 것이다. 경기는 그 규칙과 구조를 통해 어린이들이 더 조직화된 자아를 가질 수 있도록 한다. 경기에는 논리가 있고 그리하여 자아의 조직화가 가능한 것이다. '경기 단계'에 들어서면 사회의 구성원이 되는 것이다. 경기는 어린이들로 하여금 일반화된 타자들의 입장에서 생각하게 하기 때문에, 어린이들은 점차 전체 집단이 자신들을 보는 것과 같이 자기 자신을 보게 되며 통합된 인성을 얻게 되는 것이다. 어린이들이 전체 집단의 태도를 얻게 되었을 때 그들은 다른 사람들과 같은 방법으로 자신을 돌이켜 보며, 결국 자아의식과 단일화된 자아를 가지게 된다. 경기는 어린이들이 크고 복잡한 어른들의 사회를 경험할 때보다 중요하다. 그들이 이해하고 상호작용하기에 현대사회는 구조적으로 너무 복잡하긴 하지만 경기의 구조와 관계가 있다. 경기를 통해서 그들은 구조화된 사회의 상황들을 다룰 수 있도록 배우게 된다. 경기의 규칙과 구조를 통해 어린이들은 다양한 자아의 단면들을 하나의 통합된 인성으로 조직화하게 된다. 경기는 조직화된 인성이 발전하는 상황인 것이다. 어린이들이 더 복잡한 규칙과 구조를 갖는 어른들의 세계로 들어섬에 따라 경기 대신 더욱 진정한 사회 경험들이 중요한 사회 상황들로 자리 잡게 된다. 어린이들은 경기에 있어서의 일반화된 타자들과 관계한 후에 더 넓은 사회 상황을 통해 일반화된 타자들을 고려하는 것을 배운다. 즉, 일반화된 타자들은 점차 추상적인 사회관계들로 나타나게 된다. 전체 사회의 구조들에 기초한 일반화된 타자들의 역할을 담당하게 됨으로써 개인들은 자아에 대해 더 넓고 추상적인 관점을 얻게 되며, 이러한 높은 수준의 이해를 통해 개인의 인성과 자아가 발전되고 조직되는 것이다. 사람은 사회 공동체에 속해 있기 때문에 인성을 가지게 된다. 사회 공동체는 사람들의 인성의 구조라고 볼 수 있다. 물론 더 발전되고, 조직화되고, 복잡한 사회에서조차 우리의 인성과 자아는 추상적이고 제도적인 구조로 유형화되지는 않는다. 어른의 세계에서조차 자아는 다른 사람들과의 구체적이고 개인적인 관계에 의해 계속적으로 영향을 받고 있는 것이다.

제 2 장

메를로-퐁티의 몸-주체와 말하는 자아

1. 몸-주체와 세계의 애매성 관계: 1인칭과 3인칭 시각들

1) 몸-주체

칸트의 선험적 자아는 1인칭의 '나'와 3인칭의 '그것'의 두 측면으로 이루어진다. 그것은 통각의 순수하게 형식적인 1인칭의 '나'로부터, 자신의 실질적인 1인칭 시각을 거쳐, 경험의 대상으로서의 자신에 대한 3인칭 시각으로 확대되는 것이다. 모리스 메를로-퐁티(Maurice Merleau-Ponty)는 자아를 '몸 자아(embodied self)'로 규정한다. 그가 말하는 '몸 자아'는 몸에서 기원하는 다시각성을 가진다. 그것은 곧 1인칭과 3인칭 시각들의 '애매성'의 관계들의 통합인 것이다.

서사적 자아 관념은 행위자는 몸에 의해 구성된다는 점에 근거한다. 몸으로 구성된다(embodiment)는 것은 단순한 생물학적 기능이나 자신의 몸을 통한 개인의 주관적 경험보다 더 복합적인 문제이다. 체현된다는 것은 애매하고, 역동적이고, 상호 주체적인 현상이다. 메를로-퐁티와 가브리엘 마르셀(Gabriel Marcel)은 지각하고 생각하는 주체는 순수하게 지적 자아가 아니고, 자각적이고, 자기 자극에 감응하는 감각-운동, 그리고 인지적 몸, 하나의 '나의 몸'임을 강조한다. 자신의 1인칭 시각은 자신의 지각적 장치, 즉 자신의 능동적으로 감각하는 몸을 통하여 표현된다. 나의 심리적 시각은 사실상 '신체적' 시각이다. 더욱이, 지각력 있고 감각적인, 나의 몸은 세계를 직접적으로 감각할 뿐만 아니라, 그것의 그것 자체의 감각의 매개를 통해 그렇게 한다. 이런 이중성 내지 애매성이나 '이중적 감각'은 자기의식의 성찰적 구조의 토대이다. 자신의 몸의 최초의 감각 경험들은 또 다른 사람의 몸을 통해서 매개된다. 감각하면서 감각될 수 있는(sensing-sensible) 자신의 몸은 단순화할 수 없이 1인칭, 2인칭, 3인칭적인 것이다.

데카르트의 '생각하는 자아' 관념에서는, 생각하는 나의 존재, 1인칭 시각만이 명확할 뿐 일상의 경험들과 감각들, 즉 3인칭 시각은 모든 것이 의심의 대상에 불과하다. 모든 감각적 지각들은 불신의 대상이며, 감각의 주체인 인간의 몸은 연장에 불과한 것으로 철저하게 소외된다. "데카르트의 생각하는 자아(cogito)는 완전히 투명한 빛과 같은 것이다. 그것은 자기 내부에서 어떤 앙금이나 어둠을 갖고 있지 않고 빛처럼 모든 것을 지적으로 비출 수 있는 진리의 확실한 보류이다."[1] 그러나 메를로-퐁티에게 있어, 무엇을 안다는 것은 지각의 지평 속에서 형성된다. 모든 인식은 지각을 통해 형성된다는 것이다. 인간은 반성에 앞서 반드시 지각을 한다. 생각한다는 반성의 모든 영역은 지각한다는 전-반성적인 영역에 근거한다. 따라서 인간 주체는 단순히 세계 속에 존재하는 순수한 생각하는 존재가 아니라 지각의 주체인 몸으로서 세계와 끊임없는 관계를 맺어 가는 존재자이다. 세계는 대상이 될 수 없고 늘 우리의 몸과 연루된다. 세계는 항상 열린 세계로 존재한다. 그 까닭은 세계 속에 존재의 뿌리를 가진 현상적 몸 내지 감

---

1) 김형효, 『메를로-뽕띠와 애매성의 철학』(서울: 철학과현실사, 1996), p.16.

각하는 몸은 살아 있는 몸이면서 표현하는 몸이기 때문이다. 이 점을 그는 타자 치기를 예로 들면서 설명한다,

사람들은 단어를 구성하는 글쇠판의 어느 곳에서 발견되는가를 지정하는 법을 모르고서도 타자 치는 법을 알 수 있다. 따라서 타자 칠 줄 안다는 것은 글쇠판 위에 있는 개개의 글자의 소재지를 인식한다는 것이 아니며, 개개의 글자가 우리의 시선에 나타날 때 글쇠를 두드리는 조건반사를 그 글쇠 하나하나에 대하여 획득했다는 것조차도 아니다. 습관이 인식도 아니고 기계적 동작도 아니라면, 그렇다면 그것은 무엇인가? 신체적 노력에 따라서만 체험되고 객관적 지시에 의해서는 결코 표현될 수 없는바, 손이 아는 앎이 문제이다. … 그 주체는 글자들이 글쇠판의 어느 곳에 있는가를 안다.2)

"주지주의는 대상에 대한 지각 현상에서 주체의 구성 활동을 중요시하고 경험주의는 주체를 소홀히 하면서 대상에 우위를 둔다. 이에 반해 메를로-퐁티는, 지각 현상이 지각하는 몸과 대상 간의 상호 공동작용에 의해 실현되며, 주관과 대상의 대립적 딜레마를 극복한 '몸의 지향적 특성'에서 나온다고 규정한다."3) 그에게 있어, 몸은 정신과 세계가 끊임없이 서로 교류하면서 함께 존재하며, 하나의 주체로서 물질적인 동시에 정신적인 것이다. 인식이란 우리가 믿어 왔던 의식의 결과가 아니라 일상적으로 마주하는 생생한 체험의 세계에 근거한다. "세상 속에 살고 있는 우리의 실존과 분리되지 않은 세계, 즉 우리 몸이 '사유하는 세계가 아니라 살고 있는 세계'의 본질이다. 다시 말해

2) 메를로-퐁티, 류의근 옮김, 『지각의 현상학』(서울: 문학과지성사, 2002)(이후에는 본문 속에 『지각의 현상학』으로 표기함), p.229.
3) 김화자, 「메를로 퐁티의 현상학에 나타난 언어와 회화의 표현성」, 모리스 메를로 퐁티, 김화자 옮김, 『간접적인 언어와 침묵의 목소리』(서울: 책세상, 2008), p.106.

서 우리는 사유하면서 세계를 이해하는 것이 아니라 세계에서 우리 자신이 살아가는 모습을 지각하면서 세계를 이해한다는 것이다."[4] 그는 절대적인 자아를 부정한다. 그것은 우리를 세계로부터 몰아내고 상호 주관성을 봉쇄하며 시간성을 파괴하기 때문이다. 그는 세계 속에서 현존하는 현상적 자아를 주장한다. 메를로-퐁티에게 있어, "세계의 본질을 추구하는 것은 우리가 그것을 논의의 주제로 삼으면서 그것의 있는 그대로를 관념 속에서 추구하는 것이 아니다. 그것은 모든 주제화에 앞서 그것의 있는 그대로를 우리에 대한 사실 속에서 추구하는 것이다."(『지각의 현상학』, p.25) 세계는 사유 내지 의식으로서의 세계가 아니고 지각하고 있는 바로 그것이 세계인 것이다. 그것은 모든 지각적 경험들의 환경이며, 지평들의 지평이다. 지평이란 대상을 바라본다는 것을 의미한다. 시각장 속에 대상을 고정시키는 것이다. 우리가 대상을 바라본다는 것은 존재 세계에 들어간다는 것이며, 대상에 거주한다는 것이다. 따라서 "세계는 우리가 생각하는 그것이 아니라 내가 살고 있는 그것이다. 나는 세계를 향해 열려 있고, 그 세계와 함께 확실하게 의사소통했다. 그러나 나는 그것을 소유하지 않으며 세계는 무궁무진하다. '세계가 있다.' 아니 오히려 '그 세계가 있다.'"(『지각의 현상학』, p.27) 세계는 우리가 알아채기 전에 우리가 이미 그 속에 자리하는 그런 곳이다. 그 자리함은 몸을 통해 이루어진 것이다. 선험적인 관념론은 순수 의식 속에서 세계를 구성한다. 반면 경험론은 세계를 단순한 관념의 다발에 지나지 않는다고 규정한다. 주체는 단지 객관적인 세계에 있는 대상이 아니며, 세계는 생각하기에 의해 구성되는 수동적인 존재가 아니다. 몸-주체와 세계는 완전히 해명될 수 있는 객관적인 관계가 아니다. "세계에 대한 객관적 인식은 절대적일 수 없으며, 그것은 서로 다른 시각들을 통해 얻어진 다양성이다. 그것은

---

4) 위의 논문, p.107.

'모든 곳으로부터의 관점'을 의미하며, 모든 곳은 특별한 장소가 없다. 그러나 그것은 무한하게 많은 어떤 곳들을 미리 전제하고 있다."[5]

그런데 메를로-퐁티가 말하는 우리의 몸은 정신적 주체가 아니고 '세계-에로의-존재'이기 때문에 초월자로서 세계를 조망하고 구성하는 것이 아니라 세계 속에서 세계와의 관계를 통해서 그것의 의미를 인식하게 된다는 것이다. 그에게 있어, 세계의 중심은 인간의 몸이다. 지각과 인식의 작용도 몸의 활동을 통해서 가능하며, '몸의 지향성'을 전제로 의식의 지향성이 성립한다. 그가 말하는 몸은 단순한 하나의 대상이 아니다. 몸의 대상들은 '나'라는 몸에게 주어지는 것이지만, 몸은 나의 것 그 자체이면서 '나'라는 고유한 주체, 즉 지각의 주체이면서 의미의 주체이기 때문이다. 몸은 나의 고유한 몸이며, '나'라는 고유한 몸의 영속성은 대상의 영속성과는 다른 방식으로 이루어지며, 나는 나와 더불어 영속적인 방식으로 고유한 몸을 가진다. 고유한 몸은 본래 자신이 가지고 있는 몸이다. "'고유한 몸'은 의식의 지향성에 의해 의식화된 몸이 아니라, 의식이 몸의 지향적 특성에 입각해서 자신을 세계의 사건으로 발견되게 만들어주는 몸이다. 따라서 몸의 지향성은, 단순한 몸의 반사 행위조차 객관적이고 맹목적인 자극의 결과가 아니며, 어떤 상황에 처한 몸의 지향적인 표현으로서 주관의 실존적 의도를 내포하고 있음을 의미한다."[6] 몸-주체는 강물 위에 떠 있는 배에 타고 있는 주체이다. 이 주체는 자신이 처한 상황에서 풍경을 바라보는 주체, 그가 보는 풍경이 세계 전부가 아님을 알지만 또한 자신이 보는 풍경이 세계 전부로 확장될 수 있다는 것을 아는 주체, 그 자신이 배와 함께 움직이는 주체이다. 이것이 바로 몸-주체가 세계와 관계하면서 존재하는 방식이다. 살아 있는 몸, 지각하고 감각하는 몸은 늘

---

5) E. Matthews, *The Philosophy of Merleau-Ponty*(Montreal and Kingston: McGill-Queen's University Press, 2002), p.48.

6) 김화자, 앞의 논문, pp.108-109.

자기 자신을 넘어선다. 그리고 이 넘어서는 자리에는 세계의 새로운 현출에 대한 경이가 동반된다. 요컨대 진정한 현상학적 반성을 수행하기 위해서 동일성으로서의 주관성의 이념과 대상의 이념을 포기하고 늘 새롭게 현출하는 세계와 그에 상관적인, 자기 자신을 늘 넘어서는 표현 주체인 고유한 몸의 주체, 몸(체화된) 의식 주체에 대해 생각해야 한다."[7] 고유한 몸은 세계로 지향하는 실존으로서, 몸-주체인 것이다. "몸-주체는 세계 내 존재로서 고립된 존재가 아니라 세계와의 끊임없는 대화로서 나아가는 관계적인 존재이다. 세계 내 존재라는 말의 의미는 실존이 세계에 속해 있으면서, 동시에 세계로 작용을 가하고 작용을 받기도 한다는 것이다. 몸이 세계에 속하고 있다는 것은 사물처럼 세계에 의해 소유되고 있다는 것을 의미하는 것이 아니다."[8] 몸-주체는 세계와 관계하여 끊임없이 의미를 부여하고 수용하는 의미의 주체인 것이다. 의미의 주체인 몸의 모든 활동들은 그 자체 의미를 형성하는 작용이고 표현의 활동이다. 우리가 한 폭의 그림을 바라볼 때 그 그림은 우리에게 어떤 생각을 불러일으킨다. 이런 관념은 머릿속에서 솟구치는 것이 아니라, 반드시 그 그림의 형태나 색깔과 관계하여 나타나는 것이다. 그가 말하고자 하는 것은 바로 그 그림과 그림을 바라봄으로써 일어나는 우리의 관념 사이에서 그것을 가능케 하는 몸의 지각 현상인 것이다.

우리의 고유한 몸은 단지 나의 의식에 덧붙여진 사물로서 이해되어서는 안 된다. 사실상 나의 몸은 나의 의식에 세계로 향하는 의식의 지향성의 차원에서 나타나는 표현인 것이다. 나의 의식이 몸을 통하여 세계로 지향하는 과정을 통하여 세계도 동시에 나의 몸과 의식에 대응하여 나타난다. 나의 몸은 의식과 세계가 서로 접목되는 그런 곳

---

7) 정지은, 「메를로-뽕띠의 몸-주체에 대한 연구: 실존적 몸에서 존재론적 몸으로의 이해」, 『해석학 연구』 제22집(한국해석학회, 2008), pp.172-173.

8) 스피겔버그, 최경호 옮김, 『현상학적 운동 II』(서울: 이론과실천, 1993), p.350.

이다.

몸은 의식도 대상도 아닌 제3의 차원이다. 그것은 지각하는 주체이며, 동시에 지각되는 대상이다. 몸은 주-객의 이중성이 동시에 출현하는 특수한 장소인 것이다. 몸 자아 내지 몸-주체의 1인칭 시각과 3인칭 시각은 상호 전제의 관계에 있다는 것이다. 1인칭 주체로서의 나의 경험은 세계 속에서의 나의 3인칭 실존을 수반하고, 반대로 3인칭 실존은 1인칭 나의 경험을 수반한다는 것이다. 그가 말하는 몸-주체는 '감각되는 감각하는 것(sensing sensible)'이다. 그는 나의 손을 접촉하는 현상을 예로 제시한다.

> 내가 나의 왼손으로 오른손을 만질 때 대상인 오른손도 역시 감각한다는 이상한 속성을 가진다. 우리는 조금 전에 그 두 손이 서로에 대하여 동시에 만져지지 않고 만지지 않는다는 것을 보았다. 내가 양손을 같이 누를 때 따라서 사람들이 병존의 두 대상을 지각하는 것처럼 내가 함께 느끼는 두 감각이 문제가 되는 것이 아니라, 양손이 '만지는 것'과 '만져지는 것'의 기능이라는 견지에서 볼 때 변화할 수 있는 애매한 조직이 문제가 되는 것이다. … 신체는 인식의 기능을 수행하면서 외부로부터 스스로를 간파하고, 만지면서 스스로를 만지려고 노력하며, '일종의 반조'의 모양을 띤다(『지각의 현상학』, pp.158-159).

자신의 손을 만지는 것은 자신의 몸이 두 측면들을 가진 하나의 존재임을 드러낸다. "지적인 정신에 연결된 물리적 몸뿐만 아니라 하나의 '감각되는 감각하는 것'이 몸이다."9) 메를로-퐁티는 이것을 신체의 '감각-운동' 능력의 한 기능으로 간주한다. 그런데 이것은 지각적 의식의 기관을 구성한다. 지각하는 몸은 지각의 능력을 소유하지 않고,

---

9) Merleau-Ponty, *The Visible and the Invisible*, ed. by Claude Lefort and trans. by Alphonso Lingis(Evanston, Il: Northwestern University Press, 1964), p.137.

오히려 하나의 전체로서 지각한다. 우리의 존재는 '보는 자'이고 세계는 '보이는 것'이다. 보는 자가 보이는 것을 내면세계로 끌어들이지는 않지만, 보는 자와 보이는 것 사이에는 주관과 객관과는 다른 특이한 존재의 관계가 있다. 그는 이것을 '뒤섞임의 존재', '야생의 존재'로 부른다. 보는 동시에 보인다는 가역성은 "물리적 사물에 주체성이 덧붙여지는 것을 의미하는 것이 아니라, 주체와 대상의 구별이 나의 몸 속에서 뒤섞인다는 것을 의미한다."[10] '뒤섞임의 존재'라는 말은 주체와 대상이 뒤섞인다는 것을 가리킨다.

그런데 메를로-퐁티가 주장하는 몸-주체는 달리 표현하면 곧 '몸 자아(embodied self)'이다. '몸 자아'는 '생각하는 자아'의 관념을 극복한 것이다. 그에게 있어, 의식의 발원으로서 자아는 " '나는 ~을 생각한다'가 아니라 '나는 ~을 할 수 있다'이다."(『지각의 현상학』, p.220) " '지향성'은 순수 의식의 특권이 아니라 몸의 존재적 특징, 즉 '몸의 지향성'이며, 세계나 대상은 우리 몸의 움직임을 통해 의미를 얻게 되고, 의식은 이러한 몸에 의해 구현되는 존재이다. 이때 의식은, '나는 생각한다'의 구성하는 의식이 아니라, '나는 할 수 있다'는 몸의 지향 능력에서 유래한 지각하는 의식을 의미한다."[11] 몸의 지향성은 생각하는 의식의 지향성이 아니고 몸(embodied) 의식의 지향성이다. 그것은 '생각하는 자아'가 아니라 '할 수 있는 자아'로 나타나는 전-반성적 의식인 것이다. 몸 의식은 "의식과 몸, 의식과 세계가 분리되기 이전의 원초적 자아이며, '자연적 자아'이다."[12] 이것은 세계를 구성하는 자아로서의 데카르트의 '생각하는 자아'와는 전적으로 다른 자아 관념인 것이다. '나는 생각한다'가 아니라 '나는 할 수 있다'는 자아의 존

---

10) 김병환, 「메를로-뽕띠에 있어서 존재론적 살에 대한 연구」, 『철학논총』 17 (1999), p.83.
11) 김화자, 앞의 논문, p.109.
12) 리차드 자너, 최경호 옮김, 『신체의 현상학』(서울: 인간사랑, 1993), p.231.

재 방식은 두 가지 점을 시사한다. 즉, "첫째, 그것은 고유한 몸이 여기에 머무르면서 저기, 사물에 거주할 수 있음을 의미한다. 둘째, 고유한 몸이 여기에서 저기로 이행하면서 시간에 거주한다는 것을 의미한다. 고유한 몸은 시간을 자기 것으로 만드는 대신에 과거에서 현재, 현재에서 미래로의 이행을 바로 자신의 존재와 일치시킨다. 행동하는 주체, 늘 새로 태어나는 주체는 세계를 소유하는 주체가 아니라 세계에 거주하는 주체이고, 이 주체는 이미 자기 자신과의 간극을 준비하는 주체이다."[13] 자기의식 내지 자아의 본질로서 '나는 할 수 있다'는 것은 의식의 지향성과 몸의 운동적 경험을 의미한다.

2) 몸-주체와 세계와의 애매성과 살의 관계

우리 몸은 독립적인 실체로 존재하는 것이 아니라, 세계와의 '애매한 관계' 속에서 존재한다. 애매성의 길은 세계와 몸의 소통 방식이며, 전통적인 주지주의(관념론)와 경험론을 거부하는 제3의 길이다. 그래서 몸, 세계, 타자 등은 애매한 몸의 존재 방식과 분리될 수 없는 구조를 형성하고 있으며, 여기에서 드러나는 본질적 애매성이 바로 객관주의를 비판할 수 있는 핵심적 근거가 되는 것이다. 메를로-퐁티에게 있어, 객관적 대상은 항상 명료하게 주어지는 것이 아니라 애매한 것으로서 감성적으로 지각되는 것이다. 이는 곧 우리의 지각이 비결정성으로서 이루어진다는 것을 의미한다. 지각의 대상은 본질적으로 애매하게 나타나고, 항상 그때마다 새롭게 열려야 할 지평을 가지고 있다는 것이다. 지각의 비결정성이 바로 애매성의 의미이다. 그는 이 점을 환각지나 무자각 증세의 예를 들어 설명한다. "환각지는 실제적 팔이 상처를 입는 순간에 놓였던 위치를 보존하는 셈이다. 전투 부상자는 실

---

13) 정지은, 앞의 논문, pp.176-177.

제적 팔을 찢었던 파편 조각을 자신의 환각적 팔에서 여전히 느낀다."(『지각의 현상학』, p.135) 다리가 절단된 사람이 자극을 받을 다리가 없는데도 불구하고 마치 다리가 있는 것 같은 착각 속의 다리에 통증을 느끼는 것이 환각지 현상이다. 이 경우 환각지는 '표상의 실제적 현존'이라고 부를 수 있다. 이것은 영혼이 직접 두뇌에만 연결되어 있지 않기에 나타나는 현상이다. 또 오른팔이 마비된 사람은 그 팔이 마비된 것을 모르고 오른팔을 내밀라고 말하면 왼팔을 대신하면서도 자기의 오른팔에 차갑고 긴 뱀이 붙어 있는 것 같다고 말한다. 이는 무자각 증세로서, '표상의 실제적 부재'라 할 수 있다. 이 증세들은 오로지 생리적인 것도 오로지 심리적인 것도 아니다. 그것은 심리와 생리가 만나는 일종의 매듭 현상이다. 이런 현상은 생리학적 설명도 심리학적 설명도 혼합적 설명도 허용될 수 없다는 것이 메를로-퐁티의 주장이다.

생리학적 설명은 질병 부인(무자각)과 환각지를 내수용적 자극의 단순 제거나 단순 지속으로 해석했다. 이런 가설의 경우에 질병 부인은 상응하는 다리가 거기에 있기 때문에 주어지지 않으면 안 되는 몸의 표상의 일부의 부재이고, 환각지는 상응하는 다리가 거기에 없기 때문에 주어져서는 안 되는 몸의 표상의 일부의 현존이다. 그런데 사람들이 그 현상들을 심리학적으로 설명하면 환각지는 기억, 긍정적 판단이나 지각이 되고, 질병 부인은 망각, 부정적 판단이나 지각 불능이 된다. 첫 번째의 경우에는 환각지는 표상의 실제적 현존이고 질병 부인은 표상의 실제적 부재이다. 두 번째의 경우에는 환각지는 실제적 현존의 표상이고, 질병 부인은 실제적 부재의 표상이다. 그 두 경우 모두 현존과 부재 사이에 전혀 환경이 없는 객관적 세계의 범주에서 벗어나지 못하고 있다. … 환각지의 경우에 보이는 절단의 거부나 질병 부인의 경우에 보이는 결손의 거부는 숙고의 결단이 아니며, 여러 가지 가능성을 숙고한 후에 분명하게 입장을 취하는 명제적 의식의 수준에서 일어나지 않는다. 건강한 몸을 가지고자 하는 의지나 병든 몸에 대한 거부는 독립적으로 형성되지 않고, 절단된 팔이 현존하는 경험이나 아픈 팔이 없는 것 같은 경험은 '나는 ～라고 생각한다'의 질서에 속하지 않는다(『지각의 현상학』, pp.141-142).

심리학적, 생리학적 설명이 불가능한 이런 현상들은 '세계-에로의-존재'의 조망에서 이해될 수 있다. 마치 사랑하는 아들을 교통사고로 잃은 어머니가 아들의 죽음을 인정하지 않고 그 아들이 살아 있는 것으로 느끼는 것과 같은 차원으로 이해되어야 한다. 아들의 죽음을 인정하지 않는다는 사실은 무지나 맹목적 고집의 문제가 아니다. 지금까지의 아들 사랑에 계속 참여하고자 하는 몸-주체의 문제이다.

우리 내부에서 절단과 결손을 거부하는 것은 어떤 물리적 인간 상호간의 세계에 참여하는 나이자, 그 결손이나 절단에도 불구하고 자신의 세계로 계속 향하는, 또한 그런 정도에서 그것들을 인식하지 않는 나이다. … 몸은 세계-에로의-존재의 운반 도구이고, 몸을 가진다는 것은 생명 존재에 대하여 일정한 환경에 가담하는 것이며, 어떤 기획과 일체가 되는 것이고 계속적으로 거기에 참여한다는 것이다(『지각의 현상학』, pp.142-143).

환각지와 무자각 중세에 대한 분석을 통해 메를로-퐁티가 주장하고자 하는 점은, 우리의 몸은 생리와 심리로 구분하여 이해해서는 안 된다는 것이다. 결국 이 두 영역은 몸속에 애매하게 통합되어 있다는 것이다. 생리와 심리는 몸속에서 하나의 지향성을 가지고 세계로 모두 향한다. 환각지와 무자각 증세는 "우리의 정상적인 일상생활에서 나의 의식을 세계로 인도하고, 세계와의 부단한 교감을 형성하기 위하여 나의 의식을 거기에 정박시켜 주는 몸에 나는 모든 것을 내맡기고 있음을 알려준다."(『지각의 현상학』, p.111)

메를로-퐁티는 우리의 직접적인 생활세계가 미리 주어져 있음, 즉 선험적인 것이며, 그것은 애매성을 특징으로 삼고 있다고 주장한 것이다. 애매성의 의미는 몸과 세계가 분리될 수 없는 인간 존재의 근본적인 양식이라는 것이다. 그것은 객관주의와 주관주의를 극복할 수 있을 것이다. 그가 말하는 애매성은 인간의 의식과 세계의 존재와의 사이에 이른바 '능동성/수동성', '참여/부정'의 양자택일적 논법을 적용시키기 어려움을 지적한다. "세계와 의식과의 애매한 구조 속의 대화로서의 애매성은 한 인간의 행동에 물질적 자극과 생명의 생리적 반응과 의식의 정신적 의향이 애매하게 얽히고설킨 구조와 함께 이해되어야 한다. 왜냐하면 물질적 자극은 세계로부터 오며, 정신적 의식의 의향(의도)은 안으로부터 발생하고, 생명의 생리적 반응은 신경 조직처럼 이 양자를 연결시켜 나가는 중간의 성격을 지니고 있기 때문이다."14) "몸과 세계, 그리고 타자와의 관계는 존재의 세 변증법의 관계로 설명할 수 있다고 본다. 몸은 세계 혹은 타자와 분리되는 개체로 존재할 수 없으며, 이미 몸은 세계에 거주하고 있는 동시에 타자의 몸과 관계를 맺고 있는 것이다. 인간은 물리적인 것, 생명적인 것, 심적인 것의 실체론적 결합체가 아니다. 즉, 세 존재는 독립된 실체나 모나드로 존재하는 것이 아니라, 전체에 대한 부분의 관계이다. 인간적 질서 속에서 각 부분들의 의미는 새롭게 구성되어 작용하는 것이다. … 이 세 가지는 변증법적 관계 속에서 하나의 체계를 형성하고 있으며, 상호간의 '순환적 구조'를 지니고 있다. 하나는 다른 것 없이 이해될 수 없으며, 다른 것은 또 다른 것과 관계 속에서 반드시 자신을 들추어내는 구조이다. 나는 나의 의식과 나의 몸을 함께 연결하는 분리될 수 없는 유대에 의해서만 주체가 될 수 있다. 또한 나는 세계와 직접적인 상호 관계에 의해서만 비로소 몸-주체가 된다. 그리고 나는 세계 속에서 많

---

14) 김형효, 앞의 책, p.62.

은 존재들과 있는 타자와 공존을 통해서만 비로소 세계 속에 존재한다. 그러므로 몸, 타자, 세계는 교직, 교접, 직물, 익명적 관계를 통해서 서로를 들추어내는 애매한 방식을 지닌 것이다."15)

그런데 메를로-퐁티는 자신의 후기 저작인 『눈과 마음』과 『보이는 것과 보이지 않는 것』에서, '살(la chair)'이라는 개념을 통해 주체-대상의 전통적인 이분법을 극복하면서, 자아와 타인 내지 세계와의 애매성의 관계를 더욱 자세하고 분명하게 설명한다. '살'은 소크라테스 이전의 철학자들이 변화하는 존재자들을 설명하기 위해서 물, 공기, 흙, 불과 같은 불변의 요소를 거론했던 것과 동일한 근거에서 나온 개념이다. "살은 물질이 아니고, 정신이 아니며, 실체가 아니다. 살을 지칭하기 위해서는 '요소'라는 옛 용어를 써야 하지 않을까 싶다. 물, 공기, 흙, 불을 말하며 사용했던 의미에서, … 살은 이런 의미에서 존재의 한 '요소'이다."16) 소크라테스 이전의 철학자들이 생각했던 요소들에 각각의 고유한 성질들이 있듯이, 살에도 고유한 성질은 있다. 물, 공기, 흙, 불처럼 살은 유형적으로 존재하되, 어떤 결정된 형태로 존재하지 않기 때문에 부단히 움직이는 것, 다른 것과 결합하고 분리되는 어떤 익명적 생명을 상징한다. 살에는 정해진 형상 없이 물처럼 흐르는 성질, 불의 따뜻함, 흙이 주는 안정적 유형성과 점진적 변화 가능성, 멀리 이동할 수 있는 바람의 성질이 있는데, 살은 이런 자연철학적 요소들의 종합과 같다. 즉, 물, 공기, 흙, 불이 존재의 요소이듯이, 살도 몸과 세계를 존재의 터전으로 서로를 연결시켜 주는 끈과 같은 요소인 것이다. "살은 순수 세계와 순수 의식의 사이에 낀 '대기'와 같은 '사이 세계'에 속한다. 따라서 살의 존재에서부터 모든 것을 생각하면,

---

15) 김종헌, 「메를로-퐁티의 몸과 세계 그리고 타자」, 『범한철학』 제30집(범한철학회, 2003년 가을), pp.329-330.

16) 모리스 메를로-퐁티, 남수인·최의영 옮김, 『보이는 것과 보이지 않는 것』(서울: 동문선, 2004), p.200.

순수 세계나 순수 의식이란 양면성의 두 극은 존재하지 않는다. 살 속에 두 극이 모두 어느 정도 용해되어 있어서 … 존재는 순수하지 않다."17) 주체-대상 내지 자아-세계 사이의 토대를 살이라고 규정한 것이다.

살은 감각하는 주체와 감각되는 대상의 현전이 만들어낸 '감각물'로서 '이미 존재하는 것'이다. "살은 주체, 대상, 실존, 이념 중 그 어느 것도 아닌 동시에 양 극단을 모두 내포하는 '공유적인 것'으로 실체가 아니라 차원을 의미한다. 가시적인 것은 비가시적인 것의 현시이며, 비가시적인 것은 가시적인 것을 나타내는 힘이다. 이 둘은 상호 침투하며 전환도 가능한 것이다. 우리의 살 자체도 감각물 중 하나이며, 그 속에는 타인과 세계의 모든 것들이 서로 섞여 각인된다. 그가 말하는 감각물이란 가시적인 것뿐만 아니라 비가시적인 것들까지 출현하는 곳이다."18)

살의 구조는 비개념적이고 간접적이고 침묵적인 예술언어를 통해 좀 더 쉽게 이해될 수 있다. "메를로-퐁티는 그림은 화가의 몸과 세계 사이의 살의 관계를 가장 잘 드러내 준다고 보고, 그림을 몸의 수수께끼로 정의한다. 몸의 수수께끼란 우리 몸이 사물들처럼 '보이는 것'인 동시에 '보는 주체'임을 함축한다. 회화는 보는 주체와 보이는 것 사이의 상호 침투, 즉 보는 주체에서 보이는 것으로의 변형을 의미한다. 이처럼 지각하는 주체와 실제 세계 사이의 상호 침투는 거리에 의해 객관적으로 측정할 수 없는 깊이를 산출하며, 이런 깊이는 객관적인 세계나 주관적인 세계, 어느 한쪽에도 귀속되지 않는 살을 의미한다."19)

보는 자와 보이는 것과의 '사이 세계'가 하나의 살을 형성한다. 메

---

17) 김형효, 앞의 책, p.348.

18) 김화자, 앞의 논문, p.117.

19) 위의 논문, p.120 참고.

를로-퐁티는 보이는 것과 보는 자가 서로 살의 공감각을 형성한 그런 '사이 세계'의 존재를 "건축적 구조의 전체, '층층이 쌓인 현상들', 일련의 '존재의 수준들' "[20]로 표현하면서, "사물들의 견실성은 정신이 위에서 내려다보는 순수 대상에 든 견실성이 아니며, 그것은 내가 사물들 가운데 그 하나로 있는 한도에서, 나에 의해 느껴진 견실성이다."라고 말한다. 살의 공감각 현상 속에서는 사물들은 순수 객관이고 나는 방관적인 응시자라고 하는 이분법은 성립될 수 없는 것이다. "본다는 것은 보이는 것을 내가 보는 것인데, 보이는 것은 보이는 것들 가운데에서 어느 한 가지를 바라보는 것이다. 그래서 나는 무의 바탕 위에서 어떤 것의 무늬를 보는 것이 아니고, 바탕도 전부 보이는 것들로 배경을 이루고 있는 그런 것에서 한 가지 보이는 것을 본다. 그것을 보는 자인 나도 그런 보이는 것의 바탕 위에 그려진 하나의 무늬임은 말할 나위가 없다. 보이는 것의 무늬가 역시 보이는 것들의 바탕에 솟은 것이므로 소리나 색깔이나 감촉처럼 그것은 시간적인 현재와 공간적인 세계가 짜는 살처럼 체내 공감각 현상을 일으켜 무게와 두께처럼 부피로서 느껴진다. 결코 나는 보이는 것을 그것만 따로 분리시켜 원자론적으로 보지 않는다. 그러므로 보이는 것을 보이는 바탕과 더불어 입체적인 살처럼 감지하는 자는 그도 보이는 것의 공감각 현상에 젖어 보이는 것의 장을 자기 안에 감아 놓은 것 같기도 하고 또 그 보이는 장을 자기 내부에 중복해서 옮겨 놓은 것 같기에, 드디어 보는 자와 보이는 것이 하나의 공명 현상을 자아낸다. 그래서 감각적인 것이 보는 자의 살의 연장이나 사본처럼 여겨진다."[21] 존재를 객관적 대상인 것처럼 바라보는 것과는 달리 존재 속에서 바라보는 것이다. 그것은 내 몸의 살의 사본처럼 여겨지는 그런 현상이고 동시에 존재도 내 몸 안으로 감아 들어오는 그런 것이다. 그러므로 내 몸의 살

20) 모리스 메를로-퐁티, 남수인 · 최의영 옮김, 앞의 책, p.165.
21) 김형효, 앞의 책, pp.331-332.

이 느끼는 것과 관계없는 관념이나 본질이 있을 수 없다. 따라서 내 몸의 살은 모든 존재론적 바라봄의 축인 것이다. 그래서 살은 "동일한 존재론적 진동의 배들이고 매듭들이다."[22] 살은 보는 것이면서 동시에 또 보이는 것이면서, 또한 자신을 보이고 보는 것임을 또 보듯이, 살은 사실성의 바탕을 가지고 있으면서도 동시에 그 사실성 위에서 어떤 관념성의 무늬를 그려내고 있다.

메를로-퐁티가 제시하는 살의 개념에서 감각한다는 것은 순수한 의식의 반성이 아니라, 세계에 대한 개방을 의미한다. 살은 자연적 실재와 관념적인 것의 중간적 존재이며, 다양성은 차별적인 세계의 실재에 입각해서만 통일체가 되는 현상학적인 일원론으로 설명된다. 살에 의해 얻어지는 일원론적인 통일성은 하나의 원리에 귀속되는 것이 아니고, 위계가 감각물의 일원론이라는 것이다. 그에 있어서, 살은 완전한 하나의 세계도, 순수한 다수도 아닌 다양성을 의미하는 개념이다. 그 것은 존재의 방식을 일깨워 주는 개념이다. 따라서 감각하는 것과 감각된 것이 조화를 이루는 살은 서로를 비춰 주는 '거울 현상'과도 같은 반성 활동을 한다. "보는 자의 전면과 이면, 보이는 것의 표면과 깊이가 서로 어우러지면서 보는 자는 보이는 것을 보면서 보이는 것의 깊이를 그의 이면에 간직하게 된다. 이와 동시에 보는 자는 자기 안에서도 하나의 서로 마주 보는 거울을 지니고 있는 셈이고, 보이는 것도 그 깊이와 표면에서 마주 보는 거울처럼 서로 비추고 있으면서 또한 보는 자와 보이는 것도 서로서로 비추는 거울의 역할을 한다. … 비전은 결국 보는 자와 보이는 것이 거울관계와 같기 때문에 그가 보이는 것을 보지만, 그리고 보이는 것에 붙들려 있지만 그 보이는 것은 결국 보는 자의 응답과 다른 것이 아니기에 보는 자는 결국 자기 자신을 보는 근원적인 나르시시즘을 가질 수밖에 없다. … 결국 비전의 세계에

---

22) 모리스 메를로-퐁티, 남수인 · 최의영 옮김, 앞의 책, p.167.

서 보일 수 있는 가능성을 가진 모든 가시성은 살이라고 불리는 나 자신의 선천적인 익명성에 해당한다."[23)

메를로-퐁티가 말하는 지각은, 주체의 독단적인 구성 활동이 아니라 서로를 비추는 일종의 반영, 바로 살의 반영을 의미한다. 느끼는 주체와 느껴진 대상이 서로 섞이고 침투하는 지각의 중심에서 반성 활동이 일어난다는 것이다. 따라서 그에게 있어서 비전은, 주체와 대상 사이의 어떠한 대립이나 분리도 없이 서로를 반영해 주는 존재론적 조화를 의미하는 지각이다. 설령 세계가 비전을 통해 출현한다고 할지라도 우리는 그 세계를 소유할 수 없으며, 지각하는 주체는 보이는 타자가 될 때 비로소 그 자신이 될 수 있다. 즉, 비전은 가시성의 차원에서 실현된다. 살을 통한 체험은 다양한 차이들을 내포한 동일성이라는 점에서 서로에 대한 이해와 소통의 가능성을 보여준다. 살의 다양성을 가진 존재로서 우리는 타인들에 대해 상호 주체성을 가질 수 있는 것이다.

2. 몸-주체와 타인과의 상호 주체성: 2인칭 시각

자아의 2인칭적인 구조, 서로를 이해하고 의사소통하는 우리의 능력은 메를로-퐁티가 말하는 공유된 몸 내지 '사이-몸(intercorporeity)'을 바탕으로 이루어진 공유된 실존에서 생긴다. 이 관점은 1, 2, 3인칭적인 시각들을 역동적으로 통합시키는 서사적 자아 관념으로 바로 연결된다. 지금까지 몸을 바탕으로 반성적 지각이 이루어지는 것으로 주장되었다. 나는 지각하는 몸을 가진다. 그래서 나는 나 자신을 지각할 수 있다. "반성적 지각은 나의 몸을 지각하는 것뿐만 아니라 하나의 지각자로서 나 자신을 지각한다는 더욱 복잡한 과정을 포함한다. 1인

---

23) 김형효, 앞의 책, p.342.

칭적인 지각은 타인들 중의 한 사람으로서 스스로에 대한 3인칭적인 지각을 전제한다. 그러나 일반화된 타인으로서 나 자신의 관념에 도달하기 위해서, 나는 또한 구체적인 누군가에 구체적인 타인이여야 한다. 즉, 나는 2인칭적인 관계들에 서야 한다."[24]

우리는 물리적 세계에서만 살지 않는다. 우리가 살아가는 세계는 인간의 세계이자 문화의 세계이다. 문화의 세계는 애매하지만 이미 현존한다. 나는 문화적 대상에서 익명의 타인들이 가까이 현존하고 있음을 느낀다. 나는 익명의 세상 사람들을 만나고, 타인들의 얼굴과 행동을 지각한다. 내가 만나는 타인들에 관한 나의 이해는 항상 나로부터 출발한다. "타인의 행동들은 언제나 나의 것에 의해서 이해될 것이다. 즉, 나에 의한 '사람들' 또는 '우리들'이다."(『지각의 현상학』, p.521) 그런데 나는 나 자신의 의식 상태와 내가 경험한 몸짓으로부터 타자의 실존을 추론한다면, 그것은 타인의 자아를 자신의 자아를 통해 인식하는 일종의 유아론을 벗어나지 못한다. 메를로-퐁티는 타자의 자아에 대한 인식이 자아의 또 다른 반영에 불과하다는 점을 거부한다. 타인의 지각은 타인의 몸을 통한 직접적인 지각을 통해 타인의 세계에 도달할 수 있다. 타인의 의식도 자신의 몸-주체에 의해 이루어지기 때문이다. 나에게 있어 타인들은 익명의 타아들이다. 그들도 나와 같이 몸-주체들이다. 내가 몸-주체로서 문화세계에 참여하듯이 그들도 또한 몸-주체를 통해 문화의 세계에 참여한다. 나의 몸은 세계 속에 진열된 사물도 아니고, 또 순수 의식도 아니며, 나는 타인을 그의 순수 의식이나 순수 사물처럼 보지 않는다. 타인의 몸은 사물이나 의식이 아니고 하나의 행동으로서 나에게 지각된다. 행동들의 의미는 주어지는 것이 아니고 이해되는 것이다. 그 이해는 나와 타인의 의도들 간의 상호성에 의해 얻어진다. 타인의 의도가 내 몸에 살고 있듯이 나의 의도도

---

24) Kim Atkins, *Narrative Identity and Moral Identity*(New York: Routledge, 2008), pp.31-32 참고.

타인의 몸에 살고 있는 것이다. 메를로-퐁티는 타인에 대한 이해가 구성적 인식에 의해서가 아니라 몸의 지각에 의한 것임을 보여주기 위해서 아이의 타인 인식을 다음과 같이 설명한다.

생후 15개월 된 영아는 내가 놀이 삼아 손가락을 하나 입에 넣어 무는 시늉을 하면 입을 열어 보인다. 그러나 영아는 결코 거울 속의 자기 얼굴을 본 적이 없고, 영아의 치아는 나의 것과 유사하지 않다. 영아가 내부에서 느끼는 대로 그 자신의 입과 치아는 즉시 그에게는 무는 장치이고, 영아가 외부에서 보는 대로 나의 턱은 즉시 그에게는 동일한 의도들을 능히 실행할 수 있는 것으로 여겨진다는 것은 사실이다. '무는 것'은 즉시 그에게는 상호 주체적 의미를 가진다. 그는 자신의 의도들을 자신의 몸에서 지각하고, 자신의 몸으로 나의 몸을 지각하며, 이로써 나의 의도를 그의 몸에서 지각한다(『지각의 현상학』, pp.526-527).

내가 아이의 손가락을 무는 시늉을 하면, 그 아이는 자기가 무는 것처럼 입을 벌린다는 것이다. 이 행동은 동시에 일어난다고 해서 아이는 나의 무는 동작을 자기가 무는 것으로 착각했다고 말할 수는 없다. 다른 두 몸들에서 일어나는 동작들은 서로 상관된다. 즉, '깨물려고 하는' 나의 의도와 '입을 벌리는' 아이의 동작과 '깨무는' 나의 동작과 같이 서로 다른 몸들 사이에는 '깨물려는 의도를 가지고 입을 벌려서 깨문다'는 정확한 상관성이 있다. 특히 아이의 입 벌림과 나의 무는 시늉 사이에는 '입을 벌려서 문다'는 동작의 정확한 상관성이 성립한다. 이런 상관성은 각각의 몸에서 따로 추적되는 것이 아니라 두 몸들이 함께 통합된 하나의 전체 속에서 추적된다. 내가 아이 손가락을 깨무는 동작은 아이의 손가락에 약간의 압력을 주게 되고, 그 압력을 통해 그것과 상관적인 '손가락을 깨무는' 나의 의도가 아이에게 전이되면서 아이의 입이 벌어지게 된다. '무는 것'이 그에게 즉시 상호 주체적인 의미를 가지게 된다. 아이는 나의 몸속에서 자기의 의도를 지각하고, 자신의 몸속에서 나의 의도를 지각한다. 여기서 깨무는 의도는 서로 공유된다. 물론 아이가 입을 벌리는 것을 보고 깨물려는 의도를 가진다고 말할 수 있지만, 아이의 의도, 즉 타인의 의도는 실존한다기보다는 상관성을 통해 추론된 것에 불과한 것이다. 그 아이가 실제로 그런 의도를 가졌는지는 물을 수 없는데, 그것은 그런 의도를 가지지 않았기 때문이 아니라 무심결에 일어난 동작이기 때문이다. 중요한 것은 나의 몸짓들과 타인의 몸짓들, 나의 의도들과 나의 몸짓 사이에서 관찰되는 상관성이다. "나의 의식과 애가 체험하는 대로의 나의 몸, 나의 이 현상적 몸과 내가 밖으로부터 보는 대로의 타인의 몸 사이에는 타인을 체계의 완성으로서 나타나게 하는 내적 관계가 있다."(『지각의 현상학』, p.527) 아이는 나의 의도를 단번에 그의 몸을 통해 파악한다. 타인의 몸짓을 통해 타인의 의도를 직접적으로 지각한 것이다. 즉, 아이는 독립된 존재로서의 주체의식을 가지고 있지 않으면서도 몸짓을 통한 원초적인 의사소통을 할 수 있으며, 타인의 몸짓을 통한 그의 의도를 지각할 수 있다는 것이다.

나의 시선이, 작용하고 있는 살아 있는 몸에 떨어지자마자 그 주위의 대상들은 새로운 의미층을 받아들인다. 그것들은 더 이상 나 자신이 그것들로서 만들 수 있었던 그런 것만이 아니고, 저 행동이 그것들로서 만들려고 하는 그런 것이다. 지각된 몸의 주위에는 나의 세계가 유인되고 빨려드는 소용돌이가 생긴다. 그 정도로 그것은 더 이상 나의 것이기만 한 것도 아니고 더 이상 나에게 현전하는 것이기만 한 것도 아니며, 그것은 X에 현전하고 그 속에 윤곽이 잡히기 시작하는 다른 행동에 현존한다. 이미 다른 몸은 세계의 단순한 단편이 아니라 어떤 정교화의 장소이고, 말하자면 세계의 어떤 '봄'이다. … 이제 타인의 몸을 지각하는 것은 바로 나의 몸이고, 나의 몸은 타인의 몸을 나 자신의 의도들의 기적적인 연장으로서, 세계를 취급하는 익숙한 방식으로서 발견한다(『지각의 현상학』, p.529).

몸짓과 몸짓으로 서로의 의도를 지각하는 것은 의사소통이다. 나는 타인의 몸짓에서 그의 의도를 알아차리면서 그의 주체성을 아울러 파악하며, 타인은 나의 몸짓에서 나의 의도를 알아차리면서 나의 주체성을 파악한다. 나의 몸과 타인의 몸이 만나 일어나는 모든 지각의 사태들은 상호 주체적인 의미를 가진다. 나의 주체성의 내용이 그저 나에게서만 존재하는 것이 아니라 타인의 몸짓과 그 몸짓에서 일어나는 의미들과 함께 형성되는 것이다. 나를 단적으로 나라고 할 수 없는 것이다. 상호 주체성은 타인의 몸이 나에게 사물처럼 다가오는 것이 아니고, 행동으로 이해됨을 뜻하며, 나의 몸도 타인에게 행동으로 이해된다는 것을 뜻한다. 나의 몸과 타인들의 몸은 나의 의도들과 타인의 의도들이 각각 행동을 통하여 하나의 인간 세계를 형성하며, 나의 몸은 타인들의 의도들의 거울이고, 타인들의 몸도 나의 의도들의 반영이므로, 몸들의 만남은 동일한 인간 세계에서 서로를 반영하는 것이다.

우리는 타인들을 결코 대상들로 만나지 않는다. 몸-주체로서의 우리 자신의 몸과 타인의 몸에 대한 우리의 이해는 동시에 등장한다. 타인들의 행동의 이해 가능성은 우리 공동의 몸이 가진 즉각적인 이해 가능성에 토대를 둔다. 즉, "나는 나의 몸과 함께 사물들에 연관되고, 그것들은 몸-주체로서의 나와 함께 공존한다. 사물들의 이런 삶은 과학적 대상의 구성과 공통적인 것이 하나도 없다. 동일한 방식으로, 나는 타인의 몸짓을 지적 해석 활동에 의해서 이해하지 않는다. 의식들의 의사소통은 경험들이 공통적 의미에 기초하는 것이 아니라 실로 그것을 기초 짓는 것이다."(『지각의 현상학』, p.289) 그러나 나와 타인의 공존과 이해는 그들 사이의 동일성을 의미하지는 않는다. 내가 타인의 얼굴에서 분노를 읽을 수 있더라도, 내가 느끼는 분노는 타인이 겪는 분노와 동일한 것일 수는 없다는 것이다. 그것은 나의 '내적' 경험에 의한 것이 아니라 '세계-에로의-존재'의 변양이기 때문에 내가 타인의 상황에 참여한다고 해서 그 상황들이 겹치는 것은 아니다. 즉, "나는 타인의 슬픔이나 분노를, 고통이나 분노의 '내적' 경험을 이용하지 않고도 그의 행동에서, 그의 얼굴에서, 그의 손에서 지각한다. 슬픔과 분노는 몸과 의식으로 나누어질 수 없는 세계-에로의-존재의 변양들이기 때문이다."(『지각의 현상학』, p.533) 자아와 타인은 주체성을 근거로 특이한 세계를 투사하고 있는 것이다. 자아와 타인은 서로 갈등하면서 서로의 존재를 인정해야 한다. 나는 타인을 통해 존재하고 타인은 나를 통해 존재하게 되는 것이다. "나는 타인과의 어떠한 공통 지반도 가지지 않고, 그의 세계를 가진 타인의 정립과 나의 세계를 가진 나의 정립은 양자택일을 구성한다."(『지각의 현상학』, p.535) 그래서 타인의 몸과 나의 몸은 하나의 전체이고 하나의 현상의 안과 밖이며, 나의 몸이 흔적이 되는 익명적 존재가 두 몸들에 동시에 거주한다. 나와 타인은 안과 밖으로 이루어진 한 몸이며, 안과 밖의 끊임없는 전이와 나와 타인의 인정과 부정의 끊임없는 반복이 우리의 실존이라는 것이다. "여기에는 각자의 세계를 투사시키는 근본적인 토대가 있는데, 이런 상황을 통해 연결되어 있는 여러 몸들의 통합적 체계가 그것이다. 이런 체계는 고질적 역설까지도 껴안을 수 있을 만큼 무한한 의미를 배태하고 있는 풍요로운 세계를 허용한다. 그것은 1인칭적인 나의 세계를 가능하게 하고, 3인칭적인 타인의 세계를 가능하게 하며, 나와 타인의 공동의 세계인 복수 인칭인 우리의 인간 세계를 가능하게 함으로써, 무한한 의미를 생성시키는 몸 구조인 것이다. 이렇게 여러 인칭들로 전이할 수 있기 위해서 이것은 근본적으로 전-인칭적이어야 한다."[25] 나의 몸과 타인의 몸의 만남에서 그들은 전-인칭적적이라는 말은 그것들이 익명적이라는 것이다. "지각하는 '나'가 참으로 '나'라면 그 나는 나 속에서 타인을 지각할 수 없다. 지각하는 주체가 익명적이라면 그 주체가 지각하는 타인 자신은 마찬가지로 익명적이다."(『지각

---

25) 장문정, 「메를로-뽕띠의 애매성의 철학: 그의 키아즘적 사유 연구」(고려대학교 박사학위논문, 2000), pp.82-83.

의 현상학』, p.532) 그리고 "나의 몸의 부분들이 다 같이 체계를 형성하듯, 타인의 몸과 나의 몸은 하나의 전체이고 하나의 현상의 안과 밖이며, 나의 몸이 언제나 흔적이 되는 익명적 존재가 이제부터 그 두 몸에 동시에 거주한다."(『지각의 현상학』, p.529) 그러므로 "익명의 타인들과 함께 사는 인간 세계는 나라는 주체가 먼저 형성되고 그 다음에 사회생활을 통하여 인간관계가 주체성의 토대 위에서 전개되는 것이 아니다. 다시 말하자면, 타인과의 만남은 내가 먼저 선결적으로 주체성을 형성한 다음에, 개념이나 표상에 의하여 내가 타인들을 관념적으로 인식하게 되는 것이 아니다. 나는 인간관계의 상호 주체적인 세계에 먼저 던져졌고, 그 상호 주체성의 세계 위에서 말하고 말을 듣게 되는 것과 동시에 나의 주체성이 형성된다."26)

3. 몸과 말, 그리고 '말하는 자아'

1) 생각과 말, 그리고 몸과 말

먼저 생각하고 그 생각한 내용을 타인에게 전달하기 위한 수단으로 말을 한다고 생각하는 것이 일반적이다. 그리고 말을 하는 사람은 말을 통하여 자신의 의사를 전달하고, 또 듣는 사람은 말하는 사람의 생각을 알아듣기 위해 그 말을 해석한다고 믿는다. 말하기는 사유에 의해서 뒷받침된다고 생각하는 것이다. 그리고 말이란 단순히 생각하는 내용을 표현하기 위해 그 사고 내용을 감싸는 하나의 요새로 여겨진다. 그러나 메를로-퐁티는 말27)이 단순히 사고를 전달하기 위한 도구

---

26) 김형효, 앞의 책, p.210.

27) 메를로-퐁티는 주관적인 '말'과 객관적인 '언어'를 연결시키고자 노력한다. 그래서 그는 소쉬르(Ferdinand de Saussure)가 구분한 주관적 언어활동으로서의 '말(la parole)'과 제도화된 언어활동으로서의 '언어(la langue)'와의 차이는 큰

나 요새가 아니라고 주장한다. 그는 "말이 하나의 의미를 가진다."고 주장한다(『지각의 현상학』, p.276). 이 주장을 위해 그는 언어장애 현상을 분석한다. 그에 의하면, 정상인과 언어장애인 사이의 근본적인 차이는 말을 저장 내지 기억하고 있는지의 여부가 아니라, 말을 사용하는 양식을 가지고 있는지 여부에 있다.

환자가 상실했고 정상인이 소유하고 있는 것, 그것은 저장된 어떤 말들이 아니라 말들을 사용하는 어떤 방식이다. 자동언어의 수준에서는 환자의 처분에 맡겨져 있는 그 동일한 말이 무상언어의 수준에서는 그에게서 빠져나간다. 의사의 질문에 대해 거부하고자 할 때, 즉 현실적으로 체험된 것의 부정을 의도할 때는 손쉽게 '아니다'라는 말을 발견하는 그 동일한 환자는 감정적이고 생명적인 관계가 없는 문제에서는 그 말을 하는 데 실패한다(『지각의 현상학』, pp.273-274).

이 구절은 말하기가 두 가지 장르로 이루어짐을 보여준다. 즉, 직접적인 행동의 도구로서의 말하기와 이해관계가 없는 무상적인 말하기가 그것이다. 언어장애란 전자의 말하기가 아니라 후자의 말하기에서의 장애를 말한다. 즉, 객관적인 것을 서술하는 생각하기에서의 장애

의미가 없음을 주장한다. 소쉬르는 객관적 언어를 중심으로 삼았지만, 그는 '말하는 자아'와 '내가 말하고 있는 제도로서의 언어' 사이의 관계를 중심으로 삼는다. 인간은 말과 생각을 동시에 표출한다. 인간은 선천적으로 언어적 의미 작용의 능력을 가지고 있기 때문이다. 그 선천적인 언어적 의미 작용은 인간 사고에 의해 이루어지는 것이 아니라 우리의 몸이 가진 '나는 ~을 할 수 있다'는 능력을 통해 이루어지는 것이다. 세계가 인간의 몸으로 하여금 '나는 ~을 할 수 있다'는 능력을 발휘할 수 있게 하듯이, 의식의 의미 작용도 말을 표출하도록 한다. 의식의 의미 작용은 몸의 표현으로서, 의식의 생각들을 대상화하지 않고 이미 각성시키고 있는 것이다. 그에게 있어, 순수한 언어는 말일 수 없다. 언어는 끊임없이 표출되면서, 항상 새로운 의미화로 나아가고 있으며, 절대적 결정체로 열려 있는 것이 아니라, 상황 속에서 항상 상대적 형태로 열려 있는 것이다. 그래서 명백한 언어란 있을 수 없다. 그리고 절대적으로 순수한 말도 있을 수 없다. 말은 그 자체 언어활동으로서의 말이기 때문이다.

인 것이다. "언어장애인은 구체적인 태도와 직결된 것에는 말의 표현이 가능하나 일반적 범주로 구체적인 것을 포섭하는 관념적 사고를 말로 나타내지 못한다. 추상적이고 관념적인 사고를 언어로 표현하지 못한다는 것은 생각은 저장되어 있는데, 단지 환자가 그 생각을 현실화시킬 수 있는 언어적 매체가 현재 차단되었을 뿐이라는, 즉 말(la parole)이 생각(la pensée)의 단순한 전달 매체에 불과하다는 것을 뜻하지 않는다."28) 언어장애인의 사고의 장애는 판단에 관계되기보다는 판단이 일어나는 경험의 환경에 관계되며, 자발성에 관계되기보다는 감각적 세계에 대한 자발적 파악 그리고 어떤 의도라도 그 세계에서 나타내는 우리의 능력에 관계된다. 말은 인간 실존을 투기하는 한 형태이며, 언어장애인들은 인간의 실존적 의미성을 이해하는 능력을 상실한 것이다.

메를로-퐁티에 의하면, 사고는 내적인 것이 아니라 말 속에 있는 것이며, 말 자체가 하나의 의미를 가진다. 따라서 말하는 행위는 사고를 전제로 이루어지는 것이 아니다. 오히려 말하기가 생각하기를 완성시키는 것이다. "생각이 독자적으로 존재하는 자존의 영역이 아니고, 그 생각은 언제나 언어의 표현, 말을 통하여 그 생각이 나의 생각으로 토착화한다."29) 그는 아동의 사물 인식 과정을 통해 이 점을 설명한다.

대상의 호칭은 인식 후에 오지 않는다. 그것은 인식 그 자체이다. … 그 말은 의미를 담고 있고, 그 의미를 대상에 부과함으로써 나는 그 대상에 도달하는 것을 의식한다. … 아동에게 대상은 명명될 때만 인식되고 그 이름이 그 대상의 본질이며, 색깔과 형태와 같은 자격으로 그 대상에 존재한다. … 말하는 자에게 있어 말은 이미 형성된 사고를 번역하는 것이 아니라 그것을 완성한다(『지각의 현상학』, pp.277-278).

---

28) 김형효, 앞의 책, p.135.
29) 위의 책, p.136.

말을 알고 말하기 위하여 그 말을 표상할 필요가 없으며, 그 말의 분절적, 음향적 본질을 나의 몸의 가능한 용도의 하나로서, 변조의 하나로서 가지는 것으로 충분하다. 나의 손이 사람들이 찍어 가리키는 나의 몸의 일부로 향하듯이 나는 말을 한다. 말은 나의 부품이다. 예술가가 자신이 드러내고자 하는 바를 작업을 통해 표현하듯이, 나는 표상의 수단으로 말을 한다. 몸을 가지는 것과 동시에 이미 세계에 자리 잡은 존재인 우리는 몸의 경험을 통해서 의미를 발생시킬 수밖에 없다. 세계에로의 의미 발생은 자신을 세계로 '투사'시키는 것으로 표현할 수 있다. 말하기는 실존을 투사하는 하나의 형식이다.

메를로-퐁티에 따르면, 말과 생각은 형식과 내용, 포장과 포장물의 관계가 아니고, 몸-주체와 의식의 관계처럼 상호 주체성의 관계를 이룬다. "말과 생각은 계속 서로 대체하면서 릴레이 경주를 한다. 모든 생각은 말에서 오고 말로 되돌아간다. 모든 말은 생각 속에서 탄생되고, 거기에서 끝난다. 인간들 사이에 그리고 각자에게 믿기 어려운 말들의 식물이 있는데, 생각은 그 식물의 잎맥이다. 몸과 의식의 관계는, 의식이 몸과 함께 거주하는 '몸 의식'이라고 하였듯이, 우리가 말을 할 때 언어학자가 생각하는 말을 생각하지 않는다. 우리는 말을 생각하기는커녕, 우리가 말하는 것에 대하여 생각한다. 그래서 말하는 것과 생각하는 것은 동시적이다. 동시적이기에 분리되는 것은 아니지만, 같은 것은 아니다. 그래서 말과 생각은 반성하는 주체에 의해서 이중화되어 말한 것에 대하여 거리를 두고 생각할 수 있다. 따라서 내가 말하는 순간에 '나는 나의 생각에 대하여 말하지 않고, 나의 생각을 말한다.'"[30]

그는 말하기와 생각하기, 말과 의미화에 대한 분석을 통해 주관과 객관의 고전적 이분법 내지 주지주의와 경험주의를 확실하게 극복한

30) 위의 책, pp.136-137 참고.

다. 그는 경험주의는 술어적인 이미지들을 두뇌 내지는 심리 과정의 인과적인 객관적 사건에 의해 자동적으로 형성되는 것으로 보고, 지성주의는 술어적인 이미지들을 범주적인 작용에 의한 사유 내용으로 본다고 하면서 이 둘 모두가 말 자체가 의미를 가진다는 점을 무시한다고 비판하는 것이다. 말 자체에 의미가 없다고 해서도 안 되고, 말이 지니고 있는 의미를 말 외적인 원천에 의해 생겨난 것이라고 해서도 안 된다는 것이다. 말은 사전적인 의미만을 전달하는 것이 아니라 말하는 사람의 억양, 강세, 얼굴 표정 등을 함께 전달한다. 연설은 말과 생각의 관계가 외면적이지 않음을 잘 보여준다. 연설하는 사람은 말하기에 앞서 생각하지 않으며, 심지어 말하는 동안에도 생각하지 않는다. 청중도 기호를 인식하는 것이 아니다. 말하는 주체가 자신이 말하는 것의 의미를 생각하지 않는다면, 자신이 사용하는 말을 표상하는 것이 아니다. 말이 바로 생각인 것이다. "말은 생각의 '기호'가 아니다. … 실제로 이들은 하나가 다른 하나에 포함되어 있고, 의미는 말에 잡혀 있으며, 말은 의미의 외적 존재이다. 사람들이 보통 그렇듯이 우리는 말이 … 생각의 외피이고 의복이라는 것을 인정할 수 없다." (『지각의 현상학』, p.284) 말하는 사람은 사고 내용을 표상하지 않는다는 것이다. 말과 생각은 따로 놀 수 있는 것이 아니다. 말을 할 때나 책을 읽을 때 말들이 우리의 정신을 가득 채운다는 것은 말을 떠나서 정신이 따로 생각하는 일이 없음을 말한다.

나는 말을 알고 말하기 위하여 그 말을 표상할 필요는 없다. 나는 그 말의 분절적, 음성적 본질을 나의 몸의 가능한 용도의 하나로서, 변조의 하나로서 소유하는 것으로 충분하다. 나의 손이 사람들이 찍어 가리키는 나의 몸의 장소로 향하듯 나는 말을 참조한다. 말은 나의 언어적 세계의 어떤 장소에 있고 나의 비품의 일부이다. 예술가가 자신이 드러내고자 하는 바를 표상하는 수단만을 가지듯이, 즉 그것은 작업을 해야 함에 있듯이, 나는 말을 표상하는 수단으로 가지며, 즉 그것은 말을 함에 있다(『지각의 현상학』, p.282).

나의 몸은 색을 보고 소리를 들을 수밖에 없듯이, 말을 할 수밖에 없다는 것이다. "몸은 어떤 운동적인 본질을 외침으로 변환시킨다. 몸은 말의 분절적 양식을 음성 현상으로 전개시키며, 자신이 다시 취하는 옛날의 태도를 과거의 파노라마로 전개시키고 운동의 의도를 실제적 운동으로 투기한다. 왜냐하면 몸은 자연적 표현 능력이기 때문이다."(『지각의 현상학』, p.283) 몸은 주변세계와 관계하면서 일정하게 떨리고 그 몸의 떨림이 목청에 집중되어 외침으로 나타날 때 말이 생성된다는 것이다. 말은 근본적으로 몸의 떨림에서 생겨난다는 것이다. 그래서 "말들은 '생각의 요새'일 수 없고, 생각은 말이 그 자체로 이해 가능한 텍스트일 때만, 또한 말이 자신만의 고유한 의미의 힘을 소유할 때만 표현을 추구할 수 있다. … 말은 생각의 감각적 세계상의 현존이 되고자, 또는 생각의 의복이 아니라 생각의 표징이나 몸이 되고자, 대상이나 생각을 지시하는 방식이기를 그만두어야 한다."(『지각의 현상학』, p.284)

말의 의미와 생각의 내용은 동시적으로 구성된다. 그래서 말은 의미화를 가능하게 만든다. 말은 근본적으로 몸짓이고, 몸짓이 세계와의 관계에서 의미를 포함하듯이 말도 자신의 의미를 가진다. 바로 이것이 의사소통을 가능하게 하는 것이다. 내가 의사소통하는 것은 표상들이나 사고 내용들이 아니라 말하는 주체이며 어떤 존재 양식이며 그가 겨냥하는 세계이다. 말은 의미의 몸이다. 몸의 실존적 표현으로서의 말은 몸의 생각을 직접 나타낸다. 말이 곧 몸이기 때문이다. "이때 몸의 개념은 의식이 살로 변한 몸 의식과 같다. 나의 몸의 말을 상대방과 교환할 때, 표상된 관념을 주고받는 것이 아니라 말하는 사람과 말을 듣는 사람 사이에는 하나의 세계가 형성되면서, 그 세계 속에서 공유된 상호 주체성이 의사소통을 가능하게 한다."[31]

내가 타인의 말들을 이해하려면 분명히 그의 어휘와 구문은 나에 의해 '이미 인식되어 있어야' 한다. 그러나 그것은 말들이 자신들과 결합된 '표상들'을 나에게 불러일으켜서 마침내 그 표상들의 모임이 말하는 사람의 원래적 '표상들'을 재생산하는 데 영향을 미친다는 것을 말하고자 함이 아니다. 내가 우선 의사소통하는 것은 '표상들'이나 사고들이 아니라, 말하는 주체이고 어떤 존재 양식이며, 그가 겨냥하는 '세계'이다(『지각의 현상학』, p.286).

나의 몸짓의 의사소통이나 이해는 나의 의도와 타인의 몸짓의 상호성, 나의 몸짓과 타인의 행동에서 읽힐 수 있는 의도의 상호성에 의해 얻어진다. 모든 것은 타인의 의도가 나의 몸에 거주하는 것처럼 또는 나의 의도가 나의 몸에 거주하는 것처럼 일어난다(『지각의 현상학』, p.288).

나의 몸은 타인과의 의사소통을 가능하게 하고 모든 사물의 대상 인식과 사물과 타인의 동일성을 보장하는 거점이다. 말과 몸은 같이 가고, 나의 몸은 나의 말과 같다. 말을 한다는 것은 항상 말을 하고 듣는 타인을 전제한다. 말을 통한 의사소통의 상대는 항상 나와 말하는 그 사람이지 말하는 그 사람의 사고 내용이나 표상이 아니다. 다른 주체와 의사소통을 한다는 것은 그 다른 주체가 살고 있는 세계와 의사소통을 하는 것이다. 그래서 메를로-퐁티는 우리가 살고 있는 세계를 바로 언어적이고 상호 주체적인 세계라고 규정한다. 그리고 그는 말이 몸 곧 몸짓이라고 주장한다. 말이라는 몸짓에 의해 문화적으로 획득된 것이 바로 의미를 띤 목소리로 변조된다는 것이다. 선술어적인 사고는 몸에 침전된 문화적인 잉여를 몸짓으로 표현하는 것이다. 말이라는 몸

---

31) 위의 책, p.140 참고.

짓으로 표현되면 그때에는 술어적인 사고가 진행되는 것이다. 그는 표현하는 자도 몸이고, 말하는 자도 몸이라고 한다. 이 말은 모든 의미 세계의 원천이 그 세계 속에 뿌리를 내리고 있는 몸 자신임을 보여준다.

2) 말하는 자아

말을 한다는 것은 자아가 타인과 상호 주체적인 관계를 형성하는 데 중요한 역할을 하는 몸을 특별하게 사용하는 것이다. 말하기를 통해 나는 타인들 내지 사회의 영역에 들어갈 수 있게 된다. 메를로-퐁티는 이 점을 다음과 같이 지적한다.

대화의 경험에서 말은 타인과 나 사이에 공통 지반을 구성하고, 나의 생각과 그의 생각은 하나의 직물만을 만들며, 나의 말과 상대방의 말은 논의 상태에 의해 불려 나오고, 이것들은 우리 중 어느 누구도 그것의 창조자가 아닌 공동 작용으로 끌려간다. 바로 여기에 그 둘에 속하는 존재가 있고, 타인은 더 이상 여기서 나에 대하여 나의 선험적 장 속의 단순한 행동도 아니며, 나 또한 그의 선험적 장 속의 내가 아니다. 우리는 완전한 상호성의 협력자이고, 우리의 조망들은 서로에게 스며들며, 우리는 동일한 세계를 통하여 공존한다. 현재의 대화에서 나는 나 자신으로부터 자유롭고, 타인의 생각들은 확실히 그의 것인 생각들이며, 내가 그것들을 탄생되는 즉시 파악하거나 예상하거나 해도 그것들을 형성하는 것은 내가 아니다. 게다가, 상대방이 나에게 제기하는 이의는 내가 소유하는 것으로 알고 있지 않는 사고들을 나로부터 뽑아낸다. 그리하여 내가 그에게 생각들을 제시하면 그는 보답으로 나로 하여금 다시 생각하게 한다(『지각의 현상학』, p.530).

대화의 상황은 내가 가진 것을 나 자신이 모르는 생각들을 나에게서 끌어낼 수 있다. 그것은 서로를 이해하기 위해 대화 상대자들은 서로의 표현 활동에서 서로가 목표로 삼거나 몸짓으로 나타내고자 하는 세계를 파악해야 하기 때문이다. 이해가 발생하는 것은 자신의 대화 상대자의 말 속에서 자신의 것과 동시에 발생하고 그것과 동일시될 수 있는 의미들의 세계를 발견할 때이다. 의미의 동시 발생은 또한 우리들의 서로 다른 시각들을 신기한 공유된 이해로 통합함으로써, 대화 속에서 생성될 수 있다. 대화에서, 나는 내가 여태까지 보지 못했던 특징들을 가진 세계를 발견한다. 그리고 대화에서, 타인의 의도를 파악함에 있어 누구나 타인의 시각으로부터 세계를 파악한다.

몸짓으로서의 말하기는 대화의 변형적 힘을 지닌다. 말하기는 일련의 복합적인 몸의 활동들이다. 나의 팔과 다리의 운동 기능이 나로 하여금 운동을 통해 나의 행위를 표현하게 하듯이, 나의 구두적인 도구들의 운동 기능들은 나로 하여금 나의 행위를 말로 표현하게 한다. 말들은 내적 관계들의 외적 기호들이 아니라 그것들 자신의 행위와 힘을 가진다. 말들은 구성된 관념들을 전달하는 단순한 도구들이 아니다. 그 말들이 바로 그 관념들이다. 웃음이나 발 구르기가 나의 기쁨이나 분노인 것처럼, 말들은 활동하는 의식들이다. 생각이 실천적 본질을 가진다. 상쾌함이 웃음에 깃들듯이, 생각은 몸짓에 깃든 의도이다. 다른 모든 몸짓들처럼 말하기는 정서적 의미를 가진다. "뇌에 폭탄 파편을 맞은 슈나이더(Schneider)라는 심맹 환자는 사람들이 자기 몸 어느 지점에 손을 댔는지를 말할 수 없고, 자신의 몸과 접촉하는 대상의 위치도 알지 못했지만, 호주머니에서 손수건을 꺼내고 코를 풀며 성냥갑에서 성냥개비를 집어 등불을 밝히는 등 생활에 필요한 습관적인 활동을 보통이 넘는 확실성을 가지고 수행했다."(『지각의 현상학』, p.172 참고) 이 심맹 환자의 경우처럼, 언어장애를 가진 환자가 상실하고 정상인은 가지고 있는 것은 저장된 말들이 아니라 말들을 사용하는 방식이었다. 언어장애 현상은 세계를 잘못 표상하는 문제가

128

아니고 세계에 참여하는 어떤 방식의 문제인 것이다.

우리는 항상 생각들을 표현하는 말들에 선행하는 생각들을 하지 않는다. 만약 생각이 먼저 일어난다면, 정돈된 생각들 속에서 이미 이해할 수 있다면, 구태여 말을 할 필요가 없을 것이다. 만약 말들이 생각들을 표상한다면 모든 것은 미리 알려질 것이다. 생각은 그것을 표현하는 말하기와 글쓰기에서 완성된다. 말하기가 듣는 사람에게 아무것도 가져다주지 않는다면, 말하는 사람이 다만 자신의 의미들을 말들로 번역한다면, 대화 상대자들 사이에는 아무것도 통할 수 없고, 말의 '의사소통적' 본질은 생각할 수 없을 것이다. 그러나 사실은 말하기의 표현 기능은 의식의 생각하기 기능과 같은 것이다. 표현은 하나의 의미를 분명히 말한다. 그래서 말하기는 생각들을 생산하는 일종의 생각하기이다. 말하기는 의미들의 세계에서 한 입장을 택하는 것이다. 생각하기는 말하기에 토대를 둔다.

말은 확실히 내부를 가지고 있으며 그러나 그 내부는 자기에게 갇혀 있는 생각, 자기의식적 생각이 아니다. 따라서 말이 생각을 표현하지 않는다면 그것은 무엇을 표현하겠는가? 그것은 자신의 의미의 세계에서 주체의 위치 파악을 제시한다. 정확하게 말하면 바로 그런 파악이다. 여기서 '세계'라는 용어는 말하는 방식이 아니다. 그것은 '정신적' 또는 문화적 삶이 자신의 구조들을 자연적 삶에서 빌려온다는 것, 생각하는 주체가 몸-주체에 기초해야 한다는 것을 말하고자 함이다. 나의 몸 행동이 나와 타인에 대하여 나를 둘러싸고 있는 대상에 어떤 의미를 부여하듯이, 음성적 몸짓은 말하는 주체와 듣는 주체에 대하여 경험의 어떤 구조화, 실존의 어떤 변조를 실현한다. 몸짓의 의미는 물리적 또는 생리적 현상처럼 몸짓 안에 포함되어 있지 않다. 말의 의미는 소리처럼 말에 포함되어 있지 않다. 그러나 일련의 규정되지 않은 불연속적 행동에서 자신이 자연적 능력을 넘어서고 변형하는 의미 있는 핵을 제 것으로 삼는 것은 인간 몸의 규정이다(『지각의 현상학』, p.300).

말은 역동적인 공유된 살아 있는 구조이지, 단순히 기호 체계만은 아니다. 그것은 근본적으로 자율적인 말하는 자아의 산물도 아니다. 우리는 언어 기호들을 공유된 세계에 혁신적으로 작동하도록 하는 실천들에 참여함으로써 말하는 사람이 된다. 말하기를 통하여 나와 타인이 상호 인식하는 과정에서 자아는 형성된다. 자아 형성에 중심적인 역할을 수행하는 것이 말하기인 것이다. 상호 주체적인 그리고 의사소통적인 말하기를 통해 우리의 자아-정체성은 형성되고 자아는 지속되는 것이다. 우리의 1인칭적인 시각은 이미 물질적 그리고 문화적 세계에서 자리 잡은 상호 주체적인 사이-몸의 시각이다. 즉, '말하는 자아'는 1인칭, 2인칭, 3인칭 시각들의 통합인 것이다.

데카르트적인 '생각하는 자아' 또한 말로 표현된 자아이다. "나는 생각한다. 그러므로 나는 존재한다."는 결론은 말에 의해 표현된 자아를 말한다. 나는 나의 생각과 나의 존재를 말을 매개로 파악할 뿐이다. 그런데 데카르트는 이 점을 생각하지 않았던 것이다. 생각 자체가 스스로 투명하고 스스로를 소유한다고 믿었기 때문이다. 그래서 생각이 곧 존재라고 주장했던 것이다. 그에게 있어, 자기의식은 말을 사용하는 자기의식이지만, 말은 내적 인식의 기호에 불과하다. 여기서 말은 특별한 의미를 지니지 못한다. 그것은 생각을 표현하고 전달하는 도구에 지나지 않는다. 그래서 '말은 생각의 의복일 따름이다.' 말은 생각의 내용을 담아내는 보자기에 불과한 것이다. 그러나 메를로-퐁티에 있어 자아는 '생각하는 자아'가 아니라 '말하는 자아'이다. 그의 자아는 몸-자아이며, 몸은 곧 말이다. 그리고 '말은 생각을 전제하는 것이 아니라 생각을 완성시킨다.' 생각은 자신을 표현할 수단을 발견할 때까지 불분명하고 미완성적인 것이다. 그래서 '말 속의 생각'이며 '생각은 말에 의한 표현'이다. "말이 단순한 생각의 옷으로 간주될 수 없고, 표현이 이미 그 자체로 분명한 의미의 자의적 기호 체계로의 번역으로서 간주될 수 없음은 실제로 분명하다."(『지각의 현상학』, p.580)

메를로-퐁티에 의하면, 말도 말의 의미도 생각에 의해 구성되지 않는다. "말을 한다는 것은 언어적 상들을 불러오고 상상된 모형에 따라 말들을 분절하는 것이 아니다."(『지각의 현상학』, p.602) 우리는 들은 말을 분석하고 그 말의 부분들에 분절과 음성 운동을 대응시키면서 그 말을 이해하는 것이 아니다. 말은 표상도 의식의 대상도 아니다. 말은 말의 인식이 아닌 말하는 운동의 현전이다. '싸락눈'이라는 말을 내가 알게 될 때, 나는 동일화의 종합에 의해 인식한 대상이 아니다. 그것은 나의 음성 장치의 어떤 사용이고, 세계-에로의-존재인 나의 몸-주체의 어떤 변조이다. 싸락눈이라는 말의 일반성은 관념의 일반성이 아니라 나의 몸이 '이해하는' 행동양식의 일반성이다.

나는 사람들이 몸짓을 흉내 내듯 싸락눈이라는 말을 어느 날 '터득한다.' 말하자면, 나는 청취된 말을 분석하고 그 말의 개개의 부분에 분절과 음성 운동을 대응시킴으로써가 아니라, 그것을 음향적 세계의 유일한 변조로서 들음으로써이다. 왜냐하면, 이 음향적 실재는 분할이 불가하고, 열린 나의 실존의 요소들인 나의 지각적 가능성들과 나의 운동적 가능성들 사이에 존재하는 전체적 일치에 따라서 자기 자신을 '표명해야 할 어떤 것'으로서 나타내기 때문이다. 그 말은 검사되지 않았고 분석되지 않았으며, 인식되지 않았고 구성되지 않았다. 그것은 말하는 힘, 궁극적으로는, 나의 몸 및 그 지각적, 실천적 장에 대한 최초의 경험과 함께 나에게 주어진 운동적 힘에 의해서 덥석 붙잡혔으며 인수되었다 (『지각의 현상학』, pp.602-603).

말의 의미는 몸짓이 된다. 몸은 말의 의미를 실현하고, 말은 몸을 움직이게 하는 어떤 방식을 표현한다. 말의 의미는 지적 해석의 과정이 아니고 몸 뒤에 있는 것도 아니며, 몸에 의해서 이해된다. 사람들은 몸짓은 자연적 기호들이며, 말은 규정적 기호들이라고 하지만, 말은 규정적인 것이 아니다. 말은 본질적으로 몸-주체의 주관적 몸짓이다. 생각이 말하기 없이 존재하지 않는다는 것은 생각이 주관적이라는 것이다. 생각은 그것이 공유하는 개념들로서 객관적일 수 없다는 것이다. 우리는 말을 통해 생각을 우리 자신의 것으로 만든다. 우리는 처음 어떤 대상을 인식하는 것도 아니고 그것에 이름을 붙이는 것도 아니다. 그것에 관한 명백한 관념을 가진 것도 아니고 그것을 표현하지도 않는다. 반대로 이름은 대상의 인식 그 자체이고, 표현은 그 생각의 실존에 대한 우리의 최초의 깨달음이다. 근본적으로 우리는 표현을 통하여 의미화를 이루어 간다는 것이다. 말하는 사람에게 있어서 말이란 이미 이루어진 생각을 번역하는 것이 아니라, 그 사고를 완수하는 것이다.

말은 개념적 지식이 되기 전의 정감적 몸짓이며, 몸짓은 의미로 가득 차 있다. 몸짓이 의미로 가득하다면 경험하는 몸이 바로 말이라는 것이다. 말은 본질적으로 몸-주체로 향한다. 말은 말하는 주체의 문제와 연결된다. '나는 말한다. 나는 말하기 때문에 존재한다.'고 표현할 수 있다. 몸-주체는 세계-에로의-존재로서 몸의 지각 활동을 통해 끊임없이 의미를 지니면서 지각의 종합을 이루는 존재이며, 말을 통해 의미를 쌓아 가는 말하는 주체인 것이다.

말은 말의 의식을 물론 전제한다. 즉, 말하는 세계를 포함하는 의식의 침묵, 말들이 우선적으로 성형화와 의미를 받는 의식의 침묵을 물론 전제한다. … 말해진 자아, 즉 언명으로 변환되고 본질적 진리로 변환되는 자아의 저쪽에는 암묵적 자아, 즉 나에 의한 나의 경험이 실로 존재하고 있다. 그러나 이런 거절될 수 없는 주체성은 자기 자신과 세계에 대한 근거를 불확실하게 파악한다. 그것은 세계를 구성하지 않으며, 세계를 자기가 주어지는 장으로서 자기 주위에서 예상하지 않는다. 그것은 말을 구성하지 않는다. 그것은 사람들이 즐거워서 노래하는 것처럼 말한다. 그것은 말의 의미를 구성하지 않는다. 말의 의미는 그 주체성에 대하여 세계와의 교섭, 세계에 거주하는 타인들과의 교섭에서 솟

아오른다. 그것은 많은 행동들의 교차에서 발견된다(『지각의 현상학』, p.603).

암묵적 자아는 자신이 표현되었을 때에만 자아이다. 그것은 자기로 부터 자기로의 현존이고 실존 자체이며, 자신이 위협받는 한계 상황에 서만 자신을 안다. 예를 들어, 죽음의 불안이나 나에 대한 타인의 시 선에서 인식된다. 말하는 자아는 세계 속의 현존이며, 통일성임과 동 시에 차이, 간격, 거리 둠인 일종의 암묵적 자아이다. "암묵적 자아는 그 자신 스스로 표현될 때만 자아인 것이다."(『지각의 현상학』, p.604) 그리고 암묵적으로 생각한다는 것은 '말한다는 것'을 침묵하는 것이 다. 이런 생각은 생각하고 있는 어렴풋한 세계 앞에서 일반적으로 '내 가 생각한다는 것'만을 파악하는 것이다. '내가 생각한다는 것'은 말 속에서 현실화되고 말하는 말로서 사고된다. 자아는 세계 속에서 말하 는 주체의 현존으로서의 '말'이다. 그래서 자아는 말과 분리될 수 없 으며, '말하는 자아'인 것이다. 그러므로 말하는 자아 앞에 있는 암묵 적 자아는 그 자체에 동일적인 형태로 완전하게 있는 것이 아니고, 순 수한 잠재적 성질의 상태에 머물러 있는 절대적 무와 같은 것도 아니 다. 만약 암묵적 자아가 순수한 잠재적 성질로서 있는 절대적 무라고 한다면, 말하는 자아의 말은 공허에 근거를 두게 된다. 말이나 말의 의미는 표상하는 의식에 의해 구성되지 않는다.

반성하는 자아는 근본적으로 암묵적 자아이다. 우리는 흔히 생각을 통해 진리를 찾아간다고 생각한다. 그런데 생각이 근본적으로 암묵적 자아라면 진리를 찾아가는 것과 세계에 참여하는 것이 크게 구분될 수 없다. 왜냐하면 암묵적 자아는 몸 자신이 세계-에로의-존재로서 세 계 상황 속에서 세계 상황을 향해 나아갈 때 바로 몸 자신이 수행하는 자아이기 때문이다.

우리에게는 영원한 참됨과 일자(一者)에의 참여에 대한 경험은 없고, 시간의 우연성을 통해 우리가 우리 자신과의 관계와 타인과의 관계를 갱신하게 되는 재파악의 구체적 행동들에 대한 경험이 있다. 요컨대, 세계에의 참여의 경험이 있고 '진리에 속해 있음'은 세계-에로의-존재와 구별되지 않는다(『지각의 현상학』, p.589). 진리에의 존재가 세계-에로의-존재이며, 세계-에로의-존재가 몸-주체이자 '말하는 자아'인 것이다.

제 3 장

리쾨르의 해석학적, 서사적 자아

1. 선험적 자아(ego)에서 실천적 자아(self)로

1) 현상학적 관념론의 선험적 자아(ego) 관념의 극복

신이 주체이며 인간은 신에 의해 창조된 일종의 피조물에 지나지 않았던 고대나 중세를 지나고, 근대에 들어서면서 인간 주체 내지 자아는 데카르트의 코기토(cogito)에 의해 최초로 정립되었고, 그 후 로크, 흄 등에 의해 비판되기도 하고 칸트 등에 의해 자세하게 분석되고 보완되기도 하였지만, 여전히 선험적 자아의 수준을 벗어날 수 없었다. 결국 20세기에 접어들면서 '주체' 내지 '자아' 관념은 세 가지 방향에서 부정되면서 결국 해체의 길을 가게 된다.[1] 프로이트에서 라캉에 이르는 정신분석학이 그 첫 번째 방향이다. 데카르트 이후 어떤 주체도 사유하고 의식하는 데 어떤 구속을 느끼지 않고 자유로웠다. 그

[1) 자아 해체와 관련된 세 가지 방향에 관한 아래의 내용은 문장수, 「역사-발생적 관점에서 해명된 주체 개념」, 『범한철학』 제25집(범한철학회, 2002년 여름), pp.14-20 참고.

런데 프로이트에 의하면, 인간의 사유는 자유롭게 구성된 것이 아니다. 내가 의식하지 못하는 무의식적인 어떤 것이 나로 하여금 이런저런 의식적 사유를 가지게 한다고 그는 주장한다. 결국 주체 내지 자아의 절대성은 상실된다. 그에게서 의식은 무기력하고 수동적이고 타성적인 사유라면, 무의식은 생생하게 살아 있는 능동적인 행위로 실질적 사유이다. 무의식은 이드(id)와 초자아(superego)이다. 이드는 다양한 무의식적 욕망들, 성적 충동, 자기-보존 본능 등 상호 대립적인 요구들로 구성된다. 초자아는 부모나 사회가 강요하는 금지 조항들을 내면화하면서 양심이라는 사회 가치적인 자아를 구성한다. 무의식적 충동들의 요구가 지나치게 표출되어 주체의 존립을 위협하는 경우에 그것들을 검열하고 억압하는 기능을 수행하는 것이 초자아이다. 주체로 간주되는 자기-의지적인 사유 의식이 자아(ego)이다. 자아는 의식적이지만, 자기-통일적인 의식 자아는 선천적 이성도 아니며 영원불멸의 영혼도 아니다. 부모나 사회적, 일반적 타자에 나를 동일화시킨 무의식적 활동의 결과이다. 즉, 세 가지 자아는 모두 무의식적 활동의 결과인 것이다.

그리고 주체 해체의 두 번째 방향은 기호학이다. 기호학은 세 가지 기본 전제 위에 성립한다. 첫째, 언어는 '파롤'과 '랑그'로 구분된다. 파롤은 개인적이고 통시적이고 우연적이며, 이질적인 것인 반면, 랑그는 약호 혹은 약호들의 집합이다. 파롤은 메시지와, 랑그는 약호와 대응한다. 파롤 곧 메시지는 개인적이고, 랑그 곧 약호는 집단적이다. 그리고 메시지는 통시적인 측면을 구성하는 사건들의 연속 속에 있는 시간적 사건이라면, 약호는 요소들을 집합, 즉 공시적 체계로서 시간 속에 존립한다. 그리고 메시지는 의도된 것, 누군가에 의해 의미화된 것이다. 반면, 약호는 익명적이며, 의도된 것이 아니며, 무의식적인 것이다. 이 경우의 무의식은 문화적인 구조로서의 무의식이다. 파롤로서의 메시지는 자의적이고 우연적이며, 랑그로서의 약호는 체계적이며 주어진 언어 공동체에서 강제적이다. 과학으로서의 언어학의 대상은 랑그이다. 파롤을 대상으로 삼는 언어학은 거의 무시된다. 둘째, 랑그의 체계 속에는 어떤 절대적인 요소가 존재하지 않는다. 모든 요소들은 상호 의존적인 관계 속에서만 기능할 수 있다. 언어는 어떤 실체를 지시하거나 실체 자체가 아니라 상관관계적인 형식일 뿐이다. 그래서 언어 속에서는 차이들만이 있을 뿐이다. 일체의 언어적 표현들은 어떤 실체를 온전하게 지시하거나 번역하는 것이 아니라 용어들 사이의 대립성과 차이성의 조건에서만 소극적으로 어떤 대상을 지시한다. '어머니'라는 말은 직접 외적으로 실존하는 구체적인 여인을 지시할 수 없고, '아버지'나 '아들' 등 다른 말들과의 대립 속에서 모종의 의미를 제시한다. 이 점이 바로 이중적 자의성 관념이다. 외적 사물과 기호는 직접적, 필연적 관계가 없다. '개'라는 소리와 글자는 구체적인 '개'와 필연적 관계는 전혀 없고, 단지 약정적인 체계일 뿐이다. 한편, 언어 기호는 '기표(signifier)'와 '기의(signified)'로 구성된다. 기호 형식과 기호 내용에도 전혀 필연적인 관계가 없다. 셋째, '개'의 의미를 구성하는, 예를 들어 '네 다리를 가진 포유동물'이라는 표현들은 또 다른 표현일 뿐 그 자체 아무런 실체도 아니다. 기의는 다른 종류의 기표일 뿐이다. '의미'라고 생각되는 것은 기표의 기표이다. 세상만사는 기표들의 유희이다. 결국 이런 세 가지의 전제들에 따르면, 주체 내지 자아는 단순한 기호적 대립이 만든 하나의 기호일 뿐이다. 모든 사유는 기호에 의해서만 가능하기 때문에 순수 의식, 순수 사유, 정신, 주체, 자아 등도 단순한 관계 관념이다.

마지막으로 자아 해체의 세 번째 방향은 유물론이다. 유물론은 스피노자의 기계론에서 출발하여, 포이에르바흐, 마르크스를 경유하고, 알튀세르의 우발적 유물론으로 이어진다. 마르크스는 사회적인 삶으로부터 독립적인 의지의 자유 주체로서의 인간 내지 인간 본질 관념을 부정한다. 인간의 모든 행동들은 사회적 구조에 의해 결정되는 것이다. 이성, 선험적 자아 등은 언어적, 상징적 관념의 산물이며, 인간은 사회적 환경에서 생존을 투쟁하는 생물체일 따름이다. 그러나 알튀세르는 현실적인 주체, 즉 생물로서 심리적으로 사회 속에서 행동하는 개인을 부정하는 것이 아니라 선험적, 형이상학적, 존재론적 주체 내지 자아를 문제 삼는다. 그는 실존적 주체를 강조한다. 그는 영원불멸의 영혼 관념으로서의 주체를 해체하고자 한다. 정신 실체란 생존의 공동 장소인 사회 속에서 개별적인 생물로서의 인종들에게 이데올로기의 작용이 만들어낸 효과이다. 말하자면, 라캉의 정신분석학과 푸코의 고고학이 잘 해명하듯이. 주체란 거울과 같은 현상들의 실재성을 믿는 상상의 환상 또는 언어적 상징체계가 만들어낸 관념 체계에 대응하는 어떤 실체가 존재한다고 믿는 착각에 기인한다.

그러나 위와 같은 자아(ego) 해체의 방향들은 새로운 의미의 자아, 즉 실천적 자아(self)인 서사적 정체성(narrative identity) 내지 서사적 자아(narrative self)의 복원으로 대응된다. 그 복원의 전략들은 앞에서 논의된 미드의 '사회적, 실천적 자아', 메를로-퐁티의 '몸-주체와 말하는 자아' 관념 등이었으며, 그 종합적인 복원 전략으로 간주될 수 있는 것이 바로 폴 리쾨르(Paul Ricoeur)의 해석학적인 서사적 자아 관념이다. 그의 주체 내지 자아의 복원 전략들은 다양하게 이루어졌지만, 한마디로 현상학과 해석학의 변증법적 통합, 즉 현상학적 해석학을 통해 이루어진다. 우선 후설의 현상학적 자아 관념을 비판하기도 하고 수용하기도 하면서 극복한다.

리쾨르의 자아 관념 복원은 주로 후설의 현상학적 관념론의 자아 관념을 극복함으로써 이루어진다. 후설의 현상학적 관념론은 세 가지 측면들에서 정리될 수 있다.[2]

---

2) 세 측면들에 관한 아래의 내용은 Henry Isaac Venema, *Identifying Selfhood: Imagination, Narrative, and Hermeneutics in the Thought of Paul Ricoeur* (New York: State University of New York Press, 2000), pp.19-24 참고.

첫째, 현전(presence)과 부재(absence)의 대조이다. 후설은 하나의 사물을 지각하는 것과 지각 행위 그 자체를 구분한다. 지각하고자 의도된 사물로부터 지각하고자 의도하는 행위를 구분하는 것은 의식의 '반성적' 행위가 가능하다는 점을 말해 준다. 그것은 행위 그 자체를 의식의 '내적' 대상으로 바꾼다. 의식 행위는 반성적 행위 그 자체이다. 그는 이것을 '내재적 지각'이라고 부른다. 내재적 지각은 내재적인 대상들을 지각하는 것이 아니라 행위들을 대상들로 지각한다. 그것 또한 의도적 행위이며, 그래서 의도와 의도된 것의 상관관계들로 구성된다. 그의 관심은 한 행위를 대상으로 의도하는 내재적 행위에 두어진다. 이것들은 의식의 동일한 흐름 속에서 이루어지지만 동일한 것이 아니고 서로 다른 것이다. 지각의 행위가 의식의 흐름 '외부에' 대상을 가지거나 초재적인(transcendent) 의도적 대상을 가지는 반면, 내재적 지각의 대상은 지금 내가 헤쳐 나가고 있는 아주 동일한 정신적 실재의 흐름 속에서 발견된다. 후설은 내적인 그리고 외적인, 내지 내재적인 그리고 초재적인 지각을 구별하면서, '경험으로서 존재(Being as Experience)'와 '사물로서 존재(Being as Thing)' 사이를 기본적으로 본질적으로 구분하고 있다.3)

그리고 의식의 필연성과 확실성이 후설 현상학의 궁극적인 표현이다. 그는 다음과 같이 말한다. "모든 내재적 지각은 반드시 그것의 대상의 실존을 보장한다. 만약 나의 경험에 대한 반성적 이해가 이루어진다면, 나는 절대적 자아(Self)를 이해한다. 그 절대적 자아의 실존(Dasein)은 원칙적으로 부정할 수 없고, 그것이 실존하지 않는다는 통찰은 원칙적으로 불가능하다. 진실로 실존하지 않는 방식으로 주어지는 경험의 가능성을 유지한다는 것은 터무니없는 생각일 것이다. … 나는 당장 말하고 나는 해야만 하기(must) 때문이다. 즉, 나는 존재한

---

3) E. Husserl, *Ideas: General Introduction to Pure Phenomenology*, trans. by W. R. Boyce Gibson(New York: Collier Books, 1962), p.120.

다. 이 삶이 존재한다. 나는 살고 있다. 즉, 코기토이다."[4] 이 말 속에는 절대적 의식의 근본적인 역할이 보인다. 모든 경험들이 의식적인 경험들이며, 내재적 지각의 대상은 의식의 흐름 그 자체를 구성하고, 자신의 시선을 의식적 경험의 흐름으로 되돌리는 것은 어떤 내재적인 반성 행위에 선행하는 의식의 흐름의 실존을 필요로 하기 때문이다. 이 점이 '절대적'이라는 말의 궁극적 의미이다. 초월적 반성은 내재적 의식의 대상들이 필연적으로 실존함을 드러낸다. 후설이 사실상 설명하고 있는 것은, 그것의 본질과 실존이 반드시 동시에 발생하는 하나의 절대적 자아이다. 즉, "절대적 실존에서 발견하는 지각하는 반성의 가능성은 그것이 모든 경험에 속하듯이, 그것의 본질에 속한다."[5] 그러므로 내재적 지각의 자아(ego)는 경험의 시간적 순간에, 그리고 의식적 반성의 무공간적 공간의 근본 속에서 현전한다. 그것은 초재적인 존재의 시각적 변화와는 독립적이고 자유로우며, 그것은 반드시 실존하는 것이다. 따라서 자아(ego) 혹은 자아(self)의 실존은 완벽하게 의심이 불가능한 것이다. 필연성으로부터 실존하는 절대적 의식과는 대조적으로, 이미 '부재적인' 그리고 '의존적인'이라고 규정되었던 초재적인 세계는 지금 '우연적'으로 묘사된다. 그는 초재적인 존재는 '추정적인 실재(presumptive reality)'라고 선언한다. 달리 말해, 의식적 경험들의 절대적 존재 없이 우리는 지금 살아가고 있고, 모든 초재적인 실재는 그것의 의미들을 상실한다. 초재적인 존재는 그것에게 의미를 부여하는 것을 '추정한다.'

사물들의 세계에서 나에게 존재하는 모든 것은 '단지 추정적인 실재일 뿐이라는' 원리에 토대를 두고 있음은 분명하다. 반대로, 그것을 위해 거기에 있는 나 자신은 … 그것의 실제성에서 나 자신 혹은 나의

4) Ibid., p.130.
5) Ibid., p.128.

경험은 '절대적' 실재이며, 무조건적이며 단순히 해소할 수 없는 가정을 통해 주어진다. 따라서 '필수적'이고 분명히 의심할 수 없는 나의 순수한 자아(ego)와 그것의 인격적(personal) 삶의 논제는 '우연적인' 세계에 관한 논제에 반대된다. 모든 신체적으로 주어진 사물 같은(thing-like) 실체들은 역시 존재할 수 없고, 어떤 신체적으로 주어진 경험하기도 역시 존재할 수 없다. 이것은 본질적 법칙이며, 그것은 이런 필연성과 저런 우연성을 규정한다.6)

존재들 가운데에서 존재의 세계를 창조하지는 않지만, 현상학적 환원은 세계를 나에 대한 의미로, 의식의 의도적인 행위에의 절대적으로 의존하는 것으로 자리매김한다. 달리 말해, 초재적인 주체는 그 자신의 정신(soul)의 투명한 주인이다. 자아는 의심할 수 없는 자기-자제하는 창조자와 모든 의미의 토대가 된다. 이런 '확실한' 토대를 가지고 의미는 믿을 수 있는 것이다. 그러나 만약 초재적인 환원이 실재를 의미로 변형시키고, 절대적 의식의 존재로부터 멀리 떨어진 생각할 수 없는 것이 된다면, 그 역전도 역시 사실인가? 그것이 의식에 의해 의도되기 때문에 현상적 실재와 의미는 실존하는가? 그러므로 절대적 의식은 구성과 토대 세우기의 한 행위이다. 그 환원은 자연적인 태도에서 손에 현전하는 사물들의 의식의 의도적 행위에 관련한 현상들로의 변형은 사실 의식을 위한 혹은 의식에 의한 구성의 한 행위임을 보여주었다. 절대적 의식은 사실상 하나의 의미를 부여하는, 의미를 완성시키는 존재이며, 그것은 그것의 완성으로서 세계를 가진다. 의식은 세계의 토대, 존재와 의미가 바탕을 삼는 토대이다.

이런 후설의 현상학적 입장은 삶의 세계에 관한 실증주의의 관점을 반대한다. 실증주의는 삶의 세계를 자아로부터 분리되어 객관적으로 구성된 것으로 분석하면서 삶의 세계의 근원에 관심을 두지 않는다.

---

6) Ibid., p.131.

근원에 관심을 두지 않는 실증주의는 인간 주체 내지 자아의 위기를 조장한다고 그는 생각한다. 그래서 그는 선험적 자아의 발견을 통해 그 위기를 극복하고자 한다. 그의 자아 관념은 다음과 같이 정리될 수 있을 것이다.[7] 우선 그는 자아를 삶의 세계를 구성하는 선험적 자아로 간주한다. 그는 세계의 객관적 실재성을 강조하는 실증주의는 삶의 세계의 자명성을 전제하면서도 그것의 근원에 대한 물음에 관심을 두지 않는 이른바 '선험적 소박성'에 빠져 있다고 주장한다. 삶의 세계에 은폐된 익명적인 주관성이 삶의 세계를 구성하는 선험적 자아이다. 그것은 경험적 자아와 대립된 것이 아니라 상관적인 것이다. 경험적 자아로부터 선험적 자아를 분리시켜 세계 속에 예속시켜 버리는 객관주의 내지 실증주의는 자아의 선험적 생동성을 제거시키고 자아의 선험적임을 망각한다. 결국 그 망각은 삶의 세계를 형성하는 삶의 생동성의 망각일 뿐만 아니라, 세계의 역사적 흐름과 인간을 대립시키고 인간을 무기력하게 만든다. 자아의 생동성의 망각은 자아의 현실적이고 생동적인 세계 이해가 주관적, 상대적 표상으로 간주될 따름이기 때문이다. 세계 이해의 주관적 차이를 사소한 상대적 차이가 아니라, 자아의 생동성으로부터 필연적으로 삶의 세계의 다양성, 즉 삶의 세계의 역사성을 드러내는 결정적인 차이로 파악해야 한다. 세계 이해의 주관적 차이는 이성 의지의 보편적 실현의 장애가 아니라 이성 의지의 목적론적 실현으로 간주된다. 후설은 선험적 자아를 경험적 자아로 해석하면서, 자아의 선험적 자기-초월성을 '이성의 자기-실현'으로 해명하고자 한다. '선험적임'은 경험적임과 대립되는 논리적 선행성이나 논리적 부정성이 아니라, 경험적임의 근원이 될 때 비로소 드러나는 자아의 근원적 영역을 가리키는 것이다. 그러므로 그는 선험적 자아를 '근원적으로 기능하는 지향성' 또는 '근원적으로 기능하는 주관성'으

---

7) 후설의 자아 관념에 대한 아래의 정리는 강동수, 「Husserl의 자아 개념」(경북대학교 철학박사학위논문, 1997)의 결론을 참고.

로 표현한다. 자아의 생동성은 결국 경험적 생동성이 아니라 선험적 생동성이다. 자아의 생동성에 대한 해명은 세계와 자아를 단절시키는 객관적 태도의 소박성을 해소하면서 인간 주체성의 위기도 극복하고자 한다. 그런데 후설은 자아가 선험적임을 논리적 전제로 해석하려는 입장을 비판한다. 경험적 자아와 선험적 자아를 분별하지 않는다면 자아의 세계 구성을 이해할 수 없기 때문에 구분해야 하지만, 그 차이는 논리적으로 설명될 수 있는 그런 것이 아니라 직관적으로 투시되는 것이다. 그래서 경험적 자아의 유형에 대한 고찰이 아니라 자아의 선험적임에 대한 현상학적 고찰이 요구되는 것이다. 선험적 자아에 대한 이해는 자아와 세계와의 상관성에 대한 이해일 수밖에 없는 것이다. 삶의 세계가 선험적 자아에 의해 구성되었기 때문이다.

리쾨르는 후설 현상학 자체보다는 그것의 여러 해석들 중 하나인 '관념론적' 해석을 비판한다. 그는 데카르트의 코기토에 대한 후설의 인식론적 해석이 가지는 결점을 보완하고자 한다. 후설 현상학에 등장하는 코기토는 데카르트 코기토의 재현인 동시에 코기토의 운명의 격변들의 더 넓은 역사에서 그것이 등장했던 다양한 모습들의 하나인 것이다. 리쾨르는 이 점을 다음과 같이 표현한다.

데카르트의 코기토는 불변의 명제처럼, 역사 위에 걸린 영원한 진리처럼, 고립된 것이 아니다. 데카르트 자신에게 있어, 코기토는 생각하기의 한순간에 불과하다. 그것은 하나의 생각하기를 마감하고 새로운 일련의 생각하기들을 한다. 그것은 세계에 관한 하나의 시각과 동시적인 것이다. 그 세계 속에서는 코기토가 그 자신의 자주적인 시선을 던지는 하나의 풍경처럼 객관성의 세계가 펼쳐진다. 특히 데카르트의 코기토는 반성적 전통을 구성하는 일련의 코기토들 가운데 최고점들 중 하나—비록 가장 높은 최고점이지만— 일 따름이다. 이런 일련의 전통에서, 코기토의 각 표현은 이전의 것을 재해석한다. 따라서 소크라테스의 코기토('너 자신을 알라'), 아우구스티누스의 코기토('내적인' 사람은 '외적인' 사물들과 '더 높은' 진리들의 흐름과는 다르다), 데카르트의 코기토, 칸트의 코기토('나는 생각한다'가 모든 나의 표상들을 동반할 수 있어야 한다) 등에 관해 말할 수 있다. 피히테가 말하는 '자아'는 근대 반성철학의 모습을 가장 잘 보여준다. 장 나베르가 말한 대로, 오늘날 데카르트와 칸트와 피히테를 거치지 않은 반성철학은 없다. 후설이 현상학을 바탕으로 세운 '자아론' 역시 마찬가지다. 그런데 그 모든 코기토가 나온 까닭은 소크라테스 이래로 똑같다, 주체 없이 진리를 세우려는 시도에 대항하는 것이다.8)

데카르트 코기토에 관한 리쾨르의 이런 언급은 후설의 기획에 적용된다.9) 데카르트의 코기토는 불변의 명제처럼, 역사를 넘어서는 영원한 진리처럼 고립된 것이 아니다. 그것은 반성적 전통을 구성하는 한 묶음의 코기토들의 한 꼭대기일 따름이다. 후설의 기획 또한 역사와 전통 속에 속하며 그 순간들의 하나를 형성한다. 리쾨르는 에고 코기토를 '존재론 없는 자아론의 독단적 자아'로 묘사한다.10) 후설의 형상적 자아(eidos ego)는 성공인 동시에 실패이다. 모든 타자성을 자아의 단자적인 삶으로 환원시키는 결과로 자아를 세계와 역사의 과정에 통합시킬 수 없게 만들기 때문이다. 코기토들의 묶음으로 전통이 형성된다는 리쾨르의 주장과 같은 맥락에서 후설 또한 데카르트의 코기토를 근본적으로 개혁시키면서 재정향시키려 한다. 그는 코기토, 즉 선험적

8) Paul Ricoeur, "The Question of the Subject: The Challenge of Semiology", ed. by Don Ihde, *The Conflict of Interpretations: Essays in Hermeneutics* (Evanston: Northwestern University Press, 1974), p.236.

9) 후설의 선험적 자아에 관한 리쾨르의 지적에 관한 아래의 내용은 Kathleen Blamey, "From the Ego to the Self: A Philosophical Itinerary", ed. by Lewis Edwin Hahn, *The Philosophy of Paul Ricoeur*(Illinois: Open Court Publishing Co., 1995), pp.580-588 참고,

10) Paul Ricoeur, "Cartesian Meditations, I-IV", *Husserl: An Analysis of his Phenomenology*, trans. by Edward Ballard and Lester Embree(Evanston: Northwestern University Press, 1967), p.84.

자아를 '경험의 영역' 속에서 해명한다. 경험의 영역을 구성하는 '사고들(cogitationes)'은 생각하기에 머물지 않고 지각하기, 상상하기. 하고자 하기(willing) 등 모든 가능한 경험의 양식들을 포함한다. 여기서 선험적 자아는 사고들의 기둥으로 세워진다. 그는 다양한 것들(사고들)로부터 하나(에고)로 방향을 바꾼다, 그는 다양한 것들을 하나의 흐름으로 묘사하면서 그 흐름을 선험적 자아의 삶이라고 간주한다. 선험적 자아는 변하지 않는 동일한 것이다. "그것은 우연하게 생기는 것이 아니다. 우연히 생기는 모든 것은 에고에 발생한다. … 순수 에고는 전혀 나타나지 않는다. 그것은 그것의 얼굴을 보이게 하지 않는다. 그것은 측면들이 없다. 그것은 절대적인 자기-일관성이다."11) 그가 말하는 선험적 자아는 곧 '순수 자아'이다. 그것은 '구체적인 것' 내지 '인간적 자아(human ego)'와는 구별된다. 그런데 그의 순수 자아는 '나의 것(mine)'인 동시에 '독특하고 유일하고 절대적인 일관성'이다. 경험의 영역을 구성하는 다양한 '사고들'을 통해 그것은 '나의 것'이 된다. 그런데 리쾨르에 의하면, "순수 자아 '밖의' 모든 것들 — 대상들 그리고 다른 주체들 — 은 '나 속에(in me)' 그리고 동시에 '타자로서(as other)' 타자(Other)를 구성한다."12) 그의 지적에 따르면, 다른 자아들은 나 자신의 자아가 고립되는 결과로서 등장한다. '자연적인' 상태에서는 다만 함께 살고 있는 실질적인 인간 존재들만이 있다. "자아가 논제되기 전에는 나(I)도 없고 타자들(Others)도 없다. 단지 실질적인 사람들(real men)만이 있다. 철학적 질문하기의 등장과 함께 동시에 전체적인 경험 영역에 방향을 부여하는 하나의 주체가 등장한다. 그 이후 '그' 세계는 나를-위한-세계(world-for-me)가 된다. … 하나의

---

11) Paul Ricoeur, "Ideas II: Analyses and Problems", *Husserl: An Analysis of his Phenomenology*, p.54.

12) Paul Ricoeur, "Husserl's Fifth Cartesian Meditation", *Husserl: An Analysis of his Phenomenology*, p.116.

주체가 없는 경험에서 한 사람은 단지 다른 사람과 마찬가지로 실질적인 반면, 반성적 경험에서는 다만 한 사람은 나(I)이며 모든 나머지는 타자들(Others)이다. 나-타자(I-Other) 관계는 철학적 문제로 탄생한다."13) 따라서 추상화의 과정으로부터 생기는 순수 자아는 직접적인 경험이 아니라 배경적인 질문하기의 의도적인 기둥을 가리킨다. 후설은 '나의 것'으로서 순수 자아에 속하는 것을 '사고들'의 영역을 확장시키는 힘으로 묘사한다. 그러나 자기 자신의 영역, 즉 순수 자아의 단자적인 삶으로의 환원은 자기-경험, 자기반성에서 구성되는 '나'의 의미를 토대로 다른 자아(alter ego)들을 설명해야 하는, 넘을 수 없을 것같이 보이는 과제가 그에게 주어진다. 그러므로 타자들은 "단지 하나의 파생적인, 이차적인 의미에서만 자아들일 수 있다."14) 그 과제의 해결을 위해 후설은 그 이후의 저서를 통해 공동의 문화적 대상들, 하나의 자아에 의해서가 아니고 다양한 자아들에 의해서 구성된 과학적 그리고 역사적 작업들을 토대로 자아들을 통합시키는 문제를 다루면서, 공동 경험의 전 과학적 세계, 삶의 세계에 점점 더 주목한다. 그런데 후설의 현상학은 '바라봄(seeing)', 즉 직관의 현상학이다. 내가 하나의 대상을 볼 때, 나는 그것을 특별한 시각으로부터 본다. 예를 들어, 여기서부터, 나는 그 책상의 앞과 위를 보지만 나는 동일한 대상이 다른 시각들로부터 보일 수 있음을 알고 있다. 나는 다른 측면으로 이동할 수 있고, 그 뒤를 보고, 몸을 구부려서 그 탁상의 아래를 볼 수 있다. 나의 시각 영역 속의 대상들에게, 나는 신체적 움직임으로 이런 시각의 변화를 수행할 수 있지만, 시각에서의 이동에 의한 한 대상의 포괄적인 관점을 얻는 이런 가능성은 다른 유형의 대상들에게 그리고 다른 양식의 이해로 확대된다. 시각적 지각의 영역에서가 아니라 의식의 의도적 삶에서 수행되는 상상적 변형의 기술은 윤곽들의 흐름, 순

---

13) Ibid., p.120.

14) Ibid.

간들의 시각적 변형들이나 사물들의 측면들을 통해 모든 대상의 구성을 가능하게 한다. 모든 '거기(there)'와 관련하여 하나의 '여기(here)' 원점, 즉 하나의 관점에 모든 경험들을 근거 짓기는 의도적인 삶의 넘을 수 없는 조건이다. 후설에게는 관점 없는 비교들을 허용하는 어떤 개관, 어떤 신적인, 더 높은 전망도 없다. 이 점은 후설의 현상학에 대한 분석을 통해 리쾨르가 끌어낸 하나의 중요한 특징이다. 왜냐하면, 후설 자신이 언급하듯이 "우리의 각각이 동일한 세계는 서로 다른 관점들로부터 파악된다는 점을 발견하는 것은 위로부터가 아니라 항상 옆으로부터이기 때문이다."15) 그러나 후설이 세계에 대한 우리의 이해에서 '윤곽들'의 흐름을 강조하는 것과 리쾨르가 시각 논제를 적용하는 것 사이에는 크고 중요한 차이가 있다. 하나의 대상의 약도에 살을 붙이면서, 우리의 기대들이 잘못이라는 점과 여기서부터 하나의 구형으로 보이던 것의 다른 측면은 둥글지 않고 평평하다는 점을 발견한다. 이것에서 우리는 후설의 제1원리로 되돌아간다. 즉, 초재적인 모든 것은 의심될 수 있으며, 오로지 내재적인 것만이 확실하다. '형상으로서의 자아(eidos ego)'의 단자적인 삶은 완전한 직관에 주어진다면 자명한 것이다. "내재성은 의심할 수 없다. 그 까닭은 그것은 '측면들'에 의해 주어지지 않고 따라서 추정적인 것은 어떤 것도 포함하지 않기 때문이다. 반면 모든 초재성은 의심할 수 있다. 그 까닭은 그것은 윤곽들에 의해, '약도들'과 '측면들'에 의해 진행되기 때문이다. 이런 윤곽들에의 집중은 항상 추정적이기 때문에, 그 추정은 어떤 불일치에 의해 실망의 대상이 될 수 있기 때문이다."16) 자아와 세계 사

---

15) Edmund Husserl, *The Crisis of European Sciences and Transcendental Phenomenology*, trans. by David Carr(Evanston: Northwestern University Press, 1970), p.133.

16) Paul Ricoeur, "Phenomenology and Hermeneutics", *Hermeneutics and the Human Sciences*, trans, by John B. Thompson(Cambridge: Cambridge University Press, 1981), p.103.

이, 자신의 것(own)과 이질적인 것(alien) 사이의 근본적인 틈은 또한 직관에 완전하게 주어진 것, 그 자체와 동일한 것을, 그것의 총체성이 항상 '추정적이고' 그래서 잘못될 수 있는 윤곽들의 흐름에 계기적으로 주어지는 것과 분리시키는 구분선이다. 바로 이 점이 리쾨르가 후설의 현상학적 관념론을 가장 강력하게 비판하는 것이다.

리쾨르는 반성철학의 전통 속에서 자신의 입장을 밝힌다. 우선 반성철학의 전통을 다음과 같이 규정한다. 즉, "(그 전통은) 데카르트 코기토로부터 유래하고 칸트와 프랑스의 포스트-칸트적인 철학을 통해 전해지는 사고의 양식이다. … 반성철학은 가장 근본적인 철학적 문제들을 알기, 의지하기, 평가하기 등의 활동들의 주체로서 자기-이해의 가능성에 관계되는 것들이라고 간주한다. 반성은 지적인 명료성과 도덕적 책임의 순간에 주체가 분산되고 그 자신을 망각하게 하는 활동들의 통합 원리를 파악하고 주체 그 자신으로 돌아가는 행위이다. … 반성의 바로 그 관념은 절대적인 투명성에 대한 욕망, 자아의 그 자신과의 완벽한 동시 발생을 수반한다."17) 리쾨르는 코기토의 명백성에 대한 최소한의 요구는 유지하면서, 반성의 야망을 오만이라고 다음과 같이 공격한다. 즉, '나는 존재한다. 나는 생각한다.'는 진리는 정복될 수 없는 것 같지만 추상적이고 텅 빈 것이다. 반성의 철학은 의식철학에 충실하지 못한다. 반성은 직관이 아니기 때문이다. 에고 코기토의 자기-자리매김에서 에고의 공허성은 반성이 채우려고 시도하는 텅 빈 자리일 것이다. 의심할 여지가 없는 것은 사실 아무것도 아니다. 즉각적인 자기반성의 자아는 실체의 주체가 아니고, 구체적인 에고가 아니고, 하나의 관념이라기보다는 하나의 감정이다. 어떤 주어진 내용, 생각하기에 의해 자아에 관한 즉각적인 파악에 일치하는 내재성의 영역이 손상되면, 회의하는 주체는 자아에 관한 어떤 지식도

---

17) Paul Ricoeur, "On Interpretation", ed. by Alan Montefiori, *Philosophy in France Today*(Cambridge University Press, 1983), p.188.

제공하지 못한다. 데카르트 코기토의 첫 번째 진리(나는 존재한다는 사실)의 명백성과 에고(나는 무엇인가의 본질)의 모호성 사이의 불균형이 리쾨르가 탐구할 문제이다. 리쾨르에게 있어 자아성은 해석의 결과로 얻어질 수 있다. 해석을 통해 타자의 이해를 거친 자기-이해가 이루어질 수 있기 때문이다. 타자의 이해는 텍스트의 이해이며, 그것은 의미론과 반성의 차원에서 이루어진다. "상징적 언어를 자기-이해로 연결시키기를 제안하면서 나는 해석학의 가장 깊은 소원을 이룰 수 있다고 생각한다. 모든 해석의 목적은 그 텍스트가 속하는 과거 문화적 시대와 해석자 자신과의 거리를 없애고자 하는 것이다. 그 거리를 없애고 그 텍스트와 자신을 동시대적으로 만듦으로써, 해석자는 텍스트의 의미를 전유한다. 낯선 것을 익숙하게 만든다. 즉, 그것을 자신의 것으로 만든다. 그래서 타자에 관한 자신의 이해를 통해 그가 추구하는 것은 그 자신의 이해의 성장인 것이다. 따라서 모든 해석학은 명시적이건 암시적이건 타자에 대한 이해를 통한 자기-이해이다."[18] 자기를 알고자 해석을 하지만 자기가 무엇인지는 해석을 하고 난 뒤에야 알게 된다. 해석을 주도하는 자아가 해석의 결과로서만 자아를 되찾는다. 그 이유들은 다음과 같다.

첫째, 회의의 경험 속에서 직접 이해된 잘 알려진 데카르트의 코기토는 확고한 만큼 텅 빈 진리이다. 나는 그것이 진리임을 부인하지 않는다. 그것은 스스로 단정되는 진리이다. 그 자체는 입증되지도 연역되지도 않는다. 그것은 하나의 존재(a being)이면서 동시에 하나의 행위, 하나의 실존이면서 동시에 하나의 생각하기를 단정한다. 즉, 나는 존재한다. 나는 생각한다. 나에게 실존하는 것은 생각하는 것이다. 나는 생각하는 한 실존한다. 그러나 이런 진리는 텅 빈 진리이다. 에고 코기토의 에고가 그것의 대상들, 그것의 작품들, 그것의 행위들 등의 거울 속에

18) Paul Ricoeur, "Existence and Hermeneutics" ed. by Don Ihde, *The Conflict of Interpretations: Essays in Hermeneutics*, pp.16-17.

서 다시 포착되지 않았다면, 그 진리는 첫 발자국만 떼고 더 나가지 못하는 것과 같다. … 또한 첨언해야 할 점은, 코기토는 항상 거짓 코기토로 채워졌던 텅 빈 공간과 같다는 것이다. 모든 주석 분야들, 특히 정신분석학을 통해 우리는 직접의식이라고 하는 것이 '허위의식'임을 배웠다. … 그러므로 그것의 삶을 표현하는 기록들 속에서 코기토의 주체를 다시 발견하려면 허위의식을 비판하는 작업도 있어야 한다. 반성철학은 의식철학과 적수가 된다. 둘째, '나(I)'는 자신을 구체화시키는 삶의 표현 속에서 다시 포착될 수 있을 뿐만 아니라 의식의 텍스트적인 해석은 허위의식의 최초 '잘못된 해석들'과 충돌한다. 최초의 잘못된 해석이 있는 곳마다 해석학이 발견된다는 점을 슐라이어마허 이래 우리는 알고 있다. 그러므로 반성은 이중적으로 간접적이다. 우선 실존은 삶에 관한 기록들 속에서만 표명되기 때문이다. 그러나 또한 의식은 무엇보다도 허위의식이며, 정확한 비판을 통해 잘못된 이해에서 올바른 이해로 이동하는 것이 항상 필수적이기 때문이다.19)

데카르트 코기토의 일종인 후설의 선험적 자아는 명백하지만 자신의 한계를 경험하지 못하는 명백성이다. 한계는 직접 경험되지 않으며 매개를 통해 경험된다. 여기서 매개는 해석학적 매개로서 '반성'을 뜻한다. 리쾨르는 반성을 통한 비판과, 그 비판을 통한 허위의식의 해체를 통해, 주체성으로부터 자아성을 확립하고자 한다. 이 작업은 데카르트의 『성찰』에 대한 직접적인 비판을 통해 이루어진다. 그는 코기토가 해석을 통하지 않은 의식의 직접성의 결과는 일종의 '토대주의'라는 야망의 결과임을 밝힌다. 즉, "코기토는 그것의 정립에 최종적이고 궁극적인 토대를 수립하자는 야망이 주어지지 않는다면 어떤 진정한 철학적 의미도 가지지 못한다. 이런 야망은 '나는 생각한다'의 '나'가 최초의 진리라는 절정으로 무작정 고양되다가 거대한 환상의 구렁텅이로 타락하는 것 같은 거대한 동요에 책임에 있다."20) 코기토가 의

19) Ibid., pp.17-18.

미를 지니는 것은 의식이 사유의 궁극적인 토대가 되게 하는 야망 때문이지만 그 토대와 함께 코기토의 위기가 발생한다는 것이 그의 주장이다. 그것은 '형이상적인 동시에 과장된' 것, 즉 '회의'를 가리킨다. 코기토의 토대 자체가 그 토대에 대한 회의를 수반한다는 것이다. 그것은 '회의의 주체'가 그것의 입지점을 드러내는 것은 '모든 신체의 해체'를 통해서 가능하다는 것이다. 문제는 신체의 관계들을 모두 상실하게 만드는 회의하는 '나'는 어떤 존재인가이다. 그 존재는 무(無)이다. 그것은 설명될 수도 증명될 수 없는 것이다. 리쾨르는 데카르트 코기토는 '토대'일 수 없고 진리일 수 없는, '막연한 자아'임을 다음과 같이 밝힌다.

그 자신의 신체가 모든 신체들의 파멸로 끌려 들어갈 때 회의의 주체는 그의 정박지를 근본적으로 박탈당한다. 그러나 누군가가 계속 말할 것이다. '나는 나의 사유들이 전적으로 거짓이며 상상적인 것이라고 상당한 기간 동안 스스로를 속이고 기만하는 것이 당연할 것이다.' 악령에 대한 가설마저 내가 만들어낸 하나의 허구이다. 그러나 나의 신체의 시공간적 관계들에 관하여 그렇게 토대를 상실한, 회의하는 이런 '나'는 누구인가? 회의하고 코기토 속에서 반성하는 '나'는 회의 자체가 모든 지식에 관하여 이루어지듯이 형이상학적이고 과장된 것(hyperbolic)이다. 사실 그것은 아무도 아니다. 토대를 상실하고 자유로운 입장에 있는 '나'에 관해 말할 수 있는 것은 무엇인가? 회의하고자 하는 그것의 완고함 속에서 그것은 명확성과 진리에의 그것의 의지를 확인하며, 그래서 회의 자체에 일종의 방향을 제시한다. … 발견하고자 하는 의지는 회의에 동기를 부여하는 것이다. 내가 발견하고자 원하는 것은 사물들 자체들에 관한 진리이다. 사실상 내가 회의하는 것은 사물들의 실제적인 외관상이다. 이 점과 관련하여, 악령의 가설이 위대한 기

20) Paul Ricoeur, *Oneself as Another*, trans. by Kathleen Blamey(Chicago and London: The University of Chicago Press, 1992)(이후에는 본문 속에 *Oneself as Another* 로 표기함), pp.4-5.

만자의 가설이라는 점은 중요성이 없는 것이 아니다. 기만은 그렇게 보이는 외관을 '진실한 존재'로 간주하는 데 있다. 회의를 통해, '나는 그런 사물들 중 어느 것도 실존하지 않았다고 믿을 것이다.' 내가 발견하고자 원하는 것은 '명확하고 회의할 수 없는 것이다.' (이 점은) 회의가 코기토의 명확성으로 역전하는 점을 이해하는 데 중요하다. 회의의 존재론적인 의도에 따라서, 회의로부터 도출되는 최초의 명확성은 나의 실존의 명확성인데, 그 속에는 위대한 기만자의 가설이 거기에 담긴 그런 사유의 실행 속에 포함된다. 즉, '그가 나를 기만하더라도 내가 실존한다는 점은 회의할 수 없다. 그리고 그가 원하는 대로 나를 기만한다고 할지라도 그는 내가 어떤 것이라고 생각하는 한 내가 아무것도 아니라고 할 수 없을 것이다.' 이것은 정말 실존적인 명제이다. '존재한다(to be)'는 동사는 계사로서가 아니라 절대적으로 사용된다. 즉, '나는 존재한다. 나는 실존한다.'(*Oneself as Another*, pp.5-6)

리쾨르가 지적하는 후설의 선험적 자아 관념의 오류들은 다음과 같이 정리될 수 있을 것이다.21) 후설은 지각을 의식의 최종 근거로 제시하면서 선험적 자아에 의해 지각이 규정된다고 주장한다. 그런데 리쾨르에게 지각은 유한적인 것이다. 지각의 순간 대상의 한 측면만을 지각할 수 있을 뿐이지 결코 대상 전체를 지각할 수는 없기 때문이다. 후설은 지각의 전제인 언어와 사상의 역사성을 간과한다. 그리고 후설에 의하면, 자아는 순수 내재적이고 어떤 초월적인 것도 없다. 자아는 가장 완전한 직관의 자리이다. 그래서 자아는 의심할 수 없고 인식의 최종 근거로 기능할 수 있다. 그러나 리쾨르는 자아가 어떤 대상들보다도 나에게 알려져 있지 않다고 주장한다. 자아가 결코 의심할 수 없는 인식의 토대나 출발점이 될 수 없다는 것이다. 그리고 후설은 모든 현상이 자아에 의해 규정되듯이, 다른 자아도 선험적 자아에 의해 규정된다고 주장한다. 다른 자아는 독립적인 자아가 아니라 선험적 자아

---

21) 김종걸, 「리쾨르의 인간학적 해석학」, 『해석과 이해』, pp.36-37 참고.

의 투영에 불과하다. 그러나 리쾨르는 하이데거의 『존재와 시간』에 따라 '나는 생각한다'는 데카르트의 코기토를 비판하면서 '나는 존재한다'는 해석학을 전개한다. '나는 존재한다'의 해석학만이 비판적 반성철학을 통해 관념론적이고 유아론적인 사유를 극복할 수 있다고 리쾨르는 주장한다.

2) 해석학적 현상학을 통한 실천적 자아(self)의 정립

리쾨르는 '해석학적' 비판을 통하여 현상학의 주요 요소들을 수용하면서 실천적 자아 관념을 정립한다. 그에게 영향을 준 해석학 전통의 대표적인 학자는 슐라이어마허(Friedrich E. D. Schleiermacher), 딜타이(Wilhelm Dilthey), 하이데거(Martin Heidegger) 그리고 가다머(Hans-Georg Gadamer) 등이다. 리쾨르가 해석학의 제1차적인 코페르니쿠스적 전환이라고 부른 것은 슐라이어마허와 딜타이가 수행한 영역 해석학에서 일반 해석학으로의 전환이다. 리쾨르는 해석학 역사의 지배적인 관심사를 둘로 나눈다. 하나는 모든 '국부적인' 해석학들을 하나의 '일반적인' 해석학에 포함시키는 방식으로 해석학의 목표를 점진적으로 확대시키려는 운동이다. 다른 하나는 단순하게 '일반적인 것'이 아니라 '근본적인' 해석학을 만들기 위한 이른바 '철저화' 운동이다. 고전 텍스트들의 문헌학이나 성서 텍스트들의 주석학과 같이 다른 텍스트에 다른 해석의 활동들이 이루어지고 있는 상황에서 그 활동들의 공통적인 문제를 발견하려는 노력이 일반 해석학의 출발이다. 그것은 문헌학과 주석학 수준의 해석학을 '이해의 기술론'의 수준으로 상승시키려는 노력인 것이다. 슐라이어마허의 해석학은 이중적 성격을 지닌다. 그것은 낭만적이고 비판적이다. "낭만적이라는 것은 창작의 과정과의 살아 있는 관계를 요구하는 것이며, 비판적이라는 것은 보편적으로 가치 있는 이해의 규칙들을 만들어내려는 소원이다. 아마도 모든 해석학은 낭만적이고 비판적인, 비판적이고 낭만적인 이중적 관계를 영원히 가질 것이다. '잘못된 이해가 있는 곳에 해석이 있다'는 유명한 격언의 이름으로 잘못된 이해에 대항하여 싸우고자 하는 것이 비판적이며, 저자를 저자 자신이 자신을 이해하는 만큼 잘 이해하거나 심지어 더 잘 이해하자고 하는 것이 낭만적이다."[22] 그는 해석학을 주어진 텍스트를 단순하게 설명하거나 해설하는 수준을 넘어 이해의 기술론으로 발전시킨 것이다. 그에게서 해석의 문제는 이해의 문제이다. 따라서 그에게 있어 해석은 문법적 해석과 기술적 해석으로 이루어진다. 문법적 해석은 하나의 문화에 공통되는 담론의 특징들에 근거를 두지만, 기술적 해석은 저자가 말하는 메시지의 단독성에 근거하는 심리학적 해석이다. 이 두 가지 해석들이 동시에 이루어질 수 없음을 슐라이어마허는 분명히 다음과 같이 말한다.

공동 언어를 고려하는 것은 저자를 망각하는 것이다. 반면 개인 저자를 이해하는 것은 단순히 지나친 것에 불과한 그의 언어를 망각하는 것이다. 우리는 공동의 것을 지각하든지 아니면 특정적인 것을 지각한다. 전자의 해석을 '객관적인 것'이라고 부른다. 왜냐하면 그것은 저자와는 다른 언어적인 특징들에 관련되기 때문이다. 그리고 '부정적인 것'이라고 부른다. 왜냐하면 그것은 단순히 이해의 한계들만을 지적하기 때문이다. 그것의 비판적 가치는 단어들의 의미에서의 실수들에만 관계가 있다. 후자의 해석을 '기술적인 것'이라고 부른다. 해석학의 적절한 과제는 이 후자의 해석에서 완성된다. 언어는 망각되었기 때문에, 말하는 사람의 주관성을 파악하는 것이 이루어야 하는 것이다. 여기서 언어는 개인성을 위한 하나의 도구가 된다. 이런 해석은 '능동적인 것'이라고 부른다. 그것은 담화를 만들어내는 생각하기에 도달하기 때문이다.

---

22) Paul Ricoeur, "The Task of Hermeneutics", *From Text to Action: Essays in Hermeneutics*, II, trans. by Kathleen Blamey and John B. Thompson (Evanston, Illinois: Northwestern University Press, 1991), p.56.

한 형식의 해석은 다른 형식의 해석을 배제시키고, 서로는 서로 다른 재능들을 요구한다.23)

리쾨르는 문법적 해석과 심리학적 해석 사이의 관계에 대한 난점을 지적한다. 그는 저자의 의도와 텍스트의 의미 사이의 거리 두기가 간과된다고 주장한다. 그리고 작품과 저자의 주관성과의 관계를 밝혀야 한다는 것, 또 해석에서는 묻혀 있는 주관성의 감정적 탐구에서 작품 자체의 의미와 지시에 강조점을 옮겨야 한다고 주장한다. 독자에게는 저자의 의도가 알려지지 않고 텍스트의 의미만이 있기 때문에 독자는 저자나 저자의 상황에 대해서는 알 필요가 없고 다만 문자를 읽는 행위만을 한다. 슐라이어마허의 일반적인 해석학은 이런 난점을 지닌다.

그런데 19세기 독일의 역사학이 해석학에 영향을 미친다. 역사학에서는 역사적 사실이 해석의 대상이며, 텍스트 해석이라는 국부적인 문제를 역사적 인식이라는 보편적 역사 속에서 이해하고자 한다. 그래서 해석할 텍스트는 실재 자체이며 실재와의 연관이다. 텍스트를 이해하는 문제에 앞서서 역사적 연관성의 인식이 중요 문제로 제기된다. 텍스트의 정합성보다 더욱 중요한 것은 '인생의 가장 근본적인 표현'인 역사의 정합성이다. 리쾨르에 의하면 이 문제를 지적한 사람이 딜타이이다. 그는 해석학을 보편적 역사 인식론으로 정립하고자 한다. 그의 목적은 내면적인 삶의 표현들에 대해 객관적으로 타당한 해석을 하기 위한 방법들을 제시하는 것이다. 그에게 자연은 진리나 사실을 드러내지만 그것은 이해가 아닌 설명의 대상이다. 이해가 적용되는 유일한 영역은 정신과학이다. 설명은 일반적이고 필연적인 법칙으로 환원하여 인식하는 방법인 반면, 이해는 고유한 인식의 방법이다. 그는 자연과학의 방법론과 마찬가지로 정신과학에도 객관적으로 타당한 방법론과 인식론을 제시하고자 한다. 그 둘 사이의 본질적인 차이는 지각된

---

23) Ibid., p.57.

대상의 이해에 있다. 자연과학은 인간적인 것과는 다른 현상만을 이해하며, 정신과학은 인간의 내적 삶과 연관된다. 딜타이에게 자연적인 것은 설명되고, 정신적인 것은 이해된다. 정신세계는 경험과 이해 속에서 우리에게 나타난다. 그에게서 이해는 한 사람의 정신이 다른 사람의 정신을 파악하는 것이다. 이해는 생동적인 경험을 파악하기 위한 정신적 과정으로서 삶을 접촉하는 최선의 방법인 것이다. 딜타이의 해석학은 이해에서 슐라이어마허로부터 받아들인 해석으로 나아간다. 자신을 타자로 이입할 수 있는 능력으로 정의된 이해로부터 문자에 의해서 고정된 삶의 표현들이 이해라는 명확한 의미를 지닌 해석으로 이동한다. 그래서 해석학은 이해의 심리학에 보조적 단계를 첨가하면서 이해의 심리학을 보완하기도 하고 이해의 심리학은 해석학의 방향을 바꾸어서 심리학적인 의미를 가지게 만든다. 이해의 심리학을 보완하는 해석학은 문자와 기호들을 토대로 연관이나 구조화된 전체를 재현하려 한다. 타자의 정신생활의 직접적인 표현을 통하여 타자의 정신생활을 파악하기는 불가능하다. 그래서 객관화된 기호들을 해석함으로써 타자의 정신생활을 재현할 수밖에 없다. 딜타이는 인간의 삶은 기호와 작품이라는 의미 세계의 매개를 통해서만이 해석될 수 있으며 심리학적으로 해석될 수 있다고 주장한다. 해석학 이론의 궁극적인 근거를 심리학에서 찾는다. 텍스트의 자율성은 일시적이고 표면적인 현상일 수밖에 없기 때문에 딜타이에게 객관성은 불가피하지만 해결할 수 없는 문제이다. 과학적 이해에 의해 실증주의를 비판하려는 그에게 객관성은 불가피한 것이다. 그래서 그는 자신의 '재현' 개념을 객관성의 확보를 위해 지속적으로 수정하였던 것이다. 그러나 그는 타자의 인식이라는 심리학의 문제 속에 자신의 해석학의 문제를 종속시키기 때문에 객관성의 근거를 해석의 영역 밖에서 구할 수밖에 없다. 그는 자아 해석에서의 객관성의 문제를 지적한다. "나에게 있어 내가 어떤 사람인가는 나 자신의 삶의 객관화를 통해서만이 이해될 수 있다. 자기-지식은 다른 것보다 더 쉽지 않거나 더 어려운 해석이다. 왜냐하면 내가 나 자신의 삶에 부여한 기호들과 타자들이 나에게 보내 주는 기호들을 통해서만이 나는 나 자신을 이해하기 때문이다. 모든 자기-지식은 기호들과 작품들을 통해서 매개된다."24) 리쾨르의 지적에 따르면, 딜타이의 해석학은 텍스트의 사실이 아니라 저자의 의도를 해석하고자 한다. 해석의 대상은 텍스트의 의미가 아니라 그 속에 포함된 생동적인 경험이라는 것이다. 그에게서 텍스트는 저자의 의도를 반영함으로써 저자와 독자 사이를 매개함에 의미를 지닌다. 그러나 저자를 부차적인 문제로 생각하는 리쾨르는 저자와 텍스트의 의미는 독립적인 것으로 여긴다. 그래서 그는 딜타이 해석학이 순수 심리학과의 연결을 포기하고, "텍스트는 더 이상 저자를 향해서가 아니라 그것의 내재적인 의미를 향해서, 또 그것이 열고 드러내는 세계를 향하여 전개되어야 한다."고 주장한다.25) 텍스트를 통해서 우리가 만나는 것은 저자의 의도라기보다는 텍스트 자체의 세계이며, 텍스트를 통해 '진술된 의미'는 곧 '진술자의 의미'는 아니다.

리쾨르가 해석학의 제2차적인 코페르니쿠스적인 전환이라고 부른 것은 하이데거와 가다머에 의해 인식론으로부터 존재론으로의 전환이다. 그것은 '어떻게 아는가?'의 문제에서 '이해하면서 존재하는 존재의 양태는 무엇인가?'의 문제로의 이동인 것이다. 현대 해석학의 새로운 방향의 전환은 하이데거에 의해 이루어진다. 리쾨르는 하이데거의 존재론적 해석학의 특징을 다음의 네 가지 관점에서 설명한다.26)

첫째, 하이데거는 『존재와 시간』에서 현존재(Dasein)를 통해 존재의 물음을 던진다. 그것은 존재의 의미에 관한 물음이다. 현존재는 하나의 내 존재 즉, 세계-내-존재이다. 그것은 대상을 대하는 인식론적

---

24) Ibid., p.61.

25) Ibid., p.63.

26) 네 가지 관점들에 대한 아래의 내용은 Ibid., pp.64-69 참고.

주체가 아니라 존재 속의 있는 하나의 존재자인 것이다. 그리고 그것은 존재에 대한 물음이 생기는 곳, 표현의 장소이다. 현존재의 중심은 오로지 존재를 이해하는 존재자의 중심이다. 존재에 대한 존재론적인 '선-이해(precomprehension)'를 가지는 것은 존재로서의 존재자의 구조에 속한다. 그래서 이런 현존재의 구조를 나타내는 것은 인문과학의 방법론에서와 같이 '파생된 것으로 토대를 세우는 것'이 아니라 '나타나는 대로 토대를 드러내는 것'이다. 그의 존재론적 해석학은 존재의 근본 구조와 관련된 존재자들에 대한 해석이론인 것이다. 그의 해석학은 정신과학에 대한 반성이 아니라 정신과학에 구성되는 존재론적인 토대에 대한 해석이다. 둘째, 딜타이의 경우에는 이해의 문제가 타자의 문제와 연결된다. 타자의 마음에 접근할 수 있는가의 문제가 심리학에서 역사학에 이르는 모든 정신과학을 지배하지만, 하이데거에게서는 이해의 문제가 타자와의 소통의 문제에서 완전히 벗어난다. 존재론적 문제의 토대를 존재와 세계의 관계라는 측면에서 탐구하며, 타자와의 관계의 측면에서 탐구하지 않는다. 이해는 본래 나의 상황과의 관계 속에 포함되며, 존재 내의 나 자신의 위치에 대한 근본적인 이해 속에 포함된다고 생각하기 때문이다. 그는 자연현상이 나에게 알려지지 않을 수 있는 것보다 타자는 물론 나 자신이 나에게 더욱 알려지지 않을 수 있다고 주장한다. 타자는 어떤 것보다 은폐의 층이 두껍다, 그래서 이해의 존재론은 '공-존재'에 대한 반성에서 시작될 수 있는 것이 아니고 '내-존재'에 대한 반성에서 시작될 수 있다는 것이다. 즉, 이해의 존재론의 출발점은 나의 주관성과 중복되는 타자와의 공-존재가 아니라 '세계-내-존재'이다. '타자'에 대한 물음이 '세계'에 대한 물음으로 전환된 것이다. 그는 이해를 '세계화'시키면서 '심리로부터 벗어나게' 한다. 그에게서 이해는 인식의 방식이 아니고 현존재의 존재 방식이다. 이해는 우리를 상황 속으로 향하게 한다. 그래서 이해한다는 것은 사실의 파악이 아니라 존재 가능성의 파악이다. 어떤 텍스트를 이해한다는 것은 그 텍스트에 포함된 고정되고 생명력 없는 의미를 발견하는 것이 아니라, 그 텍스트가 지시하는 존재 가능성을 전개하는 것이다. 그래서 그는 이해하는 것은 본질적으로 '기투'하는 것으로 표현한다. 셋째, 그에게서 해석은 이해의 전개이다. 실제로 해석은 '이해를 다른 것으로 변형시키는 것이 아니라 이해 자신이 되게 하는' 이해의 '전개', 즉 명료화이다. 해석은 인식론적 물음이 아니라 존재론적 물음이 된다. 정신과학에서 주체와 대상은 서로를 포함한다. 주체는 그 자체로 대상을 인식하고, 반대로 주체가 대상을 인식하기 전에 대상이 주체에 미치는 영향에 의해 주체는 자신의 가장 주관적인 특징을 가지면서 결정된다. 주체와 대상이라는 용어로 표현되는 해석학적 순환은 악순환일 수밖에 없다. 그 순환의 구조를 밝히는 것은 근본적인 존재론의 기능이다. 하이데거가 말한 '선-이해'가 바로 그 구조이다. 그가 말하는 이해의 세 가지 선 구조인 '미리 가짐(Vorhabe)', '미리 봄(Vorsicht)', '미리 파악함(Vorgriff)'은 인식론에서는 편견일 수 있지만, 존재론에서는 이해의 예견 구조로 이해된다. 해석은 이해의 세 가지 선 구조를 통해 이루어진다는 것이다. 넷째, 후기 하이데거의 해석학은 언어존재론으로 이어진다. 그에게 있어, 언어는 표현에 앞서 받아들여야 할 대상이다. 그것은 현존재의 표현이 아니라 존재의 드러남이다. 존재의 소리인 언어를 통해 존재가 드러나기 때문에 존재의 소리를 들어야 한다. 그 들음이 바로 이해인 것이다. 따라서 이해의 본질은 인간에서 텍스트로 옮겨진다. 결국 이해는 저자나 저자의 의도를 설명하는 것이 아니라 텍스트가 말하는 텍스트의 사실과의 대화인 것이다. 리쾨르는 하이데거의 해석학이 인식론에서 존재론으로 전환한 것을 긍정적으로 받아들이면서도, 해소되지 않는 난점이 다른 곳으로 옮겨져 거기서 더 악화되고 있다고 주장한다. 그 난점은 지식의 두 유형들 사이에 있는 인식론 '내'에 있지 않고, 존재론과 하나의 독립적인 전체가 된 인식론 '사이'에 있다는 것이다. 그 난점은 '비판

일반의 문제가 어떻게 근본적 해석학의 틀 안에서 설명되는가?'이다. 리쾨르에 의하면, 이 난점을 불러온 원인은 하이데거 자신이 인식론에 대한 고려가 없이 바로 존재론적 사고에 뛰어든 데에 있다. 리쾨르는 하이데거의 해석학을 통해 인식론과 존재론을 연계시키고자 한다.

가다머는 『진리와 방법』에서 하이데거의 입장에서 언어존재론을 토대로 인식론과 존재론 사이의 단절이라는 하이데거 해석학의 난점을 해결하고자 한다. 리쾨르는 가다머의 해석학을 세 가지 측면에서 논의한다.27)

첫째, 가다머는 거리 두기(Verfremdung)와 소속하기(Zugehörigkeit)와의 분쟁을 세 영역에서 탐구한다. 미적 영역에서는 대상에 의해서 파악된 존재에 대한 경험은 판단의 비판적 실행에 선행하며 그 실행을 가능하게 한다. 역사적 영역에서는 나에게 선행하는 전통에 의해서 영향을 받고 있는 존재 의식은 정신과학이나 사회과학의 영역에서 역사적 방법론이 실행될 수 있게 한다. 언어적 영역에서는 모든 해석은 언어를 매개로 이루어진다는 점은 도구로서의 언어에 대한 과학적 처방에 선행하고 또한 그 처방을 가능하게 하며, 객관적인 기술에 따라서 문화의 텍스트 구조를 지배한다는 모든 주장에 선행하고 또한 그런 주장을 가능하게 한다. 이 하나이며 동일한 주제가 『진리와 방법』의 세 부분을 통과한다. 둘째, 그는 '영향들 역사에 관한 의식(Wir-kungsgeschichtliches Bewußtsein)'이라는 제목으로 정신과학의 토대에 대한 그의 반성을 전개한다. '영향들 역사에 관한 의식'은 방법론이나 역사적 탐구에 속하는 것이 아니라 방법론에 대한 반성적 의식에 속한다. 그것은 역사에 또 역사의 행동에 전시되는 존재의 의식이다. 그것은 역사 현상의 일부이기 때문에 우리에 대한 역사의 행동은 객관화될 수 없다. 과거가 우리에게 대상이 될 만큼, 우리는 역사적

---

27) Ibid., pp.70-74 참고.

생성에서 벗어날 수도 없고, 역사적 생성과 거리를 둘 수도 없다. 우리는 항상 역사 속에 자리한다. 우리의 의식은 실질적인 역사적 생성에 의해 결정되며, 우리의 의식에는 과거를 대면하는 자리를 잡을 수 있는 자유가 없다. 우리에게 작용하는 행동이 항상 다시 의식되기 때문에, 우리가 경험한 모든 과거는 우리에게 이 행동에 대한 전체적인 책임을 질 것을 강요하며, 어느 면에서는 이 행동의 진리를 담당할 것을 강요한다. 이런 생각을 가진 가다머는 우리의 행위와 사고가 역사적 전승과 그것의 영향에 소속된다는 사실을 인식하고 있는 것이다. 리쾨르는 여기서 가다머가 소속하기만을 강조한다고 비판한다. 엄연히 존재하는 전통과의 거리 두기를 등한시하고 소속하기를 강조한 그는 결국 정신과학에 존재론적으로만 접근하고 인식론적으로 접근하지 못한다. 리쾨르는 소속하기와 함께 거리 두기를 강조한다. 그에게 거리 두기는 텍스트를 인식론의 대상으로 다르게 만드는 중요한 계기이기 때문이다. 그에게 있어 영향들의 역사는 역사적 간격을 두고 생기며, 영향들 역사에 관한 의식 또한 그 속에 간격의 요소를 지닌다고 그는 주장한다. 셋째, 가다머는 자신의 언어철학에서 거리 두기를 부정적이지 않은 방식으로 해석한다. 모든 해석은 언어를 매체로 이루어지며, 세계 속의 존재의 근본적인 실현 방식과 세계 구성의 포괄적인 양식이 언어라는 것이다. 이 점을 그는 인간 경험은 보편적으로 언어성(Sprachlichkeit)을 지닌다고 표현한다. 언어에 대한 가다머의 모든 성찰은 기호들의 세계를 우리 마음대로 다룰 수 있는 도구들로 환원시킴을 반대한다. 그는 '우리는 대화이다'라는 명제와 우리도 동의하는 선행 이해를 옹호한다. 그런데 언어적 경험이 매개적 기능을 수행하는 것은 대화를 이끌어 가는 말하는 것 앞에서 대화 상대자들이 없어지기 때문이다. 언어성이 기록성(Schriftlichkeit)이 될 때, 즉 언어에 의한 매개가 텍스트에 의한 매개가 될 때, 말하여진 것이 대화 상대자들을 지배한다는 점은 가장 분명해진다. 그래서 우리로 하여금 거리 두기와 소통하기를 가능하게 하는 것은 '텍스트의 사실'이며, 그것은 저자에게도 독자에게도 속하지 않는다. 가다머는 텍스트의 의미와의 대화적인 만남을 통해 해석학적 경험이 이루어질 수 있음을 강조한다. 그 경험은 텍스트를 통해 말하는 전승의 언어를 경청하는 것이며, 해석하는 자에게 지배하고자 하는 태도보다는 개방적인 태도가 요구된다. 리쾨르는 언어와 텍스트를 매개로 존재 이해가 가능하다고 보면서, '텍스트의 사실' 개념을 출발점으로 삼고 그의 해석이론을 그 방법론으로 제시한다.

지금까지의 논의는 리쾨르가 「해석학의 과제」라는 자신의 논문을 통해 해석학적 전통의 본질적인 역사적 특징들을 정리한 내용이다. 이제 그의 현상학과 해석학의 변증법적인 통합을 재정리하자. 우선, 그는 존재론적 관념을 사용하면서 주체와 객체의 분열에 선행하는 소속하기의 의미를 회복한다. 그는 객관성의 문제는 주체와 객체 모두를 포함하는 포괄적인 관계를 전제로 한다는 주장이 해석학의 첫 번째 선언이라고 말한다. 그 포괄적인 관계가 소속하기인 것이다. 소속하기 개념은 주체-객체의 관계와 갈등을 일으키고, 또 궁극적으로 소속성과 변증법적으로 통합될 거리 두기 개념의 도입을 준비하고 있다. 이 점에서 우리는 해석의 의미를 더욱 상세하게 이해할 수 있을 것이다. 소속하기는 나와 모든 사람이 속하는 세계와 공동의 토대를 가지고 있다. 그래서 "역사학과 해석학에서 사용하는 해석 개념은 이해의 개념, 그리고 결국 소속하기 개념과 동일한 외연을 가지는 보편적인 해석 개념의 정박지일 따름이다."28) 그는 하이데거의 지적에 따라 해석은 '~로서'의 구조에 따른 '이해의 전개'라고 주장한다. 실재의 '~로서' 구조, 즉 어떤 것으로서의 '존재'를 드러내는 해석은 이해를 다른 어떤 것으로 변형시키지 않고, 그것이 그 자체가 되게 만든다. 해석이

---

28) Paul Ricoeur, "Phenomenology and Hermeneutics", *From Text to Action: Essays in Hermeneutics*, II, p.31.

이해에 의존한다는 것은 해석이 항상 반성에 선행하며, 주체에 의한 객체의 구성에 선행한다는 점을 의미한다. 소속하기가 '반성에 선행하는' 해석적 이해의 행위이기 때문에, 나는 내가 속하는 세계 속에서 그리고 세계를 통해 하나의 방향을 가질 수 있다. 해석적 이해는 선행하는 '예견 구조(structure of anticipation)'에 의해 특징지어진다. 그런데 "예견 구조는 해석으로 하여금 미리 주어진 존재자에 대한 전제 없는 파악을 못하게 한다. 해석은 미리 가짐(Vor-habe), 미리 봄(Vor-sicht), 미리 파악함(Vor-Griff), 미리 생각함(Vor-Meinung)의 양식으로 자신의 대상에 선행한다. … 중요한 것은 예견 구조를 작동시키지 않고 '~로서'의 구조를 작동시킬 수 없다는 점이다. '의미' 개념은 '~로서(als)'와 '미리(vor)'라는 이중적 조건을 충족시킨다. 즉, 미리 가짐, 미리 봄, 미리 파악함에 따라서 구조화된 의미는 모든 투영에서 모든 사물이 이런 것으로 또는 저런 것으로 이해될 수 있는 지평을 형성한다."29) 따라서 소속하기의 설명으로서의 해석은 의식의 의도된 대상들의 객관화에 선행하는 세계에의 참여에 토대를 두지만, 또한 그것이 지닌, 어떤 것으로서의 존재를 형성하는 힘을 드러낸다.

그리고 해석학은 소속하기 경험의 핵심에 있는 거리 두기에 의해 현상학으로 소급한다.30) 거리 두기 개념은 현상학이 말하는 '판단중지(epoche)'와 관계된다. 의미에 대한 모든 의식에는 거리 두기의 순간, 순수하고 단순하게 경험하는 '경험'과 거리를 두는 순간이 속한다. 우리가 '경험하는 것' 또는 '다시 경험하는 것'에 만족하지 않고 경험을 의미하려고 경험을 중단할 때, 현상학이 시작된다. 그래서 판단중지와 의미 지향은 밀접하게 연결되는 것이다. 언어의 사용에서 이 점을 알 수 있다. 언어 기호는 그것이 사물이 아닌 경우에만 어떤 것을 나타낼 수 있다. 기호는 특수한 부정성을 포함한다. 마치 상징의 세계

---

29) Ibid.
30) Ibid., pp.40-41 참고.

에 들어가려면 말하는 주체가 기호 사용을 시작할 수 있는 '빈 칸'을 마음대로 사용할 수 있어야 함과 같다. 판단중지는 기호들을 사물들과 교환하며, 기호들을 다른 기호들과 교환하고, 기호 송신을 기호 수신과 교환하는 놀이 전체의 시작을 알리는 잠재적 사건이며 허구적인 작동이다. 현상학은 이 잠재적인 사건을 명시적으로 소생시켜서, 존엄한 활동으로 만든다. 현상학은 조작적인 것에 지나지 않는 것을 주제화한다. 그래서 현상학은 의미를 의미로 나타나게 하는 것이다. 해석학은 이런 자세를 정신과학의 영역으로 확대시킨다. 해석학이 언어로 가져가서 의미로 높여 놓은 '경험'은 역사적 과거를 우리에게 보여주는 사료, 작품, 제도, 기념물 등의 전달에 의해서 매개된 역사적 연결이다. 소속하기는 바로 이런 역사적 경험이다. 해석학의 입장에서 현상학의 '경험'에 상응하는 것은 역사적 효과에 나타난 의식이다. 그래서 해석학에서의 거리 두기와 소속하기의 관계는 현상학에서의 판단중지와 경험의 관계와 같다. 전달된 전통에 소속하기에 만족하지 않고 그 전통에 의미를 부여하기 위하여 소속하기를 중단할 때 해석학은 시작된다.

리쾨르는 하이데거의 존재론적인 이해 개념과 가다머의 '모든 경험의 언어성' 개념을 결합하면서, 언어를 존재의 가능성을 보증하는 것으로 생각한다. 모든 경험이나 실존은 원칙적으로 표현의 가능성을 지닌다. "경험은 말해질 수 있고, 말해지기를 요구한다. 경험을 언어로 표현한다는 것은 경험을 다른 것으로 변화시키는 것이 아니라, 경험을 표명하고 전개하면서, 경험 자체가 되게 하는 것이다."[31] 언어에서 그리고 언어를 통해 이해와 해석도 이루어질 수 있고, 세계에 소속하기도 가능하다. "담화는 이해가 무엇인지에 관한 표명이다. 그러므로 존재를 담화 속에 자리 잡게 하기보다는 존재의 구조들 속에 담화를 자

---

31) Ibid., p.39.

리 잡게 하는 것이 필수적이다. 즉, 담화는 세계-내-존재의 이해 가능한 구조의 '의미 있는' 표명이다."32) 그러나 언어는 존재에 관한, 존재하는 것에 관한, 객관화된 담화는 아니다. 언어를 통해서, 언어의 지시적 기능을 통해서, 존재의 '가능성'들이 형성된다. 즉, 하나의 텍스트를 이해하는 것은 그 속에 포함된 생명 없는 의미를 발견하는 것이 아니고, 그 텍스트에 의해 지시된 존재의 가능성을 전개하는 것이다. 언어의 계시적인 힘은 해석학적 이해의 보편성을 나타낸다. 이 점은 언어 사용의 특징인 '말들의 다의적인 가치'에서 가장 두드러진다. 산다는 것은 해석을 통해 사는 것이다. 산다는 것은 언어라는 수단을 통해 우리 스스로를 이해하는 자신과 세계 사이를 매개하는 것이다. 타자를 이해하는 것은 사용되는 말들의 의미를 해석하는 것이다. 해석의 보편적 사실이 없다면, 세계는 단지 절대적이고 고립적인 자아(ego)의 목소리의 반영일 뿐일 것이다. 그런데 언어의 사용은 명백한 의미를 지닌, 명백하게 규정된 말들의 투명한 교환일 수는 없을 것이다. 그것은 한 묶음의 텍스트들이 전개되었던 긴 전통들의 산물인 것이다. 다양한 의미들을 지닌 언어의 교환을 통해 이루어지는 세계에 소속하기의 경험은 보편적인 해석학적인 경험인 것이다. 그 경험이 언어를 통해 생기기 때문에 모든 이해는 해석학적이다.

리쾨르는 의미의 다양성을 은폐시키고자 하지 않고, 그것에 주관적 맥락보다는 의미론적 맥락을 부여한다. 저자는 경험에 언어적인 형태를 부여함으로써 그 텍스트의 지시를 통해 삶의 의미 있는 가능성들을 제안한다. 그래서 리쾨르는 " '의미'라는 말에, 글쓰기와 작품에서 담화의 외화(extériorisation)를 가능하게 하는 '지향적' 외화의 모든 측면들과 수준들을 망라하는 아주 넓은 함의를 부여한다."33) 글쓰기에

---

32) Paul Ricoeur, "The Task of Hermeneutics", *From Text to Action: Essays in Hermeneutics*, II, p.68.

33) Paul Ricoeur, "The Hermeneutical Function of Distanciation", *From Text to*

서, 담화(discourse)는 그것의 의미론적 구조를 통하여 고정화되고, 다른 문화적 작품들 중에서 텍스트적인 작품이 된다. "작문, 장르에의 소속, 개별적 양식 등이 작품으로서의 담화의 특징이다. 작품이라는 말 자체도 새로운 범주들의 본성을 나타낸다. 작품은 생산과 작업의 범주이다. 소재에 형식을 부여하거나 생산물을 장르에 소속시키거나 개별적인 것을 생산하는 것 등은 언어를 작업과 형식의 재료라고 생각하는 방식들이다. 그러므로 담화는 '실천(praxis)'과 '기술(technè)'의 대상이다."[34] 담화로부터 씌어진 텍스트로 이동함은 그것의 역사적 맥락과 저자의 의도에서 벗어나는 일종의 자율성이나 '해방'을 그것에 부여한다. 텍스트적인 의미의 세계로부터 저자의 본래적인 의도를 회복시키려는 시도는 선험적 자아(ego)의 필연성을 복원시킬 수도 있지만, 글쓰기는 표명된 경험을 공유된 소속하기의 세계 속에 자리잡게 할 것이며, 따라서 그것을 삶으로부터 그리고 저자의 통제로부터 분리시킬 것이다. 텍스트적인 자율성은 저자 의도의 제한들을 제거할 것이며, 그것의 다의적인 구조에 내재하는 다양한 해석들을 위해 텍스트를 자유롭게 만들 것이다.

텍스트에 의한 매개, 즉 글쓰기에 정돈된 표현들에 의한, 또한 글쓰기와 공동으로 근본적인 특징을 지닌 모든 기록들과 기념물들에 의한 매개는 역사적 전통을 전달하는 정도만큼 해석의 사용과 연계된다. 하나의 텍스트로서 텍스트를 구성하는 이런 공동의 특징은 그 속에 포함된 의미는 저자의 의도, 담화의 최초 상황, 그것의 최초 수신자 등과 관련하여 '자율적인 것'으로 주어진다는 점이다. 의도, 상황, 최초의 수신자는 텍스트의 '삶-속-자리(Sitz-im-Leben)'를 구성한다. 다양한 해석의 가능성들은 자신의 텍스트의 '삶-속-자리'에서 자유로운 하나의 텍스트에 의해 열린다. 다양한 읽기를 유발하는 텍스트의 다의성은 담론

Action: Essays in Hermeneutics, II, p.80.
34) Ibid.

(conversation)에서의 말들의 다의성을 넘어선다. 이것이 '텍스트들의 주석'이라는 기술적인 의미에서의 해석의 순간인 것이다.35)

텍스트들의 기본 구조인 의미와 지시의 내적인 변증법을 통해 텍스트의 의미는 저자의 세계로부터 독자의 세계로 이동하는 것이다. 실제 사람들이 모호한 흐름의 실제 상황들에서 지금 여기(here and now) 발생하는 실존의 의미에 관한 열린 이해가 해석인 것이다. 의미의 전유는 의미의 구성을 통제하는 절대적 의식의 생식 불능의 결과는 아니다. 그것은 텍스트가 제시하는 '가능성들'의 세계와 독자 사이의 대화에 대한 통제의 결과인 것이다.

결국, 내가 전유하는 것은 제안된 세계이다. 그 세계는 텍스트가 은폐된 의도인 것처럼 텍스트의 '뒤'에 있는 것이 아니라, 작품이 전개하고 발견하고 드러내는 것과 같이 텍스트 '앞'에 있다. 따라서 이해한다는 것은 '텍스트 앞에서 자기 자신을 이해하는 것'이다. 텍스트에 자신의 유한한 이해 능력을 부과하는 것이 아니라 텍스트에 자신을 드러내고 텍스트로부터 더 넓은 자기 자신, 제안된 세계에 가장 적합한 방식으로 응답하는 제안된 실존인 자신을 수용하는 것이다. 따라서 이해는 주체가 열쇠를 가진 구성과는 정반대이다. 이런 관점에서 본다면, '자아(self)'는 텍스트의 '질료'에 의해 구성된다고 말하는 것이 더 옳을 것이다.36)

의미에 대한 해석은 항상 불완전하다. 의미는 그것에 대한 의식보다 넓고 다양하기 때문이다. 우리는 의미의 세계 속에 살고 있으며, 그 세계는 우리를 선행한다. 의미에 대한 해석이 삶과 자아(self)를 밝

---

35) Paul Ricoeur, "Phenomenology and Hermeneutics", *From Text to Action: Essays in Hermeneutics*, II, p.32.

36) Paul Ricoeur, "The Hermeneutical Function of Distanciation", *From Text to Action: Essays in Hermeneutics*, II, pp.87-88.

히기 때문에, 그것은 지속적으로 재해석을 요구한다. 이해는 지속하는 과정이며, 창조적 삶의 행위에 중심이 주어진다. 의미와 실존은, 단지 실존에 관한 해석과 재해석의 지속적인 진동을 통해 움직이는 '역동적인' 소용돌이를 형성한다. 그것은 곧 '열린 과정'이다.

리쾨르는 의식에 의한 의미의 완전한 지배와 의미에 의한 의식의 지배 두 극단들 사이를 조심스럽게 조종한다. 그에게서, 의미와 실존의 관계는 거리 두기와 소속하기의 변증법이다. 리쾨르는 의미를 통제하고 지배하기를 원하지 않으며, 시간성, 인간 실존의 탄생과 죽음을 수용한다. 그래서 모든 이해의 파편화를 수용한다. 그러나 실존의 의미를 해석학이 전유하는 것은 이해의 경험이 궁극적으로 알 수 없는 것인 것처럼 무책임한 것은 아니다. 그는 언어에 초점을 두면서 비판적 반성과 역사적 이해 사이를 매개시키는 수단을 제공하는데, 그것들은 서로를 전제한다. 현상학적 설명과 해석학적 이해의 상호 연관들은 하나의 통합된 방법을 형성한다. 현상학은 살아진 경험으로부터의 거리 두기의 수단을 제공하지만, 언어에 다가오는 것이 경험 자체에 관한 알 수 있음이기 때문이다. 언어가 경험을 생성하는 것이 아니고, 경험은 언어에 의해 구성된다. 언어는 경험에 의미를 부여하고 해석하기 위하여 경험으로부터 생긴다. 의미 부여는 경험의 복제만은 아니다. 언어는 실존의 재현이다. 즉, 반복되는 것의 생성이지 선행적 경험의 회상이 아니다. 그리고 언어는 보이지 않는 잠재성들과 새로운 가능성들을 전유함으로써 경험을 다른 형태로 바꿀 수 있다. 따라서 리쾨르에게 있어, 언어는 경험의 복사가 아니고 실존의 거대한 가능성들의 표의이며, 모든 경험을 구성하는 의미의 '잉여(surplus)'의 드러냄이다. 그러므로 경험은 말해질 수 있고, 경험을 언어로 말한다는 것은 그것을 변화시켜서 다르게 말하는 것이 아니고 그 자체가 되게 만드는 것이다. 우리가 태어나서 경험하면서 살아가는 삶의 세계는 이해될 수 있는 의미가 흘러넘치는 과다한 선물인 것이다.

마지막으로 리쾨르의 해석학적인 실천적 자아(self) 개념을 개괄적으로 살펴보자.37) 그의 언어에 대한 강조는 '에고 내지 선험적 자아'와 '주체'에 대한 논의를 '나(I)'와 '자아(self)'에 대한 논의로 전환시킨다. '나'에 관한 논의는 언어적 맥락 속에 확고히 설정되고. '나'의 의미의 문제는 다음의 측면에서 공식화된다. 즉, '나'라고 말하고 있음에 무엇이 문제인가? 하나의 인칭대명사로서 '나'는 우리를 대화하는 사람, 언어를 사용하는 사람으로 지적하면서 우리를 언어 영역 속에 자리 잡게 한다. 그것은 본래 대화를 함의하듯이 '상호 주관적인' 상황을 함의한다. 말한다는 것은 다른 누군가에게 무언가를 전달한다는 것을 의미한다. 그러므로 인칭대명사로서 '나'는 '당신', '그/그녀', '그들' 등 언어 공동체의 모든 구성원에게 적용될 수 있다. '나'는 말하고 있으면서, 그 말하기에서 그 자신, 유일한 나, 나 스스로가 누구라는 어떤 사람을 지명하는 이상한 속성을 지닌다. '나'는 텅 비고 동시에 구체적인 두 가지 기능들을 지닌다. 여기서 말하는 '자아(self)'는 리쾨르의 '인격적 정체성(personal identity)' 내지 '자아성(selfhood)'의 개념과 같은 것이다. 여기서 '정체성'이란 실천적 범주의 의미에서 형성된다. 자아의 문제는 '누가?(who?)', 즉 '누가 나라고 말하는가?'라는 물음에 대한 대답의 문제이다. 그 물음은 '누가 저자인가?', '누가 행위자인가?'라는 물음처럼 화용론 속에서 이루어진다.

한 개인이나 공동체의 정체성을 언급하는 것은 '누가 이것을 했는가?', '누가 행위자, 저자인가?'라는 물음에 답하는 것이다. 우리는 처음에 누군가의 이름을 부르면서, 즉 그들을 적절한 이름으로 부르면서 이 물음에 답한다. 그러나 이런 적절한 이름의 근거는 무엇인가? 우리가

---

37) Kathleen Blamey, "From the Ego to the Self: A Philosophical Itinerary", ed. by Lewis Edwin Hahn, *The Philosophy of Paul Ricoeur*(Illinois: Open Court Publishing Co., 1995), pp.597-600 참고.

하나의 행위의 주체로 택하고 그래서 탄생에서 죽음에 이르기까지 한 삶의 전체에 걸쳐 동일한 것으로, 그의, 그녀의, 혹은 그것의 적절한 이름에 의해 명명되는 것을 정당화시키는 것은 무엇인가? 그 대답은 서사(narrative)여야 한다. 한나 아렌트(Hannah Arendt)가 아주 강하게 표현했듯이, '누가?'라는 질문에 답하는 것은 삶의 이야기를 말하는 것이다. 그 이야기는 '누구'의 행위에 관해 말한다. 그러므로 이런 '누구'의 정체성은 그 자체로 서사적 정체성이어야 한다.[38]

서사적 정체성은 라틴어 용어 동일성(idem)과 자기-일관성(ipse) 사이의 구분에 의해 더욱 분명해진다. 그것은 사물들의 동일한 것(idem)의 강직하고 안정적인 정체성이 아니고, 자기 자신의 의미에서 자기-동일성 혹은 자기-일관성(ipse, self-constancy)으로 여겨지는 것이다. 리쾨르는 이런 역동적인 정체성을 표현하기 위해 '자아성(ipseity, self-hood)'이라는 용어를 선호한다. 그것은 실질적이거나 형식적인 정체성이 아니고, 구성의 통시적 과정의 결과이다. 개인적 정체성은 노력하기(working-through)를 통해 형성된다. 노력하기를 통해 주체는 하나의 해석을 순수하게 지적으로 거부하거나 수용하지 않고 살아진 경험에 토대를 둔 확신으로 이동한다. 따라서 그 주체는 지적인 수준에서 반복성의 메커니즘들의 사실을 인정할 수도 있고, 그것을 자신의 경험의 한 부분으로 실현할 수 있다. 자아-구성의 자기-검토 과정을 통하여, 사실들이나 주어진 것을 '진실하거나' '실질적인' 것이지만 외적이고 비본질적인 것으로 인정하거나 자신의 것으로 동화되는 것을 구분한다.

그런데 '누가?'라는 물음에 나는 하나의 이야기를 자세히 얘기하고, 삶의 역사에 관련시킴으로써 답한다. 그 역사는 다른 역사들, 내가 들

---

38) Paul Ricoeur, *Time and Narrative*, vol. 3, trans. by Kathleen Blamey and David Pellauer(Chicago: University of Chicago Press, 1988)(이후에는 본문 속에 *Time and Narrative* 3로 표기함), p.246

어 왔던 역사들, 내가 이전에 자세히 얘기했던 역사들의 고쳐 만들기에 토대를 둔다. 우리는 익숙한 이야기를 '다시' 얘기함으로써 일어나는 이동들, 이전의 이야기들의 지속적인 개정에 강조점이 두어짐을 본다. "도예가의 손도장이 질그릇에 새겨지는 방식으로 이야기하는 사람의 흔적들은 그 이야기 속에 새겨진다."[39]) 이야기는 항상 그 자체를 이야기하는 과정에서 재형성된다. 이야기의 정체성은 하나의 단일하거나 본래적인 설명에 있지 않고, 무수한 다시 이야기하기들에 그리고 그것에 시간적 구성을 부여하는 수정들과 변경들에 있는 것 같다. 또한 자아의 서사적 정체성은 다양한 관점들로부터 그리고 다양한 수사적 양식들로 삶의 역사를 다시 던져봄으로써 고양될 것이다. 경험은 서사적 활동의 효과가 아닌 것이 없기 때문에 경험의 서사적 구성의 이전이나 이후로 돌아갈 가능성이 없다는 점을 인정하는 것이 서사를 통한 자기-이해에 근본적이다.

2. 시간과 서사 그리고 줄거리와 재현 행위

1) 시간과 서사

인간의 삶은 시간 속에서 이루어지기 때문에 시간성을 띠는 것이다. 그런데 시간은 반드시 서사 행위를 통해서 인식될 수 있다. 서사와 시간은 서로 순환하며, 서사는 시간을 관리하는 역할을 한다. "하나의 이야기를 하는 행위와 인간 경험의 시간성 사이에는 단순한 우연성이 아니라 문화를 넘어서는 필연성을 드러내는 상관관계가 존재한다. 다르게 표현한다면, 시간은 그것이 서사 양식을 통해 표명되는 한 인간의 시간이 되며, 서사는 그것이 시간적 실존의 조건이 될 때 그 자체

---

39) Walter Benjamin, *Illuminations*, trans. by Harry Zohn(New York: Schocken Books, 1969), p.92.

의 충분한 의미를 가지게 된다."40) 리쾨르는 아우구스티누스의 『고백록(*Confessions*)』에 등장하는 다음과 같은 시간에 대한 물음으로 시간성의 문제를 다루기 시작한다. "시간은 도대체 무엇인가? 아무도 나에게 묻지 않는다면 나는 그것이 무엇인지 충분히 잘 알고 있다. 그러나 그것이 무엇인지 내가 질문을 받고 설명하려 한다면 나는 설명하지 못한다."(*Time and Narrative* 1, p. xi) '시간이란 무엇인가?'라는 물음이 제기되자마자 시간의 존재(being)와 비존재(non-being)의 난점이 등장한다. 이 난점에 대한 리쾨르의 주장은 다음과 같다.

> 미래는 아직 다가오지 않았고, 과거는 이미 지나갔으며, 현재는 머물지 않기 때문에 시간은 존재를 가지지 않는다고 주장할 수 있다. 그러나 우리는 시간이 존재를 가진다고 말할 수 있다. 다가올 일은 있을 것이고, 지난 일은 있었고, 현재의 일은 지나가고 있을 것이라고 말한다. 지나가고 있는 일조차 아무것도 아닌 것은 아니다. 언어의 사용이 잠정적으로나마 시간의 비존재 논제를 견디게 한다는 점은 특이하다. 우리는 시간에 관해 말하고, 그것에 관해 의미심장하게 말하는데, 이 점이 시간 존재를 긍정적으로 주장할 수 있게 만든다. "우리 스스로가 말을 사용할 때도 다른 사람들이 사용하는 말을 들을 때도 우리는 그 말이 무엇을 의미하는지를 이해하는 것은 분명한 사실이다. 그러나 우리가 의미심장하게 그리고 긍정적인 용어들(있을 것이다, 있었다, 있다)로 시간에 관해 이야기하는 것이 사실이라면, 이런 확신감이 우리로 하여금 어떻게 이런 일이 일어나는지를 설명할 수 없게 만든다. 시간에 관하여 말하는 것이 분명히 (존재에 관한) 회의적인 주장에 대응할 수 있지만, 언어 자체는 '하는 것(that)'과 '어떻게(how)' 사이의 간격을 통해 문제시된다. … 이런 식으로 존재론적 역설은 언어를 존재를 회의하는 주장뿐만 아니라 그 자체와 대립하게 만든다(*Time and Narrative* 1, p.7).

---

40) Paul Ricoeur, *Time and Narrative*, vol. 1, trans. by Kathleen Blamey and David Pellauer(Chicago: University of Chicago Press, 1984)(이후에는 본문 속에 *Time and Narrative* 1로 표기함), p.52.

시간 존재의 난점의 직접적인 결과로 측정의 난점이 발생한다. 이 난점에서도 언어는 비교적 확실한 안내자이다. "우리는 긴 시간에 관하여 그리고 짧은 시간에 관하여 이야기하고, 어떤 방식으로든 시간의 길이를 관찰하고 그것을 측정한다. 더욱이 우리가 시간이 길거나 짧다고 말하는 것은 과거의 시간이나 미래의 시간에 관해서일 뿐이다. … 미래에 관해서는 시간이 줄어든다고 말하고, 과거에 관해서는 시간이 늘어난다고 말한다. 그러나 언어는 측정한다는 사실을 입증하는 것에 한정된다. 다시 한 번 어떻게는 언어를 곤란하게 만든다. 즉, 어떻게 실존하지 않는 어떤 것이 길거나 짧을 수 있는가?"(*Time and Narrative* 1, p.8) '시간이 흘러갈 때 우리는 그것을 측정한다'는 논리는 모순일 수 있다. 실제로 흘러가는 것은 현재이다. 그런데 현재는 연장을 가지지 못한, 분할할 수 없는 순간 내지 하나의 점이다. 이런 점에서 흐름과 현전의 차이를 무시하고 있다.

아우구스티누스는 기억과 기대 개념을 사용하면서 과거와 미래를 현재에 자리 잡게 하고, 기억과 기대에 긴 과거와 긴 미래의 관념을 부여함으로써 과거와 미래의 측정이라는 확신을 회복한다. 그는 "우리는 세 가지 시간들, 즉 과거의 일들의 현재, 현재의 일들의 현재, 미래의 일들의 현재가 있다고 말하는 것이 옳을 것이다. 그런 서로 다른 시간들은 정신 속에 실존하며, 내가 볼 수 있는 어떤 곳에도 실존하지 않는다."라고 말함으로써(*Time and Narrative* 1, p.11) 시간 존재에 관한 회의적인 주장에 대응한다. 그가 말하는 과거의 현재는 기억이며, 현재의 현재는 직관이며, 미래의 현재는 기대이다. 사실 우리가 존재로 간주하는 것은 그 자체로서의 과거나 미래가 아니라, 우리가 어떤 일을 이야기하거나 예견할 때 언급되는 일들이 '아직' 존재하지 않거나 '이미' 존재하고 있지 않고서도 현재 속에 존재할 수 있는 시간적인 자질들이다. 기억한다는 것은 과거의 이미지를 가지는 일이다. 그 이미지는 사건들이 남긴 그리고 정신에 새겨진 어떤 흔적이기 때문에 기억은 가능하다. 그리고 미래의 일이 다가올 것으로 우리에게 현전하는 것은 현재의 기대 덕분이다. 우리에게 그것을 '미리 예견'할 수 있게 하는 것은 '전-지각(pre-perception)'이다. 기대는 기억과 유사하다. 그것은 아직 존재하지 않는 사건에 선행한다는 의미에서, 이미 존재하고 있는 어떤 이미지로 구성된다. 그 이미지는 지난 일들이 남긴 흔적이 아니라 미리 예상하고 지각하고 예고하고 예언하는 미래의 일들에 관한 어떤 '기호'이며 '원인'이다. 측정 난점에 대한 논증도 시간을 세 가지 현재로 파악하는 수단인 준-공간적인 이미지들로 구성된다. "지나간다는 것은 이동 중에 있다는 것이다. 그래서 '어디에서 와서 어디를 거쳐 어디로 가는가?'라고 묻는 것은 당연하다. '지나가다'라는 용어는 준-공간성에 자리 잡는 것이 필요하다. 만약 비유적인 표현을 사용한다면 지나간다는 것은 미래에서 현재를 거쳐 과거로 가는 것으로 표현될 것이다. 따라서 시간의 측정이 '어떤 공간 속에서' 이루어지며, 시간과 간격들 사이의 모든 관계들은 '시간적 공간'과 관련된다는 점이 그 이행을 통해 확인된다. … 문제는 시간은 공간을 가지고 있지 않다는 점이다. 우리는 공간을 가지고 있지 않은 것을 측정할 수 없는 것이다."(*Time and Narrative* 1, p.13) 아우구스티누스는 결국 시간이 움직임 자체라기보다는 '움직임의 척도'라고 말하면서 인간 정신의 움직임을 측정하는 것으로 생각한다. 시간의 측정은 외부의 움직임의 측정과는 무관하다는 것이다. 그리고 긴 시간과 짧은 시간의 비교를 가능하게 하는 것 또한 정신 속에서 찾을 수 있다.

인간의 시간 경험은 정신적인 경험인 것이다. 정신적인 인식의 과정에서 존재하면서도 존재하지 않는다는 것이 인간의 시간 경험이다. 지나가는 것들에 의해 정신 속에 만들어진 인상이 그것이 지나간 이후에도 머물러 있다면 정신 속에서 시간들을 측정할 수 있다. 측정하는 것은 지나가면서 인상을 남긴 일들이 아니라 바로 지금 남아 있는 그 인상인 것이다. 인상 이외에도 정신은 기대하고 주의를 기울이고

174

기억한다. 인간 정신의 이런 활동들은 끊임없이 정신이 긴장하고 이완되게 만든다. 이완된다는 것은 인식의 과정에서 혼돈과 불협화음을 느낀다는 것이다. 그 혼돈과 불협화음을 극복하려는 의지가 정신의 긴장이다. 그래서 인간의 시간 경험은 정신의 이완과 긴장이 동시에 일어나는 과정이며, '화음을 이루는 불협화음'의 과정인 것이다.

2) 줄거리(뮈토스)와 재현 행위(미메시스)

그러나 리쾨르에게 아우구스티누스의 시간 경험에 대한 논의는 공허하며, 시간의 난점들은 수수께끼로 남는다. 그는 정신적인 시간 경험을 서사 행위와 관련짓는다. 그 연구의 바탕으로 선택된 것은 아리스토텔레스의 『시학(Poetics)』인데, 그 선택의 까닭은 두 가지이다 (Time and Narrative 1, p.31 참고). 하나의 이유는, 리쾨르는 아리스토텔레스의 뮈토스(muthos, 줄거리 구성) 개념에서 아우구스티누스의 정신의 이완과는 반대 방향의 답을 발견하였기 때문이다. 아우구스티누스는 불협화음이라는 실존적 부담 때문에 신음했다. 그런데 아리스토텔레스는 탁월한 시적 행위 — 비극적인 시의 구성 — 속에서 불협화음에 대한 화음의 승리를 발견했다. 리쾨르 자신은 두 저서를 읽고 불협화음이 화음을 분열시키는 생생한 경험과 화음이 불협화음을 호전시키는 탁월한 언어 경험 사이의 관계를 설정한다. 또 하나의 이유는, 미메시스(mimesis, 재현 활동) 개념은 리쾨르로 하여금 생생한 시간 경험의 줄거리를 통하여 창조적 모방이라는 길을 갈 수 있게 만들었기 때문이다. 아리스토텔레스에게서는 재현 활동과 줄거리 구성이 혼동되기 때문에 두 주제들은 구분되기 어렵다.

『시학』에 등장하는 모방 또는 재현으로 번역되는 미메시스는 리듬을 수반하는(대표적인 사례인 비극은 공연과 노래가 추가됨) 운율을 지닌 언어를 매개로 행위를 모방하거나 재현한다는 의미를 지닌다. 여기서 비극은 다른 것과 특별히 다른 점들로 정의되지 않고 '부분들'의 연결로 정의된다. "모든 비극은 줄거리(plot), 성품(character), 말씨(diction), 사상(thought), 공연(spectacle), 멜로디(melody) 등 여섯 가지의 부분들을 지닌다."41) 그런데 "리쾨르는 '행위의 모방 내지 재현'과 '사건들의 구성'이 거의 동일시됨에 주목한다. '사건들의 구성'은 아리스토텔레스가 뮈토스(줄거리) 대신 사용한 말이다. 두 가지가 거의 동일시되고 있음은 두 가지 점에서 보증된다. 그 첫째는 여섯 가지 부분들의 위계화이다. '무엇에 의해' 내지 수단(말씨와 멜로디) 그리고 '어떻게' 내지 양식(공연)에 비하여 '무엇' 내지 재현의 대상에 우위를 둔다. 둘째는 '무엇' 내에서 행위를 성품과 사상 위에 두는 두 번째의 위계화이다. '비극은 행위의 재현이며, 그것이 개인 행위자들을 모방 내지 재현하는 것은 주로 그 행위를 위해서이다.'42) 이런 이중적 위계화의 마지막에, 줄거리가 '첫째 원리', '목표', '의도', 말하자면 비극의 '정신(soul)'으로 등장한다. '행위의 재현이 줄거리이다'라는 공식을 통해 행위의 재현과 사건들의 구성이 거의 동일시됨이 보증된다." (*Time and Narrative* 1, p.34 참고) 줄거리 구성을 통해 사건들을 배열한다는 의미에서 그것은 재현 행위인 것이다.

리쾨르가 주장하는 서사적 정체성은 경험의 실천적 영역으로부터 언어적 의미의 의미론적 수준으로, 그리고 다시 뒤로 인간 행위의 실천적 세계로 지나가는, 미메시스 1, 미메시스 2, 미메시스 3이라는 미메시스의 세 순간들을 통해 형성된다. 그것은 인간 행위의 서사적 재현을 통해 개인적 그리고 상호 개인적인 정체성에 대한 이해를 진전시키는 세 가지 단계의 아치 모양의 과정이다. 리쾨르의 주장에 따르면, "미메시스 2가 분석의 중심이다. 그것은 전환점으로 기여함으로써

---

41) Aristotle, *On Poetics*, Great Books of the Western World, 9. The Works of Aristotle II(Chicago: Encyclopedia Britannica, Inc., 1952), p.684, 1450a 8-9.
42) Ibid., p.684, 1450b 3-4.

줄거리의 세계를 열며, 문학작품의 문학성을 구성한다. 그러나 줄거리 구성을 조직하는 구성의 작업의 바로 그 의미는 미메시스 2의 두 측면들을 구성하는, 내가 미메시스 1, 미메시스 2라고 부르는 두 가지 작업들 사이를 그것이 매개하는 입장의 결과이다. … 텍스트의 한 측면으로부터 다른 측면으로 우리를 인도하고 그것의 구성의 힘을 통해 한 측면을 다른 측면으로 변형시키는 매개 능력을 통해 미메시스 2는 이해될 수 있다."(*Time and Narrative* 1, p.53) 일종의 과학으로서의 기호언어학은 텍스트의 두 측면들을 고려하지 않고 다만 문학작품 자체만을 고려한다. 문학 텍스트라는 개념만이 사용된다. 그러나 한 작품을 받아들이고 그래서 자신의 행위를 변화시키는 독자들에게 저자가 그 기회를 줄 수 있도록 그것이 삶과 행위와 고통이라는 흐릿한 오지를 벗어나게 하는 일련의 작업들을 재구성하는 것이 해석학의 과제이다. 여기서는 작품들과 저자들과 독자들에게 실천적 경험을 제공하는 전반적인 작업들에 관심을 둔다. 그래서 단순히 미메시스 2를 미메시스 1과 미메시스 3 사이에 배치하는 데 머물지 않고 그것이 매개 기능을 가지게 한다. 실천적 영역의 전-구성과 그 작품의 수용을 통한 그것의 재-구성 사이를 텍스트의 구성이 매개시키는 구체적인 과정이 바로 삼중의 미메시스 아치인 것이다. 결국 독자는 수동적인 독자에 머물지 않는다. 그는 자신의 텍스트 읽기 행위를 통해 미메시스 2의 길을 지나서 미메시스 1에서 미메시스 3으로 나아가는 일관적인 여정을 수행하는 탁월한 활동가이다. 시간과 서사의 관계 문제는 결국 줄거리 구성의 역동적인 점을 통해 해결할 수 있다. 시간과 서사는 세 가지 재현 행위의 양식들에 의해 매개된다. 줄거리 구성에 선행하는 실천적 경험의 단계와 그것을 잇는 단계 사이를 매개하는 것이 그것의 역할인 것이다.

서사들이 정체성 형성으로 이어질 수 있기 위해서는 실천적 경험의 근본적 구조들에 토대를 두어야 한다. 즉, 서사들은 선-서사적인 특징들을 지닌다. 줄거리 구성의 힘을 통해 실천적 경험 세계의 구조적, 상징적, 그리고 시간적 특징들은 그것이 고도로 재현되는 구성이 이루어진다. 삶과 행위의 세계에 대한 재현 모델을 제공함으로써, 서사들은 행위를 실행하기 위한 대안들을 제시하는 것이다. 행위의 주체가 무언의 세계를 가질 수 있는 것은 오직 서사적 구성을 통해서만 가능하다. 리쾨르는 여기에 아치(arc) 이미지를 부여한다. 즉, 이야기하기는 조화를 이루지 못하고 투명하지 못한 인간 경험에서 시작하고 그것을 구성으로 마무리된다. 서사 아치는 그 자체로 되돌아가고 단순히 동일한 것으로 돌아가기보다는 전체적인 삶의 과정의 한 스냅 사진이나 시간과 이해에서 지속적으로 앞으로 이동하는 하나의 나선으로 보여야 한다. "그러나 이 원은 나쁜 원이 아니다. 그 까닭은 그럼에도 불구하고 미완성의 것으로부터 완전히 결정된 것으로 의미가 확대되고 진전하기 때문이다."[43] 서사 아치의 세 가지 단계들은 나선형으로 계속 반복된다. 서사적 줄거리 구성은 그것에 선행하는 것과 그것을 따르는 것을 매개하는 작품인 것이다.

미메시스 1, 즉 전-구성 단계는 삶과 행위의 의미를 시간 경험 속에서 이해하는 단계이다. 진정한 모방과 재현은 그것에 선행하는 삶과 행위의 의미 이해를 통해서 가능하다. 줄거리 구성 이전의 삶과 행위에 관한 선-이해의 단계인 것이다. "줄거리 구성은 행위의 세계, 그것의 의미심장한 구조들, 그것의 상징적 자원들, 그것의 시간적 특성 등에 관한 선-이해에 토대를 둔다. … 만약 줄거리가 행위의 재현이라는 점이 사실이라면, 예비적인 능력, 즉 행위의 구조적인 특징들을 통해 행위 일반을 확인하는 능력이 필요하다. 행위에 관한 의미론은 이 능력을 분명하게 만든다. 다음에는 만약 모방 내지 재현한다는 것이 행위 표명된 의미를 상세하게 만드는 것이라면, 보완하는 능력, 즉 행위

---

43) David Wood, ed., *On Paul Ricoeur: Narrative and Interpretation*(London and New York: Routledge, 1991), p.183.

의 상징적 매개들을 확인하는 재질이 요구된다. 마지막으로, 이런 상징적인 행위 표명들은 더 정확하게 시간적인 요소들을 지니는 것인데, 그것들로부터 행위가 이야기될 수 있는 바로 그 자질과 그것을 이야기할 필요성이 더욱 직접적으로 발생할 것이다."(*Time and Narrative* 1, p.54) 리쾨르는 이어서 실천적 이해의 영역의 구조적인 것, 상징적인 것, 시간적인 것의 특징들을 설명한다. 이런 특징들은 상호 의미부여의 그물망 속에 자리한다. 그는 우선 행위의 '개념적 그물망'이라는 용어를 도입하면서 실천적 이해의 구조적인 특징을 설명한다.

줄거리 구성에 의해 생겨나는 이해 가능성은, 행위의 영역을 물리적인 움직임의 영역과 구조적으로 구분하는 개념적 그물망을 의미 있게 사용할 수 있는 우리의 능력에서 첫 번째의 토대를 발견한다. 누군가가 행한다는 것에 관해 좁은 의미에서 채택된 '행위'라는 바로 이 용어는 전체적인 그물망의 다른 용어들과 함께 사용될 수 있다는 역량으로부터 그것의 독특한 의미를 가진다는 사실을 강조하기 위해, '행위 개념'보다는 '행위의 개념적 그물망'이라는 개념을 말한다. 행위들은 목적을 내포하는데, 그것에 대한 기대는 예견되거나 예언된 결과와는 혼동되지 않지만 행위를 좌우하는 사람을 끌어들인다. 더욱이 행위들은 동기들을 가리키는데, 그 동기들은 하나의 물리적 사건이 다른 사건을 이끄는 방식과는 명백하게 구분되는 방식으로, 왜 누군가가 어떤 일을 하거나 하였는가를 설명한다. 또한 행위는 행위 주체(agent)를 가지는데, 그는 '그들의' 작품으로, '그들의' 공적으로 간주되는 일들을 하고 그리고 할 수 있다. 결과적으로 행위 주체들은 자신들의 행위들의 어떤 결과들에 책임을 질 수 있다. 이런 그물망 속에서, '왜?'라는 물음에 의해 열린 무한한 퇴진과 '누가?'라는 물음에 의해 열린 유한한 퇴진은 양립할 수 있다. 한 행위 주체를 확인하는 것과 이런 행위 주체의 동기들을 인정하는 것은 상호 보완적인 작업이다. … 더욱이 행위한다는 것은 항상 다른 사람들과 '함께' 행위하는 것이다. 상호작용은 협동이나 경쟁 또는 투쟁의 형태를 띨 수 있다. 그래서 상호작용의 우연적인 면들은 우리를 돕거나 방해하는 그 상황들의 특성을 통해 우리의 상황들의 우연적인 면들을 다시 만난다. 마지막으로 행위의 결과는 행복이나 불행을 향한 운명의 변화일 것이다. … 전체의 구성하는 모든 부분들은 서로 의미를 부여하는 관계에 있다. 개념적 그물망을 하나의 전체로, 각 용어를 전체의 한 부분으로 숙달하는 것은 실천적 이해라고 부를 수 있는 능력을 가지는 것이다(*Time and Narrative* 1, pp.54-55).

리쾨르는 서사적 이해와 실천적 이해의 관계를 설명한다. 그것은 전제의 관계이자 변형의 관계이다. 그 설명은 '계열적 질서(paradigmatic order)'와 '통합적 질서(syntagmatic order)'의 구분에 의해 이루어진다.

계열적 질서에서는 행위와 연관된 모든 용어들은, 목적, 수단, 행위 주체, 상황들 사이에 실존하는, 서로 의미를 부여하는 관계들이 완전히 역전될 수 있다는 의미에서, 공시적이다. 반면, 담화의 통합적 질서는 모든 이야기된 이야기의 통시적일 수밖에 없는 성격을 내포한다. 통시성이 이야기를 거꾸로 읽는 것을 방해하지 않지만, 끝으로부터 시작으로 거꾸로 읽기는 서사의 근본적인 통시성을 없애지도 않는다. … 서사를 이해하는 것은 그것의 통합적 질서를 지배하는 규칙들을 숙달하는 것이다. 결과적으로, 서사적 이해는 행위의 의미론을 구성하는 개념적 그물망에 익숙함을 전제하는 데 제한되지 않는다. 그것은 또한 이야기의 통시적 질서를 지배하는 구성 규칙들에 익숙함을 요구한다. 행위의 계열적 질서에서 서사의 통합적 질서로 이동하면서 행위 의미론의 용어들은 통합성과 현실성을 얻게 된다는 것이다. 계열적 질서에서 가상적인 의미 부여만을 가지고, 즉 사용될 수 있는 순수한 능력만을 가졌던 용어들이 줄거리가 행위 주체들, 그들의 행동들, 그리고 그들의 고통들에 부여하는 일련의 상호 연관들 덕분에 실질적(효과적)인 의미 부여를 받아들이기 때문에 현실성이다. 그리고 행위 주체들, 동기들, 그리고 상황들 등 이질적인 용어들이 양립이 가능해지고 실질적인 시간적 전체들에서 함께 작동하기 때문에 통합성이다. 이런 의미에서 줄거리 구성 규칙들과 행위-용어들 사이의 이중적인 관계는 전제관계와 동시에 변형관계를 구성한다. 하나의 이야기를 이해한다는 것은 '어떤 일을 한다'는 말을 이해하는 동시에 줄거리의 유형론을 생기게 하는 문화적 전통을 이해하는 것이다(*Time and Narrative* 1, pp.56-57).

서사적 구성이 실천적 이해에서 발견하는 두 번째 토대는 실천적 영역의 상징적 자료들에 있다. "인간 행위가 이야기될 수 있는 것은 그것이 이미 항상 기호들, 규칙들, 규범들에 의해 표출되고 있기 때문이다. 즉, 그것은 항상 이미 상징적으로 매개된다."(*Time and Narrative* 1, p.57) 우리가 어떤 행위를 묘사할 수 있는 것은 상징이 제시하는 맥락을 통해 가능하다. 그리고 우리가 행위의 의미를 해석할 수 있는 것도 상징적 관례의 기능 덕분이다. "팔을 드는 행위가 맥락에 따라서 누군가에게 인사를 하거나 택시를 부르거나 표결을 하는 방식으로 이해될 수 있는 것이다. 상징들은 해석되기 전 행위 속에 내재된 해석 경향들이다."(*Time and Narrative* 1, p.58) "상징은 행동에 최초의 해독 가능성을 부여한다. 해석 경향들로 이해되는 상징들이 이런 저런 행동이 해석될 수 있는 그것의 한 기능으로서 의미의 규칙들을 제공하는 한, 우리는 행위를 준-텍스트로 말할 수 있다."(*Time and Narrative* 1, p.58) 해석 경향들이 전-서사적 특징들의 거대한 배열을 구성하기 때문에 서사적 텍스트들은 경험의 실천적 영역을 언어적으로 대변한다고 표현할 수 있는 것이다. 리쾨르는 상징적으로 매개된 의미 맥락 속에 행위를 자리 잡게 함으로써, '규범들' 내지 '행위를 위한 프로그램들'로 기능하는, 사회적으로 규제된 '문화적 규약들' 속에 개인적인 행위들을 포함시킨다. 그것들은 형식, 질서, 그리고 삶의 방향을 부여한다. 행위들이란 항상 '규칙을 따르는 행동들'인 것이다. 그리고 실천적 이해는 도덕적 그리고 윤리적 평가들을 포함한다. "하나의 문화에 내재된 규범들의 한 기능으로서, 행위들은 판단되거나 평가될 수 있고, 즉 도덕적 선호들의 규모에 따라서 판단될 수 있다. 그래서 그것들은 상대적 가치를 부여받는데, 그것은 이런 행위가 저런 행위보다 더 가치 있다고 말한다. 행위에 최초로 부여된 가치의 이런 등급들은 행위 주체들 자신들에게 확대될 수 있는데, 그들은 선하거나 악한 것으로, 더 선하거나 더 악한 것으로 간주된다."(*Time and Narrative* 1, p.58) 행위의 개념적 그물망에 함축된 의미는 윤리적 평가이기 때문에 행위의 서사적 구성은 "윤리적으로 중립적일 수 없다." (*Time and Narrative* 1, p.59) 실천적 다양성을 재현하는 것은 행위 주체들의 행위에 대한 윤리적 입장을 취하는 것이다. 실천적 경험의 전-서사적 특징들에 의존함으로써 서사적 구성은 경험의 단순한 묘사적인 재현을 경험을 위한 규정적 모델로 변형시킨다.

행위 구조와 그것의 상징적 매개에 대한 묘사는 세 번째 더 근본적인 전-서사적 특징에 토대를 둔다. 경험의 시간적 특징은 행위 '속에 내포된다.' 행위에 관한 이해는 행위에 관한 개념들과 그것의 상징적 매개체들을 익숙하게 알고 있다면 이루어지는 것이 아니다. 그것은 이야기하기를 요구하는 시간적 구조들을 행위 속에서 인식하기까지 해야 이루어진다. 서사적 줄거리 구성은 시간의 틀 '속에서' 이루어진다. 경험의 시간적 구조는 하나의 전체로서의 실천적 영역과 서사적 구성의 상상적 행위 사이를 연계시킨다. 행위를 시작하는 것은 현재 시작하는 것이다. 현재는 준비의 과거와 결과의 미래로 팽창된다. 즉, 미래, 과거, 현재가 있지 않고 세 겹의 현재, 즉 미래 일들의 현재, 과거 일들의 현재, 현재 일들의 현재가 있다는 것이다. "미래의 현재? '이제부터', 즉 지금부터 나는 '내일' 이 일을 하기를 약속한다. 과거의 현재? 나는 '방금' ~를 알았기 때문에 '지금' 이 일을 하고자 한다. 현재의 현재? 나는 '지금' 그것을 할 수 있기 때문에 나는 '지금' 그것을 하고 있다. 어떤 일을 하는 실질적인 현재는 어떤 일을 할 수 있는 능력의 잠재적인 현재를 입증하며, 현재의 현재로 구성된다."(*Time and*

Narrative 1, p.60) 리쾨르에 의하면, 행위의 시간적 조직화는 서사의 시간적 조직화에 토대를 제공한다. 이야기 구성은 이 세 겹의 현재를 서로 정돈하는 실천적 연결인 것이다.

미메시스 2, 즉 구성 단계는 줄거리 구성 단계이다. 이 단계는 전-구성 단계와 재-구성 단계와 경계가 뚜렷한, 구분되는 단계가 아니다. 그것은 앞뒤 두 단계들을 매개시키는 기능을 하는 중개적인 입장을 가진다. "줄거리 구성의 매개 기능은 … 구성 작업의 역동성에서 도출된다. 매개시키는 기능은 구성(configuring)의 작동의 역동적인 성격으로부터 도출된다."(*Time and Narrative* 1, p.65) 경험을 구성하는 것은 수용되어 왔던 것과 다양한 형태들의 담론을 통해 다가올 것 사이를 매개하는 것이다. 줄거리는 개별적인 사건들과 전체로 구성된 하나의 이야기 사이의 매개이다. 줄거리를 통해 개별적인 일상사들이 하나의 이야기로 변형된다는 것이다. " '～로부터(from)', '～로(into)'에 의해 표현되는 두 가지 상호관계는 줄거리를 사건들과 얘기된 이야기 사이를 매개하는 것으로 특징짓는다. 결과적으로 하나의 사건은 개별적인 사건 이상이어야 한다. 줄거리의 전개에 그 사건이 기여하면서 그 사건 이상이 된다. 하나의 이야기 또한 일련의 사건들의 나열 이상이어야 한다. 이 이야기가 무엇을 생각하게 하는지를 우리가 항상 물을 수 있도록 이야기는 이해할 수 있는 전체, 즉 하나의 이야기로 사건들을 조직해야 한다. 간단히 말하면, 줄거리 구성은 단순한 계기로부터 하나의 구성을 이끌어내는 작업이다."(*Time and Narrative* 1, p.65) 더욱이, 줄거리 구성은 행위 주체들, 목적들, 수단들, 상호작용들, 상황들, 예기하지 못한 결과들과 같은 이질적인 요소들을 함께 모으고, 그것들을 시간적으로 종합하는 단순한 계기로부터 하나의 구성을 끌어냄으로써 매개시킨다. 시간적 계기에서 이질적인 사건들의 다양성을 이해할 수 있는 전체의 중심적 사고와 연계시킴으로써 줄거리 구성의 작업은 정체성과 다양성의 서사적 통합이나 '화음을 이루는 불협화음'을 만든다. 줄거리 구성은 사건들을 연대기적으로 구성하면서, 그 사건들을 '함께 파악하기'로 구성되는 구성을 통해 사건들을 이야기로 변형시킴으로써 그 역설을 반영한다. 그것은 사건들의 다양성으로부터 하나의 시간적 전체의 통합성을 이끌어낸다. '함께 파악하기'는 칸트의 판단하기와 유사하다. "그에게 있어, 판단하기의 선험적인 의미는 하나의 주어와 술어를 연결시키기보다는 하나의 개념의 규칙 아래에 직관적인 다양성을 정리하는 것이다. 그것은 칸트가 결정내리는 판단에 대립시키는 반성하는 판단과 더 유사하다. 반성하는 판단은 맛에 대한 미적인 판단에서 그리고 유기체적인 전체에 적용되는 목적론적 판단에서 작동하는 생각하기에 대한 반성이다. 줄거리 구성의 행위는 그것이 하나의 계기로부터 하나의 구성을 이끌어낸다는 점에서 유사한 기능을 가진다."(*Time and Narrative* 1, p.66) 그런데 사건들의 다양성과 하나의 이야기의 통합성 사이의 내재적인 긴장을 해결하는 것은 시적인 행위이다. 하나의 계기에서 구성을 이끌어내는 행위는 독자가 따라갈 수 있게 하는 이야기의 능력에서 독자에게 드러난다.

하나의 이야기를 따른다는 것은 그 이야기의 '결말'에서 이루어지는 하나의 기대의 안내를 받아서 우연적인 사건들과 격변하는 사태들 속에서 앞으로 나아가는 것이다. 일부 이전의 전제들이 그 결말을 논리적으로 내포하고 있는 것이 아니다. 그것은 그 이야기에 '종말'을 부여하며, 그 종말은 또한 그 이야기가 하나의 전체를 형성하는 것으로 지각될 수 있는 관점을 제공한다. 그 이야기를 이해한다는 것은 계기적인 에피소드들이 어떻게 그리고 왜 이런 결론에 이르게 되는지를 이해하는 것인데, 그 결론은 예견될 수 있는 것이 아니라 그 이야기에 의해서 함께 모아진 그 에피소드들과 일치하는 것으로 최종적으로 받아들여질 수 있는 것이어야 한다(*Time and Narrative* 1, pp.66-67).

시적인 해결은 하나의 이야기를 '따를 수 있음'을 통해 긴장-이완의 역설을 해결하는 것이다. 독자가 이야기를 따를 수 있다는 사실은 그 역설을 생생한 변증법으로 전환시킨다. 하나의 이야기 구성은 긴장-이완의 역설을 극복하지 않고 그것을 생산적인 것으로 만든다는 것이다. "한편, 하나의 서사의 에피소드적인 차원은 시간의 직선적인 재현의 방향으로 서사적 시간을 끌고 간다. 다양한 방식들로 끌고 간다. 먼저, '그리고 그 다음에 무엇이?'라는 물음에 우리가 답하는 '그 다음에, 그리고 그 다음에'라는 말은 행위의 단계들이 외적인 관계에 있음을 시사한다. 다음에, 에피소드들은 일련의 열린 사건들을 구성하는데, 그것은 '그 다음에, 그리고 그 다음에'에 '그리고 등등'을 첨가하도록 한다. 결국, 에피소드들은 물리적인 사건들과 인간적인 사건들에 공통적인 시간의 불가역적인 순서에 따라 차례로 이어진다."(*Time and Narrative* 1, p.67) 그러나 구성 차원은 에피소드 차원과는 반대되는 특징들을 가진다. 즉,

첫째, 구성적인 배열은 사건들의 계기를 하나의 의미 있는 전체로 변형시킨다. 그 전체는 사건들을 함께 모으는 행위와 상관되는 것이며, 그 이야기를 따를 수 있는 것으로 만든다. 이런 반성적 행위 덕택에 전체적 줄거리는 하나의 '사상'으로 해석될 수 있는데, 그것이 줄거리의 '요점' 혹은 '주제'에 다름 아니다. 그러나 만약 우리가 그런 요점을 비시간적인 것으로 간주한다면 완전히 잘못 생각하고 있는 것이다. … 둘째, 줄거리의 구성은 사건들의 무한한 계기에 '하나의 종말의 의미'를 부여한다. 조금 전에 이야기가 하나의 전체로 보일 수 있는 지점으로서 '종점'을 말한 바가 있다. 이제 마감의 이런 구조적 기능이 식별될 수 있는 것은 이야기하기의 행위에서라기보다 다시 이야기하기의 행위에서라고 덧붙인다. 하나의 이야기가 알려지자마자 그 이야기를 따르는 것은 그 이야기에 부여된 의미에 대한 인식 속에 놀라움들이나 발견들을 동봉하는 것이기보다는 이런 결말로 이어지는 것으로 잘 알려진 에피소드들을 파악하는 것이다. 시간의 새로운 자질은 이런 이해로부터

생겨난다. 마지막으로, 하나의 이야기의 반복은 과거로부터 미래로 흐르는 시간의 재현에 하나의 대안이 된다. 회상한다는 것이 마치 이른바 '자연적인' 시간 질서를 역전시키는 것과 같다. 시작에서 결말을, 결말에서 시작을 읽으면서, 우리는 행위의 최초 조건들을 그것의 마지막 결과들에서 다시 돌이켜보듯이 시간 자체를 되돌려 읽는 법을 배운다. 하나의 이야기를 따르는 행위에서 반영되는 이야기하기의 행위는 아우구스티누스를 침묵하게 만들 정도로 그를 흔들리게 하였던 그 역설들을 생산적인 것으로 만든다(*Time and Narrative* 1, pp.67-68).

서사 구성의 시적 행위와 읽기 행위의 연계는 구성으로부터 재-구성으로의 이동을 표시한다. 구성이 삶으로부터 상상적인 거리를 두는 반면, 읽기의 행위는 언어를 삶에 연계시킨다. 여기에서 텍스트적인 정체성이 개인들과 공동체들의 정체성에 적용된다. 읽기와 함께 독자는 텍스트의 허구적인 세계로부터 서사의 의미를 전유하게 되고 그의 실질적인 세계와 연계시킨다. 서사는 미메시스 3, 즉 재-구성(refiguration)에서 행위하는 시간과 어려움들을 당해 보는 시간으로 반송될 때 그것의 완전한 의미를 지니게 된다. "미메시스 3은 텍스트의 세계와 청자나 독자의 세계 사이의 공통부분, 그러므로 시(poem)에 의해 구성된 세계와 실질적인 행위가 일어나고 그 속에서 그것의 특정한 시간성을 전개하는 세계 사이의 공통부분을 표시한다."(*Time and Narrative* 1, p.71) 그래서 리쾨르가 말하는 미메시스 3은 텍스트에서 개인으로의 전이의 단계이다. 그 전이는 독서 행위에 의해 생긴다. 독서 행위는 경험에 모양을 부여하는 줄거리의 능력을 우리에게 연계시키는 것이다. 텍스트를 글쓰기 하는 작업과 텍스트를 읽는 작업 사이의 상호작용은 줄거리의 두 특징들인 도식화와 전통성에 의해 설명될 수 있다. "일반적으로 받아들여지는 패러다임들은 하나의 텍스트와 독자의 만남을 안내한다. 그것들은 독자들의 기대를 조직하고, 하나의 얘기된 이야기에 의해 예시된 형식적 규칙, 장르나 유형을 식별하는 데 독자들을 돕는다. 독자들이 자신을 따르도록 할 수 있는 이야기의 능력을 조절하는 것이 그 패러다임들이다. 반면, 이야기의 구성을 동반하면서 이야기가 독자로 하여금 따를 수 있게 만드는 그것의 능력을 실현시키는 것이 독서 행위이다. 하나의 이야기를 따른다는 것은 그것을 읽음으로써 그것을 실현하는 것이다."(*Time and Narrative* 1, p.76 참고) 그런데 줄거리 구성과 독서 행위의 연계성에 대한 이해의 열쇠는 구성의 상상적 행위와 읽기 행위 사이의 유사성이다. 줄거리 구성이 다양한 사건들을 하나의 시간적 전체로 함께 파악하는 상상적 행위인 것과 같이, 읽기도 또한 사건들과 등장인물들의 서사적 배열로부터 하나의 통합을 형성하는 상상적 행위인 것이다. "줄거리 구성이 판단 행위와 생산적 상상의 행위로 묘사될 수 있다면, 아리스토텔레스가 감각은 감각하는 사람과 감각된 것 공동의 작품이라고 말했듯이, 독서 행위는 텍스트와 독자 공동의 작품이다."(*Time and Narrative* 1, p.76) 읽기 행위는 독자의 실질적인 경험의 세계 속으로 그 텍스트의 허구적 세계를 끌어들인다. 단순한 경험의 반복에 만족하지 않고, 상상을 통해 텍스트와 독자의 경험 속에서의 일관성과 차이성을 통합시키기 위해 서사 구성과 수용적인 읽기는 연계된다. 이야기 구성은 결정과 행위를 통해 채택될 때, 경험을 재구성하고 그 점에서 인격적 정체성을 재구성하는 경험의 가능성을 만드는 읽기의 행위를 통해 완성되는 것이다. 하나의 텍스트가 읽히는 동안 서사적 아치는 반복된다. 그 반복은 그 이전의 읽기가 생산했던 인격적 정체성의 새로운 탁월성에 의해 가능해진다. 줄거리 구성의 행위처럼 재-구성 행위도 근본적으로 본질적으로 생산적이다. 리쾨르에게 있어, 읽기 행위는 텍스트와 독자를 연계시키면서 텍스트의 세계를 마치 그것이 독자의 실재적인 세계인 것처럼 이해하게 만든다.

텍스트들은 역사적인 것과 허구적인 것으로 구성된다. 리쾨르는 역사적인 텍스트들은 과거의 사건들을 '대변하는' 것으로 생각한다. 그것들은 허구적 텍스트들과는 달리 과거를 '재'구성하는 것이다. 그는 "'동일성', '타자성', 그리고 '유사성'의 측면에서 계기적으로 과거에 관해 생각함으로써 그것에 관한 의미 있는 어떤 것을 말할 수 있다고 주장한다."(*Time and Narrative* 3, p.143) 역사적 지식의 목표는 과거 사건들과 재구성 행위 사이의 시간적 차이를 극복하는 것이다. 역사는 과거와 현재 사이의 거리를 없애는 것, 이전에 있었던 것과의 동일시를 통해 가능한 작업이다. 그러나 역사가들이 그들의 서사적 재구성들이 이전의 사건들에 일치한다고 가정해야 하지만, 그 역사가의 정신 속에서 과거가 재현된다는 것에 '동일성'의 개념이 적용될 수 있는 것은 아니다. 과거를 상상적으로 묘사하는 것은 결국 과거와는 다를 것이다. 그것이 동일한 것이 되려면 과거와 수적으로 동일한 것이어야 한다. 과거를 다시 생각한다는 것은 시간적 거리를 없애는 방식이어야 한다. "사고는 어떤 의미에서는 시간 속에서 일어난 사건들이지만 다른 의미에서는 결코 시간 속에 있지 않다. … 본질상 과거는 현재와 분리된다. 자연적 과정에서의 과거는 경질되고 죽어버린 과거이다. 본질상 각 순간은 죽고, 다른 순간에 의해 대체된다. 반면 역사적으로 알려진 동일한 사건은 현재 속에 생존한다. 생존한다는 말은 재현하는 행위를 의미한다. … 과거는 흔적을 남김으로써 생존하며, 우리는 그 흔적의 상속자가 되어 과거의 생각들을 다시 실행할 수 있다."(*Time and Narrative* 3, p.146)

그러나 역사의 동일성은 문제가 있다. 역사가는 과거를 전혀 알지 못하고 단지 그것에 대해 자기 나름의 생각을 할 뿐이라는 것이다. 과거를 다시 실행한다는 것은 바로 과거를 다시 생각한다는 것일 수밖에 없다. "어떤 원초적인 창조 행위와 관련하여 그 자체의 차이를 없애 버리는 행위를 재-창조라고 부를 수 없다. 재현이라는 용어에서 '재(re)'는 시간적 거리를 없애려고 하는 작업을 방해한다."(*Time and Narrative* 3, p.147) 과거는 타자성의 측면에서도 생각될 수 있다. 다른 사람들을 이해하는 것이 역사적 이해와 가장 유사할 수 있다. 그러나 다른 사람들에 토대를 두는 모델은 "오늘날의 다른 사람들과 이전의 다른 사람들과의 차이를 없애면서, 시간적 거리의 문제를 지워 버리고 현재 속에서의 과거의 생존에 주어지는 특정한 난점, 다른 사람들에 관한 지식과 과거에 대한 지식 사이의 차이를 만들어내는 난점을 피한다는 점에서 역설적이다."(*Time and Narrative* 3, p.148) 타자성의 모델은 현재와 과거 사이의 시간적 차이를 설명하기에 부적절하다는 것이다. 과거와 현재 사이의 차이는 근본적이지 않다. "차이 관념은 과거의 현재에서의 지속에서 긍정적인 것처럼 보이는 것을 바르게 나타내지 못한다."(*Time and Narrative* 3, p.151) 리쾨르는 '유사성'을 통해 '동일성'과 '타자성'을 결합시키는 역사적 인식론을 전개한다. "우리가 허구와 역사 사이의 차이를 지적하고자 할 때, 우리는 우리의 서사와 실제로 일어났던 일 사이의 어떤 일치의 관념을 피할 수 없이 지적한다. 동시에, 우리는 이런 재구성이 이야기된 사건들의 과정과는 서로 다른 구성이라는 점을 잘 알고 있다. 이 이유 때문에, 우리가 구성하는 이미지로 실재를 그대로 반복하게 한다는 신화에 의해 오염된 것으로 보이는 '재현'이라는 말이 거부된다."(*Time and Narrative* 3, pp.151-152) 역사가 하나의 구성이라면, 역사가는 그 구성이 재구성이길 바랄 것이며, 실제로 구성하면서 재구성하려고 할 것이다. 그는 과거를 정당하게 평가하고자 한다. 그래서 그는 서사와 사건들 사이의 재생산적 일치와 사건들을 서사로부터 분리시키는 시간적 차이 둘 다를 고려해야 한다. "단순한 허구와는 달리, 역사적 담화는 두 가지에 전념해야 한다. 특정한 줄거리 유형에 주어지는 제한들에, 그리고 주어진 순간에 적용할 수 있는 기록된 정보를 통해 과거 자체에 전념해야 한다. 그래서 역사가의 작품은 서사 구조를 하나의 '모델'로, 과거를 재현할 수 있는 그것의 '도상(icon)'으로 만드는 것이다."(*Time and Narrative* 3, p.152) 그러나 "하나의 모델과, 과거를 재현하는 도상의 가치는 다르다. 모델과 비교할 원본이 없기 때문이다. 역사가 하나의 양식의 측면에서 원본을 미리 구성하는 노력을 하게 하는 것은 그것이 생소하기 때문이다. 서사와 사건들의 과정 사이에 재생, 반복, 혹은 동등의 관계는 없고 단지 은유적 관계만이 있게 되는 까닭도 그 점에 있다. 독자는 우리의 문화에 의해 익숙해진 서사 형식에 이야기되는 사건들을 견주는 그런 종류의 형상으로 향하게 될 것이다."(*Time and Narrative* 3, pp.153-154)

역사적 과거는 은유적 서사의 유비 구조를 가져야 한다. 과거는 마치 그것이 서사적 줄거리가 과거 사건들을 정리하는 방식으로 일어났던 것처럼 보일 것이다. 역사적 사건들은 생산적 상상의 규칙에 따라서 다가오는 것이다. 리쾨르는 과거를 특별한 방식으로 구성된 것으로 '보는' 힘을 '~로서의 존재(being-as)'와 서로 관계가 있다고 생각한다. 과거에 대한 유비적인 바라봄은 역사적 인식론을 넘어선다. '실재적인' 과거를 대변한다는 역사적 지식은 '실재적'이기도 하지만 '비실재적'이다. 역사와 허구(fiction)는 기록들에 의지하는가의 여부에 의해 구분된다. "역사적 문서들은 소설들과는 달리 과거를 다시 기록하고자 한다. 역사가들은 문서들과 그것들에 관한 비판적 검토를 통해 언젠가 일어났던 일에 굴복한다."(*Time and Narrative* 3, pp.142-143) 그러나 '과거의 실재성'과 '허구(fiction)의 비실재성'은 전혀 대칭적인 것이 아니다. 텍스트의 세계는 '실질적인 것'을 재-구성하기 위해 '비-실질적인 것'이 되어야 한다. 역사적 서사는 일차적으로, 그것의 지시 대상으로서 과거의 '실재'를 가정하는 상상의 재생산적 행위이다. 그것은 실제로 일어났던 대로의 사실들의 재현인 것이다. 여기서 '실제로(really)'는 '~처럼(as)'을 통해서만이 표시될 수 있다. 존재 자체는 '~처럼 존재한다'는 측면에서 은유되어야 한다는 것이다. 그러나 역사가가 보고하는 하나의 사건은 과거의 증인이 '~처럼 본' 사건이었다고 하는 것은 아무것도 설명하지 못한다. 과거성의 수수께끼는 이야기된 사건으로부터 그것을 이야기하는 증인으로 옮겼을 따름이다. 사건들이 있었음이든 증인이 있었음이든, 있었음은 관찰될 수 없는 것이라는 문제를 일으킨다. 그것은 관찰될 수 없고 다만 기억될 수 있을 뿐이다. 과거의 지났음(pastness)에 적용되는 '실재성'이라는 소박한 개념에 대한 이런 비판은 허구의 기획물들에 적용되는 '비실재성'이라는 그 못지않게 소박한 개념을 비판하게 만든다. "일상적인 실행과 관련하여 끊임없이 드러내고 변형시키는 기능을 가진 허구에서도 재현한다거나 대신한다는 기능이 수행된다. 그것은 숨겨져 있지만 이미 우리의 경험 속에 윤곽이 그려진 특징들을 밝혀 준다는 의미에서, 드러낸다는 것이다. 그것은 이런 방식으로 검토된 삶은 변화된 삶, 또 다른 삶이라는 의미에서 변형시킨다는 것이다. 여기서 우리는 발견과 발명이 구분될 수 없는, 그러므로 지시 관념도 재-묘사 관념도 더 이상 작동할 수 없는 지점에 도달한다."(*Time and Narrative* 3, p.158) 과거에 대한 지식에 속하는 재현하기의 기능과 허구의 기능 사이의 유사성은 비실재성 개념의 수정, 과거의 실재성 개념의 수정과 똑같이 철저한 수정을 대가로 그것의 비밀을 드러낼 수 있다. 역사와 재현의 관계는 허구와 독서의 관계와 같다. 만약 역사적 서사와 허구적 서사가 '생산적 지시'를 통해 이해될 수 있다면, 두 가지 서사 양식들은 독자의 세계 내에 혁신을 생산할 능력을 가질 것이다. 읽기는 텍스트의 세계와 독자 사이에 유비를 구성하는 종합적 활동이다. 만약 허구적 서사와 역사적 서사의 그것의 구분과는 무관하게, 서사 양식이 그런 적용을 생산할 수 있다면, 두 문학적 형태들은 '마치 ~처럼(as if)'의 생산적 양식에서 이해되어야 한다.

3. 정체성과 자아성

1) 언어와 정체성

리쾨르의 자기-정체성 내지 자아성에 대한 언어 분석적인 접근은 의미론(semantics)과 화용론(pragmatics) 두 측면에서 이루어진다. 의미론적 접근은 스트로슨(P. F. Strawson)의 '인격(person)' 개념과 '지시(reference)' 개념을 중심으로 이루어진다. 자아에 대한 해석은 최초로 인격을 만나게 되는 '동일성 지시(identifying reference)'를 통해 이루어져야 한다는 것이다. 언어는 모든 타자들과는 구별되는 하나의 그리고 유일한 하나의 인격을 지명할 수 있다. 인격화는 동일한 계층의 모든 타자들을 제외할 정도로 하나의 그리고 유일하게 하나의 표본을 목표로 삼는 것이다. 리쾨르는 하나의 유일한 표본으로서의 인격적 정체성을 설명하면서 스트로슨의 '기본적인 항목들(basic particulars)' 개념을 받아들인다. 스트로슨의 인격 개념은 신체 개념처럼 그것을 전제하지 않고 그것을 넘어설 수 있는 방법이 없을 정도로 본원적인 개념이다(*Oneself as Another*, p.31). 그는 인격을 '기본적인 항목들'이라고 부른다. 그가 말하는 인격은 심적 속성과 물리적 속성을 지닌 존재로서 하나의 전형이다. 동일시하는 것은 스스로를 동일시하는 것이 아니라 '어떤 것'을 동일시하는 것이다. 기본적인 항목들로서 "인격은 말하는 주체라기보다 말해지는 '사물들' 중 하나이다."(*Oneself as Another*, p.31) 인격을 '사물'로 표현하는 것은 인격 탐구가 동일시 지시 문제에 속함을 지적한다. " '사물'은 우리가 그것에 대해 말하는 어떤 것이다. 세계를 구성하는 실체들에 관해 이야기하는 가운데 우리는 인격들에 관해 말한다. 우리는 인격들을 하나의 전형적인 '사물들'로서 말하는 것이다."(*Oneself as Another*, p.32) 그러나 인격이 전형적인 사물만이 아니라 하나의 자아(self)로 규정되려면 자기-지칭(self-

192

designation) 개념이 도입되어야 한다. 동일성 지시의 대상인 사물들에게 의미를 부여하는 결정 속에 자기-지칭이 포함되지 않는다면 인격은 신체와 구분될 수 없다. 그러나 스트로슨은 자기-지칭을 염두에 두지 않는다. 즉,

(스트로슨에게 있어) 중심적인 논제는 어떤 것을 하나의 기본적인 항목과 동일시하는 기준을 결정하는 것이다. 개인들이 단일한 시공간적 도식에 속하며, 그 도식이 우리를 포함하고 우리는 '스스로(ourselves)' 그곳에서 우리의 자리를 차지한다는 사실이 바로 그 기준이다. 지금 이 지나가는 말 속에 자아(self)가 언급되는 것은 사실이지만, 모든 다른 항목들처럼 동일한 시공간적 도식 속에 포함되면서 자아는 즉시 무력해진다. 스트로슨의 『개인들(Individuals)』에서는 자아에 관한 물음이 '같음(idem)'이라는 의미에서 동일성에 관한 물음에 의해 가려진다고 나는 말하고자 한다. 모호하지 않은 동일성에 중요한 문제는 대화 상대자들이 동일한 것을 지칭하는 문제이다. 정체성(identity)은 자기성(selfhood)이 아니라 동일성으로 묘사된다, 물론 자아에 관한 물음보다 동일성에 관한 물음이 도움이 됨을 모르고 있는 것은 아니다. 말하는 자가 '누구인가(who)?'보다는 인격들을 포함하여 말해지는 대상으로서의 항목들이 '무엇인가(what)?'에 강조점을 둠으로써, 하나의 기본적인 항목으로서의 인격에 관한 전체적인 분석은 그것을 포함하는 시공간적인 도식과 관련하여 사물들의 위치를 결정하는 공적인 수준에 해당된다. 이런 식으로 자아에 관련하여 동일성에 우선권을 부여하는 것은 재동일시라는 주요한 개념에 의해 특별히 강조된다. 동일한 것에 관해 말한다는 것뿐만 아니라 일련의 사건 발생들을 동일한 것으로 확인할 수 있다는 점이 명확성의 문제이다. 그런데 이것은 시공간적인 위치를 통해서 이루어질 수 있다. 즉, 사물들은 서로 다른 시간들과 공간들에서도 동일한 것으로 남는다. 결국 근본적인 동일성은 시공간적 틀 자체의 동일성이다. '동일성'은 유일하고 반복적임을 의미한다(Oneself as Another, pp.32-33 참고).

스트로슨에게 있어서, 인격은 1인칭 주체가 아니라 3인칭의 공적 실재이다. 그러나 리쾨르는 1인칭적인 코기토의 독단을 비판하며 3인 칭적인 항목으로서의 자아의 무력함도 비판하면서 그 둘을 통합하고 자 한다. 스트로슨은 어떤 인격이 '누구인가(who)?'보다는 '무엇인가 (what)?', 즉 '어떤 사람인가?'의 물음에 우선권을 부여하면서 자아의 문제를 인격적 정체성의 의미론 속에 위치시킨다. 그러나 리쾨르는 '누구인가(who)?'라는 물음을 선호하면서, 정체성의 의미론을 넘어서 '말하는 주체'에 관한 화용론(pragmatics)으로 이동한다. 스트로슨은 기본적인 항목들 개념을 통해 공적이거나 객관적인 방식으로 인격의 확인과 재확인을 강조하지만, 리쾨르는 인격을 고유하고 반복하는 기 본적인 항목들의 한 항목으로 설명하면서 일반적인 지시와 자기-지칭 을 구별하지 못한다고 지적하는 것이다.

스트로슨이 말하는 '기본적인 항목들'은 신체들이다. 시공간적인 도 식에서의 자리 매김의 기준을 가장 잘 만족시키는 것이 신체이기 때 문이다. 인격은 신체적 술어와 정신적 술어를 소유하는 유일한 지시 대상이다. 인격들이 신체들이라는 사실 '또한' 기본적인 항목들에 관 한 일반적인 정의 속에 남겨진 하나의 가능성이다. 그 정의에 따르면, 기본적인 항목들은 신체들이거나 신체들을 소유한다. 신체들을 소유 한다는 것은 인격들이 사실상 하고 있는 것이거나 인격들의 실질적인 모습이다. 신체 개념은 동일성 범주의 우선권을 강화시킨다. 신체들은 동일한 것으로 확인되고 다시 확인될 수 있다. 그러나 리쾨르는 하나 의 동일한 시공간적인 틀 속에 자리하는 객관적인 신체의 문제로 인 격의 문제를 해결하고자 하는 스트로슨의 결정은 수많은 난점들이 생 긴다고 주장한다. 즉,

우리 자신의 신체의 문제는 더 이상 우리가 단일한 시공간적인 도식 에 속한다는 측면에서가 아니고 우리 자신의 신체와 신체들의 객관적

세계 사이의 관계의 측면에서 중심적인 문제로 되돌아온다. 엄격한 지시 문제에서, 명시적인 자기-지칭이 없다면 실질적으로 어떤 신체의 문제는 없다. '자신의 신체라고 불리는 것은 적어도 하나의 신체이며, 하나의 물질적인 것이다.' 이 말은 타당하지만, 자아의 논리적인 힘이 인정됨을 가정한다는 의미에서 신체는 '나의 것'이다. 그리고 기본적인 항목들의 자리를 차지함, 따라서 논리적 주체의 자리를 차지함으로부터, 정신적인 사건들과 의식의 자격을 박탈하는 것은 그 대가로 자아의 문제가 더욱더 은폐된다. … 하나의 실체, 심지어 인격만큼 고유한 실체에 부여되는 술어들의 목록 속에 어떻게 자아의 고유성이 자리를 잡을 수 있는지는 알 수 없다. 그 고유성은 동일성 지시에서 하나의 용어로 기여하는 '사물'의 측면에서가 아니라 말하기에 연결된 자기-지칭의 측면에서 탐구되어야 한다. 자아는 이야기의 대상인 인격인 동시에 2인칭에게 말을 걸면서 자신을 1인칭으로 지칭하는 주체일 수 있는가? 인격은 나와 너뿐만 아니라 3인칭으로 간주되어야 한다. 3인칭이 자신을 1인칭으로 지칭하는 누군가로 담화 속에서 지칭될 수 있는가? 자기-지칭을 1인칭에서 3인칭으로 이동시킬 수 있는 가능성은 정신적 사건 관념과 연결되는 '의식'에 부여하는 의미에 본질적인 것이다. 제삼자가 '느끼는' 것을 가정하지 않고 정신적 사건들을 3인칭에 기인하는 것으로 생각할 수 없기 때문이다. 느낌은 1인칭 경험의 특징인 것 같다 (*Oneself as Another*, pp.34-35).

인격은 그것에 부여되는 술어들과 관련된 논리적 주체의 입장에 있다. 이 점이 동일성 지시를 통한 인격에의 접근이 가지는 큰 장점이다. 인격에 술어들을 부여하는 것은 속성 부여와 인격을 구분하는 특성을 가지지 못하는 한, 자기-지시는 어떤 사람에게 그리고 모든 사람에게 적용될 수 있다. 인격은 '한' 개인에 부여된 술어들을 통해 결정되기 때문에 그것들은 또한 '각자'에게 부여될 수 있다. 의미론적인 자기-지시는 모든 다른 인격들에게 '동일한' 것인 보편적인 자아를 명명한다. 그래서 의미론적인 자기-지시는 자아성이 의미론적 보편성 이상이어야 한다고 지적한다. 리쾨르는 이 점의 중요성을 다음과 같이 표현한다. " '누군가에게' 그리고 '다른 어떤 사람에게' 이중적으로 술어들을 부여하는 것은 정신의 개념, 즉 각자에게 부여할 수 있는 심리적인 술어들의 목록을 작성할 수 있게 한다. … 정신적 상태들은 항상 누군가의 상태들은 분명하지만 이 누군가는 나, 너, 그, 그리고 어떤 사람일 수 있다. … '누군가에게'와 '다른 어떤 사람에게'의 상호 연관은 … 처음부터 제한을 가한다. … 처음부터 순수한 의식은 없다. 그리고 처음부터 자아는 없다. 타자들에게 술어를 부여하는 것은 자신에게 술어를 부여하는 것만큼 원시적이다. 내가 동시에 술어들을 다른 누구에게 잠재적으로 부여할 수 없다면, 나는 나의 사고들에 관해 의미 있게 말할 수 없을 것이다."(*Oneself as Another*, p.38) 리쾨르는 의미론적 분석의 수준에서 자기-정체성과 타자의 정체성 사이의 상관관계의 근본 원리를 수립하지만 지시의 동시성이 '각자'와 '모두'를 지칭하기 때문에, 그것은 보편적인 자기-동일성이나 동일성(idem) 정체성 이상의 어떤 것을 지칭하기에는 적절성을 결여한다. 그에게 있어 자아의 '동일성(sameness)'은 자아성의 물음에 본질적이지만, 속성 부여에서의 불균형을 고려하지 못한다. 즉, 의식 상태를 자신에게 돌리는 것은 '느낌'이며, 다른 누구에게 돌리는 것은 '관찰'인 것이다. 동일성 지시의 절차들은 동일성 공유의 측면에서 자아를 규정할 수 있을 따름이다. 그 절차들은 '타자의 타자성'의 특수성을 마주 보고 서 있는 '반성적 자기-지칭'의 자신의 감정을 고려하지 않는다. 리쾨르는 자기-일관성(ipse) 내지 자아성(selfhood)을 나타내는 '반성'과 '타자성'의 동시성을 분석한다.

리쾨르는 화용론적 접근을 통해 말하는 행위와 말하는 주체를 분석한다. 그에 의하면, 의미론적 자기-지시는 인격을 사물들 중 하나로 대하는 것이 실수이다. 그는 말하기 행위에 대한 분석을 통해 말하기 행위의 주체인 자아의 정체성을 밝힐 수 있다고 믿는다. '나(I)'와 '당신(you)' 사이의 대화 속에서 '무엇인가(what)?'라는 물음으로부터 '누구인가(who)?'라는 물음으로 옮긴다. 인격들에 관한 말하기는 말하는 사람이 누구인지를 지칭하는 말하기여야 한다. 그러나 그는 '무엇인가?'라는 물음과 동일한 방식으로 '누구인가?'를 묻는다. 한 개인이 '누구인가?'를 확인하는 것과 '무엇인가?'를 지시하는 것은 다를 수 없을 것이다. 그런데 리쾨르는 자기-지시에 대한 분석은 인격의 동일성에 관한 정보를 제공하고, 자기-지칭에 관한 분석은 자기-일관성 내지 자아성에 관한 정보를 제공한다고 생각하는 것이다. 이 점은 자기-지시와 자기-지칭을 매개시키는 그의 시도에서 분명하게 나타난다.

리쾨르는 오스틴(J. L. Austin)이 말하는[44] 말하기 행위의 세 가지 형태들, 즉 발화 행위, 발화 내적 행위, 발화 매개적 행위를 설명한다. 발화 행위는 무언가에 관해서 무언가를 말하는 서술 활동 그 자체이다. 그것은 무언가를 지적하는 진술이기보다는 지적하는 화자 자신이다. 진술이란 의미를 지니거나 무언가를 표시하지 않고, 이것 혹은 저것을 말하고자 하고, 하나의 표현을 특별한 의미로 이해하는 화자들이다(*Oneself as Another*, p.43). 그래서 "발화 내적 행위가 더욱 근본적인 행위인 서술 활동에 연결된다. 발화 내적 행위는 말하는 사람이 말하면서 행하는 것이다. 이런 행위는 발언이 하나의 진술, 하나의 명령, 하나의 충고, 하나의 약속 등으로 간주되게 만드는 '힘'을 표시한다. 발화 내적 힘이라는 관념은 수행문을 넘어 말하기 속에 행하기를 내포됨을 일반화시키게 한다."(*Oneself as Another*, p.43) 서술 활동은 단순하게 하나의 인격을 지적하는 데 머물지 않고, 그 인격을 1인칭들 서로 간의 대화 속에 자리를 잡게 한다. "1인칭 화자를 직면한다는 것은 그가 말을 거는 2인칭의 청자이다. 이 사실이 대화 상황이다. 그래서 나의 발화(allocution)가 없다면, 그래서 메시지를 전달받는 누

---

44) J. L. Austin, *How to do things with words*, 김영진 옮김, 『말과 행위』(서울: 서광사, 1992), p.103.

군가가 없다면 발화 내적인 행위도 없을 것이다. 그러므로 진술의 의미 속에 반영되는 발언은 양극의 현상들이다. 즉, 그것은 말하는 하나의 '나(I)'와 내가 말을 거는 하나의 '당신(you)'을 동시에 내포한다. '나는 ~를 인정한다'는 '나는 당신에게 ~를 선언한다'와 같으며, '나는 ~를 약속한다'는 '나는 당신에게 ~를 약속한다'와 같다. 간단히 말한다면, 발언은 대화와 동등하다."(*Oneself as Another*, pp.43-44) 모든 발화는 의미하는 의도로 이루어진다. 의도란 말하는 사람이 상대방에게 자신의 의미를 알리고자 하는 기대인 것이다. 이런 의사소통적인 의도는 반성적인 것이다. 대화는 의도성의 교환이며, 그 속에서는 타자와 행위의 반성성이 동일하게 중요하다. 대화의 상황이나 발화하는 사람의 의도, 대화 상대자에 대한 배려 등은 불투명한 점이 있다. 그러나 발화의 의미에 대한 올바른 분석을 위해서는 지시의 투명성과 반성성의 불투명성이 통합되어야 할 것이다.

말하기 행위에 대한 리쾨르의 분석에서 1인칭 대명사는 '나'를 포함하는 모든 발언에서 그 자신을 지칭하는 사람이다. 정체성은 대명사 '나'를 사용하는 사람과 연결되고, 어떤 사람(anyone)이나 다른 모든 사람(everyone else)에는 적용될 수 없는 것이며, 자아성의 한 증거이다. '나'는 동일성 지시에서의 지시 대상을 지칭하지 않기 때문에, 말하면서 자신을 지칭하는 어떤 인격도 '나'라는 말의 출현들에 대체될 수 없다. 동일성 지시 관점에서는 '나는 행복하다'와 '말하면서 자신을 지칭하는 인격이 행복하다'는 결코 동등하지 않다. 화용론적 분석에서의 '나'의 기능인 표시 기능과 의미론적 분석에서의 지시 기능 사이에는 논리적 간격이 크다. 그런데 "'나'라는 표현에는 이상한 모호성이 각인된다. … 언어 체계에 속하는 하나의 인칭대명사로서 '나'는 인칭대명사 패러다임의 한 구성요소이다. 그 자체로 그것은 서로 다르게 사용되지만 동일한 의미를 유지하는 일반적 표현들과는 달리, 매번 새롭게 사용되면서 서로 다른 인격을 지칭하는 하나의 텅 빈 용어이다. 이런 의미에서 '나'는 말하면서 자신을 지칭하는 아무에게나 적용된다. 그런 종류의 빈 용어이기 때문에 '나'는 이동하는 용어이다. '나'는 그것에 관해 가설적인 일부 발언자들이 서로 대체될 수 있을 그런 하나의 입장이다."(*Oneself as Another*, pp.48-49) 그러나 '나'는 또 다른 의미를 지닌다. '이주하는 것(shifter)'의 '대체할 수 있는' 측면보다는 말하기로부터 초래되는 '고착하기'의 측면이 강조되는 것이다. '계열(paradigmatic)' 관점에서 '통합(syntagmatic)' 관점으로의 이동이다. 즉, " '나'를 대명사들 도표에 속하게 하는 관점에서 '나'를 통해 어떤 타자도 제외시키고 단 하나의 인격, 지금 그리고 여기서 말하고 있는 인격만을 지칭하는 관점으로 이동한 것이다. '나'를 대체가 불가능한 입장이며 세계에 관한 전망의 고유한 중심으로 간주하는 이런 관점을 '정박하기(anchoring)'라고 부를 수 있다."(*Oneself as Another*, p.49 참고) 그러나 세계에 관한 '단일한 전망'이라는 관념에 무슨 의미를 부여할 수 있을까? 이 점을 리쾨르는 정박하기의 난점이라고 부른다. "말하는 주체인 세계에 관한 특별한 전망 지점은 세계의 내용들 중 하나가 아니고 세계의 경계이다. 그러나 담화를 제공하는 사람에게 적절한 이름을 부여함으로써 확인되듯이, 발언의 자아는 자명한 것으로 보인 후에 '세계 속에' 나타난다. 사실 세계의 경계이기도 하고 아니기도 한 사람은 나 아무개이다."(*Oneself as Another*, p.51) 동일성 지시 대상은 객관적인 인격이며, 말하는 주체는 반성적 표본이다. 리쾨르는 객관적 인격과 반성적 인격의 의미를 통합하고자 한다. 즉,

정박하기 현상이 그 문제 해결의 방향을 제시한다. 자신의 신체는 절대적으로 다른 것으로 바꿀 수 없는 의미를 지닌다는 것이다. 동일한 사물에 신체적이고 정신적인 술어들을 부여할 수 있음은 자신의 신체의 이중적인 구조, 즉 관찰할 수 있고 물리적인 실재로서의 상태 그리고 '자기성의 영역(sphere of ownness)' 내지 '나의 것인 것'이라고 불

리는 것에의 소속에 토대를 두고 있는 것으로 보인다. 신체의 이런 이중적 구조는 '나 아무개(I so and so)'의 혼합된 구조를 수립한다. 다른 신체들 가운데 하나의 신체로서 신체는 세계에 관한 한편의 경험을 구성한다. 나의 것으로서의 신체는 세계의 경계 지시 지점으로 이해되는 '나'의 자리를 공유한다. 달리 말한다면, 신체는 세계에 속하는 하나의 사실이면서 동시에 주체가 그것에 관해 말하는 대상들에 속하지 않는 한 주체의 기관이다. 신체의 이런 이상한 구성은 발언의 주체로부터 발언 행위 그 자체로 확대된다. … 하나의 목소리로서 발언은 모든 물질적 신체들의 운명을 공유한다. 말하는 주체가 의도하는 하나의 의미를 표현하는 것으로서, 목소리는 … 발언 행위의 수단이다(*Oneself as Another*, pp.54-55).

위에서 논의된 언어 분석의 두 방법을 교차시키기 위해, 리쾨르는 '지금(now)'과 '여기(here)'라는 두 단어를 분석한다. '지금'이라는 용어를 통해 우주론적인 시간의 순간과 현상학적인 경험의 현재는 연결된다. 리쾨르는 그것을 '우주론적 시간에 현상학적 시간을 새김'이라고 부른다. 현상학적 시간은 달력에 나오는 시간에 해당한다. 그 새김으로 '날짜가 부여된 지금(dated now)'이 생겨나는 것이다. 날짜가 없다면 현재에 대한 규정은 순수하게 반성적이다. 즉, "지금 일어나는 일은 내가 말하고 있는 순간과 동시적인 어떤 사건이다. 말하기 순간의 자기-지시는 단순히 생생한 현재의 동어반복이다. 우리에게 항상 오늘인 까닭이 바로 이것 때문이다. 그런데 '오늘이 무슨 날이지?'라는 물음을 통해 우리는 동어반복에서 벗어난다. 답은 하나의 날짜를 제시하는 것이다. 달력에 나오는 한 날짜를 생생한 현재에 일치시키는 것이다. 날짜가 부여된 지금은 대상 지시어 '지금'의 완전한 의미이다."(*Oneself as Another*, p.53) '여기'라는 용어의 의미도 마찬가지다. '여기'는 '저기'와 반대되며, 나의 신체가 자리 잡고 있는 장소이다. 이 절대적인 장소는 발언하는 자아(ego)와 동일한 세계-의-경계 성격을 가진다. 내가 있는 장소로서 '여기'는 모든 다른 장소들이 멀기도 하고 가깝기도 하는 기준점이다. 이런 점에서 '여기'는 아무 곳도 아닐 수 있다. 우주론적 시간의 순간처럼 장소의 기준점은 아무 곳이나 될 수 있는 것이다. "따라서 장소는 날짜와 동등한 방식으로, 즉 객관적인 좌표들의 체계 위에 절대적인 '여기'를 새김으로써 기능한다. 날짜를 정하는 현상과 비교될 수 있는 새김의 덕분에, 대상 지시어 '여기'의 완전한 의미는 '장소가 정해진 여기(localized here)'의 의미이다."(*Oneself as Another*, p.53) 리쾨르는 대상 지시어 '지금'과 '여기'에 대한 분석으로부터 '나-당신(I-you)'에 대한 분석으로 되돌아간다. 세계-경계로서의 주체와 동일성 지시의 대상으로서 인격 사이의 연결은 달력 날짜 정하기와 지리상의 장소 정하기에서의 새김과 같은 과정에 의존한다. 새김과 정박하기가 동일시될 수 있음은 '나 아무개'의 표현이 충분히 입증한다. 속성 부여의 주체로 간주되는 인칭대명사 '나'와 기본적인 항목의 표본으로 지칭되는 고유명사 사이의 관계는 새김의 관계이다. '나'는 성과 이름을 부여하는 관례에 따라 고유명사들의 공적인 목록에 새겨진다. 이름, 출생일, 출생 장소 등이 호적부에 기록되는 것이다. 새겨진 '나'는 고유한 의미에서 등록된 것이다. 이 등록으로부터 '나 아무개는 언제 어디에서 태어났'고 표현된다. 이런 방식으로 '나'와 '아무개'는 동일한 인격을 의미한다. 동일성 지시 대상인 인격과 발언의 저자인 주체는 동일한 의미를 지니게 된다. 그리고 특별한 발언 행위인 이름 짓기라는 특별한 종류의 새김이 이런 연결을 가능하게 만든다.

2) 행위와 정체성

리쾨르는 분석철학의 입장에서 행위 개념을 분석한다. 정체성과 자아성(selfhood)의 문제를 해결하기 위한 그의 중심 주제는 행위와 행위 주체의 관계 문제이지만, 그는 먼저 행위의 문제를 다룬다. 그가 시도하는 행위에 대한 설명은 결국 행위 주체가 없는 행위에 대한 의미론적 접근을 비판하는 것이다. 행위의 행위 주체로서 '누구?'의 물음에 대한 답을 제시하기 위해 오히려 행위의 '무엇?' 내지 '왜?'라는 물음이라는 긴 우회로를 걷기 시작한 것이다. 그는 우선 '무엇?'과 관련하여 사건과 행위의 대비 문제를 검토한다. "사건들은 단순하게 일어난다. 반면 행위들은 일들이 일어나게 만드는 것이다. '일어난다'와 '일어나게 만든다' 사이에는 논리적 단절이 있다. … 일어나는 것은 관찰의 대상, 따라서 참이거나 거짓일 수 있는 사실 확인적인 발언의 대상이다. 일어나게 만들어지는 것은 참도 거짓도 아니고, 어떤 발언의 주장, 즉 일단 수행된 행위를 참이나 거짓으로 만든다. … 이루어진 행위는 하나의 사실이 되었다. 그러나 그것을 참으로 만드는 것은 그것을 행함으로부터 비롯된다. 이런 대비로부터 비롯되는 점은, '행위의 논리적 힘'이 사건들과 그것들의 속성들에 관련된 어떤 진술들로부터 도출될 수 없다는 점이다."(*Oneself as Another*, p.61) 다음에 그는 '왜?'와 관련하여 동기와 원인을 구분한다. 동기는 이미 행위를 하기 위한 동기이다. 동기를 언급하려면 그것이 동기가 되는 행위를 반드시 언급해야 한다는 의미에서 동기는 이미 이루어진 혹은 이루어질 행위 관념 속에 논리적으로 내포되어 있다. 반면 원인은 원인과 결과의 논리적으로 다른 것을 내포한다. 한쪽을 언급하지 않고서도 다른 한쪽을 언급할 수 있다는 것이다. 성냥을 말하면 불을 말하지 않아도 된다는 의미이다. 이 점은 심리적이기보다는 논리적이다. 동기와 원인의 대비와 행위와 사건의 대비는 동질적인 것이다.

이어서 그는 행위의 의미를 검토하기 위하여 앤스콤(G. E. M. Anscombe)의 행위 의미론을 비판적으로 검토한다. 그의 이론은 다음과 같이 요약될 수 있다. 즉, 인간 행위는 단순한 몸짓이 아닌 의도적인 행위이다. 행위의 의도는 행위에 관해 '왜?'라는 물음의 적용을 통해 밝혀질 수 있다. 그런데 행위의 의도는 관찰을 통해 알려지지 않는다. 관찰하면서가 아니라 그 행위 자체가 이루어지면서 왜 그 행위를 하였는지를 알게 된다는 것이다. 물을 마시려는 의도로 팔을 움직이는 것을 스스로 아는 것처럼 실천적 지식은 관찰에 의해 알려지지 않고 그 행위 자체를 통해 알게 되는 지식이다. 행위는 어떤 목적 때문이 아니라 의도적으로 행해진다. 목적은 행위의 의도이다. 그래서 의도적인 행위와 행위의 의도는 구분되어야 한다. 행위의 의도는 행위 주체의 내적인 것이기 때문이다. 그래서 리쾨르는 앤스콤의 실천적 지식의 개념은 행위와 행위 주체 사이의 관계를 설명하지 못한다고 지적한다. 즉, "(관찰이 없는 지식, 무엇을 안다(knowing-that)는 것이 아니라 무엇 때문에를 안다(knowing-how)는 것인) 실천적 지식은 인칭대명사가 동사보다 앞설지라도 행위와 행위 주체의 관계를 고려하는 것과 관련된다고 믿는 것은 잘못이다. '왜?'라는 물음, 이 물음에 대한 답들이 받아들일 수 있는 것인지에 대한 기준을 사용한다는 것은 행위의 객관적인 측면, 즉 발생된 결과, 그 자체가 하나의 사건인 것을 우선시한다."(*Oneself as Another*, p.70) 행위는 의도적인 행위이며, 행위하고자 하는 의도는 행위 주체의 내적적 목적이기 때문에 행위를 설명함에 있어 그 목적을 설명이 필요가 없다는 것이다. 그런데 앤스콤은 의도한다는 말을 분석하면서 '내가 원한다(I want)'는 표현을 고려하지 않고 동명사인 원하기(wanting)를 체계적으로 분석한다. 무엇을 의도한다는 것은 무엇을 원하는 것이며, 무엇을 원한다는 것은 바람직한 특징을 얻고자 하는 것이다.45) "그녀는 '원하기의 어근은 얻으려고 노력하는 것이다'라고 적는다. 문법적인 동명사는 시제들에 의해 표현되는 동사의 주어를 생략하게 허용한다. 가장 일반적으로 인용되는 원하기, 즉 욕망에 관련하여 개념적 분석에 중요한 점은 주어가 경험하는

---

45) G. E. M. Anscombe, *Intention*(Oxford: Basil Blackwell, 1979), p.73.

긴장이 아니고 바람직함의 특성, 즉 어떤 것이 바람직한 것인 이유이다."(*Oneself as Another*, p.70) 리쾨르는 욕망의 객관적인 측면을 강조하는 이유를 두 가지로 제시한다. "첫째, 도덕적 고려들을 개념적 분석에 도입하지 않고, 기술적 차원과는 분리될 수 없는 평가적 차원을 설명하고자 하는 관심 때문이다. 둘째, 의도적인 행위(의도적으로 행해졌다는 의미에서)와 의도를 가지고 행해진 행위 사이의 알 수 있는 전이를 제공하려는 관심 때문이다."(*Oneself as Another*, p.70) '의도적으로' 행위하는 것은 어떤 방식으로 행위하는 것인 반면, '의도'를 가지고 행위하는 것은 어떤 대상을 의도하는 것이다. 행위하고자 '의도'할 때는 행위의 결과로서 일어나게 하고자 하는 사태를 향하지만, 어떤 것을 하고자 '의도'하거나 어떤 대상에 대한 '의도'를 가질 때는 행위가 목표로 삼은 그 사태를 의도한다. 그런데 앤스콤은 행위 주체에 근접할 수 있는 의도를 가진다거나 목표를 가진다는 점에서 행위를 설명하는 것에 관심을 보이지 않는다. 그녀에게 있어, 행위는 묘사되는 것이며, 묘사를 위해 그것을 설명한다. 행위를 설명한다는 것에는 행위 주체의 '앞을 바라보는 동기'로서의 의도는 포함되지 않는다. 자아성 문제 해결의 열쇠인 의도를 가지고 행위하는 행위 주체의 문제를 제거시킨 것이 앤스콤의 행위 의미론이다.

리쾨르는 이어서 데이빗슨(D. Davidson)의 행위 의미론을 검토한다. 데이빗슨은 행위의 '의도'를 분석하면서 앤스콤의 관점을 수용한다. 즉, 행위의 의도, 의도적인 행위, 무엇에 대한 의도, 즉 의도의 형용사적, 부사적, 명사적 사용을 구분하면서, '의도적으로 행위한다'는 부사적인 사용을 중요시하고, 행위의 의도는 의도적으로 행위하는 것의 의미 확장에 불과하다고 간주하면서, ~에 대한 의도를 가지고 행위한다는 명사적인 사용을 부사적 사용에 종속시킨다. '의도'라는 용어의 부사적 사용을 중요시하는 것은 인과주의적인 도식 속에 들어가려고 하는 것이다. '의도'가 부사적 의미를 가진다면 묘사는 설명이 된다. 의도적으로 이루어지는 행위는 행위 주체가 자신의 행위를 이유를 통해 설명하는 것이다. 그 설명은 합리적인 것이다. 이유가 행위를 합리화시킨다는 것이다. 그는 행위를 합리화의 분명한 의미와 일종의 인과적 설명으로서의 합리화 두 논제들로 설명한다. "한편, 만약 어떤 사람이 어떤 종류의 행위들에 관련하여 '긍정적 태도(pro-attitude)', 즉 책무들, 행위 주체의 공적, 사적인 목표들을 포함하는 호의적인 태도, 욕망이나 원하기보다는 더 넓은 의미를 지닌 행위 주체의 '기호(inclination)'를 가진다면, 그리고 다른 한편, 행위 주체가 자신의 행위가 이런 행위 범주에 속한다는 믿음(지식, 지각, 관찰, 기억)을 가진다면, 그 사람은 어떤 일을 할 이유를 가진다고 말할 수 있다. 간단히 말하면, 의도적인 행위는 '하나의 이유로 인하여' 행해진 행위이다. 호의적인 태도와 신념으로 구성되는 하나의 앙상블을 '일차적인 이유'라고 부를 수 있을 것이다. 즉, 어떤 사람이 자신이 실행한 대로 행위한 일차적인 이유를 안다는 것은 그 행위가 이루어진 의도를 안다는 것이다."(*Oneself as Another*, p.76) 데이빗슨은 행위하는 이유와 행위 속에 담긴 의도를 동일한 것으로 간주하고 있다. 이유와 행위를 원인과 결과로 설명하는 인과적인 설명은 의지와 같은 심적인 행위 동기를 고려하지 않는 입장이다.

지금까지 논의된 앤스콤과 데이빗슨의 행위 의미론에 대한 비판적 검토는 한마디로 행위 주체 없는 행위 이론에 대한 리쾨르의 비판이었다. 리쾨르에 의하면, 두 사람의 행위 의미론을 포함한 분석철학은 '누구?'의 행위인가를 묻지 않는다. 그리고 '무슨?' 행위가 일어났는가의 물음에 집중한다. 행위 주체 없는 행위 이론은 익명적인 사건 존재론의 수준에 머문다. 의도적인 행위를 설명하는 '왜?'라는 물음과 '무엇?'이라는 물음의 한 쌍은 '누가?'의 물음을 배제시킨다는 것이다. '무엇?'과 '왜?' 한 쌍의 물음은 행위를 기술함으로써 설명한다. 행위를 기술한다는 것은 행위 주체의 의도나 심적 작용에 관심을 두지 않고 다만 드러난 사건으로서의 참과 거짓의 문제만을 다룬다. 분석철학은 '누가?'라는 물음 대신에 '무엇?' 그리고 '왜?'라는 물음을 제기한다. 앤스콤의 의도적인 행위는 '왜?'라는 물음이 적용되는 행위이며, 데이빗슨이 강조하는 '왜?'라는 물음에 대한 대답이 제시하는 행위 이유가 행위를 기술하는 데 결정적인 역할을 수행한다. 리쾨르는 '무엇?'-'왜?'라는 한 쌍의 물음이 '누가?'라는 자기-일관성 내지 자아성에 대한 물음을 배제하게 만든다고 주장한다. 분석철학은 행위 주체 없는 행위 설명에 관심을 둔다는 것이다. 그러므로 분석철학은 자기-일관성 내지 자아성을 설명할 수 없다. 그는 이 점을 다음과 같이 설명한다.

내 생각에는, 행위를 행위 주체로 돌리는 것에 대한 관심을 없애게 만드는 것은 기술의 사실성(truth)에 대한 배타적인 관심이다. 행위를 행위 주체로 돌리는 일은 더 이상 사실성의 문제가 아니라 성실성(veracity)의 문제를 제기한다. … 사실성의 문제와 구분되는 성실성의 문제는 증명(attestation)이라는 더욱 일반적인 문제에서 생긴다. 그런데 성실성의 문제 자체가 자아성의 문제에 적합하다. 즉, 거짓말, 속임수, 오해, 환상 등 모두는 이 영역에 속한다. 그것이 증명과 관련된 문제들을 무시하는 것은 아마 분석철학의 방식, 기술에 적절한 사실성 요구들과 기술에의 거의 배타적인 몰두 때문일 것이다. 의도를 가진다고 발표하는 것이 성실한 것인지를 의심할 수 있다는 점이 기술적인 성격과 기술에 부여하는 사실 요구에 반대를 주장한다면, 그 의심의 가능성 자체가 제기된 문제가 기술에 적절한 기준론으로 귀결될 수 없는 증명의 현상학에 속한다는 점을 입증할 것이다. 진정성의 검증은 사실 확인이 아니라, 중간에 일어나는 의심의 에피소드들과 무관하게, 신뢰의 행위, 최종적인 입증으로 마무리되는 일종의 공판이다(*Oneself as Another*, p.72).

앤스콤 자신도 인정하듯이, 인간 자신만이 자신의 의도가 무엇인지를 말할 수 있다. 그녀 자신은 의도적인 행위가 기술을 통해 설명될 수 있다고 말하지만, 의도는 기술될 수 없는 문제이다. 의도를 가진다는 말은 공언이다. 즉, "의사소통이 이루어질 때, 공언은 수용되기도 하고 되지 않기도 한다. 그러나 그것은 결코 공적인 기술과는 동등하지 않다. 그것은 공유된 자백이다."(*Oneself as Another*, p.72) 앤스콤 자신이 관찰 없는 지식이라고 말한 것은 증명의 영역에 속한다고 리쾨르는 주장한다. "그는 의도적인 목표에 대한 증명은 한참 행위를 하고 있는 중에 바라보는 어떤 아주 이상하고 특별한 눈이 이루어낸 성과가 아니라는 앤스콤의 의견에 동의한다. 만약 시각이 사실이나 거짓으로 간주되는 명제들로 표현된다면, 증명은 시각을 회피할 것이다. 성실성은 지식과 그것의 대상이 일치한다는 의미에서 사실성이 아니다."(*Oneself as Another*, p.73) 분석철학에서 말하는 의도 개념은 현상학의 지향성 개념과는 다르다. 현상학이 말하는 의도는 무엇에 대한 의도이며, 미래지향적인 의도이다. 그것은 곧 의식에 내재하는 것이며, 밖이나 미래를 지향한다. 그래서 '지향성'으로 표현된다. 그러므로 현상학적인 의도는 행위 자체가 아니라 행위 주체와 관련된다. 분석철학의 사건 존재론은 사물 동일성(idem)의 수준에 머물지만, 현상학적 존재론은 시간성과 역사성을 내포하는 자기-일관성(ipse) 내지 자아성(selfhood)의 문제를 다룬다. 리쾨르가 말하는 자아(self)의 증명이 만드는 서사적 정체성은 그것이 언어 서술 구조에 의존한다는 점에서 3인칭의 객관성을 확보하고, 그것이 나 자신의 이야기로 구성된다는 점에서 1인칭 행위 주체의 주관성을 확보한다. 이런 점에서 본다면, 리쾨르는 분석철학과 현상학을 변증법적으로 수용하고 있는 것이다.

3) 동일성과 자아성 그리고 인격적 정체성

지금까지 리쾨르가 주장한 자아(self)는 자신의 의도를 가지고 말하고 행위하는 주관적인 1인칭의 인격이면서 동시에 기본적인 항목으로서의 공적이고 객관적인 3인칭의 인격이다. 그것은 곧 의미론의 지시적 접근과 화용론의 반성적 접근을 종합하면서 밝혀진 자아의 모습이다. 이제 리쾨르의 해석학적인 자아 이론을 검토하기로 하자. 그것은 우선 인격적 정체성(personal identity)과 서사적 정체성(narrative identity) 문제로 다루어진다. 먼저 다루어야 할 문제는 인격 정체성의 문제이다. 그에게 있어, 자기-일관성 내지 자아성의 문제를 해결할 수 있는 열쇠는 인격적 정체성 문제에 대한 분석철학과 해석학의 입장들의 변증법적 통합이다. 그는 정체성의 문제를 근대 최초로 정립한 로크(John Locke)의 인격 이론과 분석철학의 입장에서 그것을 심화시킨 파핏(D. Parfit)의 인격 이론을 비판적으로 검토하면서 해석학적 입장에서 인격 정체성의 문제를 해결하고자 한다.

정체성이라는 용어는 어떤 대상이 시간이 지남에도 변함없이 지속된다는 의미를 지닌다. 리쾨르는 동일성(idem)으로서의 정체성과 자기-일관성 내지 자아성(ipse)으로서의 정체성을 구분한다. 동일성은 시간에 관계없이 불변한 지속성을 의미하며, 자기-일관성은 자신의 고유한 지속성으로서 시간 속의 영속성을 의미한다. 두 가지 정체성들의 만남이 진정한 문제가 되는 것은 '시간 속의 영속성' 때문이다.

사실, 얼핏 보기에는 시간 속의 지속성의 문제는 동일성-정체성과 배타적으로 연계된다. 우리가 뒤에서 검토할 분석적인 이론들이 인격적 정체성과 그것에 관련된 역설들에 접근하는 것은 이런 방향에서 이루어질 것이다. … 동일성은 관계의 개념이며, 관계들의 관계 개념이다. 먼저 '수적(numerical)' 정체성이 다가온다. 예를 들면, 일상적인 언어에서 고정된 명사에 의해 지칭되는 하나의 사태가 두 번 생길 경우 그것들은 두 가지 서로 다른 사태들을 이루지 않고 '하나의 그리고 동일한' 사태를 이룬다고 말한다. 여기서 정체성은 단일성(oneness)을 의미하며, 그 반대는 다원성이다. 동일한 것을 다시 확인한다는 의미에서 이해되는 확인이라는 관념은 정체성 관념의 첫 번째 구성요소에 일치한다. 그것은 인지(cognition)를 재인지(recognition)로 만들며, 동일한 사태가 두 번, 세 번 발생한다는 것이다. 둘째, '질적(qualitative)' 정체성, 다른 말로 극단적인 유사성이 있다. 즉, 우리는 두 사람이 동일한 옷, 즉 너무 유사하여 어떤 현저한 차이를 가지고 있지 않으면서 서로 바꿀 수 있는 옷을 입고 있다고 말한다. 의미의 상실 없는 대체 작동이 이런 두 번째의 구성요소에 일치한다(*Oneself as Another*, p.116).

그런데 수적 정체성과 질적 정체성은 서로 환원될 수 없지만 서로 무관하지 않다. 동일한 것을 다시 확인하는 데 망설임, 이의, 논쟁 등이 생길 수 있는 것은 일련의 사태 발생들 속에 시간이 내포되기 때문이다. 두 번 이상의 사태 발생들이 아주 유사하다면 수적인 정체성의 간접적인 기준이 강화될 수 있다. 이 점은 인격의 신체적 정체성의 문제에도 적용된다. 들어오고, 나가고, 나타나고, 사라지고, 다시 나타나는 누군가를 알아차리는 데 어떤 어려움이 없다. 그러나 지금의 지각과 최근의 기억을 비교할 때 의심이 생길 수 있다. 예를 들어 법정에선 피고인이 범죄인인지는 분명하지 않을 수 있는 것이다. 시간 간의 거리가 멀거나 유사성의 기준이 미미할 경우에는 다른 기준이 적용될 수 있다. 그 기준은 정체성 관념의 세 번째 구성요소로서, 동일한 것으로 간주되는 것의 전개 과정에서 첫 번째 단계와 최종 단계 사이의 '부단한 지속성'이다. 나이와 성장이 상이성, 즉 수적인 다양성의 요소들로서 작용할 때에는 항상 이 기준은 두드러진다. 예를 들어, 도토리로부터 성장한 나무를 동일한 참나무라고 부르는 것이다. 한 마리의 동물도 태어나서 죽을 때까지 동일한 동물로 불러진다. 인간의 경우도 마찬가지다. 여기서 나타나는 지속성은 유사성의 보완적이거나 대체적인 기준으로 작동한다. 그것은 하나씩 고려하면 유사성을 없앨 수 있는, 일련의 작은 변화들의 정열에 의존한다. 인생의 연속적인 나이들에서 찍은 우리 자신의 사진들은 아주 모습이 다른 사진도 있지만 그것들을 순서대로 배열한다면 그 속에는 지속성이 발견된다. 시간은 상이성과 차이의 요소로서 정체성을 위협한다. 그러나 시간적인 변화들의 유사성과 무단한 지속성을 토대로 '시간 속의 영속성(permanence in time)'의 원리를 설정할 수 있다면 그 위협은 사라질 것이다. 예를 들면, 점차적으로 모든 부품들이 교환되지만 하나의 도구는 불변의 구조를 지닌다. 생명체의 유전자 코드의 영속성도 마찬가지다. 점진적으로 변화하지만 변화하지 않는 구조가 시간 속의 영속성인 것이다. 시간과 무관한 지속성이 아니라 시간 속의 영속성이 리쾨르가 정체성 문제를 해결하는 열쇠인 것이다.

시간 속의 영속성 형식으로 '나는 누구인가?'라는 물음에 답한다. 우리는 두 가지 모델의 '시간 속의 영속성'을 적용시키면서 자신에 관해 말한다. 그것은 기술적인 그리고 상징적인 두 가지 말들, 즉 '성격(character)과 약속 지키기(keeping one's word)'로 표현될 수 있다. 이 두 말들을 통해 우리는 우리의 영속성을 쉽게 알 수 있다. 영속적인 성격을 가진다는 것은 동일성(idem)과 자아성(ipse)의 거의 완전한 은폐를 보여주지만, 약속을 잘 지킴으로써 자신에게 성실하다는 것은 자아의 영속성과 동일한 것의 영속성 사이의 극단적인 간격을 표시하고, 그래서 두 가지 문제들이 서로 환원될 수 없다는 점을 충분하게 입증한다. 리쾨르는 자신의 가설을 다음과 같이 요약한다. "내가 검토하고자 하는 (영속성의 두 모델들의) 양극성은, 동일성과 자아성이 일치하는 성격의 극과 자아성이 동일성으로부터 벗어나는 자기-지속의 극 사이를 특별하게 매개하는 방식으로, 인격적 정체성의 개념적 구성에 서사적 정체성을 도입할 것을 제안한다."(*Oneself as Another*, pp.118-119) 리쾨르가 말하는 '성격'은 한 개인을 동일한 인간으로 계속 확인될 수 있게 만드는 일련의 특징들이다. 성격을 기술하는 여러 특징들을 통해 수적 그리고 질적 정체성, 무단한 지속성, 시간 속의 영속성 등이 구성된다. 그래서 인격의 동일성을 상징적인 것으로 부른다. 그런데 그는 한 인격이 지닌 지속적인 성향들을 성격이라고 부르고자 한다. 성향으로서의 성격은 자아성의 문제가 동일성의 문제와 분간하기 어려운 문제이자 서로를 구분하지 않게 만들 수 있다. 그래서 성향의 시간적 차원이 중요한 문제이다. 그것은 인격적 정체성을 서사화하는 과정에 성격을 도입하게 만들 것이기 때문이다. 그런데 성격은 습관과 연관된다. 이미 획득되었거나 지금 형성되고 있다는 의미에서 명백한 시간적 의미를 지닌 습관은 성격에 하나의 역사를 부여한다. 역사 속에 성격을 침전시킨다고 할 수 있는 습관은 자유를 자연으로 돌아가게 만든다. 그 침전이 성격에 시간 속의 영속성을 부여한다. 성격이 시간 속의 영속성을 지니는 것을 리쾨르는 동일성과 자아성이 서로를 은폐하는 것으로 해석한 것이다. 그러나 그 은폐는 두 가지 문제들을 분리시킬 차이를 없애지 못한다. 이차적 본성으로서 나의 성격은 나(me)이고, 나 자신이며, 자아성(ipse)이다. 그러나 이 자아성은 스스로 동일성임을 알린다. 이런 식으로 형성되고 획득된 습관은 지속적인 성향이 되고, 한 인격을 알아보게 하고 동일한 인격으로 반복적으로 알아보게 만드는 독특한 표시로서의 성격 특성을 구성한다. 그것은 결국 일련의 독특한 기호들에 지나지 않는다. 그리고 성향 관념은 일련의 '획득된 동일성들'이며, 그것들을 통해 다른 것이 동일한 것을 구성하는 데 간여한다. 한 개인이나 공동체의 정체성은 가치들, 규범들, 이상들, 모범들, 영웅들 등과의 동일성들로 구성된다. '어디에서(in)' 자신을 알아차린다는 것은 '~에 의해서(by)' 자신을 알아보는 데 기여한다. 영웅적인 인물들과 동일시는 자신의 것으로 받아들인 타자성을 분명하게 드러내지만, 타자성은 우리 자신의 생명보다 더 소중한 하나의 '명분'을 앞세우게 하는 가치들과의 동일성에 이미 잠재되어 있다. 하나의 가치를 따르겠다는 성실한 마음가짐은 성격을 이루게 되고, 그 성격이 성실성을, 따라서 자아(self) 보존을 지향하도록 만든다.

여기서 정체성의 양극들은 서로 조화한다. 동일성과 자기-일관성 내지 자아성이 서로를 은폐할 때조차 자아성을 고려하지 않고서는 인격의 동일성을 생각할 수 없음이 입증된다. 성향들에 일치하지 않는 행동을 보면, 그것이 그 개인의 성격이 아니라거나 더 이상 그 개인이 아니라거나 제정신이 아니라고 말한다. 리쾨르는 "성격의 정체성이 '무엇?'이라는 물음이 '누가?'라는 물음에 밀착함을 표현한다고 말한다. 성격은 사실 '누가?'의 '무엇?'이다. 더 이상 '무엇?'이라는 물음이 '누가?'라는 물음과 다르지 않다. '무엇?'이라는 물음이 '누가?'라는 물음을 은폐한다는 것이 '내가 누구인가?'라는 물음으로부터 '나는 무엇인가?'라는 물음으로 이동하게 만든다."(*Oneself as Another*, p.122)

리쾨르는 자신의 주장을 더욱 명백하게 만들기 위해 로크와 파핏의 인격적 정체성 이론들을 검토한다. 그들의 입장은 동일성과 자기-일관성 내지 자아성을 구별하지 않는다. 그런 인격적 정체성이 지닌 역설들을 해결하기 위해 리쾨르는 서사적 정체성의 관념을 도입한다.

로크는 그의 저서 『인간 오성론』, 「정체성과 다양성에 관하여」에서 정체성의 문제를 논의한다. 그는 동일성과 자아성에 대한 선택의 문제를 피할 수 있는 것 같은 정체성 개념을 도입한다. 그가 주장하는 인격적 정체성은 유기체적인 인간(man)이 아닌 '인격'에 토대를 둔다. 인격은 이성과 반성을 가지고 시간과 장소의 변화에도 불구하고 항상 동일하게 사유하는 지적인 존재이다. 인격은 사유의 본질인 의식에 의해 자기-정체성을 확인한다. 의식은 늘 사유를 동반하면서 모든 사람들이 자신을 '자아'로 부르게 하고 자신을 다른 사유하는 것들과 구별하게 만든다. 그래서 의식을 통해서만이 이성적 존재의 동일성 내지 인격적 정체성이 확보될 수 있는 것이다.

리쾨르는 로크의 인격적 정체성 이론을 다음과 같이 비판한다. 우선 로크가 말하는 정체성은 비교에 의해 형성된다. 그래서 그는 '그 자체와의 동일성(sameness with itself)'이라는 정체성 관념을 도입한다. 서로 다른 시간에 어떤 사물을 그 자체와 비교함으로써 우리는 정체성 관념을 형성한다는 것이다. "어떤 것이 동일한 것인지 아닌지를 물을 때 그것은 그 시간에 그 장소에서 실존했던 어떤 것을 가리킨다. 그런데 그것은 그 순간에는 분명히 그 자체와는 동일한 것이었다."[46] 그 자체와의 동일성이라는 규정은 비교 작용에 의한 동일성의 성격들과 시간을 가로질러 유지되는 하나의 사태가 그 순간에 동시적으로 발생한 것에 의해 자아성의 성격들을 함께 담아내는 것 같다. 리쾨르는 로크의 그 규정 속에는 동일성과 자아성이 균형을 이루는 것 같지만, 사실은 균형이 이루어지지 않는다고 지적한다. 로크가 말하는 정체성은 사물의 동일성에 가깝다. 모든 부품들이 교환된 배, 씨에서 나무로 성장한 참나무, 태어나서 죽음에 이르기까지 성장하는 동물과 인간 등의 사례들에서는 동일성이 우세하다. 이 사례들의 공통적인 요소는 구성이나 조직, 즉 유기체의 영속성이다. 그런데 그는 생물로서의 인간(man)의 정체성을 인격적 정체성과 혼동하지 않는다. 그는 어떤 실체도 도입하지 않으면서 의식에 의해서 정체성이 성립한다고 주장한다. 그는 순간적인 '반성'에 '그 자체와의 동일성'을 부여한다. 그는 기억을 반성이 과거로 거슬러 올라가는 연장으로 간주한다. 반성의 기억으로의 이런 변화로 인해 '그 자체와의 동일성'은 시간을 가로질러 연장된다고 말할 수 있다. 그래서 '그 자체와의 동일성' 개념을 포기하지 않고서도 시간적 간격을 그의 분석에 도입할 수 있다고 로크는 생각한다. 그러나 반성과 기억으로 돌아간다는 것은 자아성이 조용히 동일성으로 대체되었다는 개념적 역전을 표시한다. 시간적 간격을 넘어 의식의 연장에 의해 형성될 수 있는 인격적 정체성은 사물의 동일성처럼 자체와의 동일성만을 가지기 때문이다.

로크는 신체와는 무관한 정신적 정체성의 기준으로 의식을 제시하

46) John Locke, *An Essay concerning Human Understanding*(New York: World Publishing, 1964), p.207.

였다. 그러나 리쾨르는 의식의 연장인 기억이 정체성의 기준이 되는 것은 난점을 피할 수 없다고 생각한다. 과거로의 의식의 연장으로서의 기억을 통해 인격적 정체성이 형성될 수 있다고 하는 주장은 기억의 한계, 단절(예를 들면, 수면 중), 감퇴 등의 심리적인 난점들과 더 적절하게는 존재론적 난점들을 지닌다. 왕자의 기억이 구두 수선공의 신체 속에 이식되는 사례에서, 구두 수선공이 자신의 과거를 기억하는 왕자가 될 것인가? 아니면 구두 수선공은 남들이 계속 관찰하는 그 자신으로 남을 것인가? 로크 자신은 전자의 입장이었지만, 결정을 내릴 수 없을 것이다. 그러나 리쾨르에게 있어 자아성의 기준은 신체와는 무관한 의식 내지 기억일 수 없다. 그는 신체를 자아성과 동떨어진 동일성의 기준으로만 볼 수 없다고 주장하면서, 동일한 신체를 가진다는 것은 그 때문에 나의 정체성이 성립한다는 것이 아니라, 자기 자신을 지시할 수 있는 누군가에게 그 신체가 속한다는 것이라고 주장한다. 자아성과 신체적 동일성은 불가분의 관계를 지닌다.

리쾨르는 파핏의 인격적 정체성 이론을 자신의 서사적 정체성 이론의 "가장 무서운 상대로"(*Oneself as Another*, p.130) 지적한다. 그 까닭은 파핏이 정체성을 동일성과 동일한 개념으로 생각하면서, 자아성과 동일성 사이의 어떤 구분도 그래서 어떤 변증법도 배제하고자 하기 때문이다. 그는 "인격적 정체성은 중요한 문제가 아니라고" 말하면서, 정체성 기준들의 사용에 기초가 되고 있는 기본적인 믿음들을 다음의 세 가지 점에서 공격한다. "첫째, 정체성이라는 말을 통해 우리가 이해할 수 있는 것, 즉 영속성의 중심이 단독으로 실존하고 있다는 점과 관련된다. 둘째, 그런 영속성의 실존에 관하여 확고하게 답할 수 있다는 확신이다. 셋째, 인격이 도덕적 주체의 위상을 주장할 수 있으려면 제기된 질문이 중요하다는 언급이다."(*Oneself as Another*, p.130)

그의 첫 번째 주장은, 시간 속의 정체성은 신체적이든 정신적이든 사건들 사이의 어떤 연계성의 사실과 정확하게 일치한다는 환원주의적인 입장이다. 한 인격의 삶을 구성하는 경험들이 그 인격의 소유라는 점이 분명하게 확인되지 않고서도, 그리고 이런 인격이 실존한다는 점이 확인되지 않고서도, 기술될 수 있는 어떤 발생한 일을 '사건'이라는 용어로 이해할 수 있다. 그리고 그런 비인격적인 기술의 조건에서, 신체적 차원이건 정신적 차원이건 그런 연계들이 이루어질 수 있다. 정신적 사건과 신체적 사건을 포함하는 넓은 의미의 사건 개념은 '한 인격의 실존은 하나의 두뇌와 신체의 실존, 일련의 서로 관련된 신체적 그리고 정신적 사건들의 발생에 있다'라는 말로 그 의미가 표현된다. 이런 환원주의적 주장은 '우리는 따로 실존하는 실체들이라는' 점을 고려하지 않는다. 단순한 정신적 내지 심리적인 지속성에 관련하여, 인격은 '하나의 분리된 그 이상의 사실(a separate further fact)'을 구성한다. 데카르트의 에고가 대표하는 영적인 실체 관념에 본질적인 것은, 정체성은 신체적 그리고/혹은 정신적 지속성과 관련하여 하나의 추가적인 사실에 있다는 생각이다. 비환원주의적 주장이 표현되는 용어들, 즉 비인격적인 방식으로 기술되는 사건들, 사실들이라는 용어가 환원주의 주장이 사용하는 용어들이라는 점이 중요하다. 기본적인 용어와 관련하여, 환원주의에 반대하는 주장은 그것이 부정하는 점(환원주의)과 그것이 첨부하는 점(그 이상의 사실) 두 가지 점에 의해 규정된다. 리쾨르가 보기에는, 누군가가 그의 신체와 경험을 소유한다는 중심적인 현상은 간과되고 있다. 사건이라는 용어를 선택한다는 것은 '나의 것'이라는 의미를 고려하지 않는다는 것이다. 사건이라는 용어 속에서는 인격의 실존이 '그 이상의 사실'로 보인다. 그런데 문제는 '나의 것'이 사실들의 영역에, 관찰할 수 있는 실체들의 인식론에, 사건들의 존재론에, 어디에 속하는지를 아는 것이다. 그래서 우리는 정체성의 두 가지 문제인 자아성과 동일성의 문제로 되돌아간다. 리쾨르에 의하면, 파핏은 이런 가능한 이분법을 무시하기 때문에 사건의 사실적 성격과 관련하여 '나의 것'의 현상을 불필요한 것으로 간주한다. 리쾨르의 입장에서 본다면, "파핏의 환원주의적인 주장이 환원하는 것은 경험의 '나의 것'만이 아니라 더욱 근본적으로 나 자신의 신체의 '나의 것'이다. 그래서 환원주의와 비환원주의의 진정한 차이는 영적인 실체와 신체적 실체 사이의 이른바 이원론에 있지 않고, 나 자신의 소유와 비인격적인 기술 사이의 이원론에 있다. 나 자신의 것으로서의 신체가 '나의 것'의 구성요소들 중 하나를 구성하는 한, 신체에 관한 두 시각들, 즉 나의 것으로서의 신체와 신체들 가운데 하나의 신체로서의 신체는 정면으로 대결한다. 이런 의미에서 환원주의의 주장은 자기 자신의 고유한 신체를 비인격적인 아무나의 신체로 환원시킨다."(*Oneself as Another*, p.132) 리쾨르는 두뇌의 분석을 통해 '신체의 중립화'라는 환원주의의 주장을 비판한다. "두뇌는 신체의 모든 부분과 다르고, 통합적 경험의 측면에서 하나의 전체로서의 신체와도 다르다. 그것은 현상학적인 모든 상태, 따라서 나에게 속한다, 나의 소유라는 특성을 제거당하기 때문이다. 나는 움직임의 기관(나의 손), 지각의 기관(나의 눈), 정서의 기관(심장), 표현의 기관(나의 목소리) 등의 나의 구성요소들과 나의 관계를 경험한다. 나는 나의 두뇌는 경험하지 않는다. 사실, '나의 두뇌'라는 말은 적어도 직접적으로는 어떤 의미도 가지지 않는다. 나의 머릿속에 두뇌가 있지만 나는 그것을 느끼지 않는다."(*Oneself as Another*, p.132) 두뇌 분석을 통해 리쾨르가 말하고자 하는 바는 '나의 두뇌'라는 표현이 혼란스럽다는 점이다. 두뇌는 신체 밖에서 지각되는 대상의 범주에 속하지 않고, 나의 머릿속에 있기 때문에 경험되지 않는 내면성이라는 이상한 성격을 가지고 있기 때문이라는 것이다. 그의 이런 분석은, 신체의 지속성과는 무관하게 두뇌의 존재에 의거하여 심리적 지속성을 인격적 정체성의 기준으로 생각하는 환원주의적인 입장을 비판한다. 파핏의 판단에 의하면, 데카르트의 코기토는 1인칭이라는 특성을 벗어날 수 없지만, 심리적 내지 신체적 지속성에 의해 규정되는 정체성은 1인칭일 수 없다. 그러

216

므로 나의 것, 너의 것, 그의 것 등과 관계없이 '기억상의' 지속성을 규정할 수 있어야 한다. 그럴 수 있다면, 나에게 속한다는 특성, 즉 '자신의 것'을 제거할 수 있을 것이다. 다른 어떤 사람의 두뇌 속에 어떤 사람의 기억을 복사할 수 있다면 가능한 일일 것이다. 이 경우 기억은 뇌의 흔적과 동등한 것으로 간주될 수 있다. 두뇌의 흔적이 기억의 흔적으로 간주된다는 것이다. 그런데 이런 흔적들을 복사할 수 없다. 리쾨르는 광범위한 개념인 '준 기억(quasi memory)'이라는 용어를 사용한다. 일상적인 기억은 그것의, 즉 우리 자신의 과거 경험들에 대한 준 기억들의 한 부분이다. 그러나 자신의 것이 비인격적인 것의 특별한 사례가 될 수 없을 것이다. 나의 기억이 너의 기억이나 그의 기억이 될 수 없는 것이다. 자기 자신의 기억 대신에 기억상의 흔적 관념을 사용하기로 동의한다면 그럴 수 있을 것이다. 기억상의 흔적은 사실 중립적 사건들의 문제에 속한다. 자신의 기억 개념이 중립적인 사건으로서 기억상의 흔적의 개념으로 이동하는 것은 과거 경험과 현재 경험 사이의 특정한 연계를 인과적인 의존관계의 측면에서 다루는 것을 인정할 것이다. 그러나 리쾨르에 의하면, 문제가 되는 것은 사고를 생각하는 사람에게 돌리는 것이다. '나는 생각한다' 대신에 '생각하고 있는 것은 ~점이다' 내지 '사고가 일어나고 있다'라는 말을 대신하여도 의미가 상실되지 않을까? 스트로슨의 말을 빌린다면, 자기 자신에게로 그리고 타자에게로 돌리는 것은 비인격적인 기술의 용어들로 바꾸어 사용할 수 없는 것 같다. 1인칭의 관점에서 '나의 기억'이 '누군가의 기억'으로 바꾸어 사용해도 의미의 변화가 없는 것이 아니다.

파핏이 기존의 정체성 기준에 대해 비판하는 두 번째 점은 정체성의 문제는 항상 결정될 수 있으며, 그래서 결정되지 않은 모든 명백한 사례들은 긍정이나 부정에 의해 결정될 수 있다는 믿음이다. 그는 어리둥절한 사례들을 선정하여 그 믿음의 반례를 제공한다. "예를 들면,

나의 두뇌가 정확하게 복사된다. 이 복사물은 다른 행성에 위치한 수신자에게 무선 전신으로 보내진다. 거기서 복제기가 이런 정보를 바탕으로 나의 정확한 복사물을 재구성한다. 그런데 그것은 사태들과 사건들의 조직과 순서에 관하여 정확히 유사하다는 의미에서 동일한 것이다."(*Oneself as Another*, p.134) 파핏은 이에 대해 두 가지 경우를 생각한다.

첫 번째의 경우에는, 나의 공간적 여행 동안 나의 두뇌와 나의 신체는 파괴된다. 나의 복제물 속에 내가 살아 있었는가? 아니면 죽었는가? 이 점이 문제이다. 이 경우는 결정이 불가능하다. 수적 정체성과 관련하여 나의 복제물은 나와는 다르다. 질적 정체성과 관련하여 그것은 나와는 구별될 수 없으며, 따라서 교체가 가능하다. 두 번째의 경우에는, 나의 두뇌와 나의 신체가 파괴되지 않지만 나의 심장은 손상된다. 나는 화성에서 나의 복제물을 만나고 나는 그것과 공존한다. 나의 복제물은 자기가 죽기 전에 내가 죽을 것을 알고, 자기가 내 자리를 대신할 것이라고 약속하면서 나를 위로하고자 한다. 나는 미래로부터 무엇을 기대할 수 있는가? 나는 죽을 것인가? 아니면 나는 나의 복제물 속에 살아남을 것인가(*Oneself as Another*, pp.134-135)?

리쾨르는 이 어리둥절한 사례들에서 시간성의 문제가 중요하다고 생각한다. 그것은 여행의 시간성이 아니라 멀리 운송된 여행자의 시간성이다. 우리가 두뇌와 그 복제물의 일치성만 생각한다면 중요한 점은 경험이 이루어지는 시간 내내 간직되는 유전자 코드에 필적하는 구조적인 정체성이다. 멀리 이동된 나에게 어떤 일이 일어나고 있다. 나는 두렵고, 나는 믿고, 의심하고, 내가 죽을지 살지 자문한다. 나는 염려한다. 리쾨르의 판단에 의하면, " '기억'의 문제에서 '생존'의 문제로 논의가 이동하는 것은 비인격적인 용어들로 묘사하기 어려운 역사성의 차원이 등장하고 있음을 표시한다."(*Oneself as Another*, p.136) 파핏의 사례들에서 미래의 나에게 중요한 점은 현재의 나와의 심리적 지속성이다. 그러나 기억을 넘어 생존이 문제가 되면 그와 나는 서로 다른 시간성과 역사성을 가진다. 복제된 나는 나와는 다른 시간을 살고 있고, 다른 역사를 가진다는 것이다.

파핏이 기존의 정체성 기준에 대해서 비판하는 세 번째 점은 정체성 문제에 부여하는 중요성의 판단이다. 정체성의 중요성 판단에 대한 비판은 그의 중심적인 전략이다. 그에 의하면, 정체성의 문제는 공리주의 윤리학에서 제기하는 윤리적 선택의 '합리성'의 문제를 해결할 수 있다. 그는 '자기-이익 이론'이라고 명명하는 공리주의의 가장 이기주의적인 측면을 공격한다. 여기서 문제가 되는 것은 윤리적 차원에서의 자아(self)이다. 인격들이 어떤 종류의 실체들인지에 대한 입장이 정리되지 않고서는 이기주의와 이타주의 사이의 논쟁이 해결될 수 없다는 것이 파핏의 주장이다. 그의 저서 『이유와 인격(*Reasons and Persons*)』의 제목이 시사하듯이, 윤리적 선택의 타당한 이유들을 통해 인격들의 존재론적 위상에 관한 거짓 믿음들은 붕괴의 길을 가게 된다. 이제 윤리적 문제들은 정체성의 문제로 정리된다. 정체성의 문제는 가치론적인 문제이다. 중요성의 판단은 평가들의 서열에 대한 판단이다. 그러나 무슨 의미에서의 정체성이 중요하지 않다는 것인가? 동일성인가? 비환원주의적인 주장의 핵심인 '나의 것'인가? 리쾨르는 자아성과 동일성을 구분하지 않는 파핏은 동일성을 통하여 자아성에 도달하고자 한다고 생각한다. 파핏은 정체성은 결정될 수 있는 것이 아니라고 하면서 정체성은 중요하지 않다고 주장하였지만, 리쾨르에 의하면, 우리는 '누가?'라는 물음을 그만 둘 수 없다. '누구에게' 중요한가를 물을 수 없다면 '무엇이' 중요한가를 물을 수 없기 때문이다. 무엇이 중요한지 아닌지에 관한 물음에 대한 답은 자기-관심에 달려 있다. 사실 자기-관심이 자아성을 구성하는 것이다. 자아성을 구성하는 정체성이 리쾨르가 주장하는 서사적 정체성이다.

4) 자아와 서사적 정체성

리쾨르에게, 서사적 정체성의 진정한 본질은 자아성과 동일성의 변증법 속에서 드러난다. 그는 이 점을 두 가지 측면에서 주장한다. 우선, 줄거리 구성에 의해 구성되는 사건들의 상호 연계의 특정 모델이 시간 속의 영속성과, 동일성의 영역에서 그것과 반대되는 것처럼 보이는 것, 즉 다양성, 가변성, 불연속성, 불안전성 등을 통합시키는 점을 밝힐 것이다. 다음에 그는 서사에서 행위로부터 인물들(characters)로 옮겨진 줄거리 구성의 관념이 동일성과 자아성의 변증법인 인물의 변증법을 만들어낸다는 점을 보여준다.

그의 첫 번째 주장은 딜타이가 형성한, 하나의 삶의 역사라는 개념과 동등한 '삶의 연계성' 개념을 소개하면서 시작한다. 인격적 정체성에 관한 서사 이론이 드러내고자 하는 바는 삶의 연계성이 지닌 역사적 의미를 미리 이해해야 한다는 점이다. 서사적 측면에서 이해된 정체성은 '인물'의 정체성으로 불릴 수 있다. 동일성과 자아성의 변증법의 영역에 자리할 정체성은 이런 인물의 정체성이다. 그러나 이 문제를 다루기 이전에 줄거리의 동일성과 관련하여 인물의 정체성이 구성되는 방식을 살펴보아야 할 것이다. 줄거리 구성의 수준에서의 정체성은 일치 요구와 불일치 인정 사이의 경쟁을 통해 역동적으로 묘사될 수 있다. 일치는 질서의 원리를, 불일치는 줄거리를 시작에서 끝까지 잘 정돈된 변화하는 모습들이 되도록 만드는 운명의 역전들을 의미한다. 리쾨르는 일치와 불일치 사이를 매개하는 기법에 '구성(configu-ration)'이라는 용어를 적용시킨다. 그리고 그는 서사적 구성의 특징인 불일치적인 일치를 이질성의 종합이라는 관념으로 규정하면서, 줄거리의 다양한 매개들, 즉 연계성의 문제를 설명한다. 그는 서사적 사건의 특징을 다음과 같이 설명한다.

인과적인 유형의 사건은 그 사건의 발생과 분간하기 어렵지만, 서사적 사건은 그 사건을 구성하는 작업과 그 사건 사이의 관계에 의해 규정된다. 그것은 줄거리 그 자체의 특징인 불일치적인 일치라는 불안정한 구조와 관계된다. 서사적 사건은 갑자기 생기기 때문에 불일치하고, 그것이 이야기를 진행하게 하기 때문에 일치한다. 줄거리 구성의 역설은, 다르게 일어났거나 전혀 일어나지 않았을 것이라는 의미에서의 우발성의 결과를 구성 행위에 의해 실행되는 필연성 내지 개연성의 결과와 연결함으로써 우연성의 결과를 역전시킨다는 점이다. 우연성의 결과의 필연성의 결과로의 역전은 사건의 핵심에서 일어난다. 단순히 발생하는 것으로서의 필연성의 결과는 이전의 사건들의 흐름에 의해 만들어진 기대들을 좌절시키는 것으로 그친다. 그것은 단순히 기대되지 않은 것, 놀라운 것에 지나지 않는다. 그것은 역행적인 필연성에 의해 일단 변형되고, 사실이 일어난 후에 이해될 때만이 그 이야기의 구성요소가 된다. 그런 필연성은 그것의 의미 효과가 구성 행위 자체로부터 생기는 그런 서사적 필연성이다. 서사적 필연성은 신체적 우연성을 서사적 필연성 속에 내포된 서사적 우연성으로 변형시킨다(*Oneself as Another*, p.142).

리쾨르가 잠시 줄거리 구성 관념을 상기하게 한 것은, 서사적 활동은 로크가 반대되는 것으로 간주했던 정체성과 다양성이라는 동일한 범주들을 조정하는 역동적 정체성 개념을 전개시키기 때문이라는 것이다. 그리고 서사와 연관된 인격적 정체성 관념은 행위로부터 인물로 논의의 대상을 이동하면서 이루어질 수 있다는 것이다. "(등장)인물은 서사 속에서 행위하는 사람이다. 그러므로 인물의 범주는 서사적 범주이며, 서사 속에서의 인물의 역할은 줄거리 자체와 동일한 서사적 이해와 관련된다. 문제는 인물이라는 서사적 범주가 인격적 정체 논의에 어떤 도움을 주는지를 결정하는 일이다. 여기서 옹호될 주장은, 인물의 정체성은 이야기된 행위에 적용된 줄거리 구성 속의 인물로의 전이를 통해 이해될 수 있다는 점이다. 우리는 (등장)인물들 자체들이

줄거리들이라고 말할 것이다."(*Oneself as Another*, p.143)

　리쾨르는 행위와 인물의 상관관계를 잠시 상기하자고 한다. 아리스토텔레스의 『시학』에서 등장하는 이야기와 인물 사이의 연관관계는 종속의 형태라고 할 정도로 너무 밀접하다. 통합적으로 완벽하게 내적인 구조를 가지고 개진되는 이야기 속에서는 (등장)인물이 그 이야기의 처음부터 끝까지 그 이야기 정체성과 상관되는 정체성을 유지한다. 그는 이야기와 인물을 연계시킨다면 서사가 인물의 길이며 인물이 서사의 길로 보일 정도로 행위자에 관한 의미들과 서사 과정의 의미들을 서로 보강한다는 점을 알 수 있다고 주장한다. 줄거리와 인물의 변증법은 누구에게 적용한다는 어려운 난점을 생산적인 것으로 만들고, 서사적 정체성은 그것들에 시적인 대답을 제공한다고 말해질 수 있다는 것이다. 즉,

　'누가?', '무엇을?', '왜?' 등의 물음들은 계열의 관점으로 본다면 전체적인 행위가 지닌 서로 다른 의미들을 지적하지만, 구문의 관점에서 본다면 그 물음들에 대한 대답들은 이야기 사슬(story chain)과 다르지 않은 하나의 사실을 형성한다. 하나의 이야기를 한다는 것은 이런 다양한 관점들 사이의 연계를 시간 속에 전개함으로써 누가 무엇을 왜 하였는지를 말하는 것이다. 사실, 우리는 '정신적인' 것에 대한 어떤 기술의 바로 그 조건인 인격에 적용시키지 않고 고려된 정신적 술어들을 따로 기술할 수 있다. 그러나 서사 속에서 그 적용이 다시 이루어진다. 동일한 방식으로, 줄거리와 인물 사이의 상호 적용은 동기들이 무엇인가에 대한 무한한 탐구와 누군가에게 그 동기를 적용시킨다는 점에서 유한한 탐구를 함께 할 수 있게 한다. 두 탐구들은 줄거리와 인물을 포함하는 이중적인 동일시 과정 속에서 서로 연결된다. 누구에게 적용시킨다는 어려운 난점마저 인물과 줄거리의 변증법에서 하나의 모형을 가진다(*Oneself as Another*, pp.146-147).

리쾨르의 두 번째 주장은, 행위에 관한 줄거리 구성에 의해 전개되는 일치와 불일치의 변증법의 정확하고 당연한 결과인 인물 '내부'의 변증법에 관한 주장이다. 일치의 측면에서, 그 자체가 단일하고 다른 것들과 구분되는 하나의 시간적 전체성으로 간주되는 통합적인 하나의 삶으로부터 인물은 그의 독자성을 끌어낸다. 불일치의 측면에서, 예측이 불가능한 사건들의 단절 효과 때문에 그런 시간적 전체성이 파열될 수 있다. 일치와 불일치의 종합으로 인해 사건의 우연성은 하나의 삶의 역사의 필연성에, 그 인물의 정체성과 동등한 것에 기여한다. 그래서 우연이 운명으로 변질된다. 일치와 불일치의 변증법의 측면에서만 줄거리 구성된 인물의 정체성을 이해해야 한다. 인격은 하나의 이야기 속에 등장하는 인물로 이해되어야 한다. 그 인격은 그의 '경험'들과는 다른 하나의 실체가 아니다. 그는 그 이야기에 독특한 역동적 정체성의 조건을 공유한다. 서사는 개진되는 이야기의 정체성을 구성하면서 인물의 정체성을 구성하는데, 그것은 바로 그의 서사적 정체성인 것이다. 이야기의 정체성이 (등장)인물의 정체성을 형성하는 것이다. 그런데 인물에 속하는 불일치적인 일치의 변증법은 동일성과 자아성의 변증법 속에서 논의되어야 한다. 인물의 동일성이 있고, 자기-일관성 내지 자아성이 있다는 것은 이미 논의되었다. 그래서 둘 사이를 매개시키기 위해 시간 속의 영속성의 양극 사이의 간격에 인물의 변증법이 새겨지는 방식을 살펴보아야 한다. 서사는 자아성을 '상상적 변형들'에 따르게 한다. 그것이 바로 인물의 서사적 정체성이 동일성과 자아성을 매개시키기 위해서 수행하는 기능이다. 서사는 그런 상상적 변형들이 일어나게 한다. 리쾨르에 의하면, 상상적인 변형들로 구성되는 문학의 의미를 강조한다. 즉,

문학은 사고 실험들이 이루어지는 거대한 실험실이다. 거기서는 서사적 정체성과 연관된 변형의 자료들이 서사성의 검증을 받는다. 사고의

실험은 시간 속의 영속성이 지닌 두 가지 의미들의 차이를 명백하게 만든다는 이점을 가진다. 일상적인 경험에서, 그 의미들은 서로 겹치고 섞이는 경향이 있다. 이런 방식으로 누군가를 믿는다는 것은, 그 인격을 알아차리게 만드는 지속적인 성향들에 영향을 미칠 변화들과는 무관하게 하나의 성격의 안정성을 신뢰하면서 동시에 타자가 그의 약속을 지킬 것을 기대하는 것이다. 문학적인 허구에서, 정체성의 두 양상들 사이의 관계들에 열려 있는 변이의 공간은 거대하다. 한쪽 끝에는, 그 이야기의 (등장)인물은 하나의 명백한 성격을 지니는데, 그것은 동일한 것으로 확인 그리고 재확인될 수 있다. … 다른 쪽 끝에는, 줄거리와 인물의 관계가 반전된다. 아리스토텔레스의 모델과는 반대로, 줄거리가 인물을 위해 자리하고 있다. 여기서는 인물의 정체성이 진실로 검증의 대상이 된다. 따라서 우리는 그 이야기의 (등장)인물이 하나의 명백한 성격을 가지기를 멈추는 변형의 극단에 다다른다. 문학적 허구가 분석철학의 어리둥절한 사례들과의 만남에 적합한 그런 제한적인 사례들을 우리가 만나는 것은 바로 이 극단에서이다. 인격적 정체성의 서사적인 버전과 비서사적인 버전 사이의 갈등은 이런 만남에서 절정에 이를 것이다(*Oneself as Another*, pp.148-149).

리쾨르는 현대의 연극과 소설이 서사 또한 혼란스러운 사례들을 가진다는 교훈을 분명하게 보여준다고 지적한다. 그는 그런 사례들을 정체성의 상실의 허구로 묘사한다. 인간이 없고 자질들(내지 속성들)만 있는 세계에서는 고유명사를 부착하는 것은 쓸데없을 정도로 우스운 일이 된다. 확인할 수 없는 것은 명명할 수 없는 것이다. "서사가 등장인물을 없애 버리는 지점에 도달하는 경우, 그 소설은 그 자체의 적절한 서사적 자질을 상실한다. … 그래서 등장인물의 정체성의 상실은 서사의 구성 활동의 상실, 특히 서사의 종말의 위기와 일치한다. 그래서 우리는 줄거리에 대한 등장인물이 미치는 일종의 반동적인 효과를 만나게 된다."(*Oneself as Another*, p.149) '정체성의 상실'은 동일성의 도움을 제거함으로써 자아성을 위험에 노출시킨다는 의미이다. 서사적 정체성은 동일성과 자아성 사이의 일종의 통합이다. 동일성의 정합성과 안정성이 없이는 자아성은 상실된다. 그리고 만약 자아성이 동일성의 지지 없이 남겨진다면 서사적 텍스트는 동일성과 자아성의 변증법적 반대에 '시적인 대답'을 제공할 그것의 생산적인 힘을 상실한다. 자아성과 동일성 사이의 차이에 따라 작용함으로써 서사적 줄거리 구성은 지나치게 다양한 문학적 정체성들을 제공할 것이지만, "자아성의 국면에서의 영속성은 오직 등장인물에서만 발견된다."(*Oneself as Another*, p.267) 동일성과 자아성의 변증법이 서사적 정체성의 핵심이다.

제 3 부

■ ■ ■

도덕적 자아 관념들

자아는 두 자아들로 이루어진다.[1] 하나는 주체적인 자아, 즉 주아(主我, I)이며, 다른 하나는 주체가 아닌 객체 내지 대상으로서의 자아, 즉 객아(客我, me)이다. 주아는 무언가를 하고, 보는 자아이며, 객아는 수동적으로 보이는 자아이다. 객아 또한 두 가지 차원으로 구성된다. 하나는 주아에게 보이는 객아로서, 주아가 자신의 내면을 스스로 관찰한 결과로 생긴 자아이기 때문에 '내적 객아'라고 부를 수 있다. 자기비판, 자기반성, 자기혐오, 자기찬양 등의 자기-경험에 의해 형성된 자아상인 것이다. 다른 하나의 객아는 다른 사람들이 자아에 대해 가지는 이미지들로서의 자아로서, '외적 객아'로 부를 수 있다. 내적 객아에는 프로이트가 말하는 초자아(superego) 내지 양심이 있다. 그것에도 두 가지 모습들이 있다. 사회규범의 금지성이 내면화된 초자아는 사회규범에 대한 복종을 요구하는 모습이며, 사회 통념에 동조하는 사람들의 평균적인 도덕의식의 모습이다. 그리고 개인은 사회적인 규범만이 아니라 개인적인 규범을 가질 수도 있으며, 자신의 규범에 따라 행위하는 자신을 긍정적인 모습으로 볼 수 있다. 내적 객아는 긍정적인 자아상으로서 긍정아(肯定我)의 모습도 지닌다. 이 긍정아의 수준이 한

---

1) 아래 내용들은 미나미 히로시, 서정완 옮김, 『일본적 자아』(서울: 소화, 1996), pp.11-16 참고.

단계 발달한다면 스스로가 이상으로 여기는 이상아(理想我)로의 자기-성장을 지향하게 된다. 이것은 곧 자신감, 자부심, 자기-사랑의 의미를 지닌 자기실현의 길이다. 그런데 우리의 일상적인 객아는 내적 객아와 외적 객아가 서로 섞인 복잡한 객아이다. 예를 들면, 다른 사람의 시선이 항상 신경이 쓰이는 사람에게는 외적 객아가 강하게 의식되면서, '사람들이 나를 어떻게 생각할까?'라는 물음이 자신의 삶에 중요한 역할을 담당한다. 그래서 주변의 눈을 의식하는 의식, 체면을 중시하는 체면 의식, 자의식 과잉 등 타자 중심적인, 타자 의존적인, 타자 본위적인 성향이 나타난다. 타자에 대한 사양심(辭讓心)에 지배되는 사람은 스스로를 정확하게 평가할 내적 객아를 확립할 수 없다. 다른 사람이 자기를 비판하면 자기는 그런 사람이라고 믿게 되고, 다른 사람이 자기 앞에 없는데도 다른 사람이 보는 자기는 그런 사람일 것이라고 생각한다. 이 경우, 자기 자신의 사고, 판단, 경험에 입각한 평가에 의해 확립되는 내적 객아는 다른 사람의 눈에는 이렇게 보일 것이라고 생각하는 외적 객아에 의해서 좌지우지된다. 그 결과 외적 객아의 영향에 의해 부정아(否定我)가 강해지기도 하고, 심지어 불안한 주아로 이어질 수도 있다. 자신감이 없고 자존심이 결여된 부정아는 동시에 능동적인 행위의 주체로서의 주아 확립을 저해한다. 인간은 누구나 자신의 힘을 믿고 자신의 존재를 존중하기 때문에 어떤 행위의 실행을 결정할 수 있다. 그 점이 결여된 불확실한 부정아가 강해지면 주아는 부정아의 방해를 받아서 행위를 제대로 실행하지 못한다. '나는 이렇게 하고 싶다. 그러나 사람들이 어떻게 생각할까?' 결단과 실행이 확신 없이 이루어질 때, 그런 자신감과 자존심 없는 자신의 모습은 강한 부정아로 이어지고, 불확실한 주아로 이어진다. '나는 이렇게 하고 싶다. 그러나 도저히 해낼 수 없을 것 같다.' 그래서 주체성이 동요하고 불안할 때 주체성 내지 자아 자체가 불확실해진다.

순수한 종교적인 의미에서의 도덕적 자아가 아니라면, 도덕적 자아는 객아의 일종일 것이다. 필자는 객아에 대한 위의 설명을 적용하여 도덕적 자아를 세 가지 종류로 구분하고자 한다. 물론 명백하고 정확한 구분일 수는 없을 것이지만, 기존의 도덕이론들을 '도덕적 자아 형성'의 차원에서 논의하는 데 도움이 될 것이다. 필자는 기존의 도덕 내지 윤리 이론들을 두 가지 차원의 내적 객아로서의 도덕적 자아 이론과 외적 객아로서의 도덕적 자아 이론으로 구분하고자 한다. 우선, 개인적인 규범 내지 자긍심과 자기-사랑을 통한 자기실현 중심의 주아와 내적 객아의 연합으로서의 도덕적 자아(1인칭적인 자아)에 관해서는 아리스토텔레스와 루소, 그리고 흄의 이론을 중심으로, 다음에는, 사회적인 규범 내지 도덕의식 중심의 내적 객아로서의 도덕적 자아(3인칭적인 자아)에 관해서는 공리주의와 칸트의 법칙(내지 의무)론을 중심으로, 마지막으로, 타자 중심의 외적 객아로서의 도덕적 자아(2인칭적인 자아)에 관해서는 레비나스의 이론을 중심으로 논의할 것이다. 서사적 자아의 핵심은 1, 2, 3인칭적인 자아의 통합이며 진정한 도덕적 자아의 모습이 내적 객아(1, 3인칭)와 외적 객아(2인칭)의 통합이라고 생각하는 필자는 서사적 자아를 통한 도덕적 자아 형성을 주장하고자 한다.

제 1 장

자기실현 중심의 도덕적 자아

1. 아리스토텔레스와 루소의 자기-사랑 중심의 주아

1) 아리스토텔레스의 덕 윤리와 자기-사랑

도덕이론에서 중요한 논쟁 중의 하나가 도덕성 평가의 초점이 행위 주체인가 행위인가의 문제이다. 전자에 초점이 두어지면 이상적인 인격 형성이 중요하고, 후자에 두어지면 옳은 행위를 결정하는 규범과 원리 원칙이 중요해진다. 그리고 인간의 도덕적 삶에는 두 가지 유형이 있다. 하나는 '행위의 습관으로서의 도덕적 삶'이며, 다른 하나는 '합리적인 도덕적 삶'이다. 습관으로서의 도덕적 삶에 있어서 도덕성이란 글자 그대로 감정과 행위의 습관에 해당한다. 대부분의 경우 사람들은 의식적으로 어떤 행위 규범을 따를 것인지 말 것인지를 따져보고 행위하거나 어떤 행위가 도덕적 이상에 부합하는 행위인지를 심사숙고하여 판단하고 행위하지 않는다. 즉 반성적 사고의 과정을 거치기보다는 어떤 감정과 행위의 습관에 따라 거의 자동적으로 행위하는 것이다. 성공적으로 도덕적 삶을 살아가는 사람은 자신의 도덕적 성향과 자존심이 직결되어 있는 사람이다. 그런 사람의 행위는 항상 자신의 인격의 표현이다. 도덕적 딜레마에 빠져서 고민하거나 안정을 잃는 경우가 거의 없다. 그리고 자신이 잘못된 행위를 하였을 때에도 남을 원망하거나 책임을 남에게 떠넘기지 않는다. 오직 자존심에 상처를 경험할 뿐이다. 그러나 이러한 도덕적 삶에 성공하지 못하는 사람의 경우엔 잘못된 감정과 행위의 습관이나 전통에 사로잡히게 되어 '도덕적 어린아이'의 수준을 넘어서지 못한다. 습관이나 전통에 맹목적으로 의존한다면 새로운 상황에 직면하여 어떤 문제도 자율적으로 해결할 수 없을 것이다. 혹은 자신의 습관과 사회의 전통과 관습을 믿지 못하면서 그것을 심하게 비난하고 그것을 거침없이 깨뜨리는, 이른바 일탈 행동을 일삼는 사람이 될 것이다. 이런 사람은 도덕적 괴짜로서 무슨 일이든 처음부터 다시 자신의 이성적 사유를 통해 문제를 해결하려고 할 것이다.

이성적인 도덕적 삶에 있어서 도덕성이란 도덕적 규범이나 이상을 따름이다. 여기서는 관례나 습관에 따라 행위하는 것이 아니라 도덕 기준을 반성적으로 적용하여 행위한다. 여기서는 삶의 상황이 '문제'로 인식된다. 그 문제 해결을 위해 어떤 규범과 이상을 적용해야 하는지를 성찰하는 것이 중요하다. 그리고 그 규범이나 이상을 행위로 실행하면서 상황에 적용시킨다. 이런 이성적인 도덕적 삶을 성공적으로 살아가는 사람은 항상 자신이 지금 무엇을 하고 있으며 자기 행위가 지향하는 목적이나 이상이 무엇인지를 분명하게 의식한다. 따라서 그런 사람은 특정 이유나 목적 없이 행위하지 않는다. 그러나 그런 성공적인 삶을 살아가는 사람은 아주 드물다. 일반 사람들이 일상적인 삶에서 특정 이유나 목적을 위해서 행위하기란 거의 불가능하다. 일방적으로 제시된 '이상적인 도덕적 삶의 방식'을 기계적으로 반복하거나 모방하는 것에 머물고 만다. 이 경우 도덕적 판단과 행위 사이에는 심각한 괴리가 있게 된다. 그래서 이성적인 도덕을 의무적인 것으로 강요한다면 도덕적 판단을 내리는 기회를 가지기는커녕 그것을 기억하면서 일방적으로 순종하고 말 것이다. 그런데 습관으로서의 도덕성은 도덕적인 사람의 존재 내지 인격을 문제 삼는다. 여기서 말하는 도덕적인 사람은 어떤 성품과 덕을 가진 사람인 것이다. 도덕적인 행위는 특정 이유나 목적 때문에 행해지는 행위라기보다는 도덕적인 사람이 행한 행위라는 것이다. 인격 내지 전체적인 인간성이 도덕성의 기준이라는 것이다. 이것을 바로 '덕 윤리(virtues ethics)' 내지 성품윤리라고 부른다. 그것은 '선한 사람(good person)'에 관한 이론이다.

아리스토텔레스에게 있어, 기본적인 도덕적 물음은 '나는 무엇을 해야 하는가?(What shall I do?)'가 아니라 '나는 어떤 사람이어야 하는가?(What shall I be?)'이다. '어떤 사람이 되어야 하는가?'라는 물음은 논리적으로 일관적인 대답이 거의 불가능한 물음이다. 그 물음 자체가 논리적인 물음이기보다는 실천적 의미의 물음이기 때문이다. 그런데 '어떤 행위를 해야 하는가?'라는 행위윤리의 물음 또한 마찬가지다. 도덕의 문제는 당위의 문제이지 사실의 문제가 아니기 때문에 논리적 일관성이나 사실적 검증을 요구할 수 없다. 보편성을 강조하는 칸트의 정언명법 역시 객관성이 담보되지 못한다. 공리주의가 주장하는 행위 결과 또한 정확한 예측이나 계산이 불가능하며, 그 결과가 좋은지 나쁜지는 객관적으로 판단될 문제가 아니다. 정언명법도 행위 결과의 유용성도 실천의 문제이지 논리의 문제일 수 없기 때문이다. 그러나 실천적인 면에서 답한다면, '어떤 사람이 되어야 하는가?'라는 물음에는 만족스러운 답이 얼마든지 가능할 것이다. 어떤 모범적인 인품이 답으로 제시될 수 있다. 사람의 인격이나 성품은 어떤 성향들의 목록만은 아니다. 그것은 성향들의 모음 이상의 어떤 것이다. 그래서 '어떤 사람이 되어야 하는가?'라는 질문에 대해 '이렇게 되어라'거나 '저렇게 되어라'라고 대답할 수 있을 뿐만 아니라, '아무개처럼 되어라'라고 대답할 수 있다. 여기서 아무개는 이상적 인격이기도 하고 모범으로 여겨지는 실제 인물일 수 있다. 그들을 모방하라는 것은 그들의 행위를 모방하라기보다는 '그들처럼 되라'는 것이다. 즉, 인격이나 성품 자체를 닮으라는 말이다. 그들은 우리가 따라서 되어 가야 할 본보기인 것이며, 한마디로 요약한다면 '덕을 지닌' 도덕적인 사람일 것이다. 도덕적인 사람이란 어떤 사람인가?

우선, 아리스토텔레스의 덕 윤리에서 말하는 덕의 개념부터 살펴보자.[1] 그는 덕을 도덕적 덕과 지적 덕으로 양분한다. 그에게 있어, 도덕적 덕은 성품의 탁월성이다. 성품의 탁월성을 가진 사람은 단순히 선한 행위를 하거나 할 수밖에 없어서 선한 행위를 하는 사람이 아니라, 선한 행위를 항상 쉽게 선택하고 실행하는 성향을 가진 사람이다. 그는 단순히 '선한 행위'를 하는 사람이기보다는 '선한 삶'을 사는 '선한 사람'이다. 성품의 탁월성은 습관을 통해 얻어진 자연적인 상태인 것이다. 덕스러운 행위는 "확고한 성품으로 말미암아 이루어지는 행위"[2]이며, 행위하는 것 자체가 즐거움이 되는 그런 행위이다. 그것은 욕구와 감정을 누르고 이성의 명령에 따라 행해지는 것이 아니라 욕구와 감정 그리고 이성에 따라서 통합적으로 행해지는 자연스러운 행위이다. 덕은 제2의 본성처럼 자연스럽고 안정된 상태이다. 그것은 인간의 정서 구조가 올바르고 안정적으로 배열된 상태를 말한다. 따라서 도덕적 행위는 "마땅히 기뻐할 것은 기뻐하고 마땅히 싫어할 것은 싫어하는" 것이다(NE, 1172a). 덕을 가지고 있는가는 무엇을 행위하는가의 문제일 뿐만 아니라 무엇을 좋아하는가의 문제이다. "성품은 단순히 '하고 있는' 것보다는 '하기를 원하는' 것과 관련된다. 탁월한 성

---

1) 아래의 내용은 박재주, 『문학 속의 도덕철학』(서울: 철학과현실사, 2010), pp.325-328를 전재.

2) 아리스토텔레스, 최명관 옮김, 『니코마코스 윤리학』(서울: 서광사, 1991)(이 책을 인용할 경우 일부 단어와 문구를 수정할 것이며, 이후에는 본문 속에 NE와 원문 페이지를 표기함), 1105a.

품, 즉 덕을 가진 사람은 올바른 방식으로 원하기 때문에 힘들이지 않고 행동할 것이다."3) 결국 탁월한 성품으로서의 덕은 쾌락과 고통을 느끼는 나름대로의 방식이 자연스럽고 안정되게 형성되어 있음을 의미한다. "사람들이 나쁘게 되는 것은 쾌락과 고통을 추구하고 회피하기 때문이다. 즉, 추구하거나 회피해서는 안 되는 쾌락이나 고통을 추구하거나 회피하며, 혹은 추구와 회피의 때를 잘못 잡고, 혹은 그릇된 방법으로 추구 내지 회피하고, 혹은 이 밖에 이와 비슷한 잘못을 저지르기 때문이다."(NE, 1104b) '적절한' 감정을, '적절한' 때와 방법으로 추구하거나 회피하는 것이 탁월한 성품으로서의 덕이라는 것이다. 여기서 말하는 '적절함'이 곧 중용이다. 어떤 것이 적절한가는 이성에 의해 판단된다. 중용을 결정하는 것은 실천지의 몫이며, 그것은 성품의 탁월성은 아니다. 중용을 실천하게 하는 것이 실천지가 아니라 성품의 탁월성, 즉 도덕적 덕인 것이다. 아리스토텔레스가 쾌락을 긍정적으로 생각하고 일종의 쾌락 추구를 탁월한 성품으로 주장한다고 해서, 그를 쾌락주의자로 오해해서는 안 된다. 그는 인간 삶은 쾌락과 밀접하게 관련되며, 사실 활동이 없으면 쾌락이 생기지 않고, 모든 활동은 거기에 따르는 쾌락으로 인해 완전하게 된다고 생각한다. 그리고 무슨 일이나 그 일에 쾌락을 느끼면서 하는 사람들은 다른 사람들보다 더 잘 판단할 수 있다고 생각한다. 여기서 그가 말하는 쾌락은 '고유한' 쾌락이다. 그것은 '이질적인' 쾌락과는 구분된다. 그것은 그 활동과 분리될 수 없는, 그 활동에 내재적인 쾌락이다. 그것 자체가 활동의 한 요소로서 활동을 완성시키는 것이다. 쾌락 자체가 활동이며, 활동 자체에서 쾌락을 느낀다. 성품의 탁월성으로서의 도덕적 덕은 인간의 본성이 완결된 가장 자연적인 상태이다. 덕 있는 사람은 자신의 활동을 통해 가장 자연스러운 쾌락을 누린다. 덕 있는 사람에게는 별

---

3) J. O. 엄슨, 장영란 옮김, 『아리스토텔레스의 윤리학』(서울: 서광사, 1996), p.56.

다른 쾌락이 필요 없다. 그의 활동 자체가 바로 쾌락이기 때문이다. "고귀한 것을 사랑하는 사람들은 본성상 즐거운 것을 즐거운 것으로 본다. 그리고 덕 있는 행위야말로 바로 이러한 것이기에, 덕 있는 행위는 그러한 사람에게도 그 본성에 있어서도 즐거운 것이다. 그러므로 그들의 생활은 외부로부터 우연히 밀려오는 쾌락 따위를 전혀 요구하지 않으며, 다만 그 자체 속에 쾌락을 지니고 있다. … 덕 있는 행위는 그 자체에 있어서 즐거운 것이다."(NE, 1099a) 절제의 덕을 가진 사람은 절제하는 행위에서 쾌락을 느낀다. 절제하는 행위에서 쾌락을 느끼지 못하거나 고통을 느끼면서도 절제하는 사람은 절제의 덕을 가지지 못한 사람이다. 그의 절제하는 행위는 기껏해야 자제력 있는 행위에 불과하다. 물론 즐기면서 하는 행위가 모두 덕 있는 행위일 수 없다. 즐긴다는 것, 쾌락을 느낀다는 것이 모두 가치 있는 것은 아니다. 행위에도 선하고 악한 것의 차이가 있듯이, 쾌락도 선한 것과 악한 것의 차이가 있다. 선한 행위에 고유한 쾌락은 선한 것이지만, 악한 행위에 고유한 쾌락은 악한 것이다. 아리스토텔레스가 말하는 도덕적 덕은 선한 행위를 다른 이유 때문이 아니고 그 자체를 즐기면서 행할 수 있는, 올바른 정서 구조, 탁월한 성품을 말하는 것이다.

아리스토텔레스는 덕 있는 행위를 '알면서', '선택하여', '성품을 통해' 이루어지는 행위라고 주장한다. 여기서 말하는 '알면서' '선택하여' 행위한다는 것은 이성적인 판단을 통해서 행위한다는 것이다. 이는 도덕적 덕이 이성의 탁월성인 지적 덕과 불가분의 관계가 있음을 보여준다. 덕 있는 사람은 올바른 정서 구조 내지 탁월한 성품을 가진 것만이 아니라 탁월한 이성도 가져야 한다는 것이다. 도덕적인 사람이 되는 데 필요한 지적인 덕이 실천지이다. 실천지는 이론지나 직관지와는 다르다. "젊은 사람들은 기하학자나 수학자, 그리고 이와 비슷한 방면에 있어서의 지자는 될 수 있지만 실천지를 가진 사람은 될 수 없다. … 실천지는 보편적인 것들만이 아니라 또한 개별적인 것들에도 관계하는 것인데, 개별적인 것들은 경험을 통해 알게 되는 것이며, 젊은 사람들은 경험이 없기 때문이다."(NE, 1142a) 구체적인 상황 속에서 개별적인 것들에 관한 경험적인 인식인 실천지는 지각의 일종이다. 그것은 '올바른 정서 구조'에서 '올바름', 즉 중용을 선택하는 것이다. 그런데 실천지의 지각은 부수적 지각이다. 삼각형이라는 기하학적인 개념을 가진 사람만이 자신이 경험하는 개별적인 사물의 도형이 삼각형임을 지각할 수 있음과 같다. 여기서는 개별적 도형을 삼각형이라는 보편의 한 사례로서 지각하는 것이다. 어려운 이웃을 돕는다는 구체적이고 개별적인 행위가 자비로운 행위임을 인식하는 것 또한 개별적인 것에 보편적인 것을 적용하는 일종의 부수적 지각인 것이다. 그 보편적인 가치 개념이 내면화된 사람만이 그것을 구체적인 사태들에 적용할 수 있다. 성품에 따라 개별 판단이 달라질 수 있고, 습관에 의해 탁월한 성품인 도덕적 덕을 형성한 사람의 개별 판단이 올바른 도덕적 판단일 수 있는 것이다. 그런데 지각은 실천지의 중요한 한 부분일 뿐 실천지가 바로 지각인 것은 아니다. 실천지를 가진 사람은 잘 숙고하는 사람이다. 우리는 실천의 대상을 숙고한다. "숙고는 실천적인 목적을 전제로 한 탐구이다. 우리는 목적에 대해 숙고하지 않고 목적을 향한 것들에 관해 숙고한다. 사람들은 목적을 설정하고, 그 다음 그것을 달성할 방법을 숙고한다."(NE, 1112a-b) "도덕적 덕은 목적을 결정하고 실천지는 목적을 실현시키는 것들을 행위하게 만든다."(NE, 1145a) 예를 들면, 자선냄비에 돈을 기부하는 행위는 그 자체가 자선이라는 목적의 구성요소이지 외적 수단이 아니다. 숙고에 의해 목적의 구성요소를 결정한다는 것은 숙고하는 이성이 목적 실현의 도구적 이성이 아니라 목적 결정에 기여하는 실천적 이성임을 보여준다. 실천이란 자기-목적적인 가치를 지닌 행위를 말한다. 건강을 위해 운동을 한다면 운동의 결과인 건강이 목적이지만, 운동을 위해 운동을 한다면 그것을 실천하는 것이다. 그것은 곧 행복을 위한 행위이다. 마찬가지로, 덕스러운 행위를 한다는 것은 다른 결과를 목적으로 삼는 수단적인 행위가 아니라 행복이라는 궁극적인 목적의 구성요소로서의 행위인 것이다. 실천지의 숙고에 의한 도덕적 행위의 선택은 목적을 위한 외적인 수단을 결정하는 것이 아니라 바로 목적의 구성요소를 숙고하고 결정하는 것이다.

아리스토텔레스의 덕 윤리는 목적론적(teleological) 윤리이다. 덕(탁월성)은 인간 삶의 기능을 탁월하게 수행하는 것이다. 하나의 생물체가 좋은 삶을 산다는 것은 그것이 속한 종의 기능을 잘 발휘한다는 것이다. 마찬가지로 인간이 선을 실천하는 것, 즉 좋은 삶을 사는 것은 인간이 지닌 고유한 기능을 잘 실천하는 것이다. 인간 기능과 관련하여 아리스토텔레스는 다음과 같이 설명한다. "생명은 인간의 고유한 기능이 아니다. 그것은 식물에게도 공통적인 것이다. 감각과 지각도 동물에 공통적인 현상이다. 결국 남는 것은 정신의 이성적인 부분이다. 그것은 둘로 나누어지는데, 그 하나는 이성적 원리(이치)에 잘 순종한다는 의미에서 이성적이며, 다른 하나는 이성적 원리를 가지며, 이성적으로 사유한다는 의미에서 이성적이다. … 인간의 기능은 일종의 삶이요, 이 삶은 이성적 원리를 내포하는 정신의 활동이며, 훌륭한 사람의 기능이란 그런 활동을 잘 수행하는 것이며, 잘 수행한다는 것은 거기에 알맞은 덕을 가지고 수행한다는 것이다. 따라서 인간의 선은 결국 덕에 일치하는 정신의 활동이다."(NE, 1098a) 이성적 원리에 탁월하게 순종한다는 것은 도덕적 덕을 의미할 수 있고, 이성적으로 탁월하게 사유한다는 것은 지적(실천지) 덕일 수 있다. 그런데 기능은 목적과 밀접하게 연관된다. 인간 기능을 잘 수행하는 것이 인간 삶의 목적인 것이다. 그리고 그것은 '행복(eudaimonia)' 내지 '최선의 삶'으로 표현된다. 따라서 "행복은 완전한 덕을 따르는 정신의 활동"(NE, 1102a)이며, 덕은 행복의 필수적인 구성요소인 것이다. 그가 주장하는 행복 내지 최고선은 모든 것이 목표로 삼는 것이다. "여러 가지 목적들 간에는 어떤 차이가 있다. 즉, 활동 자체가 목적이 되는 경우도 있고, 성과가 목적이 되는 경우도 있다. 활동 이외의 것이 목적인 경우에는 활동보다는 성과가 더 좋은 것이 당연하다."(NE, 1094a) 그 자체가 아닌 어떤 것 때문에 선택하지 않고 오로지 그 자체가 선택의 목적이라면 그것은 분명히 선이다. 그 선들 가운데 최고의 선이 곧 행복이다. 행복은 잘 사는 활동 자체인 것이다. 그래서 행복은 자기-목적적이다. "우리는 언제나 행복을 그 자체 때문에 선택하고, 결코 다른 어떤 것 때문에 선택하지 않지만, 명예나 쾌락이나 이성이나 또 이 밖의 모든 덕은 그것들 자체 때문에 선택하는 경우도 있지만 행복 때문에 그것들을 선택하는 경우도 있다. 행복은 누구나 이것들 때문에 선택하지 않고 그 자체 때문에 선택한다."(NE, 1097b) 이런 의미에서 행복은 자족적이다. '자족적'이라는 말은 아무 부족함이 없이 그것만이 바람직한 것이라는 의미이다. 행복은 가장 바람직한 것이다. 여러 선들 가운데 하나의 선이 아니다. 행복은 궁극적이고 자족적인 행위의 목적 자체이다.

그러나 아리스토텔레스는 행복은 자족적이라는 자신의 주장과 상반되게 행복을 위한 외부적인 선도 있음을 주장한다. 즉, "행복은 또한 외부적인 여러 가지 선을 필요로 한다. 적당한 수단이 없다면 고귀한 행위를 하는 일이 불가능하거나 쉬운 일이 아니기 때문이다. 우리는 친구나 재물이나 정치 세력을 수단으로 사용한다. 그리고 좋은 집안에 태어난다거나 좋은 자녀를 둔다거나 미모를 가지는 것과 같이, 그런 것이 없다면 행복을 흐리게 하는 것들이 있다."(NE, 1099a-b) 여기서 말하는 외부적인 선은 신체적인 선을 포함한다.4) 그는 외부적인 선이 행복에 영향을 미친다는 점을 인정하고 있다. 그에 의하면, 좋은 집안에 태어나거나 잘생긴 사람은 그렇지 못한 사람들보다 더 행복할 수

---

4) 아리스토텔레스는 선을 세 가지, 즉 정신적 선, 신체적 선, 외부적인 선으로 구분한다(NE, 1098b).

있다. 그러나 그는 외부적 선을 가진다면 반드시 행복하다는 식의 생각은 잘못임을 지적하는 것 같다. 외부적 선은 행복의 조건일 따름이지 그것이 곧 행복과 일치하는 것은 아님을 지적하는 것이다. 그래서 그는 다음과 같이 말한다. "행복은 이런 좋은 조건들을 구비해야 할 것이다. 그래서 어떤 사람들은 행복을 덕과 동일시하지만, 다른 어떤 사람들은 행운과 동일시하기도 한다."(NE, 1099b) 외부적 선은 행운의 결과이거나 외적인 원인에 의해 얻어지는 것이기 때문이다. 좋은 가정에서 태어나는 것이나 멋진 외모를 가지는 것은 자신의 노력과 의지의 산물이 아니라 행운이나 외적 원인에 의해 주어지는 것임은 분명하다. 그러나 아리스토텔레스는 행복은 자신의 노력에 의해서만 얻어지는 것이라는 확고한 관점을 가진다. 노력하면 누구나 얻을 수 있지만 외부적 선이 행복의 본질이 될 수 없다는 것이다. 그래서 그는 "행복은 아주 널리 사람들이 가지는 것이다. 덕에 대한 능력이 아주 없어진 사람이 아니라면 누구나 어떤 학습 내지 노력에 의해 행복을 얻을 수 있기 때문이다."(NE, 1099b)라고 말한다. 그래서 "가장 위대하고 가장 고귀한 행복을 우연에 의해 이루어지는 것으로 본다는 것은 매우 엉성한 생각이다."(NE, 1099b) 행복을 덕과 동일시하지 않고 행운과 동일시하는 사람들의 생각이 이런 잘못된 생각인 것이다.

아리스토텔레스의 행복 중심의 덕 윤리는 '사랑(philia)'[5]을 특별히 강조한다. 사랑은 하나의 덕이 아니며 덕을 내포하는 것이다. 행복한 삶에 필수적인 요소가 사랑일 것이다. 그런데 사랑의 근본은 '자기-사랑(self-love)'이라는 것이 아리스토텔레스의 관점이다. 자기를 사랑할 수 있는 사람만이 남도 사랑할 수 있으며, 무엇보다도 자기-사랑이 행

---

5) 'friendship'으로 영역되지만, 그보다는 넓은 의미를 지닌 '친애'로 번역될 수 있다. 그러나 여기서는 '자기-사랑'과 관련하여 '사랑'으로 번역하고자 한다. 여기서의 사랑은 친구들 사이는 물론, 부부 사이나 부모와 자녀 사이, 이웃 사이 등 모든 인간관계에서 이루어지는 사랑을 의미한다.

복의 원천일 수 있다는 것이다. 자기-사랑의 의미는 아리스토텔레스의 다음과 같은 언급을 통해 설명된다.6) " '자기를 사랑하는 사람'이라는 말을 비난하는 의미에서 사용하는 사람들은 재물이나 명예나 육체적 쾌락을 남보다 더 많이 차지하는 사람을 '자기-사랑'이라고 본다. 이런 것들은 대부분의 사람들이 바라는 것이며, 마치 모든 것 가운데 가장 좋은 것인 양 추구하는 것이며, 따라서 경쟁의 대상이 되기도 한다. 그러므로 이런 것들을 찾아 헤매는 사람들은 자기의 욕정을 만족시키고, 또 일반적으로 자기의 감정과 자기 영혼의 비이성적인 부분을 만족시키고 있다. 그런데 대부분의 사람들은 이런 성질을 지닌다. 그래서 '자기를 사랑하는 사람'이라는 말이 좋지 않은 의미로 사용된 것이다."(NE, 1168b) 그러나 인도주의 도덕철학에서 말하는 자기-사랑의 의미는 긍정적이다. 아리스토텔레스는 이어서 말한다. "가장 고상하고 가장 선한 일을 하려고 하며, 자기 자신 속에 있는 가장 우위적인 요소의 뜻을 따르며, 또 모든 일에 있어 그것에 복종하는 사람이야말로 자기를 사랑하는 사람이다. 그 속에 있는 가장 우위적인 것으로 말미암아 바로 그 사람이 된다. 그것을 사랑하고 그 뜻을 따르는 사람이 가장 자기를 사랑하는 사람인 것이다."(NE, 1168b) 아리스토텔레스는 인도주의 도덕철학과 같은 입장에서, 도덕적인 사람은 자기-사랑을 하는 사람이어야 한다고 생각한다. 그래서 "사람은 모름지기 자기를 사랑하는 사람이어야 한다. 그러나 대부분의 사람들이 생각하는 의미에서 자기를 사랑하는 사람이어서는 안 된다."(NE, 1169b)

부정적 의미의 자기-사랑, 즉 이기주의는 현대사회에도 하나의 금기로 간주되고 있다. 자기를 사랑하는 것, 즉 이기적인 것은 악이요, 다른 사람을 사랑하는 것은 미덕으로 생각한다. 그러나 현대사회의 현실은 정반대인 경우도 있다. 현대인들에게 있어 가장 강하고 정당한 동

---

6) 자기-사랑에 대한 아리스토텔레스의 관점에 관한 아래의 내용은 박재주, 앞의 책, pp.386-389를 전재.

기는 이기주의이며, 그 동기에 따르는 것이 개인으로 하여금 공공 이익에 가장 잘 공헌하게 할 것이라는 생각도 지배적이다. 인간은 스스로 목적이어야지 수단이 되어서는 안 된다고 주장한 인도주의자 칸트역시 자기-사랑을 비난한다. 그에 따르면, 다른 사람의 행복을 기원하는 것은 미덕이지만, 자기 자신의 행복을 원하는 것은 윤리와는 무관하다는 것이다. 자기의 행복을 추구하는 일이나 자기-사랑 자체는 결코 미덕일 수 없다는 것이다. 자기-사랑은 도덕의 기초를 흔들고 그 숭고함을 해친다고 생각한 것이다. 자기-사랑 내지 이기주의는 가장 악한 것이며, 자기-사랑과 남을 사랑하는 것은 서로 양립이 불가능한 것이라는 생각이 만연되어 있다. '이기적으로 되어서는 안 된다'는 말은 '도덕적이어야 한다'는 말과 거의 동일한 의미를 가진다. '이기적'이라는 말은 자기 위주로 생각하지 말고 다른 사람에 관심을 가져야 한다는 의미 이상을 가진다. '이기적이지 않다'는 말은 자신의 욕망과 욕구나 의지를 단념해 버린다는 의미를 가진다. 자기-사랑과 자주적 인간을 포기하고 자기 밖의 권위나 의무에 복종한다는 뜻이다. 자기-희생과 복종, 그리고 다른 사람을 위해 봉사하는 행위만이 '이기적이지 않고' 그래서 '도덕적인' 행위가 될 수 있다는 것이다.

그러나 자기-사랑과 남을 사랑하는 것은 서로 배타적인 것이 결코 아니다. 자기를 사랑하는 사람이 우정과 덕을 가진 사람이라는 것이 아리스토텔레스의 주장이다. 그는 자기-관심과 자기-사랑이 다른 사람들에게로 확장되는 것으로 설명한다. 그래서 다른 사람들과의 관계를 가지기 전에 스스로와의 관계를 가지는 것이 중요하다는 것이다. 그런 자기와의 관계가 도덕적 자아의 토대가 된다는 것이다. 아리스토텔레스는 "이웃들과의 우정을 우정이게 만드는 여러 특성들은 자기 자신과의 관계들에서 나온 것 같다."(NE, 1166a)라고 말한다. 그리고 도덕적인 사람들의 특성은 바로 자기 자신과의 관계에서의 특성들임을 주장한다. 즉, "선한 사람에게 있어 여러 특성들 모두가 자기 자신과의 관계에 있다. 사실 그는 자기 자신과 같은 의견을 가지며, 자기의 영혼 전체와 더불어 같은 것을 욕구한다. 따라서 그는 자기 자신을 위하여, 선한 것과 선하다고 생각되는 것을 원하고 행하며, 또한 자기 자신 때문에 그렇게 한다."(NE, 1166a) 성서에 나오는 '네 이웃을 네 몸과 같이 사랑하라'는 말 역시 자기 자신에 대한 사랑과 이해는 남에 대한 존경과 사랑과 이해의 문제와 결코 떨어질 수가 없다는 사실을 의미한다. 남에 대한 사랑과 자기 자신에 대한 사랑은 결코 양자택일의 것이 아니고 남을 사랑할 수 있는 사람들 속에서 자기 자신을 사랑하는 태도가 보일 것이다. 사랑한다는 것은 사람이 가지고 있는 사랑하는 힘을 어떤 사람에게 나타내는 것이다. 나 자신의 자아도 다른 사람과 마찬가지로 나의 사랑의 대상으로 되지 않으면 안 된다. 오로지 자기 자신밖에 볼 수가 없으며, 모든 인간이나 사물도 그것들이 자기 자신에게 과연 어느 정도로 도움이 되느냐의 관점에서밖에 볼 수가 없는 사람은 기본적으로 사랑할 수 있는 힘을 전적으로 결여하고 있는 사람이며, 오직 다른 사람밖에 사랑할 수 없는 사람이라면 그 역시 사랑을 할 수 없는 사람인 것이다. 이기적인 사람은 진정으로 사랑할 수 없는 사람이며, 다른 사람을 사랑할 수 없을 뿐만 아니라 자기 자신도 사랑할 수가 없는 사람인 것이다. 진정한 자기-사랑과 이기주의는 실제 정반대되는 개념이다. 이기적인 사람은 너무 지나치게 자기를 사랑하고 있는 것이 아니라 오히려 너무 지나치게 자기를 사랑하지 않는 것이며, 실제 그는 자기 자신을 증오하고 있는 것이다.

2) 루소의 자긍심과 자기-사랑[7]

루소는 사회성을 띤 자긍심으로부터 자연성인 자기-사랑으로의 회

---

7) 위의 책, pp.390-395를 전재.

복을 통한 도덕적 자아 형성을 주장한다. 그는 인간의 자연적 선성(natural goodness)을 확신한다. 인간 본성으로서의 선성은 신성의 의미를 지닌다. 그러나 신성으로서의 자연적 선성은 도덕과는 무관한 것이다. 그것에 인간적 의미의 도덕적 기준을 적용할 수 없는 것이다. 그것은 다만 소극적 의미에서의 선에 불과하다. 따라서 자연상태에서의 인간(자연인)은 도덕과는 무관한(amoral) 인간인 것이다.8) 루소가 말하는 자연인은 서로가 격리된 원자론적 개체 상태의 인간이다. "자연인은 완전히 자기를 위해서만 존재한다."9) 그의 일차적 관심은 자기-보존이다. 그것은 존재를 보존하고 발전시키려는 성향이다. 이것이 바로 '자기-사랑'이다. 자기-사랑은 자기-보존의 본능이며, 다른 사람과는 전혀 무관한 자연의 감정이다. "어린이의 최초의 감정은 자기 자신을 사랑하는 일이다."10) 자연인으로서 어린이가 가지는 최초의 감정이 자기-보존의 성향인 자기-사랑인 것이다. 어린이만이 아니라 모든 생명체들은 자연적으로 자기를 사랑하고 보존하고자 한다. 자기-사랑은 생명을 가진다는 점에서 가지는 감정이며, 자신의 생명을 보존하고자 하는 감정이다. "자기-사랑은 항상 선한 것이며, 항상 질서에 순종한다. 사람은 저마다 자기-보존이라는 것에 특별히 책임이 있기 때문에 그의 조심성의 최초이고 또 가장 중요한 것은 끊임없이 거기에 주의를 기울이는 것이며, 또 그래야만 한다."11) "루소에게 있어, 양심은 정신적 행복을 지향하는 자기-사랑이다. 자연적 선성인 자기-사랑이 신체적, 감각적 행복을 지향하는 경우, 그것은 양심과 대립되는 탐욕이 된다. 루소는 자기-사랑 이외의 행동 동기를 인정하지 않으려 한다. 자기-사랑이 인류 사랑의 근원이며, 정의와 질서의 사랑인 양심이

---

8) 박재주, 『서양의 도덕교육사상』(서울: 청계, 2003), p.158 참고.

9) 장 자크 루소, 정봉구 옮김, 『에밀(상)』(서울: 범우사, 2000), p.29.

10) 위의 책, p.388.

11) 위의 책, p.388.

되는 것이다.

그런데 자기-사랑에서의 자기란 생명적 자아이지만 자신을 인간으로 느끼는 존재로서의 자아는 아니다. 그것은 다른 사람을 만나면서 가지는 것이다. 다른 사람을 만나는 사회인의 모든 사고와 감정은 분화되기 시작한다. 그는 다른 사람의 존재를 느끼면서 동시에 자신을 느낀다. 이 자의식이 자기-사랑과 함께하면 자기중심적인 자의식으로 발전한다. 자기중심적인 자의식은 다른 자아의 존재와 충돌하기 시작한다. 사회인은 자신을 다른 사람들과 비교하게 된다. 삶의 기준도 자기의 기준이 아니다. 그는 본연의 자신으로부터 소외된다. "사회인은 항상 자기 밖에 존재하며 다른 사람들의 의견 속에서 살아간다. 자기가 존재하고 있다는 느낌을 다른 사람의 판단에 의거하고 있는 것이다."[12] 그 결과 허영심, 시기, 질투, 증오 등의 악덕에 빠진다. 사회인의 이런 마음 상태가 자기중심적인 사랑, 즉 자긍심(내지 이기심)이다. 자긍심은 자기를 더 사랑하면서 동시에 다른 사람들 역시 자기를 그들 자신보다 더 사랑하기를 요구하는 것이기 때문에 만족이 불가능한 것이다. 그리고 이 자긍심이 사람들로 하여금 항상 선하게 살지 못하게 만든다. 즉, "자기-사랑은 자기 자신에 주목하기 때문에 자신의 필요만 채워지면 만족한다. 그러나 자긍심은 자기를 남과 비교하기 때문에 절대로 만족하지 않으며 또 만족할 수 없는 것이다. 왜냐하면, 이 감정은 다른 사람들보다도 자기 자신을 더 좋아하는 것이지만 그러면서 역시 다른 사람들에게도 그들보다 자기를 좋아하도록 강요하기 때문이다. 이것은 불가능한 것이다. 여기에 바로 온화하고 애정이 담긴 감정은 자기-사랑으로부터 생기고, 남을 미워하고 성을 잘 내는 감정은 자긍심으로부터 생기는 이유가 있다. 그러므로 인간을 본질적으로 선량하게 하는 데는 다른 사람들과 비교하지 않는 일이 필요하며 욕

---

12) 장 자크 루소, 주경복 · 고봉만 옮김, 『인간불평등기원론』(서울: 책세상, 2006), p.139.

구가 적어야 한다. 한편 인간을 본질적으로 사악하게 하는 것은 욕구를 많이 가지는 것과 또 다분히 다른 사람의 의견에 집착하는 일이다. 이 원리에 의거하면 어린이고 어른이고 간에 사람이 어떻게 해서 모든 정념을 선으로 또는 악으로 인도할 수 있는가를 쉽게 알게 된다. 사람은 항상 혼자 살 수 없으니까 언제나 선량하기 어렵다는 것은 확실하다."13) 자기-사랑은 절대적 자아에 대한 사랑인 반면, 자긍심은 상대적 자기에 대한 사랑이다. 자긍심은 자기중심적 세계관과 남보다 우월해야 한다는 욕구가 결합된 것이다. 자긍심을 가진 사람은 항상 다른 사람과의 비교를 통해서 자기가 누구인지를 판단한다. 자기가 남보다 우월한 경우 자만심에 빠지고 자기보다 못한 상대방을 무시한다. 다른 사람에게 자기의 좋은 점만을 과시하는 허영심 또한 자긍심의 특성이다. 자긍심은 근본적으로 인간으로 하여금 항상 다른 사람과 비교하여 자기가 상대방보다 많이 소유해야 하고 높게 평가되어야 하며 지배적이어야 한다는 강박관념에 매이게 한다. 결국 인간은 남과의 비교를 통해 자신에 대한 만족보다는 불만을 느끼게 된다. 다른 사람들이 모두 그들 자아를 포기하고 자기를 위해 존재하고 자기를 더욱 소중하게 여겨 줄 것을 갈망하는 잘못된 기대인 것이다. "그래서 자기-사랑과 자기중심적 자기-사랑인 자긍심은 엄연히 다르다. 자기-사랑은 하나의 자연적인 감정으로서 자기-보존의 성향이다. 그것은 이성에 의해 인도되고 동정심에 의해 인간 사랑과 덕을 만들어낸다. 반면, 자긍심은 사회 속에서 생기는 상대적이고 인위적인 감정이다. 그것은 사람들로 하여금 자기를 다른 누구보다도 소중하게 여기도록 하고, 명예의 원천이 되기도 하지만 악의 근원이 되기도 하는 것이다. 자긍심은 사회의 도덕과는 거리가 멀 수 있다. 도덕은 개인 이익보다는 다른 사람의 이익이나 사회 이익을 우선시할 것을 요구하기 때문이다. 인간의

---

13) 장 자크 루소, 정봉구 옮김, 『에밀(상)』, pp.389-390.

자연적 성향과 도덕적 의무는 갈등한다."[14] 루소의 주장에 따르면, 시민사회는 '그들 스스로 밖에서' 살고 있는 사람들로 구성된다. 자연상태의 자아는 자기-충족적이고, 자신의 만족시키는 능력들에 비례하여 욕구를 가지는 반면, 사회적 자아의 욕망들과 욕구들은 억제되지 않고, 사회적 압력들에 대응하여 발달된다. 시민사회에서 인간은 부자유스럽다. 그 이유는 적절하게 만족될 수 없고 결코 끝나지 않는 것들 ─ 재산, 명예, 우울증 ─ 을 발생하도록 유인하는 그 자신의 열정들에 자신이 좌우되기 때문이다. 자긍심을 위해서 행동하는 사람은 탐욕의 지시를 받는 사람이다. 그런 사람은 자유롭지도 않고 도덕적이지도 않은 사람이다. 자긍심은 사회 속에서 만연한다. 인간은 자신을 다른 사람들과 항상 비교하고 우월하기를 바라기 때문이다. 사회 속에서 자기-사랑은 자연적인 발달과정을 따를 수 없다. 자긍심의 영향을 받고 있는 개인은 늘 변화하는 여론에 따라서 자신의 실존 감각을 가질 수 있기 때문이다.

자기-관념과 자기-가치 감각을 가지기 위하여 다른 사람들의 고려와 존중에 의존하는 자긍심의 자아는 '누구처럼 보이는 것(seeming)'을 '누구로 존재하는 것(being)'보다 훨씬 더 중요하게 여기는 자아이다. 그런 자아에게는, 다른 사람의 존중이 자신의 덕보다 훨씬 더 중요하다. 루소에게 그는 도덕적일 수 없는, 시민사회에 의해 만들어진 왜곡된 자아이다.[15] 그런데 자긍심으로부터 벗어나서 도덕적 자아가 되기 위해서는 자기-사랑을 하여야 한다. 루소가 자기-사랑과 자긍심을 구분하는 것은 도덕적 자아 형성에 요구되는 것을 설명하기 위함이다. 그 구분은 자기-사랑에서 자긍심으로의 퇴화, 그리고 변형된 선으로의 회복이라는 세 단계 구조에 바탕을 두는 것이다. 자기-사랑을

---

14) 박재주, 『서양의 도덕교육사상』, p.163.

15) Pauline Chazan, *The Moral Self*(London and New York: Routledge, 1998), p.42 참고.

하고, 그래서 도덕적 자아를 형성할 수 있으려면, 다른 사람에게 어떻게 보이는가가 문제가 아니라 사회가 부여하는 인공적인 외부의 힘들로부터 자유로워지는 것이 중요하다는 것이 루소의 주장인 것이다. 행복하고 자유롭고 도덕적인 사람이 되려면 '자연으로 돌아가야' 한다. 그것은 곧 문명사회의 극복을 의미하지만, 루소는 문명의 말살을 주장하지 않는다. 그는 문명사회에서의 자기-사랑과 도덕성의 회복을 주장하는 것이다. 그가 '자연으로 돌아가라'고 말한 것은, 반드시 사회 속에서 도덕의 요구를 따르면서 살아야 하는 사람들에게 사회 속에서 자연상태를 회복하자는 의미이다.

　『인간 불평등 기원론』에서 루소는 자연상태에서의 자아를 설명한다. "그것은 오염되지 않은 자기-사랑의 단계이다. 즉, 순결, 자발성, 신뢰, 행복, 평화 등의 단계이다. 여기서 삶은 미래를 바라보거나 자기의 경계를 넘어서 바라볼 필요가 없는, 오직 현재의 순간에만 살아지는 어린 시절과 유사하다. 지각은 왜곡되지 않고, 의식은 욕구들과 욕망들을 만족시키기 위해 세계를 변형시킬 필요에 의해 오염되지 않는다. 이 단계는 세계나 자신과의 갈등을 겪지 않으며, 선과 악을 구별할 필요가 없는 전(pre)도덕적 천진난만한 삶을 살고 있는 단계이다. 그러나 두 번째 단계인 문명사회에서는 자연은 왜곡되고 자연적 자아는 타락한다. 이 단계에서 사악이 개입한다. 즉, 인간은 자연상태에서 그가 가졌던 진정성을 상실하고, 물질적 소유, 명성, 평판의 노예가 된다. 이기심, 시기, 허영, 고립, 불평등 그리고 거짓된 외모들은 문명사회의 모습들이다. 루소는 다른 저서들에서 상실된 순결에의 복귀와 상실된 선과 진정성으로의 회귀를 갈망한다. 그러나 자연상태로의 회귀가 가능하지도 않고 바람직한 것도 아니기 때문에(도덕성의 회복과 무관할 것이기 때문에 바람직하지 않다) 루소는 자연적 자아의 선과 진정성을 다시 획득하고 도덕성을 달성하기 위하여 어떤 정치적 구조를 제시하는 것이다."16) 문명사회에서도 자연적 선과 자기-사랑은 실존하지만, 숨겨지고 가려진다. 자연상태로 돌아가는 것이 아니라 그것을 가리는 베일을 제거하고 도덕성을 회복하는 것이 과제이다.

루소에게, 문명은 일종의 정신병을 초래한다. 그것은 심리적으로 병든, 거짓의 왜곡된 자아들을 만들어낸다. 그 인공적인 자아들이 진실한 자아들을 몰아냈다는 것이다. 우리는 자긍심과 그것이 가져오는 질병들을 완전히 피할 수 있는, 문명사회에서의 도덕적 자아일 수는 없다. 시민사회에서의 사람들을 보편적인 심리적 질병을 겪는다고 진단한다. 그는 자긍심에서 자기-사랑으로의 이동과 자긍심을 완전하게 없앨 수 있는 정치적 '치료'를 주장한다.

"시민적 인간은 분모에 좌우되는 분수의 분자에 불과하다. 그러므로 그 가치는 정수와의 관계에 따라 결정된다. 정수란 결국 사회 공동체이다. 그러므로 훌륭한 사회제도란 인간을 가장 부자연스럽게 하고, 개인으로부터 절대적인 존재를 탈취하며, 그 대신 상대적인 존재로 만들어 '자아'를 한 공동체 속에 몰입시킬 수 있는 제도를 말한다."[17] 훌륭한 사회제도는 개인의 독립성을 의존성으로 바꾸고, 그래서 더 이상 자신을 하나로 간주하지 않고 전체의 부분으로 간주하며 공동의 삶을 의식하게 만든다는 것이다. 이런 사회제도를 통하여 문명에서의 인간의 사악을 극복할 수 있다는 것이다. "사람들은 문명이라는 일종의 여과기를 통해 스스로와 다른 사람들을 바라보기 때문에 사악들이 실존하게 되고, 자긍심이 자기를 지배하게 된다. 사악은 더 이상 신의 명령을 어기는 것이거나, 원칙들에 따라서 행위하지 못함에 있는 것이 아니다. 인간 사악의 핵심은 다른 사람들에게 의존하기 때문에 생기는 정신분열인 것이다. 한 사람의 시민인 동시에 도덕적 존재가 되기 위해서, 사회적 자아는 다른 사람에게의 의존성과 정신분열을 극복해야 한다. 그것을 위해 교육이 필요하고, 일반의지(General Will)를 따를

16) Ibid., p.35 참고,
17) 장 자크 루소, 정봉구 옮김, 『에밀(상)』, p.29.

수 있게 해야 한다. 시민사회에서 사람들은 그들이 각 시민의 진실한 의지인 일반의지에 복종할 때 자유롭다."18) 그러나 자긍심의 지배를 받는 사회인은 올바른 방식으로 교육을 받고 일반의지에 따라 의지할 수 없다고 생각한다. 바람직한 것은 자기-사랑이 사적인 인간 의지들로부터 벗어나 자연적으로 발달할 수 있게 만드는 것이다.

자연인의 교육, 즉 자기-보존 내지 자기-사랑을 위한 교육은 다음과 같은 원리에 따라야 한다고 루소는 주장한다. "첫째, 교육은 학생이 자신의 고유성, 즉 자연성에 확고히 뿌리를 내리고 성장하도록 하는 조력이어야 한다. 개인의 고유성은 사회적 정념과 다른 사람의 의견에 물들기 이전의 고유한 자아이다. 이 고유한 자아는 사람이 탄생하면서 지니고 나오는 원초적인 생명의 뿌리이다. 그래서 갓 태어난 아이도 자신의 고유한 느낌과 의사를 가지고 있는 것이다. 그런데 사회 속에서 성장하고 살아가면서 다른 사람의 의견과 사회적 정념에 물이 들게 되고, 따라서 자신의 고유성을 점점 더 잃어버리게 된다. 자신의 뿌리를 잃게 되면 비본래적인 정념과 다른 사람의 의견의 노예가 되며, 그때그때 상황의 변화에 끊임없이 휘둘리는 삶을 살 수밖에 없게 된다. 따라서 교육은 아동이 비본래적인 정념과 다른 사람의 의견에 물들지 않도록 지켜 주면서, 그의 고유성을 잘 발달시켜서 이에 확고하게 뿌리를 내린 인간을 키워 내는 것이어야 한다."19) "둘째, 교육은 자연성, 즉 생명성의 원리에 따라야 한다. 교육의 최초 단계에서 무엇보다 중요한 것은 신체적, 감각적 생명의 자유롭고 건강한 발달이다. 아이들에게 자연스러운 방법, 즉 아동의 흥미를 끌 수 있는 방법으로 신체적, 감각적 기능을 잘 발달시키도록 하며 다양한 감각적 경험을 충분히 하도록 한다. 루소의 견해에 따르면, 이성이란 태어날 때부터

---

18) Pauline Chazan, op. cit., p.43 참고.
19) 김영래, 「교육원리로서의 자기보존: 루소 교육관의 현대적 재음미」, 『교육의 이론과 실천』 제13권 제1호(2008), p.7.

마음속에 존재하는 것이 아니라 인간의 여러 가지 능력들이 골고루 발달함을 통하여 종합적으로 완성되는 고차적 능력이다. 따라서 이성은 단지 인지적 조작 능력이 아니라, 인간의 신체적, 감각적, 정신적 활동이 개념적, 논리적 사고에 수렴되는 것이며, 실천과 그대로 연결되며, 살아 있는 정신이다. 도덕성도 마찬가지다. 아이들이 스스로 가치를 느끼지 못하는 도덕원리나 예의범절을 강요해서는 안 된다."20) "셋째, 자신의 삶을 유지할 수 있는 생존 능력을 길러 주어야 한다. 무엇보다 자신의 현재 상태를 인정하고 잘 알게 해야 한다. 자신의 몸과 마음을, 자신의 의견과 감정, 흥미와 욕구를 스스로 돌아보고 감지하며, 이를 소중히 여기고 사랑하게 해야 한다. 무엇보다 중요한 것은 자신의 삶을 살 줄 알게 하고, 자신의 삶을 향유하게 해야 한다. 이것이 행복한 인간을 만드는 교육인 것이다."21)

결국, 에밀의 교육은 그가 다른 사람들의 사적인 의견들과 판단들에 독립하도록 교육하는 것이다. 즉, 진정한 자율성을 보장하는 교육인 것이다. 그 교육은 그로 하여금 사회의 구속들과 요구들로부터 자유롭게 하고, 그 자신의 내적 분열로부터 벗어나게 만들었다. 에밀은 그의 스승에게 다음과 같이 요청한다. "나에게 폭행을 가하는 열정들에 대하여 지켜줌으로써 나를 자유롭게 만들어주세요. 나를 그것들의 노예가 되도록 하지 말아 주세요. 나를 내 자신의 주인이 되게 하고 나의 감각들이 아니라 나의 이성에 복종하지 않으면 안 되게 해주세요."22) 여기서 루소가 생각하는 진정한 자율성은 다른 사람들의 사적 의지에의 의존성으로부터의 자유이다. 그것은 사실상 자긍심으로부터의 자유이다. 그러나 루소에게 있어, 의지의 일치는 중요하다. 자연적

---

20) 위의 논문, pp.8-9.

21) 위의 논문, p.12.

22) J. J. Rousseau, *Emile*, trans. by B. Foxley(London: Dent, 1969), p.290. 위의 논문, p.44에서 재인용.

인 자유가 일반의지에 의지 제한받는 시민적 자유를 따를 때, 인간은 도덕적 자유를 얻게 된다는 것이다. 자신의 진실한 의지에 복종하는 것이 자유로운 것이듯이, 일반의지를 따르도록 강요되고 있다. 일반의지를 따르는 것은 특별 의지들의 영향을 받기 쉬운 자긍심과는 양립할 수 없다. 일반의지를 따름은 모든 사람의 이해관계에 있는 것을 의지하는 능력을 대변한다. 즉, 그것은 합리적 원리들에 따라서 자신의 의지를 자율적으로 규제하는 능력이다. 일반의지에 따라서 자신의 의지를 합리적으로 규제하는 가운데 자신은 자유로운 도덕적 행위자가 될 수 있는 것이다.

2. 흄의 자긍심 중심의 내적 객아

1) 흄의 도덕이론[23]

(1) 지각의 다발로서의 인간 마음

먼저, 흄의 도덕이론의 출발점은 '지각의 다발'로서의 인간 마음이다. 그는 이성적 실체로서의 자아의 관념을 부정한다.[24] 그는 '단순한 실체로서 지속한다'는 자아 관념을 거부하는 것이다. 그는 "우리는 매 순간마다 자아를 내면적으로 의식하고 있으며, 자아의 존재와 자아가 지속적으로 존재한다는 것 등을 느끼고, 자아의 완전한 동일성과 단순성은 모두 논증의 명증성 이상으로 확실하다는 주장들은 실제적인 경험과는 상반되는 주장이며, 그런 식의 자아 관념을 가질 수 없다."[25]라

---

23) 흄의 도덕이론에 관한 아래의 내용은 박재주, 『서양의 도덕교육사상』, pp.125-139를 일부 수정하여 전재.

24) 흄의 자아관에 대한 다양한 논의는 이준호, 「흄의 자연주의와 자아」(한국외국어대학교 박사학위논문, 1998)를 참고.

25) David Hume, *A Treatise of Human Nature*, ed. by L. A. Selby-Bigge(Oxford: Oxford University Press, 1980), Book I. *Of the Understanding*, Book II. *Of*

고 주장한다. 그 논거와 관련하여 다음과 같이 주장한다.

모든 실제적 관념들마다 그 관념을 불러일으키는 어떤 하나의 인상이 있는 것은 틀림없다. 그러나 자아 또는 인격은 어떤 하나의 인상이 아니지만, 우리의 여러 인상들과 관념들은 그와 같은 인상에 관계하는 것으로 가정된다. 어떤 인상이 자아의 관념을 불러일으킨다면, 우리 삶의 과정을 통해서 그 인상은 불변적으로 동일함을 지속해야 한다. 자아는 그와 같은 방식에 따라 존재한다고 가정되기 때문이다. 그러나 항상적이고 변하지 않는 인상은 없다. 괴로움과 즐거움, 슬픔과 기쁨, 정념과 감각은 서로 계기하며 동일한 시간에 함께 존재하지 않는다. 그러므로 이 인상들 가운데 어떤 것에서, 또는 다른 어떤 것에서 자아의 관념이 유래하지 않는다. 그리고 결과적으로 그와 같은 관념은 없다 (*Treatise*, pp.251-252).

지각의 궁극적인 근거는 인상이며, 자아의 인상은 하나의 인상일 수 없고 여러 인상들의 연계들이다. 그런데 지속적인 자아의 인상이 가능하도록 하는 항상적이고 불변하는 인상은 없기 때문에 단순하고 지속적인 실체로서의 자아는 존재하지 않는다는 것이다. 그래서 그는 이른바 '다발 이론'을 제시한다. 즉, 자아는 서로 다른 지각들의 다발에 불과하다는 것이다.

자아의 심층에 들어가 보면 언제나 만나는 것은 개별 지각들뿐이다. 지각이 없다면 자아는 잠시도 자아를 포착할 수 없으며 그 어떤 것도 관찰할 수 없다. 깊은 잠에 빠졌을 때처럼 지각들이 일정 시간 동안 없어진다면 그동안 나는 나 자신을 감지할 수 없고 솔직히 나 자신은 존

the Passions, Book III. *Of Morals*, 이준호 옮김,『인간 본성에 관한 논고. 제1권 오성에 관하여』,『인간 본성에 관한 논고. 제2권 정념에 관하여』,『인간 본성에 관한 논고. 제3권 도덕에 관하여』(서울: 서광사, 각각 1994, 1996, 1998) (이후에는 본문 속에 *Treatise*로 표기함), p.251.

재하지 않는다고 할 수도 있다. 인간(또는 인간의 마음)은 서로 다른 지각들의 다발 또는 집합일 뿐이며, 이 지각들은 생각할 수 없을 정도로 빠르게 서로 계기하면서 영원히 흐르고 움직인다. 마음은 일종의 극장이다. 이 극장에서는 여러 지각들이 계기적으로 나타나고 지나가면서 혼합된다(*Treatise*, p.252 참고).

여기서 흄은 인간과 인간의 마음을 혼용하면서, 가변적이고 신체적인 인간이나 자아 또는 마음의 존재를 주장한다. 그에게 있어, 마음은 신체 의존적이다. 즉, 신체의 감각기관에 대한 외부 대상의 자극을 통해 지각이 생겨나고, 그 지각들의 상호작용이 바로 마음이기 때문에 마음은 신체의 생리현상으로 간주될 수 있다. 정념들의 상호작용이 신체적인 행위에 영향을 미치지만, 신체의 존재가 마음에 의존하는 것은 아니다. 오히려 신체가 없다면 지각이 발생할 수 없는 것이며, 지각이 없다면 지각의 다발인 마음은 당연히 존재할 수 없는 것이다. 마음은 지각으로 구성된다. 즉, 지각은 마음에 속하는 것이 아니라 마음을 구성하는 요소이다. 그래서 그에 의하면, "내가 죽어서 나의 지각이 모두 없어지고, 나의 신체가 해체된 다음부터 나는 생각할 수도 볼 수도 느낄 수도 사랑할 수도 미워할 수도 없을 것이고, 나는 완전히 사라질 것이며, 나를 비존재로 만드는 데 무엇이 필요한지도 생각할 수 없을 것이다."(*Treatise*, p.252) 그에게 있어서, 인간 또는 인간의 마음은 신체적으로 느끼며 신체적으로 행동하는 존재이다.

그의 신체적 존재로서의 인간 또는 인간의 마음은 대상(물체) 의존적이기도 하다. 지각의 발생은 대상에 대한 신체적 반응에서 비롯되며, 지각의 소멸은 신체적 반응의 소멸이다. 대상과의 관계가 단절되고 대상에 대한 정념이 사라지면 신체적 존재로서의 인간이나 인간의 마음은 존재할 수 없게 된다. 그래서 "우리의 자아가 다른 모든 대상에 대한 지각과 독립적이라면, 우리의 자아는 실제로 무(無)이다. 바로 이런 이유로 우리는 외부 대상에 관심을 두지 않을 수 없고, 또 우리와 가까이 있거나 유사한 것을 가장 관심 있게 생각하는 것은 자연스럽다. 그러나 자아가 정념의 대상이라면 정념이 사라질 때 자아에 대한 사유가 중단되지 않는 것은 부자연스럽다. 인상과 관념의 이중관계가 더 이상 작용할 수 없기 때문이다."(*Treatise*, pp.340-341) 외부 대상과 그것에 의해 촉발된 지각에 의해 비로소 존재하게 되는 것이 인간의 마음이라는 것이다.

그는 인간 또는 인간의 마음을 '극장'에 비유한다. "지각들의 전경이 재현되는 장소나 그 장소를 구성하는 소재에 대하여 아주 막연한 견해조차 가질 수 없을 것이다."(*Treatise*, p.253)라는 그의 말이 알려주듯이, 극장은 지속적인 실체로서의 동일성에 대한 부정을 비유한다. 그는 이어서 인격의 동일성을 사유 또는 상상력과 관련된 인격의 동일성과 정념 또는 관심과 관련된 인격의 동일성으로 구분한다. 정념 또는 관심과 관련된 인격의 동일성에 대해서는 분명한 설명을 하지 않았기 때문에 많은 논란을 불러일으킨다. 그러나 그의 저서 『인간 본성에 관한 논고』 제1권 제4부 제6절 「인격의 동일성에 관하여」는 바로 사유 또는 상상력과 관련된 인격의 동일성을 논의하고 있다. 그런데 그에 의하면, "이 동일성은 일종의 오해이다. 우리는 기억과 상상력에 의해 서로 다른 대상들이 단속적이고 가변적이더라도 결과적으로 동일하다고 과감하게 주장하고 마는 것이다. 이 불합리를 스스로 정당화시키기 위해 대상들을 함께 연관짓고 그 대상들의 단속과 변화를 막아 줄 새롭고 난해한 원리를 종종 꾸며낸다. 그래서 우리는 지속적 존재의 지각들을 꾸며내고 영혼, 자아, 실체 등의 관념에 빠져든다."(*Treatise*, p.254 참고) "동일성은 서로 다른 지각들에 속하는 것일 수 없으며 그 지각들을 함께 합일하는 것도 아니다. 그것은 지각들에 속한다고 생각하는 성질일 뿐이다. 지각들의 관념들이 상상력 안에서 합일되기 때문이다. 유사성, 인접성, 인과성이라는 관계들에 의해 지각들의 관념들이 상상력 안에서 쉬운 전이를 생기게 한다. 그래서 연관된 관념들의 행렬을 따르는 사유가 쉽고 부단하게 진행함으로써 인격의 동일성이라는 관념이 생긴다."(*Treatise*, p.260 참고)

여기서 흄은 '공화국'이라는 또 하나의 비유를 제시한다. 즉, 마음은 공화국(republic) 또는 (공화국의 성원으로서의) 국민(commonwealth)에 비유된다는 것이다. 공화국에서는 그 부분들의 끊임없는 변화 속에서 동일한 공화국을 이어나간다는 것이다. 동일한 하나의 공화국은 그 성원들을 바꿀 뿐 아니라 법률과 체제도 바꾸듯이, 마찬가지로 동일한 사람이 자신의 인상이나 관념 등과 함께 자신의 동일성을 상실하지 않고도 자신의 성향과 성품을 변화시킬 수 있다. 그 사람이 어떤 변화를 겪더라도, 그의 여러 부분들은 인과관계에 의해 여전히 연관되어 있다. '공화국'으로 비유되는, 사유 또는 상상력과 관련된 인격의 동일성은 기억에 의해서 만들어진다. "기억만이 지각들의 계기의 지속과 그 범위를 알려주므로 인격의 동일성의 원천으로 간주된다. 기억은 인격을 동일성을 산출한다기보다는 서로 다른 지각들 사이에 있는 원인과 결과의 관계를 보여줌으로써 인격의 동일성을 드러내는 것이다."(*Treatise*, pp.261-262 참고) 인간 또는 인간의 마음이 공화국에 비유된다는 것은 인격을 구성하는 지각들의 관계들을 강조하고자 하는 비유이다. 이 비유를 통하여 그가 제시하는 점은 인간의 마음 내지 자아는 실체는 결코 아니지만 인격의 동일성일 수 있다는 것이다.

(2) 인간 행위의 원동력으로서의 정념

다음으로, 흄은 정념이 인간 행위의 원동력임을 강조한다. 그는 인간 본성을 일상적인 경험의 문제로 생각한다. 인간 삶에서의 보편적 성향들이 바로 인간 본성이라는 것이다. 그리고 그에게 있어 도덕이란 경험의 세계 속에서 살아가는 사람들 사이의 삶의 원리에 해당한다. 인간 본성과 도덕에 관한 이러한 그의 입장은 형이상학적 근거에 대한 그의 부정과 직접 연관된다. 그는 칸트의 이른바 '물 자체'와 같은 형이상학적 근거 또는 현상 이면의 대상 자체의 관념을 부정한다. 그리고 그에게 있어 인식이란 일종의 현상일 뿐 그 대상 자체에 대한 것이 아니라고 생각한다. 같은 맥락에서 그는 형이상학적 인과율 또는 필연적 연관의 관념을 부정한다. 즉, 인과율을 대상 자체에 본질적으로 존재하는 관계로 인식하지 않고, 사람들의 상상력이 오랜 경험을 통해서 축적한 습관에 의해 대상들에게 부여하는 마음의 구성물이라고 생각한다. 그에게 있어서 인과성이란 언제나 함께 발생하는 두 사건들의 문제로서, 그 두 사건을 연관지으려는 인간의 심리적 성향과 관련된다. 이 두 사건들 사이에는 '어떤 원인으로부터는 반드시 어떤 결과가 생긴다'고 하는 필연적 관계가 성립하지 않는다. 원인과 결과에 대한 모든 추리는 오직 습관으로부터 나온다는 것이다. 그에 의하면, 인과적 필연성의 관념이나 합리적인 도덕적 기준 등 보편타당하고 객관적인 것은 어떤 형이상학적인 근거를 가지는 것이 아니라, 일종의 신념으로서 상상력에 의한 습관의 산물에 불과한 것이다. 그의 책 『인간 본성에 관한 논고: 실험적 추론 방법을 도덕적 주제들에 도입하기 위한 하나의 시도』의 부제가 말해 주듯이, 그에게 있어 인간 본성과 도덕의 문제는 실험과 관찰이라는 직접적 경험에 의한 자연주의적 방법을 통해 설명되어야 하는 것이다.

홈에게 있어 인간 본성과 도덕의 문제는 인식의 문제나 이성의 문제가 아니라, 경험의 문제이며 감정의 문제이다. 그리고 그에게 있어 '이성은 정념의 노예이며 또 노예일 뿐이어야 한다.' 그는, 감정(정념)과 이성의 싸움을 말하면서 이성의 편을 들고 이성의 명령에 따르는 것만큼 덕 있는 사람이 된다고 주장하면서 이성의 영원 불변성과 그 신적 기원을 믿고 감정의 맹목성, 불안정성, 기만성을 강조하는 철학의 잘못을 드러내기 위해서, '오직 이성만으로는 어떤 의지 활동의 동기도 될 수 없다'는 점, 그리고 '이성은 의지의 방향을 결정할 때 결코

정념과 상반될 수 없다'는 점을 증명한다. 즉,

　　그에 의하면, 오성은 다음과 같은 두 가지 방식으로 작용한다. 즉, 오성은 논증이나 개연성을 통해 판단하고, 또 오성은 관념의 추상적 관계를 주목하거나 경험을 통해 알게 된 대상의 관계를 주목한다. 추론의 고유 영역은 관념의 세계인 반면 의지의 문제에서 우리는 늘 실재의 세계에 존재하기 때문에 논증과 의욕은 서로 거리가 아주 멀다. 추상적이거나 논증적인 추론은 오직 원인과 결과 등에 관한 판단을 지배할 뿐 행위에는 영향을 미칠 수 없다. 그런데 우리가 어떤 대상으로부터 괴로움이나 즐거움을 예측할 때 우리는 그 괴로움을 싫어하거나 그 즐거움에 집착하는 등의 정서를 느낀다. 그리고 그 대상의 원인과 결과를 이성과 경험을 통해 인지한다면, 그 대상의 원인과 결과에 대해서까지 그러한 정서가 확산된다. 그러한 정서는 원인과 결과의 관계를 통해 그 정서의 근원적 대상과 연관된 대상을 모두 파악하도록 한다. 여기서 그러한 관계를 밝히기 위한 추론이 발생한다. 그 추론의 결과가 바뀜에 따라 행위도 변하게 된다. 그러나 이 경우 행위를 일으키는 충동은 이성에서 발생한 것이 아니다. 단지 그것이 이성의 지배를 받을 뿐이다. 대상 자체가 감정을 유발시키지 못한다면 그 대상들의 연관도 의지에 미칠 영향력을 대상에게 부여하지 못한다. 그리고 추리란 그러한 연관의 발견일 뿐이므로 추리를 통해서 대상들이 감정을 유발할 수 없는 것이다. 이성만으로는 행위를 유발할 수 없고 의욕도 불러일으킬 수 없기 때문에 이성은 의욕을 막거나 어떤 정념 또는 정서를 선택하려고 싸울 역량을 가지지 못한다. 결국 이성은 근원적인 영향력을 가지지 못한다는 것이다. 이성은 정념의 노예이고 또 노예일 뿐이어야 하며, 정념에게 봉사하고 복종하는 것 외에 결코 어떤 임무도 수행할 수 없다 (*Treatise*, pp.413-415 참고).

　　흄에 있어서는, "정념, 좀 더 구체적으로 말하면 욕구가 있어야만 행위할 수 있다. 선천적인 진리든 경험적인 사실이든 그것에 관련된 지식이나 신념은 욕구와 결합되는 경우에만 행위를 결정하는 데 도움을 줄 수 있게 되는 것이다."26) 여기서 그는 실천이성의 개념을 철저하게 부정한다. 감정의 의미는 폭넓게 정의하면서 이성은 너무 좁게 정의한다. 그는 아리스토텔레스의 이성에 대한 생각과는 전적으로 다르게 이성의 역할을 크게 격하시킨다. 인간의 이성 능력을 격하시킴으로써 도덕의 영역은 큰 타격을 입는다. 그는 도덕을 인간 욕구에 기초시킨다. 그리고는 "나의 손가락의 상처보다 세계 전체의 파멸을 더 바라는 것이 이성에 위배되지 않는다거나, 내가 인디언이나 전혀 모르는 사람이 불편해하지 않도록 하기 위해서 나 자신의 철저한 희생을 더 바라는 것이 이성에 위배되지 않는다."(*Treatise*, p.416)라고 말한다. 이는 어떤 정념이 거짓 가정에 기초하거나 의도적 목적에 불충분한 수단을 선택한 경우가 아니라면 그 어떤 정념도 불합리하다고 할 수 없으며, 따라서 이성과 정념은 상충될 수도 없고, 정념이 이성에 의해 변화될 수도 없다는 것이다. 결국 그의 주장은, "이성보다는 정념 또는 욕구가 행위의 원동력임을 주장한다. 그런데 이 경우 정념이란 '격한 감정'이나 '욕정에 의해 지배되는 삶'을 의미하지 않는다. 그것은 '자비심', '자기애', '덕에 대한 사랑' 등과 같은 고요한 정념(calm passions)을 가리키는 것이다."27)

그러나 흄의 이러한 입장이 이성의 역할을 전적으로 부정하는 것은 아니다. 다만 이성의 능력에 대한 한계 설정의 선이 다르다고 볼 수 있을 뿐이다. 합리주의자가 형이상학적 직관과 논리적 추론이라는 거의 절대적인 이성 능력을 인정한 반면, 흄은 감각 지각과 그것에 병행하는 반성적 느낌에 이성의 능력을 제한한다는 차이일 따름이라고 보아야 할 것이다. 합리주의자는 인간의 욕구와는 무관하게 인간이 궁극

---

26) I. Dilman, "Reason, Passion and the Will", ed. by Stanley Tweyman, *David Hume: Critical Assessments*(London: Routledge, 1995), p.275.

27) Jonathan Harrison, *Hume's Moral Epistemology*(Oxford: Oxford University Press, 1976), p.15.

적으로 추구해야 할 당위로서의 형이상학적 선이나 도덕규범이 존재하며, 직관과 추론이라는 이성 능력을 통해 그것을 인식할 수 있다고 생각한다. 또한 도덕에 대한 이성의 인식은 사람으로 하여금 도덕적 목적을 향해 행위하도록 인도하기 때문에 행위의 근본적인 동기는 정념이 아니라 도덕의 형이상학적 근거 내지는 보편적인 도덕규범 그리고 그것에 대한 이성의 인식이라고 생각하는 것이다. 이는 이 세계가 형이상학적인 어떤 목적을 향해 체계적으로 조화롭게 진행하고 있다는 세계관을 전제하고 있는 것이다. 이에 대해 흄은 역사를 자연적인 욕구 충족을 위한 개인들의 대립과 타협의 과정으로 이해하고 인간의 행위가 정념이나 욕구에 의해 동기화됨을 강조하고 있는 것이다.28) 이는 곧 인간과 세계와 도덕에 관한 이상주의적 관점과 현실주의적 관점의 대립에 다름 아니라고 보아야 한다.

(3) 도덕적 판단의 근거로서의 도덕감

그리고 흄은 도덕감을 도덕적 판단의 근거로 제시한다. 그에 의하면, "도덕적 구별의 원천은 이성이 아니다."(*Treatise*, p.455) 그는 인간 또는 인간의 마음을 지각의 다발로 규정한다. 그리고 "마음이 지각하는 것 이외에는 그 어떤 것도 마음에 나타날 수 없으며, 보고, 듣고, 판단하고, 사랑하고, 미워하며, 생각하는 이 모든 작용을 지각이라는 이름으로 일컫는다. 마음은 지각이라는 이름으로 이해되는 작용으로만 현전한다. 따라서 지각이라는 이름은 마음의 다른 모든 작용에 대해서와 마찬가지로 도덕적인 선과 악을 구별하는 판단들에도 적용될 수 있다. 즉, 어떤 성격을 시인하거나, 어떤 다른 성격을 비난하는 것은 다만 저마다 다른 지각들에 지나지 않는다."(*Treatise*, p.456) 여기서 흄은 인간 마음의 모든 작용을 지각이라고 부른다. 도덕적 판단 내

---

28) 우인하, 「데이비드 흄의 도덕철학 연구」(건국대학교 박사학위논문, 1997), p.88 참고.

지 구별도 마음의 작용인 한 지각 작용일 수밖에 없다는 것이다. 즉, 도덕적 선과 악을 구별하는 판단들도 일종의 지각이라는 것이다.

그런데, 그는 곧 이어서 지각을 인상과 관념 두 종류로 나누고, 덕과 악덕을 구별하고 어떤 행위를 칭찬할 만하다거나 비난할 만하다고 판단 내리는 근거는 인상인가 관념인가를 문제 삼는다. 진리 인식과 마찬가지로 도덕성(의 문제)도 관념들에 의해 식별되고, 관념들의 나열과 비교를 통해 식별된다는 의견, 즉 오직 이성만으로 도덕적 선과 악을 구별할 수 있다는 의견이 있다고 소개한다. 그 다음에 그는 만약 도덕성이 자연적으로 인간의 정념과 행동에 어떤 영향도 미칠 수 없다면 도덕성을 일깨우기 위해 엄청난 노력을 감수하는 것은 헛수고일 것이며, 또 모든 도덕철학자들로부터 넘쳐 나오는 숱한 교훈들은 쓸모가 없을 것이라고 말한다. 즉, "실천철학에 포함되는 도덕성은 정념과 행위에 영향을 미치며, 오성(이성)의 차분하고 냉담한 판단을 넘어서는 것으로 생각된다는 것이다. 도덕은 어떤 행위를 하게 하거나 하지 못하게 하지만, 이성은 그러한 힘을 전혀 가지지 못한다. 따라서 도덕성은 결코 이성의 산물일 수 없는 것이다."(*Treatise*, p.457 참고) 그리고,

이성은 전적으로 무기력하고 어떤 행위나 감정을 산출하거나 억제할 수 없다. 이성은 참이나 거짓을 찾아내는 기능을 수행한다. 참이나 거짓은 관념들의 실제적 관계 또는 실재하는 존재와 사실 등에의 일치나 불일치에 있다. 그래서 일치나 불일치의 여지가 없는 것은 무엇이든 참이나 거짓일 수 없고, 결코 이성의 대상일 수 없다. 그런데 정념과 의욕 그리고 행동은 근원적인 사실이자 실재이며 그 자체로 완전하고 그 밖의 다른 정념과 의욕과 행동에 관계하지 않기 때문에 일치와 불일치의 여지가 없음이 분명하다. 따라서 정념과 의욕 그리고 행동은 참이나 거짓으로 판단될 수 없으며, 이성에 어긋날 수도 부합할 수도 없다. 이러한 논변은, 어떤 행위가 칭찬할 만한 것은 그것이 이성에 부합하기

때문이 아니며, 어떤 행위에 대한 비난 또한 그것이 이성에 어긋나기 때문에 생기는 것이 아니다. 그리고 이성은 어떤 행위를 비난하거나 칭찬함으로써 직접 그 행위를 중단시키거나 유발시킬 수 없기 때문에 그 행위를 중단시키거나 유발시키는 영향력을 가진 것으로 밝혀진 도덕적 선악을 구별하는 원천일 수 없다. 어떤 행위가 칭찬받을 수 있고 비난받을 수 있지만 그것이 합리적이거나 비합리적일 수는 없다. 칭찬과 비난이 합리와 비합리와 같은 것은 아니다. 행위의 잘잘못은 흔히 우리의 자연적 성향과 상충되며, 우리의 자연적 성향을 억제하는 경우도 있다. 그러나 이성에는 그러한 영향력이 전혀 없다. 그러므로 도덕적 구별은 이성의 산물이 아니다. 이성은 전적으로 무기력하고, 양심이나 도덕감(a sense of morals)과 같은 활동적 원리의 원천일 수 없다(*Treatise*, p.458 참고).

그러나 흄에 있어서 이성은 도덕 판단과 전혀 무관하고 쓸모없는 그런 것만은 결코 아니다. 도덕적 판단을 내림에 있어 '이성만'으로는 불가능하다는 것이다. "이성은 오직 두 가지 방식으로 행위에 영향을 미친다. 그것은 어떤 정념에 어울리는 대상의 존재를 일깨워 줌으로써 그 정념을 유발시킬 수 있다. 또는 이성이 원인과 결과의 연관을 드러냄으로써 어떤 정념을 드러낼 계기를 제공한다."(*Treatise*, p.459) 그러나 "대체적으로 이성은 도덕적 선악을 구별할 수 없다. 이 구별은 행위에 영향을 미치지만 이성만으로는 그런 영향력이 없기 때문이다. 사실 이성과 판단은 정념을 고무시키거나 그 방향을 결정함으로써 행위 유발의 간접적인 원인일 수는 있다. 그러나 이런 판단이 참이든 거짓이든 그것에 덕이나 부덕이 수반된다고 주장해서는 안 된다." (*Treatise*, p.462 참고) 또한 그에 의하면, 도덕은 논증의 문제도 아니고 사실의 문제도 아니기 때문에 이성의 문제일 수 없다. 사유와 오성이 단독으로 옳고 그름의 경계를 확정지을 힘이 없다면, 덕과 부덕은 대상들 사이의 어떤 관계이거나 추론을 통해 밝혀지는 사실이어야 한다. 오성의 작용은 관념들의 비교와 사실 문제의 추정 두 종류로 구분된다. 만일 덕이 오성을 통해 밝혀진다면 그것은 당연히 오성작용의 대상 가운데 하나여야 한다. 이와 관련하여, 흄은 두 가지 예를 든다.

인간의 경우에는 존속살인이 가장 배은망덕한 행위로 지탄의 대상이지만 도토리나무나 느릅나무와 같은 영혼이 없는 대상이 점점 자라면서 어미 나무를 죽게 만들어도 비난하지 않는다. 또한 근친상간의 경우 사람에게는 죄가 되지만 짐승들에게는 죄가 되지 않는다. 즉, 식물이나 동물의 세계에는 도덕성이 존재하지 않는다는 것이다. 만일 도덕적 판단이 이성에 근거하고 논증의 대상이라면 인간의 경우나 동식물의 경우나 동일한 판단이 내려져야 할 것이다. 그러나 같은 행위에 대해 다른 판단이 내려지는 것은 도덕 판단이 논증의 대상이 아님을 보여준다는 것이다. 그리고 고의적인 살인의 경우를 검토해 보자. 그 행위를 모든 측면에서 샅샅이 검토하더라도 거기에서 부덕한 것이라고 부를 수 있는 사실을 발견할 수 없다. 오직 특정한 정념과 동기 그리고 의욕과 사유를 발견할 수 있을 뿐이다. 가슴으로 이 (살인) 행위를 되새기며 거부의 소감을 발견할 때까지 부덕은 발견되지 않는다. 여기에 사실이 있지만 그것은 느낌의 대상이지 이성의 대상은 아니다. 그리고 그 사실은 대상에 있는 것이 아니고 그 사람에게 있는 것이다. 덕과 부덕은 소리, 색, 더움, 차가움 등과 비교될 수 있다. 이런 것은 대상의 성질이 아니라 마음의 지각들이다(*Treatise*, pp.463-469 참고).

이제 흄은 도덕은 감정의 대상임을 적극적으로 밝힌다. 도덕적 구별의 원천은 결국 도덕감이라는 것이다. 그에 의하면, "도덕성은 판단된다기보다는 느껴진다는 것이 더욱 적절하다."(*Treatise*, p.470) 어떤 행위나 성격을 바라보는 것이 즐거움이나 괴로움의 원인이 되기 때문에 그 행위나 성격은 유덕하거나 부덕한 것이 된다는 것이다. 덕의 감각을 가지는 것은 어떤 행위나 성격을 보면서 만족을 느낀다는 것에 다름 아니다. 바로 이 느낌이 칭찬과 비난을 형성한다. 이 경우 어떤 행위나 성격이 유쾌한 것이기 때문에 그것을 유덕하다고 '추론하지' 않는다. 그것이 유쾌하다는 느낌에서 사실상 그것을 유덕하다고 '느끼는' 것이다. 모든 종류의 감각들에 관한 모든 판단들도 마찬가지다. 어떤 것에 대한 칭찬과 비난은 그 어떤 것이 사람에게 가져다주는 즐거움과 괴로움 속에 담겨 있는 것이다. 그런데 문제는, 덕과 부덕의 구별이 즐거움과 괴로움에 따라 결정된다면, 결과적으로 대상은 그것이 영혼이 있는 것이든 영혼이 없는 것이든, 또 합리적이든 비합리적이든, 만족과 거북함을 유발할 수 있다면 도덕적으로 선하거나 악한 것일 수 있다는 점이다. 그에 의하면, 모든 즐거움과 괴로움의 감정들이 도덕적 판단의 근원이 되는 것은 아니다. 아주 다른 감각들을 즐거움이라는 술어 속에 포함시키지만 사실 희미한 유사성만 가질 뿐 서로 다른 감각들이다. 즐거움과 만족을 주는 것은 여러 가지가 있지만 그 종류가 동일하지 않다. 도덕적 구별을 가능하게 하는 성격과 행위에서 생기는 모든 즐거움과 괴로움의 감정은 칭찬이나 비난을 불러일으키는 특별한 종류의 것들이다. 그 특별한 종류의 감정이 바로 도덕감(moral sense)이다. 특별하다는 것의 의미는 두 가지이다. 하나는 질적으로 다르게 느껴진다는 점이며, 다른 하나는 공평무사한 관찰자의 입장에서 느껴진다는 점이다. 그에 의하면, "도덕감은 관념이 아니라 인상이다. 인상은 감각의 인상과 반성의 인상으로 나누어지는데, 정념은 후자에 속한다. 또 반성의 인상은 차분한 것과 격렬한 것으로 나뉘는데, 행동과 미적 구성 그리고 외적 대상들 등에서 느끼는 아름다움과 흉함은 차분한 것에 속하며, 사랑과 미움, 슬픔과 기쁨, 긍지와 소심 등과 같은 정념들은 격렬한 것에 속한다."(*Treatise*, pp.275-276 참고) 그런데 반성적 인상은 다음의 순서에 따라 관념에서 기인한다. "인상은 처음에 감각기관을 자극하여 뜨거움, 차가움, 목마름, 배고픔, 즐거움, 괴로움 등을 지각하게 한다. 이 인상이 마음에 모사되어 인상이 사라진 뒤에도 남는다. 이것을 관념이라고 한다. 즐거움 또는 괴로움의 관념이 마음에 다시 떠오르면 욕망과 혐오, 희망과 공포 등의 새로운 인상을 만들어낸다. 이것이 바로 반성의 인상인 것이다." (*Treatise*, p.8 참고) 도덕감은 반성적 인상 중에서 차분한 것에 속하는 것이다. 도덕감은 이차적인 것으로 반성적이면서 냉정한 감정에 속한다. 그리고 사람들은 이러한 도덕감을 가지고 도덕적 성질을 느끼는 것이다. 이러한 도덕감은 자기에게 유리한 사건에 대해서는 기쁨을 느끼고 불리한 사건에 대해서는 괴로움을 느끼는 일종의 유용성과 관련된 감정이다.29) 도덕적 판단의 근거는 도덕감이라는 그의 이론은 스트로드에 의해 투사 이론,30) 또는 매키에 의해 객관화 이론31)으로 불린다. 도덕적 판단이나 도덕적 구별은 그 대상에 대한 감정이 그 대상에 투사되거나 객관화되어 생겨난 산물이라는 것이다.

2) 자긍심과 도덕적 삶32)

흄은 앞에서 논의한 바대로 자아 관념을 부정하기도 하고 긍정하기도 한다. 그는 실체로서의 자아는 부정하지만, 관계에 의존하는 자아의 관념을 긍정하는 것이다. 그는 상상력의 도움을 받은 유사성과 인과성이 다양한 지각들을 연합시킨다고 주장하면서, 관계적 자아를 긍정하는 것이다. 그가 긍정하는 관계적 자아는 '정체성'이 아니라 '정체성에 대한 믿음'을 가지는 연속물로서의 자아이며, 지각들로 구성된다. 그는 인격의 정체성에 관한 문제가 정신의 정체성만에 국한되지

29) W. Brand, *Hume's Theory of Moral Judgement*(London: Kluwer Academic Publishers, 1989), p.92 참고.
30) Barry Stroud, *Hume*(London: Columbia University Press, 1963), p.86.
31) J. L. Mackie, *Hume's Moral Theory*(London: Routledge & Kegan Paul Ltd., 1980), p.72.
32) 박재주, 『문학 속의 도덕철학』, pp.355-365를 요약 정리.

않고, 자아와 신체와의 관계의 문제라고 생각한다. 그런데 키에르케고르는 자아의 의미를 다음과 같이 설명한다.

> 인간은 정신이다. 그러나 정신이란 무엇인가? 정신이란 자아이다. 그러나 자아란 무엇인가? 자아란 자기 자신과 어떤 관계에 있는 것이다. 혹은 그런 관계에 있어서의 그 관계가 또 그 자신에게 관계한다는 것을 말한다. 자아란 관계 그 자체가 아니고, 관계가 그 자신에게 관계'하는 것'을 말한다. … 인간은 아직 자기가 아니다. … 그리고 그 둘은 관계에 의해서, 또 그 관계에 대한 관계 안에서 관계하는 것이다. … 그 자신에게 관계하는 그런 관계, 즉 자기는 자기 스스로 조정하거나 다른 사람에 의해 조정되거나, 그 어느 한쪽이어야 한다.[33]

그런데 자기와의 관계는 자기-평가로 설명될 수 있을 것이다. 자아가 자신에게 특별한 종류의 가치를 부여하는 것을 자기-관계로 생각할 수 있을 것이다. '어느 정도의 가치를 스스로에게 부여하는지'에 따라 자기-평가는 다양한 개념들로 표현된다. '자긍심(pride)', '자부심(self-esteem)', '자존심(self-respect)', '자만(self-confidence)' 등의 개념들이 그것이다. 우선, 자기-평가는 한 개인이 객관적으로 관찰할 수 있는 자질들과 업적들이나 그것들에 대한 자신의 올바른 판단에 비례하여 자기에게 가치를 부여하는 것을 말한다. 이런 자기-평가는 자긍심과 밀접하게 연관되며, 자기 자신이 얼마나 가치 있고 능력 있는 사람인가를 보여주는 것이다. 이런 자기-평가의 적절성은 객관적으로 검증이 가능한 것이다. '정확한' 자기-평가의 경우에 판단된 자질들과 업적들은 단순히 자기 자신이 판단한 것이 아니고 다른 사람들도 칭찬할 수 있는 것으로 평가할 수 있는 자질들과 업적들이어야 한다. 이경우 자기-평가는 다른 사람들에게도 적용될 수 있는 것으로 간주되

---

33) 키에르케고르, 강성위 옮김, 『불안의 개념/죽음에 이르는 병/유혹자의 일기』(서울: 동서문화사, 2008), p.185.

는, 공정하고 개인과는 무관하게 발견될 수 있는 자기의 특징들을 대상으로 이루어진다. 그것은 특수한 자기의 특징들을 평가하는 것이 아니다. 공동의 기준을 이용하여 자기-평가가 가능하다는 것이다. 윌리엄 제임스(William James)는 자기-존중을 냉철한 지적 자기-평가로 언급해야 한다고 하면서, 다음과 같이 주장한다.

우리는 다른 사람을 저울질하는 만큼 쉽사리 '나'도 칭찬과 비난이라는 저울에 올려놓고 — 어렵지만 꽤 공정하게 — 계량할 수 있을 것이다. 공정한 사람이란 자기 자신을 공평하게 저울질할 수 있는 사람이다. … (공정하게 저울질하는) 능력이 있다면 타인에 대하여 판단하는 것과 똑같이 자기 자신에 대해서도 객관적이고 훌륭하게 판단을 내리지 않게 될 이유가 없는 것이다. 자신을 부당하게 우쭐하게 느끼든 또는 부당하게 우울하게 느끼든 상관할 것 없이 이런 능력을 가진 사람은 다른 사람에게 적용한 외적 규준에 따라 자신을 측정하여 자신의 가치를 알게 된다는 것은 진실이며 그가 완전하게 탈피할 수 없는 감정이 남긴 불공정한 것들을 중화시킬 것이다. 자기 측정 과정은 … 본능적 자기-존중과는 관련이 없다.[34]

자기-존중하는 사람은 평가되는 자질들이 '진정으로' 칭찬할 수 있는 것이라고 믿어야 하며, 다른 사람들도 이런 동일한 자질들 때문에 그를 존중할 것이라는 합당한 믿음을 가져야 한다. 만약 자질들이 진정으로 칭찬할 수 있는 것이라면, 그 자질들은 그 행위자 자신에 의해서 뿐만 아니라 누구에 의해서도 칭찬받을 것이다.

자아-구성에 관한 흄의 설명은 자기-평가의 과정을 잘 묘사한다. "그가 말하는 관계적 자아의 구성에 토대를 제공하는 것은, 자긍심(pride)과 소심(humility)의 생성과 관련된 인상들과 관념들 사이의 관계이며, 이 관계는 자기-가치(self-worth)의 소통을 설명해 준다. 우리

---

34) 윌리엄 제임스, 정양은 옮김, 『심리학의 원리 1』(서울: 아카넷, 2005), p.587.

는 자기의 자질들과 속성들에 대한 지속적인 지각과, 타자들의 고려와 존중이 우리에게 반영된 지각들을 통해, 우리의 자존심을 유지하고, 따라서 우리가 누구이며 어떤 사람인가에 대한 우리의 자기의식을 유지한다. 그에게 있어, 우리의 자긍심, 우리의 자기의식, 궁극적으로 우리의 도덕적 자아는 타자들에 의존하는 것이다."35) 그는 정신의 지각을 인상과 관념으로 나누고, 인상을 다시 감각의 인상과 반성의 인상으로 나눈다.36) 자아 관념은 반성의 인상으로부터 생겨나기 때문에 주로 기억과 상상의 결과이다. 흄은 자아 관념이 자신의 자질들과 속성들에 대한 쾌락들과 고통들과 연관된 자긍심과 소심과 밀접하게 관련된다고 주장한다. "자연적으로 즐거움의 감정을 불러일으킬 어떤 칭찬 가능한 자질에 대한 지각은 그 칭찬 가능한 자질이 자기에게 부여될 때 자긍심으로 느껴진다. 자긍심의 원인은 자기에게 관련된 어떤 것(예를 들어, 칭찬할 만한 자질)이며, 자긍심의 대상은 칭찬할 만한 자질의 소유자로서 자기이다. 지각되자마자, 그 칭찬할 만한 자질은 그것을 소유한 자기에서 뿐만 아니라 그들이 그것을 지각할 때 다른 관찰자들에서 즐거움의 감정을 불러일으킨다."37) 자기에 연관된 자질들과 속상들에 대한 지속적인 지각이 자긍심을 유지시킬 수 있다. 그

---

35) Pauline Chazan, op. cit., p.16.

36) '감각의 인상(impression of Sensation)'은 알려지지 않은 원인들로부터 근원적으로 영혼 안에서 발생한다. '반성의 인상(impression of Reflexion)'은 다음의 순서에 따라 관념에서 기인한다. 인상은 처음에 감관을 자극하고, 우리로 하여금 뜨거움, 차가움, 기쁨, 고통 등을 지각하게 한다. 정신은 이 인상을 모사하는데, 이런 인상의 모사는 인상이 소멸한 뒤에도 남는다. 우리는 이것을 관념이라고 부른다. 기쁨 또는 고통의 관념이 영혼에 되돌아왔을 때, 그 관념들은 욕망과 혐오 등의 새로운 인상을 산출한다. 그 인상은 반성으로부터 유래하기에 반성의 인상이라고 부른다. 반성의 인상들은 다시 상상력과 기억을 통해 모사되어 관념이 된다. 번갈아 가면서 다른 인상과 관념을 불러일으킬 것이다(『인간 본성론』, 제1권, pp.30-31 요약).

37) Pauline Chazan, op. cit., p.17.

지속적인 지각이 없다면 기억과 우리가 기억을 가질 수 있는 인상들과 관념들의 연결은 사라질 것이다. 그래서 자긍심의 열정과 함께 자아의 관념도 사라질 것이다. 그러나 인간의 정신은 어떤 개인이 자신의 자질들과 속성들에 대해서 내린 자기-평가를 반영하는 거울이기 때문에, 한 개인이 지각을 계속 찾을 필요는 없다. 자긍심은 타자들의 자기-평가에 의존한다. 그것은 타자들의 의견들과 정감들의 도움을 받아야 지속할 수 있는 것이다. 그래서 자기의식과 자기-가치는 사회적으로 의존적이고 사회적으로 생성되는 것이다.

그러나 다른 사람이 느낀 즐거움은 자기 자신을 즐거움의 대상으로 느끼고 그래서 자긍심을 가질 수 있게 만드는 즐거움으로 전달되지 않는다. 자기 자신과 연관된 자질과 속성을 느끼자마자 그 느껴진 즐거움을 전달한다. 그러나 자기 자신은 그 다른 사람이 전달한 즐거움을 자기 자신의 즐거움으로 만든다. 자기 자신은 자신의 즐거운 자질이 아니라 즐거운 자질의 소유자로서 '자기 자신'에 자긍심을 가질 것이다. 예를 들어, "곡예사가 보여준 유연성과 민첩성에 청중들이 이어지는 박수갈채를 보내자, 그 청중의 즐거움에 대한 곡예사의 지각은 그 곡예사로 하여금 자긍심을 느끼도록 만들 것이다. 그러나 청중이 느낀 즐거움과 박수갈채는 실연되었던 '유연성과 민첩성'에 대한 반응이다. 청중의 즐거움은 그 자질을 소유한 '곡예사'에 대한 대응은 아닐 것이다. 다른 곡예사가 동일한 유연성과 민첩성을 보여주었다면 청중은 동일한 즐거움을 느꼈을 것이다. 곡예사가 느낀 자긍심은 유연성과 민첩성 자체에 대해서 느낀 것이 아니고, 유연하고 민첩한 사람인 '그 자신'에 대해서 느낀 것이다."[38] 이 경우 곡예사의 자기-관념은 그의 자긍심에 선행하지 않는다. 청중이 보여준 즐거움은 자긍심의 감정보다 이전에 존재하는 곡예사 '자기'를 향한 즐거움으로 곡예사에게

---

38) Ibid., pp.17-18.

다가오지 않는다. 자긍심과 자아는 동시에 존재하는 것이다. 자아가 선재하여 자긍심을 느끼는 것이 아니다. 자긍심은 자아 관념 없이 구성되기 때문에 자긍심이 느껴지고 난 후에 자아 관념이 생겨난다고 할 수 있다. 곡예사는 자신이 유연하고 민첩한 곡예를 보일 때 청중이 즐거워하고 박수를 보낸다는 하나의 인상을 가진다. 그 인상은 청중이 자신이 보여주는 유연성과 민첩성에 즐거워하고 박수를 보낸다는 관념을 생기게 한다. 이 관념은 자신의 유연성과 민첩성에 즐거워하고 박수를 보내는 청중의 인상을 가지며, 이 인상은 곡예사 자신에 즐거워하고 박수를 보내는 청중의 인상과 연계된다. 그리고 유연성과 민첩성을 가진 덕분에 자신이 청중의 즐거움과 박수의 원인이라는 관념을 가지게 된다. 이 관념이 자아 관념의 부분을 이루며, 그 자아 관념의 구성이 자긍심을 불러일으킨다. 자아 관념과 자긍심은 선행관계나 인과관계를 가지는 것이 아니라 지각들이 체계적으로 작용한 결과들인 것이다. 그것들은 상호 구성적 관계를 지니는 것이다.

　그러나 흄의 설명에 의하면, 자긍심의 본질로 여겨질 수 있는 즐거움은 그 근거가 충분하고 '교정'된 후 느껴질 때에만 도덕적 자아-구성에 역할을 할 수 있다. 우리가 '도덕감각'을 가진다는 것이 어떤 행위나 성품의 기대로 단순히 즐거움을 느끼는 것일 수 없다. 공정한 관점을 가진 후에 가지는 그런 종류의 즐거움이어야 한다. 도덕감각을 가지고 그래서 도덕적 영역에 들어가기 위해서, 우리는 우리의 시각을 교정하고 어떤 일반적인 변경될 수 없는 기준을 형성해야 한다. 우리는 우리 자신의 정감들을 수정해야 하고, 그래서 그 정감들은 다른 모든 사람의 것들과 조화를 이루어야 한다. 우리 자신의 사적인 관점을 넘어서야 하고 모든 사람의 이해관계를 고려해야 한다. 자신의 도덕적 성품과 행위들에 대한 자긍심을 느끼는 것으로 도덕적 자아가 되기에는 충분하지 않다. 자긍심이 도덕적 정감으로부터 확인을 받을 때 그것은 교정될 수 있다. 우리는 누구도 선과 악을 스스로 구분할 수 없고, 자신의 장점에 대한 자신의 존중이 근거가 충분한 것이라고 확신할 수 없기 때문에 자긍심이 속임이거나 과도한 자기-평가의 산물이 아닌지 반드시 교정이 필요하다. 도덕적 정감에 의하여 자긍심이 확인을 받기 위해, 자신의 성품을 고려해야 한다. 자긍심이 공정한 관점을 통해 이런 방식으로 교정될 때, 그것은 도덕적 정감 자체를 가진 것이 된다. 도덕적 자아가 토대를 두는 것은 자신의 수정된 자기-관찰들과 타자들의 성찰된 관찰들로부터 느껴진 자긍심이다. 도덕적 자아의 구성과 그것의 자기-평가는 어떤 지각들을 수용하는 것이어야 한다는 것을 요구한다. 그것은 자기가 청중에게 어떤 모습으로 보이는지를 모니터링하기를 요구한다. 다른 사람들에게 즐거움을 주는 경우에만 그것은 덕스러운 자긍심을 느끼고 자신이 도덕적으로 누구이고 어떤 사람인지의 감각을 얻을 것이다. 도덕적 자아는 그것의 자기-가치감을 위해 다른 사람들에게 의존적이며, 사회적으로 구성되는 것이다. 도덕은 객관성이 확보되어야 한다는 것이다. 생득적인 선천적 관념이나 신을 도덕의 근거로 제시하는 경우에는 객관성 내지 보편성의 문제는 쉽게 해결될 수 있지만, 형이상학적 존재를 부정하는 흄에게 있어서는 도덕의 객관성 문제는 심각한 문제이다. 그는 도덕적 판단은 이성의 산물이 아니라 도덕감각의 산물이라고 주장한다. 그런데 그의 도덕감각은 관념이 아니라 반성적 인상, 즉 감정이다. 감정은 주관적이고 개인의 이해관계와 밀접하게 연관된다. 도덕감각을 한 사람의 측면에서도 사람들 사이의 측면에서도 일관성과 객관성을 확보한다는 것은 불가능하다. 흄은 도덕감각의 객관성 문제를 해결하기 위해서 공감 이론[39]을 제시한다.

도덕은 객관성이 확보되어야 한다. 흄 자신이 도덕적 판단의 근거라고 주장한 도덕감은 반성적인 인상 곧 어떤 감정일 뿐이고 관념은

---

39) 흄의 공감 이론은 박재주, 『서양의 도덕교육사상』, pp.142-149를 일부 수정하여 전재.

아니다. 그리고 감정으로서의 도덕감은 어떤 하나의 근원적 본능에서 말미암는 것도 아니다. 그것은 특정한 개인의 독특한 즐거움과 괴로움일 뿐이다. 즐거움과 괴로움의 느낌은 매우 주관적이고 개인의 이해와 밀접하게 연관되어 있는데, 그것을 근거로 일반적인 도덕규범을 마련하기 힘들다. 글자 그대로 독특한 도덕감은 어떤 한 사람의 측면에서도 사람들 간의 측면에서도 일관성과 객관성을 확보하기 힘들 것이다. 그는 경험론의 테두리를 벗어나지 않으면서 도덕의 객관성을 인정하고 그 근거를 밝히고자 공감의 이론을 제시한다. 그는 "공감이 아주 강력한 인간 본성의 원리이며, 도덕적 구별의 주요 원천이라고 확신한다."(*Treatise*, p.618) 공감은 다른 사람의 관점에서 사태를 파악하려는 성향을 말한다. 그에 의하면, "모든 인간 존재는 각각 자신과 닮았으며, 바로 이 닮았다는 점 때문에 상상력이 작용할 때 다른 어떤 사물보다도 유리하며"(*Treatise*, p.359), 모든 사람들의 마음은 그 느낌이나 작용에서 어슷비슷하기 때문에 우리의 행위를 자극하는 감정은 다른 모든 사람들이 다소라도 느낄 수 있는 그런 감정들이다. 악기의 줄들이 공명하는 것처럼 모든 감정들은 한 사람으로부터 다른 사람으로 재빨리 옮아가서 모든 사람들 각각에게 (그 감정에) 어울리는 운동을 일으킨다. 사람의 목소리와 몸짓에서 정념의 결과를 지각할 때, 마음은 곧장 이 결과에서 그 원인으로 옮겨가서 당장 그 정념 자체로 전환될 정도로 그 정념에 대해 생생한 관념을 형성한다. 마찬가지로 어떤 정서의 원인을 지각할 때, 마음은 그 결과로 옮겨져서 그 결과 때문에 기동된다. 우리는 이 원인이나 결과로부터 정념을 추정하며, 결과적으로 이 원인이나 결과가 우리의 공감을 유발한다. 예를 들어, 심미감은 이 원리에 의존한다. 어떤 대상이 그것을 가진 사람에게 즐거움을 주는 성향을 가지면 그 대상을 늘 아름답다고 여긴다. 반대로 괴로움을 주는 성향을 가지면 흉하다고 여긴다. 아름답다고 여기는 대상은 오로지 일정한 결과, 즉 즐거움이나 이득을 준다는 그 대상의 성향

272

으로 인해 즐거움을 주는 것이다. 어떤 대상이 그것을 가진 사람에게 즐거움을 주는 성향을 가지는 경우, 즉 그 대상이 즐거움의 적절한 원인인 경우는 어느 경우든 민감한 공감을 통해 그것을 가진 사람과 그것을 바라보는 사람은 만족을 공유한다. 아름다움뿐만 아니라 도덕에도 공감의 원리는 작용한다. 공감은 아름다움에 대한 우리의 취향에 지대한 영향을 미치며, 모든 인위적인 덕에 우리의 도덕적 정감을 만들어낸다(*Treatise*, pp.575-578 참고). 그런데 우리는 거리가 먼 인물보다는 가까운 인물과, 그리고 외국인보다는 동포와 더욱 잘 공감한다. 우리는 이러한 공감의 가변성에도 불구하고 동일한 도덕적 성질에 동일한 칭찬을 보낸다. 분별 있는 관찰자의 가치 평가에서는 도덕적 성질들이 동등하게 덕 있는 것으로 여겨지고 동등하게 권장된다. 덕과 부덕에 대한 직접적인 구별이 특정한 성질이 유발하는 직접적인 즐거움이나 거북함에 유래하는 것으로 여겨지지만, 그것은 공감의 원리에 의존한다.

공감은 행위의 동기일 수 있지만 흄의 관심은 오히려 그것이 도덕적 판단의 수단으로 기능할 수 있다는 점에 두어진다. 그래서 그는 행위자의 공감적 동기보다는 관찰자의 공감적인 반응에 관심을 집중시킨다. 도덕적 평가는 정감이나 감정에 달려 있다는 것이 흄의 생각이다. 관찰자가 어떤 사람의 성격을 바라보면서 즐거움과 만족의 감정을 가진다면 그 성격은 덕 있는 것이며, 괴로움과 거북함의 감정을 가진다면 부덕한 성격이 되는 것이다. 그런데 이 경우 즐거움과 괴로움은 일반적인 종류의 것일 수 없다. 즐거움을 주는 모든 것이 도덕적으로 선한 것이 아니며, 괴로움을 주는 모든 것이 도덕적으로 악한 것은 아니기 때문이다. 도덕 판단과 관련되는 것은 '특별한 종류의' 즐거움과 괴로움이다. 특별하다는 것은 두 가지 측면에서 설명될 수 있다. 첫째, 도덕적 즐거움과 괴로움은 무도덕적인(non-moral) 즐거움과 괴로움과는 질적으로 다르게 느껴진다. 즉,

우리는 아주 상이한 감각들을 즐거움이라는 술어에 포함시키는데, 그 감각들은 즐거움이라는 동일한 추상적 술어로 표현되기에 필수적인 거리가 먼 유사성을 가질 뿐이다. 좋은 음악과 좋은 포도주는 똑같이 즐거움을 주며, 더욱이 이 음악과 포도주의 좋음은 오직 그 즐거움이 결정할 뿐이다. 그러나 좋음을 즐거움이 결정한다고 해서 이 포도주는 가락이 어울리고, 이 음악은 맛이 좋다고 할 수 있는가? 마찬가지로 영혼이 없는 대상과 사람의 성격이나 정감이 만족을 주지만 그 만족이 다르기 때문에 혼돈하지 않고 사람의 성격이나 정감에는 덕을 부여하지만 대상에게는 덕을 부여하지 않는다(*Treatise*, p.472).

둘째, 그 도덕적 구별을 하는 관찰자의 태도에서 도덕적 즐거움과 괴로움을 무도덕적인 그것과 구분하는 근거를 찾을 수 있다. 즉, "사람의 성격과 행위에서 생겨나는 즐거움과 괴로움의 모든 정감이 칭찬하거나 비난하게 되는 특별한 종류의 즐거움과 괴로움은 아니다. 적의 좋은 자질들은 우리에게 해롭지만 우리의 부러움과 존경을 불러일으킬 수도 있다. 어떤 성격을 우리 자신의 개별적 이익과 무관하게 일반적으로 고려할 때에만 그 성격은 도덕적으로 선하거나 악하다고 부를 수 있는 감정이나 정감을 유발한다."(*Treatise*, p.472) 도덕적 감정은 사람의 성격과 행위에 대한 관찰에서 생길 수 있지만, 그런 경우의 모든 감정들이 도덕적인 감정은 아니다. 그 관찰되는 사람이 나의 적이거나 경쟁자일 경우, 그의 용기, 야망, 능력을 바라보는 것이 나에게 만족을 주지 못한다. 그러나 그러한 사람의 자질들을 칭찬할 수 있는 가능성은 열려 있다. 공정하고 일반적인 관점을 채택하고 개인 이익을 무시할 때 그런 종류의 칭찬과 시인이 가능하게 된다. 우리가 그런 '객관적인' 입장을 채택하는 경우에만 우리의 감정이 도덕적 감정이 될 수 있다는 것이다.

따라서 중요한 점은, 도덕적 시인과 비난을 불러일으키는 감정은 상황에의 즉각적인 반응이 아니고 상황에 대한 반성(reflection)의 결과라는 사실이다. 즉각적이고 이기적인 감정들은 도덕과 관련되지 않는다. 자신이 아니라 다른 사람들의 행복에 도움이 되는 것에 관심을 가지게 되는 유일한 길은 공감을 통해서이다. 이 공감의 원리를 통해, 다른 사람들에게 즐거움과 괴로움을 주는 것이 우리들, 즉 관찰자에게도 즐거움과 괴로움을 주게 된다. "도덕적 구별은 대개 자질과 성격이 사회의 이익을 향하는 성향에서 생기며, 이 이익에 대한 관심 때문에 우리는 그 자질이나 성격을 시인하거나 비난한다. 그런데 우리는 공감이 아니라면 사회에 대한 그러한 광범위한 관심을 가지지 못한다. 결과적으로 이 공감의 원리는 다른 사람들의 성격들에서 우리들에게 동일한 즐거움이나 거북함을 줄 수 있을 만큼 우리 자신들로부터 우리를 아주 멀리 데려가는 원리이다."(*Treatise*, p.579) 여기서 관찰자의 도덕적 감정과 그의 공감을 구분하는 것이 중요하다. 도덕적 감정은 어떤 의미에서 공감이나 공감적 감정이 아니다. 공감의 대상은 시인과 비난의 대상과 아주 다르다. 관찰자는 행위자나 그 행위자의 행위에 의해 영향을 받는 사람들의 감정에 공감한다. 그러나 관찰자의 시인이나 비난의 대상은 행위자(정확히는 그의 성격과 행위)이다. 정의(justice)라는 인공적 덕을 설명하면서 흄은 정의의 관념이 수립되는 원초적 동기를 이익이라고 주장한다. 사람들의 자연적 자기중심성과 제한된 관용성이 사회 성립에 걸림돌이 되기 때문에 이 걸림돌의 장애를 극복하기 위한 책략으로 정의 관념을 만들어낸다는 것이다. 그래서 사회 형성의 원초적 동기를 이익이라고 한 것이다. 그러나 정의의 덕은 공감에 의해서 만들어진다. 정의의 규칙에 반한다고 판단되는 행위는 사회의 이익에 불리한 것이라고 간주되기 때문에 우리를 불쾌하게 만든다. 그런데 사회 이익에 우리가 관심을 가지는 것은 공감을 통해서 가능하다. 우리 자신이 정의나 불의라는 특별한 행위들에 의해 영향을 받지 않을지라도 여전히 우리는 직접 관련되는 사람들의 만족이나 거북함에 공감하게 된다. 그것을 바라보는 것이 그 관찰자에게 즐거움이나 만족의 감정을 불러일으키는 그런 것들이 덕 있는 것으로 불리기 때문에 정의는 하나의 덕으로 간주되며, 그것의 규칙을 준수하는 것에 의무의 관념이 수반되는 것이다.

그런데 공감이 자기중심성을 완전히 벗어나게 할 수는 없다. 이해 관계를 가진 사람들과의 공감은 편견을 가진 공감일 수밖에 없을 것이다. 그리고 공감은 변덕스럽고 원칙을 결여한다. 공감의 범위와 강도는 다른 사람과의 관계에 의해 영향을 받는다. 그러나 도덕적 평가는 그러한 요소들에 의해 영향을 받지 않고 일관성을 가져야 한다. 도덕의 일관성과 공감의 변덕성을 조화시키는 문제가 중요하다. 이 문제의 해결을 위해 흄은 일반적인 관점으로부터의 공감을 제시한다. 즉, 관찰자의 공감이 일반적인 관점을 채택하고 관찰자 자신과 자신의 이익에 대한 고려를 배제시키는 경우에만 도덕적 감정을 불러일으킬 수 있다는 것이다. 즉, "지속적인 모순들을 예방하고 사물들에 대한 더 안정적인 판단을 내리기 위하여, 우리는 일정하고 일반적인 관점들을 고수하고 우리의 현재 상황이 어떻든 언제나 그러한 관점을 지녀야 한다."(*Treatise*, p.581) 흄은 이 점을 시각의 유비를 사용해서 설명한다. 20야드 떨어진 아름다운 얼굴은 2야드 떨어져 있을 때와 같은 많은 즐거움을 주지 못한다. 그러나 우리는 그 이유로 그 얼굴이 우리가 그것에 가까이 다가가지 않을 때마다 아름답지 않다고 말하지 않는다. 우리는 경험들을 통해 적절하게 대응하는 법을 배운다. 마찬가지로 우리는 다른 사람들을 비난하고 칭찬하는, 우리의 특별한 상황에 의해 왜곡된 즉각적인 성향들을 '교정'하기를 배울 수 있다. 다른 사람들이나 자신들을 객관적으로 판단하는 습관이 없다면, 우리는 일상적인 대화를 할 수 없을 정도로 서로 어색할 것이다. 그러한 습관을 습득하는 우리의 동기는 편의에 대한 욕구이다. "칭찬이나 비난의 정감은 마음의 현재 상황이나 그 평가를 받는 사람의 친소관계에 따라서 변화한다. 우리가 일반적으로 판단을 내릴 때 이 변화를 고려하는 것이 아니라, 마치 우리가 어떤 관점을 유지하는 것처럼 우리의 옳고 그름을 표현하는 용어를 사용한다. 우리의 정감이 더욱 완강하고 불변적인 경우에, 우리는 곧 그 경험을 통해 그 정감을 교정하거나 적어도 우리의 언어를 교정하는 방법을 배운다."(*Treatise*, p.582) 공평무사한 관찰자의 역할을 떠맡는다는 것은, 우리가 그의 행동에 의해 가장 직접적으로 영향을 받는 사람들의 만족이나 거북함과 함께 도덕적 행위자 자신의 만족이나 거북함에만 관심을 가져야 한다는 것을 의미한다. "우리는 '사람에게 있어 어느 정도의 이기심'은 허용할 수 있다."(*Treatise*, p.583) 그리고 '우리는 우리의 주장에 반대한다'는 이유로 어떤 사람을 비난하지 않기까지 한다. "성격을 판단하는 경우, 모든 관찰자에게 동일하게 나타나는 이익이나 즐거움은 그 성격을 검토받는 사람 자신의 것이거나 또는 그 사람과 연관된 사람의 것이다. 그리고 그러한 이익과 즐거움이 우리 자신의 그것보다 더 희미하게 영향을 미칠지라도 더 지속적이고 보편적이므로 현실적으로는 우리 자신의 이익과 균형을 이루며, 생각 속에서는 덕과 도덕성의 기준으로 인정된다. 그와 같은 이익과 즐거움만이 특별한 감정이나 정감을 산출하는데, 도덕적 구별은 이 감정이나 정감에 의존한다."(*Treatise*, p.591) 그래서 흄은 '즉각적인' 공감과 '공평무사한 관점으로부터의' 공감을 구분함으로써 공감은 도덕적 평가에서의 상응하는 변화 없이 달라진다는 반대에 대답한다. 도덕적 감정들은 공평무사한 공감에 의해서만 생긴다. 나의 즉각적인 공감적 감정들은 반드시 나의 도덕적 감정들과 일치하는 것은 아니기 때문에, 한편에서는 나는 어떤 사람과 강하게 공감한다고 말하면서 다른 한편 그를 비난한다고 주장하는 데에는 어떤 모순도 없다.

공평무사한 공감과 관련된 또 한 가지의 문제는, 어떤 환경 때문에 개인의 자질이 밖으로 드러나지 않을 경우에도 그 자질은 칭찬과 비난의 대상이 된다는 점이다. 이와 관련하여 흄은 "누더기 속의 덕도 여전히 덕이다."(*Treatise*, p.584)라고 말한다. 어떤 자질이 즐거움이나 이익을 얻을 수 없을 정도로 효과가 없는 것이라면 관찰자도 공감을 느끼지 못할 것이다. 공감적 감정이 없다면 어떤 도덕적 감정도 없을 것이다. "공감이 우리로 하여금 인류의 복지에 관심을 가지게 한다. 그리고 만일 공감이 덕을 평가하는 원천이라면 덕이 현실적으로 그 목적을 달성하고 인류에게 유익한 경우에 시인이라는 정감이 생겨날 수 있을 뿐이다. 덕이 그 목적을 달성하지 못한다면 덕은 불완전한 수단에 불과할 뿐이다."(*Treatise*, p.584) 여기에 대해 흄은 어떤 개인의 자질이 그 목적을 달성하는가는 중요하지 않다고 답한다. 즉, 관찰자는 그것에 의해 있는 그대로의 즐거움 또는 괴로움의 감정을 느낀다. 그의 상상력은 주변 상황이 어떤 장애물이 되지 않는다면 원인으로부터 결과로 전이한다. 여기에서 상상력은 '일반 규칙'에 의해 지배된다. "어떤 성격이 모든 측면에서 사회에 유익하기에 충분한 경우, 상상력은 그 원인을 완전한 원인이 되도록 하는 데 요구되는 상황이 있음을 고려하지 않고 그 원인으로부터 그 결과로 쉽게 전이한다. 일반 규칙은 일종의 개연성을 창출하는데, 이 개연성은 판단에는 때때로 영향을 미치지만 상상력에는 늘 영향을 미친다."(*Treatise*, p.585) 관찰자는 가설적인 행위자와 그리고 그 행위자와 연관되는 사람들의 가설적인 괴로움이나 즐거움 또는 행위자 자신의 가설적 괴로움이나 즐거움에 공감해야 한다는 뜻이다.

흄은 정신적인 자질이나 성격은 두 가지 방식으로 공감을 통해 관찰자에게 도덕적 칭찬과 비난의 감정을 불러일으킨다고 생각한다. 즉, 도덕적 선과 악을 구별하는 정감은 "성격과 정념의 종류나 단순한 나타남으로부터 또는 인류 전체나 아니면 특정한 사람들에의 성향에 대한 반성으로부터 발생할 수 있다."(*Treatise*, p.589) 첫 번째의 경우, 우리는 행위자 자신에게나 그와 관련된 사람들에게나 즉각적으로 즐거움을 줄 수 있는 자질들에 의해 즐거워진다. 관찰자는, 한 사람 자신이 어떤 자질을 가지고 있다는 사실 자체에서 직접적으로 도출해

내는 즐거움이나 거북함에 공감할 것이다. 관찰자는 역시 어떤 자질들이 어떤 사람과 관련된 사람들에 불러일으킨 즉각적인 즐거움이나 거북함에 공감할 것이다. 우리가 공평무사하고 일반적인 관점을 취하는한, 우리는 다른 사람들이 우리를 보는 것과 같이 우리 스스로를 볼수 있는 입장에 있게 된다. 우리가 우리 자신에의 공감을 가지면 관심이 전혀 없는 완전히 낯선 사람들에 대한 인상들에도 관심을 가진다. "사람의 마음은 서로에게 거울이다."(*Treatise*, p.365) 그러나 이런 첫번째 부류의 자질들이 중요하지만, 흄의 의견은, "행위의 성향들에 대한 반성은 가장 큰 영향력을 가지며, 모든 큰 갈래의 의무들을 결정한다는 것이다."(*Treatise*, p.590)

흄에 의하면, 인위적인 덕을 포함하여 모든 덕은 우리 자신의 이익과 즐거움을 그 근원적인 동기로 하여 성립한다. 그리고 다른 모든 사람들이나 사회의 이익과 즐거움이 우리 자신에게 이익과 즐거움을 주는 것은 공감 때문이다. 그에게 있어 인간이란 본질적으로 사회적 존재이며, 다른 사람들에 대한 적극적인 관심이 사람들로 하여금 상호관계를 가지게 한다. 그리고 이 상호관계 안에서 사람들의 감정이 왕래하고 다시 이 감정의 왕래가 사람들로 하여금 어떤 성격이나 행위 등을 평가하기 위한 일반적인 표준을 형성하게 한다. 도덕감의 일반성으로서의 공감은 개인들의 이익과 즐거움의 공통적인 성격에서 비롯된다. 개인들의 정념들이 사회적으로 확산되면서 그 공통적인 성격이 공감을 이루어 일반적 기준으로 발전한다는 것이다. 개인들의 정념들이 그것들 사이의 모든 차이들을 극복하고 사회적 정념으로 공감되어 그 일반성과 유효성을 확보할 때 비로소 그것이 도덕적 판단의 근거가될 수 있다는 것이다.

마지막으로, 흄은 도덕을 위한 토대로서 묵시적 동의를 주장한다. 인간의 정념들 중 자기중심성(selfishness)이 가장 두드러진다. 인간은 어느 누구보다도 자신을 더 사랑하고 자신에게 가장 강한 관심을 쏟으며, 혈연과 친지에게 더 많은 애정을 가지고 관심을 확대시킨다. 이러한 애정과 관심의 편파성은 정념들 사이의 대립과 더 나아가 행위들의 대립을 불러일으킨다. 여기에 대한 해결 방안은 자연에서 나오기보다는 책략에서 나온다. 즉, "사회의 구성원들이 모두 참여하는 묵시적인 동의(convention)를 통해 외부적 자산의 소유에 안정성을 부여하고, 모든 구성원들이 자신의 행운이나 근면을 통해 획득할 수 있을 법한 것을 평화적으로 향유하도록 하는 것이 인간이 사회 병폐에 대한 해결 방안을 마련할 수 있는 유일한 방식이다. 이제 사회 구성원들은 자신이 안전하게 소유할 수 있음을 알게 되고, 정념들도 억제된다. 이 묵시적인 동의를 통해 자신의 안녕과 생존뿐 아니라 다른 사람들의 안녕과 생존에 필요한 사회를 지탱할 수 있는 것이다."(*Treatise*, p.489 참고)

묵시적 동의란 약속과 다르며, 공동 이익이라는 일반적 감각에 불과하다. 사회 구성원들은 모두 공동 이익이라는 일반적 감각을 통해 일정한 규칙에 따라 행위한다. 그래서 사람들의 행위는 다른 사람들의 행위와 관련되고, 또 어떤 행위들은 다른 사람의 입장에서 수행된 것이라는 가정에 따라 수행되기 때문에 따로 약속을 정할 필요는 없다. 이는 배의 노를 젓는 것에 비유될 수 있다. 즉, "두 사람은 서로 아무 약속도 하지 않았지만 상호간의 묵시적인 동의에 따라 노를 젓는다. 소유의 안정성에 관한 규칙도 인간의 묵시적인 동의에서 유래하기는 마찬가지다. 이익에 이런 공동의 감각은 공통적으로 적용되며 행동 방식의 미래의 규칙성에 대한 믿음도 부여한다. 우리는 이러한 기대에 따라 온건하고 금욕한다."(*Treatise*, p.490 참고) 예를 들어, 정의(justice)란 사람들의 묵시적인 동의에서 발생한다. 그 묵시적인 동의는 인간 본성의 어떤 성질들과 외부 상황이 결부되어 생겨나는 어떤 폐단의 해결 방안으로서 의도된 것이다. 인간 본성의 어떤 성질들이란 자기중심성과 한정된 관용이다. 외부 상황이란 쉽게 변하는 상황과 인간의 필요와 욕망에 비해 대상들이 부족하다는 점 등이다. 그런데 공동 이익에 대한 존중이나 포괄적인 자비심이 정의의 근본적인 동기는 아니다. 그러한 것을 본성적으로 가지고 있다면 정의의 규칙들은 생각조차 되지 않았을 것이기 때문이다. 오히려 인간의 한정된 자비와 궁색한 처지는 정의라는 덕이 공동 이익과 모든 개인 이익들에 필요하도록 만들기 때문에 정의의 덕을 만들어낸다고 볼 수 있다. 자신의 이익에 대한 관심과 다른 사람들의 이익, 즉 공동 이익에 대한 관심 때문에 정의의 덕이 만들어진 것이다. 우리에게 이런 관심을 유발시키는 것은 관념들의 관계가 아니라 인상과 정감이다. 정의감의, 나아가 정의의 덕의 기초는 관념이 아니라 인상이다. 그리고 이런 정의감을 유발시키는 인상은 선천적인 것이 아니라 인간의 묵시적 동의에 의해 생긴다. 흄에 의하면, "자기-이익은 정의를 확정하는 근원적인 동기이지만, 공동 이익에 대한 공감은 정의라는 덕에 수반되는 도덕적 찬동의 원천이다."(*Treatise*, p.500)

제 2 장

규범 내지 도덕의식 중심의 도덕적 자아

1. 공리주의의 사회규범 중심의 내적 객아

1) 선의 기준으로서의 '최대다수 최대행복'

이성적인 도덕성은 도덕적인 '행위'에 초점을 둔다. 개별적인 행위들이 도덕성의 평가 대상이 된다. 도덕적인 행위를 한 사람은 도덕적인 사람이고 비도덕적인 행위를 한 사람은 비도덕적인 사람이 된다. 문제의 초점은 그 사람이 하는 행위의 동기나 결과에 있을 뿐이지 그 사람의 성품 내지 인격에 있지 않다. 이것을 '행위윤리(acts ethics)' 내지 '원리윤리'라고 부른다. 여기에 속하는 대표적인 이론은 벤담(J. Bentham)과 밀(J. S. Mill)의 공리주의와 칸트(I. Kant)의 의무윤리이다. 행위 주체보다는 행위에 초점을 두는 이론은 도덕규칙을 지키는가, 의무를 이행하는가에 따라 사람을 평가한다. 주체(주아)가 그것을 지키고 이행한다는 점은 고려되지 않고, 그 행위를 하게 하는 사회규범과 사회통념이 고려의 대상이 된다. 어떤 주체가 행한 행위가 도덕적인 행위가 아니고, 규범이나 통념에 따른 행위가 누구의 행위이거나 도덕적인 행위인 것이다. 의무윤리에서는 인간 행위를 도덕적 의무로서 반드시 행하거나 행해서는 안 되는 행위와 도덕과 무관한 행위로 양분한다. 덕 윤리에서 중요하게 여기는 의무를 넘어서는 행위는 고려되지 않는다. 예를 들면, 전쟁 시 자신을 희생하면서 동료의 생명을 구하는 군인의 행위는 의무의 요구를 넘어서는 행위이다. 칸트 이후 대부분의 도덕철학자들은 도덕적 덕을 도덕적 의무나 금지 사항으로 간주해 버린다. 그들은 도덕적 의무의 목록을 제시하려 하면서, 의무라고 보기 힘든 것은 무시하거나 '특수한' 의무 내지 '불완전한' 의무라고 부르면서 목록 속에 편입시키기도 한다. 예를 들면, 친절, 자선, 관용 등은 불완전한 의무들로서 사회적 삶을 윤택하게 해주지만 필수적인 것은 아니고 부차적인 것이라고 생각한다. 그러나 분명 의무적인 것은 아니지만 더욱 인간 삶에 바람직한 행위들이 있다. 그것이 바로 의무를 넘어서는 행위이다. 자비롭고, 용기 있고, 친절한 행위 등이 바로 그런 것이다. 덕 윤리는 오히려 의무보다는 그런 의무를 넘어서는 행위를 강조한다. 의무나 책임 때문에 최소도덕으로서 해야 하는 행위보다는, 최선의 삶을 위해 최대도덕으로서 해야 하는 의무를 넘어서는 행위를 더욱 강조하는 것이 덕 윤리인 것이다. 공리주의의 '최대다수의 최대행복의 원리'는 의무의 원리와 같은 것이다. 한 행위는 옳거나 그르거나 둘 중 하나이다. 행복을 극대화하는 행위만이 옳은 행위이고, 그 나머지는 모두 그른 행위이다. 이 논리에 따르면, 나는 나의 돈을 내 즐거움대로 사용할 권리가 없다. 나는 나의 돈을 가장 필요로 하는 사람에게 주어야 할 완전한 의무가 있기 때문이다. 결과적으로 누구에게 호의를 베푼다는 것은 불가능하다. 그 호의를 받은 사람이 그 호의에 대한 완전한 권리를 가지고 있거나 그렇지 않다면 그런 호의는 그른 행위일 것이기 때문이다. 이런 입장의 공리주의에는 의무를 넘어설 여지는 전혀 없다.

그런데 목적론의 일종으로서 공리주의는 옳은(right) 행위는 선한

(good) 것을 얻기 위한 일종의 수단으로 간주한다. '옳음'의 기준을 '좋음(선)'에서 구한다는 것이다. 그런데 행위자 자신의 선을 추구하자는 것이 이기주의이지만, 공리주의는 모든 사람의 선, '일반적 선 (general good)'을 추구하자는 것이다. 그것은 벤담에 의해 '최대다수의 최대행복'으로 공식화되었다. 모든 사람의 선을 고려해야 함에도 불구하고 최대다수로 표현한 것은 최대다수의 선만을 고려한다는 오해를 불러일으킬 수 있다. 공리주의는 행위를 통해 가능한 한 많은 선을 산출해야 한다고 주장한다.

공리주의가 주장하는 선의 기준은 두 가지 측면에서 논의될 수 있다.[1] 하나는 행복과 쾌락이며, 다른 하나는 동기보다는 결과이다. 고대 쾌락주의(Epicurianism)의 근대적 형태인 공리주의는 선을 행복이나 쾌락으로 규정하는 행복설 내지 쾌락설의 일종인 것이다. 그것은 '최대행복과 최대다수'를 선의 기준으로 제시한다. 그리고 그 기준을 만족시키는 행위가 옳은 행위라는 것이다. 그래서 벤담은 '최대다수의 최대행복이 옳고 그름의 척도'라고 주장한 것이다.[2] 그리고 인간의 행복은 쾌락에서 근원한다고 주장한다. 공리주의에 의하면, 고통스러운 행복은 있을 수 없으며 즐거운 불행도 생각할 수 없다. 쾌락은 행복의 내용이 되기 때문이다. 공리주의의 표면적 주장은 행복이지만 내용의 측면에서는 쾌락을 과제로 삼는다. 인간으로 하여금 행위하도록 의무를 부여하는 근본 동기가 쾌락이며, 그 행위의 옳고 그름도 그것을 기준으로 판단된다는 것이다. 공리주의가 중시하는 제재(sanction)의 문제가 이 문제이다. 제재는 의무를 부여하는 힘, 즉 동기의 원천

---

1) 공리주의에 관한 아래의 내용은 박재주, 『문학 속의 도덕철학』(서울: 철학과현실사, 2010), pp.281-295를 일부 수정하여 전재.

2) Jeremy Bentham, "An Introduction to the Principles of Morals and Legislation"(1879), ed. by John Bowring,*The Works of Jeremy Bentham* vol. I(Book Surge Publishing, 2001), p.227.

이다.

그런데 중요한 점은 그 쾌락이나 행복의 양을 측정하는 문제이다. 벤담은 쾌락은 본래 질적으로 동일한 것이며, 따라서 질적으로 다른 쾌락을 느끼는 것도 근본적으로 양적 차이로 환원될 수 있음을 전제로 하면서,3) 쾌락의 양적 측정이 가능하다고 믿었던 것이다. 그는 인간의 쾌락 능력이 유사함을 전제하고 모든 사람들은 한 사람으로 간주하기를 제안한다. 그리고 강도, 지속도, 확실성, 근접도, 그리고 다산성과 순수성 등을 통하여 쾌락의 양적 측정이 가능하다고 믿었다. 밀 또한 공리(utility)가 쾌락을 의미함을 강조하면서, "목적으로서 바람직한 유일한 것은 쾌락"이라고 주장한다.4) 그러나 밀은 쾌락의 질적 차이를 무시하는 것은 인간의 일반적인 가치감에 어긋나는 것이라고 하면서 질적인 쾌락주의를 주장한다. 그래서 그는 "만족한 돼지보다는 불만족한 인간이 되는 편이 낫다. 바보로서 만족하기보다는 소크라테스로서 불만족함이 낫다."고 말함으로써,5) 동물과 인간 사이에 차이가 있듯이 인간들 사이에도 쾌락의 질적 차이가 있을 수 있으며, 인간이 추구하는 행복은 단순히 양적으로 많은 쾌락이 아니라 질적으로 높은 쾌락임을 강조한다. 질적으로 높은 쾌락은 두 가지의 쾌락들을 알고 있는 사람의 선호에 의해서 측정된다는 것이 밀의 입장이다. 일방의 쾌락만을 알고 있는 돼지와는 달리 인간 소크라테스는 양방의 쾌락을 알고 있으며, 그 쾌락들 간의 질적 우열을 판단할 수 있다는 것이다. 그런 인간이 선택한 쾌락이 질적으로 더욱 높은 쾌락이라는 것이다. 쾌락의 질적 측면을 강조하는 밀의 주장은 인간을 자신의 쾌락만을 추구하는 이기적인 동물로 간주한다는 비판에 대한 충분하지

---

3) William S. Sahakian, *Ethics: An Introduction to the Theories and Problems* (Barnes & Nobles College Outline Series, 1974), p.29.

4) John S. Mill, *Utilitarianism*(The Liberal Art Press, 1957), p.10.

5) Ibid., p.14.

는 못하지만 하나의 대답은 될 수 있을 것이다. 인간이 추구하는 질적
으로 높은 쾌락들 중에는 남의 행복을 즐기는 이타적인 쾌락도 포함
될 수 있기 때문이다.

공리주의가 선의 기준으로 행복과 쾌락을 제시하는 것이 현실적으
로는 수용되고 있을지라도, 이론적으로는 문제가 지적될 수 있다.[6] 첫
째, 행복의 내용을 쾌락으로 간주한다는 문제이다. 물론 쾌락과 행복
이 유사하며, 인간은 쾌락과 행복을 추구하고 고통과 불행을 피하고자
한다는 점은 인정할 수 있다. 그러나 쾌락과 행복이 동일한 것으로 간
주하는 데에는 문제가 있다. 행복은 쾌락에 비교하면 장기적인 상태이
다. 행복은 '지속적인 영혼의 상태'의 일종이며 인생을 통해 다양하게
변할 수 있지만 순간적으로 변하는 것은 아니다. 그러나 쾌락은 인생
에 등장하는 에피소드이며, 날씨에 비유되는 순간적 상태이다. 한 잔
의 물이 우리에게 주는 쾌락이 늘 달라지듯이, 쾌락은 사람에 따라,
시간과 장소에 따라 다르게 느껴진다. 행복과 쾌락의 관계는 전체와
부분의 관계와 같다. 순간적인 쾌락을 정확하게 계산한다는 것은 근본
적으로 불가능한 일이며, 그것이 가능할지라도 일일이 그것을 계산하
여 행위 지침으로 삼기는 거의 불가능할 것이다. 그리고 쾌락은 크게
정신적인 것과 육체적인 것으로 나눌 수 있고, 전자를 행복, 후자를
쾌락이라고 부르는 것이 상식이다. 또한 많은 사람들은 행복을 쾌락보
다 고상한 것으로 간주한다. 쾌락의 질적 차이를 인정한 밀은 질적 우
열을 평가하는 또 다른 하나의 선의 기준을 도입함으로써 쾌락을 선
의 기준으로 삼는 공리주의의 문제점을 스스로 밝힌 것이다. 그리고
쾌락의 질적 차이와 양적 차이를 비교할 수 있는 제3의 기준이 제시
되지 않는 한 최대행복은 계산할 수 없을 것이다. 둘째, 행복과 쾌락
의 정확한 계산은 불가능하다는 점이다. 행위의 결과는 너무 복합적이

---

6) 이 문제에 관한 아래의 내용은 황경식, 「공리주의적 복지 개념의 한계: 목적론
   적 윤리체계의 비판」, 『철학연구』(철학연구회, 1978), pp.85-86 참고.

고 다원적이라서 계산이 거의 불가능하기 때문이다. 다른 사람들의 행복이나 쾌락을 확신할 수 없으며, 자기 자신의 그것도 명확하게 계산할 수 없는 것이다. 우리의 의식 상태를 양적으로 계산할 수 없을 뿐만 아니라 더욱이 미래의 행복과 쾌락은 계산이 거의 불가능하다. 물론 공리주의는 그 계산의 어려움은 전능하지 못한 인간성의 결함이며 따라서 능력에 따라 최선을 다해야 한다고 주장한다. 셋째, 쾌락과 덕(virtue)의 관계 문제이다. 공리주의는 덕을 그 자체로 선으로 인정하지 않고 그것이 쾌락에 기여하기 때문에 선이라고 인정한다. 덕 자체가 목적으로 인정되지 못하고 수단으로 인정된다는 것이다. 덕과 행복은 항상 결합되어 있기 때문에 관념 연합에 의해 행복 추구와 덕 추구가 하나로 간주되는 것이다. 화폐는 원래 교환의 수단에 불과하지만, 재화에 대한 욕망이 화폐에 대한 욕망으로 전이되어 그것들이 동일시되어 버리듯이, 덕 또한 수단이 목적으로 전화되어, 행복의 수단으로 욕구되지 않고 행복의 일부로서 목적 자체로 욕구되고 있다는 것이다. 그러나 덕을 자기-목적적인 것으로 간주하는 도덕철학자들도 있다. 자신의 쾌락과 행복을 희생하면서 다른 사람을 위해 헌신하게 하는 경우에 그 자체가 목적이라는 것이다. 그러나 밀은 더 많은 행복을 추구하는 것이 중요할 뿐 누가 희생하는가는 무의미하다고 주장한다. 그러나 이 점은 밀이 쾌락주의를 벗어나고 있음을 보여준다. 자신의 행복과 쾌락을 버리는 경우는 최대행복의 원리에 어긋나는 것이다. 여기서 분명한 것은 공리주의의 선의 기준이 단순한 쾌락의 원리가 아니라 최대다수의 원리라는 점이다. 마지막으로, 최대행복과 최대다수는 쉽게 결합될 수 없다는 문제이다. 최대행복의 추구는 쾌락주의이며, 그것은 이기주의적인 성향을 지닌다. 반면, 최대다수의 행복 추구는 이타주의적 성향을 지닌다. 따라서 최대다수의 최대행복은 서로 다른 방향을 지닌 원리이다. 더 많은 행복을 더 많은 사람들에게 나누어 준다는 것은 상식에서는 통할 수 있지만, 근본적인 문제를 지닌다. 공리주의는 두 가지 심리적인 사실에 근거한다. 하나는 인간은 행복을 추구하고 불행을 피하고자 한다는 사실이다. 다른 하나는 자신의 행복만이 아니라 다른 사람의 행복, 나아가 더 많은 사람의 행복을 추구한다는 엄연한 사실이다. 이 사실은 오로지 심리적인 사실만이 아니라 도덕적으로 요구되는 심리적 사실이다. 반면, 행복을 추구한다는 사실은 생명 일반에 공통되는 생명현상의 일종이다. 따라서 공리주의의 도덕성은 최대행복 내지 쾌락주의의 원리가 아니고 최대다수 내지 이타주의의 원리에서 나타나는 것이다.

그리고 공리주의의 기본원리는 옳은 것은 좋은 것에 의존한다는 것이다. 한 행위가 도덕적으로 옳은가는 그 행위의 결과가 무엇인지를 찾아내고 또 그것이 본래적으로 좋은지 또는 나쁜지를 결정함으로써만 알 수 있다는 것이다. 공리주의가 제시하는 선의 기준은 결과이다. 밀은 "행복을 만들어내는 성향에 비례하여 행위는 옳을 수 있다."[7]고 말한다. 공리주의에서 옳은 행위란 더 나은 결과를 가져오는 행위인 것이다. "이 경우 옳은 행위는 하나일 필요는 없다. 최선의 결과를 가져오기만 하면 옳은 행위일 수 있다."[8] 결과에는 의도된 결과, 가능한 결과, 실제적 결과 등이 있을 수 있다. 그런데 공리주의에서는 행위의 실제 결과는 기준이 될 수 없다. 무엇을 행해야 하는가는 아직 행위가 이루어지지 않은 상태에서 여러 대안들 중에서 하나를 선택할 것인가의 문제이기 때문이다. 그래서 "가능한 행복을 극대화하는 행위"[9]가 우리가 해야 할 행위라는 것이다. 그래서 '옳음'과 '그름'이라는 용어 대신 '합리성'과 '비합리성'의 용어를 사용한다. 즉, '합리적'이라는 말은 행위자에게 부여된 증거에 비추어 최선의 결과를 산출할 것 같은

---

7) John S. Mill, op. cit., p.10.

8) J. J. C. Smart and Bernard Williams, *Utilitarianism: for and against*(Cambridge University Press, 1973), pp.44-45.

9) Ibid., p.42.

행위를 권고하는 것이며, '옳다'는 말은 사실상 최선의 결과를 가져오는 행위를 권고하는 것이다. 즉, 합리적인 것은 옳은 행위를 하려는 것, 달리 말하면 최선의 결과를 산출하려고 노력하는 것이다. 결국 옳고 그름은 행복 증진의 실제적 성공에 비추어 선택을 평가하는 것이며, 합리적이라는 것은 그 개연적 성공(likely success)에 비추어 선택을 평가하는 것이다. 개연적 성공이란 '이익을 극대화할 가능성'이 아니라 '가능한 이익을 극대화하는 것'을 의미한다. 따라서 옳은 것은 '가능한 이익'을 극대화한 것이며, 합리적인 것은 옳을 것이라고 생각되는 것을 행하는 것이다.

결과주의로서의 공리주의는 다음과 같은 이론적 문제에 직면한다.10) 옳고 그름이라는 도덕적 평가는 도덕과 무관한 결과의 좋고 나쁨에 전적으로 의존한다. 좋음은 옳음과 상관없이 규정되고, 옳음은 그런 좋음을 극대화시키는 것이다. 이는 도덕문제를 독단적 직관의 문제가 아니라 현실적 경험의 문제로 간주한다는 의미이다. 그러나 결과주의는 도덕과 무관한 것을 도덕의 근거로 제시한다고 비판을 받는다. 그 비판을 주도하는 의무론은 도덕적 옳고 그름은 좋고 나쁨의 결과에 종속되는 것이 아니라 그것과는 무관하게 오히려 그것에 선행하여 결정된다고 주장한다. 의무론은 결과와 무관하게 규정된 도덕규범을 지켜야 한다고 주장하며, 따라서 도덕규범을 따르는 데는 예외가 있을 수 없다고 주장한다. 그리고 그것은 결과보다는 행위의 동기를 중시한다. 인간은 결코 미래의 결과를 완전히 알 수 없기 때문에 그 결과에 책임을 질 수 없는 것이다. 또한 목적이 수단을 정당화시킬 수 있다는 공리주의의 주장을 반박한다. 미래의 좋은 결과라는 목적을 달성하기 위해 거짓이나 폭력이라는 수단을 사용해서는 안 되는 것이기 때문이다. 그래서 공리주의를 단순한 편의주의나 유토피아주의에 불과하다

---

10) 이 문제에 관한 아래의 설명은 임덕준, 「결과주의로서의 공리주의」, 『철학연구』 (고려대학교 철학연구소, 1988), pp.2-4 참고.

고 비판한다. "실제 결과만으로 옳고 그름을 판단하는 것은 잘못이 있는 것 같다. 행위의 실제 결과는 당신의 통제 범위를 크게 벗어난 것이다. 당신은 당신의 행위로서 일련의 사건을 유발시킬 수 있지만, 그 결과는 전적으로 예측 불가능하다."[11] 결과의 예측을 위해서는 관련 사항을 모두 알아야 하는데, 모든 것을 안다는 것은 불가능하다. 당신의 행위가 모든 사람들에게 가능한 한 최선의 결과를 가져다주는 것으로 확인하려면 공적만큼이나 행운도 중요하다. 당신이 해야 할 행위는 실제로 최선의 결과를 가져온 것이 아니라 최선의 결과를 가져올 것이라고 생각하는 것에 불과할 수 있다. 사람들은 무지한 상태에서 생각할 수도 있고 어리석게 생각할 수도 있고 악의적으로 생각할 수도 있을 것이다. 또한 당신이 해야 할 행위는 실제로 최선의 결과를 가져다줄 것도 아니고, 최선의 결과를 가져다주리라고 생각하는 행위도 아니고, 실제로 확률적으로 최선의 결과를 가져다줄 행위이다. 그것은 행위의 순간 적절한 최선의 증거에 입각해서 볼 때 최선의 결과를 가져다줄 것처럼 보이는 행위인 것이다. 따라서 공리주의적 의무는 주관적 의무이다. 행위는 그것의 결과가 충분히 알려지기 전에 이루어질 수밖에 없으며, 실제 결과는 증거에 따라 그리고 행위가 끝난 한참 뒤에 알려질 것이다. 사람은 결코 신이 아닌 이상 객관적인 의무를 이행할 수 없을 것이다.[12]

2) 행위 공리주의와 규칙 공리주의

그런데 공리주의는 선의 기준을 어디에 적용시키는가에 따라 행위 공리주의와 규칙 공리주의로 나눌 수 있다. 공리주의는 최대다수의 최

---

11) 존 호스퍼스, 최용철 옮김, 『도덕행위론: 현대 윤리학의 문제들』(서울: 지성의 샘, 1994), p.222.
12) 위의 책, pp.223-225 참고.

대행복의 결과, 즉 공리(utility)의 원리를 옳음과 그름에 대한 궁극적인 기준으로 삼는다. 그러나 문제는 그 기준을 개별적 행위에 직접 적용할 것인가, 아니면 행위의 규칙에만 제한적으로 적용시켜서 행위 규칙으로 하여금 개별적 행위가 옳은지 그른지를 결정하도록 할 것인가이다. 선의 기준을 개별적인 행위에 적용시키는 경우, 그 행위의 결과를 통해 그 행위의 옳고 그름을 평가한다. 위에서 언급된 공리주의의 선의 기준에 관한 논의들은 대부분 이 경우에 속한다. 이런 입장을 행위 공리주의(act-utilitarianism)라고 부른다. 공리성의 원리 자체가 개별적 행위의 옳고 그름을 결정하기 위하여 개별적 행위에 직접 적용된다. 한 행위의 옳고 그름은 구체적인 시간과 장소에서 그 행위를 했을 때 생기는 결과인 것이다. 예를 들어, 과제를 늦게 제출하여 선생님에게 벌을 받게 된 학생이, 친척을 병문안하게 되어 어쩔 수 없이 늦었다고 거짓말을 한다고 하자. 선생님에게 거짓말을 하는 행위 자체는 옳고 그른 것이 아니고, 그 거짓말을 하는 행위의 결과에 따라서 옳고 그름이 결정된다는 것이 행위 공리주의의 주장이다. 물론, 그 행위의 결과는 행위자 개인의 행복 증대에만 관심을 가지는 것은 아니다. 그래서 행위 공리주의가 바로 이기주의로 연결되는 것은 아니다. 그것은 도덕적으로 옳고 그른 것이 무엇인지를 결정할 때 다른 사람들의 행복을 고려할 것을 요구하는 것이다. 밀은 행위의 기준이 행위자 자신의 행복이 아니고 모두의 행복의 최대의 양이라는 것을 분명히 주장한다. 어떤 행위를 옳은 행위로 만드는 선의 기준인 행복은 행위자 자신의 그것이 아니라, 모든 관련된 사람들의 그것이라는 것이다. 이것이 바로 최대다수의 최대행복의 원리인 것이다.

행위 공리주의가 전적으로 도덕규칙을 부정하는 것은 아니다.13) 도덕규칙이 행위의 옳고 그름을 결정한다고 하지는 않지만, 행위 결과를

---

13) 행위 공리주의의 도덕규칙에 대한 위의 설명은 폴 테일러, 김영진 옮김, 『윤리학의 기본 원리』(서울: 서광사, 1985), pp.97-99 참고.

예측하기 어렵거나 불가능한 경우에 실천적인 행위 지침이 될 수 있다고 주장한다. 이론적으로 본다면 행위 공리주의가 도덕규칙을 고려할 필요는 전혀 없지만, 실제적으로는 행위 결과를 정확하게 계산한다는 것이 거의 불가능하기 때문에 규칙을 지침으로 행위를 결정할 수 있다는 것이다. 행위 공리주의는 도덕규칙을 과거 대부분의 경우에 공리성의 원리를 효과적으로 만족시킨 것으로 입증된 규칙들로 간주한다. 우리가 복잡한 일을 하는 경우, 어떤 경험에 의한 '눈대중(rules of thumb)'에 따르는 것이 실용적이라는 것과 마찬가지로, 도덕규칙도 우리의 행위가 공리성의 원리에 일치하도록 도움을 주는 데 경험적인 방법의 기능을 할 수 있다는 것이다. 따라서 도덕규칙은 과거에 대체로 최대의 공리성을 산출한 것으로 알려진 행위를 귀납적으로 일반화하거나 통계적으로 확률화한 것으로 이해된다. 즉, 도덕규칙이란 그것과는 무관하게 옳거나 그른 개별적 행위에 대해 내린 판단을 요약한 것이며, 개별적 행위의 옳고 그름은 그 행위의 공리성에 있으며, 그 공리성은 구체적인 행위의 결과에 달려 있다. 만약 개별적인 경우에 어떤 규칙을 따르지 않는 것이 따르는 것보다 더 큰 공리성을 가진다면 그 규칙을 따르는 것은 옳지 않다. 따라서 사람을 속이는 일이나 다른 사람의 권리를 침해하는 일 등이 그른 것은 아니다. 또한 규칙 공리주의가 주장하는 '속이지 말라'거나 '남의 권리를 침해하지 말라'는 규칙도 옳은 행위의 기준이기 때문에 그른 것이 아니다. 행위 공리주의의 입장에서는 도덕규칙을 따르거나 어기거나 그것이 행위의 도덕성을 결정하는 데 근본적인 것이 결코 아니며, 그 행위의 결과가 근본적인 것이다.

그러나 행위 공리주의는 개인들에게 극단적이고 강압적인 요구를 할 수 있다. 그것은 최선의 결과를 가지는 행위를 강요한다. 최선의 결과를 가져오지 못하는 행위는 적지 않은 선을 가져다주더라도 예외 없이 옳지 못한 행위가 될 것이다. 그래서 공리주의에서는 의무를 넘어서는 행위를 허용하지 않는다. 당신이 해야 하는 일만 하지 않고 그 이상의 일을 한다든지 누구나 당신이 하리라고 기대하는 것 이상의 일을 하더라도 그것을 포용하지 못한다. 당신이 한 행위가 '할 수 있는' 것이고 할 수 있었던 최선의 일이라고 한다면 당신은 그것을 '해야' 하는 것이다. 그것에 못 미치는 행위는 그른 행위가 되는 것이다. 예를 들어, 친구와 함께 영화를 보러 가고자 한다. 그런데 그 대신에 병원에 가서 봉사활동을 할 수도 있다. 봉사활동이 더 많은 전체의 행복을 가져올 것은 명백하다. 따라서 행위 공리주의에 따르면 최대다수의 최대행복을 가져올 행위를 하지 않았기 때문에 영화를 보러 가는 것은 그른 행위이다. 텔레비전을 보거나, 운동을 하거나, 책을 읽거나, 스포츠를 하는 등 거의 모든 활동들이 영화 구경과 별반 다르지 않다. 그런 행위들을 하는 것 모두가 도덕적으로 옳지 못한 행위라는 것은 과도하고 강압적인 요구일 수 있다. 그리고 또 한 가지 문제는 행위 공리주의가 정의와 의무를 너무 소홀하게 다룬다는 것이다. 어떤 사람이 환자를 의사에게 데려가겠다고 약속을 하고도 집 없는 사람들을 위하여 무료 식당에서 봉사활동을 하고 있는 경우를 생각해 보자. 행위의 옳고 그름이 그 행위의 미래의 결과에 의해서 결정된다는 것이 문제 있음을 알 수 있을 것이다. 의사에게 데려가겠다는 약속이 만들어내는 복지보다는 무료 식당에서 일하면서 만들어지는 복지가 더 많다고 믿기 때문에 약속을 지키는 것이 그른 행위가 된다는 것은 문제가 있다. 좀 더 명백한 예를 들어 보자. 만성적인 질병에 시달리고 마을 사람들이 무척 싫어하는 노인인 삼촌을 조카가 죽이려고 생각한다고 가정하자. 더욱이 조카는 심장 질환으로 죽은 것으로 보이게 할 약을 가지고 있으며, 사실이 밝혀질 가능성은 전혀 없는 실정이다. 그 노인의 재산은 조카에게 남겨질 것이며, 그 조카는 그 재산을 복지 증진을 위해 다양하게 사용할 계획이다. 마을의 모든 사람들은 자신의 복지가 증가하게 된다면 더욱 행복하게 될 것이다. 누구도 그 노인의 죽음을 슬퍼하지 않을 것이다. 그러므로 조카는 삼촌을 죽이는 것이 죽이지 않는 것보다 더 많은 행복을 만들어낸다고 생각하여 죽이는 것이 옳은 행위라면 문제가 없겠는가? 행위 공리주의의 입장에서는 죽이지 않는 것이 오히려 그른 행위이다. 사람을 죽이는 행위는 그것의 결과에 상관없이 옳지 못한 행위인 것이다. 이 문제의 개선을 위해서 등장한 것이 규칙 공리주의이다.

공리주의는 자신의 문제들을 다양한 입장에서 변호하고 있지만, 여전히 쾌락주의와 결과주의를 벗어나지 못한다. 모든 사람들에게 미치는 행위의 결과를 고려함으로써 행위의 옳고 그름을 평가하는 것이다. 그리고 각각의 행위 결과가 아니라 모든 사람이 같은 행위를 했을 때의 결과를 고려한다. 예를 들어, 과수원을 지나면서 몇 개의 사과를 따 먹는다고 하자. 과수원 전체에 미칠 영향도 매우 적다. 그래서 사과를 따 먹는 개별 행위의 결과는 그것만 두고 본다면 무시해도 괜찮을 것이다. 사과를 따 먹은 사람은 그 즐거움을 한껏 누릴 수 있으며, 주인은 그것에 대해 신경을 쓰지 않을 것이다. 그러나 '나의 행위가 어떤 결과를 가져올 것인가?'라는 시각보다는 '나의 행위가 보편화된다면 어떤 결과가 생길 것인가?'라는 시각에서 볼 수 있다. 모든 사람들이 내가 하려는 행위를 하게 될 때 가져올 결과를 주목하는 것이다. 그리고 그 과수원뿐만 아니라 다른 과수원들도 모두 포함되고, 먹고 싶은 만큼 실컷 사과를 따 먹는다면 사과 과수원은 사라질 것이다. 그래서 사과를 따 먹어서는 안 된다.14) 이것이 바로 '공리주의의 일반화(utilitarian generalization)' 원리이다. 이 공리주의 일반화의 확장된 형태가 바로 규칙 공리주의이다.

규칙 공리주의는 최선의 결과를 가져올 행위를 고려하는 것이 아니라 규칙을 고려한다. 옳은 행위 규칙을 따르면 옳고 위반하면 그르다.

---

14) 존 호스퍼스, 최용철 옮김, 앞의 책, p.322 참고.

그리고 그 행위 규칙의 옳고 그름은 공리성에 의해 결정된다. 타당한 규칙은 일반적으로 그것을 따를 때 다른 규칙을 따를 때보다 모든 사람들에게 더 많은 행복과 쾌락을 가져오고 더 적은 불행과 고통을 가져오는, 그런 규칙이다. 예를 들면, 대부분의 사람들은 현실적으로 조카가 삼촌을 살해하는 것의 결과를 검토하여 최대다수의 최대행복을 계산할 엄두도 내지 않는다. 그들은 망설임 없이 합리적으로 다음과 같이 생각한다. 즉, '조카가 삼촌을 죽이는 것은 살인이다. 살인은 그르다. 그러므로 조카가 삼촌을 죽이는 것은 그르다.' 사람들은 행위의 옳고 그름을 판단하는 경우 대부분 규칙에 의존한다. 물론 하나의 규칙에 전적으로 의존하여 행위를 평가하는 경우는 거의 없다. 규칙은 최대다수의 최대행복을 요구하는 것이거나 그것의 감소를 금지하는 것이다. 규칙 공리주의는 도덕규범이나 규칙의 중요성을 인식한다. 그러나 무조건 그 규칙을 따르자는 것이 아니다. 최대다수의 최대행복을 가져올 규칙을 따르고, 그것을 감소시키는 규칙은 따라서는 안 된다는 것이다. 행위 공리주의는 어떤 행위가 최대행복을 가져올 것인지에 관심을 가지지만, 규칙 공리주의는 그 관심을 행동들의 종류나 규칙들에 둔다. 그것에 따르면, 우리는 최대다수의 최대행복을 가져올 옳은 도덕규칙을 따라야 한다. 그것은 옳지 않은 도덕규칙보다는 옳은 도덕규칙을 따를 것을 요구하는 것이다. 그리고 옳은 규칙의 기준을 제시한다. 따르지 않기보다는 따를 때 최대다수의 최대행복을 가져온다면 그 규칙은 옳은 것이다. 조카가 삼촌을 죽이지 않는 것이 죽이는 것보다 행복을 증대시킬 것이기 때문에, 죽이는 것은 옳지 않을 것이다. 거짓말을 허용하는 것보다 금지하는 규칙을 따를 때 전체의 행복을 증대시킬 것이기 때문에 '거짓말하지 말라'는 규칙을 따라야 한다는 것이다. 그러나 거짓말을 하는 것이 오히려 옳을 경우도 있다. 게슈타포가 유태인이 숨은 곳을 말하라고 하는 경우, 진실을 말하면 그 유태인은 분명히 죽게 될 것이고, 말하는 사람도 심한 처벌을 받을 수 있다. 그런 경우 거짓말로 '모른다'고 말하는 것이 옳을 것이다. 그래서 규칙 공리주의는 '거짓말하지 말라'는 식의 범주적 도덕규칙들 내지 도덕원리를 주장하기보다는 '어떤 상황에서 거짓말하지 말라'는 식의 조건이 부여된 도덕규칙을 주장한다. 이는 진실을 말해야 하고 생명을 구해야 한다는 등의 의무 모두는 절대적이거나 무조건적인 것이 아닌 '조건부 의무(prima facie duties)'라고 주장한15) 로스의 관점과 같은 입장이다. 조건부 의무는 '선을 극대화시켜야 한다'는 조건이 부여되지 않는다면 절대적인 의무가 된다. 그러나 조건부 의무들 사이에 갈등이 생긴다면 매우 어려운 도덕적 결단에 직면할 것이다. '어떤 상황에서 거짓말을 하지 말라'는 식의 조건부 도덕규칙은 다른 동등하거나 또는 더 중요한 도덕규칙들이 거짓말하는 것을 요구하지 않는 조건에서 거짓말해서는 안 된다는 것을 요구하는 것이다.

개인이 개별적 행위를 하는 것의 공리성은 사회가 모든 사람이 어떤 종류의 행위를 하거나 또는 하지 않기를 요구하는 일련의 일반적 규칙을 가지는 것의 공리성과는 매우 다르다는 주장이 있다.16) 행위 공리주의와 규칙 공리주의 사이의 기본적인 논쟁점은 개별적 행위의 도덕성을 판단하는 것과 규칙이 지배하는 사회 전제의 도덕성을 판단하는 것 사이의 차이점에 관한 것이다. 공리성이란 개별적 행위의 옳고 그름을 판단하기 위한 적절한 기준인가? 아니면 사회가 어떤 관습과 제도를 가져야 하는가에 대한 적절한 기준인가? 개별적 경우에는 가난한 사람이 부자에게 빚을 갚는 것이 갚지 않는 것보다 더 많은 불행을 가져올 것이지만, 빚을 갚아야 한다는 일반적인 사회적 관습은 빚을 갚지 않는 것보다 결국 모든 사람에게 더 적은 불행을 가져올 것이다. 따라서 행위 공리주의와 규칙 공리주의는 동시에 참일 수 없다는 것이다. 그러나 둘은 외연적으로 동치라는 주장도 있다. 개별적 행

---

15) 위의 책, pp.314-315.
16) 아래 내용은 폴 테일러, 김영진 옮김, 앞의 책, pp.101-103 참고.

위가 도덕규칙을 위반하는 것이 아니라 정당한 예외로 간주될 수 있다는 것이다. 그 예외가 이차적인 규칙에 의해서 요구될 수 있거나 그 예외의 결과가 규칙 준수의 결과보다 더 나을 수 있는 경우 그 예외가 정당할 수 있다. 두 규칙들이 서로 충돌하는 경우 그 문제를 해결하기 위해서는 이차적인 도덕규칙(second-order moral rule)이 필요하다. 그런데 그 고차적 규칙의 타당성의 기준도 일차적 규칙의 그것과 마찬가지로 공리성이다. 그리고 규칙을 예외적으로 따르지 않는 경우와 따르는 경우의 결과들 어느 것이 바람직한가를 결정하는 기준도 역시 공리성이다. 결국 행위 공리주의나 규칙 공리주의나 옳음을 결정하는 기준은 공리성이라는 것이다.

2. 칸트의 정언명법의 자율적 실천자로서의 도덕적 자아

1) 정언명법의 의무적인 실천자로서의 도덕적 자아

칸트는 윤리학의 '코페르니쿠스적 혁명'이라고 불리는[17] 새로운 윤리학으로서 '도덕형이상학(metaphysics of morals)'을 제시한다. 이전의 윤리학은 선한 것을 의지의 대상으로서 먼저 규정하고, 그 다음에 그것을 추구하는 도덕법칙을 도출하고자 하였으나, 칸트는 의지를 선험적으로 직접 결정하는 도덕법칙을 먼저 탐구해야 하며, 그 다음에 그 법칙에 어울리는 대상을 추구하여야 한다는 것이다. 도덕성의 최고 원리가 결정되기 전에 어떤 대상이 그 자체로 선한 것인지를 정의할 수 없으며, 그 자체로 선한 것으로 간주되는 대상을 실현하는 수단으로서 도덕법칙을 도출할 수 없다는 것이다. 오히려 선한 것이 도덕법

---

17) John R. Silber, "The Copernican Revolution in Ethics: The Good Re-examined", eds. by Ruthe Chadwick and Clive Cazeaux, *Immanuel Kant: critical assessments*, vol. III(London and New York: Routledge, 1992).

칙에 의해 결정되어야 한다는 것이다. 그의 도덕형이상학은 선험적으로 인간의 이성 안에 주어진 실천적 원리의 근원을 탐구한다. 현상들 이면의 초경험적 원리들을 탐구하는 것이 형이상학인 것처럼, 도덕현상 이면의 보편적이고 필연적인 도덕원리를 탐구하여 그것을 도덕법칙으로 삼고자 하는 것이 도덕형이상학인 것이다.

칸트에게 있어, 선한 것은 그것을 실현하고자 하는 인간의 의지와 전혀 관련이 없거나 우연적으로 관련되는 것이거나, 선한 것 자체가 인간의 의지를 강제하여 자신을 실현할 힘을 가지고 그래서 그 의지를 파괴할 것이다. 어떤 경우에도 선한 것과 의지 사이에 어떤 의무관계도 성립하지 않을 것이며, 선한 것으로부터 실천적 법칙이 도출될 수 없을 것이다. 즉, 도덕법칙이 경험적 외적 근거로부터 도출될 수 없다. 그런데 모든 이성적 존재자들이 보편적으로 욕망하는 대상이 존재한다고 하면서, 그 대표적인 것으로 행복을 제시하는 윤리이론이 목적론적(teleological) 윤리학이다. 이는 곧 행복이라는 궁극적이고 보편적인 선한 것으로부터 도덕법칙을 도출하고자 하는 윤리학이다. 인간은 모두 궁극목적으로서 행복을 소원하며, 그 사실로부터 의지의 규정을 포함하는 실천원리를 도출할 수 있고, 그 실천원리는 보편적인 도덕법칙이 될 수 있다는 것이다.

칸트는 인간이 모두 행복을 욕구한다는 점은 인정한다. 즉, "행복은 이성적이지만 유한한 존재자(인간)라면 누구나 반드시 가지는 요구이다. 그러므로 행복이 이성적 존재자의 욕구 능력을 규정하는 원리임은 피할 수 없다. 왜냐하면 우리는 있는 그대로의 실존에 대해 만족하지도 않고 자신 마음대로의 자족을 전제하는 지복(至福)을 가진 것은 아니기 때문이다. 그것은 우리 자신의 유한한 본성에 의해 우리에게 부과된 하나의 과제이다. 그 이유는 유한한 존재자이기 때문에 우리는 소원을 가지고, 그 소원은 욕구와 관련되기 때문이다."18) 그리고 우리 모두가 행복을 욕구한다는 사실로부터 보편적이고 객관적인 실천원리를 도출할 수 있음도 인정한다. 그러나 그 실천원리가 도덕법칙이라는 점은 부정한다.

행복은 모든 인간이 욕구하는 대상으로서 보편적이며, 따라서 그것으로부터 실천원리를 도출한다면 그 원리 또한 보편적일 것이라고 생각하는 것이 목적론적 윤리학이다. 이에 대한 칸트의 비판은 두 가지 측면에서 이루어진다. 먼저 욕구 자체의 문제를 살펴보자. 칸트는 모든 인간이 행복을 욕구한다는 점을 인정하고, 그로부터 도출된 실천원리는 보편적일 수 있음을 인정하였지만, 행복을 욕구의 보편적 대상으로 보는 점에 문제가 있음도 다음과 같이 지적한다. 즉, 완전한 이성적 존재자는 행복을 욕구하지 않을 것이다. 그래서 행복이라는 실천원리를 이성적 존재자 일반에게 적용할 수 없고, 다만 이성적이지만 유한한 존재자인 인간에게만 적용할 수 있을 것이다. 그래서 그 실천원리는 법칙이 될 수 없다. 칸트는 이 점을 다음과 같이 설명한다.

그 규정의 원리는 오직 주관적으로만 타당할 것이며, 단지 경험적이며, 모든 법칙이 가져야 하는 필연성, 즉 선험적인 근거들로부터 생기는 객관적인 필연성을 가지지 못할 것이다. 그래서 이 (주관적) 필연성을 실천적인 것이 아니고 단순한 자연적인 것이라고 생각해야 한다. 다른 사람들이 하품하는 것을 보고 자신도 하품하듯이 우리의 행위는 우리의 성향에 의해 피할 수 없이 결정된다. 단순히 주관적인 원리를 실천적 법칙의 수준으로 상승시키기보다는 실천적 법칙은 결코 없으며 단지 우리의 욕구 실현을 위한 권고일 뿐이라고 주장하는 것이 더 나을 것이다. 법칙은 단순히 주관적이지 않고 객관적인 필연성을 가지는, 그리고 (아무리 경험적으로 보편적일지라도) 경험에 의해서가 아니라 선험적인 이성을 통해 인식되어야 하는 것이다(CPR, p.300).

---

18) I. Kant, *The Critique of Practical Reason*, ed. by Robert M. Hutchins, Great Books of the Western World, 42. Kant(Encyclopedia Britannica, Inc., 1952) (이후에는 본문 속에 **CPR**로 표기함), p.300.

행복을 욕구한다는 사실이 보편적일지라도, 욕구를 전제로 도출되는 실천원리는 보편적이기는 하지만 객관적 필연성을 가지지 못하기 때문에 실천법칙일 수 없다는 것이다.

칸트는 욕구 대상의 측면에서도 목적론을 비판한다. 그는 이성적이지만 유한한 존재자인 인간은 누구나 자신의 행복을 욕구하기 때문에 그 욕구의 대상은 각각 다를 수 있다고 주장한다. 행복에의 욕구는 쾌락과 고통이라는 주관적인 감정에 상대적인 것이다. 그것은 우리의 조건에 만족하기 위해서 우리가 필요로 하는 것을 규정한다. 그러나 규정이라는 실천원리는 그 주체에 의해서 경험적으로 알려질 수밖에 없기 때문에 그것을 하나의 법칙으로 간주하는 것은 불가능하다. 이 점에 관한 그의 설명은 다음과 같다.

객관적이어야 하는 법칙은 모든 경우들에 그리고 모든 이성적인 존재자들에 의지를 규정하는 동일한 원리를 포함해야 한다. 행복 개념이 항상 욕구 대상과 욕구와의 실질적인 관계의 근거이기는 하지만, 그것은 주관적인 규정 원리에 붙여진 일반 명칭일 뿐이며 특별한 경우에 어떤 것도 규정하지 않는다. 그러나 이런 실천적 문제에서 우리가 관심을 가지는 것은 특정한 것에 대한 규정이며, 그런 규정이 없다면 실천적인 문제는 전혀 해결될 수 없다. 쾌락과 고통이라는 자신의 특별한 감정이 무엇이 그에게 행복을 가져다줄 수 있는지를 결정하며, 심지어 동일한 주체에서도 그의 행복은 그 감정의 변화에 따라서 달라지는 그의 소원과 함께 달라지기 때문이다. 따라서 주관적으로는 필연적인 법칙도 객관적으로는 아주 우연적인 실천원리이며, 이 점은 서로 다른 주체들에서 아주 다를 수 있고 달라야 하며, 그래서 결코 하나의 법칙을 제공할 수 없다. 왜냐하면 행복에 대한 욕구에서 결정적으로 중요한 것은 (법칙에 따른다는) 형식이 아니라 다만 질료이기 때문이다. 즉 그 법칙을 따른다면 쾌락을 기대할 수 있는지, 얼마나 많은 쾌락을 기대할 수 있는지의 문제가 중요하기 때문이다(CPR, p.300).

목적론이 사용하는 행복 개념은 일반적인 행복과 특수한 구체적인 행복을 혼동한다. 인간 모두가 자신의 행복을 욕구한다는 점은 보편적일 수 있지만 동일한 것을 행복으로 여긴다는 점은 불가능하거나 가능하더라도 우연적일 것이다. 그래서 행복을 욕구한다는 보편적인 실천원리가 객관적 필연성을 가질 수 없기 때문에 실천법칙이 될 수 없는 것이다.

칸트는 욕구의 실질적인 대상인 내용, 즉 목적에 근거를 두는 도덕성의 원리는 필연성과 자율성을 가질 수 없음을 비판하면서, 내용보다는 형식의 측면에서 도덕성의 원리를 탐구하고자 한다. 그것이 바로 도덕형이상학인 것이다. 그의 도덕형이상학은 선험적으로 인간의 이성 속에 주어진 실천적 원리의 근원을 탐구한다. 경험적인 도덕현상 이면의 보편적이고 필연적인 도덕원리를 탐구하여 그것을 도덕법칙으로 삼고자 한다. "그 자체에 의해서 규정되는 의지의 본질을 발견하기 위해 준칙의 단순한 입법 형식만이 의지를 규정하는 충분한 원리라고 생각하자. 법칙의 단순한 형식은 단지 이성에 의해서만 고려될 수 있고, 그래서 감각의 대상이 아니며 결과적으로 현상에 속하지 않기 때문에, 의지를 규정하는 형식은 인과성의 법칙에 따라서 자연 속의 사건들을 규정하는 원리들과는 다르다. 그 사건들의 경우에는 규정하는 원리들 자체가 현상들이기 때문이다."(CPR, p.301) 그리고 "의지를 필연적으로 규정할 수 있는 유일한 법칙을 발견하기 위해 의지는 자유롭다고 생각하자. 실천적 법칙의 실질, 즉 준칙의 대상은 경험적으로 주어질 수밖에 없으며, 자유로운 의지는 경험적(감각의 세계에 속하는) 조건들에 의존하지 않지만 규정될 수밖에 없기 때문에, 결과적으로 자유로운 의지는 그것의 규정의 원리를 법칙에서 발견해야 하며, 그 법칙의 실질과는 무관하다. 그러나 법칙의 실질을 제외시키면 그 법칙 속에는 입법 형식만이 포함된다. 자유로운 의지의 규정 원리를 구성할 수 있는 유일한 것은 준칙에 포함된 입법 형식일 뿐이다."

(CPR, p.302) 의지를 규정하는 원리는 보편적인 입법의 원리라는 것이다. 그래서 칸트는 순수실천이성의 근본 법칙으로 "네 의지의 준칙이 항상 그리고 동시에 보편적 입법의 원리로서 타당하도록 행위하라."(CPR, p.302)라고 주장한다.

인간이 동물처럼 본능대로 살아간다면 도덕법칙을 의식할 필요가 없을 것이다. 그러나 이성적 존재로서의 인간은 도덕법칙에 따라서 산다. 칸트는 인간으로 하여금 도덕적 존재가 될 수 있게 하는 것은 선의지라고 주장한다. 즉, "세상 속에서도 심지어 밖에서도 무제한적으로 선하다고 여길 수 있는 것은 선의지일 따름이다."[19] 선의지는 무조건적이며 절대적으로 선하다. 그것은 그 자체로 선하며 다른 어떤 것과의 관련 때문에 선한 그런 것이 아니다. 어떤 맥락이나 목적이나 욕구와 관련되지 않는다. 그가 말하는 선의지에서의 선 개념은 대상과 쾌락과 고통의 감정 사이에서 성립하는 선과는 달리 행위와 의지 사이에서 성립하는 이성적 개념으로서의 선이다. 인간의 의지는 어떤 법칙에 따라 행위할 수 있는 능력이다. 선의지는 다음과 같이 설명된다.

선의지는 그것이 실행하거나 성취한 것 때문도 아니고, 그것이 기도된 목적 달성에 적절하기 때문도 아니고, 단순히 하고자 하는 결의 덕분에 선하다. 즉, 그것은 그 자체로 선하며, 선의지 자체만을 생각할 때 그것은 어떤 성향을 위해 심지어 모든 성향들 모두를 위해 그것이 가져올 수 있는 모든 것보다 훨씬 더 높게 존경받아야 한다. … 선의지가 그것의 의도를 이룰 수 있는 힘을 전혀 가지고 있지 않고 그래서 그것이 아무리 노력을 많이 하더라도 아무것도 달성할 수 없고, 선의지(분명히 단순한 소원이 아니라 우리가 할 수 있는 모든 수단들을 동원하는 것)만이 남더라도 선의지는, 보석처럼, 자신 속에 자신의 가치 모두

---

19) I. Kant, *Fundamental Principles of the Metaphysic of Morals*, ed. by Robert M. Hutchins, Great Books of the Western World, 42. Kant(Encyclopedia Britannica, Inc., 1952)(이후에는 본문 속에 FPMM로 표기함), p.256.

를 지닌 사물처럼, 자체로도 빛날 것이다(FPMM, p.256).

선의지는 인간의 내면에 간직된 선한 도덕적 본성이며 소질이다. 그것은 다른 무엇에 의해서도 설명되지 않으며 오직 그 자신에 의해서만 설명될 수 있기 때문에 더 이상의 정당화가 필요 없는 '자기설명적인' 개념이다.[20]

칸트는 선의지 개념을 더 분명히 하기 위해서 의무 개념을 도입한다. 인간의 의지는 완전하게 선한 것은 아니다. 그것은 감각적 욕망이나 성향의 영향을 받을 수도 있다. 그 영향은 선의지의 제한이나 장애일 수 있다. 그래서 선의지를 통해 이루어지는 선한 행위는 그 영향들이 있음에도 행해야만 하는, 즉 의무로서 행해지는 행위인 것이다. 의무라는 개념 속에는 욕망이나 성향을 극복한다는 의미가 포함되어 있으며, 그러한 의무에 의해서 규정된 의지가 선의지이다.

선의지의 구체적인 책임이 의무인 것이다. 선의지를 통한 행위는 의무로부터의 행위라는 점을 설명하기 위해 칸트는 세 가지의 동기를 구분한다. 즉, 인간은 의무로부터 행위하거나, 즉 그것이 옳은 일이기 때문에 옳은 일을 하거나, 직접적인 성향으로부터 행위하거나, 간접적인 성향으로부터 행위한다. 즉, 다른 목적을 위한 수단으로서 행위한다. 그는 네 가지 사례들을 제시한다. 첫 번째 사례는 '의무에 어울리는' 행위이지만 '의무로부터의' 행위가 아니고 간접적인 성향으로부터 행위한 사례이다. 즉, "판매하는 사람이 새로 온 구매자에게 부당한 값을 요구하지 않아야 하며, 어디든 거래가 많은 곳에서 빈틈없는 상인이 부당한 값을 요구하지 않고 모든 사람들에게 확실한 정가를 적용하여 어린이도 다른 사람처럼 물건을 살 수 있게 하는 것은 항상 의무에 어울리는 행위들이다. 따라서 사람들은 '정직하게' 도움을 받고

---

20) S. Nieman, *The Unity of Reason: Rereading Kant*(New York: Oxford University Press, 1994), pp.126-127.

있다. 그러나 그 상인이 의무로부터, 정직의 원리들로부터 그렇게 행위했다고 우리가 믿기에는 충분하지 않다. 즉, 그 자신의 이득이 그렇게 하기를 요구했다."(FPMM, p.258) 이는 '간접적' 성향의 예에 해당한다. 두 번째 사례는 직접적인 성향과 관련된 것이다. "자신의 생명을 유지하는 것은 하나의 의무이다. 더욱이 모든 사람은 그런 직접적인 성향을 가진다. 그러나 이 때문에 생명 유지에 대해 대부분의 사람들이 가지고 있는 불안한 관심은 어떤 내재적인 가치를 가지지 못하며, 그들의 준칙은 어떤 도덕적 의미를 가지지 못한다. 그들은 의무가 요구하듯이 생명을 유지하지만 의무가 요구하기 때문에 그런 것은 아니다. 반면, 역경과 절망적인 슬픔으로 생명에 대한 의욕이 완전히 사라져 버렸다면, 그러나 정신력이 강하여 의기소침하거나 낙담하기보다는 자신의 운명에 분노하는 불행한 사람이 죽기를 원하지만, 삶을 사랑해서도 아니고 의무로부터 그의 생명을 유지한다면, 그의 준칙은 도덕적 가치를 지닌다."(FPMM, p.258) 세 번째는 자선의 사례이다. "우리가 할 수 있을 때 자선을 베푸는 것은 하나의 의무이다. 이 외에도 마음이 너무 동정적이어서 허영심이나 자기-이익이라는 다른 동기가 없더라도 주변 사람들을 기쁘게 하는 데서 즐거움을 발견하고 자기 자신의 일이기에 다른 사람들을 만족시키는 것을 즐기는 사람들이 많다. 그러나 이런 경우에는 그런 행위는 아무리 적절하고 아무리 우호적일지라도 어떤 진정한 도덕적 가치를 지니지 못하며, 명예에 대한 성향과 같은 다른 성향의 수준에서 이루어진다."(FPMM, p.258) 마지막 네 번째 사례는 자신의 행복을 보장하는 일이다. 즉,

자기 자신의 행복을 보장하는 것은 적어도 간접적으로는 하나의 의무이다. 자신의 처지에 만족하지 못하고 많은 걱정들에 말려들고 원하는 것을 충족시키지 못한다면 쉽게 '의무를 어기고 싶은 큰 유혹'에 빠질 것이기 때문이다. 그러나 여기서 의무를 바라보지 않더라도 모든 사

람들은 이미 행복에의 아주 강하고 깊은 성향을 가지고 있다. 그러나 행복은 그것이 일부 성향들과는 크게 충돌하며, 사람은 행복이라고 불리는, 성향들 모두의 만족이라는 명백한 관념을 형성할 수 없다고 우리에게 가르친다. 무엇을 약속하고 그것이 이루어질 시간에 관해 분명한 어떤 단일한 성향이 확고하지 못한 행복 관념을 종종 압도할 수 있음을 의아하게 생각할 필요가 없다. 예를 들면, 통풍 환자가 고통을 겪으면서 자신이 좋아하는 것을 즐기고자 선택할 수 있다. 왜냐하면 적어도 이 경우에 그의 계산에 따르면 건강에서 발견될 수 있다고 생각되는 행복에 대한 잘못될 수 있는 기대 때문에 현재 순간의 즐거움을 희생시키지 않을 것이기 때문이다. 그러나 심지어 이 경우에도 행복에 대한 일반적인 욕구가 그의 의지에 영향을 주지 않고, 그의 특정한 경우에 건강이 이런 계산에서 필수적인 요소가 아니라고 생각한다면, 다른 모든 경우들에서처럼 그가 그의 행복을 성향으로부터가 아니라 의무로부터 증진해야 한다는 법칙이 남아 있다. 의무로부터의 행위이기 때문에 그의 행동은 처음으로 진정한 도덕적 가치를 얻게 된다(FPMM, pp.258-259).

위의 사례들이 보여주듯이, 도덕적 행위는 의무에 어울리는 행위가 아니라 의무로부터의 행위여야 한다. 의무로부터 다른 사람을 돕는 사람은 다른 목적을 위해서가 아니고 돕는 일 자체를 위해서 돕는다. 여기서의 의무는 다른 사람의 행복을 자신의 목적으로 삼는 의무이다. 즉, "의무로부터 수행된 행위는 그것을 통해서 달성될 수 있는 목적(의도)에서가 아니라 그 행위가 결정되는 준칙에서 그것의 도덕적 가치를 도출한다. 그러므로 그 행위는 그것의 대상의 실현에 의존하는 것이 아니라 욕구의 어떤 대상도 상관없이 다만 하고자 하는 결단의 원리에 의존한다. … 행위들의 도덕적 가치는 어디에 있는가? 그 행위에 의해 얻어질 수 있는 목적들에 상관없이 '의지의 원리'에 있을 수밖에 없다."(FPMM, p.259)

의지는 무엇에 의해서 규정되어야 하는 것이다. 모든 내용의 원리들이 제거되고 오직 '의무이기 때문에' 행위하게 하려면 의지는 일반에 적용되는 형식적인 원리에 의해 규정되어야 한다. 그래서 칸트는 그 형식 원리를 '법칙에 대한 존경'으로 표현한다. 즉,

> 의무는 법칙에 대한 존경으로부터 행위해야 할 불가피성이다. 나는 나의 행위의 결과로 생길 대상에 대해서 성향을 가질 것이지만, 단지 그 대상은 결과일 따름이지 의지력이 아니기 때문에 그것을 존경할 수는 없다. 마찬가지로 나는 나의 것이든 다른 사람의 것이든 성향을 존경할 수 없다. 기껏해야 나의 성향이라면 그것을 인정할 수 있고, 다른 사람의 것이면 가끔 그것을 좋아하기까지 할 것이다. 즉, 나의 이익에 도움이 되는 것으로 볼 것이다. 존경의 대상이 될 수 있고, 따라서 하나의 명령이 될 수 있는 것은, 결코 결과로서가 아니라 하나의 원리로서의 나의 의지와 연관되는 것 — 나의 성향에 도움이 되지 않고 그것을 눌러 버리는 것, 적어도 선택의 경우 그 계산에서 그 성향을 배제시키는 것 —, 달리 말해 법칙 자체일 것이다. 이제 의무로부터 이루어지는 행위는 성향과 함께 의지의 모든 대상의 영향력을 전적으로 배제시켜야 하며, 그래서 의지를 규정하기 위해 남아 있는 것은 객관적으로는 법칙이며, 주관적으로는 실천법칙에 대한 순수 존경, 결과적으로는 심지어 나의 모든 성향들을 꺾더라도 이 법칙에 따라야 한다는 준칙일 따름이다(FPMM, p.259).

칸트가 주장하는 의무로부터 이루어지는 행위는 존경이라는 특별한 감정에 의존한다.[21] 그것은 하나의 감정이지만 성향과 공포의 감정과는 확연하게 다르다. 그것은 외부의 영향을 통해 받아들여지는 감정이 아니고, '이성에 의해 스스로 작동되는' 다음과 같은 감정이다. 즉, "내가 나에게 하나의 법칙으로 직접 인식하는 것을 나는 존경을 가지고 인식한다. 존경은 단순히, 나의 감각에 대한 다른 영향들이 개입되

21) H. J. Paten, *The Categorical Imperative: A Study in Kant's Moral Philosophy* (New York: Harper & Row, 1967), p.63.

지 않고 나의 의지가 하나의 법칙에 따른다는 점을 의식하는 것을 가리킨다. 법칙에 의한 의지의 즉각적인 규정 그리고 그것에 대한 의식이 존경으로 불린다. 따라서 그것은 법칙의 원인이 아니라 주체에 대한 법칙의 효과로 간주된다."(FPMM, p.259, 주 2) 의무란 법칙에 대한 존경 때문에 어떤 행위를 할 수밖에 없다는 것이다. 행위 작용의 대상에 대한 성향을 가질 수 있지만 그것을 존경할 수는 없다. 존경의 대상은 법칙일 수 있고, 또한 그것의 명령일 수 있다. 객관적으로는 법칙, 주관적으로는 법칙에 대한 존경만이 도덕적 행위의 근거인 것이다.

이성적인 존재인 인간은 법칙에 따라 행위하는 능력을 가지는데, 이것이 바로 실천이성 곧 의지이다. 의지가 이성에 의해 반드시 규정된다면, 즉 의지가 이성을 항상 따른다면 그런 존재의 행위는 객관적으로 필연적이며 주관적으로도 필연적이다. 이 경우 의지는 이성이 성향을 떠나, 필연적으로 실천적이라고 인식하는, 즉 선하다고 인식하는 바로 그것만을 선택하는 능력이다. 그러나 의지는 본성상 이성을 필연적으로 따르는 것은 아니다. 의지가 이성을 따르지 않는다면 객관적으로는 이성에 따라 필연적이라고 인식되는 행위가 주관적으로는 의지에 따라 우연적이라고 인식될 것이고, 그 의지가 객관적인 법칙에 따라 내리는 규정은 강제가 될 것이다. 객관적 원칙에 대한 표상이 의지를 강제하는 한, 즉 객관적 법칙을 생각하는 것만으로도 그 법칙에 따라 행위하게 된다면, 그 표상을 이성의 명령이라 부르고 그 명령의 표현 양식을 명법이라고 부른다. "모든 명법은 가언적이거나 정언적으로 명령한다. 가언명법(hypothetical imperative)은 할 수 있는 어떤 행위를 반드시 해야 하는 이유가 달성하려고 하거나 달성하고 싶다고 바랄 수 있는 다른 어떤 행위를 이루어주기 때문이라고 생각한다. 정언명법(categorical imperative)은 행위를 그 자체로서 다른 목적에 상관없이 객관적으로 필연적이라고 생각한다."(FPMM, p.265) 그 행위가 단지 다른 것을 이루는 수단으로서 선하다면 그 명법은 조건적이고 가언적이다. 반면, 그 행위 자체가 선하다고 생각하고, 그래서 스스로 이성을 따르는 의지에 필연적인 것으로, 그 의지의 원칙으로 생각한다면, 그 명법은 무조건적이고 정언적이다. "가언명법은 그 행위가 '가능하거나' '실질적인' 어떤 의도에 대해서 선하다고 말한다. 가능한 의도에 선한 경우 그것은 개연적인(problematical) 실천원리이고 실질적인 의도에 선한 경우 그것은 확연적인(assertorial) 실천원리이다. 그 하나의 행위가 어떤 의도와도 무관하게, 즉 어떤 다른 목적 없이 그 자체로 객관적으로 필연적인 것이라고 선언하는 정언명법은 필연적인(apodeictic) (실천)원리로서 타당하다."(FPMM, pp.265-266) 어떤 행위를 통해 어떤 의도를 이룰 수 있는지에 관계없이 직접 그 행위를 명령하는 명법이 정언명법인 것이다. 그것은 행위의 내용이나 결과에 상관없이 행위의 형식과 원리에 관계된다. 그 행위가 본질적으로 선한 점은 정신적인 기질에 있다. 이런 명법을 '도덕성'의 명법이라고 부를 수 있다.

오로지 정언명법만이 실천'법칙'일 수 있다. 가언명법은 의지의 원리이지만 법칙일 수 없다. 어떤 임의적인 의도를 달성하는 데 필요한 것이라면 무엇이든 우연적인 것일 수 있으며, 그래서 그 의도를 포기한다면 언제라도 그 지시로부터 자유로울 수 있다. 반면, 무조건적인 명령은 반대를 원할 수 있게 하지 않으며, 법칙이 가져야 할 필연성을 가지고 있을 것이다. "칸트는 도덕법칙은 모든 이성적 존재자에게 적용되는 무제약적 타당성으로서의 보편성을 지녀야 하며, 정언명법은 도덕적 의무를 이행하고자 하는 사람에 대한 강제로서의 필연성을 지녀야 하기 때문에 모든 경험적 요소들과 실질적 내용들을 배제한 순수한 형식적인 법칙이며 원리여야 한다고 생각한다. 그래서 명법과 법칙의 관계는 의무와 선의지의 관계와 같다."22) 그에게 있어, 최고의 도덕원리인 도덕법칙은 선의지에 따른 명령으로서 어떤 행위의 의도

를 조건적으로 제시하지 않고 그 행위를 직접 지시하는 명령이어야
한다. 즉, 그것은 정언명법 또는 그것의 한 적용이라고 할 수 있다. 정
언명법은 도덕성의 객관적 원리, 의무와 관련한 최고의 도덕원리, 즉
모든 도덕적 논증의 근본 원리로서 기능하거나 행위의 준칙과 행위
규범의 검증 방법으로서 기능한다.23)

칸트는 정언명법으로서의 도덕법칙의 원리를 보편화 가능성의 원
리, 인격성의 원리, 자율성의 원리 등 세 가지 측면에서 논의한다.24)
그가 이성적 존재자의 유일한 정언명법으로 제시하는 정식은 "그 준
칙을 통해서 네가 그것을 동시에 보편적인 법칙으로 삼으려고 할 수
있는 그런 준칙에 따라서만 행위하라."(FPMM, p.268)이다. 법칙의 보
편성은 가장 일반적인 의미에서 바로 자연이다. 그래서 의무에 관한
보편적인 명법은 "마치 네 행위의 준칙이 네 의지에 의해 보편적인 자
연법칙이 되어야 할 것처럼 그렇게 행위하라."(FPMM, p.268)로 표현
될 수 있다. 그러나 이는 행위의 준칙이 자연법칙이 되기를 바란다는
의미가 아니다. 행위의 준칙이 보편적인 자유의 법칙이 되기를 바랄
수는 있으나 자연법칙이 되기를 바라는 것은 인간의 능력으로서는 불
가능하기 때문이다. 그래서 '마치 자연법칙이 되는 것처럼'이라고 표
현한 것이다. 예외를 허용하지 않고 필연성을 가지는 것이 자연법칙이
다. 도덕법칙은 자유의 법칙으로서 예지계와 관계하고 자연법칙은 인
과법칙으로서 현상과 관계하지만, 형식성에 있어서 둘은 같은 것이다.
자연과 도덕은 동일한 형식, 즉 보편적인 형식을 지닌다. 그래서 정언

22) R. Norman, *The Moral Philosophers: an introduction to ethics*(Oxford:
    Clarendon Press, 1983), p.101.

23) R. Wimmer, "Die Doppelfunktion des Kategorischen Imperativs in Kants
    Ethics", *Kant-Studien*, vol. 73(1982), p.291.

24) W. O. Doering, *Das Lebenswerk Immanuel Kants*(Hamburg: Hamburger
    Kuturverlag, 1947), p.109; B. Aune, *Kant's Theory of Morals*(Princeton, New
    Jersey: Princeton University Press, 1979), p.36.

명법은 자연법칙에 비유될 수 있는 것이다.

칸트는 일반적인 도덕적 의무들이 정언명법과 어떻게 부합하는지를 보여주기 위해서, 의무를 자신에 대한 의무와 다른 사람에 대한 의무, 완전한 의무와 불완전한 의무로 나누어 네 가지를 열거한다(FPMM, p.269 참고). 첫째, 사람들은 자살해서는 안 된다는 도덕적 의무를 가진다. 절망적인 일들이 지속되어 삶에 염증을 느끼는 사람일지라도 이성을 잃지 않았다면 자신의 생명을 끊는 것은 자신의 의무를 거스르는 것이 아닌가를 자문할 것이다. 이 경우 자신의 행위준칙이 보편적 자연법칙이 될 수 있는가를 검토할 것이다. 그의 준칙은 '나는 나를 사랑하기 때문에 더 살 경우에 삶이 안락하기보다는 더욱 나빠질 것 같으면 목숨을 끊어라'일 것이다. '자기-사랑의 원리'가 보편적인 자연법칙이 될 수 있는가가 문제인 것이다. 삶을 촉진하는 자기-사랑이라는 감정 때문에 삶 자체를 파괴하는 자연은 자기 자신에게 모순되며 자연으로 유지될 수 없을 것이다. 따라서 보편적 자연법칙일 수 없다. 이는 자기 자신에 대한 완전한 의무를 어기는 준칙이다. 둘째, 사람들은 돈을 갚을 의사가 있을 때에만 돈을 빌려야 한다. 어려운 처지에 있어 돈을 빌려야만 하는데, 갚을 수 없다는 것을 잘 알면서 정한 시일에 돈을 갚겠다고 약속하고 돈을 빌리고자 한다. 그의 준칙은 '나는 돈이 궁하다고 여겨지면 돈을 빌릴 것이고 그 돈을 갚을 수 없다는 것을 안다고 해도 갚을 것을 약속할 것이다'일 것이다. 자기-사랑 내지 자기-이익의 원리가 보편적 자연법칙이 될 수 있는가의 문제이다. 모든 사람이 자기가 어려운 처지에 있다고 여겨질 때 지킬 생각도 없으면서 약속할 수 있다는 것이 보편적 법칙이 된다면 약속이라는 것도 약속을 통해 이루려고 했던 목적 자체도 불가능할 것이다. 결국 누구나 약속을 믿지 않을 것이며 약속의 표현을 헛된 구실이라고 비웃을 것이다. 셋째, 사람들은 자기 재능을 계발할 도의적 책임을 지닌다. 그러나 모든 면에서 쓸모 있는 재능을 가진 사람이 소질의 계발보다는 즐거움을 좇는 것을 더 좋아한다. 자신의 타고난 재능을 묵혀 두는 것이 의무에 일치하는 것인가를 생각해 보자. 남태평양에 사는 사람들처럼 재능을 녹슬게 하고 게으름과 오락에 삶을 소비할 수 있고, 그런 보편법칙에 따르는 자연도 항상 유지될 수 있다. 그러나 그는 이성적 존재이기 때문에 자기가 가진 모든 능력이 펼쳐지기를 바라게 되는데, 무엇을 하려 하든 그 능력이 이용될 수 있기 때문이다. 따라서 재능을 묵혀 두는 것을 보편적 자연법칙이 되기를 바라는 일은 결코 없을 것이다. 넷째, 사람들은 어려운 처지의 사람을 도와야 할 의무가 있다. 모든 사람은 하늘이 바라는 만큼, 또는 자기가 할 수 있는 만큼만 행운을 얻을 것이라고 믿기 때문에 어려운 처지의 사람을 돕지 않으려고 하는 사람의 경우이다. 물론 이런 생각이 보편적인 자연법칙이 된다면 인류 사회는 더 잘 유지될 수 있을 것이다. 그러나 그런 원리가 자연법칙으로 모든 점에서 적용되어야 한다고 바라는 것은 여전히 불가능하다. 왜냐하면 이런 것을 결심한 의지는 자기 자신과 대립하기 때문이다. 자신은 다른 사람의 사랑과 동정심을 필요로 하면서도 자기의 의지에서 생겨난 자연법칙 때문에 소망하는 모든 희망과 도움 자체를 기대할 수 없는 경우가 많을 것이기 때문이다.

행위의 준칙이 보편적 법칙이기를 바라는가가 행위에 대한 도덕적 판단의 기준이다. 위 사례들 중 자살과 거짓 약속의 경우는 그 준칙을 보편적 자연법칙으로 생각만 해도 언제나 모순된다. 그 준칙이 자연법칙이 되어야 한다고 바랄 수는 더욱 없다. 그 준칙은 모순 없이는 결코 자연법칙으로 생각될 수 없으며 그래서 완전한 의무이다. 그러나 자기-계발과 자선 행위의 경우는 내적인 불가능성은 있지 않지만 그 행위의 준칙을 자연법칙의 보편성으로 높이기를 바라는 일은 여전히 불가능하다. 그렇게 하려는 의지는 스스로 모순될 것이기 때문이다. 전자의 행위들은 엄격한 또는 더 좁은 의무에 어긋나고, 후자의 행위들은 더 넓은 의무에 어긋난다. 사람들은 의무를 위반할 때마다 자신의 준칙이 보편적 법칙이 되기를 바라지 않는다. 그 바람이 불가능한 것이기 때문이다. 오히려 준칙에 반대되는 것이 보편적 법칙이기를 바란다. 의무를 위반하는 경우 다만 자신을 위해서나 성향을 위해 자유롭게 그 법칙에 예외를 만들고자 한다는 것이다. 그래서 이성적으로 생각하면 자신의 의지가 모순에 빠진다. 어떤 한 원리가 객관적으로는 보편적인 법칙으로서 필연적이면서도, 주관적으로는 보편적으로 적용되기보다는 예외를 허용해야 한다는 모순이다. 이것이 바로 '의지에서의 모순'이다. 그러나 한 번은 행위를 이성에 따르는 의지의 관점에서 관찰하였고, 다음에는 바로 그 행위를 성향에 영향을 받은 의지의 관점에서 관찰한 것이기 때문에 실은 아무런 모순이 없다. 그러나 분명 이성의 지침에 대한 성향의 저항은 있다. 이 저항 때문에 원리의 보편성이 단순한 일반적 타당성으로 바뀌고 그래서 실천적인 이성원리(법칙)와 준칙이 도중에서 만나게 된다. 공정하게 판단하면 보편적 법칙에서 자신만 예외로 두는 것을 정당화시킬 수 없지만, 한편 그것은 정언명법의 타당성을 사실상 인정한다는 것과, 그것을 지극히 존경하면서 피할 수 없는 일부 예외를 스스로 인정한다는 것이다. 최소한 의무라는 개념이 우리의 행위에 대해 의미를 가지고 현실에 법칙을 주어야 한다면 정언명법으로 표현되어야지 결코 가언명법으로 표현될 수 없다. 의지는 법칙에 대한 표상에 따라서 행위하게 규정하는 능력으로서, 이성적 존재에서만 발견된다. 자기-규정의 객관적 근거로서의 의지에 기여하는 것이 '목적'이며, 이 목적이 단지 이성에 의해서만 주어진다면 그것은 모든 이성적 존재에게 동일하게 적용되어야 한다. 반면, 행위 결과가 바로 목적인 그런 행위가 가능할 수 있는 근거만을 포함한 것을 수단이라고 한다. 욕구의 주관적 근거는 '동기(spring)'이며, 의욕의 객관적 근거는 '동인(motive)'이다. 동기에서 기인하는 주관적 목적과 모든 이성적 존재에 적용되는 동인에 달려 있는 객관적 목적은 서로 다르다. 실천원리들이 모든 주관적인 목적들을 무시하면

'형식적(formal)'이다. 그러나 주관적 목적들, 따라서 동기들을 근거로 삼으면 '내용적(material)'이다. 내용적 목적은 상대적이다. 그리고 그것은 필연적인 원리, 즉 실천법칙을 제공할 수 없다. 상대적 목적들은 모두 가언적 명법의 근거일 뿐이다. 그러나 그것이 있다는 그 자체로도 절대적인 가치를 지니는, 목적 그 자체이기 때문에 법칙의 근거가 될 수 있는 어떤 것이 있다면 그것 안에 그리고 오직 그것 안에서만 가능한 정언명법의 근거, 즉 실천법칙의 근거가 발견될 것이다.

2) 인격과 자율적인 도덕적 자아

칸트는 정언명법으로서의 도덕법칙의 원리로서 인격의 원리를 제시한다. "그것의 실존 자체가 절대적인 가치를 지니는, 그리고 그 자체가 목적이기 때문에 명백한 법칙의 근거가 될 수 있는, 어떤 것이 있다고 가정한다면, 단지 그 속에만 가능한 정언명법, 즉 실천법칙의 근거가 있을 것이다."(FPMM, p.271) 그는 여기서 절대적인 가치를 지닌 목적을 정언명법의 근거로 삼고자 한다. 그래서 "네 인격 속의 인간성이나 어떤 다른 사람의 인격 속의 인간성을 결코 수단으로 다루지 말고 언제나 수단과 동시에 목적으로 다루는 식으로 그렇게 행위하라."(FPMM, p.272)라고 주장한다. 그가 '인격(person)'이라고 부르는 이성적 존재는 목적 자체이며 존경의 대상이다. 그리고 그것은 그 자체로의 목적인 객관적인 목적이다. 그래서 목적 자체이며 절대적인 가치를 지니기 때문에 인격이 객관적 목적으로서 정언명법의 근거일 수 있다는 것이 칸트의 주장이다.

칸트에 의하면 인격은 우선 목적 자체이다. "인간과 일반적으로 이성적인 존재는 하나의 목적 그 자체로서 실존하며, 단순히 이런저런 의지가 임의대로 사용하는 수단으로서가 아니라 그 자신에게 하는 행위든 아니면 다른 이성적인 존재에게 하는 행위든 그의 모든 행위들

에서 동시에 하나의 목적으로 간주된다."(FPMM, p.271) 그리고 인격은 객관적 목적이다. 즉,

> 이성적 존재들은 인격이라고 불린다. 그 까닭은 그들의 본성이 스스로를 목적 자체로, 즉 단순히 수단으로 이용되어서는 안 되며, 그래서 행위의 자유를 제한하고 그리고 존경의 대상인 것으로 드러내기 때문이다. 그러므로 인격은 그것의 실존이 우리 행위의 결과로서 우리에게 가치를 지니는 단순히 그런 주관적인 목적이 아니고 '객관적인 목적'이다. 즉, 그것의 실존이 목적 자체이며, 어떤 다른 것이 그것을 대체할 수 없는 목적이다. 왜냐하면 그런 것(수단이 될 수 없는 목적)이 없다면 '절대적 가치'를 가진 것이 있을 수 없기 때문이다. 모든 가치가 제한되고 그래서 우연적이라면 이성의 어떤 최고의 실천원리는 없을 것이다(FPMM, p.272).

칸트는 보편성의 원리의 검증에서 사용한 사례들을 이 원리에 다시 적용시킨다. 첫째, "자살을 기도하는 사람은 자기의 행위가 목적 그 자체인 인간성이라는 관념과 일치할 수 있는가를 자문할 것이다. 그가 고통스러운 상태들로부터 피하기 위해서 스스로를 파괴시킨다면, 그는 인격을 단순히, 삶이 끝날 때까지 견딜 수 있는 조건을 유지하는 '하나의 수단'으로 이용한다. 그러나 한 인간은 하나의 사물, 즉 단지 수단으로만 사용될 수 있는 어떤 것이 결코 아니고, 그의 모든 행위들에서 항상 목적 자체로 간주되어야 한다. 그러므로 나는 내 인격 안에 있는 인간을 불구로 만들거나 상처를 입히거나 죽일 수 없다." (FPMM, p.272) 인격이 상대적인 목적에 부차적인 것이 되면 모순에 빠진다. 불행이 예상되기 때문에 자살하는 경우 목적은 견딜 수 있는 상태이며 수단은 행위자 자신을 파멸시키는 것이다. 그러므로 행위자는 상대적이거나 조건적인 목적에 단순한 수단으로서 이용되는 것이다. 이 경우 상대적인 목적이 그 목적을 위해 파멸되는 행위자 자신의

314

생명으로부터 그 가치를 가지기 때문에 모순이 된다. 견딜 수 있는 상태가 선하다는 것이 아무리 명백하게 보일지라도 그것은 단지 행위자의 선택에 의해 부여되는 가치 때문에 선한 것이다. 행위자 자신을 파멸시키고 상대적 목적을 선하게 하는 근거를 끊는다면 그것은 이미 실제로 목적일 수 없다. 그리고 그런 목적을 추구하는 것은 이미 이성적이지도 않다. 둘째, "다른 사람에게 거짓 약속을 하려고 생각을 하는 사람은 즉시 자신이 다른 사람을 단순히 수단으로만 이용하고, 동시에 목적을 그 사람이 그 목적을 지니게 하지 않을 것임을 알게 될 것이다. 나의 의도대로 거짓 약속을 해서 이용하려고 내가 꾀하는 그 사람은 자기를 대하는 나의 행동방식에 도저히 동의할 수 없고, 스스로 그 자신이 그 행위의 목적을 지닐 수도 없기 때문이다."(FPMM, p.272) 이 경우 거짓 약속을 하는 사람은 자신이 가치를 부여하는 능력에 다른 사람의 능력보다 더 큰 힘을 부여한다. 자신의 재정적 곤란을 피하려는 욕망이 다른 사람이 가지는 유사한 욕망은 가지지 못하는 것이 정당한 것처럼 행위해야 한다. 그런데 그의 욕망이 그의 인간성으로부터 정당화된다면 다른 사람도 동일한 정당성을 가질 것이다. 만약 그의 행위의 목적이 그의 인간성 때문에 선하지 않다면 그 목적은 결코 선할 수 없으며 그런 행위는 이성적이지도 않을 것이다. 거짓 약속을 하는 사람은 그의 목적을 달성하기 위하여 모든 사람이 그 목적을 달성하는 데 사용할 수 없는 방법을 사용한다. 그의 행위가 유효한 것은 다른 사람들은 그와 같이 행위하지 않기 때문이다. 그가 자신의 목적을 위해 거짓말을 할 때, 대부분의 사람들은 진실을 말하기 때문에 그 거짓말이 목적을 달성한다. 다른 사람들은 진실을 말하기 때문에 거짓말을 하는 그도 신뢰를 받게 되고 목적을 달성하게 된다. 이경우 그가 수단으로 대한 사람은 그의 거짓말을 듣게 된 사람이 아니라 진실을 말하는 모든 사람들이다. 진실을 말하는 모든 사람들이 그로 하여금 거짓말을 하도록 허용하기 때문이다. 거짓말을 듣게 된 사람이 다른 모든 사람들의 이성적 본성을 단순한 수단으로 대한다. 즉, 다른 사람들의 선한 의지를 도구로 이용하는 것이다. 셋째, "행위가 목적 자체인 우리 자신의 인격 속의 인간성을 모독하지 않는 것으로는 충분하지 않고, 그것은 그 인간성과 조화를 이루어야 한다. 그런데 인간성 속에는 더욱 완전해져야 할 소질들이 있고, 그것들은 주체인 우리 스스로에 있는 인간성과 관련하여 자연이 가진 목적에 속한다. 이 소질들을 방치하는 것이 목적 자체로서의 인간성 유지와는 일치할 것이지만 이런 목적의 달성과는 일치하지 않을 것이다."(FPMM, p.272) 넷째, "모든 사람들이 가진 본성적 목적이 그들 자신의 행복이다. 그런데 아무도 타자들의 행복을 위해 어떤 기여를 하지 않을지라도, 의도적으로 타자들의 행복에서 무엇을 박탈하지 않는다면, 사실 인간성은 존속할 것이다. 그러나 모든 사람이 타자들의 목적을 달성시키려고 노력하지 않는다면, 목적 자체인 인간성에 소극적으로 조화를 이룰 뿐 적극적으로 조화를 이루는 것은 아니다. 목적 자체라는 관념이 나에게 충분한 영향을 미칠 수 있으려면, 다른 주체의 목적이 가능한 한 '나의' 목적이기도 해야 하기 때문이다."(FPMM, pp.272-273) 자신을 완전하게 하는 의무인 셋째 사례와 다른 사람의 행복을 증진할 의무인 넷째 사례는 이성적 존재자들이 가치를 부여하는 능력을 가지고 있기 때문에 그들을 목적 그 자체로 승인하는 것이다. 자신을 완전하게 하는 의무는 행위자 자신이 목적을 세우고 추구할 수 있도록 하는 재능과 능력을 발전시키고 실현하는 것이다. 증진되어야 할 것은 행위자로서의 자신의 능력이다. 이는 목적으로서의 인간성에 적극적인 기능을 부여하는 것이다.

객관적 목적이 도덕법칙의 근거가 되기 위해서는 목적 자체일 뿐만 아니라 절대적 가치를 지녀야 한다는 것이 칸트의 주장이다. 객관적 목적으로서의 인격이 도덕법칙의 근거가 될 수 있는 것은 그것이 목적 자체이면서 절대적 가치를 지니기 때문이다. 인격 이외의 모든 것은 제약된 상대적 가치를 지닌다. 욕구 능력에 근거하는 주관적 목적들로서 성향의 대상들은 의지의 대상일 수 있지만 그것은 주관에 의해 욕구되지 않는 한 어떤 가치도 가지지 못한다. 그래서 주관에 의해서 제약되는 상대적인 가치만을 지닌다. 즉, "성향들의 모든 대상들은 단지 조건적인 가치만을 지닌다. 왜냐하면 만약 성향들과 그것들에 토대를 두는 원하는 것들이 없다면 성향들의 대상은 가치가 없을 것이기 때문이다. 원하는 것들의 원천인 성향들은 그것들이 욕구의 대상이 되게 할 절대적 가치를 가지는 것과는 너무 거리가 멀기 때문에 반대로 모든 이성적 존재가 전적으로 성향들로부터 자유롭기를 보편적으로 바랄 것이다. 따라서 우리의 행위에 의해 획득될 수 있는 어떤 대상의 가치는 항상 조건적인 것이다. 그것들의 실존이 우리의 의지가 아니라 자연의 의지에 의존하는 그런 존재들은 만약 비이성적인 존재들이라면 수단으로서의 상대적 가치만을 가질 것이며, 그러므로 '사물들(things)'로 불린다."(FPMM, pp.271-272) 그러나 인격이라고 불리는 이성적 존재는 인간 행위의 결과나 산물이 아니고, 의지에 의해 설정된 것도 아니다. 그것은 다만 모든 주관적인 목적들을 제약하는 최고의 조건일 따름이다. 객관적인 목적은 모든 목적들의 주체 자체 내지 이성적 존재인 인격일 뿐이다. 인격은 자신의 목적을 설정하고, 그 설정된 목적의 주체이며, 따라서 그 목적들을 제약할 수 있는 최고의 조건일 수 있기 때문이다. 그래서 인격은 목적 자체로 이해된다. 인격은 목적 그 자체라는 원리는 인간 행위의 자유를 제한하는 최고의 조건으로서 경험에서 빌려온 것이 아니다. 그것은 보편성 때문에 이성적인 존재 일반에게 적용되고, 따라서 경험은 그것에 대해 어떤 것을 규정하기에 부족하기 때문이며, 인간성은 인간들의 목적으로서 주관적으로, 즉 사람들이 스스로 목적으로 삼는 대상으로서 표상되는 것이 아니라 객관적인 목적으로서 표상되고, 따라서 순수한 이성에서 생겨나야 하기 때문이다. 이 객관적인 목적은 법칙이기 때문에, 우리가 어떤 목적을 가지든 상관없이 모든 주관적인 목적을 제약하는 최고의 조건이 되어야 하는 것이다. 최고의 실천원리로서 도덕법칙이 존재하려면 자체적으로 존재하는 목적이 있어야 하며, 이는 이성적 존재에 의해 설정되거나 산출되는 목적이 아니라 오히려 목적들을 설정하는 주체 자체, 즉 인격이어야 한다.

다음으로 칸트는 도덕법칙의 원리로서 자율성의 원리를 주장한다. "실천법칙으로서의 도덕법칙의 근거는 객관적으로는, 준칙이 법칙이 될 수 있게 만드는 보편성이라는 형식 속에 있지만, 주관적으로는, 목적 속에 있다. 모든 목적의 주체들은 이성적인 존재이며, 목적 그 자체이다. 이로부터 의지가 보편적이고 실천적인 이성과 조화를 이루기 위한 최고의 조건으로서 의지의 세 번째 실천원리가 나온다. 그것은 모든 이성적 존재의 의지는 보편적인 입법의 의지이지 않으면 안 된다는 것이다."(FPMM, p.273) 즉, 자신의 의지가 자신의 준칙을 통하여 동시에 자기 자신을 보편적인 법칙을 세우는 존재로 간주할 수 있도록 행위하라는 것이다. 자율의 원리는 모든 이성적 존재의 의지는 단순히 의지가 법칙에 복종하고 있는 것이 아니라 의지가 스스로 법칙을 세운다는 것이다. 자기의 모든 준칙을 통해 보편적으로 법칙을 세우는 의지로서의 인간 의지라는 이 원리는 보편적으로 법칙을 세운다는 바로 그 이념 때문에 무조건적일 수 있다는 것이다. 인간은 법칙을 따르는 존재만이 아니라 입법하는 존재로 간주된다. 자신이 입법을 한 경우 그 법칙에 반드시 따라야 한다. "칸트는 단지 법칙에 따르는 것이 아니라 법칙을 세우는 존재로서의 도덕적 개인에 속하는 무제약적이고 절대적인 가치를 자율이라고 한다."25) 모든 이성적 존재는 자율적으로 자신의 준칙을 통해 보편적 법칙을 세우는 존재가 된다는 것이다.

---

25) H. J. Paton, *The Categorical Imperative: A Study in Kant's Moral Philosophy* (New York: Harper & Row, 1967), p.180.

그런데 이성적 존재는 목적의 왕국의 일원이 된다는 것이 칸트의 생각이다. 그래서 자율성의 원리는 곧 목적의 왕국의 원리가 된다. 모든 사람은 자신이 자율적으로 보편적 법칙을 세우는 사람으로 간주하라는 원리는 곧 모든 사람은 자신이 목적의 왕국의 일원으로 간주하라는 원리인 것이다. "스스로 자신의 의지의 모든 준칙들에 보편적 법칙들을 부여하는 것으로 간주해야 하고, 그래서 자신과 자신의 행위들을 이런 관점에서 판단해야 하는 모든 이성적 존재의 의지라는 관념은 그 관념에 의존하면서 아주 효과적인 다른 관념, 즉 '목적의 왕국(a kingdom of ends)'이라는 관념으로 이어진다."(FPMM, p.274) 그런데 여기서 말하는 왕국의 의미는 "공동의 법칙들을 통하여 하나의 체계 속에 서로 다른 이성적 존재들이 이루어낸 공동체"(FPMM, p.274)를 말한다. "법칙들이 보편적 타당성에 관련하여 목적들을 규정하기 때문에, 만약 이성적 존재들의 개인적인 차이들과 게다가 또 그들의 사적인 목적들의 내용을 모두 제거시킨다면 모든 목적들을(목적 자체로서의 이성적 존재들과 각자가 자신에게 제안한 특별한 목적들을 포함하는) 하나의 체계적인 전체 속에 결합된 것으로 간주할 수 있고, 다시 말하면 목적의 왕국을 생각할 수 있을 것이다."(FPMM, p.274) 목적의 왕국을 가능하게 만드는 보편적 법칙 세우기에 모든 행위들이 관련됨에 도덕성이 존재한다. 모든 이성적 존재들은 그들 각각이 자신들과 모든 타자들을 수단이 아니고 목적 자체로 대해야 한다는 법칙을 따라야 한다. 그 공동의 객관적인 법칙들에 의해 이성적 존재의 공동체인 목적의 왕국이 생긴다. 이성적 존재가 그 공동체 속에서 보편적 법칙을 세우면서 그 법칙에 따르기도 한다면 그는 목적의 왕국의 한 구성원이 된다. 도덕성은 모든 행위에 대한 법칙 세우기와의 관계에 있기 때문에, 그 법칙 세우기만이 목적의 왕국을 가능하게 만든다. 법칙 세우기는 모든 이성적 존재에 실존할 수 있고, 그의 의지로부터 발산할 수 있기 때문에 의지의 원리는 보편적 법칙일 수 없을 준칙에 따라서 행위하지 말라는 것이다. 따라서 항상 "의지가 동시에 스스로를 그것의 준칙들 속에 보편적 입법들을 부여하는 것으로 간주할 수 있도록 행위하라."(FPMM, p.274)는 것이다. 이성적 존재의 준칙들이 본질상 객관적 원리에 일치할 수 없다면 객관적 원리에 따라서 행위할 필연성은 실천적 필연성, 즉 의무로 불린다. 의무는 목적의 왕국의 구성원들 모두에게 동일한 정도로 적용된다. 의무로부터 행위한다는 것은 자신이 세운 보편적 법칙에 따라 행위하는 것이며, 바로 자율성의 원리를 따른다는 것이다. 자율성의 원리는 자율적인 입법과 의무를 연계시킨다. 칸트는 이 점을 다음과 같이 결론적으로 주장한다.

이성적 존재를 목적 자체로 구분하는 것은 그의 준칙들이 보편적 입법에 적합하기 때문에, 목적 자체인 이성적 존재는 이런 동일한 법칙들에 관하여 보편적으로 입법할 수 있다고 간주되어야 한다. 또한 이성적 존재는 모든 단순한 자연적인 존재들을 넘어서는 존엄성(특권)을 내포하기 때문에, 그는 자신과 그리고 마찬가지로 모든 다른 이성적 존재들을 법을 부여하는 존재들로(그래서 인격으로 불림) 간주하는 관점에서 항상 자신의 준칙들을 가져야 한다. 이런 방식으로 이성적 존재들의 세계는 목적의 왕국으로 가능한데, 이는 그 왕국의 구성원들로서 모든 인격들에 고유한 입법 덕분이다. 그러므로 모든 이성적 존재는 마치 그가 그의 준칙들에 의해 모든 경우에 보편적인 목적의 왕국의 입법하는 일원인 것처럼 행위해야 한다. 이런 준칙들의 형식적 원리는 다음과 같다. 즉 "네 준칙이 동시에 (모든 이성적 존재들의) 보편적 법칙이 되어야 할 것처럼 행위하라."(FPMM, p.276)

칸트는 자연법칙이 지배하는 자연의 세계와 도덕법칙이 지배하는 도덕의 세계를 구분한다. 그는 "우리가 그것들에 관해 더 자주 그리고 더 꾸준하게 성찰하면 할수록 더욱 새롭고 더욱 커지는 감탄과 외경으로 마음을 가득 채우는 두 가지가 있다. 즉, 그것은 내 위에 별이 총

충한 하늘과 내 마음속의 도덕법칙이다."(CPR, p.360)라고 말한다. 그는 감성적 자연의 영역에서 발견할 수 있는 법칙을 자연법칙이라고 하고, 이 자연법칙을 필연적인 감성계의 원리로 제시한다. 그리고 그는 이 자연법칙이 적용될 수 없는 것, 즉 그것으로부터 독립적인 것을 자유라고 부르고, 그 자유가 가지는 법칙을 자유의 법칙이라 부른다. 그것은 경험적 세계와 도덕의 세계를 연결하는 개념이다. 그는 "자유는 도덕법칙의 존재 근거인 반면 도덕법칙은 자유의 인식 근거"(CPR, p.291)라고 말한다. 그래서 그의 윤리학의 핵심은 자유와 도덕법칙의 상호성이다.26)

칸트는 "자유라는 개념은 의지의 자율성을 설명하는 열쇠이다."(FPMM, p.279)라고 말한다. 여기서 자유의 문제는 자유의지의 문제, 즉 실천적 자유의 문제로 한정된다. 자유의 의지가 바로 자율적 의지이며, '도덕법칙 하에 있는 의지'이다. "의지는 생물이 이성적인 존재인 한에서 가지는 일종의 인과성이며, 자유는 외부의 원인들에 의해 결정되지 않고 자체가 효과적일 수 있는 그런 인과성의 속성일 것이다."(FPMM, p.279) 그러나 이것은 소극적인 자유 개념에 불과하다. 자유의 본질을 통찰하고자 한다면 적극적인 개념이 필요하다. 칸트는 인과성의 개념을 통해 적극적인 의미의 자유를 설명한다. "의지는 생물이 이성적인 한에서 가지는 일종의 인과성이다. 그것은 이성적 존재자가 현상계에서 그리고 일차적으로 물리적 세계에서 결과들을 산출하는 능력이다."27) "인과성이라는 개념은, 그것에 따라서 우리가 원인이라고 부르는 어떤 것에 의해 다른 어떤 것, 즉 결과가 산출되어야 하는 법칙 관념을 포함한다. 따라서 자유는 자연적인 법칙들에 따르는 의지의 속성은 아니지만 그 이유로 법칙이 없는 것은 아니며, 반대로

---

26) Hud Hudson, "Wille, Willkür, and the Imputability of Immoral actions", *Kant-Studien*, vol. 82, no. 2(1991), p.188.

27) H. J. Paton, op. cit., p.208.

특별한 종류의 불변의 법칙들에 따라서 행위하는 인과성이어야 한다."(FPMM, p.279) 여기서 중요한 것은 '인과성'의 의미이다. 이는 '결과를 산출하는 능력'이라는 의미와 '인과적 행위'라는 의미를 가진다. 칸트는 의지라는 말을 전자의 의미로 사용하며, 후자는 '의욕의 결과로 나타난 행위'에 대해 사용한다. 자유 개념이 적용될 수 있는 것은 전자의 의미이다. 후자는 필연성의 의미이다. 자연에서 인과적 행위를 특징짓는 필연성에는 물리적 차원의 원인에 의한 필연성뿐만 아니라 심리적 차원의 원인도 포함된다. 경험된 모든 것들은 그것이 물리적 대상이든 생물학적 또는 심리학적 대상이든 모두 자연 필연성을 가진다. 이 자연 필연성이 자연법칙을 이룬다. "자연의 필연성은 효과적인 원인들의 타율성이다. 왜냐하면 모든 결과는 다른 어떤 것이 그것의 인과성을 행사하기 위해 효과적인 원인을 결정한다는 이런 법칙을 따를 때에만 가능하기 때문이다. 그러면 다른 무엇이 의지의 자유로 하여금 자율성일 수 있게 할 수 있는가? 즉, 의지의 속성이 그 자체에게 하나의 법칙이 되게 하는가? 그러나 '의지가 모든 행위에서 법칙'이라는 명제는 '준칙 자체를 하나의 보편적 법칙으로 삼을 수 있는 준칙에 따라서 행위하라'는 원리를 표현할 따름이다. 그런데 이 것이 정확히 정언명법의 공식이며, 도덕성의 원리이다. 그래서 자유의지와 도덕적 법칙을 따르는 의지는 하나이며 동일한 것이다."(FPMM, pp.279-280) 칸트가 말하는 인과성은 경험을 가능하게 하는 것이지 경험을 통해 귀납적으로 발견되지 않는다. 그것은 선험적인 의미를 지닌다.

　그런데 절대적인 선의지 개념에 대한 분석이 준칙이 보편적 법칙이 된다는 점과 필연적으로 연결되는 것은 아니기 때문에, 도덕성 원리는 종합명제이다. 따라서 도덕성 원리는 그 두 인식들, 즉 절대적인 선의지와 준칙의 보편적 법칙성을 결합시키는 세 번째 인식을 요구한다. 자유라는 '적극적인' 개념을 통해 그 세 번째 인식은 가능하게 된다.

칸트는 우선 "자유는 이성적 존재들의 의지의 속성으로 전제되어야 한다."(FPMM, p.280)고 주장한다. 이 점을 칸트는 다음과 같이 설명한다.

도덕성은 이성적 존재인 인간에게 법칙이 되기 때문에 그것은 모든 인간에게 적용되어야 한다. 그리고 도덕성은 자유라는 속성에서 도출되어야 하기 때문에 자유가 이성적인 존재인 모든 인간의 속성임을 증명해야 한다. 그리고 의지를 가진 이성적 존재인 모든 인간에게 자유의 이념을 부여해야 한다. 인간은 오로지 자유의 이념 아래에서만 행위하여야 한다. 왜냐하면 실천적 이성 자체가 행위의 원인이 되기 때문이다. 그래서 "이성은 외부의 영향을 받지 않고 자신의 원리를 스스로 만든다고 생각되어야 한다. 그래서 실천적 이성 혹은 이성적 존재의 의지로서의 이성은 자유롭다고 여겨져야 한다. 즉, 이성적 존재의 의지는 오직 자유의 관념 하에서만 자신의 의지일 수 있다. 그러므로 실천적인 관점에서 생각한다면 모든 이성적 존재에게 자유의 관념을 부여해야 한다."(FPMM, p.280) 그러나 자유의 관념은 우리 스스로의 혹은 인간 본성의 속성으로 실질적으로 입증될 수 없다. 지금까지의 설명은 하나의 존재가 이성적이고, 자신의 행위의 원인이 자신임을 의식하는, 즉 의지를 가진 것으로 생각한다면 자유를 전제할 수 있다는 것이었다. 이성과 의지를 가진 모든 존재는 그 자신이 행위를 결정하며 그것이 바로 자유의 관념이라는 것이다. 여기서 우리는 일종의 순환론에 빠진다. 우리 자신을 도덕법칙을 따른다고 생각하기 위해서는 우리 자신을 자유롭다고 간주해야 하고, 또한 우리가 자신에게 의지의 자유를 부여하기 때문에 우리는 도덕법칙에 복종해야 하는 것으로 생각한다는 것이다. 의지의 자유와 의지의 자기-입법은 둘 다 자율적인 것이며, 그래서 서로 바꾸어 쓸 수 있는 관념들이다. 그러므로 그 관념들 중 하나가 다른 것을 설명하거나 근거를 제시하는 데 이용될 수 없는 것이다.

칸트는 이 문제를 해결하기 위해 인간은 감성계와 지성계 양쪽에 속하고 있음을 주장한다. 우리의 세계는 매우 다르게 인식되는 현상의 세계와 항상 동일한 것으로 남아 있는 물 자체의 세계가 있음을 인정해야 한다. 현상의 세계는 감성계이고 물 자체의 세계는 지성계이다. 감성계는 그것을 보는 다양한 사람들에 따라서 매우 다를 수 있지만, 그것의 근거가 되는 지성계는 언제나 동일하다는 것이다. 인간 자신마저도 자기 자신에 관한 감각적이고 경험적인 인식은 늘 다를 수 있으며 동일하고 완전한 자기인식일 수 없다. 그러나 언제나 동일한 것으로 남아 있는 자기 자신을 주체로 인정해야 한다. 그래서 감각의 수용성에 관련해서는 자신을 감성계에 포함시키고, 자신 속의 순수한 활동이라고 할 수 있는 것과 관련해서는 자신이 더 이상 알지 못하는 자신을 지성계에 포함시켜야 한다는 것이다. "그런데 인간은 자신이 자신을 모든 다른 것과 구별하는, 심지어 대상들에 의해 영향을 받는 자기 자신으로부터 자신을 구별하는 하나의 능력을 그 자신 속에서 발견한다. 그 능력이 바로 이성이다. 순수하게 자발적인 이 이성은 오성(지성)보다 우월하다. 왜냐하면 오성도 자발적이며, 감각과는 달리 사물들에 의해 영향을 받을 때(그래서 수동적일 때) 생기는 직각들만을 가지지 않지만, 오성은 자신의 활동을 통해, 단지 감각의 직각들을 규칙들 속에 모으는 데 기여하는, 그래서 그것들을 하나의 의식 속에 통합시키는 그런 관념들만을 만들어낼 수 있으며, 감각적인 것을 사용하지 않는다면 오성은 전혀 생각할 수 없을 것이기 때문이다. 반면, 이성은 내가 '이데아들(ideas)'(이상적인 관념들)이라고 부른 것의 경우에 너무 순수하게 자발성을 보여주기 때문에 감성이 자신에게 부여할 수 있는 모든 것을 훨씬 넘어서며, 감성계를 지성계와 구별하고 그래서 오성 자체의 한계를 그어주는 데 가장 중요한 기능을 나타낸다." (FPMM, p.282) 따라서 이성적 존재는 자신을 감성계가 아니라 지성계에 속한다고 간주해야 한다. 이성적 존재는 두 가지 관점을 가진다.

그것들로부터 자신을 고려하고 자신의 모든 능력들을 행사하는 법칙들, 그리고 결과적으로 자신의 모든 행위들의 법칙들을 인식할 수 있다. 하나의 관점은, 감성계에 속하는 한 이성적 존재는 자연법을 따라야 한다는(타율성) 것이며, 다른 하나의 관점은, 지성계에 속하는 이성적 존재는 자연과는 독립적으로 경험이 아니라 오직 이성에만 토대를 두는 법칙들 하에 있게 된다는 것이다. 이성적 존재인 인간은 지성계에 속하는 존재이기 때문에 자유의 조건에서 자신의 의지의 원인을 찾을 수밖에 없을 것이다. 감성계의 원인에서 독립하는 것, 이성이 항상 자신에게 부여하는 독립성이 바로 자유이기 때문이다.

그런데 자유는 자율성과 연결되고, 자율성은 도덕성이라는 보편적인 원리와 연결된다. 자연법이 모든 현상의 근거이듯이, 도덕성은 모든 이성적 존재의 행위의 근거인 것이다. 자유는 우리를 지성계의 일원이 되도록 하고, 그 결과 우리의 모든 행위들은 항상 의지의 자율성을 '따를(would)' 것이지만, 동시에 우리는 감성계의 일원이기 때문에 우리의 모든 행위들은 의지의 자율성을 '따라야만(ought)' 한다. 정언적으로 '해야 한다'는 '선험적인' 종합명제를 의미한다. 감각적인 욕망의 영향을 받은 의지에 지성계에 속하면서 순수하고 실천적인 의지가 더해지고, 뒤의 의지는 앞의 의지가 이성을 따른다는 최상의 조건을 내포한다. 이 점은 감각의 직각들에 일반적인 규칙성만을 나타내는 오성의 개념들이 더해지고, 그런 방식으로 그것에 의존하여 물리적 자연에 관한 모든 지식이 이루어지는 '선험적인' 종합명제가 가능해지는 것과 같다. 도덕적으로 '해야 한다(ought)'는 것은 지성계의 구성원으로서는 반드시 '할 것인(would)' 것이며, 단지 감성계의 구성원인 한에서만 그것은 '해야 한다'로 간주된다.

모든 사람은 스스로에게 의지의 자유를 부여한다. 따라서 행위들이 '행해지지 않았더라도' '행해져야만 했다'고 모든 행위들에 관한 판단들이 내려진다. 그러나 이런 자유가 결코 경험의 관념은 아니며 또 그 럴 수도 없다. 왜냐하면 자유를 가정하면 자유의 필연적인 결과로 간주 되는 일과 정반대의 일이 경험되더라도 자유는 여전히 남기 때문이다. 다른 한편, 일어나는 모든 일이 자연법에 의해 결정된다는 점도 동등하 게 필연적이다. 이런 자연의 필연성도 결코 경험적인 관념이 아니다. 그 이유는 자연의 필연성도 필연성과 결과적으로 '선험적인' 인지의 활 동을 포함하기 때문이다. 그러나 자연의 필연성은 경험에 의해 확인되 며, 만약 경험 자체, 즉 일반적인 법칙들에 의존하는, 감각 대상들에 관 한 지식이 가능하려면 자연의 필연성이 반드시 전제되어야 한다. 그러 므로 자유는 이성의 관념이며, 그것의 객관적 실재 자체가 의심스럽다. 반면 자연은 경험의 실례들에서 그것의 실재를 검증하고, 반드시 검증 해야 하는 오성의 한 개념이다. 이 점으로부터 이성의 변증법이 발생한 다. 왜냐하면 의지에 부여된 자유가 자연의 필연성에 모순되는 것 같고, 자유와 자연의 필연성 사이에 놓인 이성은 순수 이론을 위해서는 자유 라는 길보다 자연의 필연성이라는 길이 더 잘 닦여 있고 더 편리하다 는 점을 알지만, 실천을 위해서는 자유라는 좁은 도보길이 행위하면서 이성을 사용하는 것이 가능한 유일한 길임을 안다(FPMM, pp.283-284).

따라서 자유를 인정하지 않을 수 없다. 자유의 관념만큼 자연의 필 연성 관념도 포기할 수 없기 때문에 동일한 인간 행위들의 자유와 자 연의 필연성 사이에는 어떤 실질적인 모순도 발견될 수 없을 것이다. 그런데 자신의 동일한 행위에 관해서 자기를 자연법에 복종한다고 받 아들일 때와 같은 의미 또는 같은 관계에서 자기 자신을 자유롭다고 생각하는 것이라면 그것은 모순일 수 있다. 하나의 관점만을 가진다면 자유-자율-도덕법칙에 관한 논의에서 순환론의 틀을 벗어날 수 없지 만, 두 관점을 근거로 다루면 벗어날 수 있다는 것이다. 그 두 관점은 '관찰자의 관점'과 '행위자의 관점'이다.28) 관찰자의 관점에서 볼 때

---

28) Ibid., p.214.

모든 행위는 자연 필연성의 사례이며, 행위자의 관점에서 볼 때 모든 행위는 자유로운 행위인 것이다.

지금까지 자유와 도덕법칙은 하나의 전제로 인정되었을 뿐 그 실재성은 논의되지 않았다. 칸트는 '이성의 사실(a fact of reason)'이라는 개념을 통해 단지 가능성만으로 주어졌던 자유에 객관적 실재성을 부여한다. '이성의 사실'이라는 개념은 도덕성의 원리를 완성시키는 것이면서, 동시에 자유의 관념에 객관적 타당성을 확보하게 해준다. 그는 이 점을『실천이성비판』에서 다음과 같이 논의한다(CPR, p.302 참고). 전제된 자유와 도덕법칙은 서로를 내포한다. 그런데 도덕법칙을 무조건적으로 실천적인 것이라고 의식하기 시작하는 것은 자유로부터인가, 도덕법칙으로부터인가, 이 점이 문제이다. 그것은 자유로부터 시작할 수 없다. 자유는 경험과 무관하고 그래서 직접 자유를 의식할 수 없기 때문이다. 그리고 경험으로부터 자유를 추론할 수도 없다. 경험은 자유와는 정반대인 것인 자연의 구조에 관한 지식만을 제공하기 때문이다. 그러므로 의지의 준칙과 관련하여 직접 의식하는 것은 도덕법칙이다. 이성이 자유를 감각적 조건들에 독립적인 규정의 원리로 제시하는 한 도덕법칙은 자유의 개념으로 이어진다. 그런데 이성이 필연성을 가지고 원리들을 규정하고 모든 경험적인 조건들을 제거하는 데 주목하면서, 우리가 순수한 이론적 원리들을 의식하는 방식대로 우리는 순수한 실천적 원리들, 즉 도덕법칙을 의식할 수 있다. 순수오성의 개념이 순수한 이론적 원리들로부터 생기듯이, 순수의지 개념은 순수한 실천적 원리들로부터 생긴다. 이 점은 자유와 도덕법칙과의 순위를 나타낸다. 자유의 관념을 처음으로 나타내는 것은 실천법칙, 곧 도덕성이며, 따라서 자유의 관념을 가지고 사변적 이성을 곤경에 처하게 만드는 것은 실천이성이다. 현상 속의 어떤 것도 자유의 개념에 의해 설명될 수 없고, 자연의 구조가 유일한 단서를 구성해야 하기 때문이다. 그러나 경험은 도덕법칙과 자유의 순위를 입증한다. 사람은 어떤 일을 해야 한다고 의식하기 때문에 그 일을 할 수 있다고 판단한다. 그리고 도덕법칙이 아니라면 결코 그가 알지 못했을 사실인, 자신이 자유롭다는 점을 그는 인식한다. 순수한 실천이성의 근본 법칙, 즉 도덕법칙에 대한 의식을 칸트는 '이성의 사실'이라고 부른다.

근본 법칙은 이성의 선행하는 자료들, 예를 들면 미리 주어지지 않는 자유의 의식으로부터 추론될 수 없고, 그것은 순수한 직각이든 경험적 직각이든 어떤 직각에도 근거하지 않는 '선험적인' 종합명제로서 우리에게 다가온다. 만약 의지의 자유가 전제된다면 이 명제는 분석명제가 될 것이다. 그러나 자유를 적극적인 개념으로 가정하기 위해서는 지성적인 직각이 필요할 것이다. 그러나 지성적인 직각은 (신의 것이지 인간의 것이 아니기 때문에) 주어질 수 없다. 우리가 이 근본 법칙을 주어진 것으로 간주할 때, 잘못된 생각에 빠지지 않기 위해서 그 법칙은 경험적인 사실이 아니라 순수이성만의 사실이라는 점에 주목해야 한다. 그러므로 순수이성은 원초적으로 입법적(나는 이렇게 원하고, 이렇게 명한다)이라고 스스로 선언한다. 순수이성은 그 자체만으로 실천적이며, 우리가 도덕법칙이라고 부르는 보편법칙을 부여한다. 이 사실은 부정할 수 없는 것이다(CPR, p.303).

도덕성의 원리는 법칙의 내용인 욕망된 대상들로부터는 무관하고 보편적 입법이라는 형식에 의해서만 의지를 규정한다는 것이다. 법칙의 내용과는 무관하다는 것은 소극적인 의미에서의 자유이다. 순수하고 실천적인 이성이 자기에게 보편적 입법을 부여한다는 것은 적극적인 의미에서의 자유이다. 따라서 도덕법칙은 순수실천이성의 자율성을 표현한다. 이것이 곧 자유이다. 그런데 "도덕법칙은 순수이성의 사실로서 주어진다. 그 순수이성의 사실을 우리는 선험적으로 의식한다. 경험 속에서 그것이 정확하게 실현된 사례가 발견될 수 없다고 하더라도 그 순수이성의 사실은 의심의 여지없이 확실한 것이다. 따라서 도덕법칙의 객관적 실재성은 사변적이거나 경험에 도움을 받은 것이거나 이론적 이성의 어떤 노력들로 이루어지는 어떤 영역에 의해서는 입증될 수 없고, 그러므로 우리가 그것의 의심의 여지없는 확실성을 포기할지라도 경험에 의해 귀납적으로(a posteriori) 입증될 수 없을 것이다. 그러나 그 객관적 실재성은 자체적으로 견고하게 확립된다." (CPR, p.310) 도덕법칙을 의식하는 것이 경험적 사실들을 의식하는 것과는 다른 방식으로 이루어지지만, 도덕법칙의 의식은 우리의 삶 속에서 우리를 강제한다. "이런 의식의 강제하는 성격이 의식을 '이른바 사실'이라고 부르는 이유이다."29) 도덕법칙을 의식하는 것은 선험적이다. 그런 의식은 감각으로부터 도출되지 않기 때문이다. 그리고 그런 의식은 실천적 활동을 위한 우리의 원리들을 증언하는 것으로서 종합적이다. 그런데 "이런 이성의 사실이 우리의 일반적 도덕의식에서 우리가 도덕법칙을 우리에게 최고 권위 있는 것으로 승인하도록 한다. 더욱이 도덕법칙은 아무런 정당화 근거도 필요로 하지 않고 도덕법칙을 최고 권위로 승인하는 사람들에게 자유의 가능성뿐만 아니라 현실성도 증명한다. 비록 오직 실천적일지라도, 도덕법칙은 자유의 이념에 객관적 실재성을 준다. 그리고 자유의 가능성을 일관되게 가정하였던 순수한 사변적인 이성의 요구에 응답한 것이다."30)

도덕법칙을 의식하는 것은 순수한 이론적 원리들을 의식하는 것과는 달리 행위의 이유를 의식하는 것이다. 도덕법칙의 의식으로서 '이성의 사실'은 사실의 문제, 즉 실질적인 행위자가 무엇을 행해야 하는지를 강제한다. 그것은 실천적 추론 과정에서 강제에 대한 자각 그리

---

29) Pawel Lukow, "The Fact of Reason: Kant's Passage to Ordinary Moral Knowledge", *Kant-Studien*, vol. 84, no. 2(1994), p.214.

30) John Rawls, "Themes in Kant's Moral Philosophy", ed. by Ruthe Chadwick and Clive Cazeaux, *Immanuel Kant: critical assessments*, vol. III(London and New York: Routledge, 1992), p.29.

고 우리 자신의 이성적 활동에 대한 반성이다. 비록 이성의 사실이 도덕성과 자유를 정당화시키지는 않지만 도덕성과 자유가 행위와 실천을 어떻게 체계화시키는가를 입증하는 고리인 것이다. 도덕법칙을 의식하는 것은 우리의 삶에서 도덕법칙의 현실적 역할을 증명하는 것이며, 결과적으로 자유를 증명하는 것이다. 자유가 도덕법칙의 존재 근거이지만, 도덕법칙이 자유의 인식 근거라고 주장한 것은 바로 이 점을 설명하는 것이다.

제 3 장

타자 중심의 도덕적 자아

레비나스의 윤리적 주체성과 타자의 타자성

1) 전체성과 무한성: 존재의 주체성과 윤리적 주체성

(1) 존재론의 표상과 형이상학의 정서성

임마누엘 레비나스(Emmanuel Levinas)는 서양 근대철학의 전통은 타자를 '동일한 것(the same)'으로 환원시키면서 타자성과 다양성을 무력화시키는 데 일관했다고 주장한다. 그 전통은 전체성(totality)에 관심을 가지면서 타자성에는 등을 돌리는 경향이었다는 것이다. 그래서 그는 『전체성과 무한성』[1]에서 존재의 주체성으로부터 새로운 윤리적 주체성을 주장한다. 그것은 곧 타자성(alterity)의 복원인 것이다.

그가 말하는 타자성은 타자의 근본적인 이질성을 의미한다. 타자의 타자성은 그가 남과 다른 경우에만 가능한 것이다. 남과 다르다는 것

---

[1] E. Levinas, *Totality and Infinity: An Essay on Exteriority*, trans. by A. Lingis(London: Kluwer Academic Publishers, 1991)(이후에는 본문 속에 TI로 표기함).

은 자아도 타자도 모두 진정한 '나(I)'여야 한다는 것이다. 그래서 타자성의 타자는 '나'로서 존재한다는 것이다. " '나'가 된다는 것은 일련의 지시들로부터 도출되는 개성을 넘어서 자신의 내용으로 정체성을 가지는 것이다. '나'는 항상 동일한 것으로 남는 존재가 아니고, 그 자체를 동일시하고 자신에게 발생하는 모든 일들을 거치면서 자신의 정체성을 회복하는 것이 그것의 실존이 되는 그런 존재이다. '나'는 근본적인 정체성이며, 동일시의 산물이다."(TI, p.36) 그런데 동일시한다는 것은 단순한 동어반복인 '나는 나다'는 방식으로 이루어지지 않고, 나와 세계 사이의 구체적인 관계로 이루어진다. 나와 세계 사이의 관계는 세계 속에 '머무름'으로 이루어진다. 나는 세계 속에서 편하게 지내면서 스스로를 동일시한다. 그러나 '나'는 세계 속에서 자생적이다. '나'는 세계 속에서 하나의 집을 발견한다. '집(at home)'은 무엇을 담는 용기가 아니고 내가 무언가를 할 수 있는 그런 곳이다. 거기서 나는 타자인 실재에 의존하고 그것의 도움을 받지만 자유롭다. 어느 의미에서는 모든 것이 그곳에 있지만, 결국 모든 것은 내 손 안에 있다. 그 자리는 무언가를 할 수 있는 수단을 제공한다. 모든 것이 거기에 있지만 모든 것은 나의 소유이다. 그러나 소유는 동일한 것으로 이어질 수 있다. 그래서 타자성의 자아-동일시는 심각한 문제일 수 있다. "동일자의 동일시는 … 선험적인 자아론(egoism)의 구체적인 모습이다. … 만약 동일자가 단순히 '타자에 반대되는 것'으로 자신의 정체성을 정립한다면, 그것은 이미 동일자와 타자를 모두 내포하는 전체성의 한 부분일 것이다."(TI, p.38) 여기서 말하는 전체성은 모든 것을 자아 내지 자아의 영역으로 환원한다는 의미이다. "타자, 즉 나와 다른 것과 나와 다른 사람은 배제되거나 또는 나의 틀 속에 한 부분으로 포섭된다. 타자는 기껏해야 나에게 필요한 사람이거나 아니면 나와 함께 사는 사람에 지나지 않는다."[2]

레비나스의 타자성의 철학은 서양철학의 전통인 존재론에 대한 비판으로 이루어진다. 존재론은 존재(being)와 본질(essence) 개념을 통해 항상 전체성과 보편성을 지향한다. 즉, "존재론은 존재하는 것의 존재에 관한 논의로, '존재'란 개념은 사물들이 사물로서 나타나고 의미를 얻을 수 있는 가장 보편적인 지평이다. 이 존재 지평을 어떤 사람은 물질로, 어떤 사람은 역사로, 국가로, 민족으로, 또 다른 사람은 익명적 사건으로 이해한다. 존재 지평을 어떤 무엇으로 확인하는 데서는 철학자의 의견이 서로 다르지만 이런 존재론적 사유에 공통된 것은 사물의 의미를 그것이 들어 있는 전체 속에서 파악, 이해하려고 하는 점이다. 인간 자체가 곧 존재하는 것을 전체 틀 속에 집어넣고 이용하는 경향을 가지고 있다는 것이다. 타자는 여기에 동일자 또는 타자에 의해 언제나 지배된다."3) 그는 이런 존재론적인 전통을 '얼굴 없는 사유' 내지 동일성 내지 전체성의 철학이라고 비판하면서, 자아-정체성 구성에 타자의 타자성 인정이 필수적임을 주장한다. 타자는 결코 자아로 환원될 수 없는 존재이며, 오히려 타자성의 인정을 통해 자아가 형성될 수 있다는 것이다. 그래서 그는 타자성을 인정하면서 가지는 동일자와 타자의 관계를 형이상학적인 관계로 규정한다.

그런데 존재론적인 관계는 표상의 관계이지만 형이상학적인 관계는 정서성의 관계이다. 그래서 존재론과 형이상학을 동일한 수준에서 바라보는 서양철학의 전통과는 전혀 다른 수준의 형이상학을 제시하고 있는 것이다. 아리스토텔레스 이래 서양철학의 전통에서는 존재론을 형이상학의 영역 속에 위치시키면서 그 둘을 존재의 과학으로 여겼다. 그런 전통을 떠난 레비나스는 존재론을 형이상학과 다른 수준에서 바라본다. 그는 다음과 같이 말한다. "진실한 삶은 부재적인 것이다. 그러나 우리는 세계 속에 있다. 형이상학은 이런 알리바이 속에서 생기고 유지된다. 그것은 '다른 곳(elsewhere)', '다르게(otherwise)', '타자

2) 강영안, 『주체는 죽었는가』(서울: 문예출판사, 1997), p.23.
3) 위의 책, p.25.

(other)'로 향해진다. 사상사에서 가장 일반적인 형이상학의 모습은 우리에게 익숙한 세계로부터, 우리가 거주하는 '집(at home)'으로부터, 이질적인 스스로의 외부로, 하나의 저쪽(yonder)으로 나아가는 하나의 이동으로 보인다."(TI, p.33) 서양철학의 전통 속에서, 형이상학은 알려진 것에서부터 알려지지 않은 것으로의, 자아로부터 타자로의 이동이라는 것이다.

철학은 지혜에 대한 사랑이다. 그것은 앎과 함께 출발하는 것이 아니라 호기심, 알고자 하는 욕망과 함께 출발한다. 앎은 알고자 하는 욕망에 기생한다. 그러나 그 결과 더 나은 것은 앎의 획득이다. 존재론은 무슨 사물들이 존재하는지를 알고자 하는 욕망으로 시작하여 우리를 알려진 것으로부터 알려지지 않은 것으로 이동시킨다. 존재에 관하여 하나의 지식을 얻게 되는 것이 존재론이다. 존재론은 형이상학적으로 시작하지만 그 결과는 더 이상 형이상학적이지 못하다는 것이 레비나스의 관점이다. 존재에 관한 지식의 획득 내지 진리에의 도달은 알려진 것에 알려지지 않은 것을 새기고 그래서 초월을 미리 막아 버린다. 표상의 결과인 진리에의 도달은 형이상학적인 초월의 적이 된다는 것이다. 그는 표상들의 한계를 강조한다. 표상들은 본질적으로 타자를 '자신의 영역'으로 환원시킨다는 것이다. 레비나스는 세 가지 이유 때문에 표상에서 다른 것임(otherness)의 의미를 발견하지 못한다.[4] 첫째, 표상들은 타자를 나의 의식으로 환원시키고, 그렇게 하면서 내가 이해하고자 하는 다른 것임의 성격을 벗겨 버린다. 즉, "분명히 우리들인 유한한 존재는 마지막 설명에서 지식의 과제를 달성할 수 없고, 이런 과제가 달성되는 한계 내에서, 그것은 타자를 동일한 것(the Same)이 되게 만듦에 있다."[5] 둘째, 표상들은 그 대상들을 '객관화시

---

4) 이 세 가지 이유들에 관한 아래 내용은, Anthony F. Beavers, *Levinas beyond the Horizons of Cartesianism: An Inquiry into the Metaphysics of Morals* (New York: Peter Lang, 1995), pp.72-73.

키고' '주제화시킨다.' 즉, 지향성은 이론적 의식의 내용들을 조건 짓고, 안다는 바로 그 행위에서 사물들에 본질을 부여한다. 셋째, 표상들은 타자를 자아의 개념적 영역에서 일련의 지평들로 환원시킴으로써 그것들의 대상들을 '전체화'시킨다. 레비나스는 서양철학의 전반적인 역사를 표상들의 이용을 너무 강조하는 개념상의 노력으로 바라본다. 그는 이 역사를 다음과 같이 말한다. "철학의 역사는 보편적 종합의 시도, 모든 경험, 논할 수 있는 모든 것의 하나의 전체성으로의 환원으로 해석될 수 있다. 그런데 전체성에서는 의식이 세상을 얼싸안고 자신 밖에는 아무것도 남겨 두지 않는다. 따라서 의식이 절대적인 사유가 된다. 자기에 대한 의식이 동시에 전체에 대한 의식이다."(EI, p.75) 이 주장을 진지하게 받아들인다면 현상학적인 환원은 인간 역사에서 일어난 하나의 세계-계급(world-class) 사건인 것 같다. 거기서는 세계 역사를 의식의 내면화와 타자의 가림으로 탐구하는 데 흥미를 둘 것이다. 나는 나의 경험을 이해하려는 노력 가운데 경험을 표상으로 환원시킴으로써 나의 다른 경험들에 의해 조건 지어진 하나의 해석으로 그것을 환원시키고 있다. 프로이트에 따르면, 표상의 해석적인 요소는 나의 표상들은 자서전적이라는 점을 의미한다. 표상들은 구성의 행위로부터 생긴다. 표상적인 구성, 즉 세계를 알게 되는 의식의 행위는 주체로부터 외부로 나온다. 만약 표상적인 구성이 의식을 고갈시킨다면 외부로부터 주체로 다가오는 의미 있는 내용의 여지가 거의 없을 것이다. 그럼에도 불구하고 표상들이 의미에 있는 모든 것이라고 생각한다면 문제는 심각하다. 모든 의미는 표상의 대상에 주어지는 것이 아니라 표상을 구성하는 주체에게 주어진다. 표상을 지향하는 존재론의 문제를 레비나스는 다음과 같이 비판한다.

---

5) E. Levinas, *Ethics and Infinity: Conversations with Philippe Nemo*, trans. by Richard A. Cohen(Pittsburgh: Duquesne University Press, 1985)(이후에는 본문 속에 EI로 표기함), p.91.

존재론으로 시행되는 존재(Being)와의 관계는 그것을 이해하거나 파악하기 위해 실존적인 것을 중립화시킴에 있다. 따라서 그것은 타자와의 관계 자체가 아니고 타자의 동일한 것으로의 환원이다. 이것이 바로 자유의 정의이다. 즉, '나'의 독재권을 보장하는 타자와의 모든 관계에도 불구하고 타자를 마주하면서 스스로를 보존하는 것이다. 서로 분리시킬 수 없는 주제화와 개념화는 타자와의 평화가 아니고 타자의 억압이나 소유이다. 소유는 타자의 독립성을 부정하는 가운데 그것을 인정하기 때문이다. '나는 생각한다(I think)'는 '나는 할 수 있다(I can)'로 ― 존재하는 것의 전유로, 실재의 이용으로 귀착한다. 제1철학으로서 존재론은 권력의 철학이다. … 사람들을 화해시킬 진리는 익명으로 실존한다. 보편성은 비인간적인 것으로 나타나고 그리고 이것은 또 다른 비인간성이다(TI, pp.45-46).

권력의 철학인 존재론은 불의(injustice)의 철학이다. 실존하는 것, 즉 존재자를 우선하는 존재, 형이상학을 우선하는 존재론은 정의(justice)를 우선하는 자유이다. 그러나 이 모든 측면들이 역전되어야 하며, 제1철학은 존재론이 아니라 윤리학이어야 한다는 것이 레비나스의 주장이다. 진리보다는 윤리적 관계에 관심을 두는 그의 형이상학은 존재보다는 존재자, 즉 실존하는 것을 우선시한다. 그는 존재의 주체성 대신에 윤리적 주체성을 주장하는 것이다. "주체의 주체성, 즉 주체가 주체로서 자신의 모습을 갖출 수 있는 조건을 이론적 활동이나 기술적, 실천적 활동에서 찾기보다는 오히려 타인과의 윤리적 관계를 통해서 찾고자 한다. 그는 주체가 주체로서 의미를 갖는 것은 지식 획득이나 기술적 역량에 달린 것이 아니라 타인을 수용하고 손님으로 환대하는 데 있다고 본다. 헐벗은 모습으로, 고통 받는 모습으로, 정치적, 경제적, 사회적 불의에 의해 짓밟힌 자의 모습으로 타인을 호소할 때 그를 수용하고, 받아들이고, 책임지고, 그를 대신해서 짐을 지고, 사랑하고 섬기는 가운데 주체의 주체됨의 의미가 있다는 것이다."6)

형이상학을 존재론과 분리시키는 그의 입장을 명백하게 보여주는 것이 그의 마지막 주저인 『존재와 다르게 내지 본질을 넘어(*Otherwise than Being or Beyond Essence*)』7)의 제목 자체이다. 존재론에서 말하는 '존재'는 의식에 의해 주제화되기 때문에 그것을 의식을 초월하는 것에 서술할 수 없다. 형이상학적인 관계에서의 존재는 하나의 범주로 등장하지 않는다. 따라서 형이상학적 관계는 존재와의 관계가 아니고, 존재를 초월한 혹은 의식을 초월한 어떤 것과의 관계이다. "레비나스에 따르면, 서양철학의 전통은 이론적 진리의 문제에 압도적으로 전념했다. 그것의 접근은 인식론적인, 즉 지식의 필수적인 구조에 주목하는 것이거나 존재론적인, 즉 존재의 필수적인 구조에 주목하는 것이지만, 두 강조점들은 근본적으로 연루된다. 찾아내고 존재에 부착시키는 것이 지식의 운명이며, 알려지기 위해서 스스로를 폭로하는 것이 존재의 운명이다. … 『전체성과 무한성』의 주된 논제는 정의가 진리에 우선한다는 것이다. 진리에 대한 정의의 우선성은 또한 인식론과 존재론 둘 다에 대한 형이상학의 우선성이다."8) 형이상학적인 관계는 표상의 관계일 수는 없다. 표상의 관계에서는 타자가 동일자 속으로 분해되기 때문이다. 모든 표상은 본질적으로 초월적 구성으로 해석될 수 있는 것이다. 형이상학자가 관계하는 그리고 그가 타자로서 인정하는 타자는 단순히 다른 장소에 있는 것이 아니다. 이런 타자는 아리스토텔레스의 공식에 따르면 하나의 자리를 차지하지 않는 플라톤의 이데아를 연상시킨다. '나'의 흔들림은 타자의 타자성의 표시인 거리를 넘어설 수 없을 것이다. 분명히 나의 가장 내적인 은밀한 영역이 나에게 낯설

---

6) 강영안, 앞의 책, pp.23-24.

7) E. Levinas, *Otherwise than Being or Beyond Essence*, trans. by Alphonso Lingis(Boston: Nijhoff, 1981)(이후에는 본문 속에 OBBE로 표기함).

8) S. G. Smith, "Reason as One for Another: Moral and Theoretical Argument in the Philosophy of Levinas", *Journal of the British Society for Phenomenology* 12(1981), pp.231-232.

거나 적대적인 것으로 나타난다. 일상 용품들, 음식들, 우리가 거주하는 세계는 우리와의 관계에서 타자이다. 그러나 '나'와 세계의 타자성은 형식적인 것이다. 우리가 지적했듯이, 내가 머무는 하나의 세계에서 이런 타자성은 나의 권력 하에 속한다. 형이상학적인 타자는 형식적이지 않은 타자성을 지닌 타자이며, 정체성의 단순한 반대가 아니며, 동일자에 대한 저항으로 형성되지 않고, 동일자의 모든 창의(주도성)와 제국주의에 선행한다. 그것은 타자의 내용으로 구성되는 타자성을 가진 타자이다. 그것은 동일자를 제한하지 않는 타자성을 가진 타자이다. 동일자를 제한하면서 타자는 엄격하게 타자이지 못할 것이기 때문이다. 절대적인 타자는 타자(Other)이다. 그와 나는 하나를 형성하지 않는다. 내가 '당신' 혹은 '우리'라고 말하는 집단성은 '나'의 복수가 아니다. 나, 당신 — 이들은 공동 개념의 개인이 아니다. 자기성의 성립, 또는 개체성의 성립 없이는 타인의 영접과 타인에 대해 책임지는 윤리적 관계가 가능하지 않다는 것이다.

(2) 분리, 감성, 그리고 윤리적 주체성

전체성을 극복하고 자기성의 성립과 삶의 무한성을 복원하는 것이 '형이상학적인 욕망'이라는 것이 레비나스의 주장이다. 자기성의 복원은 먹고 마시고, 삶을 즐기는 가운데 발생한다는 것이다. 삶의 즐김과 누림, 즉 향유는 누구에게도 환원될 수 없는 개별적인 행위이다. 먹을 수 있고 잠잘 수 있도록 배려는 할 수 있더라도 대신 먹고 잠잘 수는 없다는 것이다. 그것은 모두 한 개인의 몸을 통해 이루어진다. 개인의 몸을 통한 즐김과 누림을 통해 자기성과 삶의 무한성이 복원될 수 있다는 것이다.

그래서 그는 삶으로서 분리(separation as a life)를 주장한다. 우선 우리는 '~로부터 살아간다(live from)'는 것이다. 우리가 '~로부터 산다'는 것은 어떤 수단도 목적도 아니다. 마치 연필이 편지를 쓸 수 있게 하는 수단인 것처럼 우리는 어떤 '삶의 수단'으로부터 사는 것이 아니며, 그 편지의 목적이 의사소통인 것처럼 그것을 목적으로 사는 것도 아니라는 것이다. 즉, 우리가 그것으로부터 사는 것들은 표상의 대상들이 아니라는 것이다. 그것은 도구도 아니고 심지어 하이데거가 말한 도구적 존재의 도구(implements)도 아니다. 도구로부터 산다는 것은 목적에 합당하게 타자에 의존해서 산다는 의미이지만 '~로부터 산다'는 이 말은 즐기고 행복을 느끼면서 산다는 것을 의미한다. 그러나 행복은 항상 그 내용에 의존한다. 숨 쉬고, 먹고, 보고, 일하는 것 등의 기쁨이 그 내용이다. 행복의 즐김은 그 내용과 인과적인 관계로 이해될 수 없다. 내용 내지 타자 때문에 자아가 행복한 결과를 즐긴다는 것이 아니라 그 내용을 자아로 변형시키는 것이 즐김의 본질이다. 이 점을 레비나스는 다음과 같이 설명한다.

힘을 돋게 하는 음식물 섭취는 타자(그 음식물)를 동일자(자기의 일부)로 변형시키는 것이다. 타자이며, 타자로 인식되고, 그것에게 향하는 행위를 지속하게 만드는 것으로 인식되는, (그 음식물의) 에너지는 즐김에서 나 자신의 에너지, 나의 힘, 내가 된다. 이런 의미에서 모든 즐김은 영양 섭취이다. 배고픔은 욕구이며 원초적인 의미에서 결핍이다. 따라서 '~로부터 산다'는 것은 삶을 충만하게 하는 것을 단순히 의식하는 것이 아니다. 그 내용들이 실현된다. 즉, 그것들이 삶을 유지시키는 것이다. 사람은 자신의 삶을 산다. 즉, 산다는 것은 일종의 타동사이며, 삶의 내용들은 그것의 직접적인 대상들이다. 그리고 이런 내용을 사는 행위가 사실상 삶의 한 내용이다. … 즐김은 행위가 자신의 활동으로 스스로에게 자양분을 주는 방식이다. 빵으로부터 산다는 것은 스스로에게 빵을 표상하는 것도 아니고 그것에 따라 행위하거나 그것을 통해 행위하는 것도 아니다. 분명히, 자신의 빵을 얻는 것은 필수적이고, 자신의 빵을 얻기 위해 스스로에게 자양분을 주는 것은 필수적이다. 따라서 내가 먹는 빵은 또한 그것을 가지고 내가 나의 빵과 나의 삶을 얻는 것이다. 그러나 만약 내가 노동하고 살기 위해 나의 빵을 먹는다면, 나는 나의 노동'으로부터' 그리고 나의 빵'으로부터' 산다(TI, p.111).

　내용들로부터 산다는 말이 삶을 보장하는 조건으로 그것들에 의존한다는 의미는 아니다. 삶의 사실은 적나라한 것이 아니다. 삶과 그것의 조건과의 관계는 그 삶의 자양분과 내용이다. "삶은 삶에 대한 사랑, 나의 존재가 아니고 나의 존재보다 더 귀중한 내용들, 즉 생각하기, 먹기, 잠자기, 책 읽기, 일하기, 따뜻하게 햇볕 쬐기 등과의 관계이다. 나의 실체와는 다르지만 그것을 구성하는 그런 내용들이 나의 삶의 가치를 구성한다. 순수하고 적나라한 실존으로 환원될 때, 삶은 하나의 그림자 속으로 용해된다. 삶은 그것의 본질에 선행하지 않는 실존이다. 그것의 본질이 그것의 가치를 구성하고 가치는 존재를 구성한다. 삶의 실재는 이미 행복의 수준에 있으며, 이런 의미에서 존재론을 넘어선다. 존재가 행복하기를 감행하기 때문에 행복이 존재의 한 사건이 아니다."(TI, p.112) 타자와의 관계 속에서 이루어지는 '~로부터의 삶', 즉 즐김 또한 '순수 존재'의 수준에서 이루어지지 않는다. 존재의 수준에서 전개되는 행위 자체가 우리의 행복인 것이다. 우리는 존재의 행위로부터 살고 있다. 내가 무엇을 행하고, 나는 어떤 사람인가는 동시에 내가 무엇으로부터 사는가이다. 우리는 이론적이지도 않고 실천적이지도 않은 관계로 스스로를 그것에 연결시킨다. 이론과 실천 이면에는 이론과 실천의 즐김이 있다. 그것이 곧 삶의 자기 본위이다. 최종적인 관계는 즐김, 행복이다.
　그런데 '~로부터 산다'는 것은 결국 즐기고 행복한 삶의 독립성을 의미한다. 즐김은 어떤 것으로부터 사는 행위와 그것으로부터 사는 그 내용의 분리를 명시하기 때문에 독립적인 것이다. 배고픔의 고통은 나의 자아와 나를 먹게 해주는 빵의 근본적으로 독립적인 분리에서 나타난다. 나는 빵을 제시할 수 있으나 이것은 나를 먹이지 않을 것이다. 나는 그것을 먹어야 한다. 그러나 빵을 먹어야 하는 이런 나는 이미 그것의 욕구의 주체이다. 우리가 무엇으로부터 산다는 것은 우리를 그것에 예속시키지 않는다. 우리는 그것을 즐기는 것이다. 삶은 정서, 정감이며, 산다는 것은 즐기는 것이다. '～로부터 산다'는 것은 하나의 분리를 함의한다. 나는 나의 환경이 아니다. "즐김은 무신론적 분리를 달성한다. 그것은 분리의 관념을 변경시킨다. 그런데 그것은 추상적인 것에서 만들어지는 하나의 분리가 아니고 자생적인 '나'의 편안하게 지내는 실존이다. 플라톤에서처럼 정신은 모든 곳에 있는 생명 없는 존재에 관해 관심을 가지는 것이 아니다. 분명히 그것은 그 자체가 아닌 것에 머물지만 타자에 머물면서 그것의 정체성을 얻는다."(TI, p.115) 다른 것과 구별되는 것으로서 '나'를 처음으로 형성하는 것이다. 즐김으로부터 태어난 이런 주체는 표상의 주체, 즉 코기토의 필수적인 주체가 아니다. 그것은 즐김에서 전개되는 정신-육체 통합인 것이다. "즐김에서 환경으로부터 분리된 인간 존재는, 구성하는 힘들이 작동하기 전에 하나의 주체, 하나의 정체성이 된다. 그것은 소유되지 않는 것으로의 접근을 준비한다. 이것은 즐김 수준에서의 분리의 의미이다. 그 의미는 나의 환경과 동일하지 않는 것으로 나 자신을 인식하는 것이다. 만약 내가 타성(otherness)을 찾는다면, 나는 단지 그것과 동일하지 않음에 의해, 즉 그것을 나와는 다른 것으로 발견함에 의해서만 타성을 찾을 수 있을 것이며, 그것은 분리를 필요로 할 것이다. 그러나 표상적인 지향성에서는 나는 그 대상으로부터 분리되지 않는다. 그 대상은 나의 것이 된다. 그것은 동일자로 환원된다."9) 여기서 우리는 새로운 주체성을 만난다. 그것은 이성의 주체성이 아니라 정서성의 주체이다. 즉, 느껴진 자아, 살고 숨 쉬고 그것의 노동에 의해 자

---

9) Anthony F. Beavers, op. cit., pp.85-86.

극을 받은 자아이다. 즐김에서 레비나스는 하나의 지향성을 발견한다. 그런데 그 지향성은 그것의 내용들을 객관화시키지 않고 그것들에 비-표상적으로 연결된다. 그것이 바로 정서적인 지향성이다. 그것은 타자성으로 도달할 수 있다. 그것은 타자성에의 노출로부터 생기기 때문이다. 정서성에서 인간은 자신을 넘어서는 것에 그것이 노출됨으로써 규정된다. 이 주체는 타자가 등장하면 그를 타자로 인지하고 그래서 다른 수준의 주체성을 생기게 만든다.

레비나스는 감성(sensibility)에 잠기는 주체를 제시하고 있는 것이다. 감성에 잠긴다는 것은 타성에 노출되는 것이다. 그러나 이런 타성은 표상될 수도 있고 즐겨질 수도 있다. 데카르트적인 생각하는 자아에게는 표상될 수 있다. 그 자아에 소유되는 것이다. 타자의 자율성 내지 타자성을 복원하기 위해서는 그것이 다른 사물들과는 다름을 보여주어야 한다. 그 점을 통해 다른 모습의 윤리적 주체성을 발견할 수 있다. 감성에 잠기는 자아는 현재의 지나가는 인상들에 열중한다. 그것은 유아론적인 자아가 아니다. 바시(Craig Vasey)는 주장한다. 즉, "··· 체현된 것으로서의 지향성, 인상적인 것으로서의 의식이라는 레비나스 자신의 관념들이 의미하는 바는, 에고(동일자)는 이미 그리고 항상 비-에고에 의해, 타성에 의해, 사실성에 의해, 소유된다는 것이다."10) 즐김과 분리의 만족은 의식이 세계를 구성하기 전에 타성에 대한 형이상학적인 자각과 관련된다. 여기서 타자는 단순히 나의 잠재적인 즐김을 위해 '거기에' 있는 것일 따름이다. 그것은 나의 세계인 전체성에 따라서 행위하고 그리고 그것을 분쇄하는 무한한 타자이다. 그의 저서 『전체성과 무한성』의 제목은 바로 이 점을 말해 준다. '전체성'은 표상들, 알려지거나 알려지게 될 수 있는 모든 것의 영역을 지적한다. 반면, '무한성'은 표상될 수 없는 것을 지적한다. 즉, 타자의

---

10) Craig R. Vasey, "Emmanuel Levinas: From Intentionality to Proximity", *Philosophy Today* 25(1981), p.182.

타자성을 말한다. 그 무한성은 '얼굴'에 의해 표시된다. 그 얼굴은 구성된 경험에서의 하나의 대상처럼 얼굴의 무정한 외모 이상이다. 그 얼굴은 '다른' 인격, 즉 타자를 대변한다.

그에게 있어 무한성 관념은 타자에 대한 형이상학적인 욕망을 나타낸다. "데카르트에게 있어, 무한한 것의 관념은 이론적인 관념, 하나의 심사숙고, 하나의 지식 등으로 남는다. 나는 무한한 것과의 관계는 하나의 지식이 아니고, 하나의 욕망이라고 생각한다."(EI, p.92) 형이상학적인 욕망이란 충족될 수 없는 하나의 갈망, 표상될 수 없는 것을 표상하고자 하는 욕망과 함께, 하나의 실재에는 표상되는 것보다는 더 많은 것이 있음을 인정하는 것이다. 그것은 바로 타자의 타성에 대한 욕망이다. 타성은 소유될 수 없는 것이기 때문에, 그것에 대한 욕망은 늘 충족되지 않는 것이다. 그것은 무한한 것, 파악할 수 없는 것, 알려지지 않은 것에 대한 갈망을 지적한다. 그래서 욕망으로 전개되는 무한성의 관념은 자아를 외부로 끌어내는 위험성을 가진다. 그래서 그는 다음과 같이 언급한다. "지성주의(혹은 외재성의 가르침을 신용하는 급진적인 경험론)를 부추기는, 절대적인 타자에 대한 형이상학적인 욕망은 얼굴의 모습에서 혹은 무한성의 관념에서 그것의 힘을 발휘한다."(TI, p.196) 무한한 것은 그 자신의 내용을 넘어서는 하나의 관념으로서 사고에 현전하기도 하고, 동시에 타자의 얼굴에서 감성에 현전하기도 한다. 그것은 타자가 다가옴을 나타내기도 하고, 단합하고자 하는 욕망을 드러내는 타자성과의 접근을 나타낸다. 여기서 타자는 타자성을 지닌다. 타자는 자아의 지식의 전체성에서 벗어나며, 자아는 타자를 자신의 지식의 전체성으로 환원시킬 수 없다. 타자는 항상 자아에게 현전한다. 레비나스는 타자의 타자성 내지 무한성을 다음과 같이 말한다.

무한성의 관념, 그것의 내용에 의해 유한한 사고의 흘러넘침은 그것의 능력을 초과하는 것, 그것이 각 순간에 충격을 겪지 않고 배우는 것과 사고의 관계를 실행한다. 이것이 우리가 얼굴을 환영한다고 말하는 상황이다. 무한성의 관념은 회화를 하는 상대편에서, 사회성 속에서 생겨난다. 그럼에도 불구하고 얼굴, 내가 내포할 수 없는 절대적인 타자, 그런 의미에서 무한한 타자와의 관계는 나의 이데아(Idea)이며, 하나의 정신적인 교섭이다. 그러나 그 관계는 폭력 없이, 그런 절대적인 타자성과의 평화 속에서 유지된다. 타자의 '저항'은 나에게 폭력의 행사가 아니며, 부정적으로 행위하지 않는다. 그것은 긍정적인 구조를 가진다. 즉, 윤리적인 관계이다. 타자와의 모든 다른 관계들에 전제되는 타자의 처음 나타남은 그가 부정적으로 저항한다고 그를 이해하고, 그리고 계략으로 그를 에워싸는 것을 가져오는 것이 아니다. 나는 얼굴 없는 신과 다투지 않는다. 그러나 나는 그의 표현에, 그의 나타남에 반응한다 (TI, p.197).

무한성 관념을 통해 존재론의 전체성은 극복되는 것이다. 무한한 것, 타자의 얼굴은 표상을 넘어서고 존재와 본질을 넘어선다. 얼굴의 의미는 윤리이다. 타인에게 형이상학적으로 접근하는 것은 윤리적인 접근이다. 타자는 나의 것도 아니고 내가 바라는 것도 아니다. 타자는 나의 것이 아니지만 나의 대응을 요구하고 있다는 것이 타자의 윤리적 의미이다. 윤리적 정서성은 나에게 '영향을 미치는' 사람으로서의 타자에 대한 자각이면서 동시에 명령이다. 윤리적 정서성의 제시는 삶의 경험이 이론적인 것을 선행해야 한다는 점을 인정하는 것이다. 삶의 경험은 야생적인 경험 이상이다. 그것의 자체의 의미를 지닌다. 그 의미는 관념들에서가 아니라 감정에서 발견되는 것이다. 인간의 삶은 '~로부터의 삶'이다. 삶은 이미 타자성을 말해 준다. 하나의 환경 속에서 산다는 사실이 즐김의 자아를 구성한다. 그런데 즐김의 대상도 표상의 대상도 될 수 없는 타자는 합리적인 주체성의 붕괴와 경험의 세계는 전적으로 나의 통제 하에 있지 않음을 말해 준다. 이런 수준의 주체성은 내가 홀로 있지 않음을 자각한다. 삶의 세계는 타자들을 포함한다. 그것은 나의 삶 속에서 그리고 나의 삶으로부터 지나가는 얼굴들의 세계인 것이다. 따라서 삶의 세계는 사회적인 것이다. 삶의 경험이 이론적인 것을 선행한다는 말은 사회적인 것이 이론적인 것을 선행한다는 것이며, 사회성 내지 윤리성의 의미는 이론에서가 아니라 정서성에서 발견될 수 있다는 것이다. 레비나스의 형이상학은 의식의 영역을 초월하는 토대를 정서성의 영역으로 삼는 것이다. 정서성의 영역은 구성된 대상들의 세계는 아니지만, 그럼에도 불구하고 의미를 가진다.

감성은 타자성으로의 노출이다. 타자로의 노출은 타자의 필요를 돌본다거나 그의 실수나 불행을 돌본다는 점에서 의미를 가진다. 즉, 준다는 것이 타자로의 노출의 의미이다. 준다는 것은 자신이 가지지 않는다는 것이 아니라 자기로부터 무언가를 빼내는 것으로서만 의미를 지닌다. 자기로부터 빼낸다는 것도 즐김이라는 자기만족에서 빼내는 경우에만 의미를 지닌다. 즉, 자신의 입에서 빵을 뱉어내는 경우처럼 먹는 주체가 타자를 위하는 것만이 의미가 있는 것이다. 감성은 그것이 즐김이기에 즐김의 손상, 살고 누리는 삶에 대한 직접적인 손상이 타자로의 노출의 의미인 것이다. 감성은 수동적이기 때문에, 타자의 접근에 개방된다. 감성은 타자의 고통에 등을 돌리지 못한다. 타자의 고통에 전염되어 당혹하게 된다. 감성은 수동적인 것이다. 그러나 어떤 것을 단순히 즐긴다는 측면에서의 수동성과 타자들과 얼굴을 대한다는 측면에서의 수동성은 다르다. 타자의 접근은 순수한 감성의 수동성보다는 더 수동적이다. 타자와의 직면에서 자아는 노출된다. 그 노출은 단순히 행동하지 않는다는 것보다 더 극적인 영향력을 지닌다. 이 점을 레비나스는 다음과 같이 말한다. "감성은 타자에 노출됨이다. 한가함의 수동성, 쉬거나 움직이는 상태의 지속, 그것을 그런 상태로부터 벗어나게 하는 원인을 경험할 능력 등이 아니다. 감성으로서의 노출은 더 수동적이다. 그것은 존재의 자연적인 경향의 역전, 절제 없이 제공되어 왔음, 어떤 상태의 일관성이나 정체성에서 어떤 지원을 발견하지 못함 등과 같다."(OBBE, p.75) 타자에게 노출됨의 수동성은 감성의 수동성과는 다르다는 것이다. 노출에서 나는 위협을 당한다. 나는 숨을 어떤 곳도 없다. 그래서 레비나스는 감성에서 약점의 한 요소를 발견한다. "절제 없이 제공되어 왔음에서, 그것은 마치 감성이 모든 지원과 지원의 모든 부재가 전제하는 것인 것 같다. 즉, 상처 받기 쉬움 그 자체이다"(OBBE, p.75) 지원은 하나의 반응적인 계략이다. 그것은 절박한 손해를 당한다는 일종의 위협이며, 그래서 상처를 받을 가능성에 연결된다. 나를 해칠 수 있다고 지각되는 또 다른 사람의 등장도 역시 연결된다. 따라서 취약성의 당연한 결과는 지배적인 질서의 현전, 나에게 상처를 줄 수 있는 타자이다. 상처를 받을 수 있다는 것은 또한 그 타자가 가장 가깝다는 점을 의미한다. 나의 상처를 받을 수 있는 정도는 직접적으로 타자의 근접성에 비례한다. 자아는 타자가 현전하지 않을 때 겪는 것보다 대면의 관계에서 취약함을 더 많이 느낀다. "박해를 당하는 사람의 불안은 모성(maternity)의 한 변형이다. 그것은 … 상처를 받게 되는 일종의 '모태의 신음소리'이다. 모성 속에서 타자를 위한 책임은 타자를 구하고 자신의 고통까지 받음을 의미한다. 박해를 받는 자가 피해를 보는 것과 자신의 결과까지 포함한다."(OBBE, pp.75-76) 상처 받기 쉬움의 수동성은 다른 '사람'은 요소적인 자질들의 현전만을 지시하는 즐김과 감성의 수동성과는 달리 '현전함'을 보여준다. 레비나스의 생각은 다음과 같다. "사회적 의미에서 생각되는 자아는 다른 주체들 이전에 그것의 상처 받기 쉬움에서 하나의 주체가 된다. 사회적 주체의 이런 징조는 여러 순간들을 통해 전개된다. 그리고 수동성과 함께 시작한다. 다른 순간들은 타자에게 그리고 타자를 위해 책임을 지는 존재로서 주체성으로 나를 근접한 타자가 강요함을 지적하는 담화(discourse)와 직면(face-toface)을 포함한다. 각 순간은 존재론적이지 않고 또한 인식론적이지도 않은 한 유형의 의존성에서 타자들에게 밀접하게 연결된다. 우리가 하나의 재-연계를 의미하기 위해 그것의 인식론적 의미에서 우리가 '종교적인' 것으로 여긴다는 점을 생각한다면, 그것을 '종교적인 의존성'으로 부르는 것이 잘하는 일일 것이다."11) 레비나스는 이런 관계를 인간 사이의 자연현상이라고 표현하면서 다음과 같이 말한다. "파악이 불가능한 초월적인 것이 나의 고독을 침범하고 나를 더 깊은 수준의 내재성으로 강요할 때 나는 수동적으로 요소적인 자질들에 빠지면서 뒤에 앉는다. 내가 위협을 받을 수 있기 때문에, 타자는 지배적인 것, 나를 해칠 수 있는 사람으로 등장한다. 여기서부터 분석은, 자아가 그것의 가장 깊은 수준에서 종교적이고 동시에 윤리적인 타자와의 사회적 관계에서 이미 관련하여 등장할 때까지, 힘을 상대하여 행동하는 힘, 움직임 대 반-움직임을 계속한다."12)

2) 타자의 타자성과 윤리적 의미

(1) '타자의 얼굴'의 외재성

레비나스의 『전체성과 무한성』에서 전체성과 무한성의 두 개념들은 반대되는 개념이지만, 한편 무한성이 전체성의 근거가 되기도 한다. 타자의 타자성이 자아 형성의 토대가 된다는 뜻이다. 무한성은 동일자 속에 포함될 수 없는 타자의 타자성이다. 타자의 무한성은 완전하게 파악할 수 없다는 점에서 익명적이다. 그래서 레비나스가 말한 '막연하게 있다(il y a)'고 표현될 수 있는 존재자이다. 그러나 막연하게 있음은 무의미하게 있음과는 다른 의미이다. 타자는 그의 얼굴의 현현에서 나에게 드러난다. 얼굴로 나타난다는 말의 의미는 중요하다.

---

11) Anthony F. Beavers, op. cit., p.92.
12) Ibid.

얼굴로 타자가 현전한다는 것은 지각이 아니고 표상적인 지향성의 대상도 아니다. 그것은 무한한 것, 하나의 표상에 환원될 수 없는 것의 현전이다. 얼굴은 사물과는 근본적으로 다른 점을 지닌다. 사물은 전체의 한 부분으로 또는 전체 속에서의 하나의 기능으로 의미를 지니지만, 얼굴은 부분으로 기능으로 규정될 수 있는 그런 것이 아니다. 책상은 남을 바라보지도 않고 자신을 표현하지도 않지만, 얼굴은 주시하고 자신을 표현하기도 한다.

이 점을 레비나스는 「윤리와 정신」이라는 글 속에서 다음과 같이 표현한다. "얼굴을 통해서 존재는 더 이상 그것의 형식에 갇혀 있지 않고 우리 자신 앞에 나타난다. 얼굴은 열려 있고, 깊이를 얻으며, 열려 있음을 통하여 개인적으로 자신을 보여준다. 얼굴은 존재가 그것의 동일성 속에서 스스로 나타내는, 다른 어떤 것으로 환원될 수 없는 방식이다."[13] 타자의 등장을 그는 '현현', '계시', '수수께끼'로 부른다. '현상'은 동일자의 의식의 대상, 표상의 대상으로 등장하는 것인 반면, 그 말하는 '현현'은 타자가 벌거벗은 얼굴로 스스로를 보여주는 것을 의미한다. 현현하는 얼굴은 나의 사유와 개념화의 대상일 수 없다. 그는 현상으로서의 얼굴과 얼굴의 현현의 차이점을 다음과 같이 설명한다.

얼굴의 관념은 다른 시각들을 열어준다. 나의 의미 부여에 선행하는 그것은 나의 창의와 나의 권력과는 독립적인 의미 관념으로 우리를 데려간다. 그것은 존재(Being)에 대한 실존의 철학적 우선성을 표시하는데, 그것은 권력과 소유를 요구하지 않는 외재성(exteriority), 기억 속으로 환원될 수 없지만 그것을 환영하는 '나'를 보존하게 하는 외재성을 표시한다. 결국 그것은 즉각적인 것(the immediate)이 무엇인지를 묘사

---

13) E. Levinas, *Difficile Liberté*(Paris: Albin Michel, 1976), p.20. 강영안, 앞의 책, p.237에서 재인용.

할 수 있게 만든다. 버클리(Berkeley)의 관념론도 근대의 존재론도 즉각적인 것의 철학을 깨닫지 못한다. 실존하는 것은 단지 존재(Being)의 열림에서 드러날 수 있다고 말하는 것은 우리가 그 실존하는 것 자체와 직접 함께하지 않는다고 말하는 것이다. 즉각적인 것은 설 명 요구, 언어의 명령이다. 접촉의 관념이 즉각적인 것의 원초적인 양식을 대변하지 않는다. 접촉은 이미 하나의 주제화이며, 하나의 지평에의 관련이다. 즉각적인 것은 얼굴 대 얼굴, 즉 대면인 것이다(TI, pp.51-52).

레비나스는 먼저 '감성과 얼굴'을 설명한다. 얼굴은 시각에 주어진다. 그러나 얼굴이 현현하는 시각은 다른 감각적 경험들과는 다르다. 감각을 가진 순수하게 주관적인 구체적인 자료라는 성격을 제거시킴으로써 지향성(intentionality) 관념이 감각(sensation) 관념을 손상시켰다. 이미 내성(introspection)에 의해 파악될 수 있는 감각은 지각(perception)이다. 지각의 수준에서의 감각은 객관적이다. 색깔하면 옷색깔, 잔디 색깔이며, 소리면 누군가가 말하는 소리, 자동차 소리 등이다. 사실 심리적인 어떤 것도 생리적인 감각의 순박함에 일치하지 못한다. "공중이나 우리의 정신 속에 떠오르는 하나의 성질로서의 감각은 하나의 추상 개념을 표시한다. 그것이 지적하는 대상이 없더라도다만 상대적인 의미에서 성질은 하나의 성질이 됨의 의미를 가질 수있다. 즉, 한 그림을 들춰 보면서 우리는 색깔들 자체로 그려진, 그러나 이미 그것들을 담고 있는 캔버스의 색깔들로서 그 대상들의 색깔들을 볼 수 있다. 그 색깔들의 순수한 미적인 효과가 그 대상과 분리된 데에 있지 않으려면 … 그러나 감각은 긴 생각하기 과정의 결과일것이다."(TI, p.187) 인간의 감성적인 삶이 즐김으로 살게 된다는 점을인정하려면 감각에 대한 규정이 달라야 한다. "즐김의 삶은 객관적으로 해석될 수 없다. … 본성상 충족되는 것인 즐김이 모든 감각들의특징이다. 감각들의 표상적인 내용은 그것들의 정서적인 내용 속으로

용해된다. 표상적인 내용과 정서적인 내용 사이의 바로 그 차이가 지각의 역동성과는 다른 역동성이 즐김에 주어진다는 점을 인정하는 것과 동등하다."(TI, p.187) 우리가 의식이 주체와 객체로 구체화되기 전에 즐김을 감각에서 본다면 감각은 '실재성'을 회복한다. 의식의 구체화는 즐김의 순간에서 일어나지 즐김이 끝나면 일어나지 않으며, 그것은 즐김의 측면에서 해석된다. 감각은 객관성의 선험적 형식들을 채우는 내용들이 아니다. 감각에서 독특하게 초월적인 기능을 인정해야 한다. 그 기능을 설명하기 위해, 레비나스는 우선 시각의 특성을 살펴본다(아래 내용은 TI, pp.189-192 참고). 본다는 것은 눈과 사물 외에 광선을 전제한다. 눈은 광선을 보지 않고 광선이 비친 대상을 본다. 그러므로 시각은 '어떤 것'이 아닌 것과의 관계 속에서 수립된 '어떤 것'과의 관계이다. 우리가 빈 공간 속에서 어떤 사물을 보고 있는 한 우리는 광선 속에 있다. 광선은 그림자들을 몰아냄으로써 그 사물이 드러나게 만든다. 그것이 공간을 비우는 것이다. 그것은 공간이 하나의 진공이 되게 만든다. 만지는 손의 움직임이 공간의 '아무것도 없는 데'를 가로지르는 경우, 그 만짐은 보는 것과 닮는다. 그럼에도 불구하고 봄은 만짐과는 달리 진공 속에서 그 대상을 유지하고, 하나의 기원으로부터 받아들이는 것처럼 아무것도 없는 데서부터 그것을 항상 받아들인다. 반면, 만짐에서는 만져서 알게 되는 자유로운 움직임에 아무것도 드러나지 않는다. 따라서 시각과 촉각에서 하나의 존재는 무로부터 나온다. 진공으로부터 나온다는 것은 그것들의 기원으로부터 나온다는 것이다. 경험의 이런 '열림' 내지 열림의 이런 경험은 객관성의 특성을 설명하며, 실존하는 것의 바로 그 존재와 일치한다는 주장을 설명한다. 실존하지 않는 일반성에 비추어서 개별적인 것의 관계가 수립된다. 시각의 구조에서는 주체의 객체와의 관계는 객체의 열림의 진공과의 관계에 종속된다. 실존하는 것을 넘어서 열림 속으로 들어가는 것이 실존하는 것을 파악하는 것이다. 특별한 존재를 파악하는 것은 그것이 채우지 않은 조명된 자리로부터 그것을 이해하는 것이다. 조명된 공간은 아무것도 아니다. 분명히 이런 진공은 절대적인 무와는 다르다. 그것을 가로지르는 것은 초월하는 것과 같지 않다. 그러나 만약 광선이 공간으로부터 만들어내는 진공이 무와는 동등하지 않다면, 심지어 어떤 대상이 존재하지 않더라도 이 진공 자체는 있을 것이다. 그것이 실존하지 않는다는 것은 익살 덕분이다. 어둠을 몰아내면서 광선은 '있다(there is)'는 끊임없는 익살을 막지 않는다. 광선이 만들어내는 진공은 대화에 선행하는 어떤 의미도 가지지 않는 막연한 농도로 남고, 신비를 이겨내지 못한다. 광선 속에서 본다는 것은 진공인 무와 유사한 것 앞에서 스스로 활동하고, 무로부터, 마치 그것의 기원에 있는 것처럼 대상에 접근할 수 있을 가능성이다. '있다'는 혐오로부터 해방되는 것은 즐김의 만족에서 명백히 드러난다. 공간의 진공은 절대적으로 외적인 존재가 드러나는 절대적인 간격이 아니다. 그것은 즐김과 분리의 한 양식이다. 조명을 받은 공간은 절대적인 간격이 아니다. 시각과 촉각, 표상과 애씀은 본질적으로 연결된다. 시각은 파악으로 이동한다. 시각은 하나의 시각으로, 하나의 지평으로 열리고, 가로지를 수 있는 거리를 묘사하고, 손을 움직이게 이끌고, 접촉하게 하고, 이런 것들을 계속 이어지게 한다. 대상들의 형식들은 손과 파악을 요구한다. 손에 의해 그 대상은 결국 파악되고, 만져지고, 태어나고, 다른 대상에 관련지어지고, 다른 대상들과의 관계에 의해 하나의 의미가 부여된다. 텅 빈 공간은 이런 관계의 조건이다. 그것은 지평을 깨는 것이 아니다. 시각은 하나의 초월이 아니다. 그것이 가능하게 만든 '관계'에 의해 그것에 하나의 의미가 부여된다. 그것은, 동일자를 넘어서 절대적으로 다른, 즉 그 자체인 것은 아무것도 열지 않는다. 광선은 자료들 사이의 관계들을 결정한다. 그것은 서로 접하는 대상들의 표시를 가능하게 한다. 그것은 한 사람이 그 대상들에게 대면하면서 접근할 수 있게 하지 않는다. 이런 일반적인 의미에서 생각하면 직각은 관계에 대한 사고에 대립되지 않는다. 그것은 하나의 시각이기 때문에 이미 관계이다. 그것은 사물들이 서로 옮겨지는 공간을 찾아낸다. 넘어서 옮기는 대신 공간은 단순히 동일자 속에서 사물들의 '측면적' 의미의 조건을 보장한다. 따라서 보는 것은 항상 지평 위에서 보는 것이다. 지평 위에서 이해하는 시각은 모든 존재를 넘어서는 것으로부터 하나의 존재를 만나지 않는다. 본질적인 충족, 즐김, 무한한 것에 관심을 두지 않고 유한한 것에 만족하기 때문에, 시각은 '있다'를 망각하는 것이다. 의식은 시각에서 스스로로부터 피하면서도 스스로에게 되돌아온다.

그런데 "만약 초월적인 것이 감성에 영향을 미친다면, 그것이 두드러지게 열림이라면, 그것에 대한 시각이 존재의 바로 그 열림에 대한 시각이라면, 그것은 형식들에 대한 시각을 방해하고 명상의 측면에서도 실천의 측면에서도 언급될 수 없을 것이다. 그것이 바로 얼굴이다. 얼굴의 현현은 이야기하기이다. 절대적인 타자와의 관계만이 초월의 차원을 도입하고, 우리를 경험과는 전적으로 다른 관계로 데려간다." (TI, p.193)

그런데 얼굴은 시각에 주어진다. 시각을 통해 존재들에 접근하는 경우 시각이 그 존재들을 지배하게 된다. 하나의 사물은 나에게 주어진다. 그 자체가 나에게 자체를 제시한다. 그것과의 접근에서 나는 동일자 속에 나 자신을 유지한다. 그러나 얼굴은 다르게 다가온다. 타자의 얼굴은 자아의 동일성의 내용이 되기를 거부한다. 타자는 자아에 대해서 무한한 초월성으로 남는다. 현현하는 타자의 얼굴은 동일자에게 거리와 차이를 유지한다. 즉, "얼굴은 담겨지기를 거부하면서 현전한다. 그런 의미에서 그것은 내포, 즉 포함될 수 없다. 그것은 보이지도 않고 만져지지도 않는다. 왜냐하면 시각이나 촉각에서는 '나'의 정체성이 그 대상의 타자성을 봉해 버리고, 그것이 정확하게 하나의 내용이 되기 때문이다."(TI, p.194) 절대적인 타자는 상대적인 타자성을

352

지닌 타자가 아니다. 그것의 타자성은 서로를 구별하는 어떤 자질에 의존하지 않는다. 그 차이 속에는 이미 타자성을 폐기시키는 같은 종의 공통된 점을 포함하고 있기 때문이다. "절대적인 타자와 나의 관계는 수로도 개념으로도 생기지 않는다. 절대적인 타자는 무한히 초월적이며 무한히 낯설게 남는다. 그가 현현하고 나에게 호소하는 그의 얼굴은 우리에게 공동적일 수 있는 세계를 깨뜨린다. 그의 실제적인 모습들은 우리의 '본성' 속에 새겨지고 우리의 실존에 의해 전개된다." (TI, p.194)

타자와 나의 절대적인 차이는 다만 언어에 의해 확인된다. 대화를 나누는 상대방들은 그 관계 속에서 절대적인 존재로 남는다. 언어는 존재나 역사의 지속성을 부수는 힘으로 규정될 수 있다. 여기서 말하는 대화는 말의 내용, 즉 '말해진 것(said)'이 아니라 '말하기(saying)'를 의미한다. 말해진 것은 개념적 지식의 문제이다. 말하기는 지식을 넘어서는 하나의 사건이다. 그것은 타자를 영접하고 존중하기로 전개된다. 그리고 그것은 타자의 목소리의 소리에 선행한다. 얼굴은 심지어 하나의 말도 없이 대화한다. 말하기는 대화에서 타자를 드러낸다. 그것이 말을 통한 대화이기 때문이 아니고 그것이 타자의 근접성을 신호하기 때문이다. 말하기는 비록 그것이 말 없는 말일지라도 타자의 얼굴에서부터 생기는 말을 하는 것이다. 물론 말하기는 이런 은유적인 경우에만 한정되지 않는다. 말해지는 것에서도 말하기는 일어난다. 말하기는 이야기된 언어 속에 현전하기도 한다. "말하기는 바로 말해진 것의 가능성이다. 타자'에게' 이야기한다(speak)는 것은 이미 사고의 전체성을 넘은, 존재와 실존의 범주들을 넘은 영역으로 변한다. 대화는 단순히 나의 이야기하기, 내가 의사소통해야 하는 것의 내용으로만 구성되지 않고 내가 의사소통하는 타자로의 나의 방향성으로 구성된다. 사고의 범주들을 넘어섬이 말하기의 특징이며, 대화에 형이상학적인 일을 부여한다."14) 그런데 말하기는 말해진 것과는 다른 의미들을 지닌다. 말하기의 의미는 대화를 나누는 사람들 사이에 정서를 주고받음에서 생긴다. 단순한 의사를 소통하거나 지식을 주고받음에서 생기는 의미가 아니다. 즉,

> 말하기는 그 얼굴 앞에서 내가 단순히 거기서 그것을 들여다보면서 머물지 않고, 그것에 대응한다는 사실이다. 말하기는 절대적인 타자를 영접하는 하나의 방식이지만, 타자를 영접하는 것은 그에게 답하기이다. 누군가의 현전에서 침묵하기는 어렵다. 이 어려움은 말해진 것이 무엇이든, 말하기에 적절한 이런 의미에서 그것의 궁극적인 토대를 지닌다. 무슨 일이든 어떤 것, 비와 좋은 날씨에 관하여 말하지만 그에게 말하고 대응하고 이미 그에게 답하는 것이 필수적이다(EI, p.88).

말하기는 곧 하나의 대응이다. 얼굴은 살아 있는 말로서 대응을 요구하면서 대응하게 만든다. 그 대응 역시 초월적인 것이기를 요구한다. 즉,

> 타자의 현전을 이해할 수 없다는 점을 부정적으로 설명할 수 없다. 그것은 이해하기보다는 더 나은 것이다. 대화는 본질적으로 초월적인 것과 관련된다. 그 순간에 우리는 언어의 형식적인 작용에 주목해야 한다. 그런데 그것은 초월적인 것을 제시한다. 더 근본적인 의미는 잠시 등장한다. 언어는 분리된 사이들의 관계이다. 한 사람에게 다른 사람은 하나의 화제로 등장할 수 있다. 그러나 그의 현전이 한 화제로서의 그의 입장에 다시 흡수되지 않는다. 한 화제로서의 타자에 관련되는 말은 타자를 포함하는 것 같다. 그러나 이미 그것은 대화 상대자로서 자신을 포함하는 그 화제를 떠난 타자에게 말해지고 반드시 말해진 것 이면에서 솟구쳐 오른다. … 타자를 흡수하는 지식은 내가 그에게 말을 건네는 대화 속에 즉시 자리 잡는다. 그냥 내버려두기보다 이야기하기는 타자에게 간청한다. 이야기하기는 시각을 질러 나간다. 지식이나 시각에

---

14) Anthony F. Beavers, op. cit., p.95.

서 대상은 하나의 행위를 결정할 수 있지만 그것은 어떤 방식으로 그 자체에게 '보인' 것을 전유하고, 그것에게 하나의 의미를 부여함으로써 그것을 하나의 세계로 통합시키고, 결국 그것을 구성하는 행위이다. 대화에서 반드시 나의 화제로서의 타자와 나의 대화 상대자로서의 타자 사이를 열어주고 그를 붙잡는 순간으로 보였던 화제로부터 해방되는 그 상이는 내가 나의 대화 상대자에게 부여하는 의미에 이의를 즉시 제기한다. 그래서 언어의 형식적 구조는 타자의 윤리적으로 거역할 수 없음과 '신비적인' 기색이 없이 그의 신성함을 알려준다(TI, p.195).

그리고 얼굴과 얼굴의 만남은 자아와 타자의 근접성을 말해 준다. 말하기는 서로 근접하는 것이다. 근접한다는 것은 소유에 반대된다. 나는 나 자신에 근접적일 수 없다. 그러므로 타자에의 가까운 이웃으로 자리 잡을 수 있다. 얼굴은 타자와의 근접성을 표시한다. 그것은 사고의 전체성을 초월하기 때문에 타자의 현전은 접촉이며, 나에게 영향을 미치는 하나의 힘으로서 느껴져야 한다. 즉,

　　타자의 근접성은 그 타자가 공간적으로 나에게 밀접하거나 하나의 부모처럼 밀접할 뿐만 아니라 그는 내가 그에게 책임이 있다고 스스로 느끼는 한— 내가 그에게 책임이 있는 한— 본질적으로 나에게 접근한 다는 사실로 제시된다. 지식에서 우리를 그 대상에— 무슨 대상이든 인간적 대상이라면— 부착시키는 것은 지향적인 관계를 결코 닮지 않는 하나의 구조이다. 근접성은 이런 지향성에 복귀하지 않는다. 특히 그것은 타자가 나에게 알려진다는 사실에 되돌아가지 않는다(EI, pp.96-97).

근접한다는 것은 타자와의 접촉이다. 근접을 통해 타자를 수용해야 한다는 것은 자기-정체성으로부터 멀어지는 것이 아니다. 타자가 근접한다고 해서 그에 의해 내가 분쇄되는 것은 아니다. 나는 타자성에 직면하면서 나의 정체성을 상실하지 않고 오히려 그것을 얻게 된다. 따

라서 근접성은 책임과 연관된다. 나에게 말하는 타자는 하나의 대응을 요구할 뿐만 아니라 그 또한 그것을 가능하게 하고, 그래서 나에게 대응할 능력을 부여한다. 내가 대응할 수 있기 전에, 나에게 말을 걸어야 한다. 따라서 나는 나 자신의 책임의 원천일 수 없는데, 이것은 또한 나의 책임성은 타자는 내가 아님을 이미 지적하고 있음을 의미한다. 나의 책임의 저자로서, 타자는 또한 나의 책임을 해소하지 않고 나에게 소유될 수 없다. 그런데 타자를 무시하는 것은 나의 책임성의 바로 그 기원을 파괴하는 것이다. 타자의 현현이 나의 책임성과 상관관계이기 때문에 타자는 나를 의심하고 내가 나 자신에게 대답을 하도록 만든다. 즉,

> 얼굴이 대화에 의해 나와의 관계를 유지한다는 사실은 동일한 것에 그를 배열하지 않는다. 그는 그 관계 속에서 절대적인 것으로 남는다. 항상 동일한 것에의 속박됨의 의심하는 의식의 유아론적인 변증법은 깨진다. 담론에 내재하는 윤리적인 관계는 그것의 광선이 '나'로부터 방사하는 일종의 의식이 아니다. 그것은 '나'를 문제 삼는다. 이런 문제 제기는 타자로부터 나온다(TI, p.195).

하나의 존재가 현전한다는 것은 그것이 동일자의 영역으로 들어가지 않고 그것을 넘쳐흐른다는 것이다. 그것이 곧 무한성이다. 액체가 그릇을 넘쳐흐르는 것과는 달리 넘쳐흐르는 현전은 동일자에 아랑곳없이 하나의 입장으로서 이루어진다. 무한성의 관념은 얼굴과 얼굴의 만남에서 구체화된다. 그 관념만이 동일자와 관련하여 타자의 외재성을 보존한다.

(2) '타자의 얼굴'과 윤리

레비나스는 타자가 자아를 강요하고 분쇄한다고 보지 않는다. 자아

와 타자의 관계는 폭력적이지 않고 윤리적이며, 더 정확히 말하면 윤리적이기 때문에 폭력적이지 않다는 것이다. 즉,

절대적인 타자는 동일자의 자유를 제한하지 않는다. 그것은 동일자에게 책임을 명하면서, 자유의 근거를 제시하고 그것을 정당화시킨다. 얼굴로서의 타자와의 관계는 반감을 무마시킨다. 그것은 욕망이며, 받아들여지는 가르침이며, 대화에서의 평화로운 마주 봄이다. … 이것이 우리가 얼굴의 환영이라고 부르는 상황이다. 무한성의 관념은 대화에서의 마주 봄에서, 사회성 속에서 생겨난다. 그럼에도 불구하고 내가 포함할 수 없는 절대적인 타자이며 무한한 타자인 얼굴과의 관계는 나의 이데아이며, 하나의 정신적인 교제이다. 그러나 그 관계는 폭력 없이 절대적인 타자성과의 평화 속에서 유지된다. 타자의 '저항'은 나에게 폭력을 행사하지 않으며, 부정적으로 행동하지 않는다. 그것은 긍정적인 구조, 즉 윤리적인 구조를 가진다(TI, p.197).

사실 타자가 나의 세계를 전복시키거나 동일자의 영역을 침범하지만 타자의 현현은 단지 하나의 침범이지 살인은 아니다. "얼굴은 소유와 나의 권력에 저항한다. 얼굴이 현현하면서, 표정 속에서 느낄 수 있는 것, 파악할 수 있는 것이 파악에 대한 전체적인 저항으로 변한다. 이런 변전은 다만 새로운 차원의 열림에 의해서 발생할 수 있다. 왜냐하면 파악에의 저항은 극복할 수 없는 저항으로 생겨나는 것이 아니기 때문이다."(TI, p.197) 타자의 얼굴이 드러내는 표정은 나의 권력을 문제 삼는다. 얼굴은 그 모습을 벗어난다. 즉, 얼굴은 나에게 말을 걸고, 그것을 통해 즐김이든 지식이든 권력과는 어울리지 않는 관계로 나를 이끈다. 이 새로운 차원의 관계는 얼굴의 느낄 수 있는 외모에서 열린다. 그러나 타자는 다른 모습으로 나에게 대항할 수 있다. 즉,

타자는 나에게 하나의 투쟁으로 대항할 수 있다. 그를 때리는 힘에 저항의 힘이 아니라 그의 대응의 예견 불가능성으로 대항할 수 있다는 것이다. 따라서 그는 더 큰 힘으로, 평가할 수 있고 그래서 마치 그것이 전체의 한 부분인 양 나타나는 하나의 에너지로서가 아니라 그 전체에의 관련성에 의해 그의 존재의 바로 그 초월성으로 나에게 대항한다. 그것은 최고의 권력이 아니라 정확히 그의 초월의 무한성이다. 살인보다 더 강한 이런 무한성은 이미 그의 얼굴에서 우리에게 저항하며, 그의 얼굴이며, 원초적인 표정이며, '당신은 살인하지 말라'는 최초의 말이다. 무한한 것은 그것이 살인에 무한하게 저항함으로써 권력을 마비시킨다. 그런데 확고하고 극복할 수 없는 그것은 타자의 얼굴 속에서, 전체적으로 벌거벗은 무방비의 눈 속에서, 적나라하게 절대적으로 열린 초월적인 것 속에서 어렴풋이 나타난다. 여기에는 아주 큰 저항과의 관계가 있지 않고, 절대적으로 다른 어떤 것과의 관계가 있다. 저항하지 않는 것에 대한 저항, 즉 윤리적 저항이 있다(TI, p.199).

얼굴이 현현한다는 것은 살인에의 유혹과 관련하여 무한성을 살펴볼 수 있는 기회를 부여한다. 그것은 절멸시키고자 하는 유혹일 수도 있고 그 유혹과 시도가 윤리적으로 시행할 수 없다는 것일 수 있다. 얼굴의 현현은 살인에의 유혹을 다시 평가하게 만든다. 그것은 절멸시키는 것만이 아니라 순수하게 윤리적으로는 살인을 할 수 없다는 것도 의미할 수 있는 것이다. 윤리적이 아니라 실질적으로 살인에의 유혹을 가진다면 살인을 '지각'할 것이다. 지각 속에서 모든 것은 주관적인 것으로 돌아간다. 우리는 투쟁 '의식' 속에 머물 것이다. 타자와의 관계는 투쟁의 관계일 수 있지만 투쟁 의식을 넘쳐흐른다. "얼굴의 현현은 윤리적이다. 얼굴이 위협할 수 있는 투쟁은 표정의 초월성을 전제한다. 얼굴은 투쟁의 결과를 위협한다. 그러나 그 위협이 무한성의 현현을 고갈시켜 버리지 않으며, 그것의 최초의 말인 '당신은 살인하지 말라'는 말을 공식으로 제시하지 않는다. 우리는 평화, 타자의 선례와 알레르기 없는 현전을 예상한다. 그것은 만남의 첫 사건이 아니다."(TI, p.199) 살인할 수 없다는 것이 단순히 하지 말라는 형식적인 의미만을 가지지 않는다. 무한성이 그것에 긍정적인 조건을 설정한다. "무한성은 나의 권력을 마비시키려고 윤리적으로 저항하는 하나의 얼굴로서 드러나고, 깊은 무방비의 눈으로부터 확고하고 절대적인 것이 벌거벗고 궁핍한 모습으로 보이기 시작한다. 이런 궁핍과 굶주림에 대한 이해를 통해 타자의 근접성이 세워진다."(TI, pp.199-200)

따라서 타자의 얼굴, 즉 무한성의 현현은 표정이고 대화이다. 레비나스는 얼굴 표정의 의미를 다음과 같이 설명한다(이 문제에 대한 아래 내용은 TI, pp.200-201 참고). 표정과 대화는 내적이고 숨겨진 세계에 관한 정보나 지식을 전달하는 것이 아니다. 표정 속에서 하나의 존재가 등장한다. 그 존재는 자신의 드러남을 돌보면서 결과적으로 나에게 호소한다. 그런 돌봄은 하나의 이미지에 대한 무관심이 아니고, 나에게 중요한 하나의 간청이다. 나에게 말을 건넨다는 것은 진짜가 아닌 것을 이겨 내는 것이다. 얼굴로서 스스로를 드러내는 것은 드러나고 순수하게 현상적인 모습에 스스로를 더하며, 그 드러남에 돌릴 수 없는 하나의 양식 속에 스스로를 나타내는 것이다. 그것은 어떤 이미지로 중개되지 않고, 적나라하게 얼굴이 얼굴에 솔직함을 드러내는 것이다. 표정은 하나의 광채가 아니다. 자신을 드러내는 것은 대화 상대자를 불러내는 것이며, 그의 대답과 질문에 스스로를 노출시키는 것이다. 표정은 하나의 표상이거나 하나의 행위가 아니다. 표상으로서의 존재는 나타날 수 있는 가능성인 것이다. 내가 참여하는 세계는 '자유로운 사고'에 영향을 미칠 힘이 없다. 그 참여를 일시 중단하거나 심지어 포기하고 숨겨진 삶을 살 수 있다. 스스로를 표현하는 존재는 스스로 나서기는 하지만, 적나라하게 궁핍한 모습으로 나에게 호소함으로써 그렇게 한다. 그리고 나는 그 호소에 무관심할 수 없다. 따라서 표정 속에서 나서는 존재는 나의 자유를 제한하지 않고, 나의 선함을 불러일으킴으로써 나의 자유를 진전시킨다. 책임의 명령은 자유가 반드시 생겨나는 명령이다. 그래서 존재가 면할 수 없는 무거운 짐은 나의 자유를 생기게 하는 것이다. 그 면할 수 없는 것은 몰인정한 것이 아니고 진지하고 엄격하게 선한 것이다. 표정과 책임 사이의 결속은 우리가 언어를 종속으로부터 미리 실존하는 사고로 끄집어낼 수 있게 한다. 표정을 통해 미리 실존하는 사고는 밖으로 이동된다. 얼굴의 현전은 진실한 것이 아니다. 진실한 것이 진실하지 않는 것, 즉 그것의 외부를 지적하고, 의심하는 사람의 미소와 침묵을 피할 수 없이 만나기 때문이다. 얼굴을 통한 존재의 현전은 그것의 반박을 위한 논리적 여지를 남기지 않는다. 따라서 나는 얼굴의 현현이 여는 대화를 침묵으로 피할 수 없다. 얼굴은 최초의 대화를 여는데, 거기서 첫 말은 책무이며, 어떤 '내면적인 것'도 회피할 수 없다. 대화에 들어가도록 하는 것은 바로 이 대화이다. 그것은 듣고자 원하지 않는 사람들마저 납득시키고 그래서 이성의 보편성의 근거를 이루는 힘이다. 일반적으로 지식의 근거로, 존재의 의미로 간주되는 것을 드러내기 이전에 실존하는 것은 스스로를 표현하는 실존하는 것과의 관계이다. 존재론의 지평에 미리 실존하는 것은 윤리적 지평이다.

그런데 타자는 나를 넘어서면서 다가온다. 타자의 타자성은 나를 문제 삼는다. 나는 내가 타자에 책임질 수 있기 때문에 타자와는 다른 사람이 된다. 나의 정체성은 나에게서 기인한다. 얼굴의 무한성 앞에서 사회적인 의미에서 자아가 탄생하게 되는 것이다. 주체성이 일종의 인질이 된 것이다. 그것은 동일자로 환원될 수 없는 절대적인 타자와의 만남에서 발생한다. "자아는 하나의 복종이다. 그것은 우주의 무게 하에 있고 모든 것에 책임을 져야 한다. 우주의 통일성은 나의 시선이 그것의 통각의 통일성에서 포용하는 것이 아니고, 모든 부분들로부터 나에게 의지하고, 나를 그 용어의 두 가지 의미들에서 고려하고, 나를 비난하고, 나의 일인 것이다."(OBBE, p.116) 나는 타자 앞에서 하나의 주체가 되고 노출되고 그의 명령에 대응하면서 하나의 주체가 된다. 자아는 자신을 지나가는 외적인 것을 느끼고 그것에 대응해야 한다. 외적인 것이 그것의 세계를 지나가는 것을 느끼는 자아는 이미 그것이 지나갈 때 초월적인 것에 대응해야 한다. 주체의 잠재적인 탄생은 하나의 책무에서 발생한다. 윤리적 책무는 하나의 주체의 탄생을 선행하면서 주체를 형성한다. 주체인 자아가 타자의 인질이라는 의미가 바로 이것이다. 레비나스는 이 점을 다음과 같이 말한다.

세상 속에서 연민하고 동정하고 용서하고 근접할 수 있는 것은— 심지어 드물지만 '먼저 가시죠.'라고 말할 수 있는 것은— 인질이 되는 조건을 통해서 가능하다. 인질이 된다는 것이 무조건적으로 이루어진다는 것은 제한된 경우의 연대가 아니라 모든 연대의 조건이다. 모든 사람들이 서로 비난하고 괴롭히는 것은 스스로를 타자의 자리에 위치시킬 수 있음을 전제한다. 그런데 그것은 '타자에 의해서'로부터 '타자를 위해서'로, 그리고 괴롭힘에서 타자에 의해 가해진 모욕으로부터 나에 의한 그의 실수에 대한 뉘우침으로의 이동을 가리킨다(OBBE, pp.117-118).

인질이 된다는 것은 책임을 져야 한다는 것이다. 그것은 타자를 '편들' 수밖에 없게 되는 것이다. 나는 타자에 의해 나의 존재로 뒤로 밀려나게 된다. 인질은 본질적으로 불공평한 상황이다. 초월적인 타자가 나의 주체성을 일방적으로 규정한다. 나는 그의 주체성을 규정하지 않을 것이다. 모든 것이 나의 시각으로부터 전개되기 때문이다. 감성에서, 주체들 사이의 공간은 불균형적이다. 불균형적인 상호간의 공간은 근본적인 타자의 타자성 때문이다. 이 점을 링기스(Alphonso Lingis)는 다음과 같이 주장한다. "타자는 나와는 다를 뿐만 아니라 나에게 제시되는 것의 영역과도 다르며, 하나의 존재로 단정될 수 있는 것 혹은 등장하려고 노력하는 것과도 다르다. 그리고 이것으로부터 초월성은 전체성을 비난 하에 둔다."(OBBE, p.xxxii) 나는 나의 내재성에 제한되지만, 타자는 외적인 것에서부터 생긴다는 것이다. 나는 내포되는 반면 타자는 그렇지 않다. 그는 외부로부터, 나의 세계를 넘어선 곳으로부터 들어온다. 역시 이것은 그는 예견할 수 없는 것임을 암시한다. 나는 그의 다음 행위가 무엇일지를 모른다. 그런데 어느 의미에서, 타자는 그의 다음 움직임을 아는 반면 나는 모르기 때문에 자아보다 유리하다고 생각한다면, 타자는 보호된다. 타자는 내가 가지고 있지 않은 어떤 것을 가진다. 타자는 그것에로 흡수됨이 없이 나의 세계를 방해하고, 그래서 타자는 세계를 초월한다. 타자로서 인간의 본질은 그의 얼굴에서 드러난다. 그는 자신의 부름에 의해 나의 폭력을 막고 마비시킨다. 그의 부름은 폭력을 행사하지 않고 높은 곳에서 다가온다. 존재의 진실은 존재의 이미지도 그것의 본성에 대한 관념도 아니다. 그것은 시각을 흐리게 만드는 주관적인 영역에 자리 잡고 있는 존재이지만 그래서 외재성이 명령을 내리고 권위를 드러내도록 만든다. 존재의 진실은 전적으로 우월성이다. 인간 상호간의 공간의 굴곡은 높게 이루어진다. 그것이 존재를 변조하지 않고 그것의 진실을 최초로 가능한 것으로 만든다.

'공간의 굴곡'은 인간 존재들 사이의 관계를 표현한다. 내가 그를 환영하는 것이 하나의 본성을 '지각하는' 것에 있다면, 타자가 나보다 더 높은 곳에 위치한다는 점은 순수하고 간단한 오류일 것이다. 사회학, 심리학, 생리학은 그래서 외재성에 귀를 기울이지 않는다. 절대적인 타자로서의 인간은 외부로부터 따로 떨어진 하나의 — 혹은 신성한 — 얼굴로부터 우리에게 다가온다. 그의 외재성, 즉 그가 나에게 호소하는 것은 그의 진실이다. 나의 대응은 그의 객관성의 '핵심'에 하나의 사건으로 부가되지 않고, 처음으로 (나에 대한 그의 '관점'이 무효화시킬 수 없는) 그의 진실을 만들어낸다. '상호 주관적인 공간의 굴곡'이라고 은유되는, 존재 그리고 그것의 관념 이상인 진실은 모든 진실의 신적인 의도를 표시한다. 아마 이런 '공간의 굴곡'은 신의 현전일 것이다(TI, p.291).

타자의 진실은 나의 대응 속에 나타난다. 타자가 나와 다르다는 점은 나에게 대응의 의무를 부가한다는 점에서 의미를 지닌다. 타자의 타자성이 가진 의미는 개념적인 지식에 의해서 주어지는 것이 아니고, 나의 의무와 그것에의 나의 대응에서 나에 의해 주어진다. 내가 타자에 대응하는 내용이 아니라 대응하는 행위 속에서 그 의미는 발견된다. 그래서 타자의 타자성의 의미는 그것이 다른 어떤 것이기 전에 이미 윤리적이다.

사람과 사람 사이는 비대칭적이다. 타자는 높은 곳에서는 명령을 내리지만 빈곤하고 나의 배려가 필요한 경우에는 나를 부른다. 레비나스는 이 점을 다음과 같이 주장한다.

세상을 넘어선 데에서 내려오지만 나를 인간 동포애로 묶이게 하는 얼굴의 현전은 두려움과 떨림을 자극시키는 신비스러운 영적인 실재로서 나를 압도하지 않는다. 이런 관계로부터 스스로를 벗어나게 하면서 하나의 관계를 유지하는 것이 이야기하기이다. 절대적인 타자는 하나의 자유의 행위와 지배에 복종하는 하나의 현상으로 얼굴 속에 등장하는 것만은 아니다. 그가 맺는 그 관계로부터 무한하게 멀어진 그는 처음부터 하나의 절대적인 것으로 거기에 등장한다. '나'는 그 관계로부터 떨어지지만 절대적으로 분리된 존재와의 관계 속에서 그렇게 한다. 타자가 나에게 돌리는 얼굴은 그 얼굴의 표현 속에 다시 흡수되지 않는다. 정의를 소리쳐 요구하는 그의 빈곤을 듣는 것은 하나의 이미지를 스스로에게 표현하는 것이 아니고, 얼굴에 드러난 존재보다는 더 많게 그리고 더 적게 책임을 지는 존재로 스스로 자리 잡는 것이다. 적게 책임을 지는 것은 얼굴이 나의 책무에 나를 소환하고 나를 판단하기 때문이다. 얼굴에 등장하는 존재는 높이의 차원에서, 장애물이나 적으로 나를 마주하지 않고 낯선 자로서 등장할 수 있는 초월의 차원에서 다가온다.

더 많은 책임을 진다는 것은 '나'로서의 나의 입장은 타자의 본질적인 극빈에 대응할 수 있음에 있으며, 나 자신이 그 재료들을 마련하기 때문이다. 그의 초월성에서 나를 지배하는 절대적인 타자는 그래서 내가 그들에게 책무를 지는 이방인, 과부, 고아이다(TI, p.215).

타자는 나에게는 이방인이어야 한다. 그는 나에게 적절한 자리를 가지지 못하고 낯선 사람이다. 그는 나에게 한 가족은 더욱 아니다. 과부와 고아는 홀로이며, 그들이 홀로이기 때문에 취약하다. 그들은 존재론적인 의미에서 그리고 개인적인 의미에서도 지지가 없다. 타자는 높은 곳에서 명령하는 반면, 그 명령을 내리기 위해 요구되는 바로 그 근접성은 또한 취약함을 드러낸다. 따라서 타자는 그 얼굴의 현현에서 지배적인 자세와 빈곤의 자세, 두 가지 자세들을 가진다. 그것들 둘 다 윤리적 책임에 본질적이다. 그 지배적인 자세는 윤리적 명령을 제시한다. 빈곤한 자세는 비록 이것이 수동적 대응처럼 자아의 한 행위가 아니지만 자아로 하여금 타자의 입장에 서서 편들게 만든다.

레비나스에 의하면, 타자를 대신하는 것이 자아의 자기-정체성이다. 윤리적 주체성은 타자의 자리를 차지하면서 전개되기 때문이다. 남을 대신하면서 나는 구체적인 '나'가 될 수 있다. 그는 타자를 대리하면서 자아가 되어 가는 모습을 다음과 같이 표현한다.

근접한 타자에 의해 압도당한 자아는 동일한 마음속의 타자이다. 그러나 타자들의 인질은 그가 아니라 나이다. 타자에게 속하지 않고 다만 자아에게 속하는 나의 존재는 멸하지 않는다. 내가 '타자'가 아니고 바로 나인 것은 이런 대리를 통해서이다. 나는 … 타자의 부름을 피할 수 없다. 나와는 다른 타자들에게 공동의 자기-정체성은 없다. 자아는 비교 가능성이 성립되자마자 그 비교 가능성을 배제시킨다. 그 결과 자기-정체성은 나를 일반적인 자아가 아닌 자아가 되게 하는 특권을 가진다(OBBE, p.127).

하나의 주체가 된다는 것은 타자를 위해서 존재하거나 타자의 자리에 있는 것이다. 그런데 나는 타자에 의해 괴롭힘을 당하면서 타자를 타자로 간주할 수 있다. 나는 타자에 의해서 그리고 타자를 위해서 타자를 고려하도록— 타자를 타자로 고려하도록— 만들어진다. 남을 대신하면서 우리는 모두에게 한 사람의 어머니, 즉 타자성의 배려를 수여받은 사람이 될 수 있다. 이 점을 버크(John P. Burke)는 다음과 같이 설명한다. "나 속에서 타자의 임신은 어머니로서의 나를 형성하는 것이다. 즉, 나는 그가 타자들로부터 그리고 생활에서 당하는 고통과 그가 부과하는 고통에 책임감을 느낀다. 나는 나의 존재의 핵심에 있는 의무를 진 존재이다."[15] 남을 대신한다는 것은 남에게 내가 종속된다는 것이다. 종속된다는 것이 곧 자아가 상실된다는 것은 아니고, 오히려 새로운 자아의 등장인 것이다. 이 점을 레비나스는 다음과 같이 주장한다. 즉, " '나'는 '1인칭' 밖에 자신을 두지 않는다. 그것은 세계를 지지한다. 타자에 대한 책임을 짐이 그것에 의존하는 그 순간에 그 자신을 구성하면서, 그 주체성은 절대적 타자를 대신하는 곳으로 간다. 그것은 인질의 조건— 내지 무조건— 을 가정한다. 주체성 자체는 처음에는 인질이다. 그것은 타자들에 보상하는 것으로 대응한다."(EI, pp.99-100) 자아는 타자의 인질이 되면서 자신이 구성할 세계를 '도덕적으로' 지지한다. 나의 집으로 나는 타자를 환영한다. 내가 타자에게 져야 할 책임은 얼굴의 대화 속에서 타자에 의해 생겨난다. 책임을 진다는 것은 대화 상대자에게 대응하는 것이다. 대응한다는 것이 인간관계의 토대이다. 책임의 주체에 관하여 레비나스는 다음과 같이 말한다. "어떤 사람이 다른 사람들에게 책임을 져야 하는 윤리적인 관계는 설립된 질서 속에 속하는 것으로 습관적으로 고려되면서 다른 상황으로 바꿀 수 없는 것으로 접근되었다. 그것은 '타자를 위한 사람'

---

15) John P. Burke, "The Ethical Significance of the Face", *ACPA Proceedings* 56(1982), p.203.

으로 구조화된다. 그것은 모든 합목적성과 모든 체계를 넘어서 문제가 되는 것이다. 여기서 합목적성은 단지 가능한 체계화의 원리들의 하나일 따름이다. 이런 책임성은 하나의 시작이 없이, 무질서한 하나의 책략으로 보인다. … 어떤 자유도 참여도 책임의 이면이 아니다. 어떤 속박도 '타자를 위한 사람'의 속한다. 책임에서 동일자와 자아는 대체할 수 없는 것으로 이끌어진 지정된 나이다."(OBBE, p.135) 책임은 주체가 탄생되기 이전에 생긴다. 책임을 수행하면서 주체는 탄생하는 것이다. 나의 주체성은 타자-지향성이다. 타자는 나의 윤리적 주체성을 선행하고, 윤리는 어떤 개념적인 노력에도 선행한다. 책임은 인간 관계의 토대이며, 그것을 통해 타자의 현전이 나의 윤리적 주체성과 연결된다. 책임은 본질적인 것이다. 주체성의 일차적이고 근본적인 구조인 것이다. 책임은 주체를 타자에게 연결시킨다. 타자와의 분리가 유지되는 동안 윤리적인 책무를 통해 자아와 타자는 연결된다. 그러나 책임성이란 자아와 타자의 단순한 연결이 아니라 타자의 타자성이 자아에 드러나는 것이다. 타자는 내가 책임을 져야 하는 사람인 것이다. 나는 타자에게 일종의 인질인 것이다. 그것은 곧 내가 그의 입장에 서는 것이다.

타자의 등장은 세계의 질서를 타자가 나의 관심이 되게 하는 점으로 전복시킨다. 인간이 되는 것은 누군가에게 무언가를 책임지는 것이다. 자아와 타자의 관계는 타자를 죽이지 않고, 즉 타자를 자아로 환원시키지 않고 유지되는 관계이다. 칸트의 정언명법과 마찬가지로 타자를 '수단이 아닌 목적 자체로' 대하는 것이다. 주체성은 자아가 타자를 대하면서 생겨난다. 그래서 윤리도 자아가 선택한 것이 아니고 타자의 근접성에 의해 나에게 요구되는 어떤 것이다. 칸트에게는 도덕적 의무의 원천이 자유 내지 자율성이지만 레비나스에게 그 원천은 자유에 선행한다. 그것은 곧 타자의 얼굴과의 만남이다. 타자의 얼굴과의 만남은 나의 자유에 하나의 의무를 부여한다. "자유에 선행한 절대적인 기소가 선(good)과 동맹하여 모든 본질을 넘어서고 그 밖에 자리 잡은 자유를 구성한다."(OBBE, p.118) 무한성과의 직면에서 나의 사고인 전체성에 의해 제한되는 것은 윤리적 힘을 불러일으킨다. 사실, 윤리적 힘 혹은 강요는 동일자와 타자 사이의, 전체성과 무한성 사이의 내재적인 '차이'로부터 생긴다. 사회적 자아는 이런 자각에서 나 아마 그것으로부터 등장할 것이다. 따라서 그것의 사회적 의미에서 해석된 나의 주체성은 타자에게 의무지어지면서 탄생한다. 칸트는 인간 존재의 내재성에서 도덕적 의무의 원천을 발견하지만, 레비나스는 타자의 초월성에서 그것을 발견한다. 그리고 타자 앞에서만 나는 책임을 질 명령을 받게 된다는 것이다. 만약 내가 타자의 타자가 아니라면, 나에게 타자나 나 자신에 대한 책임을 명령할 것은 나에게 혹은 나와의 타자의 관계에는 아무것도 없다. 나는 타자의 얼굴에서 나 자신을 위한 권리를 주장할 어떤 근거도 가지지 않는다. 따라서 레비나스적인 규범윤리는 타자-지향적이다. 그런데 그의 공식은 다음과 같을 것이다. 즉 '타자를 목적 자체로 대하라.' 내지 '당신의 존재가 항상 타자를 위하듯이 타인에게 처신하라.' 이 공식은 타자의 인질로서 타자의 입장에 서고, 타자에게 그리고 타자를 위해 심지어 나의 행위가 아닌 것에 대해 책임을 져야 한다는 자아의 윤리적 주체성을 묘사한다. 그러나 여기에는 문제가 있을 수 있다. 만약 모든 윤리들이 타자로부터 생긴다면 그리고 자아는 하나의 '타자'로 간주되지 않는다면, 윤리는 자아에게 적용되지 않을 것이다. 나는 나를 윤리적으로 대하지 않는다고 타자에 대해 불평을 가질 수 없다. 자아는 모든 책임들을 가지고 어떤 권리도 가지지 않는 것 같다. 타자의 편에서 자기-책임과 나에 대한 책임이라는 관념 없이, 타자의 명령은 내가 나의 모든 소유들을 타자에게 양도하도록 요구하는 것과 같을 것이다. 그러나 윤리적 명령이 최초로 지배적인 타자로부터 생기지만, 타자에게 '예' 혹은 '아니오'라고 말할 나의 가능성은 그의 지배를 구성한다. 역시, 타자는 나의 도덕적 자유에 복종된다. 타자는 세상에서의 지지가 없는 존재라는 이전의 의미에서가 아니라 나의 자유 앞에서 취약하다는 더욱 즉각적인 의미에서 궁핍적인 것이다. 나는 자유롭게 타자를 죽일 수 있지만, 그렇게 하지 않을 책무를 진다. 타자의 명령을 받아들이거나 거부하는 나의 자유는 나는 타자에게 예견할 수 없는 것임을 나타낸다. 타자의 명령은 필연적인 것이 아니고 하나의 권위로 표현된다. 그것은 따를 수도 있지만 거부될 수도 있다. 타자는 나의 대응을 미리 알 수 없기 때문에 나는 타자에 의해 전체화될 수 없다. 만약 내가 타자의 세계를 규정하는 전체성 내에 새겨질 수 없다면, 나는 그것을 초월해야 한다. 내가 이것이 나의 실질적인 대응에 선행한다는 점을 알고, '내가 유리하게 그 역할을 수행할 것이다'라는 점은 항상 나는 타자의 타자임을 보여준다. 또한 이것은 타자는 단지 나의 자유 앞에서 취약한 상태에 처하는 경우에 그가 나의 도덕적 권위일 수 있다는 점을 의미한다. 타자의 명령 바로 그것은 이미 그를 나의 손 안에 자리 잡게 한다.

제 4 부

■ ■ ■

서사적 자아와 도덕적 자아의 연계성

여기서는 이 책의 결론에 해당하는 서사적 자아와 도덕적 자아 사이의 연계성을 논의하고자 한다. 이는 서사와 도덕 내지 도덕교육과의 연계성을 통해 논의될 수 있을 것이다. 그래서 제1장에서는 서사의 대표적인 유형인 진정한 대화(dialogue)를 통한 도덕성 내지 인격 형성 문제를 다룰 것이다. 부버는 인간의 삶을 만남의 세계로 규정하면서 그것은 '나-그것'과 '나-너'의 적절한 교대의 삶일 것이라고 주장한다. 그는 진정한 대화, 실무적 대화, 대화로 위장된 독백, 세 종류의 대화들을 소개하면서, 진정한 대화의 삶을 통하여 우리는 생활과 경험 속에서 항상 부름을 받고 있음을 알게 되고 그 부름에 응답할 수 있다고 주장한다. 말이 우리에게 도달하고, 그 말이 우리를 응답하게 한다면 거기에는 진정한 인간의 인격적인 삶이 존재하게 된다는 것이다. 그리고 레비나스는 자아와 타자 사이의 거리를 유지하면서 서로를 만나게 하는 것이 대화라고 주장한다. 그는 인격 사이의 만남이 진정한 대화이며, 진정한 대화를 통해 인격적인 자아-정체성이 형성된다고 한다. 대화는 타자의 얼굴과의 진정한 만남이다. 얼굴은 말한다. 그것의 현전이 대화의 시작이다. 타자의 얼굴과의 만남, 즉 대화를 통해 대화 상대자들은 스스로를 와해시키거나 혹은 관계 속에서 절대적인 것으로 남는다.

제2장에서는 일반적인 유형의 서사와 인격 형성의 문제를 살펴볼 것이

다. 매킨타이어는 덕이 실천과 전통과 연관됨을 설명하면서, 인간 삶은 서사적인 통일성을 지니며 그것이 바로 인격 형성이라고 주장한다. 그는 덕이나 선 개념을 전면적인 삶의 통일성의 조건들과 연계시킨다. 선은 미리 규정되지 않고 구조가 형성되는 것이다. 삶은 말해질 수 있으려면 통일적인 구조를 가져야 한다. 나는 누구였고, 누구이며, 누구이기를 원하는가는 내가 나 자신에 관하여 말하는 이야기에 일치한다. 나는 내가 말하는 것이다. 나 자신의 자아는 내가 말할 수 있는 이야기이며, 그 이야기에 의해 형성된다. 나는 그것을 말하는 과정에서 나의 이야기를 이야기하는 사람이 된다. 섹트만은 인격적 정체성에 대한 서사적 접근, 즉 서사적 자아-구성 관점을 주장한다. 인격으로서의 한 인간은 자서전적인 서사, 즉 그의 삶의 이야기를 구성하면서 정체성을 형성한다는 것이다. 먼저 개인이 서사적 자아 관념을 가진다는 것이 무슨 의미인지를 설명하고, 서사적 자아-구성 관점이 정체성-구성하는 서사에 설정하는 그 이상의 제한들에 대해 논의한다. 그녀는 인격(personal) 정체성과 인간(human) 정체성을 구분하면서 논의를 정리한다. 인격적 정체성에 관한 철학적 논의들에서 제기되는 가장 근본적인 질문들 중 하나는, 단일한 인격이 하나의 몸 이상으로 살 수 있는가, 혹은 몸을 가지지 않고서도 실존할 수 있는가이다. 이 질문은 육체적 지속성 이론가와 심리적 지속성 이론가 사이, 즉 인격은 인간 존재와 동일시될 수 있다고 믿는 사람들과 인격 정체성은 인간 정체성을 능가한다고 믿는 사람들 사이에서 등장한다. 서사적 자아-구성 관점은 인격 정체성과 인간 정체성을 동등시하지 않으면서 둘 사이의 밀접한 연계를 인정한다.

　제3장에서는 서사적 접근의 도덕교육의 필요성과 그 내용을 다룰 것이다. 먼저, 서사가 지니는 교육적인 의미를 브루너의 '범례적 사고'와 '서사적 사고'의 구분을 통해 논의할 것이다. 다음에는 서사와 도덕교육과의 연계성 문제를, 도덕교육으로서의 서사, 도덕적 방법론에서의 서사, 도덕적 대화의 적절한 한 형식으로서의 서사, 도덕적 정당화에서의 서사 등 네 가지 측면에서 논의할 것이다. 그리고 서사를 통한 도덕교육에서의 내용 중심의 서사, 과정 중심의 서사, 반성 중심의 서사 등의 측면을 논의하고, 진정한 서사적 접근의 도덕교육은 세 측면의 통합이 이루어져야 함을 논의할 것이다.

제 1 장

대화를 통한 인격 형성

1. 부버의 대화의 삶

1) 인격적 만남: '나-너' 관계

마르틴 부버(Martin Buber)는 『나와 너』1)에서 인간 삶의 태도를 '나-너(Ich-Du)'와 '나-그것(Ich-Es)'이라는 두 근본어로 표현한다. 여기서의 '나'는 서로 다른 나이기보다는 나의 서로 다른 삶의 태도를 나타낸다. '나-그것'에서 '나'는 '개체(개인, individuum)'로서 그저 '곁에 있는 사람(Nebenmensch)'의 태도를 가진다. '나-너'에서 '나'는 '인격(Person)'으로서 '함께하는 사람(Mitmensch)'의 태도를 가진다. '나-너'는 인격적인 상호성의 관계를 표현하지만, '나-그것'은 경험하기와 이용하기를 표현한다. '나-너'는 인간 상호간의 관계(Beziehung)이지만, '나-그것'은 주-객 사이의 관계(Verhältnis)이다.

개체 내지 개인은 특정 목적을 두고 관계한다. 주체인 '나'는 객체

---

1) M. Buber, *Ich und Du*, 표재명 옮김, 『나와 너』(서울: 문예출판사, 1995)(이후에는 본문 속에 『나와 너』로 표기함).

인 '그것'을 목적 없이 직접 만날 수 없다. 목적이 사라지면 관계도 사라진다. '나'는 '그것'을 그 목적을 이루기 위한 도구나 수단으로 이용한다. '나-그것'은 대상이며 목적인 사물과의 관계이다. 사람과의 관계도 이런 관계일 수 있다. '나-그것'에서의 '나'는 상대방을 하나의 대상으로 주목하거나 관찰하거나 다른 사람과 비교하고 구별한다. '나'는 다른 사람을 사물처럼 하나의 대상으로 일정한 거리를 두고 마주선다. 그리고 '나'는 '그것'을 경험한다. 경험을 통해 '나'는 '그것'을 인식하게 된다. "사람은 사물의 표면을 돌아다니면서 그것을 경험한다. 그는 그 사물들로부터 그것들의 성질에 관한 지식, 곧 경험을 가져온다. 그는 사물에 붙어 있는 것을 경험하는 것이다."(『나와 너』, pp.10-11) 그러나 '나-그것'에서의 '나'는 한순간을 경험할 뿐 어떤 내용을 경험하는 것이 아니다. 경험을 통해 세계는 '나'에게 다가오지 못한다. "경험만으로는 세계를 사람에게 가져다줄 수 없다. 왜냐하면 경험은 사람에게 오직 '그것'과 '그것'과 '그것'으로 이루어진, 즉 '그'와 '그', '그 여자'와 '그 여자', 그리고 '그것'으로 이루어진 세계를 가져다줄 뿐이기 때문이다."(『나와 너』, p.11) '그것'을 경험하는 것은 의도적이고 계획적이다. 그러나 '그것'을 경험하는 사람은 그것을 위해 스스로부터 나오지 않는다. '그것'은 수동적으로 자신을 경험할 수 있게 허용할 뿐이며, 대응하는 것이 아니다. "경험하는 사람은 세계와 아무 상관이 없다. 경험은 실로 '그 사람 안'에 있으며 그와 세계 사이에 있는 것이 아니다. 세계는 경험과 아무 상관이 없다. 세계는 스스로를 사람들의 경험에 내맡기지만, 그러나 경험과는 아무 상관도 없다. 왜냐하면 세계는 경험을 위해 아무 일도 하지 않으며, 경험은 세계에 아무 영향도 줄 수 없기 때문이다."(『나와 너』, p.12) 인간은 경험을 통해 세계를 그저 겉으로만 인식할 수 있을 뿐 본질적으로나 전체적으로 파악할 수는 없다. 겉으로만 인식한다는 것은 현존하는 것으로 바라보는 존재를 대상으로 파악하면서 다른 대상들과 비교하고 대상들의 계열 속에 분류하고, 분석하는 것이다. "인식은 그러므로 이 사물의 상태는 이러하며 이와 같이 일컬어지고 이와 같이 되어 있으며 여기에 속해 있다는 것을 확인하는 데 이용되거나, '그것'으로 되어 버린 것을 '그것'으로 그대로 두고, '그것'을 '그것'으로서 경험하고 이용하며, 이 세상일에 '정통'하고 그리하여 세상을 정복하려는 계획에 이용되기도 하는 것이다."(『나와 너』, p.62)

인간의 삶은 만남의 세계이며, 그것은 '나-그것'과 '나-너'의 적절한 교대의 삶일 것이다. 즉, " '그것'은 영구적인 번데기이며, '너'는 영구적인 나비이다. 한순간에 '나-너'의 관계의 '너'였던 것은 다음 순간에 하나의 '그것'이 될 수 있고, 사실 지속적으로 그렇게 될 것이다. '그것'은 다시 '너'가 될 수 있는 것이지만 그것은 하나로 남을 수 없을 것이고, 그것은 결코 하나의 '너'가 될 필요가 없다. 사람은 '그것'의 세계에서 지속적으로 그리고 안전하게 살 수 있다. 그러나 만약 그가 이런 세계에서 살기만 한다면 그는 사람이 아니다. 왜냐하면 '모든 실질적인 삶은 만남'이기 때문이다."[2] 그러나 부버에 의하면, 인류의 문화는 '나-그것'의 지배로 바뀌면서 영혼(spirit)의 삶이 불가능해지고 있다. "영혼은 사람이 '너'에게 대응하는 것이기 때문이다. '나-그것' 자체는 악한 것이 아니지만, 그것이 '나-너'의 관계를 막아 버린다면 악한 것이다. 한 사람이 '나-그것'과 '나-너'를 교대할 수 있다면 운명도 보편적인 인과성도 그를 자유롭게 하는 데 방해하지 못할 것이다. 그러나 방자한 자기-의지와 인과성에 대한 지나친 믿음을 가진 개인과 공동체는 병들게 되고, 진정한 인격의 '나'는 개인성만을 지닌 텅 빈 '나'로 대체된다."[3] 부버에 의하면, 개인의 역사나 인류 전체의 역사나 '그것'의 세계가 점진적으로 증가한다. 각 문화는 선조들이나 동

---

2) Maurice S. Friedman, *Martin Buber: The Life of Dialogue*(Chicago and London: The University of Chicago Press, 1976), p.58.

3) Ibid., p.62.

시대인들로부터 '그것'의 세계를 양도받는 경향이 있다. 즉,

　　여러 문화는 다만 그 자체의 경험에 의해서만이 아니라 또한 이질적
인 문화의 경험으로부터 흘러들어온 것을 섭취함으로써 자신의 '그것'
의 세계를 확대해 가는 것이다. 그리고 이렇게 발전해 감으로써 비로소
문화는 결정적이며 창의적인 확장을 이룩한다. 그러므로 일반적으로 말
해서 각 문화의 '그것'의 세계는 그에 앞선 문화의 '그것'의 세계보다
더 포괄적이며, 약간의 정체나 외관상의 역행에도 불구하고 '그것'의
세계가 증대해 왔음을 역사상에서 명백히 알 수 있다. … '그것'의 세
계에 대한 사람의 기본적인 연관에는 '그것'의 세계를 몇 번이고 되풀
이하여 구성하는 경험과 '그것'의 세계를 다양한 목적, 곧 사람의 삶을
보존하고 편리하게 하고 설비하도록 하는 이용이 포함되어 있다. '그것'
의 세계의 범위가 넓어짐에 따라서 '그것'의 세계를 경험하고 이용하는
능력도 증대되지 않으면 안 된다. … 경험하고 이용하는 능력이 세대에
서 세대로 끊임없이 증진되어 간다는 것은 불가피한 일이다(『나와 너』,
pp.58-59).

　　일반적으로 '그것'의 세계의 증진을 정신적인 삶의 발달로 말하지
만, 이는 '정신'이라는 말에 대한 오해의 산물이다. "왜냐하면 그와 같
은 '정신생활'은 대체로 정신 속에서의 사람의 삶을 방해하는 것이거
나 기껏해야 극복되고 변형되어 참된 정신생활에 동화되지 않으면 안
되는 소재에 지나지 않기 때문이다. 그것은 장애가 된다. 왜냐하면 경
험하고 이용하는 능력의 발달은 대개의 경우 사람의 관계 능력의 저
하에 의하여 일어나기 때문이다. 이 관계 능력에 의해서만 사람은 정
신 가운데서 살 수 있다."(『나와 너』, pp.59-60) 정신은 '너'에 대한
사람의 응답이자, 말이다. 말을 한다는 것이 먼저 머리에서 말하고 그
것을 목소리로 드러낸다고 생각하지만, 사실은 말이 사람 속에 있지
않고 말 속에 사람이 있다. 사람은 말로부터 말을 하는 것이다. 정신

374

도 말과 같다. 정신은 사람 속의 피와 같은 것이 아니고, 숨 쉬는 공기와 같은 것이다. 사람이 '너'에게 응답하면서 정신적인 삶을 사는 것이다. 그러나 그 대응이 더 강할수록 그것은 더 강하게 '너'를 묶고 그것을 하나의 대상이 되게 만든다. '너'를 '그것'의 세계로 묶는 대응을 통해 인식, 작품, 형상, 규범이 만들어지는 것이다. '그것'의 세계에 만족하는 사람은 '그것'의 세계에 갇힌 존재를 자유롭게 만들기보다는 억누르고, 바라보기보다는 관찰하고 분석하며, 그것을 수요하기보다는 이용한다. 부버는 이 점을 인식의 영역으로부터 예시한다. 즉,

인식하는 자가 그와 마주 서 있는 존재를 바라볼 때에, 그 존재는 자신을 열어 보인다. 인식하는 자는 그가 현존하는 것으로 바라본 존재를 대상으로 파악하고, 다른 여러 대상들과 비교하고, 다른 대상들의 계열에 집어넣고, 대상적으로 기술하고 분석하지 않을 수 없을 것이다. 어떤 존재든 '그것'으로서가 아니면 사람들의 지식 저장고 속에 들어올 수가 없기 때문이다. 그러나 직감적으로 바라볼 때에 그것은 여러 사물들 가운데 하나의 사물, 여러 사건들 가운데 하나의 사건이 아니라 전혀 독자적인 존재로 현존하는 것이다. 그 존재는 뒤에 현상으로부터 이끌어내어진 법칙에 의해서가 아니라 현상 그 자체에 있어서 스스로 자신을 알려준다. … 인식은 또한, 그러므로 이 사물의 상태는 이러하며 이와 같이 일컬어지고 이와 같이 되어 있으며 여기에 속해 있다는 것을 확인하는 데 사용되거나, '그것'으로 되어 버린 것을 '그것'으로 그대로 두고, '그것'을 '그것'으로서 경험하고 이용하며, 이 세상일에 '정통'하고, 그리하여 세상을 '정복'하려는 계획에 사용되기도 하는 것이다 (『나와 너』, p.62).

사람은 '나-너'의 관계가 상실되면서 '나-그것'의 관계로 나아간다. 정신적인 삶을 떠나서 경험과 이용의 삶을 사는 사람의 삶은 제도와 감정의 두 영역의 삶으로 구분된다. 제도는 '그것'의 영역이며, 감정은

'나'의 영역이다. 제도는 '외부적인 것'이며, 감정은 '내부적인 것'이다. 제도에서는 사람은 모든 목적을 추구하며, 감정에서는 자신의 삶을 누리며 제도의 속박을 벗어나서 휴식한다. 제도의 '그것'과 감정의 '나'는 둘 다 인간을 알지 못하고 실질적인 삶에 접근하지도 못한다. 즉,

> 제도의 영역에서 '나'와 분리된 '그것'은 일종의 골렘(Golem, 유대 전설에 나오는 진흙 인형)이며, 감정의 영역에 있어서 '그것'과 분리된 '나'는 정처 없이 날아다니는 영혼의 새에 지나지 않는다. 이 둘은 다 인간을 알지 못한다. 전자는 오직 표본만 알고, 후자는 오직 '대상'만을 알 뿐이다. 그 어느 것도 인격을 모르며 상호 공동성을 알지 못한다. 둘 다 현재를 모른다. 제도는 제아무리 최근의 것이라 하더라도 굳어 버린 과거를 알 뿐이다. 과거란 이미 끝나 버린 것이다. 감정은 제아무리 오래 지속되는 것이라 하더라도 덧없이 사라지는 순간을 알 뿐이다. 순간이란 아직 존재하지 않는 것이다. 제도와 감정은 어느 쪽도 참된 삶에 이르지 못한다. 제도가 공적인 삶을 구성하지 않으며, 감정이 개인적인 삶을 구성하지 않는다(『나와 너』, p.67).

오늘날의 점점 더 많은 사람들은 제도가 공적인 삶을 구성하지 못한다는 사실은 알고 있다. 그래서 제도 속에 '감정의 자유'를 도입하여 신선한 생명력을 불어넣음으로써 그 고뇌를 해결하고자 한다. 예를 들어, 국민을 조직으로 연결하고 서로 간에 상호성을 가지지 못하게 하는 국가를 사랑의 공동체로 변화시키자는 것이다. 민중이 자유롭고 넘쳐흐르는 감정을 통해 서로 모이고 서로 삶을 공유하고자 할 때 사랑의 공동체가 된다는 것이다. 그러나 그 감정만으로 진정한 공동체는 이루어질 수 없다. 구성원들이 서로 간에 진정한 인격적인 관계를 이룰 때 가능한 것이다. 그리고 감정이 개인적인 삶을 구성하지 못한다는 점에 대해서는 이해하기 어렵다. 감정이 가장 개인적인 것이라고

생각되기 때문이다. 진정한 공적 삶과 개인적 삶을 구성하기 위해서는 변화하는 내용으로서의 감정과 고정된 형식으로서의 조직도 필요할 것이다. 그러나 이 둘의 결합이 바로 인간적인 삶을 구성하지 못한다. "인간적인 삶을 산출하는 것은 제3의 것, 즉 '너'의 중심적인 현재, 더 참되게 말해서 현재에 받아들여진 너 중심적인 '너'인 것이다."(『나와 너』, p.70) 진정한 공동체는 살아 있는 중심과의 살아 있는 상호관계에서 그들의 입장을 취하는 사람들을 통하여 그리고 단지 그 다음에 서로 간의 살아 있는 상호관계에 있음을 통해 생긴다는 것이다.

사람은 '그것' 없이 살지 못하지만, '그것'만 가지고 사는 사람은 사람이 아니다. 사람의 삶은 '어떤 것'을 경험하고 이용하는 활동만으로 이루어질 수 없다. 사람은 무엇을 '지각하고', '감각하고', '의욕하고', '생각하면서' 사는 것이 아니다. 그런 활동으로 '그것'의 세계가 생긴다. 그러나 사람은 인격으로서의 삶을 살아야 한다. 그런 삶을 통해 '너'의 세계를 이루어야 한다. "내가 어떤 사람을 나의 '너'로서 마주 대하고 그에게 '나-너'를 말할 때, 그는 사물 가운데 하나가 아니며 여러 가지 사물들로 이루어진 것도 아니다."(『나와 너』, p.16) 사물이 아닌 '너'는 경험될 수 없고 대상일 수 없다. 진정한 관계는 상호작용의 관계, '나-너'의 관계이다. '나'는 '너'를 경험하지 못한다. 그 관계를 벗어날 때 다시 '나'는 '너'를 '그것'으로 경험한다. 그래서 "경험이란 '너와의 떨어짐'이다. 관계는 내가 '너'라고 부르는 그 사람이 자기의 경험 속에서 그 부르는 소리를 듣지 못하더라도 성립될 수 있다. 왜냐하면 '너'는 '그것'이 알고 있는 것 이상의 것이기 때문이다. '너'는 '그것'이 알고 있는 것 이상의 일을 하며, '그것'이 알고 있는 것 이상의 일에 부닥친다. 여기까지는 어떠한 속임수도 미치지 못한다. 여기에 '참된 삶'의 요람이 있다."(『나와 너』, p.18) '나'와 '너'는 상호 관계하면서 만난다. 모든 참된 삶은 '그것'을 경험하는 삶이 아니라 '너'와 만남의 삶이다. " '그것'을 경험하는 그 사람은 그렇게 하기 위해 스스로로부터 나오지 않는다. 그리고 '그것'은 대응하지 않고 수동적으로 그 자체를 경험될 수 있게 허용한다. 반면 '너'는 탐구될 수 없다. 왜냐하면 그것은 은총을 통해 어떤 사람을 만나기 때문이다. 그러나 '너'를 아는 사람은 '너'를 만나기 위해 밖으로 나와야 하며, 그것과의 직접적인 관계로 시작해야 한다. 그리고 '너'는 그 만남에 대응해야 한다. 사람은 단지 전체적인 존재와의 관계에 들어갈 수 있을 뿐이다."4) " '너'에 대한 관계는 직접적이다. '너'와 '나' 사이에는 어떠한 개념 형태도, 어떠한 예비지식도, 어떠한 환상도 없다. 그리고 기억조차도 개별적인 것에서 전체적인 것으로 넘어갈 때에는 변하고 만다. '나'와 '너' 사이에는 어떠한 목적도, 갈망도, 어떠한 예상도 없다. 그리고 그리움조차도 꿈에서 현실로 넘어갈 때에는 변하고 만다. 모든 매개물은 장애물이다. 모든 매개물이 무너져버린 곳에서만 만남이 일어난다."(『나와 너』, pp.21-22) 상호관계, 즉 만남에서 모든 간접적인 것들은 소용이 없게 된다. 다양한 '내용'으로 둘러싸인 '나-그것'의 '나'는 경험하고 이용하는 사물에 만족하면서 과거에 살고 있다. 그의 순간은 현재가 없다. 대상 이외에 가진 것이 없다. 대상은 단절이며 중지이고 고립이며 현재의 결여이자 관계의 결여이다. '너'를 몸으로 만나는 '나'만이 현재 속에 살고 있는 본질적인 인격인 것이다.

'나-그것'의 '나'는 개인 내지 개체이지만, '나-너'에서의 '나'와 '너'는 각각 인격(person)이다. "개적 존재는 다른 여러 개적 존재에 대하여 자기를 분리시킴으로써 나타난다. 인격은 다른 여러 인격과의 관계에 들어섬으로써 나타난다. … 자기 분리의 목적은 경험과 이용이며, 경험과 이용의 목적은 '삶', 곧 인생의 전 기간에 걸친 죽음인 것이다. 관계의 목적은 관계 자체, 곧 '너'와의 접촉이다. 왜냐하면 모든 '너'와의 접촉에 의하여 '너'의 숨결, 곧 영원한 삶의 입김이 우리를 스치

---

4) Ibid., p.59.

기 때문이다."(『나와 너』, pp.93-94) '나'는 '그것'을 경험하고 구성하지만 '나'는 '너'를 몸으로 만나고 체험하면서 '너'의 삶에 참여한다. 세계는 구성의 대상이 아니다. 인간은 의식을 통해 세계를 구성하고 인식하는 것이 아니라 세계에 참여하고 대화하는 장으로 이해하면서 온몸으로 만나고 있는 그대로 그 세계를 받아들인다. 부버는 농부와 씨앗의 관계를 통해 인격과 세계의 관계를 예시한다. 즉, "경험은 대상을 구성하고, 체험은 대상에게 향한다. 상대방과 만나고 상대방을 향하면서 상대방을 이해할 수 있다. '예를 들면, 농부는 씨앗을 구성의 대상으로 대하지 않고 씨앗이 열매를 맺을 수 있도록 도움을 준다. 농부인 주체의 관점에서 씨앗을 다루는 것이 아니라, 씨앗의 삶에 참여하여 씨앗이 자기의 존재 의미를 실현하도록 한다.' 상대방 존재에의 참여는 그것이 '작용하도록 하는 것'이다."[5] 하나의 존재자로서 상대방과 공존한다고 의식하지만, 개적 존재는 자신을 이런저런 식으로 존재하는 것으로 의식한다. 즉, "인격은 자기를 존재에 관여하고 있는 것으로서, 하나의 공존자로서, 그리고 그러한 하나의 존재자로서 의식한다. 개적 존재는 자기 자신을 다르지 않고 그렇게 존재하는 것(ein so-und-nicht-andersseiendes)으로 의식한다. 인격은 말한다. '나는 존재한다.' 개적 존재는 말한다. '이렇게 나는 존재한다.' "(『나와 너』, p.95) 개적 존재는 '내 것(Mein)'에만 관심을 가진다. 그는 현실에 관여하지 않고 어떤 현실도 얻지 못한다. 타자들을 경험하고 이용하면서 가능한 한 많은 것들을 '내 것'으로 만들고자 한다. 자기 분리와 소유가 개적 존재의 역할인 것이다. 그는 항상 경험과 이용의 주체로만 남는다. 인격은 항상 자기 자신을 바라본다. 그러나 개별 존재와 인격은 서로 다른 두 사람이 아니라 인간성의 두 극들이다. 어떤 사람도 순수한 개적 존재이거나 순수한 인격일 수 없으며, 완전히 비현실적인 사

---

5) M. Buber, *Das dialogische Prinzip*, 5. durchgesehene Aufl(Darmstadt, 1984), pp.65-66.

람도 완전히 현실적인 사람도 있지 않다. 모든 사람은 이중의 '나' 속에 살고 있다. "사람은 그의 '나'가 가지고 있는 인간적 이중성 안에서 '나-너'의 '나'가 강하면 강할수록 그만큼 더 인격적이다."(『나와 너』, p.97) 진정한 관계에 들어가는 만남은 인격으로서의 '나'에서 출발한다.

2) 대화의 삶

인간 실존의 근본은 인간과 함께하는 인간(man with man)이다. 만남은 지속성을 유지하지 못하기 때문에 인간이 인간을 만나는 '사이(between)의 영역'은 등한시되었다. 부버에 따르면, 그 영역이 대화이다. 개체로서의 인간이 인격으로서의 인간, '나-그것'의 '나'가 '나-너'의 '나'로 성장하는 것은 '사이 영역', 즉 대화를 통해 가능한 것이다. '나'는 '너' 곁에서 비로소 '나' 자신이 된다. 내가 '너'에게 향하고 너에게 말을 건넬 때 나는 '나'일 수 있는 것이다. '너'는 '나'를 예속시키거나 '너'의 존재 방식으로 '나'를 이끌지 않고 '나'를 나 자신이 되게 돕는다. 나의 실존은 너와의 대화를 통해 실현되고, 너의 실존 역시 나의 존재를 필요로 한다. 인간은 결코 홀로 실존할 수 없다. '너' 역시 '나' 없이는 삶의 의미를 상실한다. 대화는 나와 너의 삶의 터전이다. 인간 삶은 대화를 토대로 이루어진다.

사이 영역의 본질적인 문제는 존재(being)와 현상(appearance) 내지 겉모습(seeming)의 이중성이다. 그것은 실질적으로 있는 것, 즉 실존과 '~인 것'처럼 보이기 원하는 것, 즉 이미지의 문제이다. '나-너'와 '나-그것'처럼 실존과 이미지도 서로 교대되기도 하고 서로 섞이기도 한다. 사람은 순수한 본질로 살지도 않으며, 순수한 겉모습으로 살지도 않기 때문이다. 그런데 실질적으로는 일부 사람들은 '본질 인간'으로, 일부 사람들은 '이미지 인간'으로 분류된다. 본질 인간은 스스로를 제시하는 사람으로 타자를 바라본다. 그의 바라봄은 자발적이고 영향을 받지 않는다. 자신을 바라보는 사람이 자신에 대해 어떤 생각을 하는지 생각하지 않는다. 대조적으로 이미지 인간은 다른 사람이 자신에 관해 생각하는 것에 주로 관심을 가진다. 그는 다른 사람에게 영향을 미치고자 겉모습을 만들어낸다.

진정한 대화는 본질 인간의 만남이다. 대화는 '나'와 '너'가 만나는 행위이다. 인격으로서의 '나'는 인격으로서의 '너'에게 나를 전달하고 '너' 또한 '나'에게 너를 전달한다. 대화는 의사나 전달하는 수단의 역할만을 하지 않는다. 부버에 의하면, 인간은 대화를 통해 자신의 존재를 만들어 간다. 인간 존재는 홀로 형성되는 것이 결코 아니다. 주체로서의 '나'가 혼자 인식 세계를 구성하면서 '너'의 존재를 결정하는 것이 결코 아니다. '나'는 '너'와 세계를 공유하고 함께 존재한다. '나'의 존재 방식은 '너'와의 만남, 즉 대화를 통해 이루어지며, '너'의 존재 방식 또한 '나'와의 대화 속에서 이루어진다. 진정한 대화는 '나-너'의 만남이다. '너'라고 하는 것은 말로써 표현된다. 말과 대화가 없이는 '나-너' 관계가 생기지 않는다. 반드시 말을 하지 않더라도 눈빛과 감정만으로도 '나-너'의 만남은 이루어질 수 있다. 따라서 진정한 대화는 이야기될 수도 침묵될 수도 있다. 그것의 본질은 참여자들 각각은 사실상 그들의 현전하는 그리고 특별한 존재에서 타자와 타자들을 염두에 두고 그 자신과 그들 사이에 살아 있는 상호적인 관계를 수립하려는 의도를 가지고 그들에게 돌아온다는 사실에 놓인다. "사람들이 서로 주고받는 제아무리 열띤 말이라도 그것이 진정한 대화를 성립시키지 못한다. 그것은 토론이라고 불리는 것으로서 상당한 사고력을 부여받은 사람들이 빠지기 쉬운 일종의 기묘한 장난이다. 대화가 성립하는 데에는 아무런 소리도 몸짓도 필요로 하지 않는 경우가 있다. 이야기하기는 일체의 감각적 매체 없이도 이야기하기일 수 있다."6) 사람들 사이에는 말이 없어도 마음은 열릴 수 있기 때문이다.

사람들이 나누는 대화는 말소리나 몸짓의 표현을 통해서 이루어지는 것이 사실이지만, 대화는 그런 표현이 없어도 가능할 수 있다. 그러나 대화의 본질에 속하는 것은 전달을 가능하게 하는 것이다. 아무리 개인적인 것이라고 하더라도 대화는 전달이 되고 또한 전달이 될 수 있는 완전한 외부적인 내용이다. 그래서 대화는 주로 말을 통해 이루어진다. 말하기는 단순한 의사 전달의 수단이 아니라 정신의 전달자이자 삶의 전달자이다. 그래서 말하기가 인간의 정신이자 삶이라고 할 수 있다. " '내가 존재한다(Ich sein)'는 '내가 이야기한다(Ich sprechen)'와 똑같은 것이다. ··· 말하는 사람은 그 말 속에 들어가 거기에 선다." (『나와 너』, p.9) 언어 능력을 가진 인격들 사이의 의사소통이 진정한 인식을 가능하게 한다. 인식은 단순한 의식의 소산이 아니다. 인간의 정신은 항상 말하고, 대답을 기다리고 있다. 정신은 '나'에 대한, 그리고 '너'에 대한 지속적인 대답이다. 말 걸어오는 것에 대한 대답이 바로 대화이다.

인간적인 것으로 나타나는 정신은 '너'에 대한 사람의 응답이다. 사람은 허다한 혀로 말한다. 즉, 언어의 혀, 예술의 혀, 행동의 혀가 있다. 그러나 정신은 하나이다. 정신은 신비로부터 나타나서 신비로부터 말을 걸어오는 '너'에 대한 응답이다. 정신이란 말이다. ··· 말이 사람 안에 깃들어 있는 것이 아니라 사람이 말 가운데 서 있으며 그 말로부터 말을 하는 것이다. ··· 정신은 '나'의 안에 있는 것이 아니며 '나'와 '너' 사이에 있는 것이다. 정신은 그대의 몸속을 돌고 있는 피와 같은 것이 아니라, 그대가 그 속에서 숨 쉬고 있는 공기와 같은 것이다. 사람은 '너'에게 응답할 수 있을 때, 정신 안에서 살고 있다. 사람은 그의 존재 전체를 기울여 관계에 들어설 때 '너'에게 응답할 수 있다. 사람은 그

6) M. Buber, *Between Man and Man*, 남정길 옮김, 『사람과 사람 사이』(서울: 전망사, 1991)(이후 내용을 참고하면서 단어와 표현을 조금 수정하여 인용할 것이며, 본문 속에 『사람과 사람 사이』로 표기함), p.9 참고.

의 관계 능력에 의하여서만 정신 안에서 살 수 있는 것이다(『나와 너』, p.60).

부버는 진정한 대화의 상대인 '너'를 '나'보다 더 중요하게 생각한다. 그의 대화철학의 토대는 바로 '너'이다. '너'는 내가 구성한 '너'가 아니라 '나'와 마주 서 있는 인격으로서의 '너'이다. 세계의 중심에는 '너'가 서 있고, '나'는 '너'의 주위를 돌고 있다. 나를 '나'로 자각하는 것은 바로 '너'와의 만남, 즉 '나-너'의 대화를 통해서 이루어진다. '나'는 '너'를 만나고 대화하면서 '너'를 통해 '나'는 나에 대한 반성을 하면서 나를 자각하고 나를 '나'라고 부른다. 나를 인격적인 존재인 '나'로 만들어주는 존재가 바로 '너'이다. '너'는 나의 관념 속의 존재가 아니다. '너'는 '나'와 마주하는 실존적인 존재이다. '너'는 '나'에게 대화를 건네고, 그 대화를 통해 나는 '나'가 되는 것이다.

'나-그것'의 삶의 자세에서 이루어지는 대화는 항상 대화를 위장한 독백(monologue)에 불과하다. '나-너'의 삶의 자세로 '너'를 만나는 사람은 진정한 대화를 하고 있는 인격이다. 그 진정한 대화는 말을 할 수도 있고 침묵할 수도 있다. 그것의 본질은 '참여자들 각각은 그들의 현전에서 그리고 특별한 존재로 타자나 타자들을 실질적으로 나의 정신 속에 두면서, 그 자신과 그들 사이의 살아가는 상호관계를 수립하려는 의도를 가지고 그들에게 의지한다'는 사실에 있다. 그러므로 진정한 대화의 본질적인 요소는 '타자를 보는 것' 혹은 '타자 곁을 경험하는 것'이다. 타자를 만나기 위해서는 한 사람과는 진정으로 다른 누군가로서 그에게 관심을 가져야 하지만, 동시에 그와 관계 속으로 들어갈 수 있는 누군가로서 그에게 관심을 가져야 한다. 어떤 사람은 타자의 본성을 자기 자신의 생각하기 속으로 받아들여야 하며, 그것과 관련하여 생각해야 한다. 단지 우리는 진실로, 다른 방식으로 생각하는 타자를 가지기 때문에 우리는 '나'를 마주하는 '너'를 가진다.7) 그런데 대화로 위장된 독백의 경우들이 많다. 두 사람 이상 여러 사람들이 한 방에서 서로 돌아가며 모두가 모두에게 이야기하고 떠들면서 서로를 향해 무슨 말을 하고 있다고 생각하는 경우의 대화들이다. 상대방을 인격으로 대하지 않고 단순히 어떤 의도를 가지고 말만 주고받거나, 자기과시나 자기만족을 위해서 하는 말들은 아무리 많은 말들이라도 독백일 따름이다. 독백을 하는 사람은 자신의 말을 일방적으로 전달할 뿐 상대방의 말을 듣고 대응할 필요성을 느끼지 않는다. 그는 자만과 자기 관점에 몰두하기 때문에 상대방의 관점을 받아들이고 대응하고, 더 나아가 그를 인격으로 수용하면서 자기 자신을 반성하고 자신의 인격을 형성할 의도를 갖지 못한다.

부버는 실존하는 사람을 알아내는 세 가지 모습들을 구분한다. 상대방을 주시하는 사람(observer), 상대방을 그저 바라보는 구경하는 사람(onlooker), 그리고 깨닫는(becoming aware) 사람 등의 모습들이다. 먼저, "주시하는 사람은 상대방을 자신의 마음에 새기고 그를 '주목하기(noting)'에 긴장한다. 주시하는 사람은 상대방을 탐지하고 기술한다. 즉, 그는 할 수 있는 한 많은 특성들을 열심히 기술한다. 그는 그런 특성들 중 하나라도 자신을 피해 빠져나가지 않도록 그것들이 눈에 띄기를 기다린다. 여기서 대상들은 그런 특성들로 구성되며, 개별 특성들의 배후는 알려지게 마련이다. 인간의 표현 방식에 관한 지식은 새롭게 나타나는 개인적인 표현의 다양성을 바로 눈 깜박할 사이에 결합시킨다. 여기에서 등장하는 얼굴은 단지 표정일 뿐이며, 행위는 표현의 상태일 따름이다."(『사람과 사람 사이』, p.19) 그리고 "구경하는 사람은 전혀 긴장하지 않는다. 그는 대상을 자유로이 볼 수 있는 듯한 자세를 취하면서 앞에 나타날 것을 그냥 기다린다. 다만 처음에는 목적에 지배되는 것처럼 보이지만 그 외 모든 것은 무의도적으로

---

7) Maurice S. Friedman, op. cit., p.95.

일어난다. 그는 무분별하게 이것저것을 주목하지 않는다. 그는 아무 거리낌 없이 행동한다. 그는 무엇을 잊어버린다고 해도 조금도 두려워하지 않는다. 오히려 그는 자신의 기억에 어떤 책무를 부가하지 않는다. 그는 가질 만한 것을 가지는 기억의 유기적인 활동을 믿는다. 그는 특성들에 주목하지 않는다."(『사람과 사람 사이』, pp.19-20) 주시하는 사람도 구경하는 사람도 상대방을 알고자 하는 의도를 가진다는 점에서는 동일하다. 그러나 그들의 지각과는 전적으로 다른 또 다른 지각이 있다. "내가 민감한 상태에 처했을 때 누군가가 나에게 나타나서 나를 향해 무언가를, 내가 객관적으로 전혀 알 수 없는 '어떤 것을 말하는' 경우에는 사정이 다르다. 이 경우에 그 사람이 어떤 사람이라든지, 그에게 무슨 일이 일어나고 있는지 등이 나에게 이야기되는 것은 결코 아니다. 무엇인가가 나에게 말해지고, 말을 걸어오고, 무엇인가가 나의 삶 속에 들어와서 그것이 말을 한다. 나에게 말해진 것을 받아들인 결과는 구경하거나 주시한 결과와는 완전히 다르다. 나는 그에게서 그를 통하여 무엇인가를 나에게 말해 주는 그 사람을 묘사할 수도, 표시할 수도, 기술할 수도 없다. 만약 내가 그것을 하려고 마음 먹는다면 말하는 것이 그치고 말 것이다. 이때 이 사람은 나의 대상이 아니다. 나는 그와 관계를 가진 것이다. 나는 그에게서 무언가를 배우고, 말하는 것을 받아들이고, 나아가 내가 그 말에 응답해야 할 것이다."(『사람과 사람 사이』, pp.20-21) 이런 종류의 지각을 깨달음이라고 할 수 있다. 내가 깨닫는 것은 인간을 통해서 깨닫는 것만이 아니고, 동식물이나 돌멩이를 통해서도 깨달을 수 있다. 나에게 말을 걸어오는 모든 것은 나를 깨닫게 한다.

진정한 대화는 말로 하든지 침묵으로 하든지 참여자가 상대방을 있는 그대로의 현존(Dasein)과 본질(Sosein)에서 인정하며, 그들의 의도에 귀를 기울이며, 양자의 사이에 생동하는 상호성이 생기는 대화를 말한다. 대화를 하는 자는 상호성을 철저히 신뢰하며 받아들이는 자이다. 대화는 일방적으로 내용이 결정되거나 그 진행이 주도되어서는 안된다. 상호성의 원칙이 반드시 지켜져야 한다. 말이 없고 내용이 없더라도 서로가 상대에게 내적으로 작용하는 것이 진정한 대화의 본질이다. 진정한 대화는 '나'와 '너' 사이에서 이루어진다. '나'와 '너'는 서로 다른 존재자들이다. 그 다름을 서로 엮어주는 것이 대화인 것이다. 인간 실존의 전제조건은 현상 내지 겉모습의 경향을 극복하는 것이다. 그것은 타자를 인격적인 실존으로 대하면서 스스로 실존하게 만들고, 자신의 진리나 관점을 타자에게 부가하려고 시도하지 않는다는 것이다. 그것은 타자를 개인으로 대한다는 의미가 결코 아니다. 자아 자체는 궁극적으로 본질적이라기보다는 인간 실존의 창조된 의미이며, 다시 그리고 또다시 자아로서 형성되어 가는 것이다. 사람들이 하나의 자아가 됨에 있어 서로에게 주는 도움은 사람과 사람 사이의 삶을 더 높은 수준으로 이끈다. 진정한 대화를 통해 타자는 전체적인 하나로 현전하게 된다.

진정한 대화에서 주고받는 말은 '무엇에 관한 말(bereden)'이 아니라 '누구를 향한 말(anreden)'이다. 내가 너에게로 향한다는 말은 서로 마주 대하고 있으면서 너에게 말을 건다는 의미이다. '나-너'에서 '나'가 '너'에게 하는 말이 '누구를 향한 말'이며, '나-그것'에서 '나'는 '무엇에 관한 말'을 한다. '나'와 '너' 사이에서 인격적으로 이루어지는 대화가 '향한 말'인 것이다. 대화 상대자는 말하는 대상이나 그 내용이 아니고 말을 듣고 수용하고 응답하는 사람이다. 대화 속에서 '나'와 '너'는 진정한 물음과 응답을 주고받을 수 있다. 물음에 대한 진정한 응답은 '나-너' 사이에서 가능한 것이다. 진정한 대화 속의 물음과 응답은 정보를 교환하거나 의사를 소통하는 기회만이 결코 아니다. 응답하기(responding)는 책임지기(responsibility)로 이어진다. 진정한 대화를 통하여 '나'와 '너'는 서로의 존재 방식을 이해하고 수용하면서 서로에게 책임을 지는 인격의 만남이 이루어지는 것이다. 책임을 지는

일은 응답이 현실적으로 일어나는 곳에서만 가능하다. 응답이란 우리
가 보고 듣고 느끼는 것 등이다. 응답하고 책임지는 진정한 만남 속에
서 우리는 진정한 인간의 삶을 살 수 있다. 즉,

　　사람에게 주어지는 매 순간은 하나의 언어가 된다. 우리에게 주어진
신호들(signs)을 읽어내기 위해서 우리에게는 깊은 사려가 요구된다. 사
려 깊은 인간은 상황이 그에게 다가오자마자 그 상황과 자신이 무관하
다고 생각할 수 없으며 그 상황 속에 들어오라는 요구를 받는다. 이때
인간은 항상 적용할 수 있을 거라고 생각하면서 소유하는 지식, 프로그
램 등 모든 것은 도움이 되지 못한다. 지금 그는 정리될 수 없는 구체
적인 상황과 관계해야 하기 때문이다. 이 경우 그에게 말을 걸어오는
언어는 알파벳이라는 형식을 취하지 않는다. 그 개개의 음성은 그 자체
로 하나의 새로운 창조요, 파악될 수 있는 성질의 것이다. 그래서 사려
깊은 사람이라면 지금 바로 일어나는 어떤 창조에 직면할 것을 요구받
는다. 그 창조는 언어를 통해 생긴다. 이때의 언어는 머리 위를 시끄럽
게 넘어서 그냥 지나가는 언어가 아니라 정확히 '그를 향해서 말을 걸
어오는' 언어이다. … 그것에 대한 응답은 말더듬으로 나타난다. 응답
의 언어는 말 건네기와 마찬가지로 번역할 수 없는 언어에 의해서 말
을 형성한다. 우리가 우리의 존재 자체를 가지고 말하는 것, 그것이 바
로 그때 우리를 향해 다가오는 상황과 관계하는 것이며, 거기서 그 상
황 속으로 들어가는 것이다. 일단 응답하려면 그 상황과의 관계를 유지
해야 한다. 우리는 그 상황을 현실적인 삶의 실질 속으로 유입시켜야
한다. 그래야만 우리는 매 순간 성실히 삶을 경험하게 된다. 우리는 순
간을 향해 응답한다. 새롭게 창조된 구체적인 현실이 우리 앞에 놓이고,
우리는 그것에 응답할 책임을 지게 된다. 한 마리의 개가 우리를 본다.
이에 대해 우리는 응답할 책임을 져야 한다. 한 어린아이가 우리의 손
을 잡는다. 우리는 그 손잡음에 책임을 져야 한다. 사람들이 모여서 우
리 주변을 돌고 있다. 우리는 그들의 어려움에 대해 책임을 져야 한다
(『사람과 사람 사이』, pp.31-34).

그러나 서로 만나서 이야기를 나눈다고 하여 모두 진정한 대화(dialogue)일 수는 없다. 회화(conversation)일 수도 있고, 담론(discourse)이나 토론(discussion)일 수도 있다. 외관상으로는 대화가 아니지만 진정한 대화도 있을 수 있으며, 외관상으로는 대화이지만 본질적으로 대화가 아닌 대화도 있다. 부버는 진정한 대화(genuine dialogue), 실무적 대화(technical dialogue), 대화로 위장된 독백(monologue disguised as dialogue) 등 세 종류의 대화들을 소개한다(『사람과 사람 사이』, pp.36-38 참고). 진정한 대화는 아주 드물게 이루어진다. 그것은 침묵의 형식이든 말하기의 형식이든, 대화 상대자들이 단수이든 복수이든 상관없이, 그들이 현존재이며 특별한 존재임을 인정하면서 상호관계에서 서로를 향하는 대화이다. 여기서는 인간 정신의 유기적인 실체의 지속성이 입증된다. 실무적 대화는 객관적인 이해의 필요에 의해 이루어진다. 이것은 현대인의 삶에 핵심적인 대화이다. 마음속에 있었던 생각을 그대로 말로 표현하는 것이 아니라, 그의 생각이 더할 나위 없이 예리하게 적중되는 것과 같이 서로 말을 하나 상대방을 현전하는 인격으로 보지 않는 '논쟁', 무엇을 전달하고자 하는 의욕도 없으며, 무엇을 배우려고도 하지 않는, 어떤 사람에게 영향을 주려고도 하지 않으며, 어떤 사람과 관계를 맺고자 하지도 않고, 다만 자신의 말에서 상대방이 받은 인상을 읽음으로 인하여 형성되는 자기-신뢰(self-reliance)를 행사하려는 욕망, 혹은 그것이 불안할 경우 그것을 안정시키려는 욕망에 의해서 특징지어지는 '회화', 자신을 절대적이고 정당한 사람으로 간주하면서 상대방을 상대적이고 의문이 가는 사람으로 간주하는 '우호적인 잡담(friendly chat)' 등이다. 그리고 대화로 위장된 독백은 친밀한 관계 속에서도 자아 외부에 있는 것에 접하려고 하지 않는 사람의 경우이다. 대화를 하는 사람은 무엇인가 말해야 할 것을 얻게 되고 스스로 응답의 요구를 받고 있음을 느낀다. 독백을 하는 사람은 타자를 자신이 아닌 어떤 존재로 알고자 하지 않으며 그와 더불어 관계하고 있음도 알지 않는다. 독백하는 사람은 타자의 '타자성'을 모른다. 그러나 대신 타자를 그 자신에 통합시키려고 노력한다.

진정한 대화의 삶을 통하여, 우리는 생활과 경험 속에서 항상 부름을 받고 있음을 알게 되고 그 부름에 응답할 수 있다. 진정한 대화가 아닌 대화의 삶에서는 그 부름을 듣지 않거나 지껄이는 소음 속에서 그 부름이 부서진다. 그러나 말이 우리에게 도달하고, 그 말이 우리를 응답하게 한다면 거기에는 진정한 인간의 인격적인 삶이 존재하게 된다. "영혼의 '불꽃' 속에서 응답의 불길이 붙여지는 것, 예고도 없이 접근해 오는 말 붙여 옴에 대해 다시 또다시 응답의 불이 타오를 때, 이것을 우리는 책임이라고 부른다."(『사람과 사람 사이』, p.159) 부름을 받고 응답하는 것은 '서로 간의 포용'으로 표현될 수 있다. 인격들 사이에서 포용하는 것이 진정한 대화 관계일 수 있다. 즉,

포용하는 것은 감정이입과는 다르다. 감정이입은 대상의 구성과 움직임을 자기 자신의 감정을 가지고 이해하면서 자기를 그 속에 '바꾸어 넣는' 것을 말한다. 그것은 자신의 구체성의 배제, 삶의 현실적 상황의 소멸, 인간이 참여하는 현실의 순수한 심리성으로의 해소를 의미한다. 그러나 포용은 정반대이다. 포용은 자신의 구체성의 확대이며, 삶의 현실적 상황의 충족이며, 사람이 참여하는 현실의 완전한 현전이다. 포용을 구성하는 요소는 다음과 같다. 첫째는 두 인격 사이의 관계이다. 둘째는 양자에 의해 공통적으로 체험되며, 적어도 양자 중 하나가 능동적으로 참여하고 있는 한 사건이다. 셋째는 이 한 사람이 이 공통의 사실을, 자신이 행위하고 있다는 실감을 조금도 잃지 않으며 동시에 타자 측에서 체험한다는 사실이다(『사람과 사람 사이』, p.160).

진정한 대화 관계를 통해서만이 진정한 도덕교육은 이루어질 수 있다. 교사가 학생에게 지식이나 기술만을 가르친다면, 그는 학생의 개

인적인 기능을 염두에 두면 될 것이다. 그러나 학생 자체의 인격이나 성품을 교육하고자 한다면, '하나의 전체로서의 인격(person as a whole)'에 관심을 두어야 한다. 학생의 전체적인 존재(whole being)에 진정으로 영향을 미칠 수 있는 것은 교사의 전체적인 존재일 따름이다. 전체적인 존재 사이의 진정한 대화를 통해서만이 인격교육은 가능할 것이다. 교사는 자기와 같은 인격에게 흉금을 터놓고 대화하는 전체적인 존재가 되지 않으면 안 된다. 학생들 앞에 현전하여 살아서 움직이는 교사의 생동력은 순수하고 강력한 영향을 학생들에게 미칠 수 있을 것이다. 그리스어로 '성품(character)'은 '새긴다'는 어원을 가진다. 학생들에게 모든 것이 각인되는 것이다.

2. 레비나스의 대화와 윤리

1) 대면과 대화

자아와 타자 사이의 거리를 유지하면서 서로를 만나게 하는 것은 대화이다. 인격 사이의 만남이 진정한 대화이며, 진정한 대화를 통해 인격적인 자아-정체성이 형성된다. 대화는 타자의 얼굴과의 진정한 만남이다. 얼굴은 말한다. 그것의 현전이 대화의 시작이다. 레비나스가 이 문제를 다루는 곳은 주로 『전체성과 무한성』8)과 『존재와는 다르게』9)이다.

인격들의 만남은 단순히 수적인 모임이 아니다. 나와 타자의 만남

---

8) E. Levinas, *Totality and Infinity: An Essay on Exteriority*, trans. by Alphonso Lingis(London: Kluwer Academic Publishers, 1991)(이후에는 본문 속에 TI로 표기함).

9) E. Levinas, *Otherwise than Being or Beyond Essence*, trans. by Alphonso Lingis(Yhe Hague: Martinus Nijhoff, 1974)(이후에는 본문 속에 OBBE로 표기함).

이 하나의 복수를 이루는 수준만은 아니다. '나'가 '당신(you)', '우리 (we)'라고 말하면서 만나는 진정한 대화의 만남은 '나'들의 모임 이상 인 것이다. '나'와 '당신'은 공동 개념인 개인들이 아니기 때문이다. 누가 누구의 마음을 사로잡는다는 것도, 모여서 복수를 이룬다는 것 도, 서로를 연결시키는 진정한 만남은 아니다. 진정한 만남에서 서로 는 자유로운 사람이다. 내가 상대방에 대해 어느 정도의 재량권을 가 질 수는 있지만 그 상대방은 나에게 점유되지 않는다. 나와 상대방은 공동의 개념을 가지지 않고 같은 (종)류(genus)에 속하지도 않는다. 만 남 속의 우리는 동일자이면서 타자이다. 연결된다는 것은 한쪽이 다른 쪽에 추가되거나 권력을 가진다는 것을 가리키지 않는다. 진정한 만남 은 '관계(relation)'의 형성이다.

레비나스는 동일자와 타자의 관계가 언어임을 주장한다. "양측이 그 관계 속에서 서로 인접하지 않는, 그리고 타자가 동일자와 관계를 맺음에도 불구하고 여전히 동일자를 넘어서 있는, 그런 관계를 언어가 형성한다. 동일자와 타자 사이의 관계, 형이상학적인 관계는 근본적으 로 대화로서 시행된다."(TI, p.39) 그가 사용하는 언어는 곧 대화의 의 미이다. 대화 상대자들은 진정한 대화의 관계 속에서 단일성 내지 전 체성(totality)을 이루는 것이 아니다. 그 관계는 얼굴을 마주하는 관계 이다. 그 관계 속에서 '나'는 우연히 형성되고 그런 나의 사고 속에 동 일자와 타자가 반영되는 것이 결코 아니다. '나'와 '사고'는 타자성을 형성하기 위해 필요한 것이다. 사고한다는 것은 반영한다는 것이 아니 라 타자성을 형성하는 것이다. 타자성은 나의 사고 작용으로 형성될 수 있는 것이다. 레비나스는 변명을 대화의 본질적인 요소라고 다음과 같이 말한다. "대화가 이루어지고 있다는 것은 자기중심주의를 능가 하는 하나의 권리를 타자에게 인정하면서 자신의 주장을 변명하고 있 다는 것이다. '나'가 자신을 내세우면서 동시에 자신을 넘어서는 것 앞에서 고개를 숙이는 것, 즉 변명은 대화의 본질에 속한다. 대화가 이루어지게 하고 대화가 의미를 도출하게 하는 것이 선(goodness)이며, 그 선은 그 변명의 순간을 지우지 않을 것이다."(TI, p.40) 사고가 전체성을 부수지 못한다. 전체성을 부수는 것은 사고가 범주화시키기 힘든 타자와 직면할 경우에만 가능하다. 그런 타자를 가지고 하나의 전체성을 구성하기보다는 그 타자와 함께 '이야기하기(speaking)'가 사고인 것이다. 대화의 관계 속에서 타자는 절대적인 타자로 남는다. 동일자와 타자는 결코 전체화될 수 없으며, 되어서도 안 될 것이다. 동일자는 본질적으로 다양성이나 역사나 체계 속에서 확인된다. 그 체계에 저항하는 것은 '나'가 아니라 타자이다.

레비나스는 나의 '타자에 관한 관념'을 능가하면서 타자가 스스로를 드러내는 방식을 '얼굴'이라고 표현한다. '타자의 얼굴'은 본질적으로 나의 대화 상대자로서 이야기하기에서 나에게 말을 거는 사람의 얼굴인 것이다. 그것은 나의 시선 하에서 하나의 화제로서 두각을 드러내는 것이 아니다. 그리고 하나의 이미지를 형성하는 일련의 자질들을 펼치는 것도 아니다. 얼굴은 표현 그 자체이다. 즉, "타자의 얼굴은 그것이 나에게 남기는 유연한 이미지를 매 순간 부수고 넘쳐흐른다. … 그것은 자질들에 의해 드러나지 않고, 그 자체로 드러난다. '그것은 스스로를 표현한다.' 얼굴은 진리 개념을 제시한다. 그런데 여기서 진리는 '표현(expression)'이지 인간과는 무관한 중성의 드러냄이 아니다."(TI, p.51) 대화를 통해 타자에 접근한다는 것은 그의 표현을 환영하는 것이다. 그리고 타자로부터 수용하는 것이 바로 그 표현의 의미인 것이다. 대화를 하면서 그 표현의 의미를 받아들인다는 것은 타자의 타자성을 인정하는 것이며, 그것으로부터 가르침을 받고 타자와의 윤리적인 관계를 가지는 것이다. 이 경우 가르침은 산파술의 수준을 넘어선다. 그것은 외부로부터 다가오는 것이며, 내가 내포하고 있는 것 이상을 나에게 가져다주는 것이다.

타자의 얼굴과의 만남, 즉 대화를 통해 대화 상대자들은 같은 (종)

류에 속한다는 점을 넘어선다. 언어를 통해 그들 사이에는 절대적인 차이가 형성된다. 그들은 그 관계로부터 스스로를 와해시키거나 혹은 관계 속에서 절대적인 것으로 남는다. 언어는 존재의 지속성이나 역사의 지속성을 깨부수는 힘으로 규정될 수 있다. 대화는 타자의 본질을 파악하기보다는 본질적으로 초월적인 것과 관련되어 이루어진다. 언어는 분리된 대화 상대자들 사이의 관계인 것이다. 타자는 하나의 화제로서 스스로 등장하지만, 그의 현전은 하나의 화제 속에 삽입되지 않는다. 즉,

하나의 화제로서의 타자에 관한 말은 그 타자를 포함하는 것 같다. 그러나 그것은, 대화 상대자로서 자신을 에워싸고 있었던 화제를 떠났던 타자에게 말해지고, 그리고 피할 수 없이 말해진 것 뒤에서 솟구쳐 오른다. … 타자를 이해하는 지식은 내가 그에게 말을 거는 대화 속에 자리 잡는다. 말하기가 그 타자에게 간청한다. 말하기는 시각을 가로지른다. 지식이나 시각에서, 보인 대상이 하나의 행위를 결정할 수 있지만, 그 '보인 것'을 전유하고 그것에 의미를 부여함으로써 하나의 세계 속으로 그것을 통합시키는, 그리고 결국 그것을 구성하는 것은, 하나의 행위이다. 대화에서, 나의 화제로서의 타자와 나의 대화 상대자로서의 타자 사이를 반드시 드러나게 하고 타자를 붙잡는 기회로 보였던 그 화제로부터 이탈되는 그 상이함은 내가 나의 대화 상대자에게 부여하는 의미에 이의를 제기한다. 그러므로 언어의 형식적 구조는 타자의 윤리적인 신성함을 선언한다. 대화를 통해 얼굴이 나와의 관계를 유지한다는 사실은 타자를 동일자 속에 정렬시키는 것이 아니다. 타자는 그 관계 속에서 절대적인 것으로 남는다. … 대화를 이어나가게 하는 윤리적인 관계는 '나'로부터 시선이 발산하는 일종의 의식이 아니다. 그것은 '나'를 문제 삼는다. '나'를 문제 삼는 것은 타자로부터 생긴다(TI, p.195).

대화에서 본질적인 것은 대화 상대자들의 관계의 외재성이다. 동일

자와 타자는 거리를 유지하면서 서로를 매개하는 것이 언어이자 대화인 것이다. 대화를 통해 서로가 이어지지만 서로가 통합되지 않는다. 레비나스는 대화의 본질을 진리 탐구와 연관시키면서 다음과 같이 말한다. "분리가 없이는 진리도 없을 것이며, 다만 존재만이 있을 것이다. 모를 수 있고, 잘못 생각될 수 있고, 오류일 수도 있다는 위험을 지닌 진리는 '거리'를 없애 버리지 않고, 아는 사람과 알려지는 것의 합일을 초래하지도 않고, 결국 전체성이 되는 것도 아니다."(TI, p.60) 거리를 두면서 서로가 이어지는 것은 참여하는 것이다. 참여한다는 것은 타자와 관계하는 대화의 방법인 것이다. 타자와 접촉하면서 자신의 존재를 가지고 그것을 전개하는 것이 참여인 것이다. 참여가 대화의 본질이다. 접촉은 하지만 자신의 존재를 전개하지 않음은 참여하지 않는 것이다. 레비나스는 이 점을 플라톤이 말했던 기게스(Gyges)[10]에 비유한다. 즉,

(참여하지 않는다는 것은) 기게스처럼, 보이지 않으면서 보는 것이다. (자신은 보이지 않으면서 자신은 보기 위해서) 다음은 필수적이다. 즉,

---

10) 기게스의 반지(Ring of Gyges)는 플라톤의 저서 『국가』, 2권(2.359a-2.360d)에 나오는 가공의 마법 반지이다. 이 반지는 그것을 가진 사람이 자신의 모습을 보이지 않게 할 수 있는 신비한 힘이 있다. 이 반지 이야기는 사람이 자신의 행동에 대한 결과를 책임질 필요가 없다면 어떻게 행동할 것인가의 문제를 다룬다. 기게스는 리디아의 왕 칸다울레스를 섬기는 목동이었다. 기게스가 양을 치고 있던 어느 날 갑자기 지진이 일어났다. 그 자리에 땅이 갈라져 동굴이 생겼고, 기게스는 호기심이 생겨 갈라진 동굴 속으로 들어가게 된다. 동굴 안에서 그는 거인의 시체가 놓여 있는 것을 발견하였고, 그 시체의 손가락에서 금반지를 빼들고 밖으로 나왔다. 그는 우연히 자신이 끼고 있는 반지의 흠집 난 곳을 안으로 돌리면 자신은 투명인간이 되고 밖으로 돌리면 자신의 모습이 다시 나타난다는 사실을 알게 된다. '보이지 않는 힘'을 갖게 된 그는 나쁜 마음을 먹게 되었다. 왕을 섬기는 목동으로서 궁전에 들어간 그는 자신의 새로운 힘인 마법 반지를 이용하여 투명하게 된 후, 왕비를 간통하고, 칸다울레스 왕을 암살하여 왕위를 찬탈하고 스스로 리디아의 왕이 되었다.

하나의 존재는 전체의 한 부분일지라도 그것의 영역(그것의 정의)으로부터가 아니라 그 자체로부터 그것의 존재를 도출하고, 독립적으로 실존하여야 한다. 그리고 존재(Being) 내에서 그것의 위치를 표시하는 관계에 의존하지 않고, 타자가 그것을 떠올릴 인식에 의존하지도 않아야 한다. 기게스의 신화는 '나'와 내재성의 신화이다. 그것은 인식되지 않고 실존한다. 그것은 모든 처벌받지 않은 범죄들의 결말이다. 그것은 내재성의 대가이며 곧 분리의 대가이다. 내적 삶, '나', 분리는 근절 자체이며, 비-참여, 그리고 결과적으로 오류의 가능성 그리고 진리의 애매모호의 가능성이다. … 진리는 분리 속에서 자율적인 하나의 존재를 전제한다. 하나의 진리의 탐구는 정확히, 욕구의 결핍에 의존하지 않는 관계이다. 진리를 탐구하고 획득하는 것은 어떤 사람이 자신과는 다른 어떤 것에 의해 규정되기 때문이 아니고 어떤 의미에서 어떤 사람이 결핍하는 것이 아무것도 없기 때문에 하나의 관계 속에 있는 것이다 (TI, p.61).

레비나스에게 있어, 진리는 관념적인 사고를 통해서가 아니라 생생한 경험을 통해 형성되는 것이며, 외재성, 초월성, 타자성과 연계된다. 그리고 외재적인 진리와의 교제라는 경험이 곧 대화인 것이다. 그러나 그는 모든 대화들이 외재성과의 관계가 아님을 주장한다. 교수법(pedagogy)이나 주술(psychagogy)에서의 담화(discourse)는 진정한 대화일 수 없고 수사(rhetoric)에 불과하다. 책략을 가지고 상대방에 접근한다. 거기서는 대화 상대자들이 서로를 만나는 것이 아니다. 자신의 책략을 적용할 하나의 대상으로 만날 따름이다. 소피스트의 기술이 진리에 관한 진정한 대화의 기술인지가 논제가 되는 것도 수사와 관련되기 때문이다. 수사는 교수법과 민중 선동 그리고 주술에서 이루어지는 말하는 기술에 지나지 않는다. 그것은 진정한 대화에서는 극복되어야 하는 것이다. 진정한 대화는 미리 구성된 논리의 전개일 수 없으며, 외재적인 타자의 타자성과 무한성을 경험하는 것이다. 대화는 타자의 얼굴의 현현을 수용하는 반면, 수사는 타자와 함께 말하면서도 그를 대면한다기보다는 자신 속에 받아들이면서 타자의 말을 듣지 않는다. 레비나스는 수사를 폭력과 불의(injustice)로 규정한다. 즉, "수사는 얼굴을 대하지 않고 심지어 빗나가게 타자에 접근한다. 그것은 분명히 하나의 사물로서 접근하지는 않는다. 그것은 모여서 이야기를 나누는 것이며, 그것의 모든 교묘한 솜씨들을 통하여 타자로 다가가면서 그의 긍정을 간청하기 때문이다. 그러나 수사(선전, 아첨, 권모술수 등)의 본질은 자유를 매수하는 것이다. 그것을 위해 수사는 명백히 폭력, 즉 불의이다."(TI, p.70) 수사를 포기하는 것은 진정한 대화에서 타자를 대면하는 것이다. 타자는 결코 하나의 대상일 수 없다. 그것은 모든 모험들을 벗어나 있다. 모든 객관성으로부터 멀어지는 것은 얼굴에서의 타자의 현전을 의미한다. 그것은 그의 표현이자 언어인 것이다. "우리는 대화에서 얼굴 대 얼굴의 접근을 정의(justice)로 부른다. 존재가 그 자신의 밝음으로 번쩍이는 절대적인 '경험' 속에서 진리가 발생한다면, 그것은 다만 진정한 대화 내지 정의에서 만들어지는 것이다."(TI, p.71)

레비나스는 수사와 불의에 이어 진정한 대화와 정의를 다루면서, 먼저 소크라테스의 주장을 소개한다. 즉,

소크라테스 : 파이드로스, 자네가 알고 있듯이, 글쓰기는 그림 그리기와 미묘한 특징을 공유한다. 그림 그리기의 결과물들은 마치 살아 있는 것처럼 거기에 서 있지만 누군가가 어떤 것을 묻는다면 그것들은 가장 근엄하게 침묵할 것이다. 쓰인 말들에도 동일한 것이 적용된다. 당신은 그것들이 마치 어느 정도 이해를 하고 있는 것처럼 말하고 있다고 생각할 것이다. 그러나 만약 당신이 더 많은 것을 배우고 싶기 때문에 말해진 어떤 것을 질문한다면 계속 동일한 모습을 보여줄 것이다. 그것이 일단 쓰였을 때, 모든 곳으로 돌아다닐 것이며, 그것에 관심을 가지지 않은 사람들과 다름없이 이해를 하고 있는 사람들에게 무차별적으로

도달할 것이다. 그것은 누구에게는 말해야 하고 누구에게는 말해서는 안 되는지를 알지 못한다. 그리고 그것이 부당하게 비난을 받고 공격을 당할 때, 그것은 항상 저자의 지지를 필요로 한다. 그 자체만으로는 스스로를 지킬 수 없고 그 자신의 지지로 다가올 수도 없다.

파이드로스 : 당신은 절대 옳습니다.

소크라테스 : 자, 나에게 말해 보지. 우리는 또 다른 종류의 대화를 확인할 수 있는가. 그것이 어떤 방식으로 발생하는지, 그리고 본질상 그것이 왜 더 나은 것이며 더 가능성이 많은 것인지, 우리가 말할 수 있을까?

파이드로스 : 그것이 어떤 것인가요? 그것이 어떤 방식으로 발생한다고 당신은 생각합니까?

소크라테스 : 그것은 듣는 사람의 정신 속에서 지식을 가지고 쓰인 대화이다. 그것은 스스로를 지킬 수 있고, 그리고 그것은 누구에게는 말해야 하고 누구에게는 침묵해야 하는지를 안다.11)

여기서 소크라테스가 주장하는 것은 두 가지 형태의 대화들의 차이이다. 즉, "그것은 인간과는 무관하게 글쓰기들에서 확실하게 정립된 진리의 객관성, 그리고 살아 있는 존재 속의 이성, '생생하고 활성화된 대화', 스스로를 지킬 수 있고, 언제 말하고 언제 침묵할지를 아는 대화 사이의 차이이다. 그러므로 후자 형태의 대화는 미리 조립된 내적 논리의 전개가 아니고, 자유의 모든 위험들을 가지고, 생각하는 사람들 사이의 투쟁에서 진리를 구성하는 것이다."(TI, p.73) 여기서 레비나스는 대화는 초월성, 근본적 분리, 대화 상대자들의 낯섦, 타자의 계시 등의 관계 속에서 이루어진다고 주장한다.

이어서 그는 절대적으로 낯섦이 우리를 가르칠 수 있는 대화가 진정한 대화임을 강조한다. 타자가 낯설다는 것은 바로 그가 자유롭다는

---

11) Plato, *Phaedrus*, 275d-276a, *Plato: Complete Works*, ed. by John M. Cooper (Cambridge: Hackett Publishing Company, 1997), p.552.

의미이다. 자유로운 존재들만이 서로에게 낯선 사람들일 수 있다. 서로가 가진 자유는 서로가 서로에게 속하지 않고 서로 분리되어 있음을 말한다. 대화는 완전히 적나라한 존재와의 관계이다. "은유적으로 말한다면 액자 없는 벽이나 적나라한 풍경과 같이 사물들은 꾸밈들이 없을 때에만 적나라하다. 어떤 기능을 수행하기 위해 만들어진 그 사물들은 그 기능을 완전히 수행하고 있다면 꾸밈이 필요 없을 것이다. 그것들은 자신의 목적에 너무 철저하게 매몰될 때 형식 아래에서 사라진다. 개별적인 사물들의 지각은 그것들이 자신의 형식에 매몰되지 않는다는 사실이다. 그때 그것들은 스스로 돋보이며, 자신의 형식들을 뚫고 나가고 파열시킨다."(TI, p.74) 대화 역시 모든 형식들에서 벗어난 적나라한 관계 속으로 들어가는 것이다. 그것은 그 자체로 의미를 가진다. 그 관계는 항상 긍정적인 가치로서 등장한다. 그런 적나라함이 바로 얼굴이다. 얼굴이 적나라하다는 것은 얼굴 밖에서 비친 빛 속에서 나에게, 나의 눈에, 나의 지각에 제시되는 그런 모습이 아니다. 얼굴은 나에게 호소했다. 이 점이 얼굴의 바로 그 벌거숭이이다. 그것은 그 자체이지 다른 것과 연관되지 않는다. 그런데 나에게 호소하는 얼굴의 적나라함은 대상-인지의 문제와는 다르다. 그것은 타자의 궁핍을 인정하고, 그에게 무언가를 부여하는 것이다. 이 점을 레비나스는 다음과 같이 설명한다.

자유이기도 한 낯설다는 낯설고 궁핍함이다. 자유는 동일자에 타자로서 나타난다. 그런데 동일자는 그 자신의 거주지에서 항상 특혜를 받는 원주민이다. 자유인인 타자는 또한 낯선 사람이다. 그의 얼굴의 적나라함은 냉정하고 적나라함을 수줍어하는 몸의 적나라함으로 확대된다. 실존은 그 세계에서 하나의 궁핍이다. 여기에는 나와 타자 사이의 관계가 수사를 넘어서 있다. 애원하고 요구하는 시선, 다만 요구하기 때문에 애원할 수 있고, … 부여하면서 인정하는 그런 시선은 정확히 하나의 얼굴로서의 얼굴의 현현이다. 얼굴의 적나라함은 궁핍함이다. 타자를 인정하는 것은 굶주리는 사람을 인정하는 것이다. 타자를 인정한다는 것은 부여하는 것이다. 그러나 그것은 스승에게, 주인에게, 높은 차원의 '당신'으로 어떤 사람이 접근하는 '그'에게 주는 것이다(TI, p.75).

절대적인 타자를 인정한다는 것은 소유된 사물들의 세계를 가로질러 그에게 다가가는 것인 동시에 보편성을 수립하는 것이다. 언어 내지 대화는 개인적인 것으로부터 일반적인 것으로의 이동이기 때문에, 그리고 그것이 절대적인 타자에게 나의 것인 사물들을 제공하기 때문에, 보편적이다. 말하기는 세계를 공동적인 것으로 만든다. 그것은 개념들의 일반성을 말하는 것이 아니고 공동 소유를 위한 토대를 마련한다. 그리고 즐김이 가진 양도할 수 없음의 속성을 폐지시킨다. 대화의 세계는 분리 속에서 모든 것을 소유하고 편하게 지내는 곳이 아니다. 내가 타자에게 무언가를 부여하는 곳, 보편적으로 나누어 가지는 곳이다. 대화는 사물들로부터 그리고 타자들로부터 스스로를 비우는 두 존재들의 슬픈 만남이 아니며, 단순한 사랑도 아니다. 거기에는 타자의 권리도 포함된다. 나는 주기나 거부하기에서 낯선 사람(예를 들어, 과부나 고아)의 시선을 인정할 수 있다. 나는 자유롭게 주거나 거부하지만 나의 인정은 반드시 사물들의 중재를 지나서 이루어진다. 사물들은 우리의 현전을 구성하는 모든 관계들의 전형이 아니다. 동일자와 타자와의 관계, 그리고 타자에 대한 나의 환영이 궁극적인 사실이며, 그 속에서 사물들은 구성되는 것이 아니라 부여되는 것으로 자리한다.

그리고 레비나스는 언어 내지 대화를 통해 의미가 조성됨을 강조한다. 그가 말하는 언어는 언어의 '사용'이 아니라 언어 자체이다. 동일자와 타자는 언어 자체를 통해 윤리적 관계를 이룬다. 여기서 말하는 언어는 말들(words)이라기보다는 동일자와 타자의 태도이다. 동일자와 타자의 대면에서 타자는 그에 관한 표상에도, 사고의 의도에도, 하나의 의식에도 환원될 수 없는 무한성의 존재이다. 그래서 언어는 하나의 의식 속에 재현하는 것이 아니다. 언어의 본질은 의미의 조성이다. 그런데 의미의 조성은 기호 내지 말들의 매개를 통해 이루어지는 것이 아니다. 반대로 의미를 통해 기호 내지 말들이 기능할 수 있는 것이다. 그래서 레비나스는 "대화가 의미를 조성한다."(TI, p.204)라고 말한다. 언어의 대면이 대화이며, 그 대화가 의미를 조성하기 때문에, 의미는 곧 타자의 얼굴이다. 언어와 말들은 동일한 것이 아니다. 말들에 의지하여 대화가 이루어지지만, 경우에 따라서는 말들에 의지하는 것이 곧 대화는 아니다. 우리가 책을 읽을 때처럼 주변에 함께 대화할 사람이 있을 필요가 없다. 심지어 내가 누군가와 대화를 할 수 있을 때라도 말들을 가지고 누군가를 모욕하거나 무엇인가를 명령할 수도 있다.

말들의 주고받음의 수준을 넘는 언어 내지 대화를 통해 의미는 발생한다. 의미는 동일자의 정체성으로부터 발생하지 않고, 동일자를 방문한 타자의 얼굴로부터 발생한다. 동일자가 무언가를 결핍하고 무언가를 필요로 하고, 따라서 그런 결핍을 채울 수 있는 모든 것이 의미를 가지기 때문에, 의미가 발생하는 것이 아니다. 의미는 그에게서 무언가를 바라는 동일자와 관련하여 타자의 절대적인 잉여에서 생긴다. 동일자는 타자가 결핍하지 않는 것을 그에게 바라고, 타자가 그에게 제시하거나 그로부터 타자가 받아들이는 화제들에서 타자를 환영한다. 의미는 세계에 관해 진술하고 이해하는 타자로부터 부여되는 것이다. 존재들의 의미는 목적에 의해 부여되는 것이 아니고 언어 내지 대화 속에서 부여되는 것이다. 대화 상대자들이 전체성에 저항하고, 그 관계로부터 벗어나는 것은 대화의 관계에서만이 가능하다. 대화 속에서 상대방에 저항하거나 대화 관계에서 벗어나는 것은 적대감이나 애매성 때문이 아니라 오히려 말하기와 가르침이 가져오는 과잉 응대 때문이다. 의미를 가진다는 것은 절대적인 것과의 관계에 자리한다는 것이다. 의미는 지각될 수 없는 타자의 타자성에서 다가온다. "의미를 가진다는 것은 가르치거나 가르침을 받거나, 말하거나 언급될 수 있다는 것이다."(TI, p.97)

2) 대화, 그리고 응답과 책임으로서의 윤리

레비나스가 말하는 윤리 내지 도덕적 책무는 보편성에 근거하는 것이 아니라 특별한 주체의 특별한 도덕적 상황 자체의 고유성에서 직접 발생한다. "그것은 그 의무의 주체가 이해하거나 자율적으로 결정하기 전에 직접적으로 확립되는 것이기 때문에 진정으로 구속적이다. 그러한 절대적 의무는 그 원천의 권위에 스스로 근거하며 자체가 그것의 권위를 지닌 하나의 질서에 해당한다. 그 의무의 원천은 로고스의 보편성이 아니라 타자의 얼굴의 직접성이다. 타자의 주체로 환원될 수 없는 과잉이 그에게로의 열린 응답을 요구한다. 그리고 그 타자의 과잉이 책임의 근거 없는 윤리적 근거이다. 그것은 존재론적으로 강요받지 않으면서 타자에 대응해야 한다는 의무의 근거이며 자유의 원천이다. 따라서 윤리적 주체성은 곧 타자에 대응할 수 있음(response-ability)이며 책임(responsibility)이다."[12]

대화에서 주체성은 대화적 상호 주체성이다. 그것은 '목소리들의 놀이(play of voices)'로 종종 은유된다. 하나의 목소리를 내는 것은 하나의 의견을 견지하는 것과는 다르다. 목소리는 어느 하나의 관점에 묶이지 않는다. 공동의 사회적 맥락 속에서 자신의 목소리를 발견하고 타자의 목소리를 듣는 과정이 목소리들의 놀이이다. 타자의 목소리에 귀 기울이고 그것에 응답하는 놀이 속에서 상호 주체적인 응답(책임)

---

12) 박재주, 『서양도덕교육사상』(서울: 청계, 2003), p.336.

의 윤리가 성립될 수 있다. 응답은 주체의 선택의 문제일 수 없다. 자아가 타자에게 적절하게 응답하는 문법은 미리 존재하지 않더라도 자아는 응답해야 하는 것이다. 대화 속에서 말하기가 바로 응답인 것이다. 그래서 레비나스는 다음과 같이 말한다. "동일자에 대한 이의 제기는 동일자의 자기중심적인 자발성에서는 결코 발생할 수 없고, 타자에 의해서 일어날 수 있다. 우리는 타자에 의해 일어나는 나의 자발성에 대한 이의 제기를 '윤리'로 부른다. 타자가 낯설다, 그는 '나'에게로 … 환원될 수 없다는 점은 나의 자발성에 대한 이의 제기로서, 윤리로서 이루어질 수 있다. … 동일자에 의한 타자의 환영은 타자에 의한 동일자에 대한 이의 제기로서, 즉 지식의 본질을 이룰 윤리로서 구체적으로 발생될 수 있다."(TI, p.43)

그런데 대화 속에서 나는 항상 동일자일 수 없고, 자기-정체성을 확보해 나가는 존재이다. '나'에 관하여 레비나스는 다음과 같이 설명한다. "내가 된다는 것은 자신의 내용으로서 정체성을 가지는 것이다. '나'는 항상 동일자로 남는 존재가 아니고, 실존하면서 정체성을 확보하고 자신에게 일어나는 모든 일들을 겪으면서 자신의 정체성을 형성하는 그런 존재이다. 그것은 원초적인 정체성이며, 동일시의 원초적인 작업이다. '나'는 나의 변화된 모습들에서 동일한 것이다. '나'는 그 변화된 모습들을 표상하고 그것들을 생각한다."(TI, p.36) 그리고 " '나'라고 불릴 만한 것은 아무것도 없다. '나'는 말하는 그에 의해 말해진다."(OBBE, p.56) '나'는 단순히 언어적 장소의 담지자일 뿐이다. 나는 타자의 부름에 '여기 있습니다(Here I am)'라고 답하는 존재일 따름이다. 그리고 나는 타자의 만남에서 정체성을 형성하는 것은 아니다. "고유성은 정체성이 없다. 그것은 하나의 정체성이 아니다. 그것은 의식을 초월하며, 그것이 즉자인 동시에 대자이다. 그것은 이미 하나의 대속이기 때문이다."(OBBE, p.57) 나의 사고와 행위의 원천은 나에게 있지 않기 때문에 그것을 고유한 것으로 이해해서는 안 된다. 그것은 글자 그대로 타자에 의해 주어지는 것이며, 타자를 위해서 이루어진다. 항상 거기 있으며, 어디로 환원될 수 없는 무한성의 존재는 '나'가 아니라 타자이다. 레비나스에게 있어, 나는 타자를 위한 대속으로만 존재한다. 대화 속에서 응답할 수 있다는 것이 타자의 무한한 타자성에 종속됨을 전제한다. 나는 타자의 무한성 앞에서 항상 그에게 응답해야 하는 신하인 것이다. 내가 '인질'로서 사회관계 속에 복종하지만 동시에 무한히 대체 가능한 한 주체성이 생길 수 있는 것이다. 즉, "나에게 속하고 다른 사람에 속하지 않는 나의 존재는 대속 속에서도 손상되지 않으며, 내가 다른 사람이 아니고 나인 것은 대속을 통해서이다. 자아는 특정한(일반성을 지향하지 않는) '과제로부터 벗어날 수 없음'이다. 나와 타자들에게 공통되는 그 자신이 되게 하는 어떤 것은 없다. '나'는 비교되자마자 비교될 수 있음의 예외이다. 나 자신이 됨은 나(특정한 나, me)를 선택하고 일반적인 자아(ego)를 선택하지 않음이다. … 주체성은 인질이 되는 것이다."(OBBE, p.127) 그런데 타자가 말을 거는 상대는 일반적 자아로서의 내가 아니라 특정한 나이다. 일반적이고 추상적인 자아가 특정적이고 구체적인 나로 분열되어 윤리적 주체가 되고 타자에 응답하고 책임을 진다.

윤리적 주체가 보편성을 가지지 못하면, 그것은 곧 주체의 해체로 이어진다. 레비나스는 특정한 나에게 요구되는 무한한 책임을 일반화시킴으로서 그 보편성의 문제를 해결한다.13) 그에게 있어, 나와 타자와의 관계는 대칭적이지 않다. 나는 타자의 책임에 대해서조차 책임을 져야 한다. 나는 특정한 나로서 타자에게 응답하기 위해 소환된 나이다. 모든 것에 무한하게 책임을 져야 한다는 것이 나를 철저하게 특정적이게 만든다. 보편성으로부터 구별되는 나만이 타자의 명령을 직접 들을 수 있고 그것에 응답할 수 있다. 특정한 나의 주체성은 단독적인

---

13) 윤리적 주체의 보편성 문제에 관한 아래의 내용은 위의 책, pp.338-339 참고.

자아의 극단적인 개인성이며, 키에르케고르가 파악했던, '고독하고 고유하고 비밀스러운 주체성'이다.14) 그것은 결코 자아의 나로의 단순한 분열과 해체가 아니다. 그것은 윤리적 주체성으로의 상승이다. "내가 나 자신으로 되돌아가면 갈수록, 나 자신에게서 의지에 찬 제국주의적 주체로서의 나의 자유를 박탈하면 할수록, 나는 책임지는 나 자신이어야 함을 더욱더 발견한다. 즉, 내가 더욱더 나일수록 나는 더욱더 가책을 받는다. 나는 타자들을 통해 '나 자신 속에' 있게 된다. 정신은 동일자를 소외시키지 않으면서 동일자 속에 있는 타자이다." (OBBE, p.112) 그런데 레비나스가 무한한 책임을 요구하는 것은 인간성을 위한 일종의 소명이다. 그에게 있어 그것은 성경의 '윤리적 고지'와 같은 것이며, 일종의 계시이다. 모든 개인들은 타자에 대한 무한한 책임의 관계 속에서 '특정한 나'가 되도록 소환된다. 이 점에서 윤리적 주체성의 보편성이 인정된다. 그는 윤리적 보편성의 예언적 근거를 강조한다. 타자에 의해 나에게 주어지는 요구는, 그것이 나에게 뿐만 아니라 모든 사람들에게 주어지는 한 윤리적 보편성의 근거가 된다는 것이다. 그런데 그런 보편적 요구는 추상적으로 주어지지 않는다. 그것은 특정한 나 자신에게 타자의 접근에 의해서 주어진다. 그런 타자의 요구에 응답하고 책임지는 윤리적 주체성은 '존재와는 다르게' 혹은 '본질을 넘어선' 타자를 위한 주체(the-one-for-the-other)인 것이다.

레비나스에 의하면, 대화 속의 타자의 얼굴은 도덕적 책무 감각의 토대이다. 그것은 본질적으로 나의 대화 상대자, 말하기에서 나에게 말을 건네는 사람의 얼굴인 것이다. 대화 속에서는 나의 말하기의 화제로서의 타자와 내가 그에게 화제를 제시하는 나의 대화 상대자로서

---

14) E. Levinas, "Phenomenon and Enigma", *Collected Philosophical Papers*, trans. by Alphonso Lingis(Dordrecht: Kluwer Academic Publishers, 1993), p.72.

의 타자는 서로 구분된다. 나의 대화 상대자로서의 타자는 항상 그에 관해 말해진 것, 사실 무엇이든 말해진 것에 이의를 제기할 권리를 가진다. 나의 대화 상대자로서 그는 항상 더 많이 말하고, 말해진 것에 의견을 제시할 권리를 가지고 있는 동안 그는 말해진 어떤 것으로 환원될 수 없는 자신을 제시하게 된다.

진정한 대화 속에서의 타자는 나의 주인, 나의 교사, 내가 그에게 경청해야 할 책무를 지닌 사람이다. 그러나 대화 속에 있음은 그 도덕적 책무를 받아들이는 것이지 결코 고분고분한 것은 아니다. 즉,

　대화를 한다는 것은 단순히 교사가 그것을 말하기 때문에 고분고분한 학생이 무엇이든 그 교사가 말한 것을 받아 적는 것처럼, 무엇이든 나의 대화 상대자가 말한 것을 질문 없이 순진하게 받아들임을 함의하는 것은 아니다. 그러나 그것은 무엇을 말했든 그가 말했던 것의 '측면에서' 나의 대화 상대자에게 대응함을 함의한다. 나의 대화 상대자가 너무 엉뚱하거나 당혹하게 하는 어떤 것을 말하여 내가 단순히 그것을 무시하고, 마치 그가 어떤 것도 전혀 말하지 않았던 것처럼 그 주제를 바꾸어 버린다면, 나는 단순히 그 대화를 포기했다거나 적어도 정확히 그 주제를 바꿈으로써, 즉 새로운 대화를 시작하면서 그 대화를 포기했다고 주장할 수 있을 것이다. 타자와의 대화 속에 남는 것은 그가 당신에게 말한 것의 측면에서 타자에게 대응해야 할 책무를 받아들이는 것이다.15)

그런데 타자에게 대응할 대화 속의 책무는 다른 사람의 고통을 배려하는, 말하자면 "자기가 먹지 않고 다른 사람의 굶주림을 채우려고 자기 입에서 빵을 뱉어내야 하는"(OBBE, p.56) 것과 같지 않다. 레비

---

15) Steven Hendley, *From Communicative Action to the Face of the Other: Levinas and Habermas on Language, Obligation, and Community*(Oxford: Lexington Books, 2000), p.3.

나스가 말하는 독특한 도덕적인 책무 감각은 본질적으로 대화 밖에서는 생각할 수 없는 그런 것이다. 내가 고통을 겪고 있는 다른 사람을 보고, 나 자신이 도움을 요청받고 있음을 알 때, 나는 사실상 하나의 대화 속의 책무를 지는 태도를 가진다. 나는 타자를, 고통을 겪으면서 나에게 말을 걸고, 어떻게 그 고통에 무관심하게 외면하는 것이 정당할 수 있는지를 나에게 묻고 있는 사람으로 파악한다. 물론 나는 외면할 수 있다. 그리고 그 고통을 호기심의 대상인 것처럼 말할 수 있다. 그러나 이런 태도는 대화 속의 책무를 지는 태도가 아니다. 사실, 왜 내가 타자를 도울 필요가 없거나 도울 수가 없는지 정당성을 가지지 못하고 타자의 고통을 완화시키려고 노력하지 못한다는 것은 타자에 응답하지 않는 것이다. 타자의 고통을 나에게 권리를 주장하는 것으로 파악할 때 그것은 대화의 관계를 단절시키는 것이다. 나의 대화 상대자로서만이 타자는 나에게 도덕적일 수 있는 일종의 고려를 부여하는 사람으로서 그의 얼굴을 나에게 보여주는 것이다.

레비나스가 말하는 타자의 '얼굴'에는 그 말의 라틴어 어원에 숨겨진 타자와의 관계의 특수성이 강조된다. 그래서 그는 'face' 대신에 'visage'라는 용어를 사용한다. 이 말의 동사 'visere'는 '관찰하다', '조사하다'의 의미를 지닌다. 이는 동일자가 타자에 의해 관찰되고 조사됨을 의미하는 것이다. 그가 말하는 타자의 얼굴은 시각의 영역 안에 있는 하나의 대상이 아니며, 단순한 인간의 얼굴이나 외모가 아니다. 그것은 타자가 모든 사고를 넘쳐흐르는 방식을 말한다. 즉, "타자가 '나에게 있는 타자에 관한 관념'을 넘어서면서 스스로를 드러내는 방식을 우리는 얼굴이라고 부른다."(TI, p.50) 타자의 얼굴은 항상 자신의 이미지를 파괴한다. 그것은 동일자가 자신에 대해 가질 수 있는 어떤 이해나 표상도 관통하고 넘쳐흐른다. 물론 얼굴은 시각을 통해 포착되고 표상되고 사고될 수 있다. 그러나 타자의 타자성을 구성하는 것은 그 표상과 의미를 항상 넘쳐흐른다. 얼굴은 하나의 표현인데, 그것은 외모도 아니고 하나의 폭로도 아니며, 현현이다. 그래서 "얼굴은 말한다. 말하는 것이 어떤 다른 것 이전에 자신의 외모 뒤로부터 자신의 형식 뒤로부터 다가오는 방식이기 때문이다."16) 따라서 타자의 얼굴은 '존재와는 다른(otherwise than Being)' 것이다. 그것은 책임을 요구하는 것이다. 어디에서, 언제, 왜 요구되는지는 알지 못하지만 그 요구는 순수한 요구이며, 타자로의 부름이다. 그 요구에 응답할 수 있음이 곧 책임이며 윤리인 것이다.

타자의 얼굴은 제시되는 것이 아니라 말하기를 통해 스스로 제시한다. 얼굴이 말한다는 것은 사고의 내용을 말하는 것이 아니고 사고의 방향을 표시하여 사고를 가능하게 만드는 것이다. 말하기(saying)가 말해진 것(said)을 선행한다는 것이다.17) 즉, 내가 '안녕하세요(good morning)'라고 말할 때, 나는 하나의 메시지를 공급하는 것이 아니며, 당신의 행복이나 성공적인 아침을 맞이하기를 소원한다. 레비나스는 말해진 것보다는 말하기, 말을 거는 순간에 강조점을 둔다. 말하기는 말, 즉 말해진 것 속에 실존한다. 그러나 말하기와 말은 동시적인 것이 아니다. 말하기와 말해진 것 사이에는 고지하는 것 없는 말하기가 가능하다. 원초적인 목소리의 '여보세요'나 '여기 있습니다'라는 말하기는 어떤 화제를 다루거나 의사소통하고자 하는 말이 아니다. 그것은 말하는 사람이 지금 그리고 여기에 있음에 주목하라는 수신인에게의 호소일 따름이다. 말하는 사람은 그 뒤에 하나의 메시지를 공급할 수 있을 것이다. '안녕하세요'라는 말을 함으로써 의사소통이 시작될 수도 있지만 의사소통이 전혀 이루어지지 않을 수도 있을 것이다. 말하기는 뒤따르는 메시지의 일종의 서문에 해당한다. 말하기는 논문을 읽거나 연설을 하는 것과는 다르다. 말하기의 본질은 말하는 사람이 다

---

16) E. Levinas, "Meaning and Sense", *Collected Philosophical Papers*, trans. by Alphonso Lingis(Dordrecht: Kluwer Academic Publishers, 1993), pp.95-96.

17) 말하기에 대한 아래의 내용은 박재주, 앞의 책, pp.353-355 참고.

른 사람들을 향하고 있을 뿐만 아니라 그들에게 하나의 응답을 요구한다는 점이다. 말하기는 결코 하나의 게임이 아니다. 그것은 구두적인 기호들, 언어 체계들, 넌지시 알아차리게 만드는 의미들을 선행한다. 그것은 한 사람이 다른 사람에게 다가감과 다른 사람을 위한 사람이 되겠다는 언명이며, '의미 조성'인 것이다. 타자의 얼굴은 타자에 관한 나의 생각을 넘어서면서 스스로를 제시하는 말하기인 것이다. 그것에 관해서는 생각하기보다는 경험해야 한다. 물론 타자에 관해서 화제로 삼고 사고할 수도 있겠지만, 얼굴을 통한 타자의 부름은 사고와 이해를 넘어서고 넘쳐흐르는 것이다. 그것은 타자의 타자성과 초월성을 표시하는 것이며, "맥락 없는 의미 조성(signification without context)"(TI, p.23)이다. 그리고 그것은 언어로서 그리고 사고의 결과로서 말하는 현상이 아니라 현현으로서의 말하기이다. 그것이 타자에 대한 나의 응답과 책임을 요구하는 것은 의미(meaning)가 아니라 사고나 삶의 방향으로서의 '의미(sense)'를 제시하는 것이다. 이 '의미'의 제시가 나를 타자의 얼굴로 향하도록 명령하고, 응답할 수 있는 존재로서의 나를 만든다. 그것은 나를 고유한 존재로 만드는 동시에 무한한 책임을 지는 사람으로 만드는 명령이다. 한 사람이 다른 사람에게 책임을 지는 관계, 즉 윤리적 관계는 근거가 없는 명령이다. 그것이 바로 '타자를 위한 사람'인 것이다. "'타자를 위한 사람'은 자신을 표현하거나 하나의 기호를 부여하는 방식이 아니라 오히려 그 기호 자체이며 타자에 대한 책임의 기호 자체이다."(OBBE, p.49) '타자를 위한 사람'은 존재로부터 벗어나서 타자를 향하는 사람이며, 근본적으로 '이해타산적이지 않음(dis-interestedness)'이다. 존재(esse)는 항상 상호존재(interesse)를 의미하기 때문에 '존재와는 다른' '타자를 위한 사람'은 바로 '이해타산적이지 않음'인 것이다. "타자에 대한 나의 책임은 '위함'이며, 말해진 것 속에서 자신을 보이기 전에 말하기 속에서 자신을 알리는 바로 그 기표로서의 의미 조성이다."(OBBE, p.100) 한 사람이 '타자를 위한 사람'이 되는 것은 의미 조성의 문제이다. 이 의미 조성을 통해 의미들과 표상들이 정당화될 수 있다. 이 의미 조성은 어떤 세계에 선행함을 알리고, 동일자와 타자의 근접성을 알린다. 사람들 사이에 긴밀한 관계가 이루어진다는 것은 한 사람에게 다른 사람이 과제를 부여한다는 것을 의미한다. 이 과제 부여가 기표로서의 의미 조성이다. 얼굴의 기표는 짓, 가리킴, 기호 내지 상징 등의 용어로 이해될 수 없다. 얼굴은 기호를 부여한다는 기호이며 넘쳐흐름이다. 그런 의미 조성의 양식은 언어의 윤리적 변조를 가리킨다. 타자의 얼굴은 초월의 운동이며, 존재와 현상 속에서부터 그것들을 넘어섬을 가리킨다. 그것의 기표는 '의미를 만드는(make sense)' 운동이다. 타자의 얼굴은 존재로부터 그리고 존재를 통하여 설명되지 않는, 원초적으로 윤리적인 의미를 지닌 말하기(언어)이며, '존재론적 의미'에 하나의 '의미' 내지 방향을 제공하는 말하기이다.

말하기는 책임과 내통한다. 그것은 존재보다 더 진지하고 더 선행하는 하나의 명령을 내린다. 레비나스는 말하기의 책임 부여와 그것에 대한 응답의 예로서 성경 「창세기」에 나오는 구절, 즉 '네(여기 있습니다)(Here I am)'를 인용한다. 즉, "하느님께서 아브라함을 시험하시려고 '아브라함아' 하고 부르셨다. '네, 여기 있습니다'라고 답한다." (22:1) "아브라함이 손에 칼을 잡고 아들을 막 찌르려고 할 때, 야훼의 천사가 하늘에서 큰 소리로 불렀다. '아브라함아, 아브라함아', '네(여기 있습니다)'"(22:10-11) 신은 인간적인 의미에서 말할 수 없다. 그런데 아브라함과 모세는 그 비언어적인 부름에 응답한다. 그 부름은 그들의 이름으로써 그들 각각에게 고유하게 들린다. 그래서 그 부름이 그들을 고유한 윤리적 주체로 만든다. 절대적인 타자의 비언어적인 부름에 응답하는 '네(여기 있습니다)'는 원초적인 말하기로서 책임의 원형을 구성한다. 나와 타자의 윤리적 관계 또한 타자들에 대해서 가지는 나의 이미지들을 넘어서서 드러난다(TI, p.77). 그가 윤리적 대화 내지 윤리적 언어로 부르는 것은 비(non)언어적인 내지 전(pre)언어적인 그래서 선체계적인 대화이다. 그가 말하는 대화는 들리지 않는 그리고 말해지지 않은 원초적인 언어들의 교환이다. 대화는 부정적/긍정적 명제에 선행한다. 하나의 명제는 항상 그것이 제안하는 것을 제안됨에 선행되지 않는 방식으로 질문에 열린다. 그 정도만큼 명제는 항상 그것이 제안하는 것과 관련한 질문과 대답의 가능한 영역에 실존한다. 질문의 가능성이 명제의 본질이다. 즉, "하나의 명제는 질문과 대답들의 연장되는 영역에서 유지된다. 하나의 명제는 이미 해석된, 그것 자신의 열쇠를 제공한 하나의 기호이다. 해석될 기호에서 해석적인 열쇠의 현전은 정확히 그 명제에서의 타자의 현전이며, 그의 대화를 도울 수 있는 그의 현전이며, 모든 말하기의 가르침의 자질이다. 구두적인 대화는 대화의 절정이다."(TI, p.96) 대화는 언어의 시작이며, 개념적 그리고 언어적 보편성을 문제 삼는다. 그래서 거기서는 " '예', '아니오'가 최초의 단어가 아니다."(TI, p.32)

레비나스의 윤리적 대화로서의 얼굴 대 얼굴의 만남은 분리와 결합이 동시에 이루어진다. 보편성과 자아와 타자의 단일성과 고유성이 공명하는 곳이 윤리적 대화이다. 대화가 특정한 자아의 확신들을 전개하는 수사적인 잡담이 아니라, 타자의 타자성을 존중하는 것이라면 분리가 현존해야 할 것이다. 대화가 진행되는 절대적인 분리는 일방이 타방의 근거나 토대로 작용하는 시도를 분쇄한다. 대화에서는 어떤 토대주의도 허용하지 않고, 타자를 스승으로 존중하는 권위를 유지하게 하기 때문에 그것이 바로 윤리적 대화가 되는 것이다.

레비나스는 자아와 타자 사이의 '관계없는 관계'를 설명하기 위해 두 가지 원초적인 말들을 소개한다. 그 중 하나는 '살인하지 말라'이다. 즉,

살인보다 더 강한 (절대적인 타자의) 무한성은 그의 얼굴에서 우리에

게 저항하며, 그것이 바로 그의 얼굴이며, 원초적인 '표현'이며, '살인하지 말라'는 최초의 말이다. 무한한 것은 그것이 살인에 대해 무한하게 저항함으로써 권력을 마비시킨다. 그런데 확고하고 극복할 수 없는 그 무한한 것은 절대적인 타자의 얼굴 속에서, 그의 무방비의 눈의 벌거벗음 속에서, 초월적인 것의 절대적인 개방성의 벌거벗음 속에서 번쩍인다. 여기에는 아주 큰 저항과의 관계가 아니라 절대적으로 '다른' 어떤 것, 즉 저항이 없는 것에 대한 저항, 윤리적 저항과의 관계가 있다. 얼굴의 현현은 전멸에의 유혹으로서 뿐만 아니라 이런 유혹과 시도가 윤리적으로 일어날 수 없음으로서, 살인에의 유혹의 무한성을 평가할 가능성을 생기게 한다(TI, p.199).

'살인하지 말라'는 타자가 스스로를 표현하는 최초의 말이다. 이 말은 이성을 통해 보편적으로 인식할 수 있는 그런 형식의 표현이 아니다. "원초적인 말은 어떤 의미가 조성되기 이전에, 의식이 회복되고 메시지를 주제화시킬 수 있는 시간이 경과하기 전에, 직접적으로 의미를 가지는 것에 대한 말이나 명제가 없는 순수한 의사소통이다."[18] 대화는 접촉이며, 스스로 현전하는 그 순간 이미 스스로를 표현한다. "도덕성의 경험은 바라봄으로부터 시작한다. 그것은 바라봄을 완성시킨다. 윤리는 하나의 광학(optics)이다. 그러나 그것은 이미지 없는 바라봄이다."(TI, p.23) 타자의 근접성은 얼굴의 자기-기표에서 표현된다. '살인하지 말라'는 표현은 얼굴이 얼굴 자체 위에 새긴 직접적인 기표이다. 얼굴의 말은 존경의 말이며, 그것의 의미에 대한 외적인 비준을 필요로 하지 않는 스스로를 보증하는 말이다. 얼굴은 존재론의 살인적인 길을 걷지 않고 윤리적인 길을 걷기 위해 대화 상대자인 특정한 나에게 호소하고 명령하면서 걸어온 말이다.

또 하나의 원초적인 말은 조금 전에 소개된 '네(여기 있습니다)'이

---

18) E. Levinas, "Language and Proximity", *Collected Philosophical Papers*, trans. by Alphonso Lingis(Dordrecht: Kluwer Academic Publishers, 1993), p.119.

다. '네(여기 있습니다)'는 자아가 응답해야 할 명령을 의식하기 전에 먼저 오는 것이기 때문에 생각될 수 없는 수동성의 입장에서 명령을 듣기 전에 복종하는, 하나의 나에 의해 말해지는 말이다. "나는 어떤 일도 하지 않았지만 항상 기소된다. 즉, 박해를 당한다. 동일성의 토대를 가지지 못한 자신의 수동성에서 자아성은 인질이다. '나'라는 말은 모든 것에 대해서, 그리고 모든 사람들에 대해서, 응답하면서 '네(여기 있습니다)'를 의미한다."(OBBE, p.114) 내가 응답할 명령을 의식하기 전에 '네(여기 있습니다)'가 말해진다. 수동성의 입장에서 명령을 듣기 전에 복종하는, 나의 원초적인 말인 것이다. 레비나스에게 있어, 책임은 호소를 듣지 않고 응답하는 것이다. 의식하기 전에 그래서 무질서하고 토대가 없는 그런 주체성을 "그것의 메아리에서만 들릴 수 있는 소리(소리 이전의 그 소리의 메아리)"(OBBE, p.106)로 은유한다.

'살인하지 말라'와 '네(여기 있습니다)'는 선행하는 것이 없는 순수한 명령이다. 그리고 그것은 순수한 응답의 형식을 통해 토대주의의 특징인 앞선다거나 뒤선다는 연대기적 차원을 넘어선다. 윤리적 대화에서는 선과 후의 계기성이 없다. 타자의 나로의 초월은 또한 존재를 초월하는 것에서부터 '존재와는 다르게'로 나아가는 이동 속에서 일어나는 나의 나 자신으로의 초월이다. 모든 토대주의가 사라지는 곳에 양면성의 관계가 자랄 수 있는 공간인 윤리가 가능하다. 윤리는 양면성이 충만할 수 있는 만남의 공간인 것이다. 윤리적이 된다는 것은 곧 양면성의 공간, 타자성의 공간 속에 들어간다는 것이다.

제 2 장

서사와 도덕성

1. 매킨타이어의 덕과 서사

1) 실천과 전통, 그리고 덕

알레스데어 매킨타이어(Alasdair MacIntyre)는 아리스토텔레스의 덕 윤리학을 부활하고자 하면서 적어도 두 가지 문제들에 직면하였다. 첫째, 고대 도시국가의 사회에서처럼, 습관적 양식의 행동에 윤리적 가치를 부여할 윤리성(ethos)이 더 이상 발견될 수 없다는 점이다. 둘째, 덕들을 통해 이상적인 자기-실현이 이루어지는가를 연역할 수 있는 명백한 인간 삶의 관념이 더 이상 없다는 점이다. 그는 윤리성, '인간에게 선한 삶' 관념들의 근대적 재구성으로 이해될 수 있는 세 가지 서로 다른 맥락들에서 덕 개념을 제시한다. 덕들은 공동의 '실천'에서의 내재적인 선을 인식하고, 그리고 서로 다른 상황들에서 그런 선들을 실현하고 유지하는 것을 돕는다. 그러나 이것은 어떻게 개인이 경쟁하는 가치들과 행동의 상충하는 요구들 사이를 결정한다고 생각되는지의 문제를 해결하지 못한다. 이것이 바로 그가 '일관된 삶'을 전개하는 이유이다. 이런 개념 속에서 덕들은 일관된 일대기를 위해 노력할 수 있게 하는 기능을 수행한다. 세 번째로 이런 특징은 관련된 모든 측면들에 의해 공유되고 유지되는 전통의 요소에 의해 더욱 보충된다. 매킨타이어는 덕의 개념을 이해하기 위한 필연적인 배경으로, 실천(practice), 인간 삶의 서사적 통일성, 그리고 전통을 제시하고 있는 것이다. 이 절에서는 덕과 실천, 전통의 문제를 다루고, 다음 절에서 중심 주제인 덕과 인간 삶의 서사적 통일성 문제를 다루고자 한다.

그에 의하면, 덕들이 오직 실천의 틀 속에서만 실행되는 것은 아니지만, 실천 개념은 덕 개념을 규정하는 데 매우 중요하다. 그는 실천 개념을 다음과 같이 규정한다. "(실천은) 일관적이고 복합적인 형태의 사회적이고 협동적인 인간 활동이다. 그런 활동을 통해 그 활동에 내재하는 선들이 그 활동에 적절하고 그 활동을 실질적으로 규정하는 그런 탁월성의 기준들을 달성하려고 노력하는 과정 속에서 실현되며, 그 결과로 탁월성을 달성하는 인간의 능력들과 목적들과 선들이라는 인간 관념들이 체계적으로 확장된다."[1] 이 인용문의 내용을 정리하면 다음과 같다. 즉, 실천은 단순한 행동양식과는 다르다는 점이다. 실천은 다양한 행동양식들이 복합적으로 실행되고, 그 실행들이 특정한 선을 지향하기 때문에 일관적이어야 한다는 것이다. 예를 들면, 벽돌 쌓기나 순무를 심는 것은 실천이 아니지만, 건축이나 농사는 실천이다. 벽돌을 쌓거나 순무를 심는 것은 그 자체로만 보았을 때, 어떤 목적을 전제로 하지 않거나 그 자체로 규정되어 있지 않기 때문에, 단순한 행동에 지나지 않는다. 반면, 건축이나 농사 속에는 다양한 행동들이 복합적으로 이루어지고, 그 행동들이 추구하는 선이 분명하게 존재한다. 그래서 실천일 수 있다. 그런데 행동들이 추구하는 선은 실천에 내재

---

1) Alasdair MacIntyre, *After Virtue: A Study in Moral Theory*, 2nd ed(Notre Dame: University of Notre Dame Press, 1984)(이후에는 본문 속에 *After Virtue*로 표기함), p.187.

적인 것이어야 한다는 것이 그의 실천 개념이다. 내재적인 선은 실천에 참여함으로써만이 얻게 되는 것이며, 외재적인 선은 실천을 통해 얻어지지만 그 실천과 연결되는 것은 아니다. 예를 들어, 장기를 두고 싶은 마음이 없는 아이에게 아버지가 장기를 가르치기 위해 일주일에 한 번 장기를 두면 사탕을 주겠다고 한다(*After Virtue*, p.188). 이 경우 내재적 선은 장기의 고도의 분석적인 기술, 전략적 상상력, 경쟁의 강도 등의 탁월성이다. 외재적인 선은 사탕이라는 상품일 따름이다. 이 상품은 장기가 아닌 다른 활동에서도 얻을 수 있는 것이다. 내재적인 선이 없는 활동은 실천이라고 부를 수 없다는 것이다. 따라서 "덕은 하나의 습득한 인간의 자질로서, 그것의 소유와 실천이 우리로 하여금 어떤 실천에 내재하고 있는 선들을 달성할 수 있도록 해주며, 또 그것의 결여는 결과적으로 그런 선들의 달성을 방해하는 그런 자질이다."(*After Virtue*, p.191)

그리고 실천의 개념 속에는 다른 참여자들과의 관계 속에서 이루어지는 실천에 우리 자신을 예속시켜야만 그 실천에 내재하는 선들을 달성할 수 있는 점이 포함된다. 우리는 무엇이 누구에게 속한 것인가를 인식할 줄 알아야 하는 것이다. 그리고 우리는 자신이 위험에 빠질 수 있는 모험을 감행할 준비도 되어 있어야 한다는 것이다. "달리 말하면, 우리는 정의, 용기, 정직의 덕들을 내재적 선들과 탁월성을 가지고 있는 모든 실천의 필연적인 구성요소로서 수용해야 한다. 이를 수용하지 않는다는 것은 아이가 장기를 시작하면서 (이기려고) 속이려는 것처럼 속일 준비가 되어 있다는 것이며, 그것은 실천에 내재적인 선을 달성하지 못하게 만든다. 그렇다면, 실천은 외재적인 선들을 성취하는 수단으로서의 경우를 제외하고는 아무 의미가 없게 된다."(*After Virtue*, p.192) 정의는 한결같은 공정성으로 다른 사람들을 판단하고 대하라는 것이며, 용기는 실천에 있어 손해와 위험을 감수할 준비가 필요하다는 의미이다.

그러나 개인으로서는 선을 탐구할 수도 없고 덕을 실천할 수 없으며, 개인 삶의 역사는 공동체 속에 편입된다는 것이 그의 주장이다. 한 개인의 삶이 의미 있고 이해될 수 있으려면 반드시 하나의 맥락을 필요로 한다. 우리 삶의 역사들은 수많은 전통들의 더 넓고 더 긴 역사들의 측면에서 일반적으로 그리고 특징적으로 새겨지고, 그리고 이해 가능하게 만들어질 수 있다. 과거와 현재의 모든 사람들은 전통 속에서 태어나서 그 전통 속에 입문한다. '의무', '좋은 행동', '좋은 삶' 등 도덕적 개념들의 의미는 한 개인이 입문한 전통 내지 맥락에 의존한다. 예를 들면, "기원전 5세기 아테네의 장군에게 좋은 삶이, 중세의 수녀 혹은 17세기의 농부에게 좋은 삶이 의미하는 것과 동일하지 않다."(*After Virtue*, p.221) 그러나 그것이 다양한 개인들이 다양한 사회적 상황 속에 산다는 것만을 말하는 것은 아니다. 더욱이 우리가 최초의 도덕적 감각 가능성을 얻고, 그리고 도덕적 행위와 관련된 기본적인 용어들을 배우는 것은 이야기를 통해서 이루어진다. 즉, "우리는 하나 이상의 등장인물들과 함께, 그 속에 징집되었던 역할들과 함께 인간 사회로 들어가고, 그리고 우리는 타자들이 우리에게 어떻게 대응하고 그들에 대한 우리의 대응이 어떻게 이루어지기 쉬운지를 이해할 수 있기 위해 그들이 누구인지를 배워야 한다. 즉, 우리가 어린 시절부터 들었던 옛날이야기, 우화, 설화 등은 우리에게 세계를 해석하는 자료들을 제공한다."(*After Virtue*, p.218) 그 속에 한 개인이 태어나는 역사적 맥락은 그가 기능해야 하는 도덕적 틀을 진열한다. 나의 도덕적 성품은 내가 어떤 사회적 맥락에 속하는지에 따라 결정될 수 있다. 중요한 것은 우리는 우리를 사회적 정체성의 담지자로 파악해야 한다는 점이다. 개인은 개인적 정체성뿐만 아니라 근본적으로 특정한 사회적 정체성을 가진다. 즉, "나는 누군가의 아들 또는 딸이고, 누군가의 사촌 또는 삼촌이다. 나는 이 도시 또는 저 도시의 시민이며, 이 직장 또는 저 직장의 구성원이며, 이 민족 또는 저 민족에 속한다. 그래서 나에게 선한 것은 이런 역할들을 담당하는 누구에게나 선한 것이어야 한다. 이런 역할의 담지자로서 나는 나의 가족, 나의 도시, 나의 민족으로부터 다양한 부채와 유산, 정당한 기대와 책무들을 물려받는다. 그것들은 나의 삶의 주어진 사실과 나의 도덕적 출발점을 구성한다. 이것은 나의 삶에 그 나름대로의 도덕적 특수성을 부분적으로 제공한다."(*After Virtue*, p.221) 그래서 그는 "그러므로 '내가 누구인가?'는 내가 유산 받은 것의 주요 부분이며, 어느 정도 나의 현전하는 하나의 특정한 과거이다. 나는 하나의 역사의 부분, 하나의 전통을 담지한 사람임을 스스로 알게 된다."(*After Virtue*, p.221)고 말한다.

어떤 개인도 자신의 도덕적 출발점을 선택할 수 없다. 이성과 선택의 능력은 도덕적 기반이 설정되고 난 후에 우리의 삶으로 다가온다. 개인이 자신이 태어나서 입문한 전통과 사회적 상황을 넘어서도록 허용하는 삶에서는 선택을 하겠지만, 그는 전통으로부터 피할 수 없을 것이다. 즉, "맥락으로부터 인간 자신에 속하는 보편적인 준칙들의 영역으로 피한다는 관념은, 그것이 18세기 칸트적인 형식이든, 일부 근대적인 분석철학자들의 표현이든, 하나의 환상, 고통스러운 결과를 가져올 환상이다."(*After Virtue*, p.221) 그의 전통을 거부하는 것은 자신의 일부를 파기하는 것이기 때문이다.

현대의 개인주의의 입장과는 달리 자아에 대한 서사적인 관점은 사회적, 역사적 역할과 지위로부터 분리된 자아, 즉 아무런 역사도 가질 수 없는 자아를 분명히 반대한다. 나의 삶의 역사는 항상 내가 그것으로부터 나의 정체성을 도출해 내는 공동체의 역사 속에 편입되어 있다. 그래서 역사적 정체성의 소유와 사회적 정체성의 소유는 일치한다. 과거와 함께 태어난 나를 개인주의적인 방식으로 과거로부터 분리시키려는 것은 현재의 나의 관계들을 파괴시키는 것이다. 나의 현재 존재는 본질적인 부분에 있어 내가 물려받은 존재이다. 즉, 어느 정도는 나의 현재 속에 현전하고 있는 특수한 과거인 것이다. 나는 나 자

신을 역사의 한 부분으로 파악한다. 이것이 전통을 담지한다는 말의
의미이다.

전통은 긴 시간 동안의 경험들이 축적된 것이기 때문에 그 속에서
산다는 것은 안정된 삶일 수 있다. 그러나 매킨타이어는 전통의 안정
성보다 합리성을 더 주장한다. 그는 전통과 이성, 그리고 안정과 갈등
을 대립시키는 버크 등의 보수적 정치이론가들의 전통 개념을 비판한
다. 그의 전통 개념은 합리성과 갈등을 포괄한다. 그에게 있어 전통은
"살아 있는 전통"(*After Virtue*, p.222)이다.

살아 있는 전통은 역사적으로 확장되고 사회적으로 구현된 논증이다.
그것도 부분적으로는 이런 전통을 구성하는 선들에 관한 논증이다. 한
전통 속에서 선들의 추구는 대대로 이어지고, 경우에 따라서는 여러 세
대들을 거쳐 이어진다. 그렇기 때문에 자신에 대한 개인의 추구는 일반
적으로 그리고 특징적으로 전통에 의해 규정된 하나의 맥락 속에서 이
루어진다. 그리고 이런 사실은 실천에 내재하는 선들뿐만 아니라 개인
적 삶의 선들에도 타당하다. 여기서 다시 한 번 '편입되어 있다'는 사
실의 서사적 현상이 결정적으로 중요하다. 우리 시대의 어떤 실천적 역
사는 일반적으로 그리고 특징적으로 더 광범위하고 더 장구한 전통의
역사 속에 편입되어 있으며, 또 이 전통의 역사를 통해 이해 가능하게
된다. 그리고 이 실천이 현재의 형식으로 우리에게 전해진 것은 바로
이 전통의 역사를 통해서이다. 우리 각자의 삶의 역사는 일반적으로 그
리고 특징적으로 여러 전통들의 더 포괄적이고 더 장구한 역사들 속에
편입되어 있으며 또 이 역사를 통해 이해 가능하게 만들어진다. 나는
'항상'이라는 말 대신에 '일반적으로 그리고 특징적으로'라는 말을 해
야 한다. 왜냐하면 전통들은 쇠퇴하고, 분해되고, 사라지기 때문이다
(*After Virtue*, pp.222-223).

관련된 덕들이 실행된다면 전통들은 유지되고 강화될 것이며, 실행
이 실패한다면 전통들은 쇠퇴하고 사라질 것이다. 덕들은 실천 내재적

인 선들이 달성되는 데 필요한 관계들을 보존하고, 개인 자신의 선을 자신의 전체적인 삶의 선으로 탐구할 수 있는 개인적 삶의 형식을 보존하고, 실천들과 개인적 삶들 모두에게 필요한 역사적 맥락을 제공하는 전통들을 보존한다. 덕들의 결여는 제도들과 실천들과 함께 전통들도 부패시킨다. 그래서 전통들에 대한 적절한 감각을 가지는 덕 또한 중요하다. 여기서 말하는 전통은 보수주의적인 입장에서의 전통과는 전혀 다르다. 즉, "전통에 대한 적절한 감각은 오히려 과거가 현재를 위해 이용 가능하게 만든 미래의 가능성들의 파악을 통해 표현되는 경우이다. 살아 있는 전통들은 아직 완성되지 않은 이야기를 계속하기 때문에 하나의 미래를 마주 보게 된다. 이 미래의 결정되고 또 결정될 수 있는 성격은 과거로부터 도출된다."(*After Virtue*, p.223) 덕들을 가진다는 것은 일반화들 또는 준칙들에 관한 지식을 가지는 것과 무관하다. 덕을 가졌다는 것은 행위 주체가 행위와 관련된 준칙들 중에서 어떤 것을 선택할 수 있고, 특별한 상황에 준칙들을 어떻게 적용할 것인지를 알 때 그가 가진 판단력을 통해 드러난다. 덕 있는 사람은 자신의 선뿐만 아니라 전통의 선을 추구하도록 만드는 덕들을 가진 것이다.

전통은 도덕적 정체성의 근거가 된다. 그래서 도덕적 정체성을 가지고 도덕적인 삶을 살기 위해서는 전통에서 벗어나서는 안 된다. 그 까닭은 다음과 같다. "모든 전통들로부터 벗어난 사람은 전통이 합리적으로 발전하고 채택되는 과정에 대한 탐구를 가능하게 하는 충분한 합리적인 자원들을 결여하게 된다. 그는 전통을 합리적으로 평가할 수 있는 수단을 가지지 못하기 때문에, 어떤 전통이 다른 전통에 대해 정당성을 가진다는 결론을 도출할 수 없다. 모든 전통으로부터 벗어난다는 것은 그런 탐구로부터 멀어지는 것을 의미하며, 지적, 도덕적 빈곤 상태를 초래한다."[2] 살아 있는 전통이란 합리성을 띤 전통이다. 매킨타이어가 말하는 합리성은 "전통에 의해 형성되기도 하고 동시에 전통을 형성하기도 하는 탐구의 합리성이다."³⁾ 전통은 항상 새로운 다른 전통들과 대화하고 논쟁하고 자신을 해체시키고 재구성할 수 있다. 그것은 전통이 가지고 있는 합리성 때문에 가능한 것이다. 전통의 합리성은 스스로를 비판하고 극복할 수 있게 만든다. 전통이 스스로를 평가하고 비판하는 합리성을 가지고 있기 때문에 전통 속에서만 전통의 한계를 극복할 수 있다. "근대 계몽주의 기획에 의한 전통의 해체는 더 큰 계몽으로 이어지기보다는 비합리주의의 어둠으로 이어지게 되었다."⁴⁾ 그리고 현대의 도덕적 위기는 전통의 상실에서 기인한다는 것이다.

2) 인간 삶의 서사적 통일성과 덕

매킨타이어는 덕은 일관적인 삶에 기능한다고 주장한다. 그 기능이 무엇인지를 알기 위해서는 우선 일관적인 삶을 구성한다는 것이 무엇인지를 논의해야 할 것이다. 따라서 좋은 삶이 어떤 삶인지 내지 좋은 삶을 위해 덕이 어떤 기능을 수행하는지는 우선 일관적인 삶이라는 관념으로 설명될 수 있을 것이다. 아리스토텔레스는 좋은 삶인지 여부는 어느 한순간에 논의되고 결정되는 것이 아니라고 주장하였다. 이 주장을 통해 그는 단지 짧은 기간을 토대로 삼아야만 가능할 수 있는 풍부함의 획득이 곧 좋은 삶이라는 오해를 피하고자 한 것이었다. 좋은 삶은 탁월성, 즉 덕을 드러내는 삶이자 정신 활동이다. 그리고 그것은 '하나의 전면적인' 삶이다. 한 마리의 제비가 날아온다고 하여

---

2) Alasdair MacIntyre, *Whose Justice? Which Rationality?*(Notre Dame: University of Notre Dame Press, 1988), p.367.

3) Ibid., p.354.

4) A. Ramos, "Tradition as Bearer of Reason in Alasdair MacIntyre's Moral Inquiry", eds. by C. L. Hancockand and A. O. Simon, *Freedom and the Common Good*(Notre Dame: University of Notre Dame Press, 1995), p.180.

여름이 된 것은 아니듯이, 한 번의 짧은 시간도 하루도 한 사람을 행복하게 만드는 것은 아니다. '하나의 전면적인 삶'을 경험하고 판단하는 것은 "단지 내가 나의 삶을 하나의 전체로 생각되고 평가될 수 있는 삶으로 보고, 이해하고, 판단할 경우에만 가능하다."(*After Virtue*, p.205) 그런데 그것은 다만 내가 나의 삶의 연대기적인 관념을 가질 때만이 가능하다. '나는 누구였는가?', '나는 누구인가?', '나는 누구이고자 원하는가?'라는 윤리적 질문들은 그런 맥락 속에서만 의미를 가진다. 내가 나의 삶을 하나의 전체로 이해하려고 하자마자 나는 하나의 이야기를 말하기 시작한다. 나는 과거의 결정들과 사건들, 현재의 목적들과 미래의 목표들에 관련하여 나의 행위들과 의도들을 정리한다. 아리스토텔레스에게 좋은 삶의 관념은 삶의 통일성과 지속성 관념에 의존한다. 매킨타이어도 덕이나 선 개념을 '하나의 전면적인 삶'의 통일성의 조건들과 연계시킨다. 이 조건들은 미리 규정된 선들이 아니다. 그것은 하나의 구조가 형성된다. 즉, 삶은 말해질 수 있으려면 통일적인 구조를 가져야 한다. 나는 누구였고, 누구이며, 누구이기를 원하는가는 내가 나 자신에 관하여 말하는 이야기에 일치한다. 나는 내가 말하는 것이다. 나 자신의 자아는 내가 말할 수 있는 이야기이며, 그리고 그 이야기에 의해 형성된다. 그 과정에서 나는 무엇이든 알고 있는 전지적인 저자가 아니고, 나는 그 이야기를 이야기하고 있기 때문에 나는 또한 나의 것이 된다. 나는 그것을 말하는 과정에서 나의 이야기를 이야기하는 사람이 된다.

그런데 매킨타이어에 의하면, 현대사회는 인간의 삶을 하나의 통일된 이야기로 이해하지 못한다. 그 까닭은 사회적 장애와 철학적 장애라는 두 가지 장애들 때문이라고 그는 설명한다. 즉, "사회적 장애들은 현대사회가 인간들의 삶을 다양한 부분들로 분할하고(노동과 여가의 분리, 사적 생활과 공적 생활의 분리 등), 분리된 부분들은 각각 자체의 규범과 행동양식을 가지고 있다는 사실에서 파생된다. 철학적 장애들은 분석철학에 토대를 둔 경향과 실존주의에 익숙한 경향에서 파생된다. 분석철학적 경향은 인간 행위를 원자적으로 생각하고, 복잡한 행위들과 상호작용들을 단순한 구성요소들로 나누어서 분석하려고 한다. 실존주의적 경향은 개인과 그가 담당하는 역할 사이와 개별적 삶의 상이한 역할들 사이에 예리한 구분이 이루어지기 때문에 삶 자체가 서로 상관없는 일화들의 연속으로 나타나는 경향이다."(*After Virtue*, pp.204-205) 실존주의적 경향의 대표자로 사르트르와 어빙 고프먼이 소개된다. 사르트르는 어떤 사회적 역할과도 분리된 자아를 서술한다. 그는 자아를 자신의 역할과 동일시한다. 그에게서 자아의 자기 발견이란 자아가 아무것도 아닌 '무(nothing)'라는 사실을 발견하는 것이다. 그것은 곧 자아는 하나의 실체가 아니라 지속적으로 열린 가능성들의 다발이라는 것이다. 그의 이런 관점은 도덕적 양심을 없애거나 지성적 혼란을 야기하는 잘못이다. 이와 반대로 고프먼은 자아를 그가 수행하는 역할 속에 완전히 해체시킨다. 그에게 있어, 자아는 오직 역할의 의복을 걸 수 있는 옷걸이에 불과하다. 그에 의하면 핵심적 오류는 우리에게 제시되는 복합적인 역할-놀이의 저편에 하나의 실체적인 자아가 존재한다는 가정이다. 사르트르와 고프먼은 자아를 사회적 세계를 넘어서 있는 것으로 설정한다는 점에서 서로 일치한다. 고프먼에게는 사회체계가 모든 것을 의미하기 때문에 자아는 아무것도 아니다. 자아는 어떤 사회적 공간도 점유하지 않는다. 사르트르에게는 자아는 사회적 공간을 우연적으로 차지하기 때문에 그 또한 자아를 하나의 주어진 현실로 인정하지 않는다. 매킨타이어는, 그들이 말하는 자아는 아리스토텔레스가 말하는 덕을 가진 사람일 수 없는 것이라고 주장한다. 자신의 역할로부터 분리된 자아나 역할들 속에 매몰된 자아는 덕들이 작용할 수 있는 공간인 사회관계의 영역을 상실하기 때문이다.

덕은 특정한 상황에서만 작용하는 것이 아니다. 그것은 다양한 유형의 상황들에서 작용한다. 그래서 전문 기술들이 특정 상황에 유용한 것과 덕의 실행은 너무나 다르다. 훌륭한 위원이나 훌륭한 행정가는 특정한 상황에서 유용하게 사용될 수 있는 전문 기술을 가진 사람이지, 결코 덕을 가진 사람일 수 없다. 덕을 소유한 사람은 매우 다양한 유형의 상황들에서 그의 덕을 보여준다. 덕의 실행은 유용한 전문 기술의 실행과는 전적으로 다른 것이다. "어떤 사람의 삶에 있어 덕의 통일성은 하나의 통일적인 삶, 즉 하나의 전체로서 파악되고 평가될 수 있는 삶의 특성으로 이해될 수 있다."(*After Virtue*, p.206) 그래서 덕을 가진다는 것은 전체로서의 삶 속에서 가능하다.

전체적인 통일성의 맥락에서 파악될 수 있는 개인의 자아는 이야기의 시작과 중반과 종말과 같이 탄생과 삶과 죽음을 결합시키는 이야기의 통일성 속에 자신의 통일성의 기반을 둔다. 자아를 이야기 형식으로 사유하는 것은 매우 자연스럽다. 인간의 삶이 서사적 특성과 같다는 것은 "인간의 행위는 의도적으로 이루어지는 것이기 때문에 이해 가능성의 자원을 가진다는 점과 관련된다."[5] 연관된 사람들의 역사적 조건들뿐만 아니라 구체적인 경험들, 특정한 배경들, 의도들과 목적들, 정서들을 다루지 않고서는 하나의 이야기는 말해질 수 없다. 자신을 하나의 서사의 한 부분으로 보는 자아는 하나의 구체적인 사회에 깊이 새겨진 그것의 개인적인 연대기이다. 서사적 구조의 맥락에서 자아 관념은 행위, 행위에 대한 이해, 의도, 동기, 책임 등 윤리와 유관한 기본적인 관념들과 인격 정체성과 연결된다. 우리는 단지 하나의 이야기의 맥락 속에서 하나의 행위를 이해한다. 이야기를 통해 우리는 행위하는 개인이 처한 구체적인 상황으로 이동할 수 있기 때문이다. 하나의 행위를 이야기한다는 것은 행위하는 개인의 개인적인 연

---

5) Alasdair MacIntyre, "The Intelligibility of Action", eds. by M. Margolis and R. M. Krausz, *Rationality, Relativism and the Human Sciences*(Dordrecht: Martinus Nijhoff Publishers, 1986), p.63.

대기들이 자리 잡는 틀 내지 상징적인 환경을 필요로 한다. '틀' 역시 하나의 역사를 지닌다. 더욱이 한 행위를 이야기하기는 그 행위자의 의도들에서 인과적인 그리고 연대기적인 질서를 필요로 한다. 이 두 가지 필요조건들을 채움으로써 우리는 말하기 행위들과 행위들의 '이해 가능성'에 관해 말할 수 있다.

그래서 매킨타이어는 다음과 같은 예를 든다(*After Virtue*, p.207 참고). '그는 무엇을 하고 있습니까?'라는 질문에 '그는 땅을 파고 있습니다', '그는 정원에서 일을 하고 있습니다', '그는 운동을 하고 있습니다', '그는 겨울 준비를 하고 있습니다', '그는 부인을 기쁘게 해주고 있습니다' 등의 대답이 주어질 수 있다. 이 중 일부 대답들은 행위자의 의도들을, 일부 대답들은 그가 의도하지 않은 행위의 결과들을 서술한다. 그리고 비의도적인 결과를 그가 의식할 수도 의식하지 못할 수도 있다. 특정한 그의 행동들을 이해하고 설명하기 위해서는 그 대답들이 서로 어떤 관계에 있는지를 고려해야 한다. 누군가의 일차적인 의도가 겨울을 대비하여 정원을 정리하고자 하는 것이고, 그런 일을 하면서 단지 우연히 운동을 하고 또 부인을 기쁘게 해준다면, 그 행동들은 설명할 수 있는 방식으로 이루어지고 있다. 그러나 그의 본래 의도가 운동을 함으로써 부인을 기쁘게 해주는 것이었다면 전혀 다른 방식으로 설명되어야 한다. 그 행동들을 이해하고 설명하려면 그것들을 보는 방향이 달라야 한다. 첫 번째의 일화는 가사 활동의 연중 주기 속에 자리 잡는다. 여기서 행동은 '정원을 가진 가정'이라는 특정한 유형의 '배경(setting)'을 전제하면서 하나의 의도를 구현하고 있다. 그 속에서 하나의 행동이 하나의 일화로 발전하는 배경은 특정한 서사적 역사를 가진다. 두 번째 일화는 결혼이라는 서사적 역사 속에 자리 잡고 있다. 그것은 비록 유사하지만 전혀 다른 사회적 배경이다. 그래서 우리는 행위를 의도와 무관하게 규정할 수 없으며, 또한 의도들을 행위자 자신들뿐만 아니라 다른 사람들에게 이해 가능하게 만드는 배경과 무관하게 의도들을 규정할 수 없는 것이다.

　행위의 이해 가능성은 그 행위가 일어나는 배경을 전제한다는 것이다. 매킨타이어는 자신이 '배경'이라는 용어를 비교적 포괄적인 용어로 사용한다고 말한다. 즉, "사회적 배경은 하나의 제도일 수 있고, 실천이라고 명명했던 것일 수도 있고, 다른 방식으로 이루어진 인간의 환경일 수도 있다."(*After Virtue*, p.207) 그러나 그가 사용하는 배경이라는 말의 핵심적인 의미는 그것이 하나의 역사를 가지고 있다는 점이다. 하나의 행동이 하나 이상의 배경에 속할 수 있다. 그 가능한 방식은 적어도 두 가지이다. 앞의 예에서 행위자의 행동은 주기적인 가사 활동의 역사와 결혼의 역사의 부분일 수 있다. 그것은 서로 중첩되는 역사들일 수 있다. 가계는 수백 년의 자신의 역사를 가진다. 결혼 또한 자신의 역사를 가진다. 특정 행위가 하나의 일화로 발전하게 만드는 배경은 특정한 서사적 역사를 지닌다는 것이다. 개인의 변화의 역사는 이 배경 속에서만이 이해될 수 있으며, 하나의 행위는 하나 이상의 배경에 속할 수 있다. 행위의 특정한 부분을 의도와 연관시키고 또 그가 살고 있는 배경과 연관시킬 때, 우리는 그 사람의 행위와 그 사람 자체를 이해할 수 있게 된다.

　그는 또 다른 예를 든다(*After Virtue*, pp.207-208 참고). '그는 무엇을 하고 있습니까?'라는 질문에 '그는 한 문장을 쓰고 있습니다', '그는 그의 책을 종결짓고 있습니다', '그는 행위 이론에 관한 토론에 참여하고 있습니다', '그는 종신 교수직을 얻으려고 노력하고 있습니다' 등의 대답들이 있다. 여기서 의도들은 시간적 범위에 따라 질서지어질 수 있다. 그는 종신직을 얻으려고 하기에, 책을 출판하고자 하고, 세미나에 참석하고 있다. 모든 단기적인 의도들은 장기적인 의도들과의 관계 속에서 이해 가능하다. 그리고 단기적 의도에 의한 행위들의 성격 규정이 올바를 때만이 장기적 의도에 의한 행위의 성격 규정도 올바를 수 있다. 어떤 것이 장기적 내지 단기적 의도인지, 그리고 단기적 의도와 장기적 의도 사이의 관계를 알 때만이 행위를 적절하게 서술할 수 있다. 이것이 곧 '서사적 역사'를 쓰는 것이다.

서사적 역사는 인간 행위를 규정하는 데 기초적이며 본질적인 구성요소이다. 특정한 행위를 규정할 수 있으려면, 행위자의 의도들을 행위자의 역사 속에서 그것들이 차지하는 역할과의 관계 속에서 인과적으로 시간적으로 정리해야 하며, 의도들이 속한 배경 내지 배경의 역사 속에서 그것들이 담당하는 역할과의 관계에서 행위자의 의도들을 정리해야 한다. 어떤 의도들이 어떤 인과적 효과를 미쳤는지, 그리고 단기적 의도들이 장기적 의도와 어떤 관련성을 가지는지를 규정하는 것이 서사적 역사의 구성이다. 그것이 인간 행위를 규정하는 데 핵심적인 구성요소인 것이다. 이 점이 분석철학자의 관점과 얼마나 다른가를 확인하는 것이 중요하다. 그들이 행위를 규정하듯이, 예를 들어 여섯 개의 달걀을 든다, 그 달걀들을 그릇에 깨어 넣는다, 밀가루와 소금과 설탕을 섞어 넣는다 등의 여러 가지 개별적인 활동들을 기계적인 순서로 배열하는 것은 요리 행위를 이해할 수 있는 배경들을 제시하지 못하기 때문에 그 행위를 이해 가능하게 하는 방식이 되지 못한다. 인간 행위는 기계적인 움직임이 아니다. 그것은 반드시 의도를 전제한다. 따라서 행위는 의도의 규명을 통해 이해 가능할 수 있다. 의도의 규명은 우선 그 행위자의 개인적 역사의 맥락 속에서 이루어져야 한다. 행위자 개인의 역사 속에서 그 의도들이 어떤 역할을 수행하는가에 따라 일차적인 의도, 부차적인 의도 또는 단기적인 의도, 장기적인 의도 등 시간적으로 인과적으로 규명되는 것이다. 그리고 그 행위자의 역사는 그 행위가 이루어지는 배경의 역사 속에서 규명되는 것이다.

만약 내가 칸트 윤리학을 강의하다가 갑자기 여섯 개의 달걀을 깨어 넣고, 밀가루와 소금 등을 첨가한 후 강의를 계속한다면 아무리 그 행위가 요리책에 기록된 순서를 따를지라도 이해할 수 있는 행위가 아닐 것이다. 다른 존재들과는 달리 인간 존재는 자신의 행위에 관해 해명할 책임을 지닌다. 그런 인간 존재가 하는 행위는 이해 가능한 행위인 것이다. 이해 가능성이 인간과 다른 존재를 구별하는 기준인 것이다. "어떤 사건을 하나의 행위로 규정한다는 것은 그것이 의도들, 동기들, 정념들과 목적들을 통해 이해 가능한 방식으로 이루어졌다는 사실을 하나의 '이야기 형식'으로 규정하는 것이다. 하나의 행위는 누군가가 그것에 대해 책임을 져야 하는 것으로서, 또 행위자에게 이해 가능한 해명을 요구할 수 있는 것으로 이해되어야 한다. 만약 하나의 사건이 분명히 어떤 사람의 의도적인 행위임에도 불구하고 그것을 이해 가능하게 규정할 수 없다면 정신적으로나 실천적으로 어이없이 당황하게 될 것이다."(*After Virtue*, p.209) 여기서 우리는 진술(statement)과 이야기를 구분해야 한다. 진술은 그것을 이해할 수 있기 위해 그리고 그것이 의미 있는 것이 되기 위해 더 이상의 설명이나 맥락을 필요로 하지 않는 "의미의 기본 단위"6)이다. 하나의 진술이 사실을 말하고 있으며, 논리적으로 일관성을 지닌다면 그 자체로 이해 가능한 것이다. 그리고 지성적인 사람이라면 누구나 그 진술이 무엇을 의미하는지 알 수 있을 것이다. 그러나 이야기하기를 통해 무엇을 이야기하는가는 이야기하기의 맥락 속에서 이해될 수 있다. 그리고 서사 이론을 지지하는 사람들은 의미의 기본적인 단위는 진술이 아니고 이야기라고 생각한다. 하나의 이야기가 이야기되는 맥락은 그것의 의미에 기여한다. 하나의 상황에서 적절하거나 분별 있는 진술은 다른 상황에서 완전히 부적절하거나, 하나의 진술 의미는 다른 진술들이나 그것을 선행하거나 그것을 따르는 행위들에 의해 영향을 받을 것이다. 그것을 말하거나 듣는 개인들의 이야기에 명백한 관계를 가지지 않은 진

---

6) William Poteat, "Myths, Stories, History, Eschatology, and Action", eds. by T. A. Langford and W. H. Poteat, *Intellect and Hope*(Durham, NC: Duke University Press, 1968), p.215.

술은 이해 불가능한 것이다. 매킨타이어는 그 예로 다음을 든다(*After Virtue*, p.210 참고). 나는 정거장에서 버스를 기다린다. 그때 내 옆의 한 청년이 나에게 갑자기 말을 건다. '일반적인 야생 오리의 이름은 히스토리쿠스, 히스토리쿠스, 히스토리쿠스입니다.' 그의 진술의 의미에는 문제가 없다. 야생 오리의 과학적 명칭에 관한 진술은 사실이며, 문법적으로 옳고, 논리적으로 일관적이다. 그러나 그 진술 행위가 무엇을 의미하는가, 내지 그 진술을 통해 그는 무엇을 행위하는가? 이것이 문제이다. 그가 무엇을 말하고 있는지를 알아야 할 뿐만 아니라 왜 그것이 말해지고 있는지를 알아야 한다. 그러나 그가 무엇을 왜 말하고 있는지는 알 수 없다. 말하는 사람의 의도의 맥락과 그 진술이 말해지는 배경을 알 수 없다면, 그 진술은 이해 불가능한 것이다. 어제 그에게 야생 오리의 이름을 물었던 사람과 나를 그가 혼동하였거나, 타인에 대한 수줍음을 극복하기 위해 아무에게나 말을 거는 훈련을 하고 있거나, 그는 약속된 장소에서 자신을 증명할 암호를 잘못 말한 스파이라거나, 이들 중 하나가 사실이라면 그의 언어 행위는 이해 가능할 것이다. 언어 행위는 하나의 이야기 속에 편입되어 그 위치를 가지는 경우에만 이해 가능해지는 것이다. 언어 행위들은 모두 맥락을 필요로 한다.

포티트(William Poteat)는 "행위는 이야기들과는 분리되어 생각될 수 없다."고 말한다.[7] 매킨타이어는 "의도, 신념, 배경, 즉 서사적 맥락에 선행하여 그리고 그것들과는 독립적으로 규정되어야 하는 행동은 없다."(*After Virtue*, p.208)고 주장한다. 하나의 문학적인 이야기 속에서 각 행위나 일화는 자발적으로 일어나는 것이 아니고 줄거리 구성에 의해 결정되는 것처럼, 개인의 삶에서 각 행위도 그의 살아지는 이야기를 구성하는 믿음들, 의도들, 그리고 과거 경험들에 의해 형

---

7) Ibid., p.217.

성된다. 하나의 행위는 의도로부터 이해 가능하게 발생할 때 행위로 간주될 수 있다. 그런데 그 발생은 또한 개인이 행위하는 배경들과 전통들에 의해서 결정된다. 행위는 역사로부터, 이야기로부터 분리될 수 없는 것이다. 하나의 행위는 역사들의 한 순간인 것이다.

매킨타이어는 언어 행위를 이해 가능한 것이 되게 하는 가장 친숙한 유형의 맥락이 대화임을 주장한다. 대화는 극예술적인 작품이다. 대화에는 문학작품처럼 시작과 중간과 종결이 있다. 대화 상대자들은 일종의 배우들일 뿐만 아니라 의견 일치나 불일치를 통해 그들의 생산양식을 작업하는 공동 작가들이기도 하다. 대화는 말하는 사람의 행위를 통해 이루어진다. 그래서 대화는 일반적인 인간 행동이다. 그래서 "그는 특수하게는 대화들을 일반적으로는 인간 행위들을 '서사의 시행'으로 제시한다. 서사는 결코 시인들, 희곡 작가들, 소설가들의 작품이 아니다. 이런 사람들은 가수나 작가가 하나의 질서를 부여하기 전에는 어떤 서사적 질서도 가지지 못하는 사건들에 관해 심사숙고한다. 서사적 형식은 가장도 장식도 아니다."(*After Virtue*, p.211) 하나의 행위에 관한 이야기는 임의대로 말해질 수 없다는 것이 매킨타이어가 하고자 하는 말이다. 서사 가능성의 조건들은 저자에 적용될 수 있는 것이 아니다. 그것은 의사소통을 의도로 하나의 행위 이후에 추가되는 외적인 모양이 아니다. 그것은 행위 그 자체의 부분이다. 이야기 형식이 다른 사람들의 행위들을 이해하는 데 적절한 것은 우리 모두가 우리의 삶에서 이야기를 살고 있기 때문이며, 우리가 살아내는 이야기의 측면에서 우리는 우리 자신의 삶을 이해하기 때문이다. "우리가 다른 사람의 행위를 이해 가능하게 만드는 것은 바로 행위 자체가 기초적인 역사적 성격을 가지고 있기 때문이라는 사실이 분명해진다. 우리가 우리의 삶 속에서 이야기들을 살아내고, 또 우리의 삶을 우리가 살아내는 이야기들을 토대로 이해하기 때문에, 이야기의 형식은 다른 사람의 행위를 이해하는 데 적절한 것이다. 이야기들은 그것

들이 이야기되기 이전에 삶을 통해 실현되는 것이다."(*After Virtue*, p.213)

매킨타이어는 살아진 경험에 대한 서사적 해석에 두 가지 가능한 반대들을 제시한다. 그 두 가지 반대들은 삶의 사건들이 서사적으로 전개된다는 그의 주장과 연관된다. 그 반대들은 삶의 사건들 속에 하나의 서사적 구조가 내재하는 것이 아니고, 그가 삶의 사건들을 돌아보고 그것들을 이해하려고 할 때 사건들에 하나의 서사적 의미를 부여한다는 대안적인 논제를 제시한다. 첫 번째 반대는 밍크(Lous O. Mink)에 의해 다음과 같이 제시된다. "이야기들은 삶을 통해 실현되는 것이 아니라 이야기된다. 삶은 어떤 시작들도, 중간들도, 끝들도 가지지 않는다. 즉, 만남들이 있지만, 한 사건의 시작은 우리가 스스로에게 그 후에 말하는 이야기에 속하고, 그리고 이별들이 있지만, 마지막 이별은 그 이야기 속에서만 있다. 희망들, 계획들, 투쟁들, 그리고 관념들이 있지만, 단지 회고적인 이야기들 속에서만 희망들은 달성되지 못한 것이고, 계획들은 잘못 수행된 것이며, 투쟁들은 결정적이고, 관념들은 생산적인 것이다. 단지 그 이야기 속에서만 그것은 콜럼버스가 발견한 아메리카이며, 단지 그 이야기 속에서만 그 왕국은 극히 사소한 일 때문에 파멸한다."(*After Virtue*, p.213) 밍크가 주장하는 이 구절은 하나의 부정적인 진술이며, 삶이 아닌 것을 구분한다. 그러나 그의 삶에 대한 관점을 알 수 없다. 그는 선과 악은 미리 결정된 것이 아니고, 선하다고 혹은 악하다고 생각하는 것이라고 믿는 것 같다. 우리의 삶 속에서 일어나는 것이 사건들이다. 그리고 그 사건들 때문에 우리가 살아가는 길이 흔들린다. 그러나 우리가 그 사건들을 의미 있는 것으로 지각하는 것도, 그 사건과 그것을 선행했던 사건과의 관계를 살펴보는 것도, 모두 뒤로 앉아서 성찰할 때 가능한 것이다. 우리의 개인적인 삶에서 진실한 것은 역사적인 규모에서도 또한 진실한 것이다. 우리는 누구나 콜럼버스가 아메리카를 발견했다는 사실을 알고 있다. 그러나 그 사실은 거짓이다. 콜럼버스가 발견했던 그 땅은 그 당시 아메리카가 아니었다. 그는 자신이 인디아에 도착했다고 생각했던 것이다. 다만 회고적으로 우리가 당시의 콜럼버스의 항해와 오늘날의 아메리카를 고려할 때만이 '콜럼버스가 아메리카를 발견했다'고 주장할 수 있을 것이다.

두 번째 반대는 사르트르의 주장이라고 매킨타이어는 다음과 같이 언급한다. "사르트르로도 『구토』에서 앙트완 로캉텡으로 하여금 밍크와 같이, 이야기는 삶과 전혀 다른 것이라고 주장하도록 하고, 이야기 형식을 통한 인간 삶의 서술은 항상 삶을 왜곡시킨다고 논증하게 만든다. 진실한 이야기들은 있지 않고 있을 수도 없다. 인간 삶은 어느 곳을 향해서 가는 것도 아니고, 아무런 질서도 가지지 않은 별개의 행위들로 구성된다. 이야기하는 사람(story-teller)은 인간의 사건들을 회고적으로 그것들이 삶을 통해 실현되는 동안 가지지 못했던 하나의 질서를 부여한다."(*After Virtue*, p.215) 밍크와 마찬가지로 사르트르도 서사는 그 사실 후에 사건들에 부과되는, 하나의 인간 창조물이라고 믿는다.

위의 두 반대들에 대한 매킨타이어의 대응은 진지하게 고려하지 않고 간단히 처리한다. 즉, 살아지는 경험에서 어떤 마지막 이별은 없다는 밍크의 비판에 대응하면서 매킨타이어는 깔보면서 다음과 같이 논평한다. "회고적인 시각에서만이 희망들은 달성되지 못하고, 투쟁들은 결정적인 것으로 특징지을 수 있음은 분명히 동의해야 할 것이다. … 삶에는 종말이 없다거나, 마지막 이별은 오직 이야기 속에서만 일어난다고 말하는 사람에게 우리는 다음과 같이 말하고 싶은 충동을 느낀다. '당신은 죽음에 관해 한 번도 들은 적이 없나요?'"(*After Virtue*, p.213) 그는 우리가 하나의 사건을 경험할 때 그것의 의미를 모르기 때문에 그 사건은 그것이 발생할 때 의미를 가지지 않는다고 해서는 안 된다고 주장한다. 사르트르에 대한 그의 대응에서, 그는 먼저 그를 조롱하면서 그의 잘못을 확인한다. 즉, "만약 인간의 행위들이 왜곡하는 서사적 질서를 가지고 있지 않다면 그것들은 어떻게 보일 것인가? 사르트르 자신은 이 물음에 결코 답하지 않는다. 진실한 이야기들이 없다는 점을 보여주기 위해, 그 자신도 비록 허구적인 것이지만 하나의 이야기를 적는다는 것은 놀라운 일이다."(*After Virtue*, p.216)

매킨타이어의 주장은, 행동하는 개인이 이야기의 주인공이자 저자라는 것이다. 그러나 그는 서로 다른 이야기들의 상호 주관적인 그물망 속에 얽힌다. 그는 혼자 행동하는 것이 아니다. 각자가 자신의 삶을 살아내는 다른 개인들과 서로 이야기 주고받음을 통해 행동한다. 그런데 그들의 이야기 또한 다른 사람들의 행동들과 중첩되고 서로 얽힌다. 더욱이 외부로부터 살아진 서사에 영향을 미치는 사건들도 있다. 즉, 우리는 스스로 계획하지 않았던 단계로 들어가고, 우리는 스스로 하지 않은 행위의 한 부분이 되기도 한다. 그래서 이야기된 삶의 예측은 불가능하고, 여전히 목적론적이다. 그것은 규칙들에 따라서 발생하는 계기적인 행위들로서 말해질 수 없다. 행위와 이야기를 연결시키는 개념적인 연결 고리는 '이해 가능성'의 개념이다. 어떤 행위라도 이해 가능한 것이어야 이야기될 수 있다는 것이다. 그리고 인간 행위는 가능한 것이거나 실제적인 역사 또는 일련의 역사들 속의 한 계기인 것이다. 행위와 마찬가지로 역사도 이야기의 핵심적인 개념이다. 행위의 이해 가능성은 역사 속에서 차지하는 행위의 자리와 동일한 자리를 차지한다. 여기서 매킨타이어가 '역사'라고 말하는 것은 하나의 서사적 역사이다. 그 속의 등장인물들은 동시에 작가들이다. 그들은 '처음부터' 시작하지 않고 '사건 중간에' 뛰어든다. 그들의 이야기들이 시작하는 것은 이미 이전의 이야기들과 그들 이전의 사람들에 의해 이루어졌다. "그들이 자신들의 마음에 드는 곳에서 시작하지 않는 것과 같이, 그들은 자신들이 원하는 바대로 진행할 수 없다. 모든 인물은 다른 사람들의 행위들과 그들의 행위 속에 전제되는 '사회적 배경'에 의해 제한된다. … 그런데 우리가 말해진 이야기의 어느 시점에서도 다음에 무엇이 일어날지 모른다는 사실이 중요하다. 이런 예측 불가능성은 인간 삶의 서사적 구조에 의해 요청되는 것이다."(*After Virtue*, p.215)

그리고 매킨타이어는 삶을 통해 실현되는 이야기들의 또 다른 핵심적인 특징인 목적론적 특징을 지적하면서 '예측 불가능성'과 그것이 병존함을 지적하고, 결국 그것이 '이해 가능성'과도 연결된다고 주장하는 것이다. 우리는 개인적으로 그리고 동시에 다른 사람과의 관계 속에서 하나의 가능한 공유된 미래에 관한 특정한 관념들의 맥락 속에서 삶을 살아간다. 미래의 어떤 가능성들도 확실한 것은 없으며, 우리가 지향하는 하나의 목적이나 다양한 의도들의 형식으로 서술되는 미래의 이미지들일 따름이다. 우리의 현재는 미래의 이미지들로 형성된다. 그래서 우리의 삶은 하나의 가능한 공동의 미래 지평과 함께 살아지는 한 그것에 대한 예측 불가능성에도 불구하고 하나의 목적론적 구조를 가진다. 즉, "허구적인 이야기 속의 등장인물들처럼 우리는 다음에 무엇이 일어날지 알지 못하지만, 그럼에도 불구하고 우리의 삶은 우리의 미래를 향해 투사된 하나의 특정한 형식을 가지고 있다. 그러므로 우리가 삶을 통해 실현하는 이야기들은 예측 불가능성뿐만 아니라 목적론적 특성을 가지고 있다."(*After Virtue*, p.216) 우리의 개인적 그리고 사회적 삶의 이야기들이 이해 가능하게 지속될 수 있다면 그 이야기가 지속될 수 있는 무한히 많은 길들이 존재할 것이다.

매킨타이어가 일관적인 삶의 서사적 구조로부터 끌어내는 '결론들의 다양성'은 윤리와 연관되는 중심 논제이다. 즉, "인간은 자신이 만들어내는 허구들에서 뿐만 아니라 자신의 행위와 실천에 있어서도 본질적으로 '이야기하는 동물'이다."(*After Virtue*, p.216) 물론 이야기를 하는 저자로서 인간은 무엇이든 알고 있는 전지적인 고자세와 전제를 가진다는 것은 아니다. 인간은 본질적으로 진리에 관한 이야기들을 말하는 것이 아니고, 자신의 이야기를 통해 말하는 사람이 되는 것이다. 이야기되는 삶은 자율적인 개인이 자기-결정한 행위들의 결과가 아니고 미리 결정된 서사적 구조의 산물이다. 그래서 중심 논제는 준칙과 배움의 문제로 이어진다. 내가 어떤 이야기의 한 부분인가를 알게 되면 내가 무슨 일을 해야 하는가를 알게 된다는 것이다. 그래서 도덕교육은 이야기를 통한 배움이어야 한다는 것이다. 즉, " '나는 무엇을 해야 하는가?'라는 질문에 답하려면, 그 이전에 '나는 어떤 이야기 또는 이야기들의 부분인가?'라는 질문에 답해야 한다. 우리는 우리에게 부과된 하나 이상의 성격을 가지고, 즉 우리가 어쩔 수 없이 맡게 된 역할들을 가지고 기존의 인간 사회에 입문하게 된다. 다른 사람들이 우리에게 어떻게 반응하고, 그들에 대한 우리의 반응을 어떻게 구성할 것인가를 이해할 수 있기 위해서, 우리는 이 성격들의 역할들이 어떤 것인지를 배워야 한다."(*After Virtue*, p.216) 어린이들은 자신과 부모가 어떤 존재인지를 배워야 한다. 그들이 태어나면서 참여하는 서사 속에 등장하는 인물과 그들의 성격을, 더 나아가 이 세상에서 생기는 일들이 어떤 방식으로 왜 이루어지는가를 배워야 한다. 그것이 도덕교육의 핵심적인 내용일 것이다. 그래서 "이야기를 하는 것은 도덕교육에 핵심적인 부분이다."(*After Virtue*, p.216) 어린이들에게서 이야기들을 박탈해 버린다면, 말들을 제대로 못하는 말더듬이가 될 것이며, 나아가 이해 가능한 행위들도 제대로 할 수 없을 것이다. 어떤 사회를 구성하는 연극 속에 등장하는 이야기들을 말하고 듣지 못한다면 그 사회에 관한 이해는 불가능할 것이다.

그리고 매킨타이어는 인간 삶의 서사 가능성을 통해 '인격적 정체성'과 '책임'의 문제를 다룬다. 내가 책임을 지는 하나의 삶-이야기를 말하는 사람으로서 나는 동시에 그 이야기의 주체이다. 자아의 정체성은 심리적인 연속성을 근거로 삼을 수 없고, 어떤 성격을 통일성에 근거한다. 역사 속의 성격들은 단순한 인물들의 집합이 아니다. 그래서 인격 개념은 역사 속에서 도출되는 성격 개념이다. 나는 태어나서 죽을 때까지 진행되는 하나의 이야기를 살아가는 과정 속에 있으며, 나의 역사이자 고유한 의미를 지닌 역사의 주체이다. 이야기를 말할 수 있는 주체는 그 이야기가 요구하는 성격의 통일성을 가져야 하며, 그 성격의 통일성을 가지는 것이 곧 인격 정체성을 가질 수 있는 조건이다. 그런데 인격 정체성을 가지고 역사의 주체가 된다는 것은 곧 삶의 이야기를 구성할 책임을 진다는 의미이다. 즉, "자신의 태어남에서 죽음으로 이어지는 하나의 서사의 주체가 되는 것은 서사적 삶을 구성하는 행위들과 경험에 책임을 진다는 것을 의미한다. 다시 말해, 그것은 우리가 행한 것, 우리에게 일어난 것, 또는 질문이 제기되기 이전의 삶의 시점에서 우리가 체험한 것에 관해 특정한 설명을 해달라는 요청에 열려 있다는 것을 의미한다."(*After Virtue*, p.217) 이 책임 속에는 다른 사람의 동일한 책임을 물을 수 있음을 포함한다. "나는 책임을 지는 사람일 뿐만 아니라, 나는 다른 사람에게 책임을 묻고 또 그들에게 질문을 제기할 수 있는 사람이기도 하다. 그들이 나의 이야기의 한 부분인 것처럼, 나는 그들 이야기의 한 부분이다. 더욱이 이처럼 해명을 요구하고 설명을 해주는 것은 그 자체 이야기를 구성하는 데 있어 중요한 역할을 담당한다."(*After Virtue*, p.218) 나와 다른 사람들의 이야기를 구성하는 데 본질적인 요소는 내가 그리고 다른 사람이 무슨 일을 왜 하였는지에 대한 질문과 대답이다. 따라서 그런 질문과 대답의 책임을 질 수 있을 때 삶의 이야기들과 그것들을 구성하는 행위들을 이해 가능하게 만들 수 있는 서사적 통일성을 형성할 수 있다. 그래서 이야기, 이해 가능성, 책임 가능성 개념들이 각각 두 개념들의 적용 가능성을 전제하듯이, 세 개념들은 인격 정체성 개념의 적용 가능성을 전제하며, 인격 정체성 또한 세 개념들의 적용 가능성을 전제한다. 그것들은 상호 전제의 관계 속에 있다. 그 관계를 무시하고 세 개념들과는 무관하게 인격 정체성 개념을 독립적으로 해명하고자 했던 모든 시도들은 실패하였고, 또한 실패할 수밖에 없다는 것이 매킨타이어의 주장이다. 그래서 그는 좋은 삶 자체를 실체화시키기보다는 서사의 가능성을 실체화시키고자 한다. 좋은 삶이란 서사 가능성을 위한 탐구와 지속적인 노력 자체이지 다른 것들에서 드러나는 것이 아니라고 생각하기 때문이다. 이야기할 수 있는 구조를 위한 꾸준한 노력 속에서 나의 삶은 '전면적인 인간 삶'의 통일성을 얻게 되는 것이다. 결국, '무엇이 선한(좋은) 것인가?'라는 질문 자체가 선(좋음)으로 바뀐다. 즉, " '개인 선이 무엇인가?'라는 질문은 어떻게 내가 그런 통일성을 최선의 방식으로 살아낼 수 있으며 또 완성시킬 수 있는가를 묻는 것이며, '인간 선은 무엇인가?'라는 질문은 앞의 질문에 대한 모든 대답들이 공동적으로 가져야 할 것이 무엇인가라고 묻는 것이다. 두 가지 질문들을 체계적으로 묻고, 말과 행동을 통해 그 질문들에 답하는 시도는 도덕적 삶에 통일성을 부여하는 것이다. 그래서 인간 삶의 통일성은 바로 서사적 탐구의 통일성이다."(*After Virtue*, p.219) 이야기할 수 있는 통일성을 탐구하면서 나는 나에게 좋은 삶이 무엇인지를 배우게 된다는 것이다. 단지 이런 구조적인 측면에서 나 자신을 이해하고 해석하고 그것에 따라 행위한다면 나의 경험은 나에게 의미 있는 것이 될 것이며, 그래서 나의 살아지는 서사를 모델로 삼는 좋은 삶의 관념도 수정할 수 있을 것이다. 즉, 방식 자체가 목적인 것이다. 탐구의 목적이 궁극적으로 이해되는 것은 탐구의 과정에서 이루어진다. 그런데 "탐구들은 때때로 실패하고, 좌절하고, 포기되고, 또는 오락을 통해 사라져 버린다. 그리고 인간 삶은 이 모든 방식을 통해 마찬가지로 실패할 수 있다. 그러나 전체로서의 인간 삶의 성공 또는 실패에 대한 유일한 기준은 이야기된 또는 이야기되어야 할 탐구에 있어서의 성공 또는 실패의 기준이다."(*After Virtue*, p.219) 탐구의 과정에서 우리는 여러 가지 위험들과 유혹들을 만나고 그것들을 극복한다. 그 문제들의 극복을 통해서 탐구의 목적이 궁극적으로 이루어진다. 그리고 인간에게 좋은 삶은 인간 선을 탐구하는 데 쓰이는 삶이며, 선의 탐구에 필요한 덕들은 좋은 삶이 무엇인가를 이해하게 만드는 덕들이다.

그리스, 중세, 르네상스 문화들에서 도덕교육의 주요한 수단들은 '이야기하기'였다고 말한다. 사회구조들과는 다른 어떤 것이라는 근대적 의미의 도덕성 개념이 그 당시에는 없었기 때문에 사회구조들에 관한 이야기를 통해서 도덕교육이 이루어질 수밖에 없었을 것이다. 그러나 이야기하기를 통한 도덕교육이 적절하다는 것은 '인간 삶이 이야기 형식을 띠고 있음'에 그 본질적인 이유가 있다. 즉, "덕들에 관한 모든 특별한 관념이 인간 삶의 서사적 구조나 구조들에 관한 어떤 특별한 관념과 연계된다."(*After Virtue*, p.174)

2. 섹트만의 서사적 자아-구성 관점

1) 인격 정체성과 지속성

서사적 자아와 인격 정체성(도덕적 자아) 사이의 연관성을 주장하는 대표적인 최근 이론가인 마야 섹트만(Marya Schechtman)은 인격 정체성에 대한 서사적 접근, 즉 서사적 자아-구성 관점(narrative self-constitution view)을 주장한다. 인격으로서의 한 인간은 자서전적인 서사 — 그의 삶의 이야기 — 를 구성하면서 그의 정체성을 형성한다는 것이 바로 그의 관점의 핵심이다. 이 절의 아래 내용은 그녀의 저서 『자아의 구성』8) 제5장 「서사적 자아-구성 관점」의 내용을 정리할 것이다.

그녀는 우선 기본적인 맥락들로서 다음과 같이 주장한다. 서사적

---

8) Marya Schechtman, *The Constitution of Selves*(Ithaca and London: Cornell University Press, 1996).

자아-구성 관점은 모든 지각력 있는 생물들이 인격들은 아니라는 가정으로 출발한다. 인격성(personhood)은 기본적인 의식 이상을 포함한다는 것이다. 그 관점은 인격(personal) 정체성과 인간(human) 정체성 사이의 깊고 밀접한 연계를 인정하지만, 그럼에도 불구하고 인간 존재들(human beings)과 인격들(persons) 사이, 그리고 인격적 역사와 한 인간 몸의 역사 사이의 구별을 다양하게 주장했던 철학자들의 관점들을 따른다. 서사적 자아-구성 관점에 따르면, 인격들과 다른 개인들(individuals)(섹트만은 이 용어를 지각력을 가진 생물을 지적하기 위해 사용한다) 사이의 차이는 그들의 경험 따라서 그들의 삶들을 그들이 조직하는 방식의 차이이다. 이 관점의 핵심적인 주장은 개인들이 자신들을 인격들로 구성한다는 점이다. 그들 자신들을 과거에 경험을 가졌고 미래에 계속 경험을 가질 지속하는 주체로 생각하고, 어떤 경험들을 그들의 것으로 생각함으로써 그 구성이 이루어진다는 것이다. 모두는 아니지만 일부 개인들은 그들 삶의 이야기들을 만들어내는 것으로 자신들을 인격들로 만든다는 것이다. 한 인격의 '정체성'은 그의 자기-이야기의 내용에 의해 구성되며, 그 이야기에 포함되는 특성들, 행위들, 경험들은 그것에 포함되었기 때문에 그의 것들이다. '어떤' 서사적 자아 관념(narrative self-conception)이 정체성-구성하는(identity-constituting) 것이라고 주장했던 관점은 인격들이 그들 스스로에 관하여 잘못 생각될 수 없다는 분명히 거짓된 주장에 말려들 것이다. 서사적 자아-구성 관점은, 인격의 정체성을 구성할 수 있는 그런 종류의 서사에 제한들을 설정함으로써 그런 결과를 피한다. 그런 제한들에 속하는 서사들만이 정체성-구성하는 것으로 여겨질 것이며, 우리가 자아 관념에서 잘못들이라고 공동으로 생각하는 것은 한 인격의 자기-서사가 그런 제한들을 위반하는 입장들이다. 서사적 자아-구성 관점은 두 가지 주요한 요소들을 가진다. 첫째는 개인들은 자기-서사들을 만듦으로써 자신들을 인격들로 구성한다는 주장이다. 둘째는 정체성-구성하는 서사의 형식에 대한 일련의 제한들이다. 자아-창조하는, 즉 자아 관념들을 통하여 스스로를 창조하는 인격들에 관한 관점의 동력은, 개인의 그의 행위들과 경험들에의 주체적인 관계에 관한 사실들은 성격에 대한 판단들과 네 가지 특징들 — 생존, 책임, 자기 본위의 관심, 보상 — 과 근본적으로 유관하다는 점을 인정하는 것으로부터 생긴다. 성격 문제라는 의미에서 정체성이란 개인이 그것을 알든 모르든 그가 가진 어떤 것이 아니고, 그가 그의 인격성을 인정하고 어떤 행위들과 경험들을 그의 것으로 가지기 '때문에' 그가 가지는 어떤 것이다. 따라서 인격성과 인격 정체성은 개인의 내적 삶과 자신의 행위들과 경험들에 대한 그의 태도에 중요하게 의존한다. 자아-구성이 정체성에 관한 설명의 한 부분이어야 한다고 주장하는 것이 바로 이 사실이다. 그러나 동시에, 인격들은 진공 속에서 실존하지 않음을 인정해야 한다. 인격성이라는 바로 그 개념이 사회적 제도들과 상호작용들의 복합적인 그물망에서 자신의 자리를 차지할 능력, 즉 도덕적 행위 주체로 행동하고, 계약들을 맺고, 자신의 미래를 계획하고, 자신을 표현하고, 그리고 일반적으로 인격의 삶을 살 수 있는 능력에 본질적으로 연계되기 때문이다. 인격의 삶을 산다는 개념을 이해하는 것이 인격성과 인격 정체성의 문제에 중요하다. 한 인격이 됨의 특징적인 점은 인격의 삶을 사는 것이기 때문이다. 그리고 그런 삶을 살기 위해서는 '어떤' 자아 개념 이상, 타자들에 의해 가져지는 자신에 대한 관점과 기본적으로 동일한 자아 개념을 필요로 한다. 그래서 인격성은 본질적으로 사회적인 개념인 것이다. 개략적으로 말한다면, 개인이 인격들의 세계에 들어가기 위해서는 그의 문화가 가진 인격 개념을 이해하고 그것을 자신에게 적용할 필요가 있다. 이런 인식이 정체성-구성하는 서사에 대한 제한들로 이어진다. 정체성을 규정하는 것이기 위해서는 개인의 자기-서사는 어떤 중요한 측면들에서 타자들이 자신의 삶에 관하여 이야기하는 서사에 일치해야 한다. 그런데 이런 것들은 서사적 자아-구성 관점으로 이어지는 두 가지 기본적인 직감들의 집합이다. 첫째, 인격이 되기 위해서는 특별한 종류의 주체성과 자신의 삶으로의 정향을 필요로 한다는 점이다. 그리고 둘째, 인격이 되기 위해서는 자아 관념이 그의 삶에 관한 이른바 '객관적인' 설명과 일치해야 한다. 그 설명은 그를 둘러싸고 있는 사람들이 말할 이야기이다. 정체성의 두 측면들은 한 동전의 양면과 같다. 인격성을 위해서 요구되는 그런 종류의 주체성은 곧 인격성에 결정적인 그런 종류의 상호작용들을 위해 필수적이다. 그리고 주체성은 그런 종류의 주체성을 생성하는 그런 객관적으로 결정된 제한들에 따라서 자아 관념을 조직한다.

서사적 자기-구성 관점의 기본은 한 인격의 정체성이 이야기 형식을 띤 자아 관념에 의해 만들어진다는 주장이다. 하나의 정체성을 구성하기 위해서 한 개인은 자신의 삶을 이야기, 특별히 인격의 삶의 이야기의 형식과 논리를 가지는 것으로 간주해야 한다. 거기서 '이야기'는 상투적이고 직선형의 서사로 이해된다. 그래서 인격-삶의 이야기의 형식과 논리에 관해 더 논의해야 할 것이며, 정체성을 구성하는 서사가 어떤 형식을 가져야 한다고 요구하는 데 정당성이 부여되어야 할 것이다. 그래서 셱트만은 서사 형식을 논의한다. 서사 형식의 일반적으로 가장 두드러진 특징은 하나의 서사에서 개별적인 사건들과 에피소드들은 그것들이 발생하는 더 광범위한 맥락의 이야기로부터 그것들의 의미를 가지게 된다는 점이다. 그녀는 브루너(Jerome Bruner)의 다음과 같은 말을 서사의 핵심적인 요소라고 주장한다. "서사는 등장인물들이나 행위자들로서의 인간 존재들과 관련된 독특한 일련의 사건들, 정신 상태들, 사고들 등으로 구성된다. 그런 것들이 서사의 구성요소들이다. 그러나 말하자면 이런 구성요소들은 그것들 자신의 삶이나 의미를 가지지 않는다. 그것들의 의미는 전체로서의 계기 — 그것의 줄거리에서 그것들이 차지하는 자리에 의해 부여된다."9) 한 인격의 삶이 성격상 서사라는 말은 어떤 시간-조각도 그것이 일어나는 삶의 맥락 속에서만 알 수 있는 것이라고 주장하는 것이다. 한 인격의 '자아 관념'이 서사라는 말은 개별적인 에피소드들이 펼쳐지는 이야기에서 그것들이 차지하는 자리의 측면에서 그의 삶을 해석하는 방식으로 이해한다는 것이다. 그의 삶을 구성하는 사건들과 경험들이 따로 보이지 않고 그것들에 의미를 부여하는 지속하는 이야기의 부분으로 해석되는 한, 한 인격의 자아 관념은 서사적 자아 관념이다. 서사적 자아-구성 관점은, 인격의 자아 관념은 서사의 형식을 띠어야 할 뿐만 아니라 인격-삶의 이야기 형식을 띠어야 한다고 요구한다. 그것은 한 인격이 잘 규정된 등장인물을 만들어내는 것과 일치하는 자아 관념을 가지기를 요구하는 것이다. 서사는 어느 정도로는 알 수 있는 것임은 명백하다. 서사의 한 극단에는, 실제로는 누구도 알지 못하지만 완전하게 알 수 있는 이상적인 서사가 있다. 즉, 모든 측면이 모든 다른 측면과 일치하는 삶의 이야기가 있을 수 있다. 다른 극단에는, 있더라도 서로 거의 관계가 없는 임의적인 일련의 경험들이 있을 수 있다. 그 극단 사이에는 많은 가능성들이 있다. 그러므로 한 인격의 서사는 알 수 있는 것이어야 한다는 요구는 '절대적인' 요구일 수는 없다. 알 수 있다는 것은 전부 아니면 전무 조건이 아니기 때문이다. 대신에, 이런 제한은 두 가지 방식으로 드러난다. 첫째, 완전한 알 수 있음은 하나의 이상으로 인정되어야 하고, 자신의 자아 관념에 대한 하나의 요구로서 존중되어야 한다. 한 인격이 되기 위해서는 자신의 신념들, 욕망들, 가치들, 그리고 특성들 등은 서로를 지지하는 것으로 생각되고 있음을 알아야 한다. 이것은 어떤 종류의 질문들과 도전들의 정당성을 인정하는 것을 포함한다. 예를 들어, "당신은 이 기회에 당신의 전체적인 삶을 살았다. — 왜 당신은 지금 그것과 다른 길을 가는가?" 혹은 "고등학교에서 당신은 항상 너무 조용했다. — 당신은 어떻게 결국

---

9) Jerome Bruner, *Acts of Meaning*(Cambridge: Harvard University Press, 1990), pp.43-44.

라운지 가수가 되었는가?" 혹은 "당신은 어제 정반대를 말했다. — 그 선회 뒤에 무엇이 있는가?" 각 경우에 질문은 이례적이거나 성격에서 벗어난 것 같은 하나의 특성을 알 수 있는 것으로 만들고자 하는 요구이다. 한 인격은 항상 그런 요구에 따를 수 없고, 적어도 그것이 정당하다고 인정받는, 그래서 한 인격의 삶 이야기가 어떤 모습일지에 관한 기본적 이해를 보여주는, 그런 종류의 자아 관념을 가질 수 있을 것이다. 둘째, 하나의 서사가 정체성-구성하는 것이기 위해서 고도의 정합성을 가져야 한다. 물론 어느 정도 정합해야 하는지 정확한 측도는 없고 있을 필요도 없다. 정합성처럼 인격성과 속성도 정도가 다르다. 그것의 정도는 인격의 서사가 일치하는 정도에 따라 다르다. 이것은 두 가지 의미에서 사실이다. 첫째, 한 인격의 정체성이 잘 규정되는 정도는 하나의 전체로서의 그의 서사의 정합성의 정도에 달려 있다. 한 인격의 삶의 서로 다른 요소들이 더 많이 일치될수록 그는 더 뚜렷하게 한 등장인물이 된다. 그래서 그의 정체성은 더욱더 잘 규정된다. 둘째, 특별한 행위, 경험, 혹은 특성이 한 개인 서사의 나머지와 더 일치할수록, 그것이 그 서사의 전반적인 알 수 있음에 기여하는 정도가 더 커지고, 그래서 그 서사가 그에게서 만들어지는 정도도 더 커진다. 그래서 한 인격의 자아 관념은 그것이 완전한 심리적 알 수 있음이라는 이상에 가까운 정도만큼 한 인격 삶의 이야기의 형식을 지닌다. 이것은 한 인격의 자아 관념이 서사적 형식이어야 한다는 점이 무슨 의미를 지니는지를 알게 한다.

그래서 섹트만은 서사적 자아-구성 관점이 그런 점을 요구하는 이유를 설명한다. 이 점이 바로 서사 형식의 정당성에 관한 논의이다. 우선, 인격의 자아 관념이 상투적인 서사의 형식을 띠어야 한다는 요구는 적절하지 못하게 보수적이고 극단적으로 일변적인 것 같다. 서사적 자아-구성 관점은 정체성-구성하는 자아 관념을 위한 전통적인 서사 형식에의 접근을 주장한다. 그러나 이 요구조건은 명백한 정당성은 가지지 못한다. 서사를 상투적인 직선형의 이야기 형식과 동일시하는 것은 많은 공격을 받았다. 그래서 서사적 자아-구성 관점이 주장하고자 하는 점이 인격적 정체성과 삶의 태도들과 실행들 사이의 직관적인 관계라는 점을 논의해야 할 것이다. 인격들은 극적으로 그들 자신의 생존에 관심을 가지고, 그들 자신의 미래에 관심을 가진다. 그들은 도덕적 행위 주체들이며, 보상의 관계에 들어갈 수 있다. 이런 태도들과 실행들 모두는 정체성과 연계되는 것 같다. 그 연계 속에 담긴 정체성 개념을 규정하는 것이 필요한 것이다. 지각력이 있는 개인은 인격성을 결정하는 네 가지 특징들 — 생존, 책임, 자기 본위의 관심, 보상 — 과 관계를 맺기 위해 어떤 방식으로든 그 자신과 그의 삶에 관하여 생각해야 한다. 정체성-구성하는 자아 관념의 형식으로서 전통적인 직선형의 서사에 대한 요구를 옹호하는 것은, 네 가지 특징들에 필수적이고, 인격의 삶을 사는 것과 연관되는 것은 그런 종류의 자아 관념이라고 생각하는 것으로부터 나온다. 그러나 이런 주장이 절대적인 가치판단을 하는 것이 아님을 아는 것도 중요하다. 우리 자신의 자아 관념들과 전혀 다른 형식의 자아 관념을 가진 사람들은 우리가 살고 있는 그런 종류의 삶을 살 수 없으며, 우리와의 상호작용들의 일부에서 배제될 것이다. 그들은 다른 종류의 주체성을 지닌다. 그러나 그들의 삶이 우리의 삶보다 반드시 '열등한' 것은 아니다. '인격'은 사실 경칭이지만, '인격적이지 않다'는 것이 '인격 이하이다'와 동일한 의미를 가지는 것으로 생각할 경우에만 인격성의 부인이 '반드시' 부정적인 평가이다. 따라서 서사적 자아-구성 관점의 확고한 주장에 의하면, 전통적인 직선형 서사와는 충분하게 다르게 자아 관념은 인격성을 배제한다. 이 주장의 엄격한 점은 두 가지 점의 인정을 통해 완화된다. 첫째, 인격성은 다양한 형식들의 실존 중 하나의 실존일 따름이며, 인격들로서 우리가 우리의 인격성에 가치를 부여할지라도 그것이 유일한 가치 있는 형식의 실존이라고 주장할 필요가 없다는 점의 인정이다. 둘째, 수많은 서로 다른 서사 양식들은 전통적인 직선형의 서사라는 범주에 속하고, 그래서 다양한 정체성-구성하는 서사들을 고려한다는 점의 인정이다. 이런 일반적 그림을 손에 쥐고, 어떤 특정한 사례들을 바라보는 것은 서사적 자아-구성 관점의 직선형의 서사 형식의 주장을 해명하고 지지하는 데 도움을 준다. 작동하는 직감들은 극단적인 사례들에서 가장 쉽게 보인다. 먼저, 서사와 전혀 같지 않은 자아 관념을 지닌, 즉 '하나의 삶 이야기'도 가지지 못한 누군가의 사례를 고려하자. 파핏(Derek Parfit)이 가끔 권고하는, 득도(得道)와 같은 (satori-like) 자아 해체가 하나의 사례일 수 있다. 이 사례는 자아는 하나의 허구이며, 의심을 푸는 것은 그것 자체를 경험함을 통해 달성될 수 있다는 불교 사상이다. 파핏이 가끔 주장하듯이, 우리는 스스로를 지속적이고 잘 구별된 주체들로 생각하기를 멈추고, 대신에 순간에 살고 있으며, 과거와 미래와의 관계를 절단하는 것으로 생각해야 한다. 심리적 지속성 이론가들의 측면에서, 이것은 그 자체를 독립적인 실체로 인정하고, 그래서 우리가 동일한 인격의 부분이라고 판단하는 다른 시간-조각들에의 특정한 연계를 느끼지 못하는, 각 인격의 시간-조각과 연관될 것이다. 섹트만 또한 그런 종류의 자아 관념의 가능성을 인정하면서, 그것을 가진 개인, 즉 그의 지각력이 항상 현재에 집중되고 결코 인지적으로나 정서적으로나 과거나 미래로 확장되지 않은 개인에 관해 논의한다. 이런 방식으로 자신의 경험을 정리하는 개인들은 우리 자신의 것과는 아주 다른 삶을 산다는 것은 분명할 것이다. 그런 개인들은 계획을 세우지 않고 장기적인 책무에 참여하지 않거나 과거에 책임을 지지 않는다. 그들의 주체성도 그들의 행위들도 모두 우리 자신의 것들과는 아주 다르다. 총체적으로 비-서사적인 자아 관념을 가진 개인의 삶과 나머지 우리의 삶 사이의 차이는 너무 현저하고 중요하기 때문에, 그런 삶을 사는 개인들은 인격들이 아니라고 말하는 것이 과장이 아닌 것 같다. 사실, 이 점이 그런 자아 관념을 옹호하는

444

사람들이 제시하는 하나의 결론이다. 득도를 이루고자 노력하는 목적은 인간 생존에 관한 관심, 미래에 관한 불안, 과거에 관한 후회, 보상에 대한 강박관념 등으로부터 스스로 자유로워지는 것, 달리 말하면 인격적 실존을 해제시키고 초월하는 것이다. 파핏은 환상적인 관심들과 애착들을 극복하는 하나의 수단으로 득도와 같은 자아 관념을 주장한다. 그래서 서사적 자아-구성 관점도 파핏의 주장에 동의하는 것이다. 그의 주장에 의하면, 생존, 도덕적 책임, 자기 본위의 관심, 보상 등 네 가지 특징들은 결코 정당하지 않고, 서사적 자아 관념을 포기하는 것은 그 사실을 인정하게 한다. 서사적 자아-구성 관점은, 네 가지 특징들에 하나의 근거를 제공하는 인격의 삶의 서로 다른 시간적 부분들의 연계는 자아 관념을 가짐을 통해 '만들어지는' 것이라고 주장한다. 그래서 네 가지 특징들의 근거는 서사적 자아-구성 관점에서 묘사된 그런 종류의 자아 관념들을 가지는 개인들에게 그런 자아 관념이 사라질 때 사라진다. 이런 의미에서, 서사적 자아-구성 관점은, 인격성은 서사적 자아 관념의 형성에 의해 형성되며, 비-서사적인 자아 감각을 가진 개인들은 인격들이 아니라고 주장할 수 있다. 그런데 한 양식의 실존이 다른 양식의 그것보다 우월하다는 식의 이 주장은 여전히 회의적이다. 따라서 자신의 경험에 어떤 종류의 서사적 구조도 가지지 않는 개인들은 인격성을 가지지 못한다는 주장에 토대를 두는 서사적 자아-구성 관점에 대한 극단주의의 비난들은 잘못된 것들이다. 스스로를 지속하고 있다고 생각하고, 자신의 실존의 서로 다른 시간적 부분들을 서로 영향을 미치는 것으로 생각하는 것은, 인격성을 위한 최소의 요구조건이다. 그러나 이보다 덜 극단적인 사례들은 많다. 예를 들면, 한 개인이 어떤 종류의 서사 내지 그의 삶 이야기를 가지지만 전통적인 직선형의 서사가 아닌 사례들이다. 문학에서 가능한, 서사의 확대 해석과 재규정의 모두가 개인의 자아 관념에서 생길 것이며, 그래서 많은 대안적 서사 형식들이 가능한 것 같다. 더욱이 대안적인 자아 관념들이 그 문화의 비지배적인 요소들 사이에 널리 퍼져 있는 것이 사실이며, 하나의 삶 이야기가 어떤 모습이어야 하는지 그 표준으로서 직선형의 서사 관념에 대한 강조가 일종의 억압이라는 많은 주장들이 있었다. 따라서 인격적 정체성에 결정적인 이런 종류의 서사에 관한 주장은 지배적인 집단의 세계관을 따르라고 주장하는 한 방법이다.

서사의 표준적 관념에 대한 대안들은 많지만, 섹트만은 서사적 자아-구성 관점이 광범위한 서로 다른 서사 양식들을 다루는 두 가지 방식들을 논의한다. 하나는 상투적인 서사와 전위적인 서사 사이에 중첩되는 점들이 많다는 점을 이해하는 것이다. 우리가 서사 관념을 확대 해석하거나 재규정하는 방식들은 대부분 하나 내지 그 이상의 특징들을 가지고 작동하는 전통적인 관념의 변화들이다. 이 점은 대안적 서사들과 표준적인 직선형의 서사들 사이에는 차이들보다 유사성들이 많음을 의미한다. 비-주류적인 서사를 고려하면서 명심해야 할 두 번째 사실은, 서사 양식의 차이들은 주체성에서의 차이와 인격성에 결정적인 그런 종류의 활동들과 경험들에 참여할 능력에서의 차이를 생기게 한다는 점이다. 인격들의 삶에 결정적인 네 가지 특징들 — 생존, 책임, 자기 본위의 관심, 보상 — 은 자신의 자아 관념의 형식과 연계된다는 것이다. 서사의 양식과 네 가지 특징들 사이에 인정된 연계가 있는 것만이 아니라 네 가지 특징들에 관한 한 개인의 감각이 우리의 문화에서 표준적이지 못하는 정도는 그의 자기-서사 형식이 표준적이지 못하는 정도와 일치한다. 예를 들어, 극단적인 정신병자의 자아 관념은 또 다른 문화로부터 혹은 이 문화 내의 하위문화로부터의 누군가의 그것보다 훨씬 더 우리의 표준적인 서사 관념과 다를 것이다. 정신병자의 경우에는 인격의 삶을 구성하기 위한 태도들과 실행들을 가질 수 있는 능력에 심각한 누를 당하지만, 서로 다른 장황한 이야기를 담고 있는 자아 관념을 가진 개인의 경우에는 그 태도들과 실행들이 단지 희박하게 영향을 받을 것이다. 이런 점을 살펴보면서 우리는 서사적 자아-구성 관점의 주장을 명료화시키는 데 도움을 주는 일부 일반적인 교훈들을 도출할 수 있다. 첫째, 그 관점은 '표준적인' 서사의 어느 정도 모호하고 유동적인 아이디어를 허용할 필요가 있음이 분명한 것 같다. 심지어 전통적인 직선형의 관념을 요구하는 경우에도 한 인격의 삶 이야기가 가져야 할 어떤 '단일한' 형식이 없고, 오히려 상당한 부분은 중첩하고 일부 특별한 것들에서 다른 한 무리의 서사 형식들이 있다. 예를 들면, 일반적으로 여성들이 남성들보다 그들의 서사들에서 더욱 주기적인 시간관념을 사용하는 경향이 있거나 자아와 타자 사이에 약간 덜 날카로운 경계를 긋는 경향이 있다고 알려져 있다. 서사적 자아-구성 관점이 우리가 남성이나 여성이나 '비-표준적인' 서사들을 가지며, 그래서 전혀 인격들이 아니라고 결정 내려야 한다고 암시하지 않는다. 도리어 그 관점은 아주 비슷하지만 여전히 서로 다른 서사 양식들을 표준적 서사 유형들로 허용할 수 있다. 극단적인 문화적 차이의 경우에 발생할 수 있듯이, 한 개인의 자아 관념이 서사 표준으로부터 너무 크게 벗어날 수 있기 때문에 그런 개인들의 이해와 상호작용은 어렵게 된다. 서사적 자아-구성 관점은 그 문화도 인격들을 가짐을 인정하지만 그들이 가진 인격 관념이 우리의 그것과는 아주 다르다고 주장한다. 사회조직에서의 차이는 개인의 심리조직의 차이로 이어질 것이며, 그것은 또한 그 문화 구성원들의 주체성에도 영향을 미칠 것이다. 만약 이것이 인간 문화라면, 우리가 그것을 인격들의 문화로 인정하게 할 정도로, 그들의 세계관과 우리의 세계관 사이의 충분한 유사성들이 있을 것이다. 우리와는 너무 다른 삶과 심리를 가지기 때문에 인격들로 보이지 않는 인간 존재들을 우리는 만날 것 같지 않다. 그래서 서사적 자아-구성 관점은 정체성-구성하는 서사 양식들의 다양성을 허용한다. 우리는 중복하는 서사 형식들의 집단과 그것들에 따르는 경험들을 표준적인 삶 이야기들로, 그래서 인격을 문제없이 구성하는 그런 종류의 서사로 간주하고자 한다. 그 자체의 일정한 특징들을 가지지만 그 집단에 속하지 않는 서사 양식들도 역시 인격들을 구성하지만 우리와는 다른 인격들을 구성한다. 그러나 하나의 자아 관념이 우리 문화의 표준적인 자아 관념들과는 크게 다를 때, 예를 들어 심지어 서사 형식을 띠지 않는 자아 관념일 때, 서사적 자아-구성 관점은 그것을 정체성-구성하는 것으로 간주하지 않고, 그런 방식으로 그들의 경험을 형성하는 사람들을 인격들로 간주하지 않는다. 그래서 서사적 자아-구성 관점은 한 개인의 자아 관념이 전통적인 직선형의 서사의 형식을 띠기를 요구한다. 그것이 한 인격의 삶을 규정하는 태도들과 경험들의 근저에 있는 그런 종류의 자아 관념이기 때문이다. 그 관점은 일련의 서사 양식들이 표준으로 간주될 수 있음을 허용하고, 또한 우리 자신의 것과는 다른 인격 관념들을 가질 수 있음을 인정하지만 상투적인 이야기 형식으로부터 완전히 일탈하는 자기-서사는 인격을 구성하지도, 인격적 정체성을 만들어내지도 못한다고 주장한다.

지금까지는 서사적 자아-구성 관점이 주장하는 정체성-구성하는 자아 관념의 형식을 설명하였다. 그러나 실제로 누가 그런 자아 관념을 가지고 있는지가 문제이다. 자서전의 질서정연한 구성은 쉬운 일이 아니며, 모든 인격들이나 심지어 대부분의 인격들이 그 일을 수행하고 있다고 믿을 이유가 없다. 인격들은 종종 자기반성적이고, 가끔 그들이 어디에서 왔고, 어디로 가고 있으며, 그들의 삶의 부분들이 어떻게 함께 어울리는지를 이해하려는 자기의식적인 노력을 할지라도, 거의 늘 그들은 단순히 살고 있다. 완전하게 써진 자서전이 자신의 머릿속에 새겨져야 한다는 것은 분명히 인격성을 위한 너무 절박한 전제조건이다. 물론 서사적 자아-구성 관점은 이런 요구를 하지 않는다. 즉, 정체성-구성하는 자서전적 서사의 구성은 자기의식적일 필요가 없다.

섹트만은 로크가 자기-구성 이론가임이 분명한 것 같다고 말한다.

로크는 인격적 정체성은 의식의 동일성에 의해 구성된다고 주장한다. 예를 들어, 그는 말하기를 "의식이 어떤 과거의 행위나 사고로 뒤로 확대될 수 있는 한, 그 인격의 정체성은 그만큼 도달한다."10) 그리고 "어떤 지성적인 존재가 처음 그것에 관해 가졌던 동일한 의식을 가지고, 그리고 그것이 어떤 현재의 행위에 관해 가지는 동일한 의식을 가지고, 어떤 과거 행위에 관한 '생각'을 반복할 수 있는 한, 그만큼 그 존재는 동일한 '인격적 자아(personal self)'이다.(EHU, p.336) 그리고 더 나아가 그는 이렇게 말한다. "무엇이 '인격적 정체성'인지, 실체(substance)의 정체성이 아니라 의식의 정체성임을 보여줄 것이다." (EHU, p.342) 그러나 인격적 정체성에 관한 그의 논의에서 가장 강조하는 것은 의식의 측면이 아니고, 의식의 '정서적(affective)' 측면이다. 그는 의식을 우리가 행복과 불행을 경험하는 능력으로 묘사한다. 예를 들어, 그는 다음과 같이 말한다. " '자아'는 그것이 어떤 실체이든, 정신적인 것이나 물질적인 것으로 이루어지든 문제가 아니며, 쾌락과 고통을 느낄 수 있거나 의식하고, 행복하거나 불행할 수 있는, 그래서 그 의식이 확대되는 범위 내에서 그 '자체'에 관련되는, 의식하고 생각하는 사람이다."(EHU, p.341) 그러므로 그는 의식의 동일성 측면에서 정체성을 정의하는 것을 강조한다. 그 까닭은 우리가 자기 본위의 관심, 보상, 그리고 처벌의 정의 등의 근저에 있는 정서를 경험하는 것은 의식 속에서이기 때문이다. 그는 무엇이 특별한 몸을 자기 자신의 것으로 만드는지를 말하면서 의식의 정서적인 측면들과, 특별한 행위들과 경험들을 자신의 것으로 가지는 것 사이를 연계시킨다. 그는 말한다. "몸의 부분들은 생각하고 의식하는 동일한 자아에 결합되면서, 그래서 그것들이 접촉을 당하고 영향을 받고 그것들에 발생하는 이득과 손실을 의식하면서, 우리의 '자아', 즉 우리의 생각하고 의식하

---

10) John Locke, *An Essay Concerning Human Understanding*, ed. by P. Nidditch (Oxford: Clarendon Press, 1979)(이후에는 본문 속에 EHU로 표기함), p.335.

는 '자아'의 일부라고 그는 말한다. 그래서 모든 사람에게 그의 몸의 수족들은 '그 자신'의 일부이다. 즉, 그는 공감하고 그것들에 관심을 가진다."(EHU, pp.336-337) 누군가가 어떤 사태에서 일어나는 것을 경험한다는 사실, 몸의 수족들의 조건이 쾌락과 고통의 차원에서 직접적으로 그에게 영향을 미친다는 사실이 그 몸의 수족들이 그의 의식의 일부가 되게 만들고, 그래서 그것들을 그의 것으로 만든다. 현재 행위들은 그의 복지에 영향을 미치거나 그에게 쾌락이나 고통을 불러일으킴으로써 그 사람의 현재 의식의 일부가 된다. 사람들은 단지 동일한 근거로 과거의 행위들과 경험들을 그들의 것으로 만든다. 과거 행위들과 경험들은 '현재' 의식에 영향을 미치고, 현재 그 사람에게 쾌락과 고통을 불러일으킨다면 현재 그 사람의 그것들이 된다. 우리는 적절한 방식으로 과거 행위나 경험에 관심을 가짐으로써, 그것의 영향력을 느낌으로써 의식을 과거로 확대시킨다. 과거의 행위들과 경험들이 현재의 쾌락이나 고통을 불러일으킬 수 있는가를 아는 것은 어렵지 않다. 누군가가 현재 죄책감에 의해 고통을 당하거나 행복한 기억들에 의해 따뜻함을 느낄 때나 과거의 성공들과 비교하면서 현재의 성공들을 측정할 때, 과거의 경험들은 그의 현재 복지에 영향을 미치고 있다. 그 정서를 불러일으킨 것은 과거 사건에 대한 '기억'이다. 그래서 의식의 과거로의 확대는 결국 기억인 것이다. 과거 행위들과 경험들에 관한 우리의 정서가 그런 행위들과 경험들에 대한 기억들에 의해 불러일으켜지지만, 적어도 프로이트 이후 우리는 과거가 명백하게 기억되지 않고서도 현재의 복지에 영향을 미칠 수 있다는 점을 알고 있다. 개인들은 특별한 경험들에 관한 명백한 기억을 억누를 수 있지만 관련된 정서들을 느낄 수 있다. 예를 들어, 심각한 정신적 외상을 당한 사람들은 때때로 그 정신적 외상의 상세한 것들에 대한 인지적 기억을 상실할 수 있으나, 그 후에 우울증과 다른 정서적 장애를 겪을 것이다. 억압된 과거는 기억되지 않고서도 현재의 의식에 영향을 미칠 수 있다. 그러나 이것이 과거가 직접적인 기억 없이 현재의 의식에 영향을 미칠 수 있는 유일한 심리 과정은 아니다. 때때로 그것은 특정한 사건들이 아니고 현재를 조건짓는 과거의 전체적인 특성이다. 예를 들어, 사람이 재정적으로 안전한지 여부는 그의 정서, 행위, 그리고 삶의 방식에 광범위하게 영향을 미칠 것이다. 충분한 재정을 지닌 사람은 돈에 사로잡혀 시간을 보내지 않을 것이며, 재정적 재난으로 두통을 느끼지 않을 것이다. 재정적으로 안전하게 느끼지 않는 사람은 물건을 많이 사는 것에 고통을 받을 것이며, 주의를 다하면서 그의 대안들을 탐색할 것이며 그가 최선의 값을 치르고 있다고 확신할 것이다. 물론 사람은 아주 다양한 방식으로 부나 가난에 대응할 것이다. 재정적 안전성의 효과는 현재 정신 상태의 측면에서나 심지어 행동하는 성향들의 측면에서 쉽게 계산되지 않을 것이다. 재정적인 안전은 삶을 사는 하나의 방식이다. 즉, 그것은 자신의 일상의 거의 모든 경험의 질에 영향을 미치는 배경을 제공한다. 그런데 어떤 사람이 재정적인 안전을 느끼는지 여부를 결정하는 것은 그의 현재 상황들이라기보다는 종종 자신의 과거의 재정적 상태일 수 있다. 과거는 일상적 삶의 질을 결정하면서 전체적인 방식으로 미래에 영향을 미친다. 어떤 특정한 기억들을 통해 매개되지 않고서도 과거는 미래에 영향을 미칠 수 있다. 과거가 미래에 대해 가질 수 있는 그런 종류의 일반적 효과는 어느 정도 한정된 재정적인 안정성 사례 대신에 개인적 안전성이나 가치 감정들 혹은 자긍심이라는 더욱더 일반적인 사례를 고려할 때 더욱더 명백하게 보일 것이다. 어린 시절에 안정된 가정에서 사랑을 받고 귀중한 대접을 받는다고 느낀 사람은, 가치 없고 무능하다고 느낄 수밖에 없었던 사람보다 더욱 가치 있고, 자격이 있고, 안전하다고 느끼면서 성장할 것은 분명하다. 일반적으로 과거가 현재의 조건이 된다는 것이다.

섹트만은 여기서 과거들이 특별한 기억들 외에 어떤 것을 우리에게 부여한다는 점을 강조한다. 과거들은 또한 하나의 '각본(script)', 자아 관념, 즉 우리가 누구인가 그리고 우리가 무슨 종류의 이야기를 살고 있는가에 관한 하나의 관념을 부여한다는 것이다. 잘 양육된 어린이는 그 자신을 좋은 삶을 가질 사람으로 보면서 성장하고, 그리고 이것은 그가 어떻게 행동하고, 무엇을 기대하고, 세계를 어떻게 경험하는가에 영향을 미친다. 그러나 자신을 패자로 생각하면서 승진된 사람은 아주 다른 경험을 가질 것이다. 지금까지 설명된 로크의 통찰은 서사적 자아 관념을 이해하는 데 도움을 줄 수 있다. 그는 과거 사건들은 쾌락이나 고통의 차원에 따라서 현재에 우리에게 영향을 미침으로써 현재 의식의 일부가 될 수 있다고 지적한다. 이것은 어떤 기억이 죄책감이나 양심의 가책을 야기하는 경우에서처럼 직접적으로 발생할 수 있다. 그러나 그것은 또한 사람의 전반적인 자아 관념의 원인이 됨으로써 더욱 미묘한 방식으로 일어날 수 있다. 우리의 과거들은 우리에게 우리가 누구인가, 그리고 우리는 무슨 삶 이야기를 살고 있는가에 관한 관념을 부여하며, 이 관념은 현재의 정감을 강하게 하거나 약하게 할 것이다. 따라서 서사적 자아 관념을 가지는 것은, 자신의 삶 이야기에 관한 자신의 관념을 통해 해석되는 것으로 자신의 삶에서의 사건들을 경험하고, 그리고 그렇게 하자마자 이어지는 정서를 느끼는 것이다. 로크는 과거가 현재의 경험에 미치는 영향에 초점을 두었지만, 섹트만은 미래가 현재에 미치는 영향도 주장한다. 물론 미래를 기억할 수는 없지만, 우리는 그것을 기대할 수 있다. 그리고 기대는 종종 현재 경험의 질에 영향을 미친다는 것이다. 위의 논의는 서사적 자아 관념을 가진다는 것에 자신의 삶 이야기의 명백한 말하기 외에 무엇이 관련되는지 보여주었고, 하나의 명백한 이야기의 말하기는 사실상 보통은 자신의 자아 관념을 표현하기에 부적절한 방식이라는 점을 보여주었다. 서사의 논리에 따라 전개되는 자신의 삶 관념은 우리가 가진 하나의 '관념'만은 아니고, 그것은 우리의 삶을 조직하는 하나의 원칙이다.

그것은 그것을 통해 우리가 우리의 경험과 행위 계획들을 여과시키는 렌즈이지, 성찰하면서 우리가 스스로를 생각하는 방식은 아니다. 따라서 우리가 행위들과 경험들을 우리의 의식의 일부로 만들기 위해 그것들을 가지는 방법은 우리가 책들을 우리의 도서관의 일부로 만들기 위해 그것들을 가지는 방법보다 음식의 요소들을 우리의 신체의 일부로 만들기 위해 그것들을 가지는 방법과 훨씬 더 유사하다. 따라서 적절한 의미에서 자서전적인 서사를 가지는 것은 개인의 삶 이야기의 논리에 따라 전개되는 자신의 역사를 내재적으로 이해하는 것이다.

지금까지의 설명은 개인이 서사적 자아 관념을 가진다는 것이 무슨 의미인지를 알려주었다. 섹트만은 지금부터는 서사적 자아-구성 관점이 정체성-구성하는 서사에 설정하는 그 이상의 제한들에 대해 논의한다. 먼저 표명 제한(articulation constraint)을 논의한다. 자서전적인 서사를 가진다는 것은 자신의 삶의 이야기를 스스로에게나 다른 누군가에게 실제로 표명하는 것이 아니라 암묵적인 서사에 따라 경험을 구성하는 것과 관련된다. 그럼에도 불구하고, 서사적 자아-구성 관점은 한 개인의 자기-서사가 전적으로 지하에 머무는 것을 허용하지 않고, 정체성-구성하는 서사는 국부적으로 표명할 수 있어야 한다고 요구한다. 국부적인 표명을 한다는 것은 서사가 그가 행하는 것을 왜 행하는지, 그가 믿는 것을 왜 믿는지, 그가 느끼는 것을 왜 느끼는지를 설명할 수 있어야 한다는 것이다. 표명 한계에서 작동하는 해명의 의미는 아주 일상적인 의미이다. 나날의 교제에서 우리는 사람들이 그들 스스로에 관한 질문들에 답할 수 있음을 당연시한다. 자신의 행동 동기들에 관해 성찰할 많은 시간을 보내지 못하는 사람들마저 대부분의 경우에 도전을 받을 때는 동기들을 만들어낸다. 단순한 예를 들면, 성인이면 그가 길을 건너기 전에 두 길들을 바라봄을 주목조차 않으며, 그는 왜 그가 그렇게 하는지에 관해 명백하게 생각하지 않음도 거의 확실하다. 그러나 만약 질문을 받는다면 그는 교통사고가 나지 않기를 바란다고 망설임 없이 대답할 수 있을 것이다. 마찬가지로, 두 일자리들 사이에서 망설였던 사람에게, 왜 하나를 선택했는지를 묻는다면 그의 장기적인 목표들, 인격성의 특성들, 재능들, 기호와 혐오 등의 측면에서 설명하기를 기대할 수 있다. 직선형의 서사 형식을 요구하는 것처럼, 정체성-구성하는 서사는 표명할 수 있는 것이어야 한다는 요구는 서사적 자아 관념의 특징은 네 가지 특징들을 설명하고 인격의 삶을 위해 허용하는 그런 종류의 주체성을 부여해야 한다는 요구조건에 의존한다. 그러나 이런 제한의 정당성을 자세하게 설명하기 전에, 표명의 제한은 서사적 자아-구성 관점에 대해 수많은 어려운 질문들을 제기한다는 점을 인정해야 한다. 비록 대부분 사람들은 그들의 행위들, 정서들, 그리고 사고들을 설명할 수 있지만, 그들은 항상 그렇게 할 수 없고, 그리고 심지어 설명들이 제공되는 경우들에서도 그것들은 항상 정확하지 않다. 우리가 어떤 특별한 행위들이나 정서적인 대응을 설명하기 위해 쩔쩔매는 것이 보기 드문 일이 아니다. 가끔 정서들이나 충동들은 불시에 나오는 것 같고, 삶의 질서와 이해 가능성을 파괴시키는 것 같다. 우리는 종종 자신의 자기-파괴적인 행동이나, 친구를 왜 떠나는지, 권리들을 지킬 정신력을 어디서 찾는지, 사소한 절망들 때문에 파멸하는 이유가 무엇인지 등을 설명할 수 없다. 우리의 삶 이야기들을 이해 가능한 것으로 만드는 방식으로 그것들의 일부를 말할 수 없는 경우들이 있다. 심지어 행위들에 관한 준비된 설명들을 가지고 있을 때조차, 우리의 이야기들이 정확하지 못한 것임이 가끔 너무 명백하다. 예를 들면, 한 남성은 자신의 형제에게 애정만을 느낀다고 단언하면서, 그의 형제를 해쳤거나 손상시켰던 많은 경우들을 최선의 의도들에 따르는 불행한 사건들이나 과실들로 설명한다. 섹트만은 이런 예를 자기-무지(self-blindness)라고 부른다. 그것은 한 개인의 '명백한' 자기-서사가 그의 암묵적인 자기-서사와 빗나가는 사례이다. 여기서 암묵적인 서사는 경험과 행위들이 실제로 따르는 심리 조직으로

454

간주된다. 그녀는 개인의 근본적인 심리 조직을 자기-서사라고 부른다. 그것이 그에 관한 일련의 정적인 사실들일 뿐만 아니라 일련의 역동적인 구성 원리들, 즉 한 개인이 의식적인 자각을 가지거나 가지지 않고 그 자신과 그의 세계를 이해해 나가는 기본적인 정향이기 때문이다. 이런 암묵적인 구성 원리들은 한 집합의 특징들일 뿐만 아니라 세계를 지나가는 자신의 삶의 방향에 대한, 지속적으로 전개되는 해석이다. 비록 그것이 그 개인이 명백하게 거부하는 요소들을 포함하고 있지만, 암묵적인 자기-서사로 부르고 있는 것을 생각하는 것은 옳을 것이다. 자신의 형제에게 존경과 사랑만을 느낀다고 진지하게 주장하지만, 그럼에도 불구하고 자주 적대감을 드러내는 방식들로 그에게 행동하는 어떤 사람의 사례에서, 적대감이 그 사람의 명백한 자아 관념의 일부는 아닐지라도, 그것은 그의 경험, 행위들, 정서들을 형성하는 데 분명히 역할을 할 것이다. 그가 거부하는 적대감을 그의 적대감이라고 확신을 가지는 것이 이 이유 때문이다. 자신의 행동에 관한 그의 명백한 설명이 '나는 나의 형제를 미워한다'는 구절을 포함하지 않을지라도, 기저에 깔린 적대감이 그의 경험을 구성하고 그의 행위들을 이끄는 데 역할을 한다는 가정은 그의 삶의 그런 명백한 특징들을 이해하기 위해 필요하다. 단지 그렇게 함에 의해서만 사람들의 행위들과 정서들이 이해 가능한 것으로 만들어질 수 있을 때, 우리는 그 사람들에게 무의식적인 정서와 동기들을 부여한다. 비록 적대감이 그 사람이 스스로에 관해 '말하는' 이야기의 부분은 아니지만 그것은 여전히 아주 실질적인 방식으로 그의 자아 관념의 부분일 수 있다.

그러나 사람들은 실질적으로 어떤 자기의식적인 방식으로 그들의 삶을 거의 이야기하지 않는다. 대신에 사람들은 경험에 관한 표명을 이끌기 위해 그들 자신과 그들의 삶에 관한 일련의 일반적인 배경 가정들을 허용한다. 사실, 시간의 제한들과 삶의 절박한 사정들은 완전한 삶 이야기를 표명하기를 불가능하게 만들고, 그래서 명백성은 하나의 요소가 한 개인의 자아 관념의 일부가 되기 위한 필요조건일 수 없다. 그러나 그 주체에게 쉽게 적용이 가능한 요소들과, 적용될 수 없는 요소들 사이의 아주 중요한 차이, 즉 인격적 정체성에 진지한 함의들을 가진 차이가 있다. 두 종류의 요소들이 개인이 세계에 접근하는 방식을 형성하는 한, 그것들 둘 다 그의 자기-서사의 일부이다. 개인의 서사에 그가 설명할 수 없는 부분이 있다면 하나의 전체로서의 서사는 정체성-구성하는 것이 되지 못할 것이라는 점을 표명 제한은 암시하는 것 같다. 그런 해석은 너무 극단적인 것은 분명하다. 자기-무지의 개인은 자신을 인격으로 구성하지 못할 것이며, 그 점은 옳을 수 없을 것이다. 따라서 표명 제한이 절대적인 투명성을 요구하는 것으로 생각되어서는 안 될 것이다. 대신, 그것은 개인이 표명하지 못하는 서사의 요소들이 그의 것임을 인정하지만, 그것들이 단지 부분적으로 그의 것이라고, 즉 그가 표명할 수 있는 서사의 그런 측면들보다 더 적은 정도를 그의 것이라고 말한다. 더욱이, 만약 자신의 서사를 충분히 넓은 분야에서 심하게 표명할 수 없다면, 인격성의 전반적인 정도도 손상될 수 있다는 점도 암시된다.

지금까지의 논의는 서사적 자아-구성 관점이 개인의 암묵적인 자기-서사의 표명되지 않은 측면들이 적어도 부분적으로 그의 것이라고 간주해야 할 필요가 있는 까닭을 알려주었다. 그런 요소들이 그의 삶에 하나의 역할을 수행하고, 행위들과 정서들에 영향을 미치고, 그의 행위들과 정서들을 이해 가능한 것으로 만들기 위해 그의 것들로 간주되어야 한다. 그런데 한 개인이 표명할 수 있는 서사의 요소들보다 표명할 수 없는 요소들이 충분하게 그의 것이 되지 못하는 것은 무슨 의미에서 그런 것인지 설명이 필요할 것이다. 우선, 우리의 직관들은 아주 반대일 것이다. 즉, 어떤 사람이 실제로 누구인가는 그가 쉽게 설명할 수 있는 정서들과 욕망들보다는 그의 무의식에 깊이 잠재한 그것들에 의해 결정된다는 것이 우리의 직관이다. 결국, 의식을 구성하는 심리적인 요소들은 적어도 부분적으로는, 그 자신에 관한 더욱 괴로운 진실들 중 일부로부터 자신을 보호하기 위해 고안된 검열의 과정을 거쳤다. 따라서 우리의 역사들의 공식적인 버전들은 부적당한 것이 많이 제거되고, '실제' 이야기는 말해지지 않는 이야기라고 믿게 만든다. 분명히 이런 직관들은 정당하고, 무시되어서는 안 된다. 개인의 암묵적인 서사의 억압되거나 무의식적인 요소들이 그가 알고 있는 요소들보다 그의 것이 충분히 되지 못한다고 말하는 것이 완전히 자연적이고 직관적이라고 보는 다른 의미가 있음을 거부할 수 없다. 표명될 수 없는 자신의 삶의 그런 특징들은 하나의 역할을 수행하지만, 그것들은 표명될 수 있는 그런 것들이 수행하는 역할과는 다른 역할을 수행한다. 그것들은 그 개인이 알게 될 수 있는 서사적 특징들이 조사를 받는 것과 동일한 종류의 조사를 받지 않고, 그러므로 그의 삶으로 그만큼 잘 통합되지도 않는다. 그런데 그것은 그들의 표현이 가질 수 있는 형식을 제한한다. 무의식적인 요소들이 개인의 암묵적인 서사의 일부이기 때문에, 그것들은 정서와 행위에 영향을 미치지만, 그것들이 보이지 않기 때문에, 그것들의 영향은 정밀하고 자동적이다. 프로이트는 그런 영향의 성격을 강박관념에 사로잡힌 환자의 취침 시간에 해야 하는 일을 논의하면서 설명한다. "병실에서 잠을 자고 일어난 후 5분 우산을 펴라는 명령을 받고 그렇게 행동하는 최면술의 실험 대상자와 정확히 동일한 방식으로 그 환자는 행동했다. 그 실험 대상자는 그 지시를 시행했지만, 행위들의 동기를 가지지 못했다."[11] 최면 후 암시와의 유비는 중요하다. 그것은 한 개인이 자신의 무의식적인 자극들과 그것들을 수행했던 행위들로부터 얼마나 강하게 멀어지는가를 강조한다. 프로이트는 말한다. 즉, "그런 자극들은 다른 세계에서 온 전능적인 손님들, 인간적인 삶의 소동에 참견하는 신적인 존재

---

11) Sigmund Freud, *Introductory Lectures on Psychoanalysis*, trans. and ed. by James Strachey(New York: Norton, 1966), p.277.

들의 인상을 환자 자신에게 부여한다."12) 이런 분석은 설명할 수 없는 개인 서사의 요소들이 설명할 수 있는 요소들보다 덜 그의 것일 수 있다는 점이 무엇을 의미하는지를 알려주고 있다.

그리고 자신의 서사를 광범위하고 진지하게 설명하지 못함은 전반적인 인격성을 손상시키는 것으로 보일 수 있음을 알려준다. 무의식적인 특징들이 한 개인의 서사의 요소들인 한, 그것들은 그가 알고 있는 행위들과 경험들에 영향을 미친다. 그것들이 무의식적인 한, 그런 효과들은 이야기하는 사람에게는 설명할 수 없는 것이다. 한 개인이 자신의 서사의 일부를 설명하지 못할 때, 그의 행동들과 경험들의 일부는 그에게 파악될 수 없는 것이고 따라서 그가 적절하게 통제할 수 없다. 물론, 모든 사람이 서사의 일부들을 설명할 수 없지만, 대부분의 경우에 이것은 다만 어떤 이슈들을 둘러싸고 국지적인 이해 불가능성을 야기한다. 그러나 어떤 사람이 자신의 서사의 특별히 중요하고 널리 영향을 미치는 부분들을 설명할 수 없거나, 그의 삶 이야기의 광범위한 부분들에 접근하지 못하는 일부 사례들이 있다. 이런 상황들은 더욱 극단적인 함의들을 지닌다. 자신의 삶 이야기를 극적으로 표명하지 못하는 사람은 자신의 행위들과 정서들의 광범위한 부분을 파악할 수 없을 것이다. 그가 말하고 행동하는 것의 많은 부분은 반사적인 성격을 지닌다. 그의 인격은 분해되고, 잘 규정된 성격의 인격이 되지 못한다. 그리고 그는 자발적인 주체로서 행동하기보다는 그가 이해하지 못하는 힘들에 이끌린다. 이런 경우에 표명 제한에 대처하지 못하는 것은 하나의 전체로서의 인격성을 손상시킨다.

그리고 서사적 자아-구성 관점은, 하나의 정체성-구성하는 자기-서사는 근본적으로 사실과 일치해야 함을 요구한다. 이런 사실 제한(reality constraint)의 동기는 분명하다. 여기서 문제가 되는 의미에서

---

12) Ibid., p.278.

하나의 인격이 됨은 타자들과의 어떤 종류의 활동들과 상호작용들에 참여할 수 있음이며, 인격의 삶을 사는 것은 다른 인격들과 동일한 세계에 살기를 요구한다. 사실의 가장 기본적인 특징들에의 근본적인 동의는 인격들 사이에서 발생하는 그런 종류의 상호작용들이 가능한 것이 되기 위해 요구된다. 따라서 사실과 아주 멀리 떨어지게 이야기하는 사람을 드러내는 이야기는 인격성을 손상시키며, 따라서 정체성-구성하는 것일 수 없다. 그러나 사실 제한에 관해 두 가지 점들이 밝혀져야 한다. 첫째, 정체성-구성하는 서사가 어긋나서는 안 될 사실들은 인격들 그 자체에 관한 사실들일 수 없다. 혹은 서사적 자아-구성 관점은 몹시 완곡할 것이다. 따라서 그 관점에서는, 서사가 책임을 질 그런 종류의 사실들은 인격들(persons)에 관한 사실들이 아니고, 인간 존재들(human beings)과 그들의 환경들에 관한 사실들이다. '인격'이 무엇을 행했는지의 질문은 서사적 자아-구성 관점에 의해 해결될 수 있다. 그러나 '인간 몸(human body)'이 무엇을 행했는지의 질문은 직접적인 관찰, 사진, 비디오테이프, 지문, DNA 샘플, 유사한 증거 등에 의해 해결될 수 있는 질문이다. 인간 몸의 동일성과 인격의 동일성 사이에 복합적이고 밀접한 연계가 있음이 인정되어야 한다. 사실 이런 연계는 너무 가까워서 그 둘은 구분하지 못할 것 같다. 그럼에도 불구하고 인격과 인간 존재는 구분되어야 한다. 둘째, 사실 제한은 하나의 절대적인 요구로 간주될 수 없다는 점이다. 대부분 인격들에 관한 서사들은 심지어 간단하고, 직접적으로 관찰 가능한 사실들에 관한 오류들을 포함한다. 그 자신을 하나의 인격으로 구성하기 위해 개인이 '완벽하게' 정밀한 자기-서사를 구성할 필요가 있다는 요구는 분명히 너무 엄격하다. 그런데 사실 제한을 설명하기 위해서 서사적 자아-구성 관점은 그것에 관한 여러 종류의 오류들은 정체성을 손상시키며, 그리고 오류들이 일어나는 그런 사례들에서 정체성에 관하여 무엇이 말해질 수 있는지를 정확하게 설명하면서도 하지 않는 그런 지침들을 제공해야 한다. 사실 제한이 일치하기를 요구하는 사실들은 관찰적인 사실들과 해석적인 사실들로 불릴 수 있는 두 가지 범주들로 나누어질 것이다. 관찰적인 사실들은 감각들을 통해 직접적으로 가져지는 정보와 관련되고, 해석적인 사실들은 사실들의 의미들이나 함의들에 관한 결론들이다.

섹트만은 우선 극단적인 사례를 들면서, 관찰적인 사실들에 관한 극적인 오류들을 고려한다. 여기서 그녀는 이야기하는 사람을 사실로부터 아주 멀리 떨어진 사람으로 보이게 만드는 그런 종류의 서사 오류들을 염두에 두고 있다. 서사적 자아-구성 관점에 따르면, 그런 오류들은 그것들의 원인을 자기에게 돌려야 한다는 특별한 주장들의 근거를 손상시키고, 또한 그 이야기하는 사람의 전반적인 인격성을 감소시킨다. 자기-구성 관점들에 반대하는 망상적인 자아 관념들은 그런 종류의 서사 오류의 예들을 제공한다. 예를 들면, 자신이 나폴레옹이라고 믿고, 워털루 전투에서 부대들을 이끌었고 그 전투의 결과에 관해 깊은 수치심과 후회를 경험한다고 주장하는 누군가가 있다고 하자. 그런 사람은 워털루에서의 나폴레옹 행위들을 포함하는 자기-서사를 가진 것으로 말해질 것이지만, 우리는 분명히 그런 행위들을 그의 행위로 인정하는 정체성 관점을 승인할 수 없다. 서사적 자아-구성 관점은 사실 제한에 의해 반갑지 않은 이런 결과로부터 벗어날 것이다. 그런 망상들의 본질에 관하여 한순간 성찰하기만 해도, 이야기하는 사람의 직접 관찰 가능한 환경에 관하여 명백하고 그리고 쉽게 알아낼 수 있는 오류들을 강요한다는 근거로 그 망상들을 거부할 수 있다는 점을 알게 된다. '당신이 말하는 지금은 몇 년도인가?', '그 전투가 일어났던 때는 몇 년 전이었는가?', '당신은 지금의 몸과 같은 몸을 그때도 가졌는가?', '인간 몸은 얼마간 지속한다고 생각하는가?' 등등의 질문들은 개인의 자기-서사에서 주요한 이례적인 점을 드러낼 것이다. 그런 질문들을 받으면서, 압력을 받고 자신이 나폴레옹이라는 주장은 깨질 것이다. 더욱이, 자신이 나폴레옹이라고 말하는 미친 사람의 서사에서의 그것처럼 심하게 거짓된 주장들은 그것들을 주장하는 그 개인의 전반적인 인격성을 저하시킨다. 자신이 거주하는 세계에 관한 기본적 사실들에 조율되지 못하고, 그래서 자신의 동료들과 공동으로 한 세계에 거주하지 못한다는 것은 인격의 삶을 규정하는 능력들과 활동들을 저해한다. 실제로 이 점을 확인할 수 있다. 우리는 정신병자들이 그들의 행위에 책임을 져야 한다고 생각하지 않는다. 우리는 그들이 자신의 용무들을 수행하거나 자신의 이해관계들에 관심을 가질 수 없다고 생각하지 않는다. 사실, 완전하고 사악한 광기로 하강하는 것을 본다면 일종의 무서운 인격의 죽음, 자아의 상실을 예상할 것이다. 그러나 정신병은 모두에게 절실한 것은 아니다. 자신이 나폴레옹이라는 망상을 가진 사람들조차 종종 그들 서사들의 나머지에서는 사실과 많이 연결됨을 보여주며, 상호작용할 수도 있고 수많은 맥락들에서 인격들로 행동할 수 있다. 그런 사람들은 지난 몇 주 동안 자신의 행위들에 관해 기본적으로 정확한 설명을 제공하거나, 자신의 이웃들이나 친구들과 값지고 득이 되는 관계를 유지할 수 있을 것이다. 인격성과 관련되는 자율성, 능력들, 그리고 활동들은 일종의 심리적인 질병에 의해 일반적으로 없어지는 것이 아니라 줄어드는 것이다. 서사적 자아-구성 관점이 주장하는 인격성의 정도도 그렇다. 서사적 자아-구성 관점은 하나의 서사가 한 인격의 정체성에 관한 오류들을 포함하기 때문에, 그러나 오히려 그것이 세계에 관한 분명한 사실들에 관한 오류들을 포함하기 때문에, 그런 방식으로 서사를 결함이 있는 것으로 판단하지 않는다는 점을 강조해야 한다.

따라서 사실 제한은 명백히 부적절한 세계관을 포함하는 자기-서사들을 거부하는 쉬운 방식을 제공한다. 그런 서사들은 명백하고, 관찰가능한 사실들을 평가하지 못하기 때문이다. 자기-서사에서 모든 잘못들이 그렇게 극적이지 않다. 모든 사람의 서사는 수많은 사소한 실수들을 포함한다. 우리는 그런 오류들이 삶의 부분인 것을 방식의 문제로 간주한다. 누군가의 서사에 오류들이 드러남은 그가 스스로를 인격으로 구성하는 것을 방해한다고 말하는 것은 분명히 너무 극단적이다. 이런 종류의 서사의 잘못들이 위에서 묘사된 더 극적인 오류들과 다른 점이 무엇인지를 아는 것이 그 실수들에 대한 서사적 자아-구성 관점의 주장을 알 수 있다. 첫째, 그것들은 동일한 방식으로 저항하기 힘든 것이 아니다. 자기-서사에서 그런 오류들을 저지르는 그 사람은 오류의 증거를 만날 때 그것들을 곧 취소한다. 재치 있는 연설을 하는 동료에 대한 녹음은 스스로의 주장을 수정하게 만든다. 그 사람과 함께 찍은 사진은 그를 만났다는 점을 인정해야 한다. 그런 작은 실수들의 증거가 제시될 때, 사람들이 전형적으로 자신의 서사들을 자발적으로 수정하는 것보다 훨씬 더 중요한 점은 그들이 쉽게 수정할 수 있다는 것이다. 이 점은 극단적인 오류들과 사소한 오류들 사이의 두 번째 주요한 차이를 지적한다. 사소한 실수들의 사례에서, 서사에서 묘사되는 사건들은 쉽게 진실로 될 수 있는 사건들이다. 여기서는 무리하게 쉽사리 믿지 않는다. 비록 정확하지 못한 점을 포함하고는 있지만, 말하고 있는 이야기들은 믿을 수 있는 것이다. 따라서 사소한 사실적인 오류들을 포함하는 서사들은 모든 특별한 것들에 걸맞지는 않지만 사실의 전반적인 윤곽과는 일치한다. 그런 사람들이 그 이야기들이 실제로 일어났던 것을 이야기한다고 말하는 것은 그들의 실수들이 결국 별 영향이 없음을 말하는 것이다. 어떤 사람이 재치 있는 연설을 하는 것이 이상한 일이 아닌 한 실제로 그런 연설을 했는지의 여부는 별 문제가 되지 않을 것이다. 삶 서사들의 특징들의 대다수의 가장 중요한 역할은 그 사건의 실질적인 상세한 것들보다는 그것들이 반영하는 일반적인 특징들과 속성들로부터 수행된다는 점이 분명하다. 개별적인 인간 존재들은 믿을 수 없을 정도로 많은 자극들에 복종되고, 수많은 경험들을 겪는다. 그런 개인이 자기-반성적인 서사에서 그런 경험을 형성하기에 요구되는 심리적인 작업을 할 때, 인격이 등장한다. 그런 서사가 인간 존재에서 일어나는 모든 사건들 각각을 자세하게 포함한다는 것은 분명히 불가능하다. 오늘날의 심리학에서는 기억을 '재생산적인(reproductive)' 과정이 아니라 '재구성적인(reconstructive)' 과정으로 바라보는 강한 동향이 있다. 그 관점에 따르면, 자서전적인 기억은 주로 과거에 관한 특정한 정보를 저장하기 위해 되새겨지지 않고, 우리의 역사들을 개괄하고, 요약하고, 일반화시키기 위해서 되새겨진다. 즉, 재치 있는 연설을 했다는 기억은 자신의 재치성의 상징과 동료들과의 상호작용들의 상징으로 기여할 것이다. 새 집에서 홀로 저녁 식사를 했던 기억은 새 도시로의 이사와 관련된 모든 고독감과 불안정을 상기하는 데 기여할 것이다. 다양한 서로 다른 유람 여행들과 사회적 사건들에 대한 선명하지 못한 기억들은 일반적으로 개인의 삶에서 특별히 즐겁고 활기찬 시간을 대변한다. 그런 기억들에서 중요한 점은 그것들이 사실들과 일치한다는 것이 아니고, 그 사람과 그의 역사에 관한 일반적 특징들을 정밀하게 대변한다는 점이다.

이제, 섹트만은 해석적인 사실들에 관한 잘못들을 논의한다. 심지어 관찰할 수 있는 사실들에 일치하는 자기-서사들마저 그 사실들에 관한 색다른 해석 때문에, 분명히 실수로 보일 수 있다. 하나의 극단적인 예를 들어, 편집증 환자를 고려하자. 그는 명백하게 순결한 행위들과 태도들에서 그에 대한 불길한 음모의 증거를 지속적으로 본다. 그의 서사는 관찰이 가능한 사실들에 관한 어떤 명백한 실수들을 포함하지 않는다. 사실들을 타자들이 보는 것들과는 아주 다른 의미들을 가진 것으로 보는 것은 개인들의 세계에 자신의 자리를 차지할 수 없게 만들 것이다. 이런 종류의 해석의 실수들을 저지르는 사람들에게는 인격의 완전한 삶은 적용될 수 없으며, 그래서 그들의 인격성의 정도는 크게 줄어든다. 물론, 그가 나폴레옹이라고 생각했던 그 사람의 사례에서처럼, 인격성을 파괴시키는 그런 종류의 실수들이 극단적이기는 하지만 국지적인 것이라는 점 때문에 사정은 복잡하다. 편집증 환자의 망상을 지닌 개인이 잠시 동안 하나의 직업에 머무르고, 결혼을 계속 유지하고, 부모 자식 관계를 유지하고, 인격들이 하는 많은 다른 종류의 일들을 할 수 있을 것이다. 편집증은 삶의 그런 측면들을 못하게 방해하겠지만, 그것들을 전적으로 분쇄시키지는 않는다. 심지어 편집증 환자의 서사도 큰 장애는 있을지라도 인격적인 것의 영역으로 통합이 가능한 방식으로 근본적인 서사 형식과 부분적으로 겹칠 것이기 때문이다. 서사적 자아-구성 관점은 정신병자들이 인격들이 아니라고 생각하게 강요하지 않는다. 그 관점은 사실과는 동떨어진 정신병자의 서사 요소들을 사라지게 하고, 그리고 그들의 망상들이 인격성을 방해하고 그것을 감소시킨다는 점을 인정한다.

물론, 지금까지는 너무 단순한 논의였다. 사실과 해석의 실수들은 서로 밀봉되지 않으며, 관찰과 해석 사이의 경계선을 긋기는 아주 어렵다. 더욱이, 한 점에서 사실 제한을 어기는 서사들은 다른 점에서도 그것을 어기기 쉽다. 예를 들어, 편집증 환자는 특별히 과대망상의 경향이 있다. 그러므로 여기서 다루어지는 실수의 유형들 사이의 구분은 중요하다고 생각하지 않는다. 그러나 극단적인 실수들이 사소한 실수들로 조금씩 변해 가는 방식들이 흥미롭다. 편집증 환자의 피해 판단은 잘못된 것이며, 사실과는 무관함을 드러내지만, 일상적인 삶에서는 더 어려운 일들이 발생한다고 누구나 생각할 수 있다. 망상은 아닐지라도 세계에 관한 뒤틀린 관점을 가진 것 같은 누군가, 완전하게 잘 대접을 받고 있는 것처럼 보이지만 항상 차별당하거나 동정을 받지 못하거나 이용을 당한다고 믿고 있는 누군가를 모든 사람은 알고 있다. 유사한 현상들은 다양하게 발생한다. 이 현상들은 편집증의 경우보다 훨씬 더 모호하다. 덜 극단적인 이런 사례에서는 사실들에 관한 자신의 해석이 옳다는 자신감을 훨씬 덜 가진다. 차별 대우를 당한다고 계속 주장하는 사람은 대부분의 우리가 신경을 쓰지 않는 사실에 조정을 당하고 있다. 사실적이 아닌 염세적인 세계관을 가진 우울한 사람과는 아주 달리 건강한 사람은 사실적이 아닌 낙관적인 세계관을 가진다. 비교적 사소한 해석의 실수들의 사례에서 누구의 지각이 실질적으로 올바르지 않은가는 분명하지 않다. 우울한 사람, 의심하는 사람, 낙관적인 사람, 그리고 화를 내는 사람 등은 동일한 사건들에 관해 아주 다른 이야기들을 말하지만, 그것들은 모두 이해가 가능한 것들이고, 대부분의 경우 어느 것이 가장 정확한 이야기라고 주장하는 것은 잘못인 것 같다. 차별 대우의 소송에서처럼 어떤 실천적인 의도들 때문에 하나의 이야기를 위해 다른 이야기보다 나은 자리를 차지하는 것이 필수적이지만, 그것을 위해 우리가 느끼는 난점과 불안은 다양한 시각들에 정당성을 부여하고자 하는 우리의 의도를 보여준다. 물론, 그것은 동일한 방식으로 세계를 지각하는 사람들에게보다는 서로와 상호작용하기 위해 세계를 다르게 지각하는 사람들에게 더욱 문제가 된다. 그러나 대부분 이런 문제들은 상호작용을 손상시키지 않는다. 그러므로 서사적 자아-구성 관점은 일부 시각들에서 해석의 실수들로 고려될 것을 서사의 정체성-구성하는 능력을 위협한다고 생각하지 않는다. 반면, 양식의 차이들이 생길 수 있다는 것은 서사적 자아-구성 관점이 규정하는 정체성과 정체성 위기들에 관한 논의에서 작용하는 정체성 개념 사이의 연계를 보여준다. 하나의 특별한 서사가 일련의 공동으로 의견을 함께하는 사건들을 해석하는 시각은 그 서사에 개별적인 양식을 부여한다. 화를 내는 사람은 그의 이야기가 화가 난 눈의 렌즈를 통해 구성되기 때문에 화를 내는 사람이다. 반면, 마음씨가 고운 사람은 그의 이야기와 그 결과적인 행위들이 마음씨가 고운 관점으로부터 솟아 나오기 때문에 마음씨가 고운 것이다. 한 개인의 서사가 이해할 수 있는 것이며, 기본적인 사실들에 책임을 질 수 있는 것이라면, 비록 그것의 일부 논리가 엉뚱한 것일지라도 사실 제한을 어긴다고 여겨지지 않을 것이다.

이제, 섹트만은 인격 정체성과 인간 정체성을 구분하면서 논의를 정리한다. 인격 정체성에 관한 철학적 논의들에서 제기되는 가장 근본적인 질문들 중 하나는, 단일한 인격이 하나의 몸 이상으로 살 수 있는가, 혹은 몸을 가지지 않고서도 실존할 수 있는가이다. 이 질문은 육체적 지속성 이론가와 심리적 지속성 이론가 사이, 즉 인격은 인간 존재와 동일시될 수 있다고 믿는 사람들과 인격 정체성은 인간 정체성을 능가한다고 믿는 사람들 사이에서 등장한다. 서사적 자아-구성 관점은 인격 정체성과 인간 정체성을 동등시하지 않으면서 그 둘 사이의 밀접한 연계를 인정한다. 이 점들을 살펴보기 전에, 우선 육체적 지속성 이론가들이 특별한 인격들(persons)과 특별한 인간 존재들(human beings)을 동등시하는 것과 심리적 지속성 이론가들이 직관에 반대하는 것, 두 가지 이면의 동기들 일부를 살펴보고자 한다. 우리가 인격들의 것이라고 보기를 원하는 행위들과 경험들은 항상 인간 존재들의 그것들이기 때문에 인격들은 인간 존재들이라는 것이 육체적 지속성 이론가들의 주장이다. 우리가 다른 종류의 동물들도 인격들임을 인정할 때조차, 우리는 여전히 인격의 행위들과 경험들을 특별한 생명체에 속하는 것으로 상상할 것이다. 그런데 인간 몸들을 재-동일시함에 의해 인격들을 재-동일시한다는 점이 더 중요하다. 인격들이 특별한 몸들과 동일시되는 정도는 관찰할 수 있는 사실의 문제들과 관련된 서사 실수들의 예들을 다시 고려한다면 명백해질 것이다. 만약 나폴레옹이라고 주장하는 '사람'이 잘못임을 누군가가 목격했다고 말한다면, 재치 있는 연설을 하였다고 주장하는 '사람'이 사실은 재치 있는 연설을 했던 사람이 아님을 하나의 비디오테이프가 보여주었다면, 설명 없이 지나갔을 것이다. 이런 주장들은 인격 정체성에 관한 사실들은 직접 관찰이 가능하다는 점과 적절한 관찰들은 인간 존재들에 관한 관찰들이라는 점을 암시한다. 예를 들면, 나폴레옹이라고 주장하는 그 사람은 너무 젊어서 나폴레옹일 수 없다. 재치 있는 연설을 했

466

다고 주장하는 그 사람은 비디오테이프에서 그 연설을 한 사람과는 같은 모습도 같은 목소리도 아니다. 특별한 인간 존재가 어떤 행위를 하였음의 발견으로부터 특별한 인격이 행위하였음의 발견으로의 이동은 너무 가까워서 거의 이동이 없는 것으로 보인다. 심리적 지속성 이론가들은 이런 배경에서 인격 정체성과 인간 정체성이 무너질 '수 있음'을 설명하는 가설적 수수께끼 사례들을 제공한다. 그들은 일반적으로 한 인격이 하나의, 오직 하나의 인간 몸과 연결된다는 점을 인정하지만, 단일한 인격이 하나의 몸 이상으로 살 수 있는 상황들을 상상할 수 있음을 보여주는 몸 교체와 장거리 수송과 같은 사례들을 제시한다. 인격의 정체성이 그 인격의 몸으로부터 어느 정도는 분리될 수 있다는 주장은 아주 옳은 것 같다. 육체적 지속성 이론가들은 한 개인이 하나의 몸 이상으로 살 수 있음을 단호하게 거부한다. 반면, 심리적 지속성 이론가들은 인격들과 몸들이 일대일로 대응한다는 점이 일종의 행복한 일이라고 주장하는 것 같다. 그러나 서사적 자아-구성 관점은 경험상 인격은 단지 하나의 몸과 연결된다고 설명하고, 일반적으로 한 인격의 역사가 단지 하나의 몸과 연관된다는 점이 심층적인 개념적 사실이라고 주장하고, 특정한 사례들에서 단일한 인격이 하나의 인간 몸 이상과 연결되는 것이 불가능하지 않음을 인정한다.

서사적 자아-구성 관점의 입장들을 좀 더 자세히 살펴보자. 그 관점은 인격이 되기 위해서는 문화적인 인격 관념을 파악하고 그 관념을 스스로에게 적용시켜야 한다고 일반적으로 요구하는 과정에서 인격들과 인간 존재들이 일대일로 대응한다고 설명한다. 일반적으로 단일한 인격이 그의 역사에 걸쳐 하나의 그리고 유일한 하나의 인간 몸과 관련된다는 것이 우리 문화가 가진 관념의 일부이다. 이는 육체적 지속성 이론을 지지하는 직관들이 보여주는 것이다. 하나의 몸 이상의 행위들과 경험들을 스스로의 것들로 간주하는 어떤 자기-서사도 서사 형식의 바로 그 첫 번째의 요구조건을 만족시키지 못할 것이다. 한 인격의 자아 관념은 인격적 삶의 이야기의 논리를 따라야 한다는 요구 조건이다. 다양하고 서로 다른 몸들로 행위들과 경험들을 가지는 것과 연관되는 삶 이야기는 거의 파악할 수 없는 것이며, 적어도 그 이야기는 인격성의 가장 기본적인 특징들의 일부를 이해하지 못하였음을 거의 명백하게 드러낼 것이다. 그러나 인격들과 인간 존재들 사이의 강한 연계에도 불구하고, 서사적 자아-구성 관점은 한 인격의 역사가 하나의 몸 이상을 포함할 가능성을 완전히 거부하지는 않는다. 만약 누군가가 보통 인격들과 인간 존재들 사이의 밀접한 연계를 납득하고 있음을 보여주는, 한 몸 이상과 연관되는 이야기를 한다면, 서사적 자아-구성 관점은 그 이야기를 정체성-구성하는 서사로 인정하고, 그래서 단일한 인격이 하나의 몸 이상에서 행위들과 경험들을 가졌음을 인정할 수 있을 것이다. 심리적 지속성 이론가들이 제시한 가설적인 사례들은 하나의 몸 이상으로 살고 있는 한 인격을 상상하기를 단순히 요구하는 것으로 시작하지 않고, 인격 정체성과 인간 정체성이 다르다는 점에 관한 건전하고 이해할 수 있는 이야기, 즉 우리의 근본적인 인격성 개념에 벗어나지 않는 이야기를 제시하려고 한다. 물론, 장거리 수송자들이나 두뇌 이식 외과 수술자들은 우리 주변에 있지 않으며, 그래서 하나의 몸 이상과 관련되는 하나의 이야기와 함께 현재 실존하는 개인은 사실 제한을 어기고 있다. 더욱이, 그런 기술들은 아주 불가능한 것이다. 그럼에도 불구하고, 심리적 지속성 이론가들이 말하는 이야기들을 이해할 수 있다는 것은 그런 기술들이나 유사한 기술들이 실존하는 상황들에서 한 인격이 하나의 몸 이상으로 행위들을 하거나 경험들을 가지는 것이 가능하다는 점을 보여준다. 그리고 이 점은 육체적 지속성 이론가들이 시인하는, 인격 정체성과 인간 정체성의 엄격한 개념적 '동일시'를 약화시킨다. 따라서 서사적 자아-구성 관점은 인격 정체성과 인간 정체성이 구분될 수 있는 방식들에 관해 심리적 지속성 이론가들이 가진 직관들을 수용할 수 있다. 그러나 서사적 자아-구성 관점이 인격 정체성과 인간 정체성 사이의 분리 원인들을 끌어내면서 심리적 지속성 이론처럼 멀리 가지는 않는다. 한때 인격이 인간 존재와 단순히 동일시되지 않음을 인정하였던 심리적 지속성 이론가들은 하나의 특별한 인격과 하나의 특별한 인간 몸 사이의 연계를 다소간 우연적인 것으로 보는 것 같다. 그들이 말하듯이, 사실상 인격과 몸은 보통 함께 가기 때문에, 몸의 동일성을 인격 동일성의 증거로 삼을 수 있다. 그러나 그들은 일반적으로 단일한 인격의 역사는 오직 한 인간 존재의 행위들과 경험들과 연관되어야 하는 '필연성'을 보지 않는 것 같다. 그것이 바로 일들이 생겨나는 방식이다.

다른 한편, 서사적 자아-구성 관점은 인격 정체성과 인간 존재의 정체성 사이의 더 가까운 연계를 주장한다. 이 관점은, 특별한 경우에 한 인격의 역사가 한 인간 존재의 역사와 다를 수 있음을 허용하지만, 이 관점도 심리적 지속성 이론이 인정하듯이 인격 정체성과 인간 정체성 사이의 일반적인 분리의 가능성을 인정하는지는 분명하지 않다. 그 이유는 서사적 자아-구성 관점이 인격성과 인격 정체성의 사회적 그리고 상호작용적인 본성을 강조하기 때문이다. 인격성 바로 그 개념이 사회적 차원과 연관된다. 한 인격이 된다는 것은 특별한 방식들로 타자들과 교섭할 수 있다는 것이다. 명백한 점은, 인격들이 실존하는 사회조직은 우리 서로가 재-동일시될 수 있기를 요구한다는 것이다. 더욱이, 절친한 친구들이 면밀한 물음을 통해 서로를 알아낼 수 있다는 점이, 인격의 삶을 구성하는 그런 종류의 활동들과 상호작용들에 충분하지 않다. 일반적으로, 사람들이 자신들과 타자들이 상호작용하는 사람들을 알아볼 수 있다는 점은 필수적이다. 우리는 인간 존재들을 재-동일시하면서 그들을 알아본다. 서사적 자아-구성 관점의 기본적인 고려들은, 특별한 인간 존재의 '모든' 행위가 연관된 사람에게 그 탓을 돌릴 수 있다고 가정할 수는 없지만, 일반적으로 어떤 몸이 어떤 행위를 했거나 어떤 경험을 가졌다고 결정하기는 어떤 사람이 그랬다고 결정하기의 믿을 만한 수단이고 그리고 수단이어야 한다는 점을 명백하게 만든다. 만약 인격 정체성과 인간 정체성 사이에 일반적으로 믿을 만한 연계가 전혀 없다면, 인격성이 지속하도록 돕는 제도들을 위해서 그 연계가 있을 수 있다는 점은 불분명하다. 이 점을 알아보기 위해 심리적 지속성 이론들을 지지하기 위해 사용되는 하나의 공동의 수수께끼 사례에서 생긴 뜻밖의 사태를 고려하자. 표준 사례는 인간 두뇌들을 복사하고 대체시키는 기술이 발달된 미래 사회와 연관된다. 그런 세계에서, 일반적으로 인간 존재들은 본래의 두뇌가 가진 모든 기억들, 신념들, 욕망들 등을 보유하는 복사물들로 그들의 두뇌들이 대체되게 하지만 노화하면서 소모를 방지하기 위해 옳은 일이다. 우리는 닳아빠진 몸들을 대체할 수 있는 하나의 수단을 가질 것을 상상하자. 그러나 그것은 너무 어렵고 비용이 들어 각 몸을 주문으로 만들 수가 없고, 소수의 본보기 몸들의 많은 복사물들은 만들어지고, 그 복사물 속에 개인의 두뇌들도 복사될 것이다. 그런 세계를 상상할 수 있더라도 그것을 우리 자신의 것과는 아주 다른 것으로 상상해야 한다. 그런 세계 속에서 사람들은 누구를 만나고 있는지를 빠르고 확실하게 결정할 수 없을 것이며, 우리의 문화를 규정하는 그런 종류의 사회조직들을 보존하는 것은 가능은 하지만 아주 어려울 것이다. 개인들 사이의 상호작용들은 우리의 상호작용들과는 많이 달라야 할 것이며, 이 차이는 그런 상상된 세계에서의 개인들의 심리적 조직, 따라서 주체성에 차이를 만들어낼 것이다. 서사적 자아-구성 관점은 인격 정체성과 인간 정체성 사이가 밀접하게 관계됨을 보여준다. 인간 몸들의 재-동일시는 사회적 상호작용들에 중요한 역할을 수행하기 때문에, 서사적 자아-구성 관점은 단순하게 인격들과 인간 존재들을 '동일시'하지는 않지만, 인격들의 구성과 인격 정체성에 중심적인 역할을 수행하기를 요구한다. 서사적 자아-구성 관점에서 인격성의 사회적 측

470

면에 대한 강조는 정체성-구성하는 서사가 타자들에 의해 재-동일시되는 방식에 책임을 지기를 요구한다. 우리는 인간 존재들을 재-동일시함에 의해 인격들을 재-동일시하기 때문에, 그 관점은 인격 정체성과 인간 존재들의 정체성 사이의 밀접한 개념적인 관계를 요구한다. 따라서 그 관점은 심리적 지속성 이론 이면의 직관들을 논하면서도, 반면 육체적 지속성 이론들이 강조하는 인격과 몸 사이의 밀접한 연계를 고려한다. 그 관점에서는, 한 인격은 주체적 그리고 객체적 특징들의 모임 속에서 실존한다. 개인은 적절한 형식의 서사적 자아 관념으로 자신의 경험을 형성함으로써 인격으로서 그 자신을 구성한다. '적절한 형태'는 자의적으로 결정되는 어떤 것이 아니고, 인격성에 결정적인 복합적인 삶 양식들과 사회적 상호작용들로부터 나오는 어떤 것이다. 그런 삶 양식과 일련의 상호작용들을 가능하게 만드는 서사가 요구되는 것이다. 그 서사는 다른 무엇보다도 한 인격이 다른 사람들이 경계를 설정하는 것과 동일한 자리에서 자신의 경계를 설정하기를 요구한다. 서사적 자아-구성 관점은 자아 관념에서 어느 정도의 여지와 다양성을 허용한다. 이야기하는 사람이 인격의 삶을 살도록 하는 선택들의 범위에 속하는 한, 정체성-구성하는 것이 될 수 있는 광범위한 서사 양식들이 있다. 더욱이, 유별난 서사들은 개별적인 사례들에서 인격의 정체성에 관해서 우리가 처음에 가진 의미에 이의를 제기하고 그것을 확대시킬 수 있다. 인격성도, 행위들과 경험들의 원인을 개인에게 돌리는 것도 정도를 허용하기 때문에 그 이상의 혼란들이 생긴다. 그러나 일반적으로 정체성-구성하는 서사의 내용과 형식은 우리의 인격 관념에 의해 제한된다. 그러나 그 관념 자체는 정체성을 결정하는 데 충분하지 않다. 개인이 그 관념을 자신에게 적용하고 그것과 일치하는 자아 관념을 형성하지 않는다면, 그는 하나의 인격을 만드는 능력들도 주체성도 소유하지 못한다. 서사적 자아-구성 관점에 따르면, 인격의 일반적인 문화적 관념, 자기 자신의 삶에 대한 객관적인 관점, 그리고

세계에 관한 사실들 등을 인지하는 삶을 이야기하고 살아가면서 인격
의 정체성은 구성되는 것이다.

2) 서사적 자아─구성

인격적 정체성에 접근하는 하나의 방법으로서, 서사적 접근은 큰
기대와 함께 많은 의문들을 제기하였다. 서사적 접근은 인간 삶은 서
사의 형식을 띠어야 한다고 주장하지만, 그 반대 주장은 그 접근이 실
제적인 삶의 구조를 과장하고 왜곡시킨다고 비난한다. 섹트만은 서사
적 접근을 반대하는 스트로슨(Galen Strawson)의 입장을 자세하게 고
려하면서 서사적 관점을 옹호하면서 더욱 개선시키고자 한다.13) 스트
로슨은 서사적 접근이 지닌 많은 실질적인 결점들을 지적한다. 그러나
그런 결점들이 실존한다고 해서 서사적 접근이 철저하게 거부되어야
한다는 것이 아니며, 명료화되고 개선되어야 한다.

섹트만은 먼저 서사적 접근에 대한 스트로슨의 아주 복잡한 반대의
입장들을 살펴본다. 그 가운데 중요한 일부 관점들을 개괄하기 위해
우선 그가 제시한 세 가지 구분을 소개한다. 첫째, 그는 일상적인 인
간들은 그들의 삶을 서사 형식으로 경험한다고 주장하는 '심리적 서
사성 논제(psychological Narrativity thesis)'와 자신의 삶을 하나의 서
사로 경험하는 것이 좋은 일이라고 주장하는 '윤리적 서사성 논제
(ethical Narrativity thesis)' 사이를 구분한다.14) 그가 지적하듯이, 이
구분은 심리적 논제와 윤리적 논제를 둘 다 승인하는 가장 강한 서사

---

13) 이 절은 내용은 Marya Schechtman, "Stories, Lives, and Basic Survival: A
Refinement and Defence of the Narrative View", ed. by Daniel D. Hutto,
Narrative and Understanding Persons(Cambridge: Cambridge University
Press, 2007), pp.156-178를 요약 정리함.

14) Galen Strawson, "Against Narrativity", *Ratio* XVII, no. 4(2004)(이후에는 본
문 속에 AN으로 표기함), p.428.

적 관점들로부터 그 중 하나를 승인하고 하나를 부인하는 것들에서 둘 다를 부인하는 가장 강한 반-서사적 관점들 네 가지를 남긴다. 그는 첫 번째의 가장 강한 서사적 관점은 학문의 분야에서 지배적인 관점이며, 네 번째의 가장 반-서사적 관점은 자신이 옹호하는 관점이라고 말한다(AN, pp.429-430). 그는 심리적 서사 논제는 거짓이며, 윤리적 서사 논제는 거짓이면서 유해한 것이라고 주장한다. 둘째, 그는 스스로를 주로 하나의 전체로서의 인간 존재로 간주할 때의 스스로에 대한 자신의 경험과, 스스로를 주로 내적, 정신적 실체 내지 일종의 '자아(self)'로 간주할 때의 스스로에 대한 자신의 경험 사이를 구분한다(AN, p.429). 그는 헨리 제임스를 예로 든다. 제임스는 자신의 이전의 저작들 중 하나는 스스로와는 아주 다른 사람의 저작이라고 생각한다고 주장했다. 그 자신을 또 다른(another) 자아로 경험한다는 것이다. 스트로슨은 인간(human)과 자아(self) 사이를 구분하는 것이다. 사람들은 스스로를 생물들로 간주하는데, 그 생물의 지속 조건은 하나의 전체로 고려되는 인간 존재의 지속 조건들과 동일한 것이 아니다. 그가 서사성 논제를 부정하는 것은 지속 조건들이 인간의 그것들과는 다를 수 있는 내적, 정신적 실체, 즉 '자아(self)'에 관련된다. 그는 자아에 적용하려는 대명사는 I*, me* 등과 같이 별표로 표시한다. 셋째, 스트로슨은 통시적(Diachronic) 자기-경험과 단편적(Episodic) 자기-경험 사이를 구분한다. 통시적 자기-경험에서는 자연적으로, (먼) 과거에 거기 있었고, (먼) 미래에 거기에 있을 어떤 것, 즉 하나의 자아로 간주되는 것으로 스스로를 상상한다. 단편적 자기-경험에서는 대조적으로, 그런 자아로 간주되는 스스로를 상상하지 않는다.

이 세 가지 구분들로 그는 심리적 서사 논제와 윤리적 서사 논제 둘 다에 반하는 사례를 제시한다. 그는 최소한 하나의 서사적 자아 관념을 가지기 위해 자신의 자기-이해는 통시적이어야 할 것이라고 말한다. 그는 통시적인 자기-이해가 없다면 스스로를 서사 측면에서 생각할 심장한 의미가 있을 수 없다고 생각한다. 서사적인 것이 되게 하기 위해 통시적 자기-경험에 세 가지 다른 특징들을 첨가시킨다. 하나의 특징은 양식들, 통합, 내지 시종일관성을 탐구하는 경향, 즉 '형식 탐색(form-finding)'이다. 또 하나는 어떤 사람이 자신의 삶-궤도를 표준적인 문학의 형태를 취한다는 의미에서 하나의 이야기로서 생각해야 하며, 그리고/혹은 어떤 사람이 자신의 자기-이해에서 과거를 개정하고 교정해야 한다는 요구이다(AN, pp.442-444). 그가 생각하는 서사적 관점은 우리가 형식 탐색과 함께 통시적 자기-경험을 가지기를 요구한다. 서로 다른 서사적 관점들은 이야기하기의 경향을 가지고 과거를 교정하는 것과 관련하여 그 관점들의 필요조건들에 따라서 다를 것이다. 그러나 서사적 관점의 이런 서로 다른 버전들 사이의 차이들은 그의 일반적인 요점에는 아주 중요하지는 않다. 그는 심리적인 그리고 윤리적인 서사적 접근의 모든 다른 모습들, 모든 버전들을 거부한다. 한 개인이 그 자신을 통시적으로 경험하는 것이 필수적이거나 특별히 바람직스럽다는 점을 그는 거부하기 때문이다. 사람들이 스스로를 경험하는 방식들에는 많은 변형들이 있다. 그는 완벽한 삶을 사는 단편적 자기-경험의 사례를 제시한다. 형식을 지닌 하나의 이야기로서나 형식을 지니지 않은 하나의 이야기로서 삶에 대한 관념을 절대 가지지 않는다고 그는 말한다. 절대 누구도 그런 관념을 가지지 않는다. 그는 첨언한다. 즉, "나는 나의 과거에 크거나 특별한 관심을 가지지 않고, 나의 미래에 큰 관심을 가지지도 않는다."(AN, p.433) 단편적 삶을 냉담하고, 텅 비고, 결함이 있는 것이라고 아는 사람들과 마찬가지로, 그들은 본성상 통시적으로 자기를 경험하거나 삶을 의미 있는 것으로 만들기 위해 서사적 구조를 필요로 한다는 그들에게 사실인 것이 모든 사람에게도 사실이라고 그들이 추정하고 있다고 그는 의심한다. 그는 다음과 같이 말한다. "모든 사람이 서사적 자기-경험을 얻으려고 노력하기를 요구하는 관점들은 중요한 사고방식들을 중

474

지시키고, 윤리적 가능성들에 관한 우리의 파악을 무력하게 만들고, 그것들의 모델에 어울리지 않는 사람들을 괴롭히고, 잠재적으로 심리 치료의 맥락에서 파괴적이다."(AN, p.429) 그는 자신이 명백하고, 서사적이고, 자기-표명에의 열망은 거의 항상 이득보다는 손실이라고 추측하며(AN, p.447), 최선의 삶들은 이런 종류의 자기-이야기하기와 관련되지 않음을 확신한다고(AN, p.437) 말한다. 그의 결론은 윤리적 서사성 논제는 거짓이며, 심리적 서사성 논제 또한 특정한 의미에서 거짓이라는 것이다(AN, pp.438-439).

섹트만은 서사성을 일반적으로 지지하지 않고, 특정한 종류의 서사적 관점들을 옹호한다. 그녀는 서사적 접근의 많은 버전들에 관해 실제로 스트로슨과 같은 의견을 가진다. 그녀는 다음과 같은 기본적인 세 가지 질문들을 다룬다. 이 질문들에 대한 답들은 세 가지 수준에서 이루어진다. 첫째, 무엇이 삶-서사를 구성하는가? 먼저, 삶-서사는 어떤 사람의 역사에서 일어난 사건들의 목록이다. 그러나 삶의 사건들의 목록뿐만 아니라 그 사건들 사이를 설명하는 관계들에 관한 자세한 이야기도 삶-서사에 관련된다. 그것은 어떤 사람의 역사에서의 사건들이 그 역사에서의 다른 사건들로 이어지는 방식에 관한 이야기인 것이다. 마지막으로, 삶-서사는 유능한 저자에 의해서 창작되고 재능 있는 편집자에 의해 편집된 하나의 이야기에 가능한 한 가까이 접근하는 삶의 이야기이다. 둘째, 서사를 가진다는 것은 무엇인가? 먼저, 한 개인의 서사가 그의 현재 경험에 영향을 미친다는 점이다. 여기서 어떤 사람이 자기-서사를 가진다고 언급될 수 있기 위해 그 사람의 서사가 의식에 영향을 받을 수 있을 필요가 없다. 그러나 하나의 서사를 가진다는 것은 한 개인이 적어도 때로는 그의 서사를 의식하고 그것을 명백한 것으로 만들 수 있기를 요구할 것이다. 마지막으로, 하나의 서사를 가지기 위해 한 개인은 능동적으로 그리고 의식적으로 그의 삶을 서사 형식으로 이해하고 살아가려고 노력해야 할 것이다. 셋째,

하나의 서사를 가진다는(내지 가지지 못한다는) 것이 지니는 실제적인 의미가 무엇인가? 이 질문 또한 서사적 자아 관념이 가지는 기본적 이득으로부터 더 고차적인 이득과 관련하여 세 수준으로 답해진다. 먼저, 하나의 서사를 가짐은 사람으로 구실을 하는 데 필수적이라는 답이다. 그러나 자기-서사를 가짐은 어떤 종류의 복잡하고 개인 특정적인 활동들에 참여하는 데 필수적이다. 예를 들어, 그것은 자율성, 도덕적 행위, 신중한 추론 내지 다른 종류의 고차적인 능력들에 필수적이다. 마지막으로, 서사적 자아 관념은 좋은 삶 내지 의미 있는 삶을 사는 데 본질적이다.

섹트만은 위의 세 가지 질문들과 그 세 수준에서의 대답들을 연결시키면서, '약한 서사적 관점', '중간 수준의 서사적 관점', '강한 서사적 관점'을 논의한다. 약한 서사적 관점의 주장은 다음과 같다. 즉, 누군가도 자신의 역사에서의 사건들에 관한 근본적으로 암묵적인 지식에 따라 자신의 삶을 형성할 수 있어야 하거나, 심지어 가장 기본적인 수준에서 사람으로 구실을 잘 할 수 있어야 할 것이다. 더욱 구체적으로 말한다면, 이것은 코르사코프 증후군이나 심한 치매에 의해 발생된 심각한 지적 결손들을 지닌 누군가가 그것을 벗어나려면 어떤 도움이 필요할 것이라는 생각이다. 중간 수준의 관점은 누군가는 그의 역사에서의 사건들이 어떻게 앞뒤가 서로 맞는지에 대한 어떤 이해, 즉 만약 그가 크게 중요하게 여겨지는 개인 특정적인 활동들에 참여할 수 있다면, 적절한 곳에 접근할 수 있다는 점에 대한 이해를 필요로 한다고 주장한다. 강한 서사적 관점은 말하기를, 한 개인은 능동적으로 그리고 의식적으로 만약 그 삶이 의미 있는 것일 수 있으려면, 강한 의미에서 하나의 이야기로서 그의 삶을 살고 이해하기를 책임져야 한다. 스트로슨은 약한 서사적 관점을 사소한 것으로, 중간 수준의 관점을 거짓으로, 강한 관점을 위험한 것으로 여길 것이다. 섹트만은 약한 그리고 강한 관점에 관하여 주로 그에게 동의한다. 그녀가 약한 관점이

전적으로 사소하다고 분명히 생각하는 것은 아니지만, 그것이 중요한 논쟁점은 아니다. 그녀는 강한 서사적 관점의 요구조건들이 억압적일 수 있으며, 자발성과 자기-이해를 저해하고 일부 개인들에게 큰 불행을 불러올 수 있는 방식들에 대한 스트로슨의 논의에 확신을 가진다. 적어도 그녀는 가장 강한 형식의 관점은 거짓이라는 점에 동의한다. 그녀는 어떤 사람이 완전하게 한 인격이 되기 위해 자신의 삶을 하나의 '탐색'으로 혹은 '전반적인 윤리적 성격'을 지닌 것으로 혹은 장대한 궁극적인 목적으로나 통합적인 논제로 보아야 한다고 믿을 이유를 보지 못한다. 그녀는 모든, 심지어 대부분의 사람들은 자신의 삶의 구조와 방향에 대해 명백한 감각을 가진다고 생각하지 않고, 하나의 감각을 가지는 것이 삶이 의미 있고 좋거나 살 만한 가치가 있는 것이 되기에 필수적이라고 생각하지 않는다. 그래서 강한 관점이 너무 강하다는 스트로슨의 주장을 인정하는 것으로 만족한다. 약한 관점은 사실이며, 흥미롭다고 생각하지만, 일부 사람들은 그런 관점을 '서사적' 관점으로 부르는 것이 하나의 과장이라고 생각한다는 데 동의한다. 그녀가 관심을 가진 서사적 관점은 중간 수준의 그것이다.

섹트만의 서사적 자아-구성 관점에서는 우리 스스로를 인격으로 구성한다고 주장한다. 이런 자아 관념은 암묵적이고 자동적이다. 우리가 인간 문화 속으로 사회화될 때, 우리는 지속하는 개인들로서 우리 스스로에 관한 배경 관념을 가지고 사람으로 구실을 하도록 배우고, 인격의 삶을 살아간다. 이 점의 더욱 특정적인 의미는 우리가 당면한 문제들을 더 넓은 삶-이야기의 맥락 속에서 경험한다는 것이다. 서사적 자아 관념을 가지기 위하여, 경험된 과거와 기대된 미래가 현재 경험과 행위들의 성격과 의미의 필요조건이 된다. 자아-구성하는 서사를 가지는 경우, 발생하는 일은 따로 일어나는 사건이 아니라 진행되고 있는 이야기의 일부로 해석된다. 물론, 더 넓은 서사의 맥락이 경험에 영향을 미치고 조건지을 수 있는 많은 방식들이 있다. 예를 들어, 누군가가 일단 그 일이 끝나면 승진이 보장되고 휴가를 떠날 수 있음을 알면서 아주 힘든 일의 시간을 경험하는 방식과 어떤 구원도 예상될 수 없는 괴롭게 노동하는 삶의 일부라면 그것을 경험하는 방식에는 차이가 보일 것이다. 또한 어느 '한' 집의 문보다는 '자신의' 집 문으로 걸어서 오를 때, 혹은 수년 동안 살았던 집의 문보다는 자신의 '새로운' 집의 문으로 올라갈 때, 혹은 동일한 집이고 동일한 문일지라도, 모질게 무너지고 난 후 텅 빈 집의 문보다는 사랑하는 가족이 기다리는 집의 문으로 다가갈 때 누군가의 경험에는 차이가 보일 것이다. 당면한 일들은 서사적 자아 관념의 렌즈를 통해 이해될 수 있음을 보여주는 예들이다. 그래서 서사적 자아-구성 관점은, 서사를 전개하고 서사를 가지고 사람의 구실을 하면서 사람은 인격으로서의 자신의 정체성을 구성하며, 그 이유로 누군가의 서사에 포함되는 행위들과 경험들은 그 자신의 행위들과 경험들이라고 주장한다. 이 관점은 위에서 설명된 세 가지 질문들의 각각에 가능한 대답들의 중간에 자리하며, 따라서 하나의 중간 관점이다. 그것이 사용하는 서사 관념은 어떤 사람의 역사에서 일어난 사건들의 단순한 연대기 이상이다. 그러나 정체성-구성하는 서사는 통합적인 논제를 가져야 하거나 하나의 탐색을 대변하거나 독특한 문학 부류에 어울리는 잘 규정된 줄거리 전형을 가져야 할 어떤 요구조건이 없다. 자기-서사를 구성하는 것은 또한 의식적이고 능동적인 기획으로 이루어져야 할 어떤 것으로 간주되지 않는다. 이 관점은 또한 하나의 서사를 가진다는 것의 의미와 관련하여 중간의 자리를 차지한다. 그것은 하나의 자기-구성하는 서사를 가지는 것이 인격이 가질 특정한 능력들을 가지도록 돕는 방식에 초점을 둔다.

섹트만은 도덕적 책임, 신중한 관심, 보상, 생존 등 인격성의 네 가지 특징들을 확인하면서, 정체성에 관한 심리학의 설명을 논의한다. 그 설명의 핵심은 인격들과 인간 존재들을 구분하는 것이다. 이 점은 스트로슨의 '자아들'과 인간 존재들 사이의 구분과 밀접하게 연결된다. 스트로슨의 '자아'처럼 심리학적 이론가의 '인격'은 인간 존재들의 지속 조건들과는 다른 지속 조건들을 지닌 심리적 실체이다. 그래서 심리학적 이론가는 인격의 지속성을 구성하는 심리적 지속성을 설명한다. 그 설명의 창시자는 존 로크이다. 그는 인격의 지속성을 '의식'의 지속성 측면에서 규정한다. 한때의 한 인격을 다른 때의 누군가와 동일한 개인으로 만드는 것은 그들이 동일한 의식을 가진다는 것이다. 그는 인격성의 네 가지 특징들 — 도덕적 책임, 신중한 관심, 보상, 생존 — 이 육체나 영혼보다는 의식을 따른다는 점을 보여준다. 그러나 의식의 지속성은 명백하게 설명되지 못한다. 그는 의식들 사이의 단절을 가로질러 그것들을 통합시키는 힘으로 기억을 제시하고, 그래서 현재와 과거 사이의 기억 연관들이 통시적 의식을 단일한 인격으로 통합시킨다는 관점을 가진다. 그러나 과거 행위나 경험이 그것을 내가 1인칭 시각에서 기억하기 때문에 나의 것이라는 단순한 기억 이론은 많은 이유들 때문에 유지되기 힘들다는 점이 분명하다. 그동안 많은 수정들을 통한 표준적인 심리학적 지속성 이론은 의식의 지속성이 순간에서 순간으로 의식의 내용들 사이에 유사성의 측면에서 규정된다고 주장하게 되었다. 그러나 그것은 로크의 관점이 지닌 원초적 문제들을 많이 해결하였지만 여전히 그 자체의 난점을 지닌다. 특히, 심리적 내용들의 유사성 측면에서 해석되는 인격적 지속성의 그림은 네 가지 특징들을 지지하기 위해서 서로 다른 시간에 이루어지는 경험 사이에 깊고 충분한 연계를 생기게 하는 것 같지 않다. 내가 그 행위에 책임을 지거나 보상을 받을 권리가 있다는 것은 내가 행위를 하였거나 많은 시간 동안 일을 했던 누군가와 '유사하기' 때문이 아니다. 그것은 그 결과들에 고통을 당하거나 (혹은 보상을 즐기는) 경험하는 주체가 유관한 행위를 취했던 '동일한' 주체이기 때문이다. 내가 그의 경험들에 특별히 관심을 가지는 것은 미래의 누군가가 나와 '유사할'

것이기 때문이 아니라, 내가 그들을 나 자신으로 경험하기를 기대하기 때문이다. 그리고 생존은 미래에 경험을 가지는 나와 아주 '유사한' 누군가에 의해 보장되지 않는다. '나'는 경험을 가져야만 한다. 로크의 관점에서의 인격 정체성에 관한 설명만큼 그럴듯하게 들리는 의식의 통합성은 하나의 삶의 서로 다른 부분들 사이의 깊은 현상학적 관계이며, 심리적 지속성 이론가들이 제시하는 관계는 우리가 추구하는 연계를 제공하기에 충분하게 깊은 것 같지 않다. 이 점이 서사적 자아-구성 관점이 힘을 발휘하는 곳이다. 그 관점이 제공하는 연계들은 보통의 심리학적 설명들은 할 수 없는 방식으로 우리의 삶에서의 네 가지 특징들과 그것들의 역할을 설명할 수 있다. 가장 강한 로크의 관점은 단순한 기억 이론이 아니다. 오히려 과거의 행위들과 경험들을 '전유함'으로써 그것들을 우리의 것으로 만든다고 로크는 주장한다. 로크의 관점은 1인칭에서 그런 행위들과 경험들을 기억하는 것만이 아니라 서사적 자아-구성 관점이 요구하는 방식으로 그것들에 의해 영향을 받음을 요구한다고 섹트만은 생각한다. 행위나 경험이 전유될 수 있으려면 시간상 멀리 떨어진 그것에 대한 인지적인 관계만이 아니라 정서적 그리고 실천적인 관계들이 있어야 한다. 달리 말하면, 그것은 자신의 서사에 묶여야 한다.

스트로슨의 반대들은 서사적 자기-구성 관점에 적용된다. 그 자신을 하나의 단편적인(Episodic) 것으로 묘사하면서, 그는 정체성-구성하는 자기-서사를 위해 요구된다고 섹트만이 말하는, 자신의 과거와 미래에의 전유적인 연계들을 가지기를 거부한다. 그는 자신의 과거와 미래에 크거나 특별한 관심을 가지지 않는다고 말한다(AN, p.433). 그는 이 점에 관해 다음과 같이 말한다. "내가 인간 존재인 한에서 나의 과거가 나의 것임을 나는 잘 알고 있으며, 그것이 지금의 나(me*)에게 특별한 관련성을 가진다는 하나의 감각이 있음을 나는 완전히 받아들인다. 나는 과거에 내(I*)가 거기에 있었다는 어떤 감각을 가지지 않는 동시에, 내(I*)가 형이상학적인 사실의 문제로서 거기에 있지 않았다는 것이 분명하다고 생각한다."(AN, p.434) 그는 단편적인 것이 된다는 점이 그의 과거나 미래에 대해 책임을 지지 않게 하지 않는다는 점을 분명히 주장한다. 그리고 그것은 성실, 우정, 혹은 윤리적 행동을 위한 그의 능력을 저해하지 않는다. 달리 말해, 스트로슨은 그가 자신의 삶을 하나의 서사로 간주하지 않고 네 가지 특징들에 연계되는 능력들을 소유한다고 공표한다. 이 공표는 완전히 칭찬할 만하다. 잠시도 의심할 필요가 없다. 그러나 표면상으로 그 공표는 자기-서사는 네 가지 특징들에 토대를 제공하는 데 필수적이지 않음을 암시하는 것 같고, 또한 서사적 자아-구성 관점의 중심적 주장은 거짓임을 암시한다. 그러나 섹트만은 자신의 관점 이면의 기본적인 생각은 단편적인 실존에 관하여 스트로슨이 공표한 모든 것과 실제로 양립 가능한 것이라고 생각한다. 그녀가 서사적 자아-구성 관점을 위하여 스트로슨의 분석에 대응할 수 있는 두 가지 방식이 있다. 이 관점에서 말하는 서사가 무엇인지를 오해하였다고 말하는 것이 그 한 방식이다. 스트로슨은 하나의 전체로 간주되는 자신의 인간적인 삶의 단편적인 부분들 사이에 아주 강한 관계를 인정한다. 그는 그(he*)가 스트로슨 삶의 다른 부분들에 특별한 관계를 가지며, 그 삶의 부분들은 특별히 정서적인 중요성을 지니며, 그리고 그는 그것들에 관하여 어떤 책임을 지닌다고 인정한다. 그가 결여한 모든 것은 스트로슨의 삶의 그런 다른 부분들을 그(him*)로서 동일시하는 것이다. 그러나 그의 인간 실존 내에서의 관계들은 자기-서사를 가지는 것과 관련된 많은 것을 포함한다. 두 번째 가능성은 요구된 서사의 강점에 관련된 이슈들이 아니라 그것의 지속성에 초점을 둔다. 서사적 관점에 반대하는 스트로슨의 주장의 많은 부분은 그가 서사 측면에서 그의 인간 삶을 경험하지 않는다는 사실에, 즉 그의 인간 실존 속에는 서로 다른 '자아들'이 있다는 사실에 바탕을 둔다. 그러나 서사적 자아-구성 관점이 정체성에의 심리적 접근 이면의 직관들을 표현하는 수단으로 고안되기 때문에, 정체성-구성하는 자기-서사의 지속성은 인간 삶의 지속성과 동일한 것이어야 한다고 주장하지 않고, 주장해도 안 된다. 결국, '인격들'은 이런 관점에서는 인간 존재들과 구분된다. 이 점이 그것의 주된 추진력이다. 그래서 스트로슨이 그의 전체적인 인간 삶을 하나의 서사로 보지 않는다는 사실은, 만약 각 자아(self*)가 그것에 내재적인 하나의 서사에 의해 구성된다면, 서사적 관점에 대한 장애로 기여하지 않을 것이다. 이런 두 가지 대응들은 서사적 자아-구성 관점 이면의 기본적 아이디어를 정당하게 표현하고 있는 것 같다. 문제는 그것들이 서로 긴장하고 있다는 것이다. 첫 번째 대응이 암시하는 바는, 일상적인 환경들 하에서, 하나의 자기-서사가 단일한 인간 삶의 연대기에 적절하게 일치해야 하고, 또한 자기-서사는 어떤 사람이 깊은 방식으로 자신의 삶-서사의 모든 단계들과 동일시되어야 한다고 요구하지 않는다. 반면, 두 번째 대응은 다음과 같은 점을 열어 두는 것 같다. 즉, 자기-이야기하기의 아주 일상적인 형식은 한 인간 삶보다 훨씬 더 짧은 지속성을 지닌 서사적으로 창안된 자아들과 관련되며, 서사적 자아의 다른 단계들과의 강한 동일시는 정체성-구성하는 자기-이야기하기를 위해서 요구된다.

섹트만은 스트로슨의 반대들에 대한 두 가지 가능한 대응들 사이의 그런 긴장은 서사적 자아-구성 관점에 미리 실존하는 긴장을 대변하는 것이라고 믿었다. 그 관점에서는 실제로 두 가지 서로 다른 정체성에 관한 질문들이 있으며, 각각은 조금 서로 다른 서사 이론과 함께 대답된다. 원 관점에서는 이 구분이 모호해지지만, 스트로슨의 도전이 그 모호성을 드러낸다. 여기서 인격들과 자아들 사이의 구분을 통해 기본적인 착상에 도달할 것이다. 섹트만은 이미 '인격들'은 '자아들'과 동일한 것이라고 말했고, 심리학적 이론가들에 의해서 사용된 인격의 개념은 두 가지 구성요소들을 결합한다고 믿는다. 한 요소는 스트로슨의 자아 관념이며, 또 다른 요소는 사회적 맥락에 더욱 밀접하게 연관되는 실천적 관념이다. 한편, 한 인격은 경험들의 주체로, 인간 존재들과는 다른 지속 조건들을 가진 심리적 실체로서 우리가 경험하는 '나'로 간주된다. 다른 한편, 한 인격은 중요한 실천적 연관들을 가진 어떤 복잡한 사회적 능력들의 소유자로서 간주된다. 한 인격은 그의 행위들에 책임을 질 수 있는 도덕적 행위자이며, 그가 그의 이해관계에 반하여 행동할 때 비합리적이라고 생각될 수 있는 논리적인 사람이며, 다른 인격들과 많은 복잡한 관계들을 가질 수 있는 사람이다. 자아와 인격이 동일하다는 점은 분명한 것은 아니다. 로크는 동일하다고 생각한다. 그는 자아의 지속성을 규정하는 경험하는 주체의 지속성을 누군가를 인격으로 만드는 능력들의 전제조건으로 본다. 심리학적 전통은 좀 더 넓게 '인격'과 '자아'를 다소간 상호 교환하여 사용하는 경향이 있다. 섹트만의 서사적 자아-구성 관점도 처음에는 동일한 입장이었다. 그러나 스트로슨의 반대들에 대한 그녀의 두 가지 대응들 사이의 긴장은, 그 두 개념들 사이의 연계는 로크와 심리학적 이론가들이 주장하는 것보다 더욱 복잡하다고 생각하게 한다. 자아의 지속 조건들에 관한 설명과 인격의 지속 조건들에 관한 설명은 자동적으로 동일한 것은 아니다. 둘 다 인간 존재들과 구분되지만, 그것들 또한 서로 구분되어야 한다. 서사적 자아-구성 관점 속에 자아들에 관한 서사적 설명과 인격들에 관한 서사적 설명이 있으며, 하나의 서사가 얼마나 강하게 요구되는지 혹은 그것이 얼마나 길게 지속해야 하는지의 질문은 적어도 어느 정도는 어느 것이 강조되는가에 달려 있다. 두 가지 가능한 대응들 사이의 긴장은 인격들에 관한 서사적 설명과 자아들에 관한 서사적 설명 사이를 구분함으로써 해결될 수 있다. 전자는 스스로를 하나의 인격으로 구성하기 위해서는 스스로를 지속적인 것으로 인정해야 하고, 과거 행위들과 경험들을 자신의 현재 권리들과 책임들과 밀접한 관계를 가지는 것으로 보아야 하고, 과거와 현재에 의해 영향을 받을 미래를 인식해야 한다. 어떤 사람이 과거나 미래의 행위들과 경험들과 깊게 동일시되고 그것들에 관심을 가지거나 염려할 필요는 없지만, 그것들을 근본적으로 자신의 선택들에 유관한 것으로 인식할 필요는 있다. 예를 들면, 나는 스포츠카를 구입하기로 결정한 자아와 동일시될 필요는 없지만, 융자를 받으면서 서명을 하였다면 나는 그 돈을 내가 지불해야 하며, 지불하지 않으면 나의 신용에 영향이 미칠 것이라는 점을 인식할 필요가 있다. 그래서 인격-구성하는 서사의 강점은 앞에서 설명된 두 가지 가능성들 중 약한 것이지만 지속은 더 길다. 어떤 사람이 더 약한 의미에서 자신의 행위들과 경험들이라고 간주하는 것은 대부분 자신의 인간 역사 속에 있는 것과 일치해야 할 것이다. 그 이유는 간단하다. 그런 종류의 자기-서사는 사회적 상호작용에 어울리는 어떤 사람을 구성한다고 기대되기 때문에 자기가 누구인지에 관한 자기 자신의 관념은 자기가 누구인지에 관한 타자들의 평가들과 일치할 필요가 있을 것이다. 그렇지 않으면, 인격-규정하는 상호작용들은 불가능할 것이다. 우리는 인간 신체들을 재-동일시함으로써 서로를 재-동일시하기 때문에, 어떤 사람인 그 인격은 어떤 사람인 그 인간(human)에 밀접하게 연관되어야 할 것이다. '자아들'에 관한 서사적 설명은 자아로서의 자신의 지속은 위에서 묘사된 더 강한 종류의 서사에 의해 구성된다. 행위나 경험이 나 자신에게 속하기 위해서 나는 그것과 동일시되거나 그것에 관심을 가질 필요가 있다. 자신의 '자기'-서사에 어울리는 시간적으로 먼 행위들과 경험들은 다만 선택들을 강요하거나 자신의 현 상황과 관점을 불러일으키기보다는 더 근본적인 의미에서 현재에 영향을 미칠 것이다. 이런 사건들은 가장 강한 의미에서 현재 경험의 속성을 결정하며, 정서적인 연계들과 동일시를 통해 시간을 건너 의식을 단일화시킨다. 이야기 속에 행위들과 경험들을 포함시키기 위해서는 '공감적 접근'을 가질 필요가 있다. '이런' 의미의 서사에서는 거리가 멀거나 현재의 삶에서 전혀 관심을 가지지 않는 그런 행위들과 경험들은 서사의 일부일 수 없다. 그래서 서사적 자아-구성 관점은 두 가지 서로 다른 주장들로 분리될 수 있다. 첫째, 스스로를 인격으로 구성하기 위해서는, 과거를 자신의 현재 상황과 선택들에 연관된 것으로, 그리고 현재를 미래에 유사하게 연관된 것으로 본다는 의미에서 과거와 미래의 경험들을 자신의 것으로 인정하는 서사에 따라서 자신의 경험을 암암리에 형성해야 한다는 주장이다. 둘째, 자기 자신을 하나의 '자아'로 구성하기 위하여 현재를 전체적인 서사의 일부로 경험한다는 강한 의미에서 과거와 미래를 자신의 것으로 경험하는 하나의 서사를 가져야 한다는 주장이다.

결론적으로, 섹트만은 서사적 자아-구성 관점의 개선점들을 제시한다. 단지 그 관점의 원초적인 설명에서는 서로 다른 인격에 관한 설명과 자아에 관한 설명을 하나로 결합시켰기 때문에 그 관점에 대한 스트로슨의 반대들이 적용될 수 있었던 것이다. 인격에 관한 설명에 강조를 두는 것은 서사와의 연계들을 너무 강하게 생각될 수 있게 만들 수 있는 반면에, 자아에 관한 설명에 강조를 두는 것은 서사의 지속을 너무 길다고 생각되게 만들 수 있다. 그러나 그 설명의 이런 두 가지 가닥들이 구분될 때, 각각은 그것이 대부분 단편적 실존에 관한 스트로슨의 설명들과 양립할 수 있고, 그래서 그의 주된 반대들로부터 벗어날 수 있는 것으로 만드는 맥락 속에서 세워진다. 인격들의 지속에 관한 서사적 설명은 인격-특정적인 활동들에 참여할 수 있기 위하여 과거와 미래의 행위들에 대한 책임을 인정한다는 의미에서 그것들을 자기 자신의 것으로 인정할 필요가 있다고 주장한다. 그 자신의 단편적 실존에 관한 스트로슨의 묘사는 그 자신의 인간적 과거와 미래에 대한 그런 종류의 관계를 포함하고, 그래서 단편적인 일들의 실존이 서사적 자아-구성 관점에 어떤 분명한 반대 실례도 제기하지 않는다. 그러나 섹트만은 반-서사적인 스트로슨의 도전이 인격들에 관한 서사적 설명에 반하여 제기될 두 가지 방식들을 지적한다. 첫째, 관련되는

'서사'의 의미가 부자연스럽거나 사소한 것이라고 주장될 것이다. 만약 '서사적' 자아 관념을 가지기 위해 요구되는 모든 것이 자신의 인간 역사를 자신의 것으로 인정하고, 그 사실의 어떤 관련들을 받아들이는 것이라면, 서사적 관점은 아주 놀라운 점을 말하지 않는다고 주장될 것이다. 스트로슨은 사소하지 않은 버전에서 서사적 관점을 거부한다. 그가 묘사하는 사소하다는 것은 다음과 같은 것이다. 즉, "미리 생각하고 옳은 절차로 해야 하기 때문에 커피를 타는 것이 하나의 서사이며, 매일의 삶이 많은 그런 서사들과 연관된다고 누군가가 말한다면, 그 주장은 사소하다고 여긴다."(AN, pp.438-439) 섹트만의 관점에서 인격의 정체성을 구성하는 그런 종류의 서사가 커피 타기 서사와 유사하다면, 스트로슨은 사소하다는 점을 근거로 그것을 거부할 것이다. 그러나 실제로, 커피 타기의 서사와 인격-구성하는 서사 사이에는 중요한 차이가 있다. 인격-구성하는 서사는 우리 자신에게 자신에 관하여 우리가 말하는 일종의 이야기이며, 일련의 사건들만이 아니기 때문이다. 그것은 느슨한 목적들을 만족스럽게 해결할 필요가 있는 이야기는 아니다. 그것은 하나의 도덕이나 논제를 가질 필요도 없다. 그러나 그것은 행위들과 사건들이 어떻게 다른 그것들로 이어지는지, 우리가 어떻게 우리가 지금 있는 입장에 있게 되는지에 관한 설명이다. 섹트만이 지닌 인격들에 관한 서사적 관점은 그런 종류의 이야기를 가지는 것이 어떤 종류의 독특한 활동들과 상호작용들에 참여하기에 필수적인 것이라는 실질적인 주장과 연관된다. 그 관점의 이런 부분은 커피 타기의 적절한 절차를 따라 커피를 타는 방식에서 사소한 것이 아니다. 인격-구성하는 서사들의 경우에서는 자기-이야기하기의 결과로서 새로운 능력들이 생겨야 한다. 그러나 인격-서사 관점에 대한 비평가는 자아-서사는 인격-특정적인 능력들에 필수적이 아니라고 비난할 것이다. 결국, 스트로슨은 단편적인 것이 모든 유관한 인격-특정적인 활동들을 할 수 있다고 주장한다. 그는 다음과 같이 말한다. "우정의 재능은 과거 공유된 경험들을 상세하게 회상할 어떤 능력을 요구하지 않고, 가치 부여하는 어떤 경향을 요구하지도 않는다. 그것은 어떤 사람이 현재 속에 어떤 모습으로 있는가에 나타난다." "통시성은 도덕적 실존의 필수조건이 아니고, 책임감의 필수조건도 아니다."(AN, p.450) 그러나 그의 언급들은 단지 더 강한 의미의 서사의 필요성을 거부한다. 그런데 인격-서사 관점과 자아-서사 관점 사이의 분리를 섹트만으로 하여금 동의하게 만드는 것은 그런 능력들을 위해 요구되지 않는다. 한 좋은 친구가 옛날 사진을 가지고 추억에 잠기거나 저녁 시간을 보내는 데 관심을 가질 필요가 없다. 섹트만은 하나의 논제에 따라서 전개되는 자신의 전체적인 삶에 대한 어떤 명백한 의식도 없는 책임 감각을 가지는 것이 가능한 것이라고 동의한다. 그러나 어떤 사람이 현재의 선택들이 과거의 선택들에 의해 강요되며, 현재의 선택들이 미래와 연관들을 가진다는 깨달음도 없이 책임 있게 행동할 수 있다는 점은 덜 그럴듯하다. 그래서 인격-서사 관점은 단편적(Episodic) 삶에 관한 스트로슨의 모든 발언들과 양립 가능한 것 같고, 따라서 서사적 접근에 대한 그의 반대들을 피한다.

'자아'에 관한 서사적 관점과 스트로슨의 입장이 가지는 관계는 더 복잡하다. 그 관계는 단편적인 삶을 구성하는 에피소드들에 관하여 그가 어떤 생각을 가지는가에 달려 있다. 무엇이 실제로 단일한 자아를 구성하는지의 형이상학적/존재론적 질문과 우리가 무엇을 자아로 경험하는지의 현상학적 질문 사이를 그는 구분한다. 자아는 경험의 주체이며, 형이상학적/존재론적 질문에 대한 대답은, 자아는 의식의 중단 없는 지속의 주체라는 것이다. 현상학적 자아 감각, 즉 어떤 사람(one*)이 스스로(oneself*)를 지속하는 것으로 지각하는 시간의 길이가 있다. 그의 주장은 우리가 스스로를 어떻게 경험하고 경험해야 하는지에 관한 것이기 때문에, 여기서는 현상학적 자아 관념이 관련된다. 그런데 그에게 현상학적 자아 관념의 규정과 지속이 무엇인지가 우리의 문제이다. 그것에는 두 가지의 가능성들이 있는 것 같다. 자아는 중단하지 않는 것으로 '경험되는' 의식의 지속만큼 길게 지속한다는 점을 그는 가끔 암시한다.15) 그러나 현상학적 자아 감각의 경계는 시간적으로 동떨어진 경험들과 동일시되고 그 경험들을 강하게 자기 자신의 것으로 생각하는 정도에 의해 설정된다는 점은 더욱 종종 드러난다. 자아의 단편적인 것의 경험이 얼마나 오래 계속되는가는 '무엇에 관해 생각하고 있는가?'에 의존한다는 주장에서 그 점이 암시된다. 그리고 '나(Me*)'와 관련된 것으로 미래에 어떤 일들(예를 들면, 나의 죽음)이 있을 것이며, 마찬가지로 과거에도 어떤 일들(예를 들면, 내가 경험할 수 있는 당황스러움)이 있었을 것이라는 사실도 그 점을 암시한다.16) 그리고 일부 일화들이 가끔 과거 모호한 행위들을 나(Me*)와 관련된 것으로 이해하지 않을 이유가 없고, 따라서 양심의 가책이나 깊은 회한을 느낀다.17) 여기서 현상학적인 나(Me*)의 통합을 손상시키지 않는 의식 흐름의 방해가 있을 수 있을 것 같다. 예를 들면, 과거 당황스러운 경험과 현재의 당황스러움의 경험 사이에 수면의 격차들이 있을 것이 기대될 수 있다. 그런데 섹트만의 서사적 관점에서 자아가 규정되는 것과 동일한 방식으로 현상학적 자아가 규정된다. 현상학적 자아에 관한 이런 이해는 스트로슨의 자아 논의와 더욱 일관적인 것 같다. 자아와 인간 존재를 구분하기 위해 그는 헨리 제임스의 사례를 제시한다. 제임스는 자신의 과거 작품들 중 하나는 다른 누군가에 의해 쓰인 것으로 보인다고 주장한다. 분명히, 여기서 표현되는 것은 단순히 의식의 단절이 아니고 이전의 저자와의 정서적 그리고 지적인 거리 감각이다. 여기서 문제가 되는 점은 의식의 흐름에

---

15) Galen Strawson, "The Self and the SESMET", *Journal of Consciousness Studies* 6, no. 4, 1999, p.111.

16) Ibid.

17) Ibid.

서의 단절이 아니고, 자신의 인간 과거의 일부에 관한 소외감이나 무관심이다. 스트로슨이 여기서 묘사하는 자아 감각은 단절들을 넘어 의식의 흐름 속에서의 자아의 통합이라는 현상학적인 경험에 관한 것이다. 그런 통합은 주체가 그의 삶의 과거와 미래의 국면들과 강하게 동일시하는 데에서 발견되는 것 같다. 이 점은 정확히 서사적 자아 관점이 요구하는 것이다. 또한 단편적인 심리학에 대한 스트로슨의 묘사와 셱트만이 제안하는 서사적 관점은 궁극적으로 양립이 가능한 것 같다. 서사적 인격 관점과 서사적 자아 관점은 서로 구분되고, 각각에 관련되는 서사의 의미가 조심스럽게 특정화될 때, 각각은 단편적인 삶의 양식에 관해 스트로슨이 묘사한 것과 양립이 가능할 것이며, 그의 도전은 더 이상 적용되지 않을 것이다. 물론 불일치가 없다는 것은 아니다.

제 3 장

서사적 접근의 도덕교육

1. 서사의 교육적 의미

"실재나 허구의 사건들과 상황들을 시간 지속을 통해 표현하는 것"[1]으로 정의될 수 있는 서사는 인간 삶의 전체와 연관된다. 인간은 누구나 자기 이야기의 주인공이자 자기 자서전의 저자인 셈이다. 즉, "아침 식사에서부터 잠자리에 드는 것에 이르기까지, 또는 사랑하기에 이르기까지 우리가 행하는 모든 것은 하나의 서사로 보이고 설정되고 설명될 수 있다. 서사를 통해 우리는 우리 자신과 우리를 둘러싸고 있는 세계에 대해 더 많은 것을 알게 된다. 서사를 만들어내고, 이해하며, 보존하는 것은 또한 다른 사실들에 대한 이해를 돕는 일종의 사실 인식이다."[2] 서사는 인간 활동의 산물인 동시에 인간 활동에 많은 정보를 제공한다. 또한 그것은 인간의 사고 구조와 밀접하게 연관된다.

---

1) Gerald Prince, *Narratology: The Form and Function of Narrative*, 최상규 옮김, 『서사학』(서울: 문학과지성사, 1988), p.12.

2) Michael J. Toolan, *Narrative: A Critical Linguistic Introduction*, 김병욱 · 오연희 옮김, 『서사론: 비평언어학 서설』(서울: 형설출판사, 1993), p.15.

제임스 브루너(James Bruner)는 인간의 사고 양식을 '범례적 사고 (paradigmatic mode of thought)'와 '서사적 사고(narrative mode of thought)'로 구분한다.[3] 인간은 현상을 설명하는 무한한 방식을 만들며, 동시에 그것을 범주화하는 두 가지 방식을 가지는데, 전자는 지식의 생성적 본질을 나타내는 서사적 사고 양식이며, 후자는 지식의 발견적 본질을 나타내는 범례적 사고 양식이다. 또한 인간이 자신의 경험을 조직하는 방식도, 물리적 세계의 사물을 다루는 논리-과학적인 범례적 사고와 인간 세계의 문제를 다루는 서사적 사고로 구분된다. 그것들은 상호 보완적인 관계 속에 있지만 본질적으로 서로 다른 기능을 수행한다. 적격적인(well-formed) 논리적 주장은 정교한(well-wrought) 이야기의 그것과는 근본적으로 다를 수밖에 없는 것이다. 두 진술문 'if X, then Y'와 'The King died, and then the queen died'를 비교하자. 두 문장의 연쇄를 나타내는 용어인 'then'은 두 진술문에서 그 기능이 다르다. 논리적 명제인 진술문 '만약 X라면 그러면 Y이다'에서는 보편적 진리조건을 추구하는 반면, 서술된 이야기인 진술문 '그 왕이 죽었고, 그리고 그 다음에 그 여왕이 죽었다'에서는 두 사건들 사이의 개연성을 나타낸다. 예를 들면, 왕이 죽어 그 슬픔으로 인해 왕비가 죽었을 수 있거나 어떤 음모에 의해 왕비가 살해되었을 수도 있음을 암시한다. 이야기의 세계는 논리적 일관성의 규범과 일치해야 한다는 것이 사실이지만, 드라마의 기본으로서 그런 일관성의 위반하려는 경향, 즉 비논리적 임의성을 가진다. 이야기의 추진력은 바로 이 임의성에 있다. 사실로 주장되거나 허구이거나 이야기는 논리적 주장의 적절성과 옳음을 판단하는 기준들과는 다른 종류의 기준들에 의해 그것의 장점을 판단한다. 범례적 사고는 인간의 의도와는 무관하고 불변하는 사물의 세계, 즉 '존재(being)'의 세계를 다루며, 옳고 그름

---

3) 이 문제는 Jerome Bruner, *Actual Minds, Possible Worlds*(Harvard University Press, 1986), pp.11-14를 참고하여 정리함.

을 요구한다. 반면, 서사적 사고는 독자의 관점에 따라 변화할 수 있는 예측이 불가능한 세계, 즉 삶의 요구가 반영되는 '인간'의 세계를 다루며, 옳다고 느끼거나 상상할 수 있는 어떤 관점과 부합되는 설명을 요구한다. 범례적 사고는 범주나 개념을 사용하면서, 일반적 원인들을 다루고, 검증이 가능한 지시 대상을 확인하고 경험적 진리를 검증하는 절차들을 사용한다. 그것의 언어는 일관성과 비모순성의 요구 조건에 의해 규제된다. 서사적 사고는 좋은 이야기들, 매혹적인 드라마, 반드시 진실한 것은 아닐지라도 믿을 수 있는 역사적인 설명 등으로 이어진다.

브루너는 자신의 저서 『교육의 문화』에서 '문화가 개인의 마음을 형성'한다는 입장에서 서사적 사고의 다양한 모습들을 다음과 같이 아홉 가지로 설명한다.[4]

(1) 서사는 의미가 부여되는 시간의 구조이다. 서사의 시간은 시계로 잰 물리적 시간이 아니라 인간적으로 적절한 시간이다. 서사 실재는 결정적이고 중요한 사건의 전개에 의해서 시간을 구분한다. 리쾨르가 언급하였듯이, 서사적 시간은 서사에서 주인공이나 말하기에서 이야기하는 사람이나, 주인공이나 이야기하는 사람 양자 모두가 어떤 일어난 시간에 어떤 의미를 부여하게 되는데, 그것에 의하여 중요성이 주어지는 '인간적으로 적절한 시간'이다. 서사를 파악하는 토대는 계속성에 대한 하나의 '정신 모형'이다. 단순하게 시계에 의해서가 아니라 서사의 한계 내에서 발생하는 인간적으로 적절한 행위들에 의하여 묶여 있는 시간인 것이다.

(2) 서사는 불변의 원리가 아니라 개별적 특수성을 다룬다. 서사는 불변의 원리가 아닌 특수한 개별적인 것들을 다루거나 특수한 것들 속에서 이상화된다. 그러나 개별적이고 특수한 것은 서사를 실현하는

---

4) 이 설명은 Jerome Bruner, *The Culture of Education*, 강현석 · 이자현 옮김, 『교육의 문화』(서울: 교육과학사, 2005), pp.337-357을 요약 정리함.

매개 수단이다. 왜냐하면 개별적이고 특수한 이야기들은 장르나 형식으로 해석되기 때문이다. 특별한 서사는 일반적인 것에 대한 변형이다. 의미를 가지는 서사들의 특성과 에피소드들은 서사 구조를 둘러싸고 있는 것들의 '기능'이다. 특수한 하나의 서사는 자체의 일반적인 기능에 의하여 이루어진다. 장르는 텍스트의 한 종류나 텍스트를 해석하는 하나의 방식으로 특성화된다. 장르는 텍스트 '속에' 존재한다. 그것의 얘기하는 줄거리 속에, 그리고 그것의 얘기하는 방식 속에, 장르는 세계에 대한 '표현'의 종류로서 텍스트를 이해하는 방식으로 존재한다. 그러나 어떤 이야기에서든 서사 실재는 다양한 장르로 전환되어 다양한 방식으로 읽힐 수 있다. 희극, 비극, 낭만, 풍자, 자서전 등등이다. 그러므로 작가들이 써 놓은 것들과 그것이 어떻게 읽히는가 하는 것이 늘 평행하게 진행되는 것은 아니라는 사실이 놀라운 일은 아니다. 장르는 '문화적으로 전문화되고 특수화된 방식'이다. 그것이 문화적인 '보편성'을 나타내는 것은 아니지만 그것의 존재는 보편적이다. 연구되는 어떠한 자연언어도 장르들이 없으면 연구되지 못한다. 즉, 담론을 이끌고 수행하는 방식들, 담론에 포함된 주제를 해석하는 방식, 담화 자동 기록기 및 담론의 개인 언어까지, 그리고 가끔은 특수 어휘집도 마찬가지로 장르들이 없으면 연구되지 못한다. 장르라는 것이 인간 조건에 관하여 관찰하고 의사소통하는 양자에 대하여 문화적으로 전문화되고 특수화된 방식이라고 결론 내릴 수 있다.

(3) 서사에서 행위들은 이유를 가진다. 서사에서 사람들이 하는 것은 우연적인 것이 결코 아니며, 엄밀히 말하면 인과관계에 의해서 결정되는 것도 아니다. 그것은 신념, 희망, 이론, 가치 또는 '의도적인 상태'에 의하여 동기가 부여된다. 서사 행위는 의도적인 상태를 함축한다. 그러나 서사에서 의도적인 상태는 행위의 과정 또는 사건들의 흐름을 결코 결정하지 못한다. 자유의 어떤 요소는 늘 서사에 포함되고 함축된다. 가정된 인과적 연쇄에서 강요할 수 있는 주체적 행위는 선

택을 미리 가정한다. 주체적 행위가 무산되어 없어질 때조차도 그것의 효과는 서사 기대와의 대조에 의해 이루어진다. 아마도 인간 영역에서 인과성 개념에 대항하여 서사와 싸우고 겨루게 하는 것은 인간 선택에서 항상 존재하는 주제넘게 참견하는 가능성이다. 의도적인 상태는 사실들의 원인이 되지 않는다. 왜냐하면 무엇인가의 원인이 되는 것은 사실상 그것에 대하여 책임이 될 수 없기 때문이다. 책임(감)은 선택을 수반한다. 서사의 탐색은 행위 '다음의' 의도적인 상태를 위한 것이다. 서사는 원인(causes)이 아니라 이유(reasons)를 모색한다. 이유는 판단될 수 있으며, 사물들의 표준적인 도식에서 평가될 수 있다. 즉, 사물의 규범의 틀 속에서 판단되고 평가된다. 경험적인 서사는 때때로 그것의 배경이 되는 행위와 의도적인 상태 간의 연결이나 결함을 단절시키는 방식으로 행위를 묘사한다.

(4) 서사를 이해하는 방식은 해석학적 구성을 상정한다. 서사의 이해가 해석학적이라는 말은 서사가 하나의 단순하며 유일한 해석을 가지지 않는다는 사실을 의미한다. 서사의 의미들은 원칙적으로 복합적이다. 특정 '읽기'가 필요한지의 여부를 결정하기 위한 합리적인 절차도 없고, 특정 읽기를 입증하기 위한 경험적인 방법도 없다. 해석학적으로 분석할 때는 그 이야기를 구성하는 특수하고 개별적인 것들을 전체에 비추어서, 그리고 동시에 구성 부분을 통해 전체를 읽음으로써 그 이야기의 의미에 관해 납득이 가게 하고 모순적이지 않은 설명을 제공한다. 이것이 바로 '해석학적인 순환(hermeneutic circle)'이다. 즉, 관찰 가능한 세계 또는 필요한 이유의 법칙에 비추어서가 아니라 다른 대안적인 읽기들과의 관련에 의하여 텍스트를 읽는 '옳음'을 정당화하려고 노력하는 것을 의미한다. 테일러(Charles Taylor)가 말하듯이, "우리는 전체 텍스트에 대한 읽기를 성립시키기 위하여 노력하며, 이것을 위하여 우리는 텍스트의 부분적 표현들의 읽기에 호소한다. 아직도 우리는 표현들이 이해되거나 다른 표현들과의 관계 속에서 이해

494

되지 않는 곳에서 의미를 다루고, 의미 있게 하는 것을 다루고 있기 때문에 부분적 표현들의 읽기는 다른 표현들의 읽기에 의존하며, 궁극적으로는 전체에 의존하는 것이다."5) 하나의 이야기 부분들이 지니는 의미가 전체적으로 그 이야기의 '기능들'이고, 그리고 그와 동시에, 전체적으로 그 이야기가 형성되기 위해서는 적절하게 구성하는 부분들에 의존하기 때문에, 이야기 해석은 돌이킬 수 없게 해석학적인 것 같다. 말하자면, 하나의 이야기의 부분들과 그 전체는 공존하도록 만들어져야 한다. 이야기가 흥미를 사로잡을 때, 우리는 그것의 이야기 부분들이 그렇게 하도록 만들려는 유혹에 저항할 수 없다. 그것이 서사의 이해가 해석학적일 수밖에 없게 만든다. 서사 실재의 또 다른 해석학적인 특징은, 그것이 '이' 이야기하는 사람에 의해서 '이들' 상황이나 환경 아래에서 '왜' 하나의 이야기가 지금 말하여지고 있는가를 알기 위하여 창안하고자 하는 희망이다. 서사들은 운명에 의해 우리의 길에 내던져진 '후원받지 못하는 텍스트'로서 거의 받아들여지지 않는다.6) 독자들이 서사를 가장 '독자에 맞는' 방식으로 취할 때조차도, 독자는 이야기하는 사람의 진의에 질문할 자신의 권리 또한 그것으로 말하여진 것을 해석하는 그 자신의 특권을 좀처럼 포기하지는 않는다. 전지전능한 이야기하는 사람처럼 저자의 노력이 객관적이며 냉정한 것처럼 보일지라도, 실재에 대한 서사 해석은 우리들이 소리 낼 하나의 '목소리'를 찾도록 이끌어준다.

(5) 서사는 정통적인 규범이나 암시된 정전(正典, canonicity)으로부터 일탈해야 한다. 이야기할 가치를 지니기 위해서 서사는 예상에서

---

5) Charles Taylor, "Interpretation and the Science of Man", Paul Rabinow and William M. Sullivan, *Interpretive Social Science: A Reader*(Berkeley, CA: University of California Press, 1979), p.28.

6) Roy Harris, "How Does Writing Restructure Thought?", *Language and Communication*, 9(1989), pp.99-106.

벗어나야 하며 규범이나 정전으로부터 일탈해야 한다. 그 일탈은 종종 그것이 일탈하는 규범과 정전만큼이나 관례적이다. 예를 들어, 남편에게 배반당한 순결한 아내의 이야기, 간통한 아내에게 속은 어리숙한 남편의 이야기 등은 모두 '독자에게 맞는' 서사들의 자원들이다. 세계의 '서사 실재'는 규범적이거나 아니면 어떤 규범이나 정전으로부터의 일탈로 여겨진다. 그러나 인습적인 관례와 정전은 권태의 엄청난 원천이다. 그리고 속담에서 '필요'와 같은 권태는 또한 발명의 어머니인 것이다. 어떤 이들은 그것이 '문학적인 충동'을 만드는 권태를 극복하기 위한 노력이며, 문자언어 그 자체의 기능이 모두에게 지나치게 친숙한 것을 다시 낯설게 만드는 것이라고 주장한다. 실재를 해석하는 논리-명제적 양식으로 구축되는 입증의 안전장치가 주어져 있다면, 신선미와 흥분되는 자극의 감각을 만드는 데 가장 잘 기여하는 것은 바로 서사 방식인 것이다. 따라서 혁신적인 이야기하는 사람은 인습적인 서사 규범에서 벗어나고, 우리가 이전에는 결코 알지 못하였던 것을 보도록 이끌어주는 이야기를 제공하는 강력한 문화적 인물이 된다. 그래서 사실상, 서사 실재는 기대되는 것, 합법적인 것, 습관적인 것에 우리를 연결시킨다. 왜냐하면 서사적으로 구성된 실재에 대한 규범적인 연결은 권태를 만드는 일을 감행하기 때문이다. 그러므로 언어와 문학의 창안을 통한 서사는 '일상의 것들을 다시 낯설게 만듦'으로써 청중을 붙잡기 위해 노력한다. 그 때문에, 서사 실재의 창안자가 우리를 용인된 관습에 연결시키는 동안, 그는 우리가 이전에 가졌던 것들을 새로이 고려하게 만듦으로써 비범한 문화적인 권력을 획득한다. 그리고 서사 실재를 해석하는 방식은 우리 모두가 이야기하는 사람의 새로운 서사에 찬성하도록 더 잘 준비하도록 만들어준다.

　(6) 서사는 지시 대상의 애매성을 보인다. 서사는 철학이나 시적 용어처럼 지시의 애매성을 보인다. 우리가 서사의 사실들을 아무리 많이 점검하고 조사할지라도 무엇에 관한 서사는 항상 질문에 개방적이다.

왜냐하면 결국, 서사 사실들은 이야기의 기능들이기 때문이다. 저널리 즘에서처럼 '사실적이든', '허구적이든' 서사의 사실주의는 문학 관습 의 문제인 것이다. 서사는 철학자들과는 달리 서사가 가리키는 '실재' 인 그 지시 대상을 창안하거나 구성한다. 그래서 철학자의 지시 대상 이 실재를 창안하거나 구성하지 않는 의미에서는 서사가 애매하게 된 다. 늘 사람들은 문장의 맥락에 있는 무엇인가를 가리키며, 그것의 지 시 대상은 '수평적으로' 애매하게 된다. 그리고 왜 사전이라는 것이 'board'가 목재인지 아니면 조합이나 단체의 권력의 수준인지를 결정 하는 데 많은 도움을 주지 못하는가 하는 점이다. 이러한 모든 예외는 서사에 적용될 때 의미의 두 가지 양상으로서 '지시 대상'과 '의미' 간 의 구분에서, 우리를 어렵게 만드는 그 무엇이다. 왜냐하면 의미가 그 자체를 표현하는 방식만을 통하여 지시 대상이 되는 지점에서, 서사 해석은 '지시 대상'을 '의미'에 절여 담그기 때문이다.

(7) 서사의 중심은 '갈등'에 있다. 서사 실재는 문제에 자리한다. 갈 등을 불러일으키는 문제 상황이 서사의 추진력이다. 이야기들은 규범 에서의 일탈로 탄생한다. 말할 가치가 있고 해석할 가치가 있는 서사 들은 전형적으로 문제에서 나타난다. 서사 문제의 형태는 역사적으로 또는 문화적으로 단 한 번에 끝나는 것이 아니다. 그것은 시간과 상황/ 환경을 표현한다. 그러므로 '동일한' 이야기들은 변화한다. 그러나 항 상 그 이야기들의 구성은 이전에 우세하였던 것의 잔여물과 일치하는 경우가 대부분이다. '서사의 위안이나 위로'는 규범을 변화시키는 바 로 그 서사의 민감성이 될 수도 있다. 만약 그 서사의 원형적인 동일 성이 위로가 된다면, 다른 측면으로 볼 때 그것은 비현실적이고 터무 니없는 공상적인 성질이 될지도 모른다.

(8) 서사는 고유한 타협 가능성을 가진다. 이야기들은 본질적으로 논쟁의 가능성을 가진다. 그 논쟁을 통해 문화적 교섭에서 서사는 매 우 실행이 가능하고 계속하여 생존할 수 있게 된다. 당신은 당신의 서

사를 하고, 나는 나의 서사를 하는 것이며, 우리는 오로지 차이를 해결하기 위한 소송을 필요로 하지는 않는다. 우리는 논쟁이나 증명 그 이상으로 싸움을 겨루는 서사들을 쉽게 수용한다. 어떤 이야기에 대하여 누구나 자신의 관점을 말한다. 따라서 우리는 서로 간의 차이를 해소하기 위해 논쟁을 일으킬 필요는 없다. 논쟁하는 이야기들을 우리의 관점에 따라 쉽게 받아들일 수 있다. 서사의 상호 타협성은 여기에서 비롯된다. 문화의 상호 교섭과 논쟁 속에 존재하는 서사는 본질적으로 타협의 가능성을 지니는 것이다.

(9) 서사는 역사적 확장 가능성을 가진다. 서사는 계속적으로 확장하여 역사를 구성한다. 삶은 잇따라서 전개되는 자족적인 이야기가 아니다. 여러 이야기들은 서사적으로 각각의 고유한 바탕에 존재한다. 플롯, 등장인물, 장면, 그리고 이 모든 것들은 확장하기 위해 지속하는 것으로 보인다. 법률에서의 판례는 지속된 서사와 동일하다. 우리는 과거에 일관성을 부과하며, 그것은 역사로 돌린다. 역사는 특수성으로 가득 차 있고, 연속성과 계속성을 요구한다. 역사적 인과율은 불가항력적이다. 역사의 발전 가능성에 관한 '전환점'에는 연보(annales), 연대기(chronique), 확장된 역사(history)가 있다. 역사는 연대기에 정합성 및 일관성과 연속성을 부여한다.

브루너의 관점처럼 범례적 사고보다 서사적 사고를 중요시하는 것이 현대철학의 일반적인 흐름인 것 같다. 그 관점에서는 진리는 발견되기보다는 구성되는 것이며, '진리 구성'은 '의미 생성'으로 표현될 수 있다. 서사적 사고를 통한 의미 생성은 진리와 언어의 관계를 통해 밝혀질 수 있을 것이다. 로티(Richard Rorty)는 그 관계를 다음과 같이 설명한다.7) 즉, '세계는 저 바깥에 있지만, 진리는 저 바깥에 있지

---

7) 이 설명의 아래 내용은 Richard Rorty, *Contingency, Irony, and Solidarity*, 김동식 · 이유선 옮김, 『우연성 아이러니 연대성』(서울: 민음사, 1996), pp.32-34, pp.70-72를 요약 정리함.

않다.' 세계가 저 바깥에 있다고 말하는 것은 시공 속에 있는 대부분의 것들은 인간의 정신과 무관한 원인들의 결과라고 말하는 것이다. 진리가 저 바깥에 있지 않다고 말하는 것은 문장들이 없는 곳에는 진리가 없다고 말하며, 문장은 인간 언어의 구성요소들이고, 인간의 언어는 인간이 만든 것이라고 말하는 것에 불과하다. 진리는 저 바깥에 존재할 수 없다. 즉, 인간의 정신과 독립적으로 존재할 수 없다. 왜냐하면 문장들이 저 바깥에 인간의 정신과는 독립적으로 존재할 수 없기 때문이다. 세계는 저 바깥에 존재하나, 세계에 대한 서술은 바깥에 존재하지 않는다. 세계에 대한 서술들만이 참이나 거짓이다. 세계 그 자체, 인간의 서술 활동의 도움을 받지 않는 세계 그 자체는 참이나 거짓일 수가 없다. 세계와 마찬가지로 진리가 저 바깥에 존재한다는 제안은, 세계를 그 자신의 언어를 지닌 어떤 존재에 의한 피조물로 보았던 시대의 유산이다. 그러나 세계는 말하지 않는다. 오직 우리 인간만이 말할 뿐이다. 일단 우리가 어떤 언어로 프로그램 되고 나면, 세계는 우리가 신념들을 가지도록 하는 원인일 수 있다. 하지만 우리가 말할 어떤 언어를 세계가 제안할 수는 없다. 오직 다른 인간들만이 그렇게 할 수 있다. '진리를 안다'는 관념 자체를 거부하자고 공공연히 제안한 사람은 니체였다. 사람은 자신의 마음을 구성함으로 해서 자신에게 소중한 유일한 부분을 만들어낸다. 자신의 마음을 만든다는 것은, 다른 사람들이 남겨 놓은 언어에 의해 마음의 길이가 설정되기보다는, 자기 자신의 언어를 만들어낸다는 것이다. 그런 자기인식을 가진다는 것은 항상 저 밖에 있는 어떤 진리에 대한 앎에 이르는 것이 아니다. 자기인식은 자아창조인 것이다. 자기 자신을 알기에 이르는 과정, 자신의 우연성과 대면하는 과정, 자신의 원인을 추적하는 과정은 새로운 언어를 창안하는 과정, 즉 무언가 참신한 메타포를 생각해내는 과정과 동일시된다. 왜냐하면 개별성에 대한 어떠한 문자적 서술도, 바꿔 말해서 그러한 목적에서 전승된 언어놀이를 어떻게 사용한다고 해도 그것은 필연적으로 실패할 것이기 때문이다. 그 경우에는 누구든 그 특유성을 추적하지 못할 것이며, 결국에는 그것을 특유성으로 파악하지 못하고 다만 이미 식별된 어떤 것의 한 타입이나 복사품이나 복제물의 반복으로 간주하고 말 것이다. 시인이 되지 못한다는 것, 따라서 니체에게 있어서는 한 인간이 되지 못한다는 것은 스스로에 대해 다른 어떤 이의 서술을 수용하는 것이며, 이전에 준비된 프로그램을 실행하는 것이요, 기껏해야 이전에 작성된 시를 우아하게 변형하는 것이다. 그러므로 한 사람이 자신의 존재의 원인을 추적하는 유일한 길은 자신의 원인에 관한 이야기를 새로운 언어로 말하는 것이다.

인간 마음속의 실재들은 인간의 지식과 경험을 조직하는 방식인 언어를 통해 만들어진다. 사회적 세계 속에서 이루어지는 대부분의 경험들은 그 세계를 존재하게 하는 상징적 기호체계를 통해 이루어진다. 코헨(Steven Cohen)은 이 점을 데리다(Jacques Derrida)의 주장들을 인용하면서 다음과 같이 설명한다.8) 상징적 기호를 통해 의미는 생성된다. 즉, "의미가 존재하는 순간 기호 이외에는 아무것도 존재하지 않는다. 우리는 오직 기호 내에서 사유한다."9) 글은 발화를 전사한다기보다 발화가 은폐하는 부재를 명기하거나, 또는 '지시 대상의 부재는 말할 것도 없고 서명인의 부재'까지를 길을 더듬듯이 기록한다. "글은 두 가지 부재의 이름이다."10) 글은 발화와 다른 점, 즉 언어 외적인 기반의 부재와, "기호와 기호 간의 지시 관계를 확실하게 만드는 초월적 기의"의 부재를 뜻한다.11) 담화가 결코 글에만 국한되지 않는

8) Steven Cohen and Linda M. Shires, *Telling Stories: A Theoretical Analysis of Narrative Fiction*, 임병권 · 이호 옮김, 『이야기하기의 이론: 소설과 영화의 문화 기호학』(서울: 한나래, 1997), pp.38-39 참고.

9) Jacques Derrida, *Of Grammatology*, trans. by Gayatri Chakravorty Spivak (Baltimore: Johns Hopkins University Press, 1976), p.50.

10) Ibid., pp.40-41.

11) Ibid., p.49.

다고 해도, 글은 담화가 해석을 요구하고 의미 작용의 안정을 요구하는 상황을 우리에게 제시하는 방법의 전형성을 보여준다. 발화와 달리 글은 일련의 지시 관계, 즉 기호에서 의미로가 아니라, 기호에서 기호로 가는 일련의 지시 관계로서 담화 구성을 강조한다. 언어가 의미를 생성한다는 코헨의 직접적인 주장은 다음과 같이 요약, 정리될 수 있다.12) 교통언어는 말보다 형상과 색채를 사용하지만 영어나 중국어처럼 하나의 언어이다. 교통언어는 아무런 물질적인 지시 대상을 지칭하지 않는— 그래서 허구적인 — 기호와 색채, 형상으로 구성된다. 그럼에도 불구하고 그것들은 이해 가능한 의미를 늘 전달한다. 상징들로서 그러한 기호들은 교통을 통제하고 도로의 상태 등을 나타낸다. 예를 들면, 신호등의 빨간색은 명확히 '서시오'를 의미하고, 초록색은 명확히 '가시오'를 의미하며, 각 색채는 교통언어 체계의 맥락에서만 이 같은 상징적 가치를 가진다. 빨간색과 초록색은 관습으로 인해 이 같은 의미를 신호등에서 나타낸다. 관습은 기호와 그 기호가 갖는 의미 사이의 관계에 대한 문화적인 상호 동의(同意)이다. 교통체계 내에서 색채에 의해 의미를 구조화하는 것이 우리에게 너무도 익숙해져 있기 때문에, 우리는 빨간색이 '서시오'라는 개념을 의미하기는 하지만, 그 개념과 동일한 것은 아니라는 사실을 잊어버리기 일쑤이다. 즉, 빨간색은 '서시오'라는 개념의 대체 대상에 불과한 것이다. 더 나아가 '서시오'의 한 상징으로서 '빨간색'은, 미국에서는 관습상 도로 오른편으로 주행하는 반면에 영국에서는 반대로 도로 왼편으로 주행하는 것과 마찬가지로 자의적인 것이다.

---

12) Steven Cohen and Linda M. Shires, op. cit., p.16.

2. 서사의 도덕교육적 의미

수많은 경험들을 통해 확인되듯이, 위대한 서사는 도덕적 삶에 큰 도움을 준다. 그러나 그 도움이 무엇인지, 그 도움을 통해 일어나는 삶의 변화는 어떤 것인지를 설명하기는 상당히 어렵다. 그러나 그것은 도덕성에 관한 어떤 새로운 명제들을 배우거나, 어떤 명제의 진실을 이해하는 것과는 분명히 다른 것이다. 서사를 통해 얻게 되는 도덕적 통찰들은 명제적인 도덕적 논리를 넘어서는 도덕적으로 실질적인 어떤 것들이다.

도덕적으로 실질적인 것들과 연관되는 서사는 네 가지 측면에서 논의될 수 있을 것이다.13) 첫째, 도덕교육으로서의 서사이다. 우리는 어린이들처럼 이야기들을 통해 배운다. 우리가 배우는 것은 이야기의 '도덕'으로서 어린이에게 제시되는 명제와 같은 준칙들과는 다른 것이다. 누스바움(Martha C. Nussbaum)은 도덕교육에서 문학적 텍스트가 지니는 중요성을 다음과 같이 말한다. "배움의 대부분은 구체적인 것을 경험하는 데에서 일어난다. 그런 경험적인 학습 또한 지각과 대응성의 양성을 필요로 한다. 그것은 사고와 행위에 의미 있는 것을 골라내면서 하나의 상황을 읽어내는 능력이다. 그런 능동적인 과제는 하나의 기술이 아니다. 공식에 의한다기보다는 안내에 의해서 그것을 배운다."14) 심지어 분석적으로 엄밀함에 가장 전념하는 열성가마저도 다음과 같은 점은 시인한다. 즉, 대부분의 사람들은 대부분의 시간에 도덕성에 관해서 그들이 알고 있는 것의 대부분을, 어린 시절의 가공적

---

13) Thomas H. Murray, "What Do We Mean by 'Narrative Ethics'?", ed. by Hildee L. Nelson, *Stories and Their Limits: Narrative Approaches to Bioethics*(New York and London: Routledge, 1997), pp.6-17을 참고,

14) Martha C. Nussbaum, *Love's Knowledge: Essays on Philosophy and Literature*(New York: Oxford University Press, 1990), p.44.

인 이야기들에서 서로에게 말하는 삶의 이야기들, 우리의 문화에 스며든 서사들에 이르는, 그런저런 종류의 서사들로부터 배운다는 것이다. 서사는 도덕교육의 의미에서 윤리에 기여한다는 말은 특별하게 논쟁할 주장은 아니지만 아주 중요한 주장이다. 명제로서의 윤리 관념의 옹호자들은, 사람들이 너무 아둔하여 명제들 그 자체를 사용하는 법을 이해하고 기억하거나 배울 수 없다고 주장할 수 있을 것이다. 그래서 발견적 장치들로서 이야기들에 의지해야 한다. 그런 관점에서 서사들은 생생하고 기억할 수 있는 방식으로 도덕성의 내용을 표현하기 위한 차선의 도구들이다. 그러나 그것들 자체가 그런 내용은 아니다. 사실, 그런 견해의 제안자들은, 서사의 양식과 세목은 중요하고 실재적인 내용에 집중하지 못하게 하는 것이라고 믿을 것이다. 서사는 명제로서의 윤리가 아니라 도덕성의 실질(substance)과 연관된다. 명제인가 실질인가는 '시인과 철학자의 고대 투쟁'에서 그 논쟁이 시작한다. 그것은 철학자인 플라톤이 자신의 저서 『국가』(3, 10장)에서 '시인'을 사회로부터 추방해야 한다고 주장하는 것으로 묘사된다. 그가 말하는 '시인'은 오늘날의 소설, 연극, 영화, 드라마 등 공연문화를 지칭한다. 인간이 다른 동물들과는 달리 문화를 누릴 수 있는 것은 바로 '다시 자기 나름대로 구체화하여 표현할 수 있는' 능력 때문이다. 무언가를 창작하는 인간 본성의 이 능력이 모방 내지 예술의 능력이다. 사실 플라톤은 인간은 모두 모방하는 재능이 있다고 생각한다. 그리고 인간은 완전한 이데아를 불완전하게 반영하는 자연 사물들의 형상을 모방함을 통해 실제 그 작품 속에 이데아를 투영하게 한다고 본다. 그러나 그는 '시인'을 사회로부터 추방해야 한다고 주장한다. 그 이유는 사물을 모방하는 화가나 시인은, 근본 존재인 이데아로부터 두 단계나 멀리 떨어져 있는 존재이기 때문이고, 특히 모든 것들을 상상하여 마음대로 말하는 시인은 거짓말을 사실처럼 말함으로써 실재와 허구를 혼동시킨다는 것이다. 그래서 사회로부터 추방해야 한다는 것이다. 그러나 삶의 방식에 대한 누스바움의 생각은 전혀 다르다. 그는 다음과 같이 주장한다. "삶의 방식은 소설에서 발견하는 것들과 같은 형식들과 구조들을 필요로 한다. 따라서 만약 도덕철학이 모든 형식들의 진리를 추구하는 것으로 이해되고, 모든 주요한 윤리적 대안들에 대한 깊고 공감적인 연구와 각 대안을 삶의 능동적인 감각과 비교하기를 요구한다면, 도덕철학은 그것 자체의 완성을 위해 그런 문학적 텍스트들, 그리고 사랑하기와 세심한 소설 읽기를 필요로 한다."15) 서사는 도덕교육에서의 도구로서 그리고 도덕적 이해에의 본질적인 요소로서 중요한 실질적인 역할을 수행한다는 그녀의 주장은 다음의 세 가지 측면들에서 이루어진다.

둘째, 도덕적 방법론에서의 서사이다. 최근 사례 중심적 도덕적 추론이 다시 관심의 대상이 되고 있다. 윤리의 일반 원리를 특정한 구체적인 인간 행위의 갈등 상황에 적용하여 그 해결책을 모색하는 방법론으로서 결의론이 비판을 받는 경우도 있지만, 그것의 전형인 사례 중심적 접근은 다양한 도덕적 문제들에 종종 사용된다. 사례 이야기 형식의 서사가 도덕적 추론에 무슨 역할을 얼마나 중요하게 수행하는가에 대해 클라우저(K. D. Clouser)는 다음과 같이 말한다. "서사 윤리는 적절한 도덕적 결정들을 내리게 만드는 데 결정적인 풍부하고 중요한 정밀한 사실들을 이끌어내는 하나의 방법이다."16) 그런 상세한 것들에 주목하지 못하는 윤리학자들은 어떤 방법론을 가지든 그들의 과제를 빈약하게 수행한다. 이런 의미에서 결의론은 도덕철학의 방법들이나 이론들에 근본적으로 요구되는 것이다. 결의론은 특별한 것들에 주목하기를 주장하는 수준을 넘어 실천적 추론 내지 실천지(phronesis)로서 윤리의 본성에 관해서도 주장한다. 여기서 결의론은

---

15) Ibid., p.26.

16) K. D. Clouser, "Philosophy, Literature, and Ethics: Let the Engagement Begin", *Journal of Medicine and Philosophy*, 21(1996), p.339.

명제적, 도덕적 논리의 우선성을 거부한다. 그것은 사례가 적어도 그 것만큼 중요하다고 선언한다. 그것으로부터 우리가 끌어내는 원리는, 그 사례에 대한 하나의 해석이며, 늘 수정될 수 있는 것이다. 우리가 아는 것은 그 사례에서 구현된 옳음이나 그름이다. 즉, 도덕적 내용은 사례에 존재한다. 우리가 그것으로부터 끌어내는 명제들은 그 내용에 대한 해석들인 것이다. 헌터(Kathryn Hunter)는 의학의 과학과의 관계 를 대비시키는, 일종의 결의론적인 주장을 제시한다. 즉, "원리들은 생 명윤리에 본질적이며, 생물학은 항상 좋은 진료적인 실행을 이루어나 가야 하는 반면, 도덕성을 원칙들로, 의학을 과학으로 붕괴시키는 경 향은 그 두 가지 실행들을 무력하게 만든다. 두 경우들에서, 그런 환 원은 순수하게 과학적일 수 없는 것에 대한 하나의 모델로서 과학을 택한다. 그것은 특별한 사례를 통해서를 제외하고 알려질 수 없는 것 을 일반적으로 그리고 추상적으로 알려고 하는 하나의 시도이며, 그리 고 가장 잘 이해되기 위해서 그 사례가 풍부하게 이해되어야 한다."[17] 그리고 서사는 이전에 구성된 도덕적 연역법의 공백을 채우는 단순히 유용한 도구로서보다 더욱 중요할 것이라고 생각할 또 다른 이유를 고려할 만하다. 그 점에 관해서 존슨(A. R. Jonsen)과 툴민(T. S. Toulmin)은 다음과 같이 주장한다. "그런 원리들이 아무리 건전하고 잘 추론된 것처럼 보일지라도, 도덕적 경험의 핵심은 일반적인 규칙들 과 이론적 원리들의 지배에 있지 않다. 오히려 그 핵심은 그런 규칙들 이면의 관념들이 어떻게 사람들의 삶의 과정에서 작동하는지를 살펴 봄, 특히 이런저런 환경들에서 이런저런 규칙을 고집함(내지 삼감)과 연관된 것을 더 정확하게 살펴봄에서 생기는 지혜에 자리한다. 오직 이런 종류의 경험은 개인 행위 주체에게 서로 다른 종류의 도덕적 고 려들을 저울질하고 그런 서로 다른 고려들 사이의 갈등들을 해결하는

---

17) K. M. Hunter, "Narrative, Literature, and the Clinical Exercise of Practical Reason", *Journal of Medicine and Philosophy*, 21(1996), p.316.

데 그들이 필요로 하는 실천적 우선성들을 제공할 것이다."[18] 결의론이 모든 문제에 답을 제시하는 것이 아니지만, 분명한 것은 서사가 도덕적 추론에 어떤 긍정적인 역할을 수행하는지 상세하게 말해 준다.

셋째, 도덕적 대화의 적절한 한 형식으로서 서사이다. 도덕철학자들은 도덕적 담론 속에서, 심지어 도덕이론에 관한 글쓰기에서 기하학자와 같이 행동하지 않는다. 즉, 그들은 단순히 공리(axioms), 정의(definitions), 정리(theorems)를 제시하지 않는다. 그들은 전형적으로 이야기들, 적어도 두 가지 서로 다른 장르의 이야기들을 한다. 그 첫 번째 장르는 보통 윤리에 관한 주장의 그럴듯함 내지 그럴듯하지 않음에 관한 주장을 하기 위한 '철학자'의 '가설'이다. 만약 바이올린 연주자를 사랑하게 된 것을 깨달은 한 여인이 그를 살아 있게 만드는 튜브를 끊고자 하는 것이 분명히 사악하지 않다면, 임신한 것을 알고 있는 한 여인이 자기 안에서 자라는 태아를 부양하기를 멈추고자 하는 것도 분명히 사악하지 않을 것이다. 이런 철학자들의 가설들과 같은 서사들은 윤리학에서 흥미로운 자리를 차지한다. 만약 윤리학의 내용이 일련의 진실한 명제들이라면 그런 이야기들은 단지 암시적인 것으로만 간주될 수 있을 것이다. 그러나 그런 이야기들은 종종 윤리학의 그런 관념이 전제하는 것 같은 것보다 훨씬 더 강한 평가 기준을 구성할 것 같다. 그 이야기들의 옳음 혹은 그름에 대한 우리의 이해는 윤리 명제에 대한 우리의 신뢰보다 더 안전할 수 있을 것이다. 사실, 이야기들은 명제에 대한 우리의 확신을 강화시키거나 그것의 결점들을 보여주기 위해 기능한다. 이것은 사례들의 독자적인 도덕적 중요성에 관하여 결의론 제안자들이 주장하는 것과 상당히 비슷하다. 서사의 두 번째 장르는 이론가에 의해 택해진 접근법의 필연성을 설정하고, 동기 부여하고, 보여주기 위해 의도된 서사이다. 매킨타이어는 『덕의 추구

---

18) A. R. Jonsen and T. S. Toulmin, *The Abuse of Casuistry: A History of Moral Reasoning*(Berkeley, CA: University of California Press, 1988), p.314.

(*After Virtue*)』의 시작에서 현대의 도덕성을 더욱 일관적이었던 이전의 도덕성들의 양립이 불가능한 파편들의 모임으로 묘사하면서, 근거 이야기들을 제시한다. 그리고 엥겔하르트(H. T. Engelhardt)는 *Foundations of Bioethics* 의 시작에서 한 집단이 자체의 선 관념을 다른 집단에 강요하려고 시도할 때 서로 다른 선 관념들이 냉혹하게도 폭력으로 이어지는 세계를 묘사한다. 이런 근거 이야기들이 두 번째 장르의 서사의 실례들이다. 도덕철학에서의 그런 설계들은 서사, 즉 우리가 누구인가, 우리는 무엇과 같은가, 우리는 어떻게 우리의 현재 상황에 처하게 되는가 등에 관한 이야기들 속에서 탄생하고, 그것에 의해 동기 부여된다. 도덕이론을 포함하여, 전부는 아니지만 많은 도덕적 담론은 서사 속에 새겨지고, 그것에 의해 조건이 지어지고, 그것으로 실행된다. 매킨타이어의 『덕의 추구』는 하나의 꾸며낸 이야기로 시작한다. 환경 파괴의 책임을 자연과학들에 돌리는 대중이 그것들을 파괴시켰다고 생각하기를 그는 독자에게 요구한다. 환경 파괴 이후에 사람들은 과학을 소생시키고자 한다. 그러나 하나의 문제가 있다. 즉,

　자연과학들이 가지는 것은 모두 파편들이다. 즉, 실험들에 의미를 부여했던 이론적 맥락에 관한 지식과는 동떨어진 실험들에 관한 하나의 지식, 자연과학들이 소유하는 이론의 다른 조각들이나 실험과는 무관한 이론의 부분들, 그것의 사용법이 망각되어 버린 도구들, 찢어지고 시꺼멓게 태워졌기 때문에 완전하게 읽을 수 없는 책들의 반 장, 논문들의 한 페이지 등이다. 그럼에도 불구하고 이 모든 파편들은 물리학, 화학, 생물학이라는 부활된 이름으로 분류되는 일련의 실천 체계로 다시 구현된다. 성인들은 비록 지극히 단편적인 지식만 소유하지만 상대성 이론, 진화론, 연소이론이 지니는 장점에 관해 서로 토론한다. 어린이들은 원소 주기표의 남은 부분을 암기하고, 유클리드 기하학의 일반원리 일부를 주문으로 암송한다. 누구도, 거의 누구도 그들이 하고 있는 것이 진정한 의미에서 자연과학이 전혀 아니라는 점을 알지 못한다. 그들이

행하고 말하는 모든 것이 일관성과 정합성의 기준들에 일치하지만, 그들이 하고 있는 것을 이해하기 위해 필요한 맥락들은 상실되고, 아마 회복될 수 없을 정도로 사라졌기 때문이다.19)

그는 과학에서의 그런 혼란을 철학이 알아낼 것인지를 상상하기를 요구한다. 그는 철학이 그것을 알아낼 수 없을 것이라고 믿는다. 그래서 그는 자신의 이야기가 가르치고자 의도하는 교훈을 제시한다. 즉,

> 내가 여기서 제기하고자 하는 가설은, 우리가 살고 있는 실제 세계에서 도덕성의 언어는 내가 묘사했던 가상의 세계에서 자연과학의 언어와 동일한 심각한 혼란 상태에 처해 있다는 점이다. 만약 이 견해가 타당하다면, 우리가 소유하는 것은 하나의 개념적 구도의 파편들, 즉 그것들이 의미를 부여하는 그런 맥락들을 결여하는 부분들이다. 우리는 사실 도덕성의 환영을 가지고 있으며, 우리는 계속 많은 핵심적인 표현들을 사용한다. 그러나 우리는— 비록 전적으로는 아니지만 대부분— 도덕성에 관하여 이론적인 그리고 실천적인 이해력을 상실하였다.20)

그에 의하면, 가상세계에서 현재의 혼란 상태를 이해하는 데 필요한 전제조건은 서로 구별되는 세 단계로 이루어지는 역사를 이해하는 것이다. "첫째는 그 기획이 번영하였던 단계이며, 둘째는 대혼란의 단계이며, 셋째는 부분적으로 회복은 되지만 손상되고 혼란한 형태의 단계이다. 일종의 퇴보와 몰락의 역사인 이 역사가 특정한 기준에 의해 서술된다는 것이다. 그것은 가치 평가에서 중립적인 연대기가 아님을 주목해야 한다. 기술의 형식, 단계의 구분은 성취와 실패, 질서와 무질서의 기준들을 전제한다."21) 그 역사는 어떤 이야기일 뿐만 아니라 오

---

19) Alasdair MacIntyre, *After Virtue: A Study in Moral Theory*(Notre Dame: University of Notre Dame Press, 1984), p.1.

20) Ibid., p.2.

르고 내리는 하나의 서사이다. 내려진 후에 이야기들은 한때는 설레게 하고 의미 있었던 파편들로 남겨져서 골라잡아진다. 우리는 그 조각들 중 일부를 함께 모을 것이다. 그러나 우리는 그 조각들이 완전히 활기차게 작동하는 맥락에서 그것들을 경험했던 사람들에게 그것들이 의미하는 바를 감지할 수 없다.

매킨타이어의 서사는 막강한 서사이다. 그의 방법, 즉 역사적으로 자리 잡은 철학은 서사에 의해 만들어진다. 그의 서사가 암시하는 점은, 일종의 철학적 역사는 도덕철학의 방법들, 즉 분석학적, 현상학적, 혹은 실존주의적인 방식들은 그가 현대의 도덕성에서 중심 문제로 간주한 것을 알아채기조차 할 수 없다는 것이다. 그리고 그것은 근대적 도덕적 삶의 특징들을 담아내는 우리의 현재의 상황에 관한 하나의 기본적인 이야기, 일종의 '바로 그대로의(just-so)' 이야기를 제공한다. 그의 기본적인 서사는 성공적이다. 그것은 눈에 보이는 듯하고 강한 흥미를 돋우는 것이며, 세심한 독자들로 하여금 도덕성에 관한 기발한 방식으로 과거와 현재를 생각하도록 만든다. 그의 서사가 과거의 도덕적 동질성을 과장하고, 현재 우리에게 적용할 수 있는 도덕적 의견 불일치의 해결책을 적게 제시한다는 비판도 있을 수 있지만 그것이 단순히 멋진 이야기 이상이라는 점이 중요하다. 그것은 독자의 마음을 끄는 단순한 수사적 장치는 결코 아니다. 그의 서사는 저자의 기획의 필요성을 설명한다. 사람들은 선에 대해서 서로 다른 관념들을 가지기 때문에, 그리고 그런 차이들이 폭력과 압제로 분출될 수 있고 분출되어 왔기 때문에, 엥겔하르트는 자발적으로 받아들이지 않는 사람에게 특별한 선 관념을 부가하려는 노력은 하지 말아야 한다고 주장한다. 도덕적 세계는 조각들로 부서지기 때문에, 우리의 현재 도덕성은 화해할 수 없는 도덕적 전통들의 양립 불가능한 파편들로 이루어지기 때

---

21) Ibid., p.3.

문에, 매킨타이어는 알 수 있는, 즉 내적으로 일관적인 도덕적 전통을 발견해야 한다고 주장하는 것이다. 이 두 저자들은 서사에 관해 서로 다른 입장들을 가진다. 매킨타이어는 우리가 결국 일관적인 서사를 수용해야 한다고 우리를 설득하는 데 도움을 받기 위해 그의 이야기를 사용한다. 대조적으로, 엥겔하르트는 아이러니하게도 우리가 선과 악의 삶에 관한 풍부하고 깊은 서사들을 신뢰하지 않도록 만들기 위해 이야기를 말한다. 철학자들의 가설들과 같이 그리고 토대 이야기들과 같이, 서사들은 도덕철학 여기저기에 편재한다. 그리고 그것들은 단순한 장식이나 교육적 수단으로 기능하지 않는다. 사실상, 그것들은 철학에 그것의 설득력의 일부를 부여하는 것 같다.

누스바움은 도덕적 대화에서의 서사의 역할에 관해 또 다른 하나의 관점을 제시한다. 그녀는 말한다. "도덕적 지식은 … 단순한 명제들에 관한 지적인 이해만이 아니다. 그것은 심지어 단순히 특별한 사실들에 대한 지적인 이해가 아니다. 그것은 지각(perception)이다. 그것은 고도로 알기 쉬운 그리고 풍부하게 대응적인 방식으로 하나의 복잡하고 구체적인 실재를 바라보는 것이다. 그것은 상상과 감정을 가지고, 거기 있는 것을 수용하는 것이다."22)

마지막으로, 도덕적 정당화에서의 서사이다. 도덕적 판단에서 우리에게 확신을 주는 것은 무엇인가? 우리는 우리의 확신, 우리의 행위, 우리의 판단, 우리의 삶의 방식 등을 어떤 방식으로 정당화할 수 있는가? 도덕적 정당화의 목적은 일반적인 도덕이론을 지지하는 것이 합당한지에 관한 판단들로부터 특별한 도덕적 환경에서의 판단들에 이르는, 도덕적 판단들을 내리게 하는 확신을 평가하는 것이다. 이론들에서는 내적 일관성 그리고 실천적 판단들에서는 그 사례의 사실들을 포함하여, 수많은 고려들에 달려 있는 것이 그런 판단들이다. 그러나

---

22) Martha C. Nussbaum, op. cit., p.152.

모든 그런 판단들은 또한 도덕성에 관하여 우리가 알고 있는 것, 즉 도덕성에 관한 명제들의 목록뿐만 아니라 어떤 것들이 선하거나 악한 것인지, 옳거나 그른 것인지, 삶을 살아가는 어떤 방식이 찬양할 만한 것인지 혹은 경멸할 만한 것인지를 어떻게 자신만만하게 알고 있는 가에 대한 미묘하고 복잡한 평가에 의존한다. 그래서 도덕성에 관한 믿을 만한 지식의 원천들과 그 지식에 서사가 수행하는 역할이 무엇인지가 중요한 문제이다. 머레이(Thomas H. Murray)는 『어린이의 가치』23)라는 저서에서 두 가지 은유를 통해 그 점을 살펴본다. 더없이 선명하고 맥락을 생각나게 하는 이미지들이 도덕적으로 중요한 존재들로서 그들 자신에게 그리고 그들의 자신의 삶이 형성하고 그들이 기르는 어린이들에 의해 형성되는 어른들의 삶에서 어린이들이 가지는 도덕적 의미에 관한 설명에 필수적인 이유를 제시하기 위해 그는 '태피스트리(tapestry)'(여러 가지 색실로 그림을 짜 넣은 직물)라는 은유를 사용한다. 그리고 실천적인 도덕적 추론에서 정당화가 무엇인지를 주장하기 위해 '그물(web)'의 은유를 사용한다. 그물들은 약하고 보잘것없고, 단지 잘못 모인 일부 가닥들로 구성된다. 그것들은 좁을 수 있고, 중심의 실은 강하지만 옆쪽의 실들은 약하다. 그것들은 많은 구멍들을 가지고 고르지 못하거나 강하고 균형이 잡힐 수가 있고, 조화롭게 엮인 많은 가닥들로 구성될 수 있다. 그런 그물을 만드는 실들은 그 '태피스트리', 성인들의 번영 속에서의 어린이들의 가치를 이해하기 위해 의존할 이미지들의 모음으로부터 차용된다. 태피스트리와 그물의 은유들은 서사의 역할을 포함하기 위해 약간 확대 해석되어야 하지만 크게 확대되지는 않는다. 태피스트리는 일반적으로, 함께 모여 이야기들을 하는 많은 이미지들을 묘사한다. 이야기들, 이미지들, 그리고 태피스트리들은 도덕성에 중심적인 것들이며, 그것들은 좋은 삶

---

23) Thomas H. Murray, *The Worth of a Child*(Berkeley, CA: University of California Press, 1996).

들과 나쁜 삶들, 인간 번영과 그 반대를 묘사하는 것들이다. 태피스트리들은 이야기들을 말한다. 태피스트리의 이미지들은 그런 중요한 이야기들로부터 중요한 장면들을 묘사한다. 그런 방식으로 그것들은 밀접하게 연관된다. 우리가 가장 신뢰하는 도덕적 지식의 일부는 태피스트리에 표시된 이미지들이나 이야기들의 형태로 다가온다. 일부는 잔인성에 관한 이야기들이다. 우리는 그것들이 나쁜 것이라고 알게 된다. 일부는 일관된 배려의 이야기들, 자녀들을 위한 부모의 사랑과 희생의 이야기들, 실패한 부모들을 배려하는 성장된 어린이들의 이야기들이다. 우리는 그런 것들이 좋은 것이라고 알게 된다. 종종 도덕적 정당화는 지금 검토하고 있는 사례를 묶는 실들을 우리가 잘 그리고 확실히 알고 있는 태피스트리에서의 이미지들이나 이야기들로 더듬어 올라가 조사하는 것이다. 그것은 어떤 종류의 그물이 이런 사례에서 혹은 이런 원리에 대한 판단을 지지하는가를 생각해 내는 것이다. 부모로부터 억지로 떼어지는 두 살 아이의 이미지를 하나의 예로 들어 보자. 부모는 눈물을 흘리고 있으며, 아이는 필사적으로 그들에게 안기려고 하면서, 실려 가는 동안 흐느끼고 있다. 여기서 그 부모는 양부모이다. 법정의 관리가 그 아이를 친부모에게로 데려가고 있는 것이다. 다른 쪽에는 자신의 아이를 입양한 것을 후회하면서 울고 있는 한 여성의 모습이 있다. 그런 이미지들은 여성들, 남성들, 아이들에게 좋고 적절하고 의미 있는 삶들의 이야기들과 이미지들과 연관된다. 그런 서사들은 친부모와 양부모의 상대적 중요성에 관하여 우리에게 말한다. 일부는 지속적이고 헌신적인 사랑의 토양으로부터, 매일 배려하는 작은 행동들로부터 성장한 애정들에 우선성을 부여하고, 다른 사람들은 고대 그리스인들과 로마인들이 친부모와 자녀들의 재결합에 관해 이야기했듯이, 생물학의 연계를 조명한다. 일부 이야기들은 어머니들뿐만 아니라 아버지들의 사랑에 관한 것들이다. 다른 이야기들은 여성과 남성 사이의 날카로운 구분을 묘사한다.

결국 서사를 통한 도덕적 정당화의 방식은 도덕적 논쟁들을 해석하는 새롭고 더욱 다루기 쉬운 방법들을 제공할 수 있으며, 이전에는 가능하지 않았던 대화를 가능하게 할 수 있을 것이다. 임신중절이 하나의 실례이다. 임신중절의 윤리와 태아의 도덕적 지위에 관한 의견 불일치들이 격리된 논쟁들이 아니고, 다른 의견 불일치들, 특히 출산의 공개나 무제한의 출산으로 묘사되는 것이 여성의 삶에서 가지는 중요성에 관한 의견 불일치와 얽히는 경향이 있음은 알려져 있다. 이 관점들은 태피스트리에서의 두 가지 아주 다른 이미지들, 여성의 번영에 관한 두 가지 갈등하는 서사들을 대변한다. 그 차이들은 태아의 도덕적 지위에 관한 차이만큼 깊거나 열렬한 것이다. 그러나 후자의 형이상학적인 논쟁은 절충의 여지를 주지 않는다. 태아들은 인간이기도 하고 아니기도 하며, 태아의 생명을 빼앗는 것은 사람을 죽이는 일이기도 하고 아니기도 하다. 그러나 전자의 논쟁은 공동의 근거, 대화, 심지어 조정의 가능성을 제시한다. 이전에는 생명을 중시하는 대부분의 활동가들은 가정에서 자녀를 양육하고 있었지만, 오늘날에는 생명을 중시하는 더 많은 활동가들을 포함하여 자녀를 가진 많은 여성들이 일을 하고 있을 것이다. 그런 여성들은 태피스트리에서의 그들의 이미지들을 어떻게 조정하고 있을까? 그런데 태피스트리는 거친 작업장의 괴로움보다 여성의 가정에의 특별한 적합성을 강조했다. 가정과 가족을 둘러싸고 소중한 것을 희생시키지 않고 작업의 요구들에 대처하는 법은 선택 중시와 생명 중시 활동가들이 직면한 문제이다. 그것은 어떤 종류의 삶을 살아야 하는지에 관한 아주 중요한 실천적 문제이지만, 태아의 도덕적 지위와는 달리 그것은 형이상학적인 해결책보다는 실천적인 해결책을 가져온다. 태피스트리에서의 무슨 이미지들과 무슨 서사들을 찬양하고 얻으려고 노력해야 하는지에 관한 결정을 장려하는 것은 진정한 대화를 위한 희망을 제시한다. 우리는 태아의 인간성이라는 형이상학에 관한 진정한 대화를 본 적이 없고, 예견할 수 있는 장래에 그럴 수 있다고 생각할 어떤 이유도 없다.

머레이는 태피스트리에서의 이미지들의 내용, 그것을 가지고 우리가 우리 자신과, 그리고 함께 살고 있는 사람들과 우리의 관계를 이해하는 이야기들을 강조했다. 누스바움은 그 이상의 단계를 요구한다. 즉, 그것의 내용 자체뿐만 아니라 서사의 형식과 스타일을 진지하게 고려하는 단계이다. 즉, "인간의 윤리적인 삶의 다양한 측면들에 관한 독특한 관념이나 관념들을 가지고 윤리이론을 마주 대하게 함으로써, 문학이론은 윤리이론의 자기-이해를 개선시킬 수 있고, 그것들의 표현을 위한 가장 적절한 것인 하나의 형식으로 실현될 수 있다. 위대한 문학이 독자의 마음을 움직이고 끌었던 동안, 그것은 대안적 관념들을 통해 노력할 때 진지하게 생각해야 할 그것의 주장을 이미 확립했다."[24] 우리가 우리의 삶 속에서 찾고 만들려고 노력하는 의미들은 명제들의 집합들이 아니다. 누스바움은 "일련의 명제적 주장들을 위하여 문학적 작품을 파괴시키기만 하는 윤리이론을 비난하듯이 언급한다."[25] 의미들은 서사들로서 더 잘 이해되고 전달된다. 도덕적 삶들에서 중요한 역할을 수행하는 태피스트리들은 서사들처럼 잘 묘사될 수 있을 것이다. 그런 태피스트리에서의 이미지들은 서사들로부터의 인용들과 같다. 즉, 그것들은 인간 삶의 중요한 장면들을 잘 포착한다. 그런 이미지들과 인용들은 도덕적 판단들을 내리고 정당화하는 데 중요한 자료들이다. 그것들은 인간적인 삶을 이해하고 살아가려는 노력과 밀접하게 연결되는 것이다.

누스바움은 '다른 삶 살기'를 제시하면서 이야기들의 도덕적 중요성을 주장한다.[26] 그녀에 의하면, 아리스토텔레스는 드라마를 보는 사

---

24) Martha C. Nussbaum, op. cit., p.191.

25) Ibid.

26) Nina Rosenstand, *The Moral of the Story: An Introduction to Ethics* (California: Mayfield Publishing Company, 1997), pp.490-492를 요약 정리함.

람이 적절한 시간에 적절한 감정들을 가짐에 관한 기본적이고 중요한 교훈들, 일반적으로 삶과 덕에 관한 교훈들을 배운다고 믿었다. 그러나 근대 서양철학에서 정서 관념은 점점 더 의미 없는 것이 되고 말았다. 그런데 오늘날의 철학은 탐구의 정당한 주제로서의 정서를 더욱 정밀하게 바라보고 있는 모습들이 보인다. 그녀는 정서들이 지식을 만들어내지 못하기 때문에 철학에서 배제된 것이 아니었다고 지적한다. 달리 말하면, 철학자들이 정서 탐구를 거부했던 것은 인지적 가치의 부족 때문이 아니다. 정서들에는 실제로 많은 인지적 가치가 있다. 왜냐하면 정서들은 전반적으로 우리가 맥락 속에서 그것들을 바라볼 때 실제로 아주 '조리가 있기(reasonable)' 때문이다. 우리는 언제 분노를 느끼는가? 누군가가 고의적으로 우리를 해칠 때이다. 달리 말해, 우리의 분노에서 우리가 정당함을 느낄 때이다. 실망, 의기양양, 슬픔, 그리고 심지어 사랑과 같은 감정들은 모두 어떤 상황들에 대한 대응들이다. 그것들은 어떤 내적 논리에 따라서 전개되며, 닥치는 대로 생기지 않는다. 우리는 어떻게 아는가? 만약 우리가 그 상황에 관해 잘못하고 있음을 우리가 안다면 우리의 분노는 서서히 사라질 것이기 때문이다. 그런데 도대체 많은 철학자들이 진지하게 정서들을 다루기를 거부했던 이유는 무엇일까? 그것들이 인지적 가치를 가지지 않기 때문이 아니고, 그것들이 우리가 우리의 통제 밖에서 상황들에 대응하고 있음을 보여주기 때문이다. 즉, 우리는 정서적일 때 '자기-만족적'이지 않고, 누스바움에 따르면 대부분의 철학자들은 인간 성품의 더 자율적인 부분, 즉 우리의 이성을 탐구하기를 선호했다. 물론 일부 철학자들과 정신분석학자들은 이성이 외부 영향을 받지 않는 것이 아님을 지적했다. 그러나 누스바움은 20세기 이전의 전통 철학에서의 경향들을 언급하고 있을 것이다. 그때는 무의식적인 것에 의해 영향을 받는 이성 관념은 공동으로 수용되지 않았다. 그녀에게 있어, 정서들은 가치들에, 인간관계들에, 그리고 우리 스스로의 이해에 접근할 수 있게 하고, 그래서 그것들은 탐구되어야 한다. 그리고 정서들은 서사들에서 가장 명백하게 드러난다. 사회는 어린이들에게 이야기들을 통해서 가치를 가르치고, 그래서 이야기들은 실제로 하나의 구조 속에 주입된 정서들이다. 우리가 어린이고 젊은이일 때 우리는 대상들을 다루고 타자들에 관계하는 방법을 배운다. 우리는 인지적 기술들과 실천적 기술들을 배우고, 우리가 배우는 그 기술들 가운데는 언제 어떤 종류의 정서들을 느낄 수 있는지의 문제도 포함된다. 정서들의 가장 중요한 교사는 이야기이다. 물론, 서로 다른 사회들은 서로 다른 교훈들을 가르치는 서로 다른 이야기들을 할 것이며, 그래서 우리는 정서의 연구에 사회적 비판을 포함할 수밖에 없을 것이다. 그러나 우리는 형성기의 사람들은 이야기들이 쏟아 부어지는 텅 빈 용기들일 따름이라고 결론 내릴 필요가 없다. 누스바움에게, 사람들은 그들의 문화가 그들에게 가르치는 모든 것을 수용해야 한다고 말하는 어떤 규칙도 없으며, 그래서 만약 누군가가 말해진 이야기들을 찬성하지 않거나 그 이야기들이 옳게 이야기되지 않았다고 생각한다면, 그는 자신의 이야기를 말하기 시작할 것이다. 물론 문화적 상대주의는 논의되어야 한다고 그녀는 말하지만, 우리는 사람들이 가르침을 받았던 것을 다시 평가할 수 없다고 결론 내릴 필요는 없다.

정서들을 이해하기 위해서 우리는 이야기들을 읽어야 한다. 그러나 그것은 우리에게 쉽게 다가와야 한다. 왜냐하면 누스바움이 믿기로는 우리는 이미 그것만을 하기를 즐기기 때문이다. 그러나 그녀가 강조하기를, 우리는 전체적인 이야기를 읽어야 한다. 우리는 다만 개요에 의존할 수 없다. 왜냐하면, 하나의 이야기의 형식과 내용 사이에는 통합적인 관계가 있기 때문이다. 그녀가 『사랑의 지식』에서 말하듯이, 우리가 훌륭한 소설의 정서적인 매력, 무척 재미있는 줄거리 짜임, 다양성과 애매성 등을 건너뛰며 읽는다면 그 경험의 핵심을 상실할 것이다. 그래서 그녀는 어떤 의미에서는 도덕문제들을 구체적으로 설명하기 위해서 이야기들을 사용하기를 특별히 주장하지 않는다. 대신에, 그녀는 가치들에 대한 '기본적인 경험들을 공유하는' 방식으로서 이야기 읽기, 그리고 그런 경험을 분석하는 한 도구로서 철학을 사용하기를 뒷받침한다. 그녀에게, 어떤 의미에서 이야기가 먼저 오고, 그 다음에 그 분석이 따를 수 있다. 왜 이야기들을 사용하는가? 철학자들이 만든 실례들 같은 더욱 전통적인 방법으로 도덕적 문제들에 접근할 수 없는가? 칸트는 거짓말하지 말라는 정언명법을 설명하면서 살인자에게 친구가 숨은 곳을 말해야 한다거나, 돈을 돌려줄 수 없으면서도 빌리기를 원하는 사람의 사례를 제시한다. 이 사례들은 우리의 경험으로 연결될 의미심장한 구조가 부족하다. 그러나 소설들은 아주 개방적인 경향이 있다. 그리고 그것이 그녀가 가치 있다고 믿는 하나의 특징이다. 소설들은 실제 삶과 같이 '불가사의와 애매성'을 유지한다. 그리고 왜 삶에 관해 배우기 위해 당신 자신의 경험들에만 의존하지 않는가? 그것들의 일부는 분명히 불가사의와 애매성을 포함할 것이다. 어느 정도 우리는 우리의 경험을 이용한다. 우리는 구체적이고 추상적인 사례들을 판단할 때 우리가 할 수 있는 만큼 우리 자신의 경험에 의존한다. 그러나 문제는, 하나의 인간 삶이 가지각색의 존재 방식들을 이해하기에 충분하지 않다는 점이다. 즉, 우리는 충분하게 살지 않았다. 소설이 없다면 우리의 경험은 너무 제한적이고 너무 편협하다. 문학은 그것을 확대시키고, 그렇지 않다면 느낌에 너무 거리가 멀 것에 관해서 우리로 하여금 반성하고 느끼게 만든다. 모든 삶은 해석적이다. 모든 행위는 세상을 어떤 것으로 보기를 요구한다. 그래서 이런 의미에서, 어떤 삶도 '미숙한' 것이 아니다. 그리고 우리의 삶을 살면서 우리는 어느 의미에서 소설들의 작가들이다. 문학적 상상하기의 활동 속에서 우리는 더 큰 정확성을 가지고 상상하고 묘사하도록 이끌어지고, 이야기 한 마디 한 마디에 주목하고, 하나하나의 사건을 더욱 날카롭게 느낀다. 반면, 실제 삶의 많은 부분은 그런 강한 자각이 없이 지나가고, 따라서 어떤 의미에서 완전하게 내지 철저하게 살아지지 않는다. 더욱이, 하나의 이야기 속에서의 사건들을 논의하기보다는 우리 자신의 삶에서의 사건들에 관해 타자들과 함께 말하는 것이 훨씬 더 어렵다. 우리는 가장 깊은 감정들을 공유하기를 원치 않을 것이거나, 그것들을 표현할 수 없을 것이다. 그러나 만약 우리가 친구들과 유명한 책이나 영화에서의 한 구절에 관해 말한다면, 우리는 정서적 경험과 도덕적 경험을 둘 다 공유할 수 있을 것이다.

우리는 서사 영역(narrative zone)에서 삶을 산다. 우리 인간들은 시간적 존재들이다. 우리는 현재 속에 살고 있지만, 지속적으로 과거로 돌아가고 미래로 나아가고 있다. 우리는 기억과 기대 사이의 지속적인 긴장의 상태에 있다. 우리는 우리 자신의 이야기를 살고 있는데, 그것은 그것 자체의 시작과 끝을 가진다. 그러나 우리는 그것들을 묘사하지 못한다. 더욱이 우리는 우리 문화의 이야기들을 산다. 우리는 그것들을 인정하기도 하고 비판하기도 하고 수정하기도 한다. 우리는 우리 자신의 이야기들에서, 그리고 우리의 문화의 이야기들에서 도덕적 가르침들을 받으려고 한다. 우리는 또한 다만 이야기들을 듣고 이야기들을 보고 이야기들을 말하고 싶어 한다. 그럴 때 우리는 다양한 것들을 경험한다. 즉, 우리는 여전히 우리 자신의 삶을 살고 있지만, 우리는 또한 하나의 소설이나 영화의 간결한 시간, 서사 시간을 공유하고 있다. 그리고 우리는 소설 속의 등장인물들과 다양한 경험들을 공유하고 있다. 소설의 독자들과 영화의 관객들은 두 세계들의 모두에 등장하는 최선의 삶을 경험할 수 있다. 한 권의 소설을 읽거나 영화관에 들어가는 것이 서사의 영역에 들어가는 것이다. 그 서사 영역 속에서 우리는 다른 삶들을 대리로 살 수 있고, 그렇지 않으면 결코 알지 못할 기술들과 경험들을 획득한다. 우리는 다른 성을, 다른 종족을, 다른 시간과 장소를 경험하면서 서사 영역을 떠나서 어떻게 살아갈 것인지를 결정하는 데 도움을 받을 것이다. 좋은 이야기는 가장 효율적으로 우리의 공감을 불러일으킬 것이다. 우리는 흉내를 내고 있음을 알지만 소설이나 영화 속에서 우리는 친구들과 함께 눈물을 흘리고 기뻐한다. 그 눈물들과 미소들은 헛된 것이 결코 아니다. 왜냐하면, 궁극적으로 그것들이 우리의 성품의 토대이기 때문이다.

3. 서사를 통한 도덕교육에서의 내용, 과정, 반성

1) 내용과 서사

서사를 통한 도덕교육은 세 가지 접근을 통해 이루어진다.27) 즉, 내용 접근, 과정 접근, 반성 접근이다. 첫째, 내용과 서사의 문제를 살펴보자. 도덕교육과 이야기들과 관계되는 수많은 주제들을 살핌으로써 도덕교육에서 내용의 역할을 살펴보자는 것이다. 여기서는 서사의 내용이 도덕교육의 중요한 한 측면임을 보여줄 것이다. 그리고 여기서는 도덕교육의 더욱 보수적인 설계들을 다룰 것이다. 그 이유는 도덕교육의 설계들은 특별한 유형의 내용들과 관계되기 때문이다. 전통과 소박한 시절의 삶을 회상하고자 하는 내용이 도덕교육 설계들의 토대이다. 그 설계들은 전통적 가치들과 고결한 성품을 회복하는 최선의 방법이 등장인물들과 줄거리들의 구조 속에 함께 묶이는 전통적인 가치들을 크게 다루는 이야기들 속에 있다고 본다. 성품은 파악하기 힘든 개념이며, 그것의 정의는 종종 작가와 함께 변한다. 그러나 성품의 다양한 관념들에도 불구하고, 이야기들이 수행하는 역할은 유사하다. 기본적인 내용으로서 이야기들은 행동 모델들이다.

그래서 도덕교육의 기본적인 내용은 전통적인 이야기들이다. 최근

---

27) John H. Lockwood, *The Moral of the Story: Content, Process, and Reflection in Moral Education through Narratives*(Dissertation. Com., 1999)를 요약 정리함.

학교에서의 도덕교육은 1960-70년대 인기 있었던 '과정 중심'에서 '내용 중심'으로 이동되었다. '내용으로의 이동'이 최근 도덕교육의 모습이다. 도덕교육은 전통적인 가치들의 내용을 어린이들에게 전달하는 방법과 관련되기 때문이다. 여기서 말하는 내용은 '우리가 학생 모두가 알기를 원하는' 어떤 것이다. "그것은 도덕성의 주춧돌을 가리킨다."28) 따라서 내용으로의 이동에서 도덕교육의 토대들은 문화의 전통적 가치들이다. 교실에서 도덕성을 가르치는 하나의 방법으로서 이야기들에 의지한다. "가치들은 자신의 날개로 날지 않는다. 그것들은 이야기들, 역사적 서사들, 전설들 등을 둘러싸고 효과적으로 의사소통된다."고 믿는다.29) 만약 동일한 도덕적 이야기들을 공유하지 않는다면, 도덕문화의 '붕괴'의 위험에 처할 것이다. 사실, 붕괴의 이런 두려움은 일부 사람들이 '새로운 문맹은 도덕적 문맹'이라고 주장하게 만들었다.30) 그 치료는 쉬운 것이 아니지만, 많은 내용 이론가들은 공유된 도덕 용어들이 출발할 곳이라고 주장한다. 그들이 논의하는 교양 이슈들이 연관되는 하나의 의미가 있다. 이야기들은 하나의 문화에 중요하다. 심지어 자유주의 이론가마저 "하나의 문화를 아는 것은 문화가 제공하는 이야기들을 아는 것을 의미한다."고 지적한다.31) 그런 이야기들을 알기 위해 읽을 수 있고 읽은 것을 이해할 수 있는 것이 아주 필수적이다. 따라서 도덕 내용 이론가들이 요구하는 것은 확장된

---

28) William J. Bennett, *Our Children and Our Country: Improving America's Schools and Affirming the Common Cultures*(New York: Simon & Schuster, 1988), p.17.

29) William Kilpatrick, etc., *Books That Build Character: A Guide to Teaching Your Child Moral Values Through Stories*(New York: Simon & Schuster, 1994). p.1.

30) Ibid., p.19.

31) Roger C. Schank, *Tell Me a Story: A New Look at Real and Artificial Memory*(New York: Charles Scribner's Sons, 1990), p.149.

교양 프로그램이다. 읽고 쓸 수 있음이라는 기본적인 교양을 넘어, 거기에는 문화 그리고 도덕 교양이 놓인다. 베네트(William J. Bennett)의 도덕 교양 프로젝트는 성품교육으로 알려진 지난 19세기와 20세기 초 전통 가치들을 보존하려는 노력으로 되돌아간다. 성품교육 운동은 1890년대에 전개되었고, 1930년대까지 지속하였다. 이 기간 동안 그 운동은 젊은이들에게 도덕성을 전달하는 방법들을 발달시키려고 노력했다. 성품교육자들은 도덕적으로 적절한 방식으로 그들의 환경에 대응하도록 어린이들을 가르치는 방식을 추구했다. 달리 말해, 성품교육의 목표는 인격의 형성이었다. 성품교육 내지 그것의 더욱 현대적인 버전인 도덕 교양은 "선을 향하여 마음과 정신(heart and mind)을 훈련시키는 것"이다.[32] 그것은 지식의 핵심을 통해 행해질 수 있는 훈련을 요구한다.[33] 그래서 지식 핵심의 내용의 전달은 아주 중요하다. 그리고 이야기들은 그것을 행하는 하나의 방식이다. 이 점에 관해 킬패트릭(William Kilpatrick)은 다음과 같이 설명한다. "이야기들은 항상 가치관과 지혜를 전달하는 중요한 방법이었다. 그것들은 우리들의 것처럼, 가정에서와 공동체에서 분열을 경험했던 사회에서 훨씬 더 중요해진다. 좋은 이야기들에 포함된 교훈들은 그 어린이가 곤경에 처한 성인들과 분열된 사회제도의 세계에서는 받지 못할 교훈들이다."[34] 사회에서 변화하고 있는 조건들 때문에, 전통들도 또한 변화하고 있고, 그래서 그런 전통들을 지키기 위해서, 내용 이론가들은 교육자들이 슬그머니 사라지는 문화를 보존하고 전달하는 방법을 발견해야 한다는 데 공감한다. 더욱 중요한 것은, 교육자들은 우리 사회의 도덕적

---

32) William J. Bennett, *The Books of Virtues: A Treasury of Great Moral Stories* (New York: Simon & Schuster, 1993), p.11.

33) William J. Bennett, "Moral Literacy and the Formation of Character", NASSP Bulletin(December, 1988), p.30.

34) William K. Kilpatrick, *Why Johnny Can't Tell Right from Wrong*(New York: Simon & Schuster, 1992), p.28.

부패를 멈추게 하는 방법을 발견해야 한다.

그리고 이야기들은 도덕적 덕을 내면화시킨다. 예술 교육은 역사적으로 전통적 이야기들의 보고였다. '고전들'은 한때 학생들의 정신을 도덕적 함의들을 싣고 있는 이야기들로 가득 채웠다. 호머, 플라톤, 톨스토이, 스타인벡(Steinbeck) 등은 자신의 도덕적 메시지들을 가지고 교육과정의 선을 그었다. 그런 이야기들은 그들의 독자들에게, 인간 조건과 그 조건과 관련하여 스스로 행동해야 하는 방식에 관하여 가르치도록 갈망했다. 이런 이야기들은 도덕적 가치들을 가르치기 위해 환상, 철학, 허구 속에서 삶들을 구성했다. 내용, 특히 전통적인 도덕적 내용의 주제는 역사적으로 도덕적 덕들에 대한 고려로 이끌었다. '덕'이라는 개념은 종종 올바른 환경들에서 수행된 옳은 행위들을 포함한다. "도덕적 덕들은 도덕적 가치를 지닌 성품 성향들이다. 즉, 그 것들은 도덕적 행위자의 성품의 요소들인 습관들이다."35) 달리 말해, 도덕적 덕들은 좋은 행동을 생산하는 내면화된 가치들이다. 듀이(John Dewey)가 지적하듯이, "습관들은 숨쉬기, 소화하기와 같은 생리적 기능들에 유익하게 비유될 수 있다."36) 사실, 습관은 많은 심사숙고 없이 한 개인의 행위들을 안내하는 어떤 내용을 함의한다.37) 그것은 양심의 행위, 내면화된 의무 감각에 의해 결정되는 행위를 의미한다. 그 것들의 도덕적 내용을 가진 이야기들은 그 어린이들이 그 도덕적 내용을 내면화시킬 것이라는 전망에서 어린이에게 말해진다. 도덕적 덕들을 내면화시키기를 원한 베네트는 "만약 우리가 젊은 사람들이 우리가 가장 칭찬하는 성품의 특성들을 소유하기를 원한다면, 우리는 그

---

35) Robert D. Heslep, *Moral Education for Americans*(Westport, CN: Praeger, 1995), p.38.

36) John Dewey, *Human Nature and Conduct: An Introduction to Social Psychology*(New York: Modern Library, 1922), p.14.

37) John Dewey and James H. Tufts, *Ethics*(New York: Henry Holt, 1908), p.399.

들에게 그런 특성들이 무엇인지를 가르쳐야 한다. 그들은 그런 특성들의 형태와 내용을 확인하기를 배워야 한다."고 말한다.38) 그의 도덕교육 이론에서 성품은 어떤 덕들 혹은 도덕적 가치들의 소유와 관련된다. 베네트에 따르면, 교육자들이 해야 하는 것은 도덕적 이야기들의 내용을 학생들의 머릿속으로 전달하는 것이다. 그들은 성품의 새김에 참여해야 하고, 젊은이의 행동에 지속적으로 영향을 미쳐야 한다. 달리 말해. 교육자들은 학생들에서의 옳은 행동의 내면화를 촉진시킬 필요가 있다. 도덕적 원리들은 도덕교육의 내용을 형성하는 이야기들의 핵심에 있다. 성품교육은, 그것들이 그들에게 자기-규제, 가정, 나라에 관하여 가르칠 것이라는 희망에서 다가오는 세대들에게 건네질 이야기들로 가득 찬 하나의 전통이다. 이런 이야기들의 가장 중요한 측면은, 그것들이 전통의 개념들과 규칙들을, 즉 교육자들에 의해 가르쳐진 도덕을 제공했다는 점이다. 덕이 가르쳐질 수 있는가에 관해 의문이 제기될 수 있다. 사실, 그것은 직접적인 경험을 통하여 뿐만 아니라 이야기들 속에서 제공되는 간접적인 은유적인 경험을 통해 행해질 수 있을 것 같다. 예를 들어, 이솝 우화는 도덕적 원리 전달의 가장 중요한 후보들이다. 그것들은 마지막에 '이야기의 도덕' 꼬리표에 의해 종종 노출되는 도덕을 가진 짧은 우화를 말한다. 이솝 우화 『파리들과 꿀단지(The Flies and the Honey Pot)』는 이 점을 예시한다. 그것은 자기-규제의 덕을 예시한다. 그런 이야기들은 유혹에 직면하여 스스로를 자제하는 대응을 어린이 속에 깊이 뿌리박히게 할 것이다.

꿀단지가 우연히 엎질러졌다.
꿀은 창 받침대에
많은 끈적이는 웅덩이와 시내들

---

38) William J. Bennett, "Moral Literacy and the Formation of Character", p.30.

향기에 이끌린 파리들
아주 게걸스레 먹기 시작했다.
그들은 망가지기 쉬운 그들의 날개들과 발들을 문질러대었다.

수없이 잡아채고 잡아당겼지만 허사였다.
그들은 다시 떠나려고 숨을 헐떡거렸다.
그리고 향기로운 고통 속에 죽어 갔다.

도덕
오! 잠깐 동안의 기쁨을 위해
스스로를 파멸시키는
어리석은 생물들.

이제, 이야기들과 문맥의 문제를 살펴보자. 서사가 효과적인 도덕교육의 본질적인 구성요소인 까닭은 이야기들이 도덕들에 문맥을 부여하지만 도덕 생각하기와 추상 관념에는 거리를 두기 때문이다. 관심의 대상이 아니고, 너무 과장되고, 혹은 너무 추상적인 주제들은 쉽게 망각된다. 이야기들이 그렇게 막강한 이유가 바로 이 점이다. 이야기들은 추상적인 것을 실질적인 것에 근거를 짓고, 그 이야기에서의 관계들을 통해 엉성한 사실들을 존속하게 하는 데 도움을 준다. 베네트는 "특별한 것들 — 그 이야기들, 그 장소들, 그 사람들 — 은 그 '공허한 추상'이 망각될 때, 그 기억 속에 머문다."[39]고 말한다. 대부분의 경우 도덕성이 추상적이지만, 이야기들은 도덕성의 내용이 학생들과 함께 머물도록 하는 방법이다. 이야기들을 통해서 학생들은 특별한 문맥에서 무슨 일이 일어날 것인지를 상상할 수 있다. 이것은 그들로 하여금 유사한 상황에서 최선의 행동방식이 무엇인지 결정하기를 허용한다.

---

39) William J. Bennett, *The De-Valuing of America: The Fight for Our Culture and Our Children*(New York: Summit Books, 1992), p.73.

비츠(Paul Vitz)는 다음과 같이 지적한다. "그 사람들의 특성, 그리고 그들의 환경, 그리고 또한 그들의 행위들과 의도들의 상세한 것들은 모두 서사에 본질적이다. 사실, 그것들의 정서적 영향력을 지닌 그런 문맥적인 특성들은 너무 중요하여 문학은 '문맥 감수성'을 통해 그것의 힘을 얻는다."[40] 그가 말하고자 하는 점은, 도덕교육은 학생들이 의미심장하게 연결될 수 없는 추상적인 실례들을 사용하면서 이루어질 수 없다는 점이다.[41] 이야기들은 선량한 행동의 방식을 보여줌으로써 도덕 생각하기를 가르치는 하나의 방식이다. 생크(Roger Schank)는 이야기들과 인간 기억 사이의 관계를 다음과 같이 설명한다. "인간 기억은 이야기에 바탕을 둔다. 모든 기억들이 이야기들은 아니다. 오히려 특별히 흥미로운 선행 경험들이며, 우리가 그것으로부터 배우는 경험들이다."[42] 분명히, 어떤 사람이 구구단과 과자 만드는 법과 같은 비-이야기된 사실들을 가질 수 있다. 그러나 만약 기억이 이야기에 바탕을 둔다면, 만약 그것들이 이야기 형태로 구성된다면, 사물들을 더 잘 잊지 않을 것이다. 사실, 생크가 말하듯이, 스토리텔링과 이해하기는 기능적으로 동일한 것이라면, 좋은, 구체적인 이야기의 힘은 거대하다.[43] 도덕교육에의 서사적 접근을 아주 강력한 것으로 만드는 것은 이 힘이다. 하나의 이야기의 특정한 문맥은 기억 속에 보유되는 하나의 막강한 모델을 구성하는 것이다.

그래서 이야기들과 모델링을 살펴보자. 모델링은 내용에 바탕을 두는 도덕교육에서 중요한 개념이다. 심리학자 반두라(Albert Bandura)

---

40) Paul C. Vitz, "The Use of Stories in Moral Development New Psychological Reasons for an Old Education Method", *American Psychologist*, 45(June, 1990), p.710.

41) Ibid., p.716.

42) Roger C. Schank, op. cit., p.12.

43) Ibid., p.24.

는, 새로운 행동들이 습득되고 실존하는 행동양식들이 수정되는 근본적인 방법들 중 하나는 모델링을 필요로 한다고 주장한다.44) 문학에서 모델들은 그득하다. 이야기들의 중요성은 단순히 기억 속에 남는 것 이상이다. 그것들은 어떤 사람이 개인적으로 연관되는 모델들을 제공한다. 독자들은 하나의 좋은 이야기에 사로잡히고 등장인물들에 몰두한다. 독자는 종종 하나의 이야기를 읽을 때 한둘의 등장인물과 관계할 것이며, 그들의 행동에 의해 정서적으로 부담을 느낄 것이다. 등장인물에 대한 그런 정서적 애착심은 그 등장인물을 모델의 제일의 후보로 만든다. 그 등장인물이 충실하고, 용감하고, 순결하고, 혹은 경건하게 되는 법을 보여주든, 아니든, 그것은 만약 실행된다면 내면화될 수 있는 하나의 행동의 모델이 된다. "그런데 이야기들은 그것들이 상상을 지속하게 하기 때문에 선에 대한 정서적 애착심을 만들어내는 데 도움을 줄 수 있다. 만약 다른 것들이 자리한다면, 그 정서적 매력은 선으로의 실제적 몰입으로 성장할 수 있다. 이야기들의 극적인 본질은 우리가 도덕적 결정들을 '예행연습하고(rehearse)' 우리의 선과의 결속을 강화시키는 데 도움을 준다."45) 이야기들에서 등장인물들이 행동들의 모델이 될 뿐만 아니라, 그 구성은 행위들의 결과들을 보는 데 도움을 준다. 이것은 하나의 이야기에서 일어나는 두 번째 유형의 모델링이다. 이야기들 스스로도 행동의 하나 내지 몇몇 모델들을 묘사한다. 등장인물의 모델 행동과 줄거리 구성은 수많은 도덕적 요소들을 수반한다. 그런데 이야기들에서의 모델링은 항상 긍정적인 것은 아니며, 필요한 것도 아니다. 사실, 도덕적 행위들에 자리하는 많은 가능성들을 보여주기 위하여, 선과 악 행동들의 두 모델들을 가지는 것이 아마 더 나을 것이다. 줄거리에서 굉장한 영향들을 가진 반-모델(anti-

44) Albert Bandura, *Aggression: A Social Learning Analysis*(Englewood Cliffs, NJ: Prentice-Hall, 1973), p.68.

45) William Kilpatrick, etc., op. cit., p.24.

model)은 이후에 행복하게 살 이상적인 모델만큼 막강할 것이다. 따라서 이야기들은 어떤 사람이 결정들을 내리기 전에 도덕적 결정들을 '예행연습하는 데' 도움을 줄 수 있다. 그 까닭은 한 이야기의 줄거리에서 그런 결정의 가능한 효과들이 보일 수 있기 때문이다. 스토리텔링은 세 번째 종류의 모델링이다. 그것은 이야기하는 사람이 제시하는 모델이다. 모델링은 단순히 써진 혹은 구두로 전달된 이야기들에 속하는 것만은 아니고, 비-구두적인 형식의 모델링도 있다. 교사들은 구두적인 가르침을 통하는 것만큼 그들의 비-구두적인 의사소통을 통해 학생들과 의사소통한다. 한 모델의 경험은 학생들이 말하고 그것에 따라 살아가는 이야기들을 막강하게 보강시킨다. 베네트는 도덕교육의 이상을 만들어내기 위해 부모 모델, 교사 모델, 교실 모델을 기다린다. 그는 "우리는 옳고 그름 사이의 차이를 주장할 뿐만 아니라 학생들 앞에서 그 차이를 실행하고자 노력하는 교사들과 원칙들을 가져야 한다."고 말한다.46) 가정과 학교의 벽을 넘은 상황들에서 행동의 모델을 만들어내는 서사들 또한 필수적인 것이다.47) 그러나 학교에서의 모델들은 도덕교육에 하나의 중요한 차원이다. 일상적인 관찰들이 어떤 일이 이루어지는 방식을 보여주는 막강한 도구가 모델링임을 보여준다. 사실, 말들은 종종 우리에게 도움이 되지 않고, 남겨진 유일한 길들 중 하나는 '방식을 보여주는(show how)' 것이다. 그것은 어떤 감정을 가지는지를 보여주거나 어떤 일을 하는 방식을 설명하는 것이다. 사실, 모델링은 일종의 소리 없는 이야기, 도덕적 행동에 관한 무언의 이야기일 수 있다. 반두라는 다음과 같이 말한다. "행동방식이 단지 사회적 신호들에 의해 전달될 수 있는 반면, 모델링은 학습의 필수불가결한 측면이다. 다른 수단들을 통해 새로운 기술들을 확립할 수 있

---

46) William J. Bennett, "Moral Literacy and the Formation of Character", p.31.
47) William J. Bennett, *Our Children and Our Country: Improving America's Schools and Affirming the Common Cultures*, pp.81-82.

는 사례들에서도, 획득의 과정은 적절한 모델들을 제시함으로써 상당히 단축될 수 있다."48) 모델링은 틀림없이 도덕교육의 중요한 부분이지만, 결코 완벽한 것은 아니다. 모델링에 관하여 생각하는 최선의 방식은 성공적인 가르침과 배움의 경험에 기여할 수 있는 많은 유형의 서사들 중의 하나로 생각하는 것이다.

그러나 도덕교육에 관한 내용 이론가들의 관점에서 문제가 되는 것은 그들이 스토리텔링 배경의 중요한 한 측면을 배제시킨다는 점이다. 숄즈(Robert E. Scholes)와 켈로그(Robert Kellogg)가 『서사의 본질』이라는 저서에서 지적하기를, 서사 작품들은 이야기의 현전과 이야기하는 사람의 현전이라는 두 가지 특징들에 의해 구분된다.49) 그것은 이야기들과 교육 사이의 연계이다. 즉, 교사들은 일차적인 이야기하는 사람들이다. 그러나 그러한 특징은 세 번째 아주 중요한 측면을 용케 숨긴다. 파가노(Jo Anne Pagano)는 지적하기를, "스토리텔링 관계의 세 가지 측면들이 이야기하는 사람, 이야기, 듣는 사람이듯이, 교육 관계의 세 가지 측면들은 교사, 텍스트, 학생이다."50) 학생들— 듣는 사람들— 은 그 삼각구도의 다른 두 부분들만큼 스토리텔링 모험에 본질적이다. 따라서 이야기, 이야기하는 사람, 그리고 듣는 사람은 도덕교육 교실의 본질적인 측면들을 이룬다. 학생들을 포함함이 없이. 도덕교육의 어떤 계획도 균형을 벗어나고, 그들을 위해 전개된 삶의 복합성들처럼 많이 사용되지 않을 것이다. 내용 이론가들의 주된 실수는 그들이 학생들 스스로에 관한 이야기들을 포함시키지 않는다는 점이다. 태펀(Mark Tappan)은 지적하기를, "도덕교육에의 서사적 접근은

---

48) Albert Bandura, op. cit., p.68.

49) Robert E. Scholes and Robert Kellogg, *The Nature of Narrative*(New York: Oxford University Press, 1966), p.4.

50) Jo Anne Pagano, "Relating to One's Students: Identity, Morality, Stories and Questions", *Journal of Moral Education*, 20(1991), p.263.

학생들이 그들 자신의 이야기들을 말하고, 그들 자신의 목소리들로 이야기하고, 따라서 그들 자신의 도덕적 시각들과 경험들을 정당하다고 인정하는 기회들을 제공할 것이다."51) 결국, 문맥이 이야기들의 중요한 측면이라면, 개인적 이야기들은 다른 문화적 이야기들만큼 중요하다. 그리고 도덕교육에 관한 내용 이론가들은 비판적 생각하기에 관한 논의가 거의 없다. 비츠와 같은 내용 이론가들은 토론을 허용하지만, 그 토론이 어떻게 이루어져야 하는지를 상술하지 않는다. 그것은 문제가 있다. 토론은 모델링만큼 필수적이다. 왜냐하면 동료들, 매스컴, 이야기들 자체들로부터 갈등하는 메시지들이 생길 것이기 때문이다. 토론은 갈등하는 도덕적 선들의 요소들을 철저하게 면밀히 알아보는 방식을 제시하는 데 더욱 중요하다. 이야기 내용은 그 해결책의 한 부분일 따름이다. 한 문제의 서로 다른 측면들을 심판하기 위해 내용을 반성하는 하나의 방법이 건전한 도덕교육에 포함될 필요가 있다.

2) 과정과 서사

여기서는 1960년대에 제안된 도덕교육과 스토리텔링의 전통적인 양식들에 대한 최초의 대안을 살필 것이다. 가치 명료화와 콜버그(Lawrence Kohlberg)의 도덕 발달 이론은 그런 이야기 중심의 대안의 두 가지 예로서 논의될 것이다. 그런 접근들은 '과정 이론'으로 부를 것이다. 그 까닭은 사회의 내용으로부터, 개인이 도덕적 자세로 다가가기 위해 사용하는 과정으로 강조점이 이동하기 때문이다. 과정 이론가들은 반-내용(anti-content) 기운을 반영하는 경향이 있고, 대신에 이야기들의 도덕을 가르치기보다는 이야기들에 대한 반응에 초점을 두었다. 여기서는 조금 다른 방식으로 이야기 관념을 사용할 것이다. 이

---

51) Mark B. Tappan, "Narrative, Language and Moral Experience", *Journal of Moral Education*, 20(1991), p.252.

야기들을 덜 정보를 가진 사람에게 정보를 전달하기 위해 사용된 어떤 것으로 보는 대신에 과정 이론가들에게 이야기들은 더욱 학생 중심적이다. 윈(Edward Wynne)과 리안(Kevin Ryan)은 지적하기를, 가치 명료화와 콜버그의 이론에서 "교사의 과제는 하나의 과정을 이행하는 것이다."[52] 그 과정은 개인적 관점으로부터 이야기들의 분석을 통한 개인의 발달을 포함하는 과정이다. 즉, 이야기들은 (1) 자기 자신의 경험에 관하여 말하기 — 개인적인 이야기, 그리고 (2) 개인적 이야기의 말하기를 고취시키기 위해 하나의 이야기를 사용하는 것 — 기폭제 이야기라는 두 가지 역할을 수행한다. 이야기는 그것의 유일한 하향식의 설득하는 역할로부터 개인의 입장을 묘사하는 역할, 즉 상향식의 역할로 이동한다. 여기서 강조되는 이야기들은 주로 학생들의 이야기들이다.

먼저, 과정 이론에서 이야기가 수행하는 역할을 살펴보자. 과정 이론에서 사용되는 두 가지 유형의 이야기들은 기폭제 이야기와 개인적 이야기이다. 기폭제 이야기는 그 학생의 개인적 경험 밖으로부터의 서사이며, 따라서 다른 누군가가 이야기하는 사람이다. 그런 이야기들은 학생의 개인적 이야기들과 가치들을 발표하는 하나의 기폭제로 작동한다. 도덕적 이야기나 딜레마를 제시하는 기술이 그런 이야기의 한 사례이다. 개인적 이야기는 규정하기 더 어렵다. 개인적 이야기는 개인적인 경험 이야기와 유사하다. 그것은 말하는 자기를 그 이야기 중심에 두지 않는, 공유할 수 있는 경험들에 초점을 두는 것으로 규정된다. 따라서 개인적 이야기 또한 개인이 드러내고자 하는 어떤 것을 설명하기 위해 개인이 말하는 이야기일 수 있다. 가까운 친구의 경험에 관한 이야기가 한 실례일 것이다. 그 이야기는 직접적인 경험을 반영

---

52) Edward A. Wynne and Kevin Ryan, *Reclaiming Our Schools: A Handbook on Teaching Character, Academics, and Discipline*(New York: Merrill, 1993), p.123.

하지 않는다. 그러나 말하는 사람이 진실이라고 생각하는 경험을 반영한다. 두 유형의 이야기들 사이의 주된 구분은 그것들이 나오는 곳을 지적한다. 기폭제 이야기는 하나의 반응을 불러일으키기 위해 개별적인 듣는 사람 외부로부터 도입되는 반면, 개인적 이야기는 말하는 사람의 경험의 부분이다. 기폭제 이야기는 학생들로 하여금 그 이야기들에서의 가치들이 그들에게 무엇을 의미하는지에 관하여 생각하게 하는 도구로 더욱 많이 사용된다. 가치 명료화와 콜버그 저서의 맥락에서는 개인적 이야기가 기폭제 이야기에 관하여 학생들이 무엇을 생각하는지를 가려내는 하나의 방법으로 사용된다. 즉, 많은 과정 이론가들에게 있어 하나의 개인적 이야기는 한 개인의 가치들을 명료화시키고 발달시키기 위해 하나의 기폭제 이야기에의 반응으로 말해진다. 과정 이론들은 종종 개인적 이야기를 도덕 발달의 열쇠로 본다.

내용 이론과 마찬가지로, 가치 명료화도 이야기들의 사용을 통해 학생들에게서 일관적인 도덕적 행동을 창조하는 것을 목표로 삼는다. 산업화와 20세기 전후 붐들은 완전히 서로 다른 일련의 이야기들을 만들어내었다. 그런 이야기들은 종종 변화하는 세계의 모습들과 전통 사회에서 할 수 있었던 것과는 다른 일련의 선택들을 포함했다. 소비재들, 직업 등의 영역에서 할 수 있는 더 많은 선택들과 농경시대에는 실존하지 않았던 다른 삶의 양식들의 선택들이 더 많이 있었다. 더욱이 영화, 라디오, 텔레비전의 등장은 성공과 물질 만능주의의 생생한 이야기들을 가지고 그런 선택들을 예를 들면서 설명하였다. 이론가들에게 명백한 하나의 문제는 전통적인 이야기들이 서로 다른 도덕적 대안들 중에서 선택하는 법을 알려주는 데 거의 아무것도 하지 못했다는 점이다. 그러므로 비-전통적 이야기들에서 제시된 현기증을 불러일으키는 선택들의 배열을 좁히는 하나의 방법이 필요한 것으로 생각되었고, 그리고 가치 명료화가 등장했다. 가치 명료화의 목적은 어린 이들이 근대적 생활의 복잡성을 다루는 것을 돕는 방법들을 발달시키는 것이었다. 그 근거는 다음과 같다. "개인들은 경험들을 가진다. 그들은 성장하고 배운다. 어떤 행동에의 일반적 안내는 경험들로부터 나온다. 이런 안내들은 삶에 방향을 제시하는 경향이 있고, 가치관으로 불릴 것이다. 우리의 가치관은 우리의 제한된 시간과 에너지를 가지고 하는 경향이 있는 것을 보여준다."53) 이 점은 서사 측면에서 다른 방법으로 말할 수 있다. 사람들은 세계를 경험하고, 그런 경험들로부터 이야기들이 나온다. 그런 이야기들 또한 사람들로 하여금 그들의 지난 행동에 관해 반성하게 하고, 미래의 행동을 위한 일반적인 지침을 수립한다. 이야기들은 개인에게 도덕적 정향을 부여하기 위한 본질적 수단이 된다. 가치 명료화 전략은 학생들이 가진 의견들에 하나를 추가하는 것이 아니라 그들이 이미 가지고 있는 의견들을 자신들이 명료화시키도록 자극하는 것을 요구한다.54) 따라서 이 기술은 개인적 경험의 이야기들을 끌어내고 그 경험에 관한 분석을 자극하는 방법을 의미했다. 가치 명료화가 사용했던 이야기들은 개인적 그리고 기폭제적 이야기들을 포함하며, 이론가들이 하나의 가치의 일곱 가지 본질적인 요소들로서 지적했던 것과 연계될 수 있다. 그런 요소들은 (1) 자유롭게 (2) 대안들로부터 (3) 반성하고 난 후에 (4) 선택을 소중히 하고(평가하고), (5) 그것을 공적으로 확인하고, (6) 그것에 따라서 행동하고, (7) 미래에 그 행동을 반복하기 등이다.55) 모든 일곱 가지 요소들이 없이는, 하나의 가치는 도덕적 스토리텔링 수업시간에 연관되지 않는다.56) 그 본질적인 요점은 그런 일곱 가지 측면들은 기폭제적 그

---

53) Louis E. Raths, Merrill Harmin, and Sidney B. Simon, *Values and Teaching: Working with Values in the Classroom*(Columbus, OH: Charles E. Merrill, 1966), p.27.

54) Ibid., p.54.

55) Ibid., p.30.

56) Ibid., p.46.

리고 개인적 이야기의 상호작용의 한 부분이라는 것이며, 개인들은 반드시 전통과 사회의 가치들이 아니라 그들 자신의 가치들을 선택해야 하고 그것에 따라 행위해야 한다는 생각이다. 서사는 학생들이 자신의 입장을 이야기로 적거나, '그 이야기에서 무엇을 느끼는가?', '그 이야기에서 무엇을 반성하는가?' 등과 같은 질문들에 답하도록 요구하는 것으로 이어진다.[57] 간단한 이야기 내지 학생들이 대답할 질문들의 목록을 '가치 메모장(values sheet)'이라고 부를 수 있다. 가치 메모장의 중요성은 세계 속의 하나의 문제에 대해 이야기를 통한 대응, 즉 하나의 기폭제 이야기를 불러일으키는 데 있다. 그 이야기가 사실인 것은 필수적인 것이 아니고, 그것은 학생들의 삶에 어떤 연관을 가져야 한다.[58] 기폭제 이야기는 그것이 반드시 가치들을 설득하지 않기 때문에 과정 접근에 크게 중요하다. 대신에, 그런 이야기들은 개인적인 도덕적 입장에 관한 사고, 개인적 이야기를 불러일으킨다. '가치 일기(values journal)'도 개인적 이야기들이 말해질 수 있는 또 다른 형태이다.[59] 학생들은 그들의 삶에서 발생한 가치의 일곱 가지 측면들에 관한 사건들의 일기를 적도록 격려를 받는다. 그들은 그들의 경험이나 그들이 가치들과 관련하여 가지게 될 다른 생각들에 관한 이야기들을 적어야 한다. 그들의 삶에 영향을 미치는 다른 측면들뿐만 아니라 그들이 어떤 선택을 하는지, 그들의 선택에 관해 무슨 느낌을 가지는지 등이 관심의 대상이다. 학생을 이야기하는 사람이 되도록 상냥하게 부추기면서, 교사는 이야기를 끌어내고, 이야기하는 사람이 스스로 연관되는 문제들을 보도록 한다. 학생들은 그들의 삶에서 발생하

---

57) Ibid., pp.84-85.

58) Ibid., p.91.

59) Sidney E. Simon, Leland W. Howe, and Howard Kirschenbaum, *Values Clarification: A Handbook of Practical Strategies for Teachers and Students* (New York: Hart Publishing, 1972), pp.168-170.

는 것에 관하여 이야기를 하면서 그들 자신의 생각들과 감정들을 명료화시킨다.

기폭제 이야기와 개인적 이야기의 사용이 이야기를 통한 도덕교육에 하나의 중요한 혁신이지만, 가치 명료화에서 그런 이야기들의 사용에 하나의 문제가 있다. 그것은 토론이 회피된다는 점이다. 교실에서 다양한 학생들이 개인적 이야기들을 말하듯이, 토론은 한 집단의 학생들을 더 많은 기폭제적 이야기들에 개방시킨다. 도덕적 이야기하기의 이득은 그런 토론들에서 크게 고양된다. 그러나 가치 명료화의 목적은 한 개인이 가치들을 명료화하게 돕는 것이며, 그래서 토론은 이런 목적에 반대되는 것으로 보인다. 다양한 방식으로 이용되는 가치 메모장들은 토론 수업에서는 가장 효과가 작을 수 있다. "한 교실에서 토론, 특히 격앙된 토론의 번거로움 속에서는 가치들을 얻지 못한다. 명료하고, 일관적이고, 실용적인 가치들을 가질 수 있으려면, 조용하고 어려운 사고와 조심스러운 토론을 필요로 한다."[60] 달리 말해, 개인들은 그들 스스로의 밖의 이야기들로부터의 의미가 없이 그들 자신의 결론들에 다가갈 수 있다. 가치 명료화는 그런 행위가 타자들과의 협력 속에서 행해짐을 알지 못한다. 가치 명료화는 이야기들의 의미를 보지 못한다.

이제 콜버그의 이론에서의 이야기 문제를 살펴보자. 그가 서사를 특별하게 다루지는 않았지만, 그의 이론은 가치 명료화와 유사하게 서사적인 방식으로 작동한다. 우선, 이야기와 도덕 발달의 문제를 다루자. 그는 10-16세 사이의 소년들이 일련의 가설적인 기폭제적 이야기들(도덕적 딜레마)에 대응하도록 요청하였고, 그들이 자신의 반응들을 정당화시키기 위해 사용했던 추론은 도덕 발달의 여섯 가지 서로 다른 양식들 혹은 단계들로 분류될 수 있다. 그의 초기 이론은 특별한

---

60) Louis E. Raths, Merrill Harmin, and Sidney B. Simon, op. cit., p.106.

도덕적 결정들이나 행위들의 특정한 내용과는 무관하게 규정될 수 있는 도덕적 사고의 일반적 구조들과 형식들을 묘사하는 전형적인 구도를 중심으로 이루어졌다. 그는 서사들의 사용에 크게 의존했다. 그는 하나의 도덕적 딜레마를 구성하는 이야기를 통해서 학생의 발달을 검증했다. 윤리적 문제를 둘러싼 기폭제 이야기가 학생들에게 읽힐 것이며, 그들은 가치 명료화의 가치 메모장과 유사하게 딜레마에 관한 질문들에 대답하여야 한다. 유명한 '하인츠 딜레마'가 한 실례이다.

유럽에서 한 여인이 특별한 암으로 죽어 가고 있었다. 그 여인을 살릴 수 있다고 의사들이 생각하는 약은 오직 한 가지밖에 없었다. 이 약은 같은 마을에 사는 어느 약제사가 제조한 것이었다. 그 약은 원재료가 워낙 비싸기도 했지만, 약제사가 약값을 원가의 10배나 매겨 놓아 매우 비싼 값에 팔리고 있었다. 남편인 하인츠는 그 돈을 빌리기 위해 아는 사람들을 모두 찾아다녔으나 겨우 약값의 절반만을 마련할 수 있었다. 그는 약제사에게 아내가 죽기 직전에 있다는 사정을 설명하고 약을 싸게 팔거나 아니면 외상으로라도 구입할 수 있게 해달라고 간청했다. 그러나 약제사는 완강히 거절했다. 하인츠는 고민 끝에 약국을 부수고 들어가 부인을 위해 약을 훔쳤다. 이때 그가 한 일은 옳은가, 그른가? 그 이유는 무엇인가?[61]

질문들은 학생의 가치관을 드러내는 개인적 이야기들을 계속 이어서 끌어낼 것이다. 가치 명료화와 마찬가지로, 그 목적은 인간 삶의 가치에 관하여 무엇을 느끼고 생각했는지를 명료화시키는 것일 것이다. 그러나 가치 명료화와는 달리, 그의 이론에는 개인이 성장하는 여섯 가지 발달 단계들을 제시하는 도덕 발달 이론이 포함되었다. 프리만(Mark Freeman)이 지적하듯이, "정확하게 규범성의 바로 이 차원의

---

61) Lawrence Kohlberg, *The Philosophy of Moral Development: Moral Stages and the Idea of Justice*(San Francisco: Harper & Row, 1981), p.12.

덕분으로 규범적으로 바탕을 둔 발달 이론들은 반드시, 발달의 과정이 지향하는 하나의 결과를 제시해야 한다. 이런 면에서, 서사 관념은 이미 적절하다. 즉, 우리가 그것을 야기하는 발달과정에 관해 말할 수 있는 것은 지정된 목적의 한 기능일 따름이다."[62] 도덕교육을 하나의 발달의 삶을 망라하는 것으로 바라보는 전체적인 관념은 본질상 서사이다.[63] 인간 삶은 시작, 종말, 줄거리를 가지고 있기 때문에 하나의 이야기로 보일 수 있다. 콜버그와 같은 발달 심리학자들에게 그 줄거리는 그 개인의 도덕 발달이다. 따라서 그는 여러 가지 방식들로 이야기들을 포함하는 것으로 보일 수 있다. 그의 이론은 도덕적 딜레마 형식의 기폭제 이야기, 딜레마에 대한 대응으로서 개인적 이야기, 그리고 한 개인의 도덕 발달의 이야기 등을 포함한다.

　하나의 특별한 주제에 관한 담화인 토론은 이야기들의 상호 교환으로 간주될 수 있다.[64] 하나의 기폭제 이야기가 한 모임에 소개되고, 생각들이 도전을 받고 수용을 받으면서 개인적 이야기들은 말해진다. 토론은 많은 이야기들이 교환될 수 있는 하나의 능동적인 수단인 것이다. 긴스버그(Robert Ginsberg)가 지적하듯이, "토론은 학생들을 행위로 데려가기 위한 우수한 방법이다."[65] 교사가 하나의 이야기를 말할 때, 학생들은 그들 자신의 이야기들을 만난다. 콜버그가 전개하는

---

62) Mark Freeman, "Rewriting the Self: Development as Moral Practice", eds. by Mark B. Tappan and Martin J. Packer, *Narrative and Storytelling: Implications for Understanding Moral Development*(San Francisco: Jossey-Bass, 1991), p.85.

63) Mickie Bebeau, James Rest, and Darcia Narváez, "A Plan for Moral Education"(University of Minnesota: Center for the Study of Ethical Development, 1995), p.1.

64) Roger C. Schank, op. cit., p.24.

65) Robert Ginsberg, "The Humanities, Moral Education, and the Contemporary World", ed. by Michael H. Mitias, *Moral Education and the Liberal Arts* (New York: Greenwood Press, 1992), p.42.

토론 형식은 학생들로 하여금 동료들의 이야기들뿐만 아니라 기폭제 이야기들로서 그들에게 주어진 서사들에 참여할 수 있게 만든다. 그런 토론 형식에서 도덕적 딜레마, 이야기들, 질문들에 대한 학생들의 대답들 등은 더 이상 교사와 학생 사이의 단순한 문제가 아니었다. 개인이 딜레마를 분석하는 방법은 지금 전 교실에 개방되었고, 그 효과는 극적이었다. 서사 영역은 상호작용을 포함하도록 팽창하였고, 따라서 말하는 참여자들을 위해 더 많은 이야기들을 만들어내었다. 지금은 학생들이 그들의 도덕적 상상들을 확대시키기 위해 도덕적 기폭제 이야기들을 가지고 있을 뿐만 아니라, 그들은 그들 자신의 이야기들을 가지고 다양한 중요한 이슈들에 관하여 이야기하고 있는 다양한 목소리들을 경험하였다.

그런데 콜버그의 이론은 인지적 발달과 정의와 연관되었기 때문에 서사적 분석은 어느 정도 제한적이었다. 그래서 관계들과 배려와 연관되는 서사적 분석이 이루어지기 시작했다. 그것의 출발은 그의 제자인 길리건(Carol Gilligan)이었다. 그녀는 콜버그가 주장한 정의의 보편적 본질을 거부하였다. 이 점이 과정 이론의 시각 확대를 위한 길을 닦았다. 그녀는 콜버그가 기획한 방법을 통해 도덕 발달의 과정을 탐구했다. 그녀는 하인츠 딜레마와 같은 기폭제 이야기들을 실행했다. 여러 사례들에서 그녀가 관찰한 것은 콜버그의 과정 이론과 일치하였다. 그러나 그녀의 연구가 진보하면서, 차이들은 소녀들이 그 이야기들을 해석할 방식으로 나타나기 시작했다. 소년들은 일반적으로 이야기들을 재산의 가치들과 삶 사이의 하나의 갈등으로 해석하고, 그 다음에 하나의 결론을 정당화시키기 위하여 그들의 추론을 사용하지만,[66] 소녀들의 대답은 정의의 구성보다는 사람들 사이의 관계들에 초점을 두었다. 하인츠 딜레마에 대한 한 소녀의 서사적 대응은 다음과 같다. "만

---

66) Carol Gilligan, *In a Different Voice: Psychological Theory and Woman's Development*(Cambridge, MA: Harvard University Press, 1993), p.27.

약 그가 약을 훔쳤다면, 그는 아내를 구할 것이지만, 만약 그가 그렇게 한다면, 그는 감옥으로 가야 할 것이며, 그 다음에 그의 아내는 다시 더 아프게 될 것이며, 그는 그 약을 더 많이 가질 수 없을 것이다. 그리고 그것은 선이 아닐 것이다. 그래, 그들은 진실로 그것을 이야기하고 돈을 구하는 다른 방법을 찾아야 할 것이다."67) 그 이야기는 하나의 보편적인 정의의 원리보다는 그 이야기의 남성과 여성 사이의 관계에 초점을 둠을 드러낸다. 최근 헤크만(Susan Hekman)은 스토리텔링의 맥락에서 길리건의 저서는 두 가지 중요한 요점들을 가진다고 말한다. 첫째, "만약 우리가 관계, 배려, 연관성을 인간 삶과 발달에 필수적인 것으로 해석한다면, 우리는 여성의 이야기들을 진정으로 도덕적인 서사들로 해석할 것이다."68) 달리 말해, 콜버그가 어느 정도 불완전한 것으로 해석했던 이야기들을 그녀는 진정한 도덕적 이야기들로 정당화시킨다. 헤크만이 설명하는 두 번째 중요한 점은 '이야기'라는 말을 직접 다룬다. 즉, "길리건은 두 가지 중요한 논제들을 전개한다. 첫째, 우리는 이런 이야기들을 도덕적 이야기들로 듣기 위해서 우리의 해석적 틀을 변경시킬 필요가 있다는 점이다. 둘째, 여성(그리고 남성)들은 그들 스스로에 관한 이야기들을 말함으로써 그들의 삶을 이해한다."69) 길리건은 "나의 관심은 경험과 사고의 상호작용에, 서로 다른 목소리들과 그것들이 야기하는 대화들에, 우리가 우리 스스로에게 그리고 타자들에게 귀를 기울이는 방식에, 우리가 우리의 삶에 관하여 말하는 이야기들에 있다."고 언급한다.70) 그녀는 개인적 이야

---

67) Ibid., p.28.

68) Susan J. Hekman, *Moral Voices, Moral Selves: Carol Gilligan and Feminist Moral Theory*(University Park, PA: The Pennsylvania State University Press, 1995), p.7.

69) Ibid., p.7.

70) Carol Gilligan, op. cit., p.2.

기들을 직접적으로 바라보는 데 관심을 가진다. 콜버그는 토론을 엄격하게 통제하고, 항상 참여자들을 특별한 방향으로 끌고 가는 경향이 있었다. 그러나 그녀의 접근은 도덕적 딜레마보다는 이야기를 하는 그 개인에 더 많이 의존하였다. 길리건은 설명하기를, "자신의 연구들은, 해결을 위해 사람들이 자신에게 제시된 문제들에 관하여 생각하는 것에 초점을 두기보다는, 사람들이 도덕적 문제들을 어떤 방식으로 규정하고, 그들의 삶에서의 도덕적 갈등들로서 무엇을 경험하는지를 물음으로써 도덕적 판단에 관한 연구의 기획을 확대시켰다."71) 따라서 그녀는 도덕적 딜레마들의 이용으로부터 더 넓은 가능성의 영역으로 도덕적 이야기들의 개방으로 이동한다. 이야기하는 사람은 그 자신의 경험에 더 많이 근거하게 되고, 따라서 이야기들은 더욱 개인화된다. 학생들은 기폭제 이야기의 제한들에 의해 방해를 받지 않은 그들 자신의 개인적 이야기들을 자유롭게 말할 수 있다. 그러므로 그녀의 이야기 관점은 더욱 관계 중심적이고, 본질상 더욱 대화적이다. 즉, 개인에 의해 들리는 이야기들에 귀를 기울임에 초점을 둠은 도덕적 스토리텔링의 중심으로 다가온다.72)

노딩스(Nel Noddings)는 길리건의 아이디어들을 더 넓게 적용시키고, 도덕교육과 서사를 결합시키기 위한 중요한 연구들을 하였다. 그것은 주로 '배려하기'라는 아이디어를 통해 이루어졌다. 그녀는 배려하는 관계를 '두 사람— 배려하는 자와 배려를 받는 자— 사이의 연계나 만남으로 규정한다.73) 그것은 배려하는 것과 배려를 받아들이는

---

71) Ibid., p.3.

72) Lyn Mikel Brown and Carol Gilligan, "Listening for Voice in Narratives of Relationship", eds. by Mark B. Tappan and Martin J. Packer, *Narrative and Storytelling: Implications for Understanding Moral Development*(San Francisco: Jossey-Bass, 1991), pp.45-48.

73) Nel Noddings, *The Challenge to Care in Schools: An Alternative Approach to Education*(New York: Teachers College Press, 1992), p.15.

것 사이의 평등 관계를 암시한다. 배려하기 관계는 서사 관계와 유사하다. 스토리텔링에서 이야기하는 사람, 이야기, 그리고 듣는 사람의 관계는 배려하기에서 배려하는 사람, 배려, 배려 받는 사람의 관계와 유사하다는 것이다. 그 세 측면들은 관계가 이루어지는 데 필수적이다. 그리고 배려하기는 종종 이야기하기를 내포한다. 배려하기에서의 이야기하기는 어떤 것을 가르치기 위해 하나의 이야기를 읽거나 말하는, 즉 어린이에게 하나의 특별한 상황에 관한 어떤 지혜를 전달하는 형태를 띨 것이다. 그녀의 주된 관심들 중 하나는 젊은이들에게 배려하는 법을 가르치는 것이다. 스스로와 타자들에 관심을 가지는 법을 보여주기는 학교와 사회를 개선시키는 하나의 주요한 방법으로 보인다. 학교들이 직면하는 주된 문제들 중 하나는 학생들이 배려하지 않는다는 점이기 때문에, 배려하기에서의 교육은 대단히 중요하며, 그것을 하는 방법은 배려하기의 이야기들을 통해서이다.

도덕교육은 모델링(modeling), 실행(practice), 대화(dialogue), 확인(confirmation) 등의 구성요소를 포함한다는 것이 노딩스의 주장이다.74) 이 네 가지 구성요소들은 수많은 방식들로 서사들을 이용한다. 첫째 구성요소, 모델링은 도덕교육의 어떤 구도의 한 부분이어야 하며, 그것은 배려하기 시각에서 하나의 역할을 수행한다. 이야기들은 모델링의 한 중요한 부분일 수 있다. 교사들은 학생들에게 배려하기가 얼마나 중요한지, 그리고 그것이 어떤 방식으로 행해지는지를 드러내는, 배려하기에 관한 이야기들을 말할 필요가 있다. 그녀가 언급하듯이, "우리는 배려 받는 사람과의 관계들에서 배려하는 점을 보여주어야 한다."75) 배려하는 개인들은 그들이 배려하는 사람들에게 배려하

---

74) Nel Noddings, *Caring: A Feminine Approach to Ethics & Moral Education* (Berkeley, CA: University of California Press, 1984), pp.175-197.

75) Nel Noddings, *The Challenge to Care in Schools: An Alternative Approach to Education*, p.22.

는 법의 모델이 되어야 한다. 달리 말해, 교사들은 그들의 이야기들과 행위들을 통하여 그들이 타자들을 어떻게 배려하는지를 보여주어야 한다. 둘째 구성요소인 실행은 배려하기 활동들에의 참여이다. 공동체 서비스 프로젝트들과 다른 자원봉사 활동들에 참여함으로써 학생들은 타자들에게 배려하기를 실천하는 동안 배려하기가 어떻게 행해지는지를 배울 수 있다. 행동들은 실제 삶 상황들에서 모델화되며, 서로 다른 이야기들이 말해질 기회도 역시 현전한다. 더욱 중요한 것은, 학생들은 그들이 들었던 다양한 이야기들과 그들이 가졌던 경험들을 통하여 그들이 배웠던 것을 실천할 수 있다는 점이다. 아마 학생들은 개인들이 배려할 때 배려하는 행동들에 노출되었을 것이다. 실천 구성요소와 함께, 그들은 배려하는 사람들과 배려하기에 관한 이야기들에 의해, 타자들을 위하여 그들에게 모델화되었던 행동을 복사하려고 노력할 수 있다. 세 번째 구성요소, 대화는 그녀의 도덕교육에서 본질적이다. 또한 그것은 배려하기 입장에 관한 서사적 분석을 위한 가장 중요한 측면이다. 대화는 본질적으로 서로 이야기들을 교환하는 것이다. 그러나 도덕적 토론과 대화 사이에는 차이들이 실존한다. 그녀는 대화를 하나의 '실질적인' 담화로 본다. 담화는 대응하는 이야기하기일 따름이다. 대화는 종종 '제한 없는' 것이며, 어느 편도 처음부터, 그 담화가 그들을 어디로 데려갈 것이며, 그것이 어디에서 끝날 것인지를 모르는 과정이다.76) 이것은 도달할 하나의 목표가 있는 토론과는 다르다. 그녀는 이 점을 다음과 같이 말한다. "연역적인(a priori) 규칙들에 따라서 단계별로 진행하는 논리적, 수학적 추론과는 대조적으로, 개인 상호간의 추론은 개방적이고, 유연하고, 대응하는 것이다. 어떤 특별한 결과보다는 추론자들의 관계에 가치를 부여하는 태도에 의해 안내된다. 그리고 분리와 추상보다는 애착과 연관에 의해 특징지어진

---

76) Ibid., p.23.

다."77) 그리고 네 번째 구성요소, 확인은 하나의 이상을 예시하는 하나의 이야기를 의미할 수 있다. 도덕교육의 이런 구성요소는 한 어린이를 달성될 수 있는 하나의 이상에 적극적으로 관여시키는 데 노력한다. 존 듀이의 진정한 이상의 관념과 유사하게 그녀는 추상적이거나 거리가 먼 이상을 주장하지 않는다. 대신에, 하나의 이야기를 통하여, 특별한 상황에서의 행위의 이상들이 보인다. 이상은 어린이에게 하나의 이야기를 통하여 어떤 방식으로 드러나기 때문에 그 어린이는 자제하는 더 나은 방법을 이해할 수 있다. 그 이야기는 "하나의 지도하는 힘(a directive force)"이다.78)

버불레스(Nicholas C. Burbules)는 대화를 '발견과 새로운 이해를 지향하는 하나의 활동'으로 묘사하는데, 그것은 그것의 참여자들의 지식, 통찰, 혹은 감각성을 개선하기 위한 입장에 선다.79) 그는 이야기하기에 참여하는 사람들 사이에 이해와 배려하기의 태도를 촉진시키고자 한다. 그는 또한 그것을, 연계를 만들고 딜레마를 해결한다는 희망으로 개인들의 감정들과 경험들을 예시하기 위한 개인적 이야기들의 교환으로 본다. 분명히, 토론을 대화와 분리시키는 주된 측면들 중의 하나는 개인 상호간의 차원의 발달에 강조점을 두는 것이다. "의사소통의 과정으로서의 대화의 개념은 토론에서의 자신의 상대자를 위한 관련, 존중, 그리고 관심의 가치들과 밀접하게 연결된다. 그것은 근본적으로 찬양할 수 있는 다른 관점들을 고려함에 관하여 하나의 평등 정신과 열린 정신(open-mindedness)을 함의한다. 대화는 배려하는

---

77) Nel Noddings, "Stories in Dialogue: Caring and Interpersonal Reasoning", eds. by Carol Witherell and Nel Noddings, *Stories Lives Tell: Narrative and Dialogue in Education*(New York: Teachers College Press, 1991), p.158.

78) John Dewey, *Logic: The Theory of Inquiry*(New York: Henry Holt, 1938), p.178.

79) Nicholas C. Burbules, *Dialogue in Teaching: Theory and Practice*(New York: Teachers College Press, 1993), p.8.

정감과 그리고 사랑과 연계된다."80) 개인들이 스스로를 여는 신뢰하는 분위기를 설정하기는 어떤 성공적인 도덕적 토론이나 대화의 열쇠이다. 그러나 대화에서, 그 방향은 참여자들에게 개방되고, 그래서 학생들에 대한 그리고 학생들 사이의 더 높은 수준의 신뢰가 필수적이다. 프레이리(Paulo Freire)는 지적하기를, "대화의 본질적인 요소들 중 하나는 '세상과 사람들에 대한 심층적인 사랑'이다. … 교사들은 학생들을 신뢰해야 하고, 그들의 이야기들은 겸손, 상호 존중, 그리고 신뢰의 분위기에서 말해져야 한다. 이야기들은 거만한 행위로 들릴 수 없으며, 모델과 대화 자료로서 효과적일 수 없다. 만약 그 참여자들이 서로를 존중하고 신뢰하지 않는다면 효과적일 수 없다. 우리는 하나의 대화가 작동하기 위해 '사람에 대한 강한 신뢰'를 가져야 한다."81) 대화의 개방성은 반드시 무비판적인 접근을 내포하지 않는다. "비판적 생각하기가 의미하는 것은 가능한 관점들을 고려하고, 그것들을 질문하고, 그것들을 수정하고, 우리 자신의 정신 속에 대화적 탐구의 두 가지 역할들을 실제로 수행하는, 일종의 '내적 대화(internal dialogue)'이다."82) 대화적 탐구의 두 가지 역할들은 포섭(inclusion)과 비판(criticism)이다. 포섭적인 스토리텔링은 사람들을 더 가깝게 데려가는 경향이 있는 반면, 비판적인 스토리텔링은 사람들을 서로 다른 캠프들로 분리시키는 경향이 있다. 포섭도 비판도 겉으로 보기에는 반대적이지만, 도덕교육에 적용될 수 있는 이야기들에의 서로 다른 접근들을 포함하는 유형의 대화를 형성한다.

스토리텔링에는 네 가지 유형들이 있다. 버뷸레스는 스토리텔링의 포섭적인 그리고 비판적인 측면들을 수렴적인 그리고 발산적인 측면

---

80) Ibid., p.12.

81) Paulo Freire, *Pedagogy of the Oppressed*(New York: Continuum, 1993), pp.70-71.

82) Nicholas C. Burbules, op. cit., p.161.

들과 결합시키는 네 가지 유형들의 대화를 구분한다. 수렴적인 스토리텔링은 서로 다른 관점들이 하나의 유일한 '옳은' 해석으로 좁혀질 때 발생한다. 그것이 콜버그가 생각하는 대화이다. 발산적인 서사들은 의미들의 다원성과 복합적인 함의들을 포함하는 더욱 공개적인 스토리텔링을 다루는 경향이 있다. 이것은 노딩스의 대화 아이디어와 더욱 유사한 유형이다. 이 두 가지 유형의 서사들은 각각 둘씩 나누어져 다음과 같은 네 가지 유형의 대화들을 형성한다.

담화(conversation)로서 포섭적인-발산적인 대화
탐구(inquiry)로서 포섭적인-수렴적인 대화
논쟁(debate)으로서 비판적인-발산적인 대화
가르침(instruction)으로서 비판적인-수렴적인 대화83)

대화는 이야기들의 교환을 의미하기 때문에, 대화의 이런 네 가지 유형은 네 가지 유형의 스토리텔링 시나리오들로 묘사될 수 있다. 버뷸레스는 그런 유형의 대화들을 그것들의 긍정적이고 부정적인 교실 적용을 위해 분석한다. 과정 지향적 교실에서 이야기들이 발표되고 다루어지는 특정한 방식들이 있다. 예를 들어, 가르침으로서 대화는 소크라테스적인 대화이다. 비판적인 그리고 수렴적인 대화 내지 가르침으로서 스토리텔링은 특별한 방향으로 이야기들의 교환, 담화를 이동시키기 위하여 질문들을 사용한다. 그런 유형의 대화는 "고도로 지도적인 형태의 가르침을 대변하지만, 학생들이 교사의 질문들에 대응하여 개념적 연관들을 만들기 위해 능동적으로 작동하기를 요구하는 가르침의 간접적 과정들을 통하여 작동하는 것이다."84) 이야기들은 교사의 질문에의 직접적 대응으로 이야기된다. 이런 형태의 스토리텔링

---

83) Ibid., p.112.

84) Ibid., p.120.

은 콜버그의 기술들과 유사하다. 그런 가르치는 유형의 대화는 버뷸레스가 대화로서 추구하는 것이 아니다. 노딩스와 프레이리에게서 영향을 받은 그는 더욱 발산적인 어떤 것을 스토리텔링 교실에 포함시키기를 주창한다. 그러나 버뷸레스에게, 서사적 접근의 도덕교육은 가르침으로서의 대화에 의지해야 한다. 소크라테스적인 방법은 학생들이 복잡한 주제를 헤쳐 나가도록 돕는 탁월한 기술이다. 도덕적 결정들은 종종 개인이 교실에서 그리고 삶에서 직면할 가장 복잡한 것들 중 일부이다. 따라서 그들 자신의 이야기들에서 다양한 이슈들을 정리하고 특정한 결론에 이르는 것을 돕는 형태의 질문하기는 그것의 중요성을 지닌다.

가르침으로서의 대화의 반대는 담화로서의 대화이다. 이것은 논리적으로 노딩스의 배려하기 접근을 따르는 대화의 포섭적인-발산적인 측면이다. 대화의 그런 측면은 "우리를 서로 연계시키고 배려하기 관계를 유지시키는 데 도움을 주는" 부분이다.[85] 담화로서의 대화는 "일반적으로 협동적이고, 관용적인 정신, 그리고 상호간 이해로의 방향"을 생성시키려고 추구한다.[86] 이런 유형의 서사 시나리오 속에는 가능한 한 많은 이야기들을 포함시키려는 시도들이 이루어진다. 이런 포섭성은 발산적인 관점으로 이어진다. 담화로서의 대화는, 어떤 특별한 방향으로 강제로 이끌어지지 않고, 어떤 특별한 결론으로 다가가지도 않는 노딩스 유형의 토론이다. 함께 대면으로 다가오는 행위는 충분하다. 즉, 대면적인 상호작용은 서로를 위해 관계들과 배려하기를 발생시킨다. 그녀가 지적하기를, 도덕교육에서 이야기들의 교환은 "우리를 서로에게 연계시키고, 배려하기 관계들을 지속하도록 돕는다. 그것은 또한 우리에게 배려하기에서 대응을 위한 토대를 형성하는 서로

---

85) Nel Noddings, *The Challenge to Care in Schools: An Alternative Approach to Education*, p.23.

86) Nicholas C. Burbules, *Dialogue in Teaching: Theory and Practice*, p.112.

에 대한 지식을 제공한다."87) 비판은 궁지에 빠지고 그래서 그 집단에서 그 누구도 소외되지 않을 것이다. 담화로서의 대화는 하나의 담화에 발산적인 관점을 함께 통합시키는 데 특별히 어울린다. 다문화적 교실에서의 도덕교육은 담화 양식의 스토리텔링이 유용할 수 있는 곳의 한 실례이다. 담화로서의 대화는 다양한 스토리텔링 집단을 유사한 관심들을 가진 하나의 공동의 통합으로 융합시키는 탁월한 방법이다. 그것은 많은 이야기들이 들리게 하고, 그것들을 이 개인의 이야기나 저 개인의 이야기, 혹은 나의 이야기나 그녀의 이야기가 아니라 한 집단의 이야기, '우리의' 이야기들 중 하나로 만드는 하나의 방법이다. 담화 집단을 수립하는 것은 하나의 쉬운 과제가 아니고, 보잘것없는 과제도 아니다. 하나의 열린 담화적인 양식으로 대화를 수행하는 것은 이야기하는 사람들과 이야기 듣는 사람들의 통합을 위해 계획된 교실에서의 대화의 한 측면이다. 만약 학생들이 능동적인 이야기하는 사람과 듣는 사람들이라면, 그들은 능동적인 배우는 사람들일 것이다.

논쟁으로서 대화에는 비판적인-발산적인 시나리오가 실존한다. 즉, 담화로서의 대화의 발산적 측면을 보유하고, 그래서 종국에 달성될 특정한 메시지를 필요로 하지 않는다. 그러나 논쟁으로서의 대화는 그것에 비판적 날을 세운다. 하나의 논쟁이라는 아이디어는 하나의 회의적인 정신과 날카롭고 도전하는 질문들을 포함한다.88) 학생들은 타자들의 이야기들에 도전하고, 그들의 관점을 옹호하기 위하여 그들 자신의 이야기들을 제공한다. 스토리텔링을 포함하는 하나의 논쟁은 쉽게 학생들을 서로 분리시킨다. 그러나 그것은 개방적이고 비판적인 생각하기를 자극한다. 그 논쟁에는 어떤 특정한 종착점이 없다, 개인적인 요점을 입증하기 위하여 이야기들을 교환하는 것은 하나의 열린 토론이

---

87) Nel Noddings, *The Challenge to Care in Schools: An Alternative Approach to Education*, p.23.

88) Nicholas C. Burbules, *Dialogue in Teaching: Theory and Practice*, p.119.

다. 그러나 그런 교환은 어떤 특별한 결론에 도달할 것을 요구하지 않는다. 논쟁들은 개방적이지만, 사고를 명료화시키고 다양한 이슈들을 구분하는 방법을 촉진시키기 위해 비판적이다. 담화로서의 대화와는 달리, 논쟁으로서의 대화는 참여자들을 논쟁(이야기 분석)에 참여시킴으로써 자신의 비판적 사고하기 기술들을 연마시킨다. 논쟁으로서의 대화를 이용함은 학생들로 하여금 중요한 이슈들에 참여할 준비가 되게 만드는 데 도움을 준다.

탐구로서의 대화는 포섭적인-수렴적인 이야기하기로 이루어진다. 이 대화는 "특정한 질문에 대답하기, 특정한 문제의 해결, 혹은 특정한 논쟁의 조정을 목표로 삼는다."[89] 즉, 그것은 탐구자들, 학생들에게 중요한, 문제들에의 작동할 수 있는 해결책을 만든다. 스토리텔링 대화에의 참여자들은 구성원들에게 동의할 수 있는 해결책에 도달해야 하는 탐구자들의 공동체이다. 따라서 그것이 개별적인 이야기하는 사람들을 통합시키기 때문에, 탐구는 포섭적인 것이다. 그러나 탐구는 특별한 결과로 이동하기 때문에 그것은 수렴적인 것이다. 탐구로서의 스토리텔링은 특별한 문제를 해결하기 위해 학생들을 통합시킨다. 이것은 세상에서 많은 문제들이 해결되는 방식이다. 함께 모여서 한 문제에 관한 이야기들을 교환함에 의해, 비판적 칼날을 지닌 담화가 발생한다. 이런 비판은 가능한 해결책을 목표로 삼고 그 문제가 적어도 하나의 임시적인 해결책을 가질 때까지 지속한다. 역사적 이야기들은 비판하고 도덕적 메시지들을 끌어내기 위한 자료로 사용될 수 있다. 사실, 탐구는 한 개인이 도덕적 선들 사이의 갈등을 판결하는 기술들을 발달시키기 시작한다. 그런 이야기들을 읽음으로써, 학생들은 그들이 도덕적 문제들을 통하여 어떻게 작동하는지를 경험하기 시작한다. 그들은 비판의 필수적인 요소들과 한 이슈의 서로 다른 측면들을 평

---

89) Ibid., p.116.

가하는 법을 배우기 시작한다. 그러나 탐구 형태의 스토리텔링은 단지 도덕적 대화의 고려할 하나의 측면일 뿐이다. 가르침과 논쟁으로서의 스토리텔링도 또한 비판적 칼날을 세우는 데 도움을 줄 수 있다.

도덕적 대화는 한 개인에게 도덕적인 결정을 내리는 방법을 가르친다. 한편, 그것은 어떤 사람이 결정을 내리는 과정에서 홀로 있는 것이 아니며, 고려될 많은 것들이 있다는 점을 보여준다. 다른 한편, 그런 대화들은 도덕적 결정 내림의 기술을 실행하는 것을 돕는다. 이런 고려들의 둘 다 확고한 도덕적 근거들에 바탕을 두는 결정 내림에 디딤돌을 형성한다. 과정 이론가들의 업적은 그들이 이야기들이 들리고 토론되는 방법을 발달시켰다는 점이다. 하나의 교실에서 서로 다른 개인들이 통합할 가능성들은 크다. 과정 지향적 접근은 학생들에게 다른 사람들의 경험의 이야기들로부터 배울 기회를 제공한다. 콜버그는 도덕적 토론의 아이디어를 발달시켰고, 그래서 도덕교육에서의 스토리텔링에의 그의 기여는 과소평가될 수 없다. 그의 접근은 도덕 발달의 인지적 측면을 과도하게 강조하지만, 그러나 길리건의 배려하기 접근에 토대를 제공한다. 정서적 영역은 도덕적 스토리텔링에 대한 고려들에서 전방으로 등장한다. 도덕교육에의 배려하기 접근은 또한 많은 이야기들이 교환되게 하지만, 그것은 또한 부적절한 것 같다. 따라서 노딩스에 의해 제시된 포섭적인 대화의 관념을 버블레스의 통찰들을 통해 확대시켜야 한다. 버블레스의 대화 이론을 사용하면, 학생들이 다양한 이야기들을 구분하고 경쟁하는 선들 사이를 판단하는 데 도움을 줄 수 있는 더 나은 스토리텔링 관념을 가질 수 있다. 콜버그도 배려하기 입장도 경쟁하는 선들 사이의 선택을 위한 기술을 명백하게 가르칠 수 없다. 그러나 대화적 스토리텔링의 확대된 관념은 그것을 달성할 수 있다. 발산적인, 수렴적인, 포섭적인, 그리고 비판적인 스토리텔링 시나리오들을 이용하는 스토리텔링 교실에서의 이야기들 교환에 의해, 학생들은 그들의 삶에서의 도덕적 딜레마를 통해 그들이 어떻게 작동할 것인지를 경험하기 시작한다. 그들은 비판의 필수적인 구성요소와 하나의 이슈의 서로 다른 측면들을 평가하는 방법을 배우기 시작한다. 다른 유형의 대화, 예들 들어 탐구를 사용하는 도덕적 이야기들을 바라봄에 의해, 학생들은 그들 스스로에 관해서 뿐만 아니라 경쟁하는 선들을 판결하는 법을 배울 수 있다. 교실에서 말해진 이야기들은 그들의 살아가는 조건들에 의해 가려진다. 종종 모델링, 확인, 그리고 실행은 그 공동체에서 그들의 경험들이 학교에서 말해진 이야기들을 강화시키지 않기 때문에 무너진다. 말해진 이야기들과 현실과의 차이는 선한 도덕적 행동을 위해 필수적인 희망찬 태도를 파괴시킬 수 있다.

3) 반성과 서사

반성 이론가들은 전통적 형태의 도덕적 이야기들에 도전하고 사회를 더욱 도덕적인 어떤 것으로 변형시키는 새로운 이야기들을 드러낸다. 이야기들의 분석 그리고 삶과 행위에서의 의미의 탐색을 포함하여 많은 것이 반성에 포함될 것이다. 그 반성에는 종종 자기 자신의 삶과 문화적 맥락에 관한 이야기들의 분석이 포함된다.

도덕적 토론과 대화에서 이야기들의 교환에 비판적 생각하기의 적용 문제는 도덕교육의 중요한 한 측면이다. 그러나 비판적 생각하기가 행위를 위해서 하나의 의미를 제시하지 않는다. 즉, 비판은 이야기들을 분석하는 데 유용한 도구일 수 있지만, 비판에 몰두하는 이야기들을 대체할 의미 있는 이야기들이 구성되어야 한다. 그러므로 도덕교육으로서의 스토리텔링의 세 번째 측면은 필요해진다. 자신의 행위들을 위한 의미의 이야기들을 재수립하기를 돕는 것이다. 그것을 위해 반성하게 할 필요가 있을 것이다. 그것은 부분적으로 전통적 이야기들과 그것들의 의미들에 관한 반성이다. 그것들의 가치들을 가르치기 위하여 말해지는 전통적인 이야기들과 토론과 분석을 위한 기폭제로서 말해진 이야기들을 구분하기 위하여, '신화적인 이야기(mythic story)'라는 용어가 사용될 것이다. 숄즈와 켈로그가 지적하듯이, "신화라는 단어는 고대 그리스에서 전통적 이야기를 의미했다."[90] 그래서 신화적인 이야기는 말해지고 다시 말해지는 전통적인 이야기이지만, 반성하고 비판하는 어떤 것으로 사용된다. 그것은 성품을 새겨 넣기 위해 말해지는 전통적인 이야기(내지 신화)와는 다른 것이다. 신화적인 이야기들은 회고적일 뿐만 아니라 전망적이다. 분석의 과정과 신화적인 이야기들과의 상호작용을 통해, 스토리텔링 교실들은 과거를 바라보는 서로 다른 방식을 창출하는 것을 돕는다. 그것들은, 역시 현재와 미래를 바라보는 서로 다른 방식을 창출하는 새로운 이야기들을 창출한다. 즉, 비록 신화적인 이야기들의 출발점이 종종 과거 사건일지라도, 그것들은 오늘날의 학생들과 그들의 미래 행동을 위해 의미 있는 어떤 것으로 변형될 수 있다. 신화적인 이야기들에 관해 반성하자마자, 학생들은 이런 이야기들을 분석하고 토론하며, 가능성의 새로운 이야기들과 행위를 창출할 수 있다.

신화적인 이야기들을 더욱 정확하게 규정하기 전에, '신화'로 불리는 전통적인 이야기의 의미를 탐구하는 것이 필수적이다. 이-푸 투안(Yi-Fu Tuan)은 "신화(myth, mythos)는 하나의 명령, 하나의 격언, 하나의 담화, 그리고 중요하게 가장 이른 시대로부터의 하나의 이야기 등과 같이 구두적인 발화를 의미했다."고 설명한다.[91] 역사적으로 신화는 종종 도덕적 가르침을 제공하고, 그것을 듣는 사람의 기억 속에 서사를 심었다.[92] 대중적 사용과 대조적으로, 신화들은 반드시 거짓을

---

90) Robert Scholes and Robert Kellogg, *The Nature of Narrative*(New York: Oxford University Press, 1966), p.12.

91) Yi-Fu Tuan, *Morality and Imagination: Paradoxes of Progress*(Madison, WI: The University of Wisconsin Press, 1989), p.32.

수반하지 않는다. 그러나 그것들은 종종 상징주의의 수준에서 작동하는데, 그것은 그것들의 메시지들을 모호하게 하는 경향이 있다. 그럼에도 불구하고, 그것들은 사람들이 도덕적 그리고 문화적 이상들과 관련하여 스스로와 그들의 행위를 만들어나가는 데 도움을 줄 것이다. 신화들은 지각들, 기억들, 그리고 사람들의 열정들을 형성하기를 돕고, 그것들은 삶에서 그들의 목적을 자세히 세우는 데 도움을 준다.93) 그러므로 신화들은 행동에 막강한 힘을 가진다. 결국 그들은 어떤 사람이 참여하는 문화와 자신의 정체성에 관하여 한 개인을 형성하는 이야기들이다.94) 신화는 집을 지탱하는 구조인 대들보와 같은 것이다. 그것은 "어떤 사람에게 개인적 정체성 감각을 부여하고, 공동체 감각을 가능하게 만들고, 도덕적 가치들을 뒷받침한다."95) 신화들은 교실에 숨어 있는 전통적 가치들의 막강한 소유자들이다. 메이(Rollo May)의 유비적인 집의 대들보와 같이, 신화들은 중요한 기능을 수행한다. 그러나 그것들은 거의 보이지 않는다. 교실에서, 신화들은 수업 계획의 일부이지만, 그것들은 거의 직접적으로 말해지지 않는다. 그것들은 '잠재적 교육과정'으로 알려진 것의 한 부분인 일련의 도덕적 이야기들을 형성한다. 잠재적인 교육의 결과로서, 학생들은 그들이 알고 있지 않을 도덕적 문화적 이야기들에 의해 지배된다. 도티(William Doty)는 지적하기를, "우리들은 일련의 개인적 신화들, 우리 자신의 실존을 과거에 소중히 여겨져 왔던 더 넓은 문화적 그리고 보편적 의미들에 연계시키는 수단을 발달시킨다."96) 도덕교육에서 환영할 필요

92) Ibid.

93) Sam Keen, *The Passionate Life: Stages of Loving*(San Francisco: Harper & Row, 1983), pp.20-21.

94) Ian G. Barbour, *Myths, Models, and Paradigms: A Comparative Study in Science and Religion*(New York: Harper & Row, 1974), p.5.

95) Rollo May, *The Cry for Myth*(New York: W. W. Norton, 1991), pp.30-31.

96) William G. Doty, *Mythography: The Study of Myths and Rituals*(Tuscaloosa,

가 있는 접근은 신화들을 제거하지 않고, 교실에서 공개적으로 신화를 신화적 이야기들로서 토론하는 것이다. 리쾨르(Paul Ricoeur)가 지적하듯이, "신화는 항상 우리와 함께 있지만, 우리는 그것에 항상 비판적으로 접근해야 한다."[97] 달리 말해, 교사들은 신화, 하나의 모호한 이야기를 공개적으로 토론되는 하나의 신화적 이야기의 형태로 꺼내야 한다. 열린 비판적 토론은 문화의 이야기를 전면에 내세울 뿐만 아니라 그것은 또한 그 이야기의 도덕을 예시한다. 도티는 신화예술(mythography)은 신화에의 하나의 비판적 접근을 실행하는 것이라고 주장한다.[98] 하나의 신화를 하나의 신화적 이야기로 보이게 하는 것은 이 과정에서 첫 번째 단계이다. 다음에는, 그 교사는 그 이야기의 의미에 관한 토론과 반성을 불러일으키는 식으로 그 이야기에 접근한다. "교실에서 신화예술에 참여하는 것은 그 교사로 하여금 학생들에게 도덕적 선택의 중요한 도구와 최선의 가능한 개인적 그리고 문화적 신화들(mythostories)을 꾸며내는 고도의 봉사를 제공할 수 있게 만든다. 그런 새롭게 꾸며진 이야기들은 지금 과감하게 다시 형성될 필요가 있는 역사적 사건들에 관한 자동적인 반복과 무비판적인 바라봄으로의 후퇴보다는, 개인적 자유와 사회적 성장을 가져오는 현실의 상징적 구성들로 기여할 수 있다."[99]

도덕교육에 실존하는 하나의 위험은 많은 해석들이 있을 때 유일한 이야기나 해석을 가르치는 것이다. 일부 교육 이론가들이 주장하기를, 가르침(schooling)은 전통적 이야기들을 말하는 것을 넘어서 그것들이

AL: University of Alabama Press, 1986), p.17.

97) Richard Kearney, *Dialogues with Contemporary Continental Thinkers: The Phenomenological Heritage*(Dover, NH : Manchester University Press, 1984), p.39.

98) William G. Doty, op. cit., p.19.

99) Ibid., p.19.

출발했던 곳으로부터 전통에 직접적으로 도전하는 것으로 이동해야 한다. 쇼어(Ira Shor)는 "이런 교수법의 목표들은 사회, 권력, 불평등, 그리고 변화에 관한 강한 기술들, 학문적 지식, 탐구의 습관들, 비판적 호기심 등을 발달시킴으로써 개인적 성장을 공적 삶과 연결시키는 것이다."라고 설명한다.100) 급진적인 스토리텔링 교실에서 말해지는 이야기들은 도전을 받아야 하고 그래서 사회는 바뀔 수 있다. 프레이리가 말하듯이, "공부하는(study) 것은 아이디어를 소비하는 것이 아니고 그것을 만들고 다시 만드는 것이다."101) 이것은 전통의 이야기들을 '이해할' 뿐만 아니라 그것들에 관해 반성하고, 말해지고 그것에 따라 행동하게 될 새로운 이야기들을 창출해야 한다고 말하는 것이다. "모든 유형의 이야기들에 관한 반성은 자신의 행동에 새로운 차원을 창출하는 하나의 중요한 부분이다."102) 사이먼(Roger I. Simon)이 언급하기를, "자신의 과제는 가능성의 이야기들을 이야기할 수 있는 하나의 교수법을 발달시키는 것이다."103) 즉, 하나의 이야기를 위한 의미의 생산은 비판적 방식으로 이야기들을 말함으로써 행해져야 한다. 가능성의 교수는 신화적 이야기들에 관한 분석에의 참여를 야기하고 자기 스스로에, 자신의 문화에, 그리고 미래에 희망을 창조하는 것을 요구하는 것이다.

문화 속에서 그릇된 것들을 수정하고 선한 것을 지속하려는 신중한 노력과 함께 과거의 이야기들을 기억하여야 한다. 사이먼은 이 점을

---

100) Ira Shor, *Empowering Education: Critical Teaching for Social Change* (Chicago: The University of Chicago, 1992), p.15.

101) Paulo Freire, *The Politics of Education: Culture, Power, and Liberation* (South Hadley, MA: Bergin & Garvey, 1985), p.4.

102) Charlotte Linde, *Life Stories: The Creation of Coherence*(New York: Oxford University Press, 1993), p.21.

103) Roger I. Simon, *Teaching Against the Grain: Texts for a Pedagogy of Possibility*(New York: Bergin and Garvey, 1992), p.30.

다음과 같이 말한다. "일부는 타자들이 작동 가능한 평화를 위한 탐색에서 그들 뒤에 그들의 과거 차이들을 놓아야 한다고 생각하는 반면, 다른 사람들은 그 과제가 과거를 잊는 것이 아니고, 그것을 다르게 기억하는 것이라는 점을 인정하기에 충분히 현명하다."104) 과거를 다르게 기억한다는 이 아이디어는 급진적인 이야기하는 사람들 사이에는 공통적이다. 즉, 이야기들을 사용한다는 그들의 관념에는 상상이 내포된다. 상상에 참여하는 것은 그들이 욕망하는 가능성들의 다원성을 생산한다. "상상은 독자를 가능성의 자유로운 공간으로 해방시킨다."105) 이야기를 통한 그런 해방은 세계에서 행동하는 새로운 방식들을 드러낸다. "이야기하는 사람은 여러 측면에서 '나쁜' 늑대와 같다. 그의 이야기가 사고와 호기심을 파괴하는 것이 아니라 자극시키기 위해 의도되는 구경꾼 모으는 사람이다. 그들이 그들의 어린이들의 미래를 위해 가질 관심들을 둘러싸고 사람들을 모으는 공동체 내에서의 하나의 그물망을 창조하는 하나의 방법을 지적하는 것이다."106) 구경꾼 모으는 자로서의 이야기하는 사람의 관념 뒤에 있는 전체적인 아이디어는, 이야기하는 사람은 어린이들의 창조적 정신이 스스로 생각하도록 자극하려고 한다는 점이다. "상상은 가능성의 아이디어를 불러일으킨다."107) 상상은 세계를, 이야기들에서 그리고 경험에서 드러나는 것으로 간주하고 그것을 상술한다. "이야기들은 학생들을 그들 자신의 종종 고통당하는 세계를 넘어선 세계로 데려간다."108) 상상은 주어진 것

---

104) Roger I. Simon, "The Pedagogy of Commemoration and Formation of Collective Memories", *Educational Foundations*, 8(Winter, 1994), p.6.

105) Richard Kearney, *Poetics of Imagining : From Husserl to Lyotard*(London: Harper Collins, 1991), p.141.

106) Jack Zipes, *Creative Storytelling: Building Community, Changing Lives* (New York: Routledge, 1995), p.6.

107) Herbert Kohl, *Should We Burn Babar?: Essays on Children's Literature and the Power of Stories*(New York: The New Press, 1995), p.62.

을 넘어서서 하나의 비전(vision), 또 다른 하나의 가능성을 만들어낸
다. 비전은 발달의 과정을 시작하는 것이다. 더 나은 자아의 비전, 스
스로를 위한 상황, 그리고 사회 등 모두는 그 상상에서의 숙고로 시작
한다. 이야기들은 상상을 끌어내는 데 도움을 주지만, 그것들은 또한
상상을 특정한 맥락과 믿을 수 있는 상황들에 고착시킨다. 그것은 도
덕적 인간과 도덕적인 세계를 창조하는 데 실제 삶 상황들에 의해 도
움을 받은 생산적인 급진적 스토리텔링-상상에의 열쇠이다. "현실적인
것에 대한 존중에 의해 훈련받은 상상의 도움으로 사람은 더욱 도덕
적이 되고, 사회도 더욱 도덕적이 된다."109) 상상, 실제적 삶, 그리고
가능성들의 생성은 급진적 스토리텔링의 주요 측면들이 되는데, 그 까
닭은 그것들이 희망 없는 곳에서 희망을 살리는 한 방법이기 때문이
다. 그러나 급진적인 스토리텔링은 희망을 가지고 멈출 수 없다. 스토
리텔링도 또한 미래를 위한 비전을 만들어내는 데 도움을 줄 이야기
들을 지녀야 한다. 희망은 더 나은 어떤 것이 다가올 하나의 감정인
반면, 비전은 그 희망을 구체적인 어구로 표현한다. 프레이리가 언급
하듯이, "희망은 역사적 구체성이 되기 위해 실행을 필요로 한다. 즉,
단지 희망만 하는 것은 헛되이 희망하는 것이다. 어떤 사람은 또한 하
나의 비전에의 몰입을 필요로 한다."110) 요약한다면, 이야기들은 희망
을 시작하는 하나의 방법이며, 그것은 또한 실례를 통한 의미 만들기
를 만들어낸다. 그리고 새로운 의미는 도덕적 행동에 영향을 미치는
하나의 비전이 된다. 그러나 다시 모델링의 중요성이 드러난다. 콜
(Herbert Kohl)은 이야기들을 하나의 중요한 가능성들의 모델을 제공
하는 것으로 보면서 다음과 같이 말한다. "젊은 사람들에게, 있는 그

---

108) Ibid., p.115.

109) Yi-Fu Tuan, op. cit., p.10.

110) Paulo Freire, *Pedagogy of Hope: Reliving "pedagogy of the Oppressed"*
(New York: Continuum, 1994), p.9.

대로의 세계를 근본적으로 의문을 제기하고 그것이 되어야 할 꿈을 꾸는 이야기들의 실례가 없을 때, 그 젊은이가 희망을 생성하는 다른 바탕들을 가지지 않는다면, 단념, 도전, 내지 개인적 성공의 추구 등은 단지 상상할 수 있는 선택들이 된다."111)

신화적인 이야기들에 관한 토론을 통해, 어떤 사람이 세계에서의 자신의 자리를 이해하기 시작할 수 있다. 세계에 관한 이런 이해는 왜 도덕적이어야 하는지의 이유들을 개인에게 알려 줄 수 있다. 분명히 의미 형성의 필요성은 있지만, 신화적 이야기들의 분석은 단지 그것을 하는 하나의 방식이다. 또 다른 스토리텔링 방법은 의미의 형성을 위하여, 삶 이야기들, 자기 자신의 삶의 이야기들을 사용하는 것이다. 자신의 동기들을 이해하는 것은 도덕적으로 행동할 하나의 이유를 형성할 수 있다. 린드(Charlotte Linde)는 두 가지 기준을 만족시키는 일생의 과정 동안 개인에 의해 말해지는 이야기들 전부로 구성되는 것으로 삶 이야기를 규정한다. 그 첫째 기준은 "삶 이야기들은 세계가 존재하는 방식에 관한 일반적인 문제점이 아니라 말하는 사람에 관한 하나의 문제점을 주로 평가해야 한다. 그것들의 주된 평가로서 가져야 한다는 점이다."112) 즉, 하나의 삶 이야기는 이야기하는 사람 자신의 삶에 관한 어떤 것을 드러낸다. 삶 이야기의 둘째 기준은 "시간의 긴 기간의 과정을 넘어 말해지고 다시 말해질 수 있다는 점이다."113) 이것은 하나의 이야기가 다시 또다시 말해져야만 한다는 것을 말하지 않고, 그것이 말해질 수 있고 다시 말해질 수 있다는 것이다. "주어진 일련의 사건들이 이야기될 수 있을 가능성은 고정된 것이 아니다. 그것은 오히려 보고할 가치가 있는 사건이 발생했고 그것이 특별히 도덕적으로 연계될 수 있다는 점을, 잠재적인 말하는 사람이 지각할 수

---

111) Herbert Kohl, op. cit., p.63.

112) Charlotte Linde, op. cit., p.21.

113) Ibid., p.21.

있음과 중요하게 연결된다."114) 삶 이야기들은 도덕적 행위나 무-행위를 나타내기 위하여 말해진다. 달리 말해, 그것들은 정신 속에 하나의 도덕을 가지고 말해진다. 그런 이야기를 말하는 행동은 그 이야기에서 인기를 끄는 삶 사건에 그리고 스토리텔링 사건 자체에 하나의 도덕적인 특성을 부여하는 경향이 있다. 삶 이야기들은 개인적인 이야기들과는 조금 다르다. 삶 이야기들은 개인적 삶에 경험을 고정시킨다. 그 이유는 그것이 자기 자신의 삶에 관한 것이기 때문이다. 개인적인 이야기들은 반드시 그러지는 않는다. 개인적인 이야기의 범주는 더욱 일반적이고, 자기 자신의 삶에 관해서만 이야기하는 한 개인을 필요로 하지 않는다. 인용된 개인적인 이야기와 삶 이야기 사이에는 '입장'의 차이가 있다. 둘 다 도덕적 의미들을 가지고 있지만, 삶 이야기는 더 깊게 개인적이다. 삶 이야기에서 자아는 그 삶 이야기의 중심이지만, 그것은 또한 그 이야기의 주체이다. 달리 말해, 삶 이야기는 그 학생을 저자로 바꾼다. 삶 이야기들을 말하기는 한 개인이 자기 자신의 도덕적 행위들에 관해 반성하고, 그 과정에서 그런 행위들의 하나의 도덕적 권위, 심판관이 되기를 허용한다. 그런 반성은 과거 경솔들에 대한 깨달음을 가져오고 더 나은 미래 행동을 만들어낼 수 있다. 따라서 개인이 하나의 도덕적 권위가 되게 할 수 있음에 의해, 삶 이야기들은 도덕교육의 중요한 구성요소로 기여할 수 있다. 개인적인 삶 이야기들은 만약 그것들이 다른 삶 이야기들과 결합되고 일련의 정합적인 도덕적 이야기들로 보인다면, 도덕교육에서 더욱 막강해질 수 있다. 매킨타이어가 지적하듯이, "윤리적 삶에서, 책무들이 생각되고 부채들이 떠맡겨지는 과거 에피소드들로부터 생겨나는, 미래에 대한 서약들과 책임들은 인간 삶을 하나의 통합으로 만드는 그런 방식으로 현재를 과거에 그리고 미래에 통합시킨다."115) 그런 통합은 그 삶을 이해하기

114) Ibid., p.23.
115) Alasdair MacIntyre, op. cit., p.242.

위해 삶 이야기들을 함께 묶는 하나의 서사적 통합이다. 그것이 탐색 형식의 통합, 특별한 이상이나 목적을 달성하기 위한 노력일 것이지만, 그것은 또한 과거에 일어났던 일련의 사건들에 관한 하나의 해석일 것이다. 존슨(Mark Johnson)이 주장하듯이, "도덕성은 의미 있는 그리고 중요한 삶을 산다는 문제를 해결할 서사를 얼마나 잘 혹은 얼마나 잘못 구성하고 살아내는가의 문제이다."116) 달리 말해, 어떤 사람은 의미 있는 삶과 도덕적일 이유를 구성하기 위해 일련의 삶 이야기들에서 도덕적인 것을 바라볼 필요가 있다. 삶 이야기들과 영화 이야기들 사이에는 하나의 유비가 만들어질 수 있다. 삶처럼 하나의 영화는 수천의 장면들로 구성되며, 각각은 이해되고 하나의 의미를 담고 있다. 그러나 전체 영화의 의미는 마지막 일련의 장면들이 보이기까지는 알려질 수 없다. 어떤 사람은 그것의 부분들, 다양한 장면들의 이어짐을 이해하지 못한다면, 전체 영화를 이해할 수 없다. 그것은 삶과 동일한 것이다. 어떤 사람은 우리가 그것의 부분들을 이해할 때까지 삶의 전체적인 의미를 이해할 수 없다. 따라서 개인적인 삶 이야기들과 그것들의 일관성에 관한 반성은 의미 형성의 한 중요한 부분이다.

시종 일관적인 이야기를 만들기 위해 전체적인 일련의 삶 이야기들을 함께 묶는 하나의 이야기는 자서전적인 이야기로 불릴 수 있다. 자서전적인 이야기의 장점은 하나의 이야기하는 사람에 의해 구성되었던 다양한 삶 이야기들을 함께 모음으로써 그 일련의 이야기들로부터 더 넓은 의미가 도출될 수 있다는 점이다. 즉, 하나의 탐구나 하나의 이상이 확인될 것이며, 자신의 삶에의 하나의 도덕적 목적이 결정될 것이다. 자서전적인 삶 이야기들은 어떤 사람이 그 자신의 이야기를 일련의 이야기들로 바라본다는 것을 수반한다. 어떤 사람이 일련의 이야기들에 일관성을 제시한다면, 그는 과거, 현재, 미래의 그의 도덕적

---

116) Mark Johnson, *Moral Imagination: Implications of Cognitive Science for Ethics*(Chicago: The University of Chicago Press, 1993), p.180.

행위들에 통찰들을 이룰 것이다. 만약 어떤 사람이 자기 자신의 과거를 하나의 텍스트로 연구한다면, 그는 그 삶을 위한 하나의 의미를 볼 수 있다. 어떤 사람은 종종 서로 다른 이야기들을 함께 모으지 않고 단순한 파편들에 매달리는 그의 삶을 산다. 하나의 삶을 하나의 이야기로 바라봄으로써, 어떤 사람은 의식적 수준에서 관계들과 의미들을 구성하기 시작할 수 있다. 결국, 린드가 지적하듯이, "하나의 삶 이야기는 어떤 모르는 그리고 무관한 질서로 일어났던 사건들의 집합인 것만은 아니다."117) 어떤 삶으로 만들어진 일관적인 이야기가 있을 수 있고, 그 일관성이 의미의 시작이다. 자신의 삶을 하나의 이야기로 보기 시작하는 것은 쉬운 과제가 아니다. 어떤 사람은 소망들, 희망들, 그리고 꿈들을 과거의 현실로부터 분리시켜야 한다. 사실, 신화들, 꿈들, 그리고 현실은 합병되고, 그리고 그 조각들을 함께 모으는 것은 어렵지만, 이득이 되는 것일 수 있다. 자서전적인 이야기는 삶에 의미를 가져올 수 있다. 삶 이야기들은 그 교실의 대화들 가운데에서 이해될 필요가 없다. 학생들은 그들 자신의 삶에서의 전환점에 관해 사적으로 반성함에 의해 그들 자신의 자서전적인 이야기들을 저작할 수 있다. 학생들은 종종 역사에서의 전환점을 반성하도록 요구받는다. 왜 그들 자신의 역사에서의 전환점들에 관해 그들이 반성하도록 요구할 기회를 가지지 않는가? 이것은 또한 역사상 전환점들의 힘에 대한 더 나은 평가를 창조할 것이다. 그것은 또한 그들 자신의 삶 이야기들에 관한 반성을 창조하고 그것들에 어떤 정합성을 가져올 것이다. 다양한 파편들을 함께 모으기는 과거 행동에서의 의미와 미래 행동을 위한 비전을 창조할 수 있다.

자서전을 쓰면서 어떤 사람이 스스로를 사회문화적인 맥락으로부터 분리시킬 수 없는 반면, 자신의 이야기는 타자들의 이야기들에 새겨진

---

117) Charlotte Linde, op. cit., p.13.

다. 매킨타이어가 적었듯이, 어떤 사람은 "우리 자신의 서사들의 공동 저자들 이상(때때로 이하)이 결코 아니다."118) 신화적인 이야기들과 삶 이야기들 둘의 상호 연관을 반성하면서 어떤 사람은 과거와 미래의 도덕적 행위들의 이유들을 더 잘 이해할 수 있다. 자서전은 다양한 행위들을 할 수 있게 만들었던 자아와 사회적 압박들을 더 크게 자각한다. 우리가 하는 것을 왜 하는지에 관한 이야기를 이해하는 것은 더 나은 도덕적 행위를 위한 비전의 시작이다. "개인의 스스로에 대한 자각이 더 클수록 그것을 그의 것으로 만들기 위해 그의 아버지들의 지혜를 더 많이 획득할 수 있다."119) 과거의 이야기들로부터 하나의 새로운 이야기를 구성함으로써, 우리는 미래의 행위를 위한 하나의 서사를 적는 데 도움을 준다. 즉, 어떤 사람이 과거의 이야기에 관해 반성하는 동안, 그는 또한 미래를 위한 사색적인 서사, 하나의 비전을 만든다. 이야기는 과거를 지적하고, 비전은 미래를 지적한다. 둘 다 서사, 기록된 삶이다. 이것은 이야기들에의 반성적 접근의 본질적 측면이다. 즉, 우리는 우리가 누구인지, 그리고 어디로 가고 싶은지 등에 관한 하나의 비전, 하나의 새로운 이야기를 구성해야 한다. 이것은 신화적인 이야기들과 삶 이야기들, 즉 사회와 자아의 이야기들에 관한 분석을 통해 행해진다. 이런 이야기들에 관한 반성과 그것들 속의 당연시되는 가정들에의 도전은 미래의 도덕적 행위를 위한 새로운 비전의 형태로 도덕적 행위를 위한 의미를 창조할 수 있다.

전통과 그것의 이야기들에 관한 도전은 여행하기 불안전한 길이다. 교사들은 전통, 공동체의 가치들에 도전하는 데 모험한다. 그래서 현상의 변형적 양식과 보수적 유지 사이의 중재는 필수적이다. 즉, 교사들이 학생들의 생각하기 과정들에 도전하고 전통(있는 것과 있었던

118) Alasdair MacIntyre, op. cit., p.213.

119) Rollo May, *Man's Search For Himself*(New York: W. W. Norton, 1953), p.178.

것)과 미래(있을 것) 사이를 중재하려고 시도하는 것이 필수적이다. "신화 연구들은 쉬운 대답들을 약속하지 않는다. 만약 어떤 것이 있다면, 그것들은 우리의 일상적인 가치 기준, 성공과 행복에 대한 우리의 전통적인 결정들을 불러일으키고 집적거리고 도전한다."120) 신화적인 것, 삶, 그리고 다른 이야기들이 분석되는 교실 수업이 때때로 충분하다. 신화적인 이야기들은 현실을 꾸미고, 어떤 사람이 자신의 삶을 꾸미는 데 도움을 준다. 따라서 그것들에 대한 반성은 자신의 삶에서의 의미의 구조와, 수행된 도덕적 행위들을 강화시킨다. 도덕교육 교실은 삶 이야기들의 사용에 의해 크게 고양될 것이다. 그 까닭은 그것들이 한 인간의 가치들에 가져다주는 명료성 때문이다. 이런 가치들의 명료성은 도덕적 행위에서의 명료성을 낳는다. 신화적인 그리고 삶 이야기들은 한 개인의 도덕적 삶 내에서 반성적이고 강화시키는 과정의 한 부분이다. 그것들은 개인이 그들 자신의 삶에서 의미를 형성하고 전통의 이야기들에 도전하는 데 도움을 준다. 그러나 전통적인, 기폭제적인, 개인적인 이야기들은 또한 성공적인 도덕교육의 과정의 한 부분이다. 이런 이야기된 요소들의 모두는 충실한 도덕교육을 위한 정합적인 규정으로서 함께 간다. 그것들은 모두 개인들이 스스로를 더 큰 공동체에 연계시키고 그들에게 그 공동체에 속하는 법에 관한 감각을 부여하는 것을 돕는다. 도덕적 스토리텔링에의 모든 세 가지 접근(내용, 과정, 그리고 반성)은 개인과 공동체의 미래를 형성하는 데 각각 역할을 수행한다.

도덕적 스토리텔링에의 세 가지 수준의 접근은 이미 교실에서 일어나고 있다. 일부 교실들에서 전통적 이야기들이 말해지고, 다른 교실들에서는 개인적 이야기들이 교환되고, 그리고 일부 다른 교실들에서는 이야기들이 반성된다. 그러나 필요해지는 것은 이런 기술들이 함께

---

120) William G. Doty, op. cit., p.246.

사용될 교실이다. 이것은 '도덕교육'이라고 불리는 하나의 추가적 교실은 그 교육과정에 추가될 필요가 있다는 점을 의미하지 않는다. 스토리텔링을 통한 도덕교육은 어떤 교실에서도 사용될 수 있지만, 이것이 일어나기 위해서, 시간은 무시되어야 하고 그래서 모든 세 가지 수준의 도덕적 스토리텔링이 사용될 수 있다. 세 가지 수준의 도덕 생각하기와 스토리텔링을 교실로 통합시키는 것은 학교 재-조직화를 요구한다. 이 점을 립맨(Mattew Lipman)은 다음과 같이 지적한다. "교육의 주된 관심은 전통적으로 한 세대에서 다른 세대로의 지식의 전달이라고 주장되었다. 더 오래된 세대들이 알았던 것이 더 젊은 세대에게 가르쳐지고 그들에 의해 배워져야 한다. 그 과정에서 전달된 지식의 내용은 사실상 수정되지 않고 남았다."121) 만약 이것이 학교들이 여전히 관심을 가진 것이라면, 수정은 필수적이다. 세 가지 수준의 접근 이면의 아이디어들 중 하나는 지식의 전달이지만 그 지식에 관한 토론과 반성도 중요하다. 학교들은 더 이상 다만 전통적 지식의 전달에 만족할 수 없다. 세계는 변화하고 있고, 그것과 함께 교육체계도 바뀌어야 한다는 점이다. 스토리텔링을 통한 도덕교육에의 세 가지 수준의 접근은 전통과 변화 사이를 중개하려는 시도이며, 그래서 균형 잡힌 도덕교육은 달성될 수 있다. 그것을 위해서는 교육과정의 기획, 교사의 마음의 자세, 학생들을 평가하는 방식 등에서도 변화가 이루어져야 할 것이다.

---

121) Matthew Lipman, *Philosophy Goes to School*(Philadelphia: Temple University Press, 1988), p.141.

참고문헌

■ 한국서 ■

강영안, 『주체는 죽었는가』(서울: 문예출판사, 1997)
김상봉, 『자기의식과 존재사유』(파주: 한길사, 1998)
김형효, 『메를로-뽕띠와 애매성의 철학』(서울: 철학과현실사, 1996)
박재주, 『서양의 도덕교육사상』(서울: 청계, 2003)
박재주, 『문학 속의 도덕철학』(서울: 철학과현실사, 2010)
손장권 외 편, 『미드의 사회심리학』(서울: 일신사, 1994)
이만갑, 『자기와 자기의식』(서울: 도서출판 소화, 2004)
최예정·김성룡, 『스토리텔링과 내러티브』(서울: 글누림, 2005)
한자경, 『자아의 연구』(서울: 서광사, 1997)

■ 번역서 ■

루소, 주경복·고봉만 옮김, 『인간불평등기원론』(서울: 책세상, 2006)
루소, 정봉구 옮김, 『에밀(상)』(서울: 범우사, 2000)
모리스 메를로-퐁티, 류의근 옮김, 『지각의 현상학』(서울: 문학과지성사, 2002)

모리스 메를로-퐁티, 남수인 · 최의영 옮김, 『보이는 것과 보이지 않는 것』 (서울: 동문선, 2004)

스피겔버그, 최경호 옮김, 『현상학적 운동 II』(서울: 이론과실천, 1993)

아리스토텔레스, 최명관 옮김, 『니코마코스윤리학』(서울: 서광사, 1991)

앤서니 엘리엇, 김정훈 옮김, 『자아란 무엇인가?』(서울: 삼인, 2007)

J. O. 엄슨, 장영란 옮김, 『아리스토텔레스의 윤리학』(서울: 서광사, 1996)

리처드 자너, 최경호 옮김, 『신체의 현상학』(서울: 인간사랑, 1993)

윌리엄 제임스, 정양은 옮김, 『심리학의 원리 1』(서울: 아카넷, 2005)

임마누엘 칸트, 백종현 옮김, 『순수이성비판 1』(서울: 아카넷, 2006)

임마누엘 칸트, 백종현 옮김, 『순수이성비판 2』(서울: 아카넷, 2006)

키에르케고르, 강성위 옮김, 『불안의 개념/ 죽음에 이르는 병/ 유혹자의 일 기』(서울: 동서문화사, 2008)

D. W. 펠커, 김기정 옮김, 『긍정적 자아 개념의 형성』(서울: 문음사, 1987)

존 호스퍼스, 최용철 옮김, 『도덕행위론: 현대 윤리학의 문제들』(서울: 지 성의 샘, 1994)

Austin, J. L., *How to do things with words*, 김영진 옮김, 『말과 행위』 (서울: 서광사, 1992)

Bruner, Jerome, *The Culture of Education*, 강현석 · 이자현 옮김, 『교육 의 문화』(서울: 교육과학사, 2005)

Buber, M., *Between Man and Man*, 남정길 옮김, 『사람과 사람 사이』(서 울: 전망사, 1991)

Buber, M., *Ich und Du*, 표재명 옮김, 『나와 너』(서울: 문예출판사, 1995)

Cohen, Steven and Shires, Linda M., *Telling Stories: A Theoretical Analysis of Narrative Fiction*, 임병권 · 이호 옮김, 『이야기하기의 이론: 소설과 영화의 문화 기호학』(서울: 한나래, 1997)

Hume, David, *A Treatise of Human Nature*, ed. by L. A. Selby-Bigge (Oxford: Oxford University Press, 1980), Book I: *Of the Under-standing*, 이준호 옮김, 『인간 본성에 관한 논고. 제1권 오성에 관하여』 (서울: 서광사, 1994)

Hume, David, *A Treatise of Human Nature*, ed. by L. A. Selby-Bigge

(Oxford: Oxford University Press, 1980), Book II: *Of the Passions*, 이준호 옮김, 『인간 본성에 관한 논고. 제2권 정념에 관하여』(서울: 서광사, 1996)

Hume, David, *A Treatise of Human Nature*, ed. by L. A. Selby-Bigge (Oxford: Oxford University Press, 1980), Book III: *Of Morals*, 이준호 옮김, 『인간 본성에 관한 논고. 제3권 도덕에 관하여』(서울: 서광사, 1998)

Prince, Gerald, *Narratology: The Form and Function of Narrative*, 최상규 옮김, 『서사학』(서울: 문학과지성사, 1988)

Rorty, Richard, *Contingency, Irony, and Solidarity*, 김동식 · 이유선 옮김, 『우연성 아이러니 연대성』(서울: 민음사, 1996)

Toolan, Michael J,, *Narrative: A Critical Linguistic Introduction*, 김병옥 · 오연희 옮김, 『서사론: 비평언어학 서설』(서울: 형설출판사, 1993)

■ 외국서 ■

Anscombe, G. E. M., *Intention*(Oxford: Basil Blackwell, 1979)

Aristotle, *Poetics*, in *Aristotle's Theory of Poetry and Fine Art*, trans. by S. H. Butcher(New York: Dover, 1951)

Aristotle, *On Poetics*, Great Books of the Western World, 9. The Works of Aristotle II(Chicago: Encyclopaedia Britannica, Inc., 1952)

Aune, B., *Kant's Theory of Morals*(Princeton, New Jersey: Princeton University Press, 1979)

Bandura, Albert, *Aggression: A Social Learning Analysis*(Englewood Cliffs, NJ: Prentice-Hall, 1973)

Barbour, Ian G., *Myths, Models, and Paradigms: A Comparative Study in Science and Religion*(New York: Harper & Row, 1974)

Beavers, Anthony F., *Levinas beyond the Horizons of Cartesianism: An Inquiry into the Metaphysics of Morals*(New York: Peter Lang, 1995)

Benjamin, Walter, *Illuminations*, trans. by Harry Zohn(New York:

Schocken Books, 1969)

Bennett, William J., *Our Children and Our Country: Improving America's Schools and Affirming the Common Cultures*(New York: Simon & Schuster, 1988)

Bennett, William J., *The De-Valuing of America: The Fight for Our Culture and Our Children*(New York: Summit Books, 1992)

Bennett, William J., *The Books of Virtues: A Treasury of Great Moral Stories*(New York: Simon & Schuster, 1993)

Brand, W., *Hume's Theory of Moral Judgement*(London: Kluwer Academic Publishers, 1989)

Bruner, Jerome, *Actual Minds, Possible Worlds*(Cambridge, MA: Harvard University Press, 1986)

Bruner, Jerome, *Acts of Meaning*(Cambridge, MA: Harvard University Press, 1990)

Buber, M., *Das dialogische Prinzip*, 5. durchgesehene Aufl.(Darmstadt, 1984)

Burbules, Nicholas C., *Dialogue in Teaching: Theory and Practice*(New York: Teachers College Press, 1993)

Freire, Paulo, *The Politics of Education: Culture, Power, and Liberation* (South Hadley, MA: Bergin & Garvey, 1985)

Freire, Paulo, *Pedagogy of the Oppressed*(New York: Continuum, 1993)

Chazan, Pauline, *The Moral Self*(London and New York: Routledge, 1998)

Derrida, Jacques, *Of Grammatology*, trans. by Gayatri Chakravorty Spivak(Baltimore: Johns Hopkins University Press, 1976)

Descartes, René, *Meditations on the first philosophy*, meditation II, Great Books of the Western World, 31. Descartes/Spinoza(Encyclopedia Britannica, Inc., 1952)

Dewey, John and Tufts, James H., *Ethics*(New York: Henry Holt, 1908)

Dewey, John, *Human Nature and Conduct: An Introduction to Social*

566

Psychology(New York: Modern Library, 1922)

Dewey, John, *Logic: The Theory of Inquiry*(New York: Henry Holt, 1938)

Doering, W. O., *Das Lebenswerk Immanuel Kants*(Hamburg: Hamburger Kuturverlag, 1947)

Doty, William G., *Mythography: The Study of Myths and Rituals* (Tuscaloosa, AL: University of Alabama Press, 1986)

Freire, Paulo, *Pedagogy of Hope: Reliving "pedagogy of the Oppressed"*(New York: Continuum, 1994)

Freud, Sigmund, *Introductory Lectures on Psychoanalysis*, trans. and ed. by James Strachey(New York: Norton, 1966)

Friedman, Maurice S., *Martin Buber: The Life of Dialogue*(Chicago and London: The University of Chicago Press, 1976)

Gilligan, Carol, *In a Different Voice: Psychological Theory and Woman's Development*(Cambridge, MA: Harvard University Press, 1993)

Harrison, Jonathan, *Hume's Moral Epistemology*(Oxford: Oxford University Press, 1976)

Hekman, Susan J., *Moral Voices, Moral Selves: Carol Gilligan and Feminist Moral Theory*(University Park, PA: The Pennsylvania State University Press, 1995)

Heslep, Robert D., *Moral Education for Americans*(Westport, CN: Praeger, 1995)

Hendley, Steven, *From Communicative Action to the Face of the Other: Levinas and Habermas on Language, Obligation, and Community* (Oxford: Lexington Books, 2000)

Hermans, Hubert J. M., and Kempen, Harry J. G., *The Dialogical Self* (California: Academic Press, Inc.,1993)

Hume, David, *An Inquiry Concerning Human Understanding*, in David Hume, *On Human Nature and the Understanding*, ed. by Antony

Flew(New York: Collier Books, 1962)

Husserl, Edmund, *Ideas: General Introduction to Pure Phenomenology*, trans. by W. R. Boyce Gibson(New York: Collier Books, 1962)

Husserl, Edmund, *The Crisis of European Sciences and Transcendental Phenomenology*, trans. by David Carr(Evanston: Northwestern University Press, 1970)

James, William, *Psychology: Briefer Course*(New York: Henry Holt Co., 1982)

Johnson, Mark, *Moral Imagination: Implications of Cognitive Science for Ethics*(Chicago: The University of Chicago Press, 1993)

Jonsen, A. R., and Toulmin, T. S., *The Abuse of Casuistry: A History of Moral Reasoning*(Berkeley, CA: University of California Press, 1988)

Kant, I., *The Critique of Practical Reason*, ed. by Robert M. Hutchins, Great Books of the Western World, 42. Kant(Encyclopedia Britannica, Inc., 1952)

Kant, I., *Fundamental Principles of the Metaphysic of Morals*, ed. by Robert M. Hutchins, Great Books of the Western World, 42. Kant (Encyclopedia Britannica, Inc., 1952)

Kearney, Richard, *Dialogues with Contemporary Continental Thinkers: The Phenomenological Heritage*(Dover, NH : Manchester University Press, 1984)

Kearney, Richard, *Poetics of Imagining: From Husserl to Lyotard* (London: Harper Collins, 1991)

Keen, Sam, *The Passionate Life: Stages of Loving*(San Francisco: Harper & Row, 1983)

Kilpatrick, William K., *Why Johnny Can't Tell Right from Wrong*(New York: Simon & Schuster, 1992)

Kilpatrick, William, etc., *Books That Build Character: A Guide to Teaching Your Child Moral Values Through Stories*(New York:

Simon & Schuster, 1994)

Kohl, Herbert, *Should We Burn Babar?: Essays on Children's Literature and the Power of Stories*(New York: The New Press, 1995)

Kohlberg, Lawrence, *The Philosophy of Moral Development: Moral Stages and the Idea of Justice*(San Francisco: Harper & Row, 1981)

Levinas, Emmanuel, *Otherwise than Being or Beyond Essence*, trans. by Alphonso Lingis(Yhe Hague: Martinus Nijhoff, 1974)

Levinas, Emmanuel, *Ethics and Infinity: Conversations with Philippe Nemo*, trans. by Richard A. Cohen(Pittsburgh: Duquesne University Press, 1985)

Levinas, Emmanuel, *Totality and Infinity: An Essay on Exteriority*, trans. by Alphonso Lingis(London: Kluwer Academic Publishers, 1991)

Linde, Charlotte, *Life Stories: The Creation of Coherence*(New York: Oxford University Press, 1993)

Locke, John, *An Essay Concerning Human Understanding*, Great Books of the Western World, 35. Locke/Berkeley/Hume(Encyclopedia Britannica, Inc., 1952), book II, chap. XXVII, §1

Locke, John, *An Essay concerning Human Understanding*(New York: World Publishing, 1964)

Lockwood, John H., *The Moral of the Story: Content, Process, and Reflection in Moral Education through Narratives*(Dissertation. Com., 1999)

MacIntyre, Alasdair, *After Virtue: A Study in Moral Theory*, 2nd ed (Notre Dame: University of Notre Dame Press, 1984)

MacIntyre, Alasdair, *Whose Justice? Which Rationality?*(Notre Dame: University of Notre Dame Press, 1988)

Mackie, J. L., *Hume's Moral Theory*(London: Routledge & Kegan Paul Ltd., 1980)

Matthews, E., *The Philosophy of Merleau-Ponty*(Montreal and Kingston: McGill-Queen's University Press, 2002)

May, Rollo, *Man's Search For Himself*(New York: W. W. Norton, 1953)

May, Rollo, *The Cry for Myth*(New York: W. W. Norton, 1991)

Mead, George H., *Mind, Self, and Society from the Standpoint of a Social Behaviorist*, ed. by Charles W. Morris(Chicago: University of Chicago Press, 1934)

Merleau-Ponty, M., *The Visible and the Invisible*, ed. by Claude Lefort and trans. by Alphonso Lingis(Evanston, IL: Northwestern University Press, 1964)

Mill, John S., *Utilitarianism*(The Liberal Art Press, 1957)

Murray, Thomas H., *The Worth of a Child*(Berkeley, CA: University of California Press, 1996)

Nieman, S., *The Unity of Reason: Rereading Kant*(New York: Oxford University Press, 1994)

Noddings, Nel, *Caring: A Feminine Approach to Ethics & Moral Education*(Berkeley, CA: University of California Press, 1984)

Noddings, Nel, *The Challenge to Care in Schools: An Alternative Approach to Education*(New York: Teachers College Press, 1992)

Norman, R., *The Moral Philosophers: an introduction to ethics*(Oxford: Clarendon Press, 1983)

Nussbaum, Martha C., *Love's Knowledge: Essays on Philosophy and Literature*(New York: Oxford University Press, 1990)

Olson, Eric T., *The Human Animal: Personal Identity Without Psychology*(New York: Oxford University Press, 1997)

Paten, H. J., *The Categorical Imperative: A Study in Kant's Moral Philosophy*(New York: Harper & Row, 1967)

Pfuetze, Paul, *Self, Society, Existence*(Westport, Connecticut: Greenwood Press Publishers, 1961)

Plato, *Phaedrus*, in Plato, *Complete Works*, ed. by John M. Cooper (Cambridge: Hackett Publishing Company, 1997)

Raths, Louis E., Harmin, Merrill and Simon, Sidney B., *Values and Teaching: Working with Values in the Classroom*(Columbus, OH: Charles E. Merrill, 1966)

Ricoeur, Paul, *Time and Narrative*, vol. 1, trans. by Kathleen Blamey and David Pellauer(Chicago: University of Chicago Press, 1984)

Ricoeur, Paul, *Time and Narrative*, vol. 3, trans. by Kathleen Blamey and David Pellauer(Chicago: University of Chicago Press, 1988)

Ricoeur, Paul, *Oneself as Another*, trans. by Kathleen Blamey(Chicago and London: The University of Chicago Press, 1992)

Rosenstand, Nina, *The Moral of the Story: An Introduction to Ethics* (California: Mayfield Publishing Company, 1997)

Rousseau, J. J., *Emile*, trans. by B. Foxley(London: Dent, 1969)

Sahakian, William S., *Ethics: An Introduction to the Theories and Problems*(Barnes & Nobles College Outline Series, 1974)

Schank, Roger C., *Tell Me a Story: A New Look at Real and Artificial Memory*(New York: Charles Scribner's Sons, 1990)

Schechtman, Marya, *The Constitution of Selves*(Ithaca and London: Cornell University Press, 1996)

Scholes, Robert E. and Kellogg, Robert, *The Nature of Narrative*(New York: Oxford University Press, 1966)

Shor, Ira, *Empowering Education: Critical Teaching for Social Change* (Chicago: The University of Chicago, 1992)

Simon, Roger I., *Teaching Against the Grain: Texts for a Pedagogy of Possibility*(New York: Bergin and Garvey, 1992)

Simon, Sidney E., Howe, Leland W., and Kirschenbaum, Howard, *Values Clarification: A Handbook of Practical Strategies for Teachers and Students*(New York: Hart Publishing, 1972)

Smart, J. J. C., and Williams, Bernard, *Utilitarianism: for and against*

(Cambridge University Press, 1973)

Stroud, Barry, *Hume*(London: Columbia University Press, 1963)

Tuan, Yi-Fu, *Morality and Imagination: Paradoxes of Progress* (Madison, WI: The University of Wisconsin Press, 1989)

Venema, Henry Isaac, *Identifying Selfhood: Imagination, Narrative, and Hermeneutics in the Thought of Paul Ricoeur*(New York: State University of New York Press, 2000)

Wood, David, ed., *On Paul Ricoeur: Narrative and Interpretation* (London and New York: Routledge, 1991)

Wynne Edward A., and Ryan, Kevin, *Reclaiming Our Schools: A Handbook on Teaching Character, Academics, and Discipline*(New York: Merrill, 1993)

Zipes, Jack, *Creative Storytelling: Building Community, Changing Lives* (New York: Routledge, 1995)

■ 한국논문 ■

강동수, 「Husserl의 자아 개념」(경북대학교 철학박사학위논문, 1997)

김병환, 「메를로-뽕띠에 있어서 존재론적 살에 대한 연구」, 『철학논총』 17 (1999)

김종길, 「사이버공간에서의 자아 인식과 복합정체성 수행」, 『사회이론』 (2008년 봄/여름)

김종헌, 「메를로-퐁티의 몸과 세계 그리고 타자」, 『범한철학』 제30집(범한 철학회, 2003년 가을)

김화자, 「메를로 퐁티의 현상학에 나타난 언어와 회화의 표현성」, 모리스 메를로 퐁티, 김화자 옮김, 『간접적인 언어와 침묵의 목소리』(서울: 책 세상, 2008)

문장수, 「역사-발생적 관점에서 해명된 주체 개념」, 『범한철학』 제25집(범 한철학회, 2002년 여름)

우인하, 「데이비드 흄의 도덕철학 연구」(건국대학교 박사학위논문, 1997)

유철, 「칸트의 자아론」(경북대학교 박사학위논문, 1998)

이준호, 「흄의 자연주의와 자아」(한국외국어대학교 박사학위논문, 1998)

임덕준, 「결과주의로서의 공리주의」, 『철학연구』(고려대학교 철학연구소, 1988)

장문정, 「메를로-뽕띠의 애매성의 철학: 그의 키아즘적 사유 연구」(고려대학교 박사학위논문, 2000)

정지은, 「메를로-뽕띠의 몸-주체에 대한 연구: 실존적 몸에서 존재론적 몸으로의 이해」, 『해석학 연구』제22집 (한국해석학회, 2008)

조태훈, 「G. H. Mead의 '자아'에 관한 연구」(연세대학교 박사학위논문, 1987)

황경식, 「공리주의적 복지 개념의 한계: 목적론적 윤리체계의 비판」, 『철학연구』(철학연구회, 1978)

■ 외국논문 ■

Allison, Henry E., "Locke's Theory of Personal Identity: A Re-examination", *The Journal of the History of Ideas*, vol. 27(1996)

Bebeau, Mickie, Rest, James and Narváez, Darcia, "A Plan for Moral Education"(University of Minnesota: Center for the Study of Ethical Development, 1995)

Bendle, Mervyn, "The Crisis of 'Identity' in High Modernity", *British Journal of Sociology*, 53(1)

Bennett, William J., "Moral Literacy and the Formation of Character", *NASSP Bulletin*(December, 1988)

Bentham, Jeremy(1879), "An Introduction to the Principles of Morals and Legislation", ed. by John Bowring, *The Works of Jeremy Bentham*, vol. I(Book Surge Publishing, 2001)

Blamey, Kathleen, "From the Ego to the Self: A Philosophical Itinerary", ed. by Lewis Edwin Hahn, *The Philosophy of Paul Ricoeur*(Illinois: Open Court Publishing Co., 1995)

Brown Lyn Mikel and Gilligan, Carol, "Listening for Voice in Narratives of Relationship", eds. by Mark B. Tappan and Martin J. Packer, *Narrative and Storytelling: Implications for Understanding Moral Development*(San Francisco: Jossey-Bass, 1991)

Burke, John P., "The Ethical Significance of the Face", *ACPA Proceedings*, 56(1982)

Clouser, K. D., "Philosophy, Literature, and Ethics: Let the Engagement Begin", *Journal of Medicine and Philosophy*, 21(1996)

Dilman, I., "Reason, Passion and the Will", ed. by Stanley Tweyman, *David Hume: Critical Assessments*(London: Routledge, 1995)

Freeman, Mark, "Rewriting the Self: Development as Moral Practice", eds. by Mark B. Tappan and Martin J. Packer, *Narrative and Storytelling: Implications for Understanding Moral Development*(San Francisco: Jossey-Bass, 1991)

Ginsberg, Robert, "The Humanities, Moral Education, and the Contemporary World", ed. by Michael H. Mitias, *Moral Education and the Liberal Arts*(New York: Greenwood Press, 1992)

Harris, Roy, "How Does Writing Restructure Thought?", *Language and Communication*, 9(1989)

Hudson, Hud, "Wille, Willkür, and the Imputability of Immoral actions", *Kant-Studien*, vol. 82, no. 2(1991)

Hunter, K. M., "Narrative, Literature, and the Clinical Exercise of Practical Reason", *Journal of Medicine and Philosophy*, 21(1996)

Levinas, E., "Phenomenon and Enigma", E. Levinas, *Collected Philosophical Papers*, trans. by Alphonso Lingis(Dordrecht: Kluwer Academic Publishers, 1993)

Levinas, E., "Meaning and Sense", E. Levinas, *Collected Philosophical Papers*, trans. by Alphonso Lingis(Dordrecht: Kluwer Academic Publishers, 1993)

Levinas, E., "Language and Proximity", E. Levinas, *Collected Philo-*

sophical Papers, trans. by Alphonso Lingis(Dordrecht: Kluwer Academic Publishers, 1993)

Lukow, Pawel, "The Fact of Reason: Kant's Passage to Ordinary Moral Knowledge", *Kant-Studien*, vol. 84, no. 2(1994)

MacIntyre, Alasdair, "The Intelligibility of Action", eds. by M. Margolis and R. M. Krausz, *Rationality, Relativism and the Human Sciences*(Dordrecht: Martinus Nijhoff Publishers, 1986)

Martin, Raymond, "Locke's Psychology of Personal Identity", *Journal of the History of Philosophy*, 38:1(2000)

Mead, George H., "The Mechanism of Social Consciousness", G. H. Mead, *Selected Writings*, ed. by A. J. Reck(New York: Liberal Arts Press, 1964)

Mead, George H., "The Social Self", G. H. Mead, *Selected Writings*, ed. by A. J. Reck(New York: Liberal Arts Press, 1964)

Murray, Thomas H., "What Do We Mean by 'Narrative Ethics'?", ed. by Hildee L. Nelson, *Stories and Their Limits: Narrative Approaches to Bioethics*(New York and London: Routledge, 1997)

Noddings, Nel, "Stories in Dialogue: Caring and Interpersonal Reasoning", eds. by Carol Witherell and Nel Noddings, *Stories Lives Tell: Narrative and Dialogue in Education*(New York: Teachers College Press, 1991)

Pagano, Jo Anne, "Relating to One's Students: Identity, Morality, Stories and Questions", *Journal of Moral Education*, 20(1991)

Poteat, William, "Myths, Stories, History, Eschatology, and Action", eds. by T. A. Langford and W. H. Poteat, *Intellect and Hope* (Durham, NC: Duke University Press, 1968)

Ramos, A., "Tradition as Bearer of Reason in Alasdair MacIntyre's Moral Inquiry", eds. by C. L. Hancockand and A. O. Simon, *Freedom and the Common Good*(Notre Dame: University of Notre Dame Press, 1995)

Rawls, John, "Themes in Kant's Moral Philosophy", eds. by Ruthe Chadwick and Clive Cazeaux, *Immanuel Kant: critical assessments*, vol. III(London and New York: Routledge, 1992)

Ricoeur, Paul, "Cartesian Meditations, I-IV", *Husserl: An Analysis of his Phenomenology*, trans. by Edward Ballard and Lester Embree (Evanston: Northwestern University Press, 1967)

Ricoeur, Paul, "Ideas II: Analyses and Problems", *Husserl: An Analysis of his Phenomenology*, trans. by Edward Ballard and Lester Embree (Evanston: Northwestern University Press, 1967)

Ricoeur, Paul, "The Question of the Subject: The Challenge of Semiology", ed. by Don Ihde, *The Conflict of Interpretations: Essays in Hermeneutics*(Evanston: Northwestern University Press, 1974)

Ricoeur, Paul, "Existence and Hermeneutics", ed. by Don Ihde, *The Conflict of Interpretations: Essays in Hermeneutics*(Evanston: Northwestern University Press, 1974)

Ricoeur, Paul, "Phenomenology and Hermeneutics", *Hermeneutics and the Human Sciences*, trans. by John B. Thompson(Cambridge: Cambridge University Press, 1981)

Ricoeur, Paul, "On Interpretation", ed. by Alan Montefiori, *Philosophy in France Today*(Cambridge University Press, 1983)

Ricoeur, Paul, "The Task of Hermeneutics", *From Text to Action: Essays in Hermeneutics*, II, trans. by Kathleen Blamey and John B. Thompson(Evanston, Illinois: Northwestern University Press, 1991)

Ricoeur, Paul, "Phenomenology and Hermeneutics", *From Text to Action: Essays in Hermeneutics*, II, trans. by Kathleen Blamey and John B. Thompson(Evanston, Illinois: Northwestern University Press, 1991)

Ricoeur, Paul, "The Hermeneutical Function of Distanciation", *From Text to Action: Essays in Hermeneutics*, II, trans. by Kathleen Blamey and John B. Thompson(Evanston, Illinois: Northwestern

University Press, 1991)

Schechtman, Marya, "Stories, Lives, and Basic Survival: A Refinement and Defence of the Narrative View", ed. by Daniel D. Hutto, *Narrative and Understanding Persons*(Cambridge: Cambridge University Press, 2007)

Silber, John R., "The Copernican Revolution in Ethics: The Good Reexamined", eds. by Ruthe Chadwick and Clive Cazeaux, *Immanuel Kant: critical assessments*, vol. III(London and New York: Routledge, 1992)

Simon, Roger I., "The Pedagogy of Commemoration and Formation of Collective Memories", *Educational Foundations*, 8(Winter, 1994)

Smith, S. G., "Reason as One for Another: Moral and Theoretical Argument in the Philosophy of Levinas", *Journal of the British Society for Phenomenology*, 12(1981)

Strawson, Galen, "The Self and the SESMET", *Journal of Consciousness Studies*, 6, no. 4(1999)

Strawson, Galen, "Against Narrativity", *Ratio* XVII, no. 4(2004)

Tappan, Mark B., "Narrative, Language and Moral Experience", *Journal of Moral Education*, 20(1991)

Taylor, Charles, "Interpretation and the Science of Man", Paul Rabinow and William M. Sullivan, *Interpretive Social Science: A Reader* (Berkeley, CA: University of California Press, 1979)

Vasey, Craig R., "Emmanuel Levinas: From Intentionality to Proximity", *Philosophy Today*, 25(1981)

Vitz, Paul C., "The Use of Stories in Moral Development New Psychological Reasons for an Old Education Method", *American Psychologist*, 45(June, 1990)

Wimmer, R., "Die Doppelfunktion des Kategorischen Imperativs in Kants Ethics", *Kant-Studien*, vol. 73(1982)

박재주

경남고등학교를 졸업하고 서울대학교 사범대학에서 문학사, 교육학 석사, 교육학 박사 학위를 받은 뒤, 한국학중앙연구원에서 철학(동양철학) 박사 학위를 받았다. 한국초등도덕교육학회 회장과 동양윤리교육학회 회장을 지냈으며, 1986년부터 지금까지 청주교육대학교 윤리교육과 교수로 재직하고 있다.

저서로는 『남북분단과 사상적 갈등』(공저, 1991), 『사회주의 체제의 변화와 적응』(공저, 1993), 『주역의 생성논리와 과정철학』(1999), 『동양의 도덕교육사상』(2000), 『서양의 도덕교육사상』(2003), 『문학 속의 도덕철학』(2010), 『동서양 세계관과 윤리관의 만남』(2011), 『인격 함양의 도덕교육』(2012) 등이 있으며, 번역서로는 『현대 마르크스주의에 대한 이해』(공역, 1987), 『공산주의 정치체계』(공역, 1988), 『강한 민주주의』(1991), 『중국윤리사상사』(공역, 1997), 『주역과 전쟁윤리』(공역, 2004), 『윤리탐구공동체교육론』(공역, 2007), 『해의 양심과 달의 양심』(2008), 『공감과 도덕발달』(공역, 2011) 등이 있다. 주요 논문으로는 「유가윤리에서의 공감의 원리」, 「덕의 통합성과 통합적 접근의 도덕교육」, 「철학적 탐구공동체를 통한 함께 생각하기의 도덕교육」, 「도덕적 상상과 도덕적 판단의 연계성」, 「왜 그리고 어떤 서사적 접근의 도덕교육이어야 하는가?」, 「아크라시아와 도덕교육」 등 60여 편이 있다.

서사적 자아와 도덕적 자아

1판 1쇄 인쇄	2013년 3월 15일
1판 1쇄 발행	2013년 3월 20일
지은이	박 재 주
발행인	전 춘 호
발행처	철학과현실사
등록번호	제1-583호
등록일자	1987년 12월 15일

서울특별시 종로구 동숭동 1-45
전화번호 579-5908
팩시밀리 572-2830

ISBN 978-89-7775-764-6 93190
값 25,000원

잘못된 책은 바꿔 드립니다.